JAHRBUCH

FÜR KIRCHEN- UND KULTURGESCHICHTE DER DEUTSCHEN IN OSTMITTEL- UND SÜDOSTEUROPA

Mit Archiv für schlesische Kirchengeschichte

JAHRBUCH

FÜR KIRCHEN- UND KULTURGESCHICHTE DER DEUTSCHEN IN OSTMITTEL- UND SÜDOSTEUROPA

Mit Archiv für schlesische Kirchengeschichte

Herausgegeben von
Rainer Bendel, Marco Bogade und Elisabeth Fendl

Band 79 | 2021

Redaktionelle Mitarbeit: Martin Wambsganß

Bibliografische Information der Deutschen Bibliothek
Die Deutsche Bibliothek verzeichnet diese Publikation in der Deutschen Nationalbibliografie; detaillierte bibliografische Daten sind im Internet über <http://dnb.ddb.de> abrufbar.

Gefördert von der Beauftragten der Bundesregierung für Kultur und Medien sowie durch den AMK-Fonds der Deutschen Bischofskonferenz

www.aschendorff-buchverlag.de

Printed in Germany

Gedruckt auf säurefreiem, alterungsbeständigem Papier ♾

ISSN 0066-6491

ISBN 978-3-402-10265-7

ISBN 978-3-402-10266-4 (E-Book-PDF)

Inhaltsverzeichnis

Vorwort 7

Joachim Köhler: Nachruf Franz Machilek (1934–2021) 9

AUFSÄTZE

Bettina Reichmann: Bischof Ottokár Prohászka (1895–1927) – „Retter Ungarns" oder „Vorreiter antisemitischer Ideologie". Der Versuch einer Kontextualisierung 17

András Grósz: Deutsche Muttersprache in der katholischen Liturgie in Ungarn in der Zwischenkriegszeit 37

Andor Ferenc Lénár: Im Zeichen der Erneuerung – Die Priesterausbildung in Ungarn in der Zwischenkriegszeit 53

Václav Maidl: Die Darstellung der Vertreibung in der tschechischen Literatur, insbesondere im neuen Jahrtausend 83

Arkadiusz Nocoń: Ein Ablassbrief aus Bamberg und der hl. Hyazinth: eine bereits abgeschlossene Frage? 101

MISZELLEN

Vatroslav Župančič: Deutsche Protestanten aus Kroatien. Geschichte einer Ausgrenzung und Verfolgung 117

ARCHIV FÜR SCHLESISCHE KIRCHENGESCHICHTE (ASKG)

QUELLEN UND HILFSMITTEL

Winfried Töpler (Bearb.): Rundverfügungen des erzbischöflichen Generalvikariats Breslau für die Seelsorge 1941 bis 1945. Teil IV: Juli 1944 bis Januar 1945 135

Rainer Bendel: Neu machen das Angesicht der Erde – Maximilian Kallers Predigten zu Pfingsten und zu Kirchweih 1945 269

Robert R. Kufel: Mikrofilme schlesischer und grosspolnischer Matrikelbücher aus dem Gebiet der heutigen Diözese Zielona Góra-Gorzów im Bestand des Diözesanarchivs in Zielona Góra 285

AUFSÄTZE

Joachim Köhler: Seelsorge unter nationalen Vorzeichen. Zur Rolle polnischer Priester in den Umbruchszeiten der Jahre 1945/46 in Schlesien 317

Maik Schmerbauch: Chronik zum Ende der deutschen Vinzentinerinnen in ihren schlesischen Niederlassungen 1944–1949 337

Jürgen Franz Selke-Witzel: „Ostdeutsches Kulturgut als wesenhaft abendländisches Kulturgut zu retten, zu bewahren und zu pflegen“ Maximilian Maria Schulz und die Deutsche Hedwig-Stiftung 1946–48 355

Miszellen

Michael Hirschfeld: Segen oder Fluch der katholischen Kirche im Osten Deutschlands? Zur Rolle der Patronate am Fallbeispiel der Grafschaft Glatz 393

In der Diskussion

Rainer Bendel: Gundolf Keil, Jürgen Kiefer† (Hg.): Die deutsch-polnische Wissenschaftslandschaft Schlesien...409

Otfrid Pustejovsky: Andreas Kossert: Flucht. Eine Menschheitsgeschichte 413

Martin Renghart: Joachim Bahlcke (Hg.): Schlesische Lebensbilder, Bd. 13 ...417

Tagungsberichte

Stefan P. Teppert: Situation der katholischen Kirche in Ungarn, Jugoslawien und Rumänien 1944/45 bis ca. 1950 421

Stefan P. Teppert: Formen der Erinnerungspflege nach Kriegs- und Gewalterfahrung 425

Mitteilungen und Verschiedenes

Vorschau auf das nächste Doktorandencolloquium....................................433

Vorschau auf die 58. Arbeitstagung...433

Nachruf Professor em. Dr. theol. Werner Marschall (1927–2021) 438

Skizze einer Vision: Einrichtung eines Archivs und einer Bibliothek für donauschwäbische Geschichte und Kultur in Osijek (Esseg)................444

Verzeichnis der Mitarbeiterinnen und Mitarbeiter.......................................445

Anschrift der Herausgeberin und Herausgeber 445

Verzeichnis der Abkürzungen...447

Verzeichnis und Nachweis der Abbildungen 450

Vorwort

Das *Archiv für schlesische Kirchengeschichte* veröffentlicht seit über 80 Jahren Beiträge zur Kunstgeschichte im religiösen Raum, zur Literatur, zur Kirchenmusik, zu Biografien und natürlich zur schlesischen Kirchengeschichte – auf Diözesan- und Pfarreiebene –, immer auch mit einem, die Regionen übergreifenden Ansatz.

Seit über 60 Jahren ist das Institut für Kirchen- und Kulturgeschichte der Deutschen aus Ostmittel- und Südosteuropa (IKKDOS), vormals Institut für ostdeutsche Kirchen- und Kulturgeschichte, der Herausgeber dieses Periodikums, das ab der Ausgabe diesen Jahres Jahrbuch für Kirchen- und Kulturgeschichte der Deutschen in Ostmittel- und Südosteuropa (mit Archiv für schlesische Kirchengeschichte) heißt.

Das IKKDOS hat seit seiner Gründung 1952 seinen Blick nach Schlesien, Pommern, West- und Ostpreußen, Siebenbürgen, ins Banat sowie in die Böhmischen Länder und die ehemaligen deutschen Siedlungsgebiete im Baltikum gerichtet. Diese (historischen) Regionen zeichnen sich durch ein vielschichtiges kulturelles Erbe aus, das verschiedene Ethnien über Jahrhunderte schufen. In diesen Regionen begegneten sich Konfessionen und Kulturen. Grenz- und Übergangsregionen sind in der Regel kulturell besonders fruchtbare, oft auch innovative Räume.

Diese geografische und inhaltliche Weitungsoll künftig auch das Periodikum abbilden: Quellenforschungen stehen neben Untersuchungen zur Diözesan-, Frömmigkeits-, Kunst-, Kultur- und Bildungsgeschichte vom Mittelalter bis in die jüngste Geschichte; herausragende Persönlichkeiten der Kirchen- und Konfessionsgeschichte werden ebenso gewürdigt wie kirchliche Organisationen und Klostergemeinschaften. Nicht zuletzt gilt der Vertriebenenseelsorge und dem Verhältnis zwischen Staat und Kirche eine besondere Aufmerksamkeit. Dabei wird das gewohnte *Archiv für schlesische Kirchengeschichte* integraler Bestandteil bleiben.

„Man muss Abschied nehmen von der Illusion, wir hätten längst den Überblick und wir hätten diese ganze Geschichte schon auf den Begriff gebracht" – der Osteuropahistoriker Karl Schlögel forderte einen europäischen Diskursraum, um sich die vielfach bereits verschwundenen Geschichten von Vertreibung, „Vertreibern"und Vertriebenen grenzüberschreitend und interdisziplinär wiederanzueignen, auch um damit die europäische Öffentlichkeit an einen der zentralen europäischen Identitätstopoi heranzuführen. Die Auseinandersetzung mit der Vergangenheit, die grenzübergreifende Versöhnung mit der Vergangenheit bilden einen ganz zentralen Baustein für ein kommunikativ offenes, friedliches Europa – das ist ein zentrales Movens für die Beschäftigung des Instituts mit der Kultur der Herkunftsgebiete, auch in deren Wandel seit 1945.

Wenn wir uns mit der Kultur der Deutschen aus dem Osten und Südosten befassen, beschäftigen wir uns nicht nur mit der Kultur der Deutschen aus Böhmen, Mähren, der Slowakei, aus Pommern oder Schlesien oder aus Serbien und Rumänien, sondern mit der gesamtdeutschen Kultur und ihrem wechselseitigen regionalen und transregionalen Austausch. Vertriebene sind mit „ihrem“ kulturellen Erbe längst Teil unserer Gesellschaft geworden.

Die Beschäftigung mit der Kultur, der Geschichte, der Religiosität und auch der Vertreibung der Deutschen bedarf der Transformierung, des weiteren Ausbaus der Kooperationen und Vernetzung, nicht der Eliminierung.

Rainer Bendel, Marco Bogade, Elisabeth Fendl

Joachim Köhler

Nachruf Franz Machilek (1934–2021)

Am 5. April 2021 verstarb in Erlangen Franz Machilek im Alter von 87 Jahren. Die Erinnerung an ihn wird nach menschlichem Ermessen bleiben, da er sich mit sicherer Handschrift in die Annalen der Geschichtswissenschaft eingeschrieben hat. Seine Begeisterung für die Geschichte und seinen unermüdlichen Fleiß hat er selbst in seinem letzten Werk beschrieben, das – wie könnte es anders sein – dem Prediger, Theologen und Reformer Jan Hus (um 1372–1415) gewidmet ist. Im Vorwort dazu lesen wir:

„Das Interesse an Leben und Werk Hussens hat mich seit meiner 1963 abgeschlossenen und 1967 in erweiterter Form gedruckten Dissertation über Ludolf von Einbeck (um 1353–1422), den Abt des niederschlesischen Augustiner-Chorherrenstifts Sagan (poln.: Żagań), früheren Studenten der Prager Juristenuniversität und Verfasser des konziliaristisch-antihussitischen *Tractatus de longevo schismate*, nicht losgelassen. Mein Doktorvater, Prof. Dr. Johannes Spörl (1904–1977), Ordinarius für Mittelalterliche Geschichte an der Ludwig-Maximilians-Universität in München, vermittelte mir schon während der Arbeit an der Dissertation den Zugang zu den Übungen des Grabmann-

Instituts zur Erforschung der mittelalterlichen Theologie bei Prof. Dr. Michael Schmaus (1897–1993) an der Theologischen Fakultät der Universität München. Prof. Dr. František Michálek Bartoš (1889–1972), Professor für Kirchengeschichte an der Evangelisch-theologischen Fakultät der Prager Karlsuniversität und seinerzeit Nestor der in Prag florierenden Hussitologie, dem ich nach dem Erscheinen ein Exemplar meiner Dissertation zugeschickt hatte, ermunterte mich in einem persönlichen Schreiben, den Hussitismus nicht aus den Augen zu verlieren. Entscheidende Impulse in dieser Richtung gingen von den damaligen Dozenten Ferdinand Seibt (1927–2003) in München und Ivan Hlaváček (* 1931) in Prag sowie den Begegnungen mit den Husforschern in der damaligen ČSSR und im Ausland während der Symposia Hussiana im slowakischen Smolenice (1969) und südböhmischen Tábor (1970) aus, an denen ich als junger Wissenschaftler teilnehmen durfte. Dankbar erinnere ich mich des in der Folgezeit entstehenden freundschaftlich-persönlichen und fachlichen Entgegenkommens vieler Wissenschaftler/innen, die sich mit Hus, der hussitischen Reformation und der hussitischen Revolution befasst haben" (Katholisches Leben und Kirchenreform im Zeitalter der Glaubensspaltung, Bd. 78/79, Münster 2019, S. 12f.).

Wissenschaft, wie sie Franz Machilek betrieben hat, war nie isoliert im Elfenbeinturm ausgeheckt oder als Glasperlenspiel gedacht, sondern immer mitten im Leben positioniert, im Dialog mit Gleichgesinnten und Andersdenkenden. Dazu kam unermüdlicher Fleiß, der sich vor allem im Gebrauch der vielfältigen Sprachen (Mittellatein, Alt- und Neu-Tschechisch, Englisch, Französisch) niedergeschlagen hat. Nur so war es möglich, die Gestalt des Reformators Hus im zeitgeschichtlichen Kontext zu erfassen und ihm historische Gerechtigkeit widerfahren zulassen, ihn nicht als Ketzer zu verurteilen, wie es seine Neider und Gegner auf dem Konstanzer Konzil 1415 getan haben. Aus der präzisen Kenntnis des Mittelalters hat Machilek im Anschluss an die Forschungen von Herbert Grundmann und Karl August Fink Häresie und Ketzerei als mittelalterliche Konfessionen zusammengefasst und schließlich sich dem Urteil des aus Mähren stammenden Wissenschaftlers František Dvorník angeschlossen und dessen Urteil über Hus übernommen:

„Im Grunde war Hus ein Katholik des Mittelalters mit allem, was für seine Zeit charakteristisch ist. Er hatte nie die Absicht, eine neue Kirche zu gründen, und betrachtete sich immer als treuer Sohn der Kirche. Er wollte sterben wie ein frommer Katholik und war erleichtert und getröstet, als man ihm einen Beichtvater gewährte, der ihm die uneingeschränkte Absolution seiner Sünden erteilte. Es gibt so viele angeblich erschwerende Umstände in seinem Verhalten, so viele zweifelhafte Gesten seitens seiner Widersacher, daß es besser ist, das letzte Urteil über Jan Hus Christus zu überlassen".[1]

Unter diesen hoffnungsvollen Vorzeichen hat Machilek auch an den Gesprächen der Hus-Forscher mit den Vertretern der römisch-katholischen Kirche teilgenommen und darüber berichtet. Statt der Rehabilitierung des Theologen haben die höchsten Vertreter der katholischen Kirche nur „tiefes Bedauern über den tragischen Tod von Jan Hus" (Papst Johannes Paul II.) und dass man „die Untersuchungen der Person und des Wirkens von Jan Hus fortsetzen müsse" (Papst Franziskus) geäußert, worauf Machilek – fast resignierend – festgestellt hat: „Die Frage einer formellen Rehabilitation ist in letzter Zeit in den Hintergrund getreten"[2].

So eindrucksvoll die Beschäftigung mit Jan Hus und den Hussiten auch war – bereits 1986 wurden Franz Machilek von den Herausgebern der renommierten „Theologischen Realenzyklopädie" die Artikel „Hus/Hussiten" übertragen – wir würden dem Wissenschaftler nicht gerecht werden, wollten wir ihn nur unter diesem Aspekt würdigen. Was immer ihm beruflich abverlangt wurde (Archivdirektor und Honorarprofessor für Mittelalterliche Geschichte) und wohin das Schicksal ihn führte, immer hatte er das Bedürfnis, sich dort zu verorten, dort daheim zu sein. Immer und überall wurde er den beruflichen Herausforderungen gerecht und immer wurde von ihm das historische Terrain, in das er hineingestellt wurde, vermessen, um seine eigene Identität zu finden und zu bewahren. Auf diese Weise konnte er ein stattliches wissenschaftliches Oeuvre vorweisen. Die einzelnen Themen zu erfassen, scheint fast unmöglich zu sein. Aber die Vielfalt artete nicht in Vielerlei aus. Anhand der Themen, die Franz Machilek aufgegriffen und bearbeitet hat, lassen sich die Spuren eines Lebens, die politischen und gesellschaftlichen Zwänge, die beruflichen Entscheidungen, ja selbst die Neigungen des Herzens, die ihn geführt haben, präzise verfolgen. Vertieft man sich in den Schreibfluss seiner Veröffentlichungen, so gewinnt man den Eindruck, dass Franz Machilek immer auf der Suche nach seinen eigenen Wurzeln war – auch in seiner mährischen Heimat, aus der er im August 1945 als Kind mit seiner Familie vertrieben wurde. Diese Identifikation ist keineswegs bequem: die historische Spannung zwischen deutscher (deutschsprachiger) und böhmischer oder tschechischer Nationalität ist ein Faktum. Belohnt wurde dieses Bemühen, da ihm der Magistrat seiner Geburtsstadt Hustopeče/Auspitz 2010 als erstem Deutschen überhaupt die Ehrenbürgerwürde verliehen hat. Seit den 1960-er Jahren hatte Machilek immer wieder seine Geburtsstadt aufgesucht, durch zahlreiche Publikationen zur Geschichte

---

1 František DVORNÍK, Les Slaves, Paris 1970, 519, zitiert in: Katholisches Leben und Kirchenreform, Bd. 78/79, 206).

2 Katholisches Leben und Kirchenreform, Bd. 78/79, 216.

Mährens sein Interesse an dieser Geschichte bewiesen, vor allem durch seine Mitarbeit an einer Veröffentlichung zur Stadtgeschichte von Auspitz. Die Auszeichnung durch die Stadt war eine Anerkennung dafür, „dass Deutsche einen Anteil an der Kultur Mährens haben".

Bei dem umfangreichen Wissen, bei der Präzision der Anwendung historischer Methoden und bei dem unbestechlichen Ethos eines Wissenschaftlers war es nur verständlich, dass wissenschaftliche Gesellschaften und Institutionen Franz Machilek umwarben und ihn um Mitarbeit baten, was er auch bereitwillig bis an die Grenzen seiner Möglichkeiten mit sich machen ließ.

Seit Jahrzehnten schon war Franz Machilek dem Institut für ostdeutsche (resp. ostmitteleuropäische) Kirchen- und Kulturgeschichte verbunden. 1973 hielt er seinen ersten Vortrag auf der 11. Nachwuchs- und Arbeitstagung des Instituts, dem viele andere folgten, mehrere Tagungen hat er angeregt, vorbereitet und moderiert. Von 1983 bis 1999 gehörte er dem Wissenschaftlichen Beirat an, von 1983 bis 1988 war er Beisitzer im Vorstand und von 1988 bis wenige Jahre vor seinem Tod Vorstandsmitglied des Instituts für ostdeutsche Kirchen- und Kulturgeschichte.

Seitdem sich Franz Machilek in seiner Promotion mit Abt Ludolf vom schlesischen Augustinerchorherren-Stift in Sagan beschäftigt hat, sei er, wie er stolz bekannte, zum „Nebenschlesier" geworden (Schlesien war ein Nebenland der Krone Böhmen). Dieses Selbstbekenntnis war die Garantie, dass er jahrzehntelang die Arbeit des Instituts inspiriert und inhaltlich bereichert hat. Grund genug, ihm dafür dankbar zu sein.

Wer die Liste seiner Publikationen zu Kenntnis nimmt, wer seine umfangreiche Vortragstätigkeit reflektiert und die Zeiten berechnet, die Franz Machilek neben seiner beruflichen Inanspruchnahme in verschiedenen Gremien zugebracht hat, fragt sich zu Recht, wie er das alles bewältigt hat. Ein Familienmensch war er auch. Im Vorwort zu seinem Hus-Buch hat er seiner Frau Margarita († 2004), seinen Kindern Roland, Maria, Franz und Clemens und seiner Partnerin Ingeborg Fuhrmann-Hoffmann für Verständnis und Geduld während seiner Forschungen gedankt. Die Lösung der Frage liegt in dem Zitat aus dem Ersten Korintherbrief: „Alles, was ihr tut, geschehe in Liebe" (1 Kor 16,14), wie es auf dem Gedenkblatt anlässlich seines Todes vermerkt ist.

Ich möchte einen Vers aus dem Hohen Lied der Liebe hinzufügen, das den Wissenschaftler Franz Machilek charakterisiert: „... die Liebe prahlt nicht, sie bläht sich nicht auf, sie tut nichts Unschickliches, sie sucht nicht das Ihre" (1 Kor 13,4f.). Auf diese Weise hat Franz Machilek viele Freundinnen und Freunde gewonnen. Und dafür danken wir ihm und werden ihn in guter Erinnerung behalten.

Joachim Köhler, Tübingen

Anhang

Tätigkeiten und Veröffentlichungen von Franz Machilek im Rahmen des Instituts für ostdeutsche Kirchen- und Kulturgeschichte

Wissenschaftlicher Beirat von 1983 bis 1999
Beisitzer im Vorstand von 1983 bis 1988
5. Vorstandsmitglied 1988 bis 1999
3. Vorstandsmitglied 1999 bis 2014

Vorträge im Rahmen des Instituts für ostdeutsche (resp. ostmitteleuropäische) Kirchen- und Kulturgeschichte

11. Nachwuchs- und Arbeitstagung in Regensburg, 22. bis 25. Juli 1973
Die Ausstrahlung Böhmens auf die kirchlichen Verhältnisse in Ostmitteleuropa
Referat Archivrat Dr. Franz Machilek: Die Ausbreitung der hussitischen Bewegung in Ostmitteleuropa
22. Nachwuchs- und Arbeitstagung in Schöntal, 23. bis 26. Juli 1984
Die Ausstrahlung mittelalterlicher Klöster und Stifte auf das religiöse und kulturelle Leben Ostmitteleuropas
Referat Archivdirektor Dr. Franz Machilek: Die Augustiner-Chorherren in Ostmitteleuropa unter besonderer Berücksichtigung der Raudnitzer Reform
27. Nachwuchs- und Arbeitstagung in Staffelstein, 24. bis 27. Juli 1989
Siedlung und Mission im östlichen Europa
Moderator Prof. Dr. Franz Machilek
28. Nachwuchs- und Arbeitstagung in Köln, 23. bis 26. Juli 1990
Die Armuts- und Observanzenbewegung im Spätmittelalter in Ostmitteleuropa
Humanismus und Renaissance in Ostmitteleuropa vor der Reformation
Referat Prof. Dr. Franz Machilek: Die Klarissinnen in Ostmitteleuropa
30. Nachwuchs- und Arbeitstagung in Regensburg, 20. bis 23. Juli 1992
Humanismus und Renaissance in Ostmitteleuropa vor der Reformation
Referat Prof. Dr. Franz Machilek: Konrad Celtis und die Sodalitäten in Ostmitteleuropa
[32. Nachwuchs- und Arbeitstagung]
Exkursion nach Böhmen – Österreichisch Schlesien – Mähren, 31. Juli bis 7. August 1994
Moderatoren Dr. Josef G. Stanzel und Prof. Dr. Franz Machilek
„Die Exkursionsteilnehmer haben das besondere Glück, von zwei aus Österreichisch Schlesien und Mähren stammenden Institutsmitglieder als wissenschaftliche Reiseleiter geführt zu werden".
34. Nachwuchs- und Arbeitstagung auf Schloss Seggau bei Graz/Steiermark, 29.Juli bis 1. August 1996
Konfessionelle und geistige Beziehungen zwischen dem Reich und den Ländern der Stephanskrone 1500–1806/1945
Referat Prof. Dr. Franz Machilek: Restauration der ungarischen Klöster nach der Türkenherrschaft
37. Nachwuchs- und Arbeitstagung in Schmochtitz, 25. bis 28. Juli 1999
Tausend Jahre Bistum Breslau. Das Zeitalter der Konfessionalisierung

Referat Prof. Dr. Franz Machilek: Hussiten. „Abschreckende Begegnung“ mit Reformideen
Im Druck erschienen: Hussiten in Schlesien. „Abschreckende Begegnung“ mit Reformideen, in: Joachim Köhler, Rainer Bendel (Hg.): Geschichte des christlichen Lebens im schlesischen Raum, Bd. 1 (Religions- und Kulturgeschichte in Ostmittel- und Südosteuropa, Bd. 1,1), Münster 2002, S. 431-450.
39. Nachwuchs- und Arbeitstagung in Magdeburg, 30. Juli bis 2. August 2001
Kirchliche Reformimpulse des 14./15. Jahrhunderts in Ostmitteleuropa
Moderatoren: Prof. Dr. Winfried Eberhard und Prof. Dr. Franz Machilek
46. Nachwuchs- und Arbeitstagung in Regenstauf, 6. bis 9. August 2008
Die Hussitische Revolution. Religiöse, politische und regionale Aspekte.
Moderatoren: Prof. Dr. Winfried Eberhard und Prof. Dr. Franz Machilek
Referat Prof. Dr. Franz Machilek: Schlesien, Hus und die Hussiten
Ergänzung: Tagung „Region – Religion – Identität“ im Europäischen Kulturforum Bad Niedernau, 7. und 8. August 2015
Referat Franz Machilek: Vom „Großmährischen Reich“ zu Mähren als Land der Böhmischen Krone und Markgrafschaft. Zur mährischen Sonderentwicklung und Landesidentität im Mittelalter
Im Druck erschienen in: Rainer Bendel und Josef Nolte (Hg.): Befreite Erinnerung, Teilband 1: Region – Religion– Identität: Schlesische Prägungen (Beiträge zu Theologie, Kirche und Gesellschaft im 20. Jahrhundert, Bd. 26, 1), Berlin: LIT Verlag 2017, S. 149-181.

Veröffentlichungen in der Reihe: Forschungen und Quellen zur Kirchen- und Kulturgeschichte, Köln: Böhlau Verlag

Bd. 28 [1996]: Humanismus und Renaissance in Ostmitteleuropa vor der Reformation
Beitrag Prof. Dr. Franz Machilek: Konrad Celtis und die Gelehrtensodalitäten, insbesondere in Ostmitteleuropa
Bd. 36 [2006]: Kirchliche Reformimpulse des 14./15. Jahrhunderts in Ostmitteleuropa, hg. von Winfried Eberhard und Franz Machilek
Beitrag Prof. Dr. Franz Machilek: Beweggründe, Inhalte und Probleme kirchlicher Reformen des 14./15. Jahrhunderts (mit besonderer Berücksichtigung der Verhältnisse in Ostmitteleuropa
Bd. 44 [2012]: Die hussitische Revolution. Religiöse – politische – regionale Aspekte, hg. von Franz Machilek

Beiträge im Archiv für schlesische Kirchengeschichte

Bd. 26, 1968, S. 96-123.
Johannes Hoffmann aus Schweidnitz und die Hussiten
Bd. 28, 1970, 125-137.
Darstellungen und Verehrung des heiligen Hyazinth in den Diözesen Regensburg, München und Freising, Augsburg und Eichstätt (mit 1 Abbildung)
Bd. 32, 1974, S. 81-102.
Die Schlesier an der Universität Prag vor 1409
<u>Ergänzungen [1]</u>
Bd. 62, 2004, S. 9-11.

Widmung Franz Machilek zum siebzigsten Geburtstag von Joachim Köhler
Ergänzungen [2]
Franz Machilek: Ludolf von Sagan und seine Stellung in der Auseinandersetzung um Konzil und Hussitismus (Wissenschaftliche Materialien und Beiträge zur Geschichte und Landeskunde der böhmischen Länder 8), München 1967.
Franz Machilek: Schlesien, in: Die Territorien des Reichs im Zeitalter der Reformation und Konfessionalisierung. Land und Konfession 1500–1650, Bd. 2: Der Nordosten (Katholisches Leben und Kirchenreform im Zeitalter der Glaubensspaltung 50), Münster 1990, S. 102-138.

Kardinal-Bertram-Stipendium

Franz Machilek als Tutor
Ausschreibung 2009, 2. Thema
Karl Freiherr vom Stein zum Altenstein, Preußischer Kultusminister (1817-1838) und die katholische Kirche in Schlesien

Bettina Reichmann

Bischof Ottokár Prohászka (1895–1927) – „Retter Ungarns“ oder „Vorreiter antisemitischer Ideologie“. Der Versuch einer Kontextualisierung

Abstract: Bishop Ottokár Prohászka (1895–1927) – 'Savior of Hungary' or the 'Vanguard of anti-Semitic ideology.' An attempt at contextualization.
This essay examines the resplendent personality of one of Hungary's most-glorified men of the church: Ottokár Prohászka (1858–1927). He is considered by many to be a pioneering spirit of the First Vatican Council, who wanted to establish Catholicism as the fundament for Interwar Hungary with great enthusiasm, excellent theological reflection and an iron will. This can be seen in his great efforts for said cause. On the other hand, his theology allowed no room for convictions beyond his own understandings of faith and truth, especially not liberal ones. It thus quickly became exclusive and pugnacious. Above all, the liberal-Jewish population of Hungary felt an anti-Semitism fueled by Prohászka's statements during the Interwar Period. In the Second World War, Prohászka's blessed mechanisms of exclusion, which empowered the Holocaust. This essay is therefore an exhortation to examine and analyze both the good and bad sides of a person and their interdependence. Thus, this is an attempt at contextualization.

„Retter Ungarns“ oder „Vorreiter antisemitischer Ideologie“ – Zur Diskussionslage

„Prohászka, Ottokár. Leading figure of conservative antisemitic ideology.“ – Diesen Satz lesen Besucher*innen in ungarischer und englischer Sprache unter einem Portrait des Bischofs Ottokár Prohászka, der von 1905 bis 1927 Bischof von Stuhlweißenburg (Székesfehérvár) war, in der Dauerausstellung des im April 2004 eröffneten Holocaust-Museums in Budapest. Dort hängt das Portrait Prohászkas innerhalb jenes Teils der Ausstellung, der sich mit der Rolle der Kirchen während des Massenmordes an der jüdischen Bevölkerung, den

Sinti und Roma und anderen von der Gesellschaft ausgeschlossenen Gruppierungen während der Annäherung Ungarns an das Dritte Reich und seiner Besetzung durch dasselbe zwischen 1938 und 1944 beschäftigt.[1]

Die Ausstellung erhebt den Anspruch, „to recount and present the suffering, persecution and massacre of those Hungarian nationals – mainly Jews and the Roma – who were condemned to annihilation in the name of the racial ideology“[2].

Bischof Prohászka wird als „Täter“ innerhalb der Ausstellung, deren Zeitfenster die Jahre 1938-1945 umfasst, verhandelt: geboren wurde er im Jahr 1858 geboren, gestorben ist er im Jahr 1927. Bischof von Stuhlweißenburg war er zwischen 1905 und 1927. Seine Wirkungszeit und sein Todeszeitpunkt liegen demnach zeitlich vor dem von den Ausstellungsmacher*innen dargestellten Zeitraum. Der Figur des Bischofs wurde dennoch innerhalb der Ausstellung eine äußerst exponierte Stellung zugeteilt. Diese wird noch verstärkt, da er als einziger „Täter“ unter den Geistlichen der katholischen Kirche Ungarns dargestellt wird.

Einen ganz anderen Eindruck erhält man, wenn man sich auf den Spuren Prohászkas in seiner letzten Wirkungsstätte, der Stadt Stuhlweißenburg, bewegt:

Abb. 1: Postkarte „Apostolus et Praeceptor Hungariae“

1 Stand: 13.07.2021: Holocaust-Museums in der Budapester Páva utca [Straße] 39.

2 Vgl. Homepage des Holocaust Museums in Budapest: [http://www.hdke.hu; 13.07.2021].

Auf der Gedenktafel in der Prohászka-Gedächtniskirche [Prohászka-emléktemplom], deren Bau 1929 begonnen und die 1933 offiziell eingeweiht worden war, wird er als „Apostolus et Praeceptor Hungariae“ bezeichnet. In den Kurzbiographien, die nicht lange nach seinem Tod auch in Deutschland und Österreich erschienen, wird er folgendermaßen beschrieben: „Bischof Prohászka, der ungarnische [sic] ‚Schulbischof‘„ – „Mit ihm ist einer der hervorragendsten ungarischen Kirchenfürsten und einer der größten Redner der Gegenwart aus dieser Zeitlichkeit geschieden“ – „[vom] lebendigen Glauben beseelt, versuchte [...] [er] die verlotterten Sitten der Gesellschaft durch das Erwecken des Glaubens und des Vertrauens auf die göttliche Güte zu verbessern“, weshalb man ihn bald als „Apostel unserer Zeit“ betrachtet habe, der sich nach dem Krieg unter dem „Terror des Bolschewismus und der Räteregierung“ der Umgestaltung des Schulwesens durch die „Bolschewisten“ offen und unmittelbar widersetzt habe.[3] Oder: „Prohászkas Gestalt steht vor den Augen seiner Landsleute in den Maßen einer außerordentlichen Größe“[4], außerdem: „tröstender Engel Ungarns [‚der] in den fürchterlichen Leiden der Kriegs- und Nachkriegsjahre“ als „leuchtende Gestalt“, die aus dem Wirr-Warr des Krieges hervorragte, in seinen Reden aus „der Urquelle des ungarischen Christentum, mit apostolischem Eifer [...] seine Kräfte [einsetzte] für eine wahre, in den Seelen sich vollziehende Rechristianisierung“, und dessen Seelenideal ein „Reich Ungarn“ gewesen sei, das „aus den beinahe millenären Quellen der christlichen Vergangenheit seine seelischen Kräfte“ geschöpft habe, und der ein „christlich-nationales, politisches Programm“ aufgestellt habe, „ohne dabei die neuen Forderungen der Zeiten zu vergessen.[5]

In besonderer Weise kommt diese Charakterisierung Prohászkas als Missionar und Retter der christlichen ungarischen Nation in der Nachkriegszeit durch eine 1934 errichtete, seinem Andenken gewidmete Statue in der Nähe der Universitätskirche zum Ausdruck.[6]

---

3 Art. Bischof Prohászka, der ungarnische [sic] Schulbischof, in: Magazin für Pädagogik 90 (1927), Nr. 8 vom 15.04.1927, hrsg. im Auftrag des katholischen Schul- und Bildungsvereins der Diözese Rottenburg-Stuttgart, 124.

4 Antál SCHÜTZ, Ottokár Prohászka. Ein großer Bischof der Gegenwart, in: Hochland (1930/1931), 322-339, hier 323.

5 Dr. Johann V. LUTTER, Der Apostel Ungarns: Bischof Dr. Ottokár Prohászka, in: Salzburger Katholische Kirchenzeitung (3/1936), 10-15, hier 12.

6 Die Statue wurde 1934 errichtet. Die beiden Figuren des Soldaten und der Hungaria wurden 1944 zerstört, die Figur Prohászkas 1947. 1991 wurde die Figur des Bischofs wieder Original getreu aufgebaut und vor der Prohászka-Gedächtniskirche in Stuhlweißenburg installiert.[7]
Für die Führungen und Hintergrundinformationen zur Prohászka Ausstellung im Diözesanmusuem von Stuhlweißenburg sei Herrn András Smohay (historischer Leiter des Székesfehérvári Egyházmegyei Múzeum [Székesfehérvárer kirchlichen Museums]) herzlich

Abb. 2: Foto Prohászka Statue

Zu sehen ist Prohászka, der das Symbol des Katholizismus, den Kelch, in der Hand hält; direkt über ihm im Himmel die Karte Ungarns, auf der das christliche Kreuz steckt. Links von der Karte ist der Heilige König Stephan I. zu sehen, der die heilige, ihm von Papst Silvester II. überreichte Krone, Symbol für das apostolische Königtum, auf dem Kopf trägt und mit der linken Hand auf die Karte Ungarns weist. Auf der rechten Seite steht ein Engel mit dem ungarischen Nationalwappen in beiden Händen. Rechts unten zu Füßen Prohászkas ist die Hungaria zu sehen, das als weibliche Person dargestellte Ungarn, die die rechte Hand Hilfe suchend Prohászka mit dem Kelch entgegen streckt und mit der linken Hand auf das ihr zu Füßen liegende Nationalwappen weist. Auf der linken Seite zu Füßen Prohászkas, halb im Schoß der Hungaria, sich auf dem Nationalwappen abstützend, befindet sich ein vom Krieg gebeugter Soldat, der, betrachtet man seine Körperform, der Form der ungarischen Nation entspricht, wie sie nach dem Friedensvertrag von Trianon 1920 ausgesehen hatte.

In Form von Zeichnungen wurde diese Symbolik in die Alltagswelt der Zwischenkriegszeit transportiert, wie zum Beispiel als Titelblatt des Kalenders des katholischen Volksvereins 1935, auf dem neben der Statue Prohászkas die ihm entgegengebrachte Verehrung durch die Bevölkerung verdeutlicht wird.

---

gedankt. Zur Ausstellung selbst vgl. auch Gergely MÓZESSY, Prohászka Ottokár – Püspök az Emberért [Bischof der Menschen], Székesfehérvár/Budapest 2006.

Abb. 3: Titelblatt Kalender des katholischen Volksvereins, 1935

In der Zwischenkriegszeit galt Prohászka also als der „Retter“ einer vermeintlich „christlichen ungarischen Nation“ und als „Bewahrer des Glaubens“. Verstärkt wurde diese Darstellung noch durch Erzählungen über Prohászkas Verhalten während der Periode der Räterepublik und den Verfolgungen des Glaubens durch die Bolschewisten.

Dieses konstruierte Prohászkabild hat sich über die sozialistische Zeit hinweg bis heute gehalten und erfährt seit den 1990er Jahren einen bemerkenswerten Boom, der sich insbesondere durch das große Jubiläumsjahr, das im Jahr 2007 anlässlich seines 80. Todestages begangen worden war, noch verstärkt zu haben scheint. Seitdem ist die Figur Prohászkas wieder in das öffentliche Interesse gerückt worden. So verzeichnete das Diözesanmuseum von Stuhlweißenburg, das im Februar 2006 eine Sonderausstellung zu Bischof Prohászka initiiert hatte, im ersten halben Jahr 3000 Besucher, woraufhin die Ausstellung bis ins Frühjahr 2008 verlängert wurde und insgesamt ca. 23.500 Besucher gezählt wurden.[7]

---

7 Für die Führungen und Hintergrundinformationen zur Prohászka Ausstellung im Diözesanmusuem von Stuhlweißenburg sei Herrn András Smohay (historischer Leiter des Székesfehérvári Egyházmegyei Múzeum [Székesfehérvárer kirchlichen Museums]) herzlich gedankt. Zur Ausstellung selbst vgl. auch Gergely MÓZESSY, Prohászka Ottokár – Püspök az Emberért [Bischof der Menschen], Székesfehérvár/Budapest 2006.

Die Spanne der Diskussionen – auch im wissenschaftlichen Bereich – um die Rolle des Bischofs bewegt sich zwischen zwei Punkten, die scheinbar nicht zusammengedacht oder verbunden werden können. Auf der einen Seite steht die Interpretation der Figur Prohászkas als „unsterbliche[r] Sohn" des ungarischen Katholizismus, als „Wegbereiter und Motor der modernen katholischen Erneuerung in Ungarn", „hervorragenden Theologen und Denker, großartigen Schriftsteller und noch großartigeren Kanzelredner"[8] mit klarer Signifikanz seines Denkens und Wirkens im Hinblick auf die Erneuerungsbewegung der Katholischen Kirche am Ende des 19. und zu Beginn des 20. Jahrhunderts.[9] Auf der anderen Seite werden seine antisemitischen Tendenzen hervorgehoben, die eng an die ihm zugesprochene nationalistische Einstellung geknüpft werden. Der Forschungstenor in diesem Bereich lautet: Der Antisemitismus Prohászkas lasse sich rein mit den sozial-politischen Umständen in Verbindung bringen und sei als genuine Kritik am Liberalismus, Kapitalismus vor dem Krieg und dem Kommunismus nach dem Krieg zu bewerten, wofür nun einmal „die Juden" verantwortlich gewesen seien. Die religiösen Juden seien von dieser „Kritik" Prohászkas ausgenommen gewesen. Die „Judenfrage" habe sich ausschließlich auf die Erfahrungen bezogen, die Prohászka mit den „liberalen Juden" am Ende des 19. Jahrhunderts im Kontext der Magyarisierung und Emanzipation des Judentums und der Zeit der Räte gemacht habe. Die „katholische Erneuerung" und die Angst, das Christentum könnte seine Stellung im Staat verlieren, sei Motivation für diese „antijüdischen Aussagen" gewesen.[10] Dagegen gibt es Forschungsmeinungen, die behaupten, dass die antisemitische

---

8 Gabriel ADRIÁNYI, Der Erneuerer des modernen ungarischen Katholizismus. Bischof Ottokár Prohászka (1858–1927). Sein Briefwechsel mit dem Collegium Germanicum et Hungaricum in Rom (1882–1907), in: Remigius BÄUMLER (Hg.), Reformatio Ecclesiae. Beiträge zu kirchlichen Reformbemühungen von der Alten Kirche bis zur Neuzeit. FS Erwin Iserloh, Paderborn, u.a. 1980, 911-931, hier 911; DERS., Art. „Prohászka, Ottokár", in: Biographisch-Bibliographisches Kirchenlexikon [http://www.bautz.de/bbkl/p/prohaszka_o.shtml; 13.07.2021]; Ders., Fünfzig Jahre ungarischer Kirchengeschichte 1895–1945 (Studia Hungarica, Bd. 6), München 1974, 67-71.

9 Vgl. bspw. Ferenc SZABÓ S.J., Prohászka Ottokár. Élete és Műve (1858–1927), Budapest 2007; DERS. (Hg.), Prohászka Ébresztése II, Budapest 1998; DERS., Gergely MÓZESSY (Hgg.), Proházka Ottokár. Magyarország apostola és tanítója, Szegeden 2002; Gergely MÓZESSY (Hg.), Prohászka Ottokár – Püspök az Emberért,Budapest 2006. Themen wie, Prohászka und die „römische Schule", Prohászka und der Modernismus, Prohászkas Werke auf dem Index, Prohászka und der Liberalismus, Prohászka und der „soziale Katholizismus" bzw. die „soziale Frage", Prohászka und der „ungarische „politische Katholizismus", Prohászka und das Pressewesen, Prohászka und die „Frauenfrage", die mit seinen Lebensstationen, Rom, Esztergom, Székesfehérvár und Budapest, verknüpft werden, stehen dabei im Vordergrund des Forschungsinteresses.

10 Ferenc SZABÓ S.J., Élete és Műve, 237-256; Orvos LEVENTE, Prohászka Ottokár és a zsidókérdés, in: MÓZESSY, Püspök az Emberért, 135-220.

Argumentation Prohászkas im Rahmen des „christlich-nationalen Kurses“ unter Rückgriff auf die von ihm bereits vor dem Krieg, im Jahr 1893, geführte Diskussion, als es um die Rezeption der jüdischen Religion im Staat ging, als „nationale Selbstverteidigung“ galt und auf der Basis rassischer Argumentation das gesamte ungarische Judentum betroffen habe.[11] Diesem habe Prohászka die „Ineffizienz“ und „Unvollkommenheit“ seiner Assimilation nachgesagt. Der in diesem Zusammenhang ebenfalls angesprochene Rassismus der 1920er Jahre wird dabei „notions of biological destiny“ gesehen. Andererseits hätten die radikalen Nationalisten, zu denen auch Prohászka gezählt wird, „some similarity between their own self-appointed mission and the racial politics of radical movements elsewhere in Europe“ gefunden.[12] Die hier angesprochene „Mission“ sei die Schaffung einer christlichen Nation insbesondere im Hinblick auf das kulturell-politische Leben gewesen. Das radikal-nationalen Zeitzeugen zufolge aber nur hätte etabliert werden können, wenn der Einfluss des „jüdischen Geistes“ ausgeschaltet worden sei. Die Verabschiedung des Numerus-Clausus-Gesetzes im Jahr 1920 gilt für diese Interpretation als praktische Anwendung und Konsequenz dieser Vorstellung.[13] Parallel dazu wird Prohászka als „Lieferant“ der ideologischen Grundlage für einen „christlich-nationalen Kurs“ der Kirche nach dem Ersten Weltkrieg gesehen, der als Gegner des Liberalismus und der Sozialdemokratie die Stärkung von Moralität, Nation und Kirche gefordert und damit die Hoffnung verbunden habe, dass die Kirche tragende Funktion im Staat übernehmen würde und die Gesellschaft sich auf christlicher Basis neu formieren hätte können.[14] So sei auch von der katholischen Kirche – allen voran Prohászka – in den 1920er Jahren ein „‚nationaler Kollektivismus‘„ im Sinne einer „Synthese von Christentum und Nationalismus [..] unter Beibehaltung der politischen Führungsrolle der Institution Kirche“ gefordert worden. Allerdings sei dieser Nationalismus weder auf rassischer Grundlage, wie der Nationalismus anderer Zeitgenossen Prohászkas[15], gegründet gewesen, noch als „‚Ersatzreligion‘„ angesehen

11 Paul A. HANEBRINK, In Defense of Christian Hungary. Religion, Nationalism, and Antisemitism, 1890-1944, Ithaca/London 2006, 85.

12 Ebd.

13 Vgl. Ebd., 27, 56f., 65, 82f., 85, 89-92; Vgl. auch ders., The Redemption of Christian Hungary. Christianity, Confession and Nationalism in Hungary, 1919-1944, in: Michael GEYER, Hartmut LEHMANN (Hg.), Religion und Nation. Nation und Religion. Beiträge zu einer unbewältigten Geschichte (Bausteine zu einer Europäischen Religionsgeschichte im Zeitalter der Säkularisierung, Bd. 3), Göttingen 2004, 255-275, dort v.a. 258, 266.

14 Norbert SPANNENBERGER, Die katholische Kirche in Ungarn 1918–1939. Positionierung im politischen System und „Katholische Renaissance“, Stuttgart 2006, 40f., 56, 129.

15 Spannenberger führt für diese Diskussion die berühmten ungarischen Schriftsteller Endre Ady (1877–1919) und Desző Szabó (1879–1945) an, die beide zwar denkerisch voneinander abweichend bereits um die Jahrhundertwende in der Auseinandersetzung um die nationale

worden. Seine Basis für die führende kirchliche Elite, sei nicht die „Ausgrenzung nach rassischen Kriterien, sondern die Stärkung des „‚nationalen Geistes'„ d.h. die „‚Vermehrung'„ der Nation durch die Assimilation der anderen Volksgruppen, v.a. des Judentums, gewesen. Gründe dafür seien, dass die Begründung des Nationalismus mit rassischen Motiven, der etablierten ungarischen politischen Tradition widersprochen habe, der die kirchliche Elite gefolgt sei, zumal auch zahlreiche katholische Würdenträger – darunter auch Prohászka – „fremder Abstammung" (z.B. slowakischer und deutscher) und viele „prominente Vertreter der Ordensgeistlichkeit Assimilanten" gewesen seien.[16]

Biographischer Einschub

Als Sohn nicht-magyarischer, katholischer Eltern wurde Ottokár Prohászka im Jahr 1858 in Nyitra (Neutra, heute Slowakei) geboren. Ottokárs Vater, Dominik Prohászka aus Mähren, war als österreichischer Offizier nach Nyitra gekommen und hatte dort die Bäckerstochter Anna Filberger geheiratet, die ebenfalls deutschsprachig war. In Prohászkas Elternhaus wurde ausschließlich deutsch gesprochen, auch korrespondierte Prohászka mit seinen Eltern zeitlebens in deutscher Sprache. Seine Kindheit verbrachte er in einem deutsch-tschechisch-slowakischen Umfeld. Die Volksschulzeit absolvierte der junge Prohászka in einer slowakisch geprägten Region und sprach deutsch und slowakisch. Als Internatsschüler des Erzbischöflichen Knabenkonviktes in Gran am Gymnasium der Benediktiner, wo er das Abitur absolvierte, erlernte er das Ungarische. Seine Studienzeit verbrachte der junge Prohászka in Rom (1875–1882), in der die Fundamente für sein theologisches Denken und Argumentieren gelegt wurden. Die von den Jesuiten vorgelebte ignatianische Frömmigkeitsform und die an der Gregoriana gelehrte neuscholastische Theologie, die vor allem Papst Leo XIII. forciert hatte, bildeten die Grundpfeiler für sein Leben als Theologe und Geistlicher.

Prohászka wurde im Jahr 1878 an der Gregoriana zum Doktor der Philosophie promoviert, 1881 zum Priester geweiht und erlangte im Jahr 1882 den Doktorgrad der Theologie, was seine Studienzeit in Rom abschloss. Danach kehrte er nach Ungarn zurück. Er war zunächst Repetent für Latein und Griechisch, außerdem, ab dem Jahr 1890, Spiritual für die Priesteramtskandidaten und ab 1884 Professor für Moral- und Pastoraltheologie. 1888 wechselte er auf

---

Identität Ungarns die ungarische Nation auf rassischer Grundlage definiert hatten und das „Idealungarn" als ethnisch reinen Staat sahen. Vgl. ebd., 112-119.

16 Ebd., 121f.

eine Professur für Dogmatik – zunächst in Gran, ab 1904 dann in Budapest und ab 1905, bis zu seinem Tod 1927, stand er der Diözese Stuhlweißenburg als Bischof vor.

Als Politiker und Theologe befasste sich Prohászka intensiv mit den Anforderungen, mit denen sich der Glaube und die Kirche in dieser Zeit auseinandersetzen mussten. Das zeigt beispielsweise seine umfangreiche Beschäftigung mit den Naturwissenschaften und mit gesellschaftspolitischen Fragestellungen. Besonders intensiv setzte er sich mit der Arbeiterfrage auseinander, im Zuge derer er im Jahr 1888 den ersten Junggesellenverein Ungarns nach deutschem Vorbild gründete. Wie sehr die Anforderungen der Zeit ihn umtrieben, bezeugt sein Engagement bei der Gründung der „Katholischen Volkspartei" [„A katholikus Néppárt"] (1894–1896), die in der gegenwärtigen Forschung als Organ des politischen Katholizismus in Ungarn gilt. Deren Ziel war es, im Kontext des sogenannten „ungarischen Kulturkampfes" das politische Sprachrohr der katholischen Kirche auf dem politischen Parkett zu sein. Die Zeit als Bischof in Stuhlweißenburg war geprägt von pastoraler und spiritueller Tätigkeit. Bei unzähligen Vereinsversammlungen katholischer Arbeiter- und Sozialvereine hielt er Vorträge. Auch spirituelle Literatur entstand in dieser Zeit. Nicht nur innerhalb Ungarns sondern auch international wuchs seine Popularität. Daneben setzte er sich vor allem theologisch mit der Frage auseinander, wie der Katholizismus mit der Moderne umgehen sollte.

Insbesondere der verlorene Krieg, die Notwendigkeit der Neuordnung des ungarischen Staatsgefüges, der Friedensvertrag von Trianon und dessen Revision waren die Ereignisse, die Prohászka während der letzten Phase seines Lebens beschäftigten. In Zusammenhang mit diesen Entwicklungen standen Maßnahmen gegen die jüdische Bevölkerung und ein bis dahin in dieser Form nicht bekannter Antisemitismus. Prohászka spielte eine beachtliche Rolle bei den Diskussionen um die „Judenfrage" und der Verabschiedung des Numerus-Clausus-Gesetzes von 1920, das die Zulassung zu den höheren Bildungseinrichtungen der jüdischen Bevölkerungsschicht einschränkte.

1927 starb Ottokár Prohászka in Stuhlweißenburg. Bereits 1927 wurden viele seiner Schriften in einem Gesamtwerk abgedruckt, im Jahr 1929 die oben bereits erwähnte Kirche ihm zu Ehren erbaut und ein Seligsprechungsprozess angestrebt.

Der Versuch einer Kontextualisierung

Aufgrund der oben beschriebenen sehr polaren Einschätzungen und Interpretationen bietet es sich an, den Antisemitismus Prohászkas vielschichtiger zu sehen, wie es der ungarische Historiker Jenő Gergely vorschlägt. Einerseits habe Prohászka den „russisch-jüdischen Geist“, den er mit dem Bolschewismus gleichgesetzt, verurteilt, damit aber eine Unterscheidung vorgenommen zwischen der ungarischen Religionsgemeinschaft des Judentums und einer kleinen Gruppe aus der Bevölkerung jüdischer Abstammung, die ihrer Religion entsagt habe und glaubenslos geworden sei. Die Anschuldigung Prohászkas, dass alles, was in Richtung Aufklärung, Liberalismus und Säkularisation tendiert und diesen vertreten habe, „jüdische Machenschaften“ gewesen seien, bezeichnet Gergely als ahistorisch und deshalb falsch. Andererseits sei es Prohászka immer um die Vormachtstellung des Christentums in Ungarn gegangen, demgegenüber er das gesamte Judentum, also auch die jüdische Religion, als „unmoralisch, pervers und frivol“ charakterisiert habe und damit die gesamte jüdische Bevölkerung als Gefahr für das Christentum und damit ein christliches Ungarn angesehen habe. So habe Prohászka in seiner Auffassung über das Judentum die „Sünden der Einzelnen verallgemeinert“ und sei, wie andere „Publizisten der neokonservativen Antikapitalisten“, bei der „Theorie der Kollektivverantwortung“ angekommen. Um die Frage des Antisemitismus bei Prohászka klären zu können, fordert Gergely die Analyse der „objektiven Gründe“, die in der Entstehung der bürgerlichen Gesellschaft zu suchen seien, da die Erklärungen für den Antisemitismus weder in rassen- noch in religionsethischen Grundlagen zu suchen seien.[17] Weiterhin – so mein bescheidener Vorschlag – würde es durchaus zum Verständnis des Denkens und Agierens Prohászkas beitragen, würde man sich die Mühe machen, seine theologische Denkweise und Überzeugung zu analysieren und zu verstehen suchen.[18] Eine dafür gute Analysemöglichkeit bieten die drei von Prohászka zwischen 1907 und 1918 verfassten kleinen Bändchen: „Der Moderne Katholizismus“, „die Seele des Krieges“ und „Kultur und Terror“; außerdem sein Tagebuch und seine Hirtenbriefe.[19]

Im Jahr 1907 ist mit dem Titel „Moderner Katholizismus“ [Modern Katholicizmus][20] ein kleines Büchlein aus der Feder Prohászkas erschienen, in

---

17 Vgl. Jenő GERGELY, Prohászka és a Tanácsköztársaság, in: Ferenc SZABÓ S.J., Prohászka Ébresztése II, Budapest 1998, 144-148.

18 Vgl. dazu Bettina REICHMANN, Bischof Ottokár Prohászka (1858–1927). Krieg, christliche Kultur und Antisemitismus in Ungarn (Veröffentlichungen der Kommission für Zeitgeschichte, Reihe B: Forschungen, Bd. 127), Paderborn 2015.

19 Ottokár PROHÁSZKA, A Modern Katholiczismus, Budapest 1907; Ders., A Háború Lelke, Budapest 1915; DERS., Kúltura és Terror, Budapest 2018; DERS., Naplójegyzetek 1-3, hrsg. und bearbeitet von Barlay Ö. SZABOLCS, Zoltán FRENYÓ, Ferenc SZABÓ, Szeged-Székesfehérvár 1997. Die Hirtenbriefe sind nicht herausgegeben und bearbeitet, sondern befinden sich unter der Signatur SzfvPL-Lit.Enc. [entsprechende Jahreszahl] im Bistums- und Domarchiv des Bistums Székesfehérvár [Székesfehérvári Püspöki és Székeskáptalani Levéltár].

20 PROHÁSZKA, Moderner Katholizismus.

dem er klar zum Ausdruck bringt, was seiner Ansicht nach einen „modernen Katholizismus“ ausmacht:

„Es ist eine augenfällige Tatsache, dass es eine Kultur gibt, welche vom Christentum entfremdet ist und auf das ganze Leben Einfluss nehmen will; es ist eine augenfällige Tatsache, dass diese Kultur das Christentum überflüssig machen will. Das Schiff von St. Peter – sagt man – wird von Wellen umtobt, welche die Freiheit der Wissenschaft in Bewegung gesetzt haben; seine Kämpfe werden aber ohne jegliche Besorgnis des Geistes der Entwicklung betrachtet, weil, egal was mit diesem alt konstruierten Schiff passiert, der große Wert der menschlichen Geschichte schon nicht mehr darauf ist. Es kann also untergehen. Ja, wenn das Leben ohne es sein kann, kann es auch untergehen. Aber das Problem ist nicht, dass das Christentum wegen fehlender Kultur untergeht, sondern nach unserer tiefsten Überzeugung ist es das, dass die Kultur untergeht, wenn sie vom Christentum abgetrennt wird. Das duldet aber das apostolische Christentum nicht. Kultur ist letztendlich ein abstraktes Wort und lebt in den Kulturmenschen, also in Menschen, die vom Christentum entfremdet sind, die auf einem anderen Schiff paddeln und uns zurufen: In Peters Schiff ist die Religion, bei uns die Kultur. Und diese Tatsache ist ihr Verderben, aber auch unser Jammer. Deswegen kann ich mutig die Frage aufwerfen: Waren wir schon Apostel jener entfremdeten Kultur, die brennen, aufklären, verstehen, wärmen, anpassen und lieben konnte [...]? Diese Kultur kann man lieben und bewundern und trotz ihrer Fehler kann man ihren starken Lebensfluss bewundern, der voll mit vielen und großen Gnaden ist. Die Seelen sehnen sich nach edlen Idealen; der menschliche Geist macht Riesenarbeit und ihre mutigen Bedürfnisse werden bei der Beantwortung der Fragen ins Unermessliche gesteigert. Es reicht ihr nicht, dass die Vergangenheit aufgewärmt wird, sie übersteigt die Dämme alles Negativen, wie zum Beispiel Verbote und Angrenzungen. Verlangt überall Arbeit in allen Zweigen der Kultur, in Wissenschaft und Kunst genauso, wie in Technik, im Ausbau sozialer Institutionen, genauso erwartet diese positive Arbeit sie bei der Ausübung des gläubigen Religionslebens, auch was das Dogma und die Ethik anbetrifft. Entsprechend unserer kulturellen Bedürfnisse müssen wir also die alten Wahrheiten den modernen Gefühlen näher bringen; unsere Erziehung, unsere Allgemeinbildung, unsere übernatürliche Moral müssen wir zur Geltung bringen, damit die Welt die praktische Einlösung des Christentums sieht. Ja, das alles müssen wir tun, weil trotz aller Errungenschaften der Kultur wir auch sehen, dass der moderne Mensch nicht glücklich ist, und dass es töricht von ihm ist, durch Bahn- und Schiffsverkehr die Via-Sacra zu vergessen auf der jeder zu Fuß und barfuß in Richtung seinem Gott und Herrn gehen muss. Es ist töricht durch geistliche Bildung das Herz schrumpfen zu lassen. Die ethische Energie der Kultur der

Erde ist ungenügend, so wie die Wärme der Erde für Flora und Fauna ungenügend ist. Das seelische Leben friert ein, wenn es sich von den Sonnenstrahlen des Geistes Gottes abwendet. Die Kultur, welche Glück erschaffen möchte, und die Kultur die das prometheus`sche Feuer des Verstandes aufleuchten lassen möchte, braucht die Helligkeit Christi und den Arm Christi. Wir sollen also die Lage verstehen und das Christentum in die Kulturwelt hineinstellen, entsprechende Einsichten in alte Wahrheiten schaffen und jene in den modernen Gefühlen zur Geltung bringen. Wir sollen die Natur mit der übernatürlichen Welt verbinden, Freiheit mit Autorität, die irdischen Ziele mit dem ewigen Ziel. Wir sollen die Strudel nicht festhalten, sondern Brücken über sie bauen. Wir sollen die Gegensätze zwischen Kirche und Kultur nicht zuspitzen und wir sollen das Werk der Kultur nicht mit Unglaube identifizieren, sondern wir sollen uns in ihre Richtung bewegen und wir sollen mit der Urkraft und Wärme unseres wahren, tiefen Pfingstglaubens den Seelen, die in der profanen Kultur nicht erfüllt sind, helfen."[21]

In der programmatischen Schrift „Moderner Katholizismus" formuliert Prohászka seine Einschätzung des Glaubens in der Doppelmonarchie um die Jahrhundertwende. Sehr aufgeschlossenen gegenüber wissenschaftlichen Erkenntnissen und dem Gedankengut der Aufklärung versucht er ein Programm zu entwickeln, das die Kirche und den Glauben (wieder) gesellschaftsfähig macht und ihm Relevanz angesichts zunehmender Säkularisierung zuspricht. Prohászkas These ist es, dass sich Christentum und moderne Welt ergänzen müssten. Er wendet sich mit dieser Ansicht gegen Rom, die im Kontext des sogenannten Modernismus ein sich schützen wollendes, abschottendes Verhalten an den Tag legt und sich in einen Elfenbeinturm zurück zieht in der Hoffnung, dass die Stürme der Moderne an ihr vorüber ziehen mögen. Anders als die sogenannten Anti-Modernisten öffnet sich Prohászka den Entwicklungen der Moderne, beobachtet sehr genau, beschäftigt sich intensiv mit den neuen wissenschaftlichen Entwicklungen und dem philosophischen Gedankengut der Aufklärung. Im sozial-gesellschaftlichen Bereich beschäftigen ihn die Industrialisierung, die Urbanisierung und damit v.a. die Arbeiterschaft. Er ist Mitbegründer diverser Arbeitervereine und -gesellschaften und ist dort gerne eingeladener Redner. Ein Klerus, der in feudalistischen Strukturen verhaftet blieb und abgehoben von der bürgerlichen Gesellschaft, „theologisch schlecht ausgebildet" der „Genusssucht und Frivolität" frönt, ist ihm verpönt. Aufmerksam beobachtet Prohászka die urbane Entwicklung und den Aufschwung akkulturierter Gruppen, die sich seit dem Ausgleich durch die nationalistischen Magyarisierungsbestrebungen assimiliert hatten und den wirtschaftlichen Aufschwung vorantrieben. Darunter ein großer Anteil jüdischer Bevölkerungs-

[21] Ebd., 6-8.

teile, die sich in hohen Maße am Kapitalmarkt beteiligten. Zwei große Themen bestimmten Prohászkas Schriften vor dem Krieg: der Kapitalismus und der Liberalismus, beides säkulare Entwicklungen, die „eine Gefahr" für die christliche Identität v.a. die Moral darstellten. Daneben war ihm klar – und davon zeugt seine eingangs zitierte Schrift der „Moderne Katholizismus" – das die katholische Kirche sich, um überhaupt noch einen Fuß in der Tür der Gesellschaft behalten zu können, im Innern erneuern müsste. Diese Erneuerung könne aber seiner Meinung nach nur durch eine Annäherung an die modernen Entwicklungen gelingen. Als auch in Deutschland die progressiven Ideen der Encyclica Rerum Novarum von Leo XIII (1891) bei manchen Fuß fassten und – wie Prohászka es tat – weiterentwickelt wurden, konnte der Folgepapst Pius X. Prohászkas Schrift nur auf den Index stellen. Kurz darauf entbrannte der Krieg und der sogenannte Antimodernismusstreit flachte ab. Diese Idee aber, die ungarische Kultur mit dem Christentum – von Prohászka gedacht, dem Katholizismus – in Eins zu denken, deutet bereits vor dem Krieg das „Programm" für die Zeit nach dem Krieg an, nämlich: den Katholizismus zum Fundament der Kultur zu erklären und die Nation auf die Säulen des Katholizismus zu stellen. Die Deutung des Krieges durch den Bischof deutet diese Nachkriegshoffnung und das damit verbundene Programm an:

„[I]n meinen Augen ist Krieg so etwas wie ein Hammer mit dem Man Nüsse – ich will besser sagen, mit der die Menschen, menschliches Leben und die Kulturwelt geknackt wird. Es ist ein Knacken, mit dem die Moralität die Seele so herausgelöst wird, wie der Kern aus der Hülle sich heraus löst. Und es wird offensichtlich, was also Kern und Inhalt des Lebens ist und was die eigentlichen Werte und Sinn des Menschen und der Kultur ist. [...] Momentan wird die Erde durch einen Pflug bearbeitet und es wird ihr wehtun. Es ist kein Wunder, dass der Pflug der Kämpfe die Herzen der Volksrassen umpflügt. [...] Unsere Kultur ist wehleidig und weich und unsere Religiosität ist schwach. Unsere Seelen sind blasiert und forschen nicht so sehr nach dem Sinn Lebens. Genuss, Komfort und Bequemlichkeit erfüllt sie. Ihr größtes Problem ist, dass sie Geld hat und ihre Gelüste ausleben kann. Sie ist sowohl egoistisch als auch unbarmherzig. Können wir also nicht denken, dass in so einer aufgeweichten Welt die Qual und das Leiden und sogar Krieg irgendeine höhere Mission haben? Können wir nicht denken, dass sich im Sturm der Katastrophen Gottes Seele zeigt und die Luft säubert, die mit Geschwüren voll ist. Können wir nicht denken, dass Gottes Seele mit dem Pflug er Kämpfe den mit Unkraut vollen, schmutzigen, unfruchtbaren Boden der Kultur zu einem ethischen Frühling umpflügt? Gott knallt mit seiner Peitsche auf die Menschheit, die ihn vergessen hat und nur nach Genüssen jagt. Er schlägt mit seinem Eisenstock auf die

Kartenhäuser der materialistischen Ideologie, die keine Seele findet, aber auch keine Seele produziert. Er bewegt die genusssüchtige, antisoziale Gesellschaft, die die Tiefen der Seelen ignoriert hat und für das Leben als Ideal das Angenehme, den Genuss und das leichte Leben aufgestellt hat. Die Erde bebt und aus ihren Tiefen soll eine bessere Welt und eine bessere Kultur heraus kommen“[22]

„So eine Katastrophe ist jetzt im Weltkrieg über uns herein gebrochen. Wir stehen wie erschüttert da und wie Fetzen blättern unsere Kulturträume von unseren Selen ab. Wir sind Traurig, dass wir so geglaubt und uns doch so getäuscht haben, aber dann revidieren wir auch und sehen, was von den Parolen wahr und was nicht wahr ist, ...und nachdem wir die vielen Trümmer durchsiebt haben, suchen wir neue Formen und wollen unsere Bestrebungen in irgendein neues Programm bringen“[23]

Der Krieg endete für die Doppelmonarchie Österreich-Ungarn offiziell am 13. November 1918 mit dem Waffenstillstandsabkommen von Padua. Mit Kriegsende und den damit verbundenen politischen Umstrukturierungen innerhalb Österreichs und Ungarns war die Zeit der Doppelmonarchie Österreich-Ungarn beendet. Politische Instabilität, eine ökonomische sowie wirtschaftliche Krise, soziale Spannungen und die immer noch ungelöste Nationalitätenfrage bestimmten die Alltagswelt der ungarischen Bevölkerung in den ersten Jahren nach dem Krieg. Hass und Gewalt im Zuge der sogenannten Asternrevolution und darauf während der Räterepublik zermürbten die ohnehin bereits ausgelaugte Bevölkerung. Erst der von den Alliierten diktierte bis heute für viele sehr schmerzlich empfundene Friedensvertrag von Trianon ordnete das Tohuwabohu auf der Suche nach politischer Neuorientierung nach dem verlorenen Krieg und dem Ende der Monarchie, außerdem die Spannungen unter den Nationalitäten, weil mit einem Pinselstrich zumindest die Nationalitätenfrage gelöst wurde.

Trotz Kriegsniederlage, Schock und politischer Untergangsstimmung hatten die katholischen Bischöfe bei Kriegsende zuversichtlich in die Zukunft geblickt. Zwar wäre der Erhalt der Monarchie von der monarchie-nahen katholischen Kirche bevorzugt worden, dennoch war das Ende der Monarchie und der politische Neuanfang in Form einer Republik nicht boykottiert worden. Sondern im Gegenteil, man hatte versucht, sich der neuen Regierung anzunähern. Die Bischöfe hatten gehofft, damit zwei Ziele in der Nachkriegszeit zu erreichen. Einerseits war es ihnen darum gegangen, den Katholizismus auf gesamtgesellschaftlicher Ebene zu erneuern und andererseits die Stellung der Kirche

---

22 DERS., Die Seele des Krieges, 37f.

23 DERS., Kúltura és Terror, 5.

im Staatsgefüge zu stärken, wenn möglich, sogar eine Prädomination der katholischen Kirche gegenüber anderen Konfessionen im Staat zu erreichen.

Auch Prohászkas Aussagen hatten die allgemeine Meinung der Bischöfe widergespiegelt. Im Hirtenbrief, den er in seiner Diözese im Januar 1919 hatte verlauten lassen, hatte er von einer „Weltverbesserung“[24] gesprochen, die nun hätte beginnen und die Linderung der Leiden und den Kampf gegen das Böse mit sich bringen sollen. Nachdem der Krieg nicht die erhoffte Besserung im Hinblick auf das Glaubens- und Moralleben der Menschen gebracht hätte, sei es nun mehr denn je notwendig gewesen, „das Böse [zu bekämpfen] und ein festes Christentum, lebendigen Glauben und reine Sitten in die Welt zu setzten“[25]. Die Lösungsformel für die Zukunft Ungarns lautete, ein im Glauben gefestigtes Christentum erstehen zu lassen.

Die Deutung des Kriegsendes als Höhepunkt menschlichen Umkehrunvermögens hatte den Wunsch erwachen lassen, die Erziehung zum Christentum zur Hauptaufgabe der Nachkriegszeit zu machen. Eben weil die Menschen sich nicht schon während des Krieges besonnen hätten, hatte sich Prohászka am Ende des verlorenen Krieges gefragt: „Woher sollen wir solch biedere, entschiedene Christenmenschen hernehmen, wo wachsen uns solch stämmige Menschen? Wer soll sie uns erziehen?“[26] Woher also ein Christentum nehmen, auf dessen Fundament man das Neue hätte aufbauen können? Seine eigene Antwort auf diese Frage war gleichsam als Appell zu verstehen: Da „solche Menschen [nicht] vom Himmel fallen, [müssen] sie erzogen werden.“[27] Und wer soll diese Erziehung übernehmen? – *Die christliche Familie, die christliche Schule* und *die Kirchengemeinde.“*[28] Sie seien der Boden gewesen, auf welchem „gute Christenmenschen“ hätten erzogen werden sollen.

Die anhaltenden kriegerischen Zustände und den Kampf der Nationalitäten um ihre territorial-nationalen Ansprüche hatte Prohászka im Hirtenbrief nicht erwähnt. Auch in seinem Tagebuch fanden sich dahingehend keine Einträge. Sein Fokus hatte zuerst der Restauration des Katholizismus gegolten. Diese hätte aus der Bevölkerung heraus entstehen sollen.

Diese Hoffnung auf eine „christliche Erneuerung“ war die eine Dimension des von den Bischöfen vertretenen „christlichen Kurses“ der Nachkriegszeit. Die andere Dimension war die Festigung der katholischen Kirche als Institution im Staatsgefüge.

---

24 SzfvPL. PR/VI./14., Prohászka, Ottokár, „Auferstehung“. Ein Hirtenbrief von Ottokar Prohászka, Bischof von Stuhlweißenburg, Kempten, München 1918, o.S.

25 Ebd.

26 SzfvPL. Litterae Encyclicae et Officiosae Ordinariatus Almae Dioecesis Alba-Regalensis Annis 1916–1924. Prohászka, Ottokár, Hirtenbrief 28. Januar 1919, 2-5.

27 Ebd.

28 Ebd.

Die dem Haus Habsburg nahe, in der Tradition Maria Theresas stehende katholische Kirche hätte, so der dringlichste Wunsch der Bischöfe, tragende Säule der ungarischen Nation werden sollen. Aus diesem Grund hatten die Bischöfe, auch wenn es zunächst nicht nach einer Restauration der Monarchie ausgesehen hatte, sich selbst und die christliche Lehre in den Dienst der politischen Neugestaltung stellen wollen, unabhängig von der Staats- und Verfassungsform. Sie hatten „auch in der neuen Verfassungsform Gott dienen"[29] wollen, der über allem gestanden hätte und die Legitimation für jede Staatsform gewesen sei, gleich ob Königreich oder Republik.

In diese Zeit fielen die Bemühungen um eine kirchliche Autonomie mit deren Hilfe die Amtskirche den Katholizismus erneuern und für jeden Bürger zum Ausgangspunkt für des gesellschaftliche und politische Leben machen wollte. Diesen hatte sie aufgrund des zunehmenden Einflusses der kirchenfeindlichen Sozialdemokraten schnell durchsetzen wollen. Unter dem Einfluss der Sozialdemokraten hatte die Regierung nämlich ebenfalls im Januar 1919 die Trennung des Kultus- und Unterrichtsministerium angeordnet, woraufhin das Unterrichtsministerium angestrebt hatte, die katholischen Schulen zu übernehmen und den obligatorischen Religionsunterricht abzuschaffen. Dies hatte auf Seiten der Bischöfe große Besorgnis hervorgerufen. Die Trennung, verbunden mit der Schaffung eines konfessionslosen Schulsystems. hätte den Einfluss der Kirche auf das gesellschaftliche Leben erheblich geschmälert und die „Restauration" des Glaubens sehr behindert. Die Verdrängung des Katholischen aus der Gesellschaft wurde vor allem für Prohászka zum schrecklichsten Szenario.

So war die Kirche unmittelbar nach dem Krieg innerhalb einer politisch instabilen Lage und der Formierung einer neuen politischen Ordnung herausgefordert gewesen, ihre Stellung im Staat zu wahren. Dies war unter dem Einfluss der Sozialdemokratie zunehmend erschwert gewesen. Deswegen hatten die Bischöfe die demokratische Umsetzung des Autonomieentwurfs in die Praxis nicht fallen lassen wollen. Auch ihr parteipolitisches Engagement hatten sie intensiviert. Angesichts der Nachwirkungen des Krieges und der politisch sowie sozial schwierigen Situation waren die Bischöfe davon überzeugt gewesen, dass der Glaube und die katholische Lehre die Basis für eine stabile Zukunft hätten sein können. Die Erwartung, dass das neu zu gestaltende Ungarn auf ein christliches Fundament hätte gestellt werden sollen, war dabei keineswegs die unmittelbare Folge des Krieges, sondern der Krieg wurde zum Katalysator eines bereits vor dem Krieg formulierten Strebens nach einer Verchristlichung bzw. Rechristianisierung der Gesellschaft und des Staates. Die

---

29 SzfvPL. Litterae Encyclicae et Officiosae Ordinariatus Almae Dioecesis Alba-Regalensis Anis 1916–26. Gemeinsamer Hirtenbrief der ungarischen Bischöfe, 28. Januar 1919, 1-6, 4.

Deutung des Krieges als ein von Gott gewolltes und vorherbestimmtes Instrument zur Läuterung und Besserung wird aus dieser Motivation, Ungarn (wieder) zu verchristlichen, verständlich. Das Verhältnis zu den anderen Konfessionen und Religionen im Staat war durch diese Situation der Amtskirche und den Souveränitäts- und Exklusivitätsansprüchen der Bischöfe freilich sehr angespannt.

Die andere Stoßrichtung der Nachkriegszeit war das Nationale. Mit dem Ende des Ersten Weltkrieges war in Ungarn nicht nur die Zeit der habsburgischen Monarchie zu Ende gegangen, sondern der multinationale Vielvölkerstaat hatte sich zu einem ethnisch nahezu homogenen Staat gewandelt. Dies hatte bedeutet, dass sich Ungarn national hatte völlig neu ausrichten müssen. Die christlichen Konfessionen hatten sich aus verschiedenen Motivationen heraus aktiv an diesem Prozess nationaler Profilierung beteiligt. Und auch der Staat hatte sich euphorisch christlicher Symbole bedient, um das Nationalprofil zu stärken. So war zum Beispiel der Nationalfeiertag wieder mit dem Patrozinium des Heiligen Stephan zusammengelegt worden. Paul Lendvai erinnert sich, dass der Schulunterricht mit einer „ungarischen Glaubensformel“ begann und endete. Das Gebet

„Ich glaube an einen Gott. Ich glaube an ein Vaterland.
Ich glaube an eine ewige göttliche Gerechtigkeit.
Ich glaube an die Auferstehung Ungarns! Amen“,

hatte „ein Wiedererstehen des alten Ungarn als ‚Gottes ewige Wahrheit‘ in das Bewusstsein der Schüler [einprägen]“ sollen.[30]

Die kurze, aber im Erfahrungskontext der Menschen einschneidende Räterepublik im Jahr 1919 hatte den „christlich-nationalen Kurs“ dann als einzige Möglichkeit erscheinen lassen, Ungarn retten zu können. Die Schlagworte „christlich“ und „national“ waren nach dem Ende der kommunistischen Revolution in aller Munde. Inhaltlich jedoch war der „christlich-nationale Kurs“ allerdings alles andere als einheitlich. Ein einheitliches „Kursprogramm“ konnte aufgrund der breitgefächerten Verwendung der Schlagworte „christlich“ und „national“ nicht herausgefiltert werden. Das Problem bei der Definition ist, dass nicht nur die christlichen Kirchen – die in sich schon sehr unterschiedlicher Auffassung waren und keineswegs die gleichen programmatischen Richtungen verfolgt hatten – sondern auch andere politische und nationalchauvinistische Gruppierungen und Verbände schnell realisiert hatten, dass die zermürbte und unter Schock stehende Bevölkerung große Hoffnungen für eine bessere Zukunft an die „christlich-nationale“ Richtung geknüpft hatte, die von vielen nahezu propagandistisch benutzt worden war. Das Spektrum derjenigen, die den „christlich-nationalen Kurs“ vertreten hatten, „reichte von den rechtsradikalen,

[30] Paul LENDVAI, Die Ungarn. Ein Jahrtausend Sieger in Niederlagen, München 1999.

teilweise paramilitärischen Verbänden und Gruppierungen, die eine Form der Militärdiktatur anstrebten und unter ‚christlich-nationaler Richtung' vor allem das Totschlagen von Juden und Kommunisten verstanden [hatten], bis hin zum aristokratisch konservativen Element, das im wesentlichen eine Restauration der Vorkriegsverhältnisse [angestrebt hatte]."[31]

Für den von der katholischen Kirche eingeschlagenen „christlich-nationalen Kurs" gilt Prohászka in der heutigen Forschung als einer der prominentesten Vertreter. Bereits während des Krieges hatte er mit der Aufsatzsammlung „Kultur und Terror" denkerisch den Weg des Kurses eingeschlagen und im Rahmen einer umfänglichen Kulturkritik ein Kursprogramm entwickelt. Dieses „neue", „wahre", „echte" Kulturprogramm hätte sowohl sozial sein, also den Bedürfnissen des modernen Lebens in Anlehnung an den Fortschritt und die Entwicklung gerecht werden, als auch „Seligkeit", „Innerlichkeit" und „tiefe Religiosität" beinhalten sollen.[32]

So hätte, Prohászka zufolge, die neue Kultur eine „bessere Lebensweise für alle Schichten der Gesellschaft" bringen sollen. „[Gut] eingerichtete Heime, Wohnungen mit Strombeleuchtung, Wasserleitungen und Bädern, neben dem Haus ein kleiner Garten mit einer schönen, Schatten spendenden Pergola, gut gebaute Straßen mit regelmäßiger Besprenkelung, entsprechende Genüsse des kulturellen Lebens, der Natur, der Kunst und der Wissenschaft", so hatte sich Prohászka eine bessere Lebensweise vorgestellt. Dafür seien allerdings „gut geordnete und sichere Arbeitsgelegenheiten", die kluge und zielgerichtete Steigerung der geistlichen und körperlichen Arbeit und produktive Arbeit sowohl in der Industrie, in der Landwirtschaft, als auch in der Verwaltung notwendig gewesen. Prohászka hatte dabei vor allem die Arbeiterschaft und Mittelschicht im Blick, weil gerade die es seien, die nach dem Krieg in die großen Industriezentren ziehen und den industriellen Aufschwung voran treiben würden.

Die sozialdemokratischen Arbeiterorganisationen hätten mit der Redewendung von „Freiheit, Gleichheit, Brüderlichkeit" das „geistige Verzaubertsein" kreiert. Diese wollte Prohászka mit der „bodenständigen", „sozial-realen" und außerdem „notwendigen" Parole „Freiheit, Gesundheit, Wohlstand" ersetzten. Damit für sein „Kulturprogramm" die „Phraseologie der irreführenden Leidenschaften" und „übertriebenen Gefühle", die „emotionale Überreaktion" ersetzt hätten werden können, weil aus der Freiheit eine „‚die richtige Freiheit vernichtenden Freizügigkeit'„ die Gleichheit „‚ein naturwissenschaftliches Absurdum'„ und die Brüderlichkeit eine „‚nirgendwo erreichbare Utopie'„ geworden sei. Dabei setzte er den sozialdemokratischen Arbeiterorganisationen,

31 Rolf FISCHER, Entwicklungsstufen des Antisemitismus in Ungarn 1867–1939. Die Zerstörung der magyarisch-jüdischen Symbiose (Südosteuropäische Arbeiten, Bd. 85), München 1988, 129.

32 Vgl. PROHÁSZKA, Kúltura és Terror, 5-7.

deren Programme und Vorgehensweisen er als hass- und gewalterfüllt beschrieb, obwohl er das soziale Ansinnen nicht grundsätzlich verurteilte, ein Programm entgegen, das den „standard of life“ sukzessive erhöhen, diese Entwicklung aber in den gottgewollten Prozess des menschlichen Fortschritts und somit in der Verbindung von Gott und Welt verankert wissen wollte.[33]

Das Fundament für diese Denkart war die neuscholastisch-theologische Vorstellung von der fortschreitenden Schöpfung, als auch die bereits vor dem Krieg durch die Enzyklika von Papst Leo XIII. „*Rerum novarum*“ beeinflusste Einsicht, dass die Errungenschaften der Moderne, Naturwissenschaft und Technik, Teil, dieses dem Menschen von Gott zugedachten Fortschritts gewesen seien und der christliche Glaube sich deshalb mit dem „veränderten Gesicht der Welt“ und den „neuen Ordnungen“ nach dem Krieg hätte verbinden müssen. Der „gläubige, moderne Mensch“ würde sich zu beidem bekennen: Sozialem Aufstieg und tiefer Religiosität. Beide theologischen Vorprägungen Prohászkas kamen in diesem Denken zum Ausdruck. Allerdings hätten diese beiden Aspekte dabei immer in einer Balance stehen müssen. Es ging Prohászka nicht um eine gänzliche Abschaffung der Kultur, sondern um eine Verbindung des Katholizismus mit den Gedanken des Fortschritts, weil der Katholizismus auf den Grundpfeilern von Wahrheit, Heiligkeit und Güte beruhte und den Gedanken des Fortschritts von je her darin angelegt gewesen sei. Christentum und Fortschritt standen für Prohászka in einem sozusagen „heiligen“, weil von Gott so gedachten, Bezug zueinander, was erfordert hätte, dass sich das Christentum aktiv mit den positiven Entwicklungen der Moderne, wie Wissenschaft und Technik in einer nach dem Krieg neu zu gestaltenden Kultur hätte beschäftigen sollen. Mit diesem „Programm“ versprach er dem gesamtgesellschaftlichen Leben soziale Verbesserung. Die Perspektiven, die Prohászka für die Umsetzung seines Kulturprogramms hatte, waren, erstens, den Katholischen Bürger als Träger dieser Kultur zu sehen und zweitens, diesen „katholischen“ Bürger durch Familie, Schule, Presse und Kirche zu erziehen. Der sogenannte „christlich-nationale Kurs“ hatte zunächst Erfolg, weil sich die Position der Katholischen Kirche verglichen zur Zeit vor dem Krieg verändert hatte und sich dieser Stabilität versprechende Kurs innerhalb einer zermürbten Gesellschaft gut andocken ließ.

Die Haltung gegenüber anderen, nicht katholischen Bürgern – Juden beispielsweise, die obendrein den Eindruck erweckten liberal zu sein, eventuell sogar Kommunisten waren, lässt sich nur vor diesem Hintergrund erklären. Wenn nämlich allein das Katholische das Fundament für die ungarische Kultur – und damit eine konfessionell nahezu homogene Nation – Trägerin dieser christlich (katholischen) Kultur sein sollte, und wenn vor allem die Presse und

33 Ebd., 8f.

die Schule die erzieherische Aufgabe für diese Kultur übernehmen sollte, ist eine logische Fortführung, auch theologisch stringent, welche Haltung gegenüber Andersgläubigen herrschte und welche Konsequenzen daraus folgten, wenn es darum ging Zulassungsbeschränkungen für Universitäten und höhere Bildungseinrichtungen zu verabschieden, wie es 1920 mit dem Numerus-Clausus-Gesetz versucht worden war.

Viele Kirchenhistoriker zeichnen ein polares Bild Prohászkas, entweder Praeceptor oder Antisemit, ich plädiere, ohne Wertung, dafür, das Eine mit dem Anderen zusammen zudenken und die theologischen Überzeugungen und identifikatorischen Momente eines Prohászkas als Katholik, verhaftet im Denken des Ersten Vatikanischen Konzils mit einigen sehr fortschrittlichen Facetten, genau zu analysieren und von daher den vielschichtigen und komplexen Lebenskontext zu betrachten. „Antisemitische Denkweisen" und „progressives katholisches Denken" – beides sind Facetten einer Person, die durchaus verbunden werden können und eigentliche Aufgabe einer zweckfreien, analytischen und kontextorientierten historischen Forschung sein müssten, um einen Beitrag zu Erinnerung, Aufarbeitung und Zukunftsgestaltung leisten zu können.

András Grósz

Deutsche Muttersprache in der katholischen Liturgie in Ungarn in der Zwischenkriegszeit

Abstract: German as a mother tongue in the Catholic liturgy in Hungary in the Interwar Period
The majority of Germans living in Hungary after the Treaty of Trianon were Roman Catholics, meaning that the clergy and the Hungarian Germans were forced to contact each other for the sake of self-organization and the usage of German as a language. As questions pertaining to nationalities grew increasingly prominent, these contacts resulted in frequent discussions starting in 1920. The efforts of the Hungarian-German movement, which administered the linguistic and cultural laws, were regarded with suspicion by the church at large. At the same time, the church *did* consider the priorities of the various nationalities, including the usage of the native tongue in the liturgy. The matter of settling conflicts between nationalities at local and national levels was influenced not only by the foreign and domestic conditions of the time, but also by the attitudes of the bishops and the local pastors.

Der vorliegende Beitrag thematisiert einen der sensibelsten Bereiche der Beziehung zwischen der ungarischen katholischen Kirche und den überwiegend römisch-katholischen Deutschen in Ungarn in der Zwischenkriegszeit.

Warum können wir sagen, dass dies ein sensitiver Bereich war? Einerseits ist die Ausübung persönlicher Religiosität, unabhängig vom Zeitalter, ein Ausdruck der Autonomie einer Person, so dass das Individuum natürlich sensibel auf ihre Begrenzung reagiert. Andererseits ist die Sensibilität des Themas dadurch gegeben, dass in Ungarn nach 1920 die Frage des Gebrauchs der deutschen Muttersprache in der Kirche zu einem Schauplatz der politischen Kämpfe in der Nationalitätenfrage wurde. In vielen Fällen fanden die Debatten im politischen Raum statt und beeinflussten das Verhältnis zwischen den ungarndeutschen Gläubigen und der Kirche.

Die Katholische Kirche und das Ungarndeutschtum

Infolge des Friedenvertrags von Trianon, der den Ersten Weltkrieg beendete, verlor der ungarische Staat ungefähr zwei Drittel seines Territoriums und seiner Bevölkerung. Die Zahl der in Ungarn verbliebenen Deutschen ging von zwei Millionen auf etwas mehr als 551.000 zurück, was 6,9 Prozent der Gesamtbevölkerung von 7,6 Millionen entsprach, damit war das Deutschtum die größte ethnische Minderheit in Ungarn.[1]

Die Vorfahren der Mehrheit der Ungarndeutschen, die hauptsächlich in der Landwirtschaft tätig waren und ihre Muttersprache verwendeten, ließen sich im 18. Jahrhundert auf dem Land nieder und lebten in größeren Blöcken eng mit der Mehrheit der ungarischen Bevölkerung zusammen. Bedingung für das Zusammenleben war jedoch die Garantie der kulturellen und sprachlichen Rechte, insbesondere nach dem Ersten Weltkrieg. Aufgrund der durch den Friedensvertrag verursachten Verluste dominierten nationalistische (teilweise chauvinistische) und irredentistische Stimmen das ungarische öffentliche Leben, die in den Forderungen der Nationalitäten die Absicht sahen, das Land weiter zu schwächen. Gleichzeitig erließ die ungarische Regierung, die aus der außenpolitischen Isolation ausbrechen wollte, ein für die Nationalität günstiges Gesetz (zum Beispiel die Schulverordnung von 1923), doch die praktische Durchsetzung der Vorschriften stieß bei den meisten Komitats- und Gemeindeverwaltungen auf ernsthaften Widerstand.[2]

Die sprachlichen und kulturellen Rechte der Ungarndeutschen wurden in erster Linie vom Ungarländischen Deutschen Volksbildungsverein (UDV) vertreten, der vom bekennenden katholischen Professor Jakob Bleyer, einem ehemaligen Minister für Nationalitäten (1919–1920), mit begrenzter staatlicher Zustimmung im Jahr 1923 gegründet wurde. Die ungarische Regierung anerkannte den UDV erst ein Jahr später und sorgte gleichzeitig dafür – durch Ernennung regierungstreuer Personen und Umgestaltung der Vereinssatzung –,

[1] Magyar Statisztikai Közlemények 69. kötet. Az 1920. évi népszámlálás. 1. rész. A népesség főbb demográfiai adatai községek és népesebb puszták, telepek szerint. [Ungarisches Statistisches Mitteilungsblatt Band 69. Die Volkszählung von 1920. Teil 1. Die wichtigsten demografischen Daten der Bevölkerung aus Dörfern und bevölkerungsreicheren Steppen, Siedlungen.] Budapest, Magyar Királyi KSH [Königliches Ungarisches Statistisches Zentralamt], 1923, 10.

[2] Die ungarische Regierung richtete Minderheitenschulen (Typ A, B, C) ein: Verordnung des Religions- und Bildungsministers Nr. 110.478/1923 V.K.M. über den Volksschulunterricht für Minderheiten. in: A magyar állam és a nemzetiségek 1848–1993. A magyarországi nemzetiségi kérdés történetének jogforrásai. [Der ungarische Staat und die Nationalitäten 1848–1993. Rechtsquellen in der Geschichte der Nationalitätenfrage in Ungarn. Sándor BALOGH, Levente SIPOS (Hg.), Budapest, Napvilág Kiadó 2002, 276f.

dass die neue Organisation ausschließlich und allein mit sprachlichen und kulturellen Forderungen auftreten konnte. Die Komitatsverwaltungen versuchten die Gründung von Basisorganisationen des Volksbildungsvereins zu verhindern, da der Verein auch ein Verfechter für die örtlichen sprachlichen und kulturellen Ansprüche deutscher Nationalität wurde.

Der UDV wurde vom von der Regierung ernannten damaligen Außenminister Gusztáv Gratz als Vorsitzendem und dem geschäftsführenden Vizepräsidenten Bleyer geleitet, deren Aktivitäten von den meisten Mitgliedern der politischen Elite und des Klerus, vor allem wegen ihrer Kontakte zu politischen Kreisen in Deutschland, mit Vorbehalten aufgenommen wurden. Bereits in der ersten Hälfte der 1920er Jahre wurde Bleyer eine größere Rolle bei der Vertretung des Prinzips der Volksgemeinschaft eingeräumt, das das Zugehörigkeitsgefühl zum deutschen Volk betonte. Er betrachtete es als gleichbedeutend mit der Loyalität gegenüber dem ungarischen Staat. Gegenüber dem Standpunkt von Bleyer verurteilte Gratz jeden Einfluss von außen, der sich aus dem Prinzip der Volksgemeinschaft ergibt. Er sah den Kompromiss mit dem ungarischen Staat in erster Linie als Mittel zur Gestaltung der Nationalitätenpolitik.

Die überwiegende Mehrheit der in Trianon-Ungarn lebenden Deutschen – mehr als 80 Prozent – war römisch-katholisch.[3] Sie lebten hauptsächlich in neun katholischen Diözesen in Ungarn. Mit Ausnahme der Erzdiözese Eger/Erlau hatten alle Diözesen mehrere Pfarreien, in denen Deutsche lebten. In einigen Diözesen – Pécs/Fünfkirchen, Székesfehérvár/Stuhlweißenburg – machten die Deutschen etwa ein Viertel der katholischen Bevölkerung aus und lebten in geschlossenen Einheiten. In anderen Diözesen – Esztergom/Gran, Győr/Raab, Kalocsa/Kollotschau, Veszprém/Wesprim – waren ihre Zahlen geringer, dennoch befanden sie sich auch in geschlossenen Einheiten. Obwohl es in mehreren Diözesen nur wenige Deutsche gab – Csanád/Tschanad, Szombathely/Steinamanger, Vác/Waitzen – lebten sie in jeder Siedlung in größerer Anzahl.[4]

Die hohe Zahl ungarndeutscher Gläubigen stellte an sich keine Herausforderung für die Pfarrer im Bereich der täglichen Seelsorge dar, die Entwicklung der Nationalitätenfrage und der sprachlichen und kulturellen Anforderungen der aufstrebenden ungarndeutschen Bewegung nach 1920 hingegen schon. Das Verhältnis der Ungarndeutschen zum Katholizismus zeigte sich nicht nur als religiöse Zugehörigkeit, sondern auch durch eine multifaktorielle

---

3 Zu den Daten Franz GRESZL, Diözesangliederung der deutschen Katholiken vor 1946 in Ungarn. in: Unser Hauskalender. Jahrbuch der Ungarndeutschen, Stuttgart 1955, 49-52; hier 49f.

4 Mehr zu den Daten bei Franz GRESZL, Tausend Jahre deutsches Leben im Karpatenraum. Eine kirchen- und geistesgeschichtliche Untersuchung. Stuttgart 1971; Jenő GERGELY, A katolikus egyház története Magyarországon 1919–1945. [Die Geschichte der katholischen Kirche in Ungarn 1919–1945], Budapest, Pannonica Kiadó, 2. javított kiadás 1999, 67f.

Interaktion mit der institutionellen Kirche, hauptsächlich im Bereich des Unterrichtes und der Liturgie, durch die Verwendung der Muttersprachen, die eng mit dem Bekenntnis zur Identität verbunden sind.

Einerseits war die Mehrheit der Volksschulen unter Aufsicht der katholischen Kirche tätig, so dass der Klerus durch seine Autonomie einen wesentlichen Einfluss auf die Bestimmung der Typen von Nationalitätenschulen hatte.[5]

Auf der anderen Seite hatte der Klerus in Bezug auf den Gebrauch der kirchlichen Sprache eine unabhängige Entscheidungsbefugnis, so dass dieses Thema im Laufe der Epoche auch zu einem Problem wurde, zumal die deutsche Bewegung und die säkularen Behörden häufig Entscheidungen beeinflussen wollten.

Bei der Behandlung der Nationalitätenfrage verfolgte die katholische Kirche im Allgemeinen die Politik der konterrevolutionären Horthy-Epoche, da sie erwarten konnte, dass der Staat, der sein territoriales Revisionsprogramm durchführte, ihre verlorenen Diözesangebiete wiedererlangt und ihre Rechte sichert. Andererseits setzte die Regierung auf die Unterstützung des katholischen Klerus bei der Verarbeitung der politischen, sozialen und wirtschaftlichen Folgen von Trianon und stellte so eine enge Zusammenarbeit zwischen den beiden Parteien her.

Der Klerus konnte sich jedoch auch dem Einfluss der öffentlichen Stimmung nicht entziehen. Zum Teil glaubte die Kirche, dass die assimilierten Nationalitäten in der ungarischen Gesellschaft besser zur Geltung kommen könnten und die Interessen eines Landes, das einen erheblichen Teil seines Territoriums verloren hat, am wenigsten gefährdeten. Zur Zeit der Ausweitung der reichsdeutschen Bestrebungen und der Radikalisierung der deutschen Bewegung in Ungarn – insbesondere ab den 1930er Jahren – sah die Kirche diese Vorstellung verstärkt. Das Verhalten des Klerus wurde natürlich auch durch sein Zusammenleben mit der lokalen Verwaltung beeinflusst, das sich weitgehend gegen die sprachlichen und kulturellen Bestrebungen der Nationalitäten, vor allem aber gegen die Aktivitäten der ungarndeutschen Bewegung richtete.

Die Durchsetzung der Nationalitätenrechte wurde zudem nicht durch die Entstehung einer Art „Wettstreit" zwischen der katholischen und der protestantischen Kirche um den Staat begünstigt, um patriotischen Geist zu demonstrieren und eine größere Legitimität/ Einflussnahme zu gewährleisten. Es ist auch eine Tatsache, dass das Staatsoberhaupt, Miklós Horthy, ebenfalls

---

[5] Mehr zum Thema bei Loránt TILKOVSZKY, Nemzetiségi anyanyelvű oktatás a katolikus elemi népiskolákban (1919–1944). [Nationalitäten-Sprachunterricht in den katholischen Elementarschulen (1919–1944)], in: Századok 129 (1995), 6, 1251-1274.

protestantisch war, weshalb sich die katholische Kirche in einer heiklen Position befand.

Gleichzeitig waren die kirchlichen Einstellungen zu Problemen der Nationalitäten sehr unterschiedlich und reichten von übermäßig nationalistischen, abweisenden Stimmen bis zu nationalitätenfreundlichen Positionen, in denen die Behauptungen sorgfältig abgewogen wurden.

Gebrauch der deutschen Muttersprache in der Kirche

Wir können vom Gebrauch der Muttersprache in der Kirche nur im Zusammenhang mit den Liedern und der Predigt, sowie im Zusammenhang mit verschiedenen Andachten (z. B. Litanei, Rosenkranz) sprechen, da die offizielle Sprache der Liturgie Latein war. Vor den liturgischen Reformen des Zweiten Vatikanischen Konzils (1962–1965) las der Priester selbst die Lesungen und das Evangelium im Rahmen der lateinischen Messe, während die Gläubigen in der Muttersprache sangen. Der Priester hatte die Möglichkeit, wenn er es für richtig hielt, die Lesungen am Ende der Messe in der Muttersprache lesen, aber dies war keine Vorschrift, er konnte ausschließlich nur predigen. Die Frage der Liturgie – wie die Messe, die Sakramente, die Psalmen, die Prozessionen, die Verordnungen der kirchlichen Hingabe – ist eine kirchliche Befugnis, deren Regelung das ausschließliche Recht des Heiliger Stuhls ist, wie im Gesetzbuch Codex Iuris Canonici von 1917 klar festgelegt wurde.[6] Der Verwendung der Muttersprache in der Kirche im Zusammenhang mit liturgischen Tätigkeiten wurde von den Bischöfen und den Priestern besondere Aufmerksamkeit gewidmet. Die Kirche wollte ihre eigenen Entscheidungen in liturgischen Fällen nach dem Kirchenrecht treffen und erlaubte niemandem, mitzureden.

Priester, die an der deutschen Bewegung in Ungarn teilnahmen, verwiesen häufig auf die Aussagen der Päpste.[7] Die Päpste, insbesondere auf dem Gebiet der Seelsorge, bezogen sich auf das Naturrecht und den universalen Charakter der Kirche und auf eine kirchliche Praxis, die die Muttersprache der Gläubigen berücksichtigte. So bezeichnete Papst Pius XI. im April 1928 bei seinem

---

6 Diese Bestimmung wurde durch den Kirchenkodex von 1983 auch nicht geändert. Canon 838. in: Az egyházi törvénykönyv. Codex Iuris Canonici. [Kirchenkodex] Péter ERDŐ (Hg.), Budapest, Szent István Társulat 1985, 609.

7 Die Manifestationen von Papst Leo XIII., Pius X., Benedikt XV. und Pius XI. zitiert Franz GRESZL, Nationale Eigenart und das Recht zur Muttersprache im Lichte der katholischen Heilslehre. in: Die Getreuen. Zeitschrift für die Katholiken deutscher Zunge in aller Welt. 6. Jg. (1929), 3. Heft, Mai-Juni, 44-47, hier 46f.

Treffen mit Wilhelm Berning, dem Bischof von Osnabrück die Seelsorge in der Muttersprache als ein natürliches Recht der Gläubigen.[8]

Protokolle von Kirchenvisitationen (sog. canonica visitatio) waren von besonderer Bedeutung, da die Bischöfe sie oft erwähnten, wenn sie die liturgische Ordnung oder Sprache einer Gemeinde nicht änderten. Der Diözesanbischof oder die von ihm beauftragte kirchliche Person besuchte normalerweise alle fünf Jahre die Pfarreien seiner Diözese, in Wirklichkeit jedoch viel seltener. Der Bischof bekam ein praktisch vollständiges Bild über die Gläubigen, ihr Glaubensleben und das tägliche Funktionieren der jeweiligen Gemeinde. Die Daten wurden schriftlich festgehalten, in der Regel nicht persönlich vom Bischof, sondern von seinen Vertretern. Diese Protokolle zeichneten auch die muttersprachliche Verteilung der Gläubigen und die Ordnung der Gottesdienste und -zeremonien auf. [9]

Die Bischöfe hielten sich häufig an die Sprachordnung, die in vielen Fällen Jahrzehnte zuvor festgelegt worden war. Die Protokolle waren jedoch nicht unveränderlich, und der Pfarrer konnte die Reihenfolge mit Erlaubnis des Bischofs ändern. Diese vorsichtige kirchliche Haltung, die auf dem Protokoll basiert, wurde in einer priesterlichen Stellungnahme der Erzdiözese Kalocsa von 1924 gut zum Ausdruck gebracht: „[...] In mehrsprachigen Gemeinden ist ein heikles und rücksichtsvolles Thema, die Sprache der heiligen Messe zu ändern, sobald sich die Gläubigen an eine Bestimmung für den Gebrauch der Muttersprache gewöhnt haben. Quieta non movere.[10] Es ist nur möglich, davon abzuweichen, wenn es völlig gerechtfertigte Konsequenzen gibt, und selbst dann mit der größten Rücksicht.“[11]

Die Frage des Gebrauchs der Muttersprache in der Kirche wurde maßgeblich von mehreren Faktoren beeinflusst: der Anzahl der in der Gemeinde lebenden Nationalitäten, der Größe ihrer Bedürfnisse, ihrer Sprachkenntnisse, dem persönlichen Verhalten des Diözesanbischofs und des örtlichen Pfarrers, aber auch durch die Beeinflussung der Verwaltungsbehörden und die Lobbykraft der ungarndeutschen Bewegung.

Die ungarndeutsche Bewegung befürwortete lokale Bestrebungen, die mehr deutschsprachige Andachten oder Predigten einforderten, wobei

---

8 Zitiert von Johannes HUBER dr., Rückblick und Ausblick. Neues Sonntagsblatt. Wochenzeitung für das deutsche Volk in Ungarn. 3. Jg. (3. Januar 1937.), Nr. 1, 1ff.

9 Mehr zum Thema bei Krisztina TÓTH, Egyházlátogatások az Esztergomi Főegyházmegyében [Kirchenbesuche in der Erzdiözese Gran] in: Jenő Sándor VASS (Hg.), Egyházlátogatások Budaörsön (1397–1933). [Kirchenbesuche in Budaörs 1397–1933], Budaörs, Budaörs Város Önkormányzata 2002, 9-18.

10 Quieta non movere: Es besteht keine Notwendigkeit, die Sachen unnötig zu verändern.

11 Archiv des Erzbistums Kalocsa/Kollotschau (KFL) – Erzdiözesenarchiv Kalocsa/Kollotschau Erzbischöfliches Amt (I-1) – Pfarreiakten (b) Kassette 153. Katschmar/Katymár 686/1924.

gewöhnlich die Anzahl von Angehörigen der jeweiligen Minderheit überhöht angegeben wurde. Diese Anfragen waren möglicherweise teilweise das Ergebnis legitimer Missstände über Jahrzehnte und teilweise das Ergebnis manchmal künstlich angestifteter Nationalitätenbewegungen, die sich nach 1920 verstärkten. Gleichzeitig wollten sich die ungarischen Verwaltungsbehörden häufig auf liturgische Fragen einlassen, um der ungarischen Sprache den Vorzug zu geben, in der Regel durch eine lokale Initiative, die mehr Zeremonien auf Ungarisch forderte. Diese Schritte waren einerseits eine Reaktion auf die Forderungen der Nationalität und andererseits eine Aktion gegen die ungarndeutsche Bewegung. In vielen Fällen wurden auch der von Trianon verwundete Nationalismus und die Absichten zur Assimilation in diesen weltlichen Bemühungen zum Ausdruck gebracht. Gleichzeitig ist es wichtig anzumerken, dass in dieser Frage allgemeine Tendenzen skizziert werden können, aber wir können über unterschiedliche Situationen in jeder Gemiende sprechen.

Der Gebrauch der Muttersprache in der Kirche wurde maßgeblich von nationalitätenpolitischen Debatten beeinflusst, jedoch wurden rationalere Entscheidungen seitens der Kirche getroffen, bei denen die Interessen der verschiedenen Parteien besser berücksichtigt wurden als die Frage des Nationalitätenschulunterrichts oder die Beziehung zur ungarndeutschen Bewegung. Die Geistlichen hatten in diesem Bereich mehr Spielraum und plädierten auf Lösungen, die die Bewohner, die verschiedene Sprachen gesprochen haben, so weit wie möglich zufriedenstellten, indem sie auf ihre eigene Entscheidungsbefugnis bestanden. Die Pfarrer versuchten, den Frieden und die Kontinuität des Glaubens aufrechtzuerhalten und ihre Gläubigen nicht zu entfremden.

Ungarische Sprache – ein Mittel zur Assimilation

Die ungarische Sprache war für die Entwicklung des ungarischen Nationalbewusstseins von herausragender Bedeutung. Es spielte nicht nur eine Rolle bei der Stärkung der ungarischen Identität, sondern war auch ein symbolischer Ausdruck der Unabhängigkeit des Landes. Nach dem Ausgleich von 1867 während der Österreichisch-Ungarischen Monarchie war der Grund für die schrittweise Geltendmachung der ungarischen Sprache im Bereich Unterricht und Verwaltung auch die Tatsache, dass nur wenig mehr als die Hälfte der Bevölkerung des Landes ungarisch war. Darum war es für die ungarische politische Elite die Garantie für das Überleben der Nation, die Rolle der ungarischen Sprache zu stärken. Ungarische Politiker hatten möglicherweise Recht, wenn sie meinten, das Unterrichten der ungarischen Staatssprache bedeute noch keine Assimilierung. Im Zeitalter des Dualismus wollten die ungarischen Politiker nach Hunderten von Jahren des Wartens, nach der osmanischen und der habsburgischen Herrschaft einen Nationalstaat schaffen. In Ungarn lebende Nationalitätenpolitiker hingegen wollten ihre eigene nationale Selbstbestimmung und ihren eigenen Nationalstaat verwirklichen. Dies war ein unversöhnlicher Gegensatz in dieser Zeit und führte nach dem Ersten Weltkrieg zum Zerfall des multiethnischen Staates. Gleichzeitig verstärkte der Trianon-Friedensschock die Bedeutung des Schutzes der ungarischen Sprache für die politische und teilweise für die kirchliche Elite, und diese Bedenken wurden auf lokaler Ebene stärker. Tatsache ist, dass auch unter den Geistlichen die Angst vor dem „nationalen Tod" bestand. Durch die Prophetie von Johann Gottfried Herder (1744–1803) wurde diese Angst symbolisiert, was in vielen Fällen hinter den Maßnahmen zum Schutz der ungarischen Sprache stand: „Da sind sie jetzt unter Slawen, Deutschen, Wlachen, und andern Völkern der geringere Teil der Landeseinwohner, und nach Jahrhunderten wird man vielleicht ihre Sprache kaum finden."[12]

„Ungarn sei ungarisch, wie Frankreich sei Französisch. Erlauben Sie den Kindern in ihrer Muttersprache zu lesen und zu schreiben und in der Kirche zu singen, aber die Unterrichtssprache sollte Ungarisch sein." – schrieb im Jahr 1923 Ottokár Prohászka, Bischof von Székesfehérvár an seinen Priester.[13] Diese Meinung ist ein gutes Indiz dafür, dass die Kirche im Zusammenhang mit der Seelsorge im Allgemeinen die Rechte der Nationalitäten berücksichtigte, im Unterricht jedoch im Wesentlichen den Typ C bevorzugte, der die Sprache der Nationalität lehrte und nur Grundkenntnisse in der Muttersprache vermittelte.

„[...] Mit diesem Übergang wird es hoffentlich gelingen, dass sich die Gläubigen von Taksony/Taks auch der ungarischen Sprache in der Kirche erfreuen werden, und dann wird sich die Gelegenheit bieten, Gottesdienste in vollständig ungarischer Sprache einzuführen." – schrieb István Árpád Hanauer, Bischof von Vác im Zusammenhang mit einem lokalen liturgischen Fall im Jahr 1923 und drückte seine Freude über die größere Verbreitung der ungarischen Sprache aus.[14]

„[...] Die Entwicklung des Gottesdienstes in ungarischer Sprache wird mit der Assimilierung der Bevölkerung Schritt halten. Außerdem möchte ich natürlich die alten Rechte meiner deutschsprachigen Gläubigen von

[12] Johann Gottfried HERDER, Werke, Band III/1., Ideen zur Philosophie der Geschichte der Menschheit (1791), hg. von Wolfgang Pross, München 2002, 633.

[13] Bischofsarchiv Székesfehérvár/Stuhlweißenburg (SZfvPL) 4573 (Akten der Gemeinde Törökbálint/Großturwall) 1722/1923.

[14] Bistums- und Kapitelarchiv Vác/Waitzen (VPKL) Bischofsarchiv Vác/Waitzen (VPL) Dokumente des Bischofsamtes. Acta parochiarum. Taksony/Taks 6292/1923.

Hegyeshalom berücksichtigen. Geduld und Verständnis sind auf beiden Seiten nötig, denn nur so kann man sich glücklich entwickeln." – schrieb im Jahr 1930 der Bischof von Győr, Antal Fetser an seine ungarischen Gläubigen in Hegyeshalom/Straß-Sommerein.[15] Hier standen die jahrhundertealten liturgischen Rechte der Deutschen im Widerspruch zu der zunehmenden Zahl der in der Siedlung lebenden ungarischen Einwohner, die regelmäßig ihre Religion ausübten und sich mehr Gottesdienste auf Ungarisch wünschten. Wenn zum Beispiel in einer Siedlung die Deutschen aufgrund ihrer zahlenmäßigen Überlegenheit für eine Änderung der liturgischen Ordnung zu ihren Gunsten plädierten, sie aber kaum in die Kirche gingen, während die Ungarn in der Minderheit eifriger waren, kam es vor, dass die ungarische Sprache in einem begünstigen Zustand blieb, weil der Glaubenszustand der ungarischen Bevölkerung dies rechtfertigte. Umgekehrt erhielten die Deutschen weniger liturgische Sprachzugeständnisse, wenn sie sich jedoch in einer bestimmten Gemeinde grundsätzlich in einer günstigeren Position befanden, war es auch schwierig, solche Anträge anzunehmen, die die ungarische Sprache bevorzugten. „Bei der Änderung der Gottesdienstsprache in gemischtnationalen Gemeinden ist größte Vorsicht geboten, und der bisherige Brauch muss beibehalten werden, bis eine Reform unter den gegebenen Umständen unbedingt erforderlich ist. Sehr traurige Erfahrungen beweisen, dass endlose Unruhen und Unfrieden der Ausgangspunkt für einen solchen vorzeitigen Schritt sein können." – schrieb der stellvertretende Bischof von Pécs im Jahr 1931.[16]

So wurde die allmähliche Verbreitung der ungarischen Sprache auch zu einem der Mittel der Assimilierung in dieser Zeit. Die ungarische Sprache war die allgemein gesprochene und verstandene Sprache unter den Nationalitäten in den multiethnischen Siedlungen, so dass sie eine integrierende Wirkung hatte. Gleichzeitig war es für die Sprachordnung der Gottesdienste in multinationalen Siedlungen schwierig, sich zu ändern, da in vielen Fällen jede Nationalität nur an jenen Gottesdiensten teilnahm, in der sie in ihrer eigenen Muttersprache singen oder die Lesungen verstehen konnte. „Ich schreibe es der Verschiedenartigkeit der Sprache zu, man wird ausgelassen, weil es Gottesdienst auf Deutsch oder Slowakisch oder möglicherweise auf Ungarisch gibt, und so wird die Umgehung der Kirche zur Gewohnheit. Es ist ein Schmerz, dass diese Sprachschwierigkeiten noch nicht überwunden werden

[15] Diözesenarchiv Győr/Raab (GyEL) Bischofsarchiv (GyPL) Dokumente der Diözesanbehörde 2611/1930.

[16] Diözesanarchiv Pécs/Fünfkirchen (PPL) Dokumente des Bischofsamtes 2587/1931.

können." – schrieb zur Bewertung des Jahres 1924 der Pfarrer von Piliscsaba.[17] Wenn in der gegebenen Siedlung die Deutschen auch Ungarisch verstanden, die Ungarn jedoch kein Deutsch, dann wurde in vielen Fällen oft die ungarische Sprache bevorzugt. Gleichzeitig suchte die Kirche nach einer Lösung, die auch die in der Gemeinde lebenden Deutschen zufriedenstellte, zumal die Entstehung eines dauerhaften Konflikts die Debatten nur vertiefen und auf die politische Ebene weiterleiten konnte.

Die Kirche und die ungarndeutsche Bewegung

„Ich fordere meine Priester auf, mit den deutschsprachigen Gläubigen in Kirche und Amt zu kommunizieren. Ich werde ihnen einfach nicht erlauben, sie gegen Ungarn aufzustacheln. Ich glaube auch nicht, dass Deutschland das zulassen würde." – schrieb Lajos Shvoy, Bischof von Székesfehérvár im Jahr 1932 an einen Regierungsbeamten und zeigte damit das allgemein praktizierte Verhalten der ungarischen Bischöfe in dieser Angelegenheit auf.[18] Er lehnte die Aktivitäten der ungarndeutschen Bewegung scharf ab. „Meine braven deutschsprachigen Gläubigen haben sich nie über Vernachlässigung beschwert, Außenstehende haben immer daran gearbeitet, Verwirrung zu stiften, Unzufriedenheit zu erregen [...]" – schrieb der Bischof, im Wesentlichen übte er Kritik an den Aktivitäten des Bleyer-Flügels des Volksbildungsvereins, der sich in den frühen 1930er Jahren offen der reichsdeutschen Unterstützung zugewandt hatte.[19] Die Meinung des Bischofs spiegelt die vorherrschende Ansicht innerhalb der Kirche gut wider, die die Entstehung ungarndeutscher sprachlicher und kultureller Bestrebungen, insbesondere die Unterrichtsfrage, fast ausschließlich als Ergebnis äußerer Einflüsse und nicht als wirkliches Bedürfnis der örtlichen deutschen Gemeinschaft betrachtete. In den Augen einiger Bischöfe waren die großdeutsche/pangermanische Agitationspropaganda und/oder die Aktivitäten der Nationalitätenpolitiker aus Budapest äußere Einflüsse, die ihrer Ansicht nach geeignet waren, die Einheit der Gemeinde und den Glaubensfrieden zu zerstören. Was eine legitime Forderung

---

[17] Bericht des Pfarrers von Piliscsaba, Nándor Lattyák für den Bischof Ottokár Prohászka, 5 Januar 1925. in: Lelkipásztori jelentések 1924–1926. Források a Székesfehérvári Egyházmegye történetéből III. [Pfarrerberichte 1924–1926. Quellen aus der Geschichte der Diözese Stuhlweißenburg.] Gergely MÓZESSY (Hg.), Székesfehérvár, Bischofsarchiv Székesfehérvár/Stuhlweißenburg 2008, 306-308, hier 307.

[18] Bischofsarchiv Székesfehérvár/Stuhlweißenburg (SZfvPL) 4573 (Akten der Gemeinde Törökbálint/Großturwall) 273/1932.

[19] Bischofsarchiv Székesfehérvár/Stuhlweißenburg (SZfvPL) 4573 (Akten der Gemeinde Törökbálint/Großturwall) 273/1932.

der Nationalitäten und was eine pangermanische Agitation war, wurde meist von den politischen Interessen der Streitparteien entschieden.

Die Bischöfe lehnten die politische Organisation der Ungarndeutschen ab und unterließen es, die kulturellen und sprachlichen Bedürfnisse der Deutschen automatisch zufriedenzustellen. Im Zusammenhang mit der täglichen Seelsorge war es für sie jedoch selbstverständlich, selbst auf Deutsch zu predigen, Gottesdienste oder andere liturgische Tätigkeiten durchzuführen. Die Bischöfe sorgten im Allgemeinen auch dafür, dass in den deutschsprachigen Gemeinden Priester eingesetzt wurden, die Deutsch sprechen und verstehen konnten.

Auch die Pfarrer lehnten die Aktivitäten der ungarndeutschen Bewegung ab. Wenn die Priester die Bewegung hinter einem Gesuch vermuteten, wurden sie abweisender. Gleichzeitig wurde die Meinung vieler Pfarrer vom Priester von Törökbálint/Großturwall, Bleyers großem Gegner, einem heftigen Kritiker des ungarndeutschen Unterrichtsbedarfs, Miklós Weicher, der auch als Parlamentsabgeordneter tätig war, gut zum Ausdruck gebracht. „[...] Ich halte die Kirche jedoch für einen viel heiligeren Ort, als sie zum Schauplatz der Bemühungen zu machen, etwas gewaltsam zu assimilieren/magyarisieren." – schrieb Weicher an seinen Bischof. [20] „Mit unserem Vater können wir nur in der Sprache unserer Mutter sprechen." – sagte der Pfarrer im Parlament.[21]

Der vernünftigste Schritt seitens der Kirche wäre gewesen, die Tätigkeit des Volksbildungsvereins von Anfang an vorsichtig, aber einheitlicher zu unterstützen, da dies den Radikalismus und die wachsende Unzufriedenheit der ungarndeutschen Bewegung hätte mildern können. Dies wäre umso klüger gewesen, weil Mitte der 1920er Jahre – trotz seiner heftigen Kritik – Bleyer immer noch auf die Durchsetzbarkeit der Verordnungen des ungarischen Staates, in dem Erfolg der Verhandlungen und nicht zuletzt in der aktiveren Hilfe der Kirche vertraute. Gleichzeitig wurde das kirchliche Verhalten gegenüber Bleyer (und die Ansprüche der ungarndeutschen Bewegung) auch vom aktuellen politischen Umfeld beeinflusst. Denn in der ersten Hälfte der 1920er Jahre bewegten sich die sprachlichen und kulturellen Bestrebungen der Nationalitäten vor allem im innenpolitischen Bereich. In den 1930er Jahren hingegen wurden sie allmählich zum Mittel der deutschen Außenpolitik, die der Region zunehmend Aufmerksamkeit schenkte. So mussten sich die Bischöfe ab Mitte der 1930er Jahre einer viel breiter gefächerten, radikalisierenden, teilweise antireligiösen ungarndeutschen Bewegung stellen, die sich

---

[20] Bericht des Pfarrers von Törökbálint/Großturwall, Miklós Weicher für den Bischof, Ottokár Prohászka, 24 Januar 1926 in: MÓZESSY, Pfarrerberichte, 443-445, hier 443.

[21] Rede von Pfarrer und Parlamentsabgeordneter Miklós Weicher in der 57. Sitzung des Repräsentantenhauses, 30 Mai 1927. in: Parlamenti Napló [Parlamentsprotokoll 1927.], IV. Band (13 Mai 1927–30 Mai 1927), 419-422, hier 420.

vor allem dem Gedanken einer Volksgemeinschaft verschrieben hatte, die auch für die ungarndeutschen Gläubigen eine Gefahr war.

Rückzug des Klerus aus Konflikten – Angst vor dem Vorwurf des Antipatriotismus

„Ich warne Euer Ehren, das heikle Thema der Frage der Muttersprache bei Heiligen Messen selbst anzusprechen. Betrachten Sie es als die Hauptsache, dass die Levente Soldaten unter offizieller Führung an Gottesdiensten teilnehmen sollen. Die Situation wäre anders, wenn der eine oder andere Levente Soldat im Levente-Verein es von selbst zur Sprache brächte, dann würde die Führung sehen, dass es nicht der Priester ist, der die Frage der Muttersprache in der Kirche aufwirft." – schrieb im Sommer 1932 Kardinal Jusztinián Serédi, Erzbischof von Esztergom an Miklós Aubermann, Pfarrer von Budaörs im Zusammenhang mit der Tatsache, dass sein Priester in einen Streit mit den weltlichen Behörden verwickelt war, als er den deutschsprachige Gottesdienstbesuch vom Levente Verein forderte.[22] Die Konsultation zwischen den weltlichen Behörden und dem Pfarrer schlug im Wesentlichen fehl, weshalb die Angelegenheit vor Serédi kam. In Bezug auf den langwierigen Fall war die Position von Serédi klar: er wollte seinen Priester aus dem Konflikt herausziehen und er wollte nicht, dass der Kirche mangelnder Patriotismus vorgeworfen wurde. Das wichtigste Problem von Serédi war, dass das Glaubensleben der Levente Soldaten nicht geschädigt werden sollte – unabhängig von der Muttersprache. Gleichzeitig sah Pfarrer Aubermann, der für sein starkes deutsches Selbstbewusstsein und seine spaltende Persönlichkeit bekannt war, in seiner Antwort die Gefahr, den Glauben zu erschüttern, wenn die deutschstämmigen Levente Soldaten in Budaörs nicht gemäß ihrer Muttersprache zum Gottesdienst gehen könnten. Der Pfarrer meinte, wenn wir die Deutschen „[...] ihrer Sprache völlig berauben, dann haben wir ihre stärksten Wurzeln abgeschnitten, weil eben die

---

[22] Primatialarchiv Esztergom/Gran (PLE) Dokumente der Diözesanbehörde Cat. 25. 2064/1932. (in: 175/1933.)
Levente-Organisationen waren von Anfang der 1920er Jahre bis zum Ende des Zweiten Weltkrieges die wichtigsten Organisationen für die militärische Ausbildung in Ungarn. Levente-Organisationen boten Jungen im Alter zwischen 12 und 21 Jahren, die normalerweise die Schule abbrachen, eine militärische Ausbildung und eine nationale Ausbildung an. Neben dem Sportunterricht wurde ein erheblicher Schwerpunkt auf Disziplin und religiös moralische Erziehung gelegt.

Kirchenlieder in ihnen den alten Glauben erhalten."[23] Nach Angaben des Pfarrers könnte der allmähliche Sprachverlust die Ungarndeutschen in Richtung Sozialdemokratie lenken, die versucht, sie durch ihre Muttersprache zu gewinnen, deshalb ist „[...] die Gefahr mehr von hier als von den deutschsprachigen Messen der konservativen Bauernschaft."[24] Serédi, der die Antwort des Pfarrers las, befasste sich nicht weiter mit dem Fall, er wollte keine weitere Polemik mit der Behörde. Es genügte dem Erzbischof, wenn die Levente Soldaten möglichst an einem eigenen Gottesdienst teilnehmen, dessen Regelmäßigkeit von den Behörden sichergestellt wird, wegen ihrer Muttersprache wollte er nicht in einen Konflikt geraten. Darüber hinaus war die Levente-Organisation eine bedeutende staatliche Institution, so dass die Kirche in diesem Bereich noch weniger bereit war, mit der Regierung oder der Verwaltung in Konflikt zu kommen.

Neben Aubermann sprachen sich auch andere Pfarrer für das bereits etablierte Verhalten aus, das die Muttersprache der Nationalitäten begünstigte, weil sie befürchteten, dass eine Änderung der Sprachordnung die Deutschen zu linken und „religionsfeindlichen" Bewegungen führen könnte. „Die eingeborene deutsche Bevölkerung in Hegyeshalom [...] hat sich immer dem Sozialismus zugewandt und neigt sich immer noch dazu – eine leichte Beute für subversive Anstifter. Wenn sich nun im Interesse der Ungarn die Reihenfolge der Gottesdienste erheblich ändern würde, wäre es sicher, dass es genügend Anstifter geben würde, um die Menschen in Brand zu setzen und sie vielleicht bis ins Unendliche zu jagen. Dies wiederum verursacht dem Pfarrer enorme Probleme, unterbricht das Glaubensleben vollständig und kann sogar noch schädlichere Folgen haben." – sagte ein Diözesanpriester aus Győr.[25] Die Sozialdemokratische Partei erfreute sich bei ungarndeutschen Bergleuten und Arbeitern größerer Popularität – besonders in der Umgebung der Hauptstadt, was sowohl die Regierung als auch die Kirche störte. Der Klerus befürchtete insbesondere die Säkularisierung und die Lockerung des Glaubens, befürchtete jedoch auch die Veränderung der bestehenden sozialen und politischen Struktur.

---

[23] Primatialarchiv Esztergom/Gran (PLE), Dokumente der Diözesanbehörde Cat. 25. 151/1932. (in: 175/1933)

[24] Primatialarchiv Esztergom/Gran (PLE), Dokumente der Diözesanbehörde Cat. 25. 151/1932. (in: 175/1933)

[25] Diözesenarchiv Győr/Raab (GyEL) Bischofsarchiv (GyPL), Dokumente der Diözesanbehörde 2611/1930.

Wahrung der Autonomie der Kirche

„Bleyer und seine Anhänger versuchten die Bischöfe zu drängen, die Sprache der Minderheiten, insbesondere Deutsch, bei der Durchführung von Gottesdiensten stärker zu vertreten, aber sie erhielten die Antwort von uns, dass die Bischofskonferenz niemandem erlauben würde, in dieser Angelegenheit mitzureden, und die kirchlichen Behörden würden das tun, was gerechtfertigt und notwendig ist." – schrieb im Jahr 1930 Kardinal Serédi Jusztinián an Kultusminister Kuno Klebelsberg.[26] Die Verwaltung des Komitats Esztergom erhielt eine ähnliche Antwort zuerst vom Bischof von Győr, István Breyer und dann von Serédi im Sommer 1936. Als die Verwaltung zuerst den Bischof von Győr bat, die Möglichkeit eines ungarischen Gottesdienstes in den deutschen Dörfern zu prüfen, schrieb der Bischof von Hand über die Petition: „Ad acta. Dies kann nicht von oben erzwungen werden. Sie sollten sich innerhalb der Kirchengemeinde bewegen, wenn es wirklich beträchtliche Antragsteller gibt."[27] Die Verwaltung wandte sich dann an Serédi, der erklärte: „Anlässlich des Gottesdienstes fällt die Bestimmung des Sprachgebrauchs in die ausschließliche Zuständigkeit der kirchlichen Autorität."[28] Dies zeigte, dass die Bischöfe nicht nur gegenüber den Sprachbedürfnissen der Nationalität zurückhaltend waren, sondern auch gegenüber der Verwaltung ihre unabhängige Entscheidungsbefugnis beibehielten, die den Gebrauch der ungarischen Sprache ständig erzwang.

Die Kirche lehnte Interventionsversuche aus dem Ausland ebenfalls ab. Im Frühjahr 1933 besuchte Wilhelm Berning, Bischof von Osnabrück Ungarn und setzte sich auch für die muttersprachlichen Rechte der Ungarndeutschen ein (zum Beispiel die Frage der Levente Gottesdienste). Im Dezember 1930 erhielt der Bischof einen päpstlichen Auftrag zur Förderung der geistlichen Betreuung der in Osteuropa und darüber hinaus lebenden deutschen Katholiken. In diesem Zusammenhang reiste er im Februar 1933 nach Ungarn und traf sich auch mit Kardinal Serédi. Der Erzbischof von Esztergom bestritt in erster Linie die Rechtmäßigkeit des Ziels des Bischofsbesuchs und war der Ansicht, dass der Begriff „emigrati" in den päpstlichen Zeugnissen, der sich auf die Auswanderung bezieht, für die seit Jahrhunderten in Ungarn lebenden Deutschen nicht gilt. Serédi bat den Heiligen Stuhl um eine Stellungnahme und Staatssekretär Kardinal Eugenio Pacelli (der spätere Papst Pius XII.) bestätigte den Standpunkt des Erzbischofs. Dann lehnte die ungarische Bischofskonferenz höflich

---

26 Primatialarchiv Esztergom/Gran (PLE), Dokumente der Diözesanbehörde Cat. Dc. 2995/1930. (in: 3231/1934.)

27 Diözesenarchiv Győr/Raab (GyEL), Bischofsarchiv (GyPL), Dokumente der Diözesanbehörde 1070/1936.

28 Primatialarchiv Esztergom/Gran (PLE), Dokumente der Diözesanbehörde Cat. Dc. 2003/1936.

die Bitte von Berning ab, der seine Argumente und Daten teilweise aus seinem Treffen mit Bleyer zog. Im Zusammenhang mit dem Besuch von Berning haben sich die ungarischen Bischöfe weniger mit dem Inhalt des Antrags befasst, während Berning wahrscheinlich seine Zuständigkeit auch überschritt.[29]

Nicht die Sprache, sondern der Glaube, der zählt

„Denn die heilige Messe kann nicht das Mittel von Nationalitäten und Sprachen sein, ihr einziger Zweck ist es vielmehr, Seelen zu Gott zu führen und zu retten. Daher ist es nicht möglich, die Sprache der heiligen Messe nur nach dem Anteil der Bevölkerung zu beurteilen, aber wir müssen in erster Linie darauf achten, in welcher Sprache wir den oben angegebenen Zweck der heilige Messe erreichen können." – schrieb in seinem Brief der Bischof von Pécs, Ferenc Virág an seine Gläubigen in Baranyajenő/Jening.[30] „Es gibt keine Ungarn oder Deutschen vor Gott, nur unsterbliche Seelen, und im Gottesdienst müssen wir zuerst die Mittel einsetzen, die die Errettung unsterblicher Seelen besser fördern [...] Das Ziel, eine Kirche zu bauen, kann nur die Herrlichkeit Gottes und die Errettung unsterblicher Seelen sein, nicht die Durchsetzung der deutschen oder ungarischen Sprache." – schrieb der Bischof an die Katholiken aus der Gemeinde Jágónak/Jagenak.[31]

„Kirchenverordnungen sollten nur die Errettung und das Bedürfnis der Seelen berücksichtigen. Die Kirche kann jedoch nur spirituellen Zielen dienen, nicht Nationalität und Sprache. Die Kirche ist das Haus Gottes, in dem wir alle Kinder eines Vaters sind, ohne Unterschiede in Sprache oder Nationalität [...] Christus sandte die Apostel, nicht um Sprache, sondern um Glauben zu lehren." – schrieb ein Priester im Jahr 1930 an Nándor Rott, Bischof von Veszprém.[32]

---

[29] Mehr über die ungarische Reise von Bischof Berning: András GRÓSZ, Kisebbségpolitikai mozaikok egy német főpásztori látogatáshoz. Berning, osnabrücki püspök magyarországi utazása (1933). [Minderheitenpolitische Mosaiksteine anlässlich des Besuches eines Oberhirten aus Deutschland. Die Reise des Bischofs Berning aus Osnabrück nach Ungarn, 1933] in: Gábor ERDŐDY (Hg.), Modern Magyarország. Az ELTE BTK Új- és Jelenkori Magyar Történeti Doktori Programjának tudományos folyóirata. Különszám Pritz Pál tiszteletére. [Das moderne Ungarn. Wissenschaftliche Zeitschrift des Neuen und Zeitgenössischen Ungarischen Doktorandenprogramms für Geschichte der Eötvös Loránd Universität. Sonderausgabe zu Ehren von Pál Pritz.], August 2014, 89-102; http://moma.elte.hu/wp-content/ uploads/2014/08/moma-kulon.pdf (Download: 21 April 2021).

[30] Diözesanarchiv Pécs/Fünfkirchen (PPL) Dokumente des Bischofsamtes 1913/1930.

[31] Diözesanarchiv Pécs/Fünfkirchen (PPL), Dokumente des Bischofsamtes 1543/1928.

[32] Erzbistumsarchiv Veszprém/Wesprim (VFL), Bistumsarchiv Veszprém/Wesprim (VPL), Dokumente des Bischofsamtes (I-1) 861/1930.

Das Wichtigste für die Kirche war, dass das Glaubensleben in den Gemeinden kontinuierlich gehalten wurde. Aufgrund ihrer Universalität war die Bewahrung und Weitergabe des Glaubens die wichtigste Aufgabe der Kirche, wie aus den obigen Aussagen hervorgeht. Gleichzeitig kam es vor, dass ein Teil des Klerus versuchte, die ungarische Sprache zu bevorzugen, indem er sich auf die Kontinuität des Glaubenslebens bezog, am allermeisten, wenn jeder die ungarische Sprache in der jeweiligen Gemeinde verstand.

Fazit

Die Frage des Gebrauchs der deutschen Sprache in der Kirche ergab sich auch aus berechtigten Forderungen, denen die Entwicklung der ungarndeutschen Bewegung in Ungarn Munition gab. Die Frage der Muttersprache in der Kirche fand in einem politischen Raum statt und ging in vielen Fällen nicht auf spezifische Probleme ein, sondern handelte über die sogenannte gesamtdeutsche Expansion oder die sogenannte Assimilierung/Magyarisierung. Die katholischen Bischöfe berücksichtigten unterschiedlich die Lage der Nationalitäten in der jeweiligen Diözese im Zusammenhang mit Nationalitäten-Anfragen. Einerseits wollte der Klerus das Zusammenleben der Nationalitäten und Ungarn nicht stören, andererseits wurde auch den Interessen der Mehrheit – oder manchmal der Minderheit – der Ungarn Aufmerksamkeit gewidmet. Mehrere Bischöfe lehnten auch Anträge auf Gottesdienste auf Ungarisch ab. Der Grund dafür war zum einen die Notwendigkeit, ihre kirchliche Autonomie gegen verschiedene Einflussabsichten zu wahren, andererseits ermöglichten unterschiedliche politische und gesellschaftliche Umstände der Gemeinden nicht immer die Durchführung der Anliegen der deutschen Bevölkerung. Bei mehreren Gelegenheiten war die Durchführung von Nationalitäten-Bedürfnissen gerechtfertigt, und in einigen Fällen konnte die Einführung der ungarischen Sprache durch legitime Argumente auch gestützt werden.

Die Persönlichkeit des Bischofs und des Pfarrers, sein Verhalten zu Fragen der Muttersprache, die politischen, wirtschaftlichen und sozialen Beziehungen der jeweiligen Gemeinde sowie die Entwicklung des Anteils der Ungarn und Deutschen spielten ebenfalls eine wichtige Rolle bei der Lösung der Probleme. Auf diese Weise können wir allgemeine Schlussfolgerungen zu unserem Thema ziehen, aber wir können in jeder Gemeinde auf unterschiedliche Situationen stoßen, deren genaue Erforschungen uns helfen können, das Problem besser zu verstehen.

Andor Ferenc Lénár

Im Zeichen der Erneuerung — Die Priesterausbildung in Ungarn in der Zwischenkriegszeit

Abstract: A sign of renewal – Training of priests in Hungary during the Interwar Period
This study treats the Hungarian formation of priests as seen through the framework of Hungarian-Catholic renewal, which lasted from the end of the 19th century until the Communist seizure of power in 1947. Within this historical context, the study presents an overview of its organizational framework, the financial situation of priest formation and the particulars of theological formation, as well as the social background of Hungarian candidates for the priesthood. It also presents important individuals for Hungarian pastoral formation, including Ottokár Prohászka.

Vorliegende Studie will über die ungarische Priesterausbildung der Zwischenkriegszeit einen Überblick geben. Der Titel „Im Zeichen der Erneuerung“ weist darauf hin, dass das Thema nur im Rahmen des ungarischen katholischen Erneuerungsprozesses richtig behandelt werden kann, der im letzten Jahrzehnt des 19. Jahrhunderts einsetzte und bis 1947, also bis zur kommunistischen Machtübernahme dauerte. Aus diesem Grund werden zuerst der ungarische historische Kontext und die wichtigsten Merkmale der ungarischen katholischen Wiedergeburt erörtert. Dann werden die folgenden Themen dargelegt: die Priesterseminare in Ungarn, ihre Organisationsrahmen und finanzielle Lage, die Anzahl und der gesellschaftliche Hintergrund der Seminaristen, die theologische Bildung, die Erziehung der Seminaristen und der Geist der Priesterseminare. Den Gegenstand der Studie bilden ausschließlich die römisch-katholischen Priesterseminare. Die Knabenseminare und die griechisch-katholische Priesterausbildung werden dabei nicht behandelt.

1. Aus der Großmacht wird ein Kleinstaat – Ungarn nach 1918

In der ungarischen wie auch in der europäischen Geschichte bildete das Ende des Ersten Weltkrieges in mehrerlei Hinsicht eine Zäsur.[1] Vor 1918 war Ungarn Teil der Österreichisch-Ungarischen Monarchie und gehörte damit zu den europäischen Großmächten. Ungarn erlebte nach dem Ausgleich mit den Habsburgern im Jahre 1867 unter unterschiedlichen liberalen Regierungen einen spürbaren wirtschaftlichen Aufschwung. Als Folge der militärischen Niederlage der Zentralmächte im Ersten Weltkrieg zerfiel die Monarchie und es entstand im Herbst 1918 in Ungarn ein souveräner Staat. Die neue liberale Regierung konnte aber die riesengroßen außen- und innenpolitischen Schwierigkeiten – die Besetzung der Randgebiete des Staates durch die Nachbarländer, die politische und die wirtschaftliche Krise, die Entbehrungen der Bevölkerung – nicht bewältigen. Die Kommunisten übernahmen die Macht 1919, womit die 133-tägige Schreckensherrschaft der Räterepublik anfing. Die schicksalsschweren Ereignisse erreichten ihren Höhepunkt am 4. Juni 1920 mit dem Friedensvertrag von Trianon, als Ungarn zwei Drittel seines Staatsgebietes und mehr als die Hälfte seiner Bevölkerung verlor.[2]

Nach dem republikanischen Versuch von 1918 wurde in Ungarn 1920 das Königtum wiederhergestellt. Weil aber die unterschiedlichen politischen Kräfte in der Person des Königs miteinander nicht zu vereinbaren waren, wählten sie Admiral Nikolaus Horthy, den ehemaligen Oberbefehlshaber der österreichisch-ungarischen Kriegsmarine mit provisorischer Absicht zum Reichsverweser. Nach ihm wurde die Epoche der Zwischenkriegszeit in der ungarischen Geschichtsschreibung Horthy-Epoche genannt, die bis 1944 dauerte. Die offizielle Ideologie der Epoche bildete die christlich-nationale Idee, die die historischen Erschütterungen zwischen 1918 und 1920 zu interpretieren und der unsicher gewordenen ungarischen Gesellschaft eine Richtung zu zeigen versuchte. Sie wollte einerseits die Fragen beantworten, welche Gründe zum Zusammenbruch des historischen Ungarns führten. Gyula Szekfű, der berühmte Historiker, war der Hauptideologe der Zwischenkriegszeit in Ungarn. Er erklärte die Katastrophe in seinem Werk *Három nemzedék és ami utána következik* (Drei Generationen und was danach kommt) mit dem Liberalismus, der das Denken der politischen Führung im 19. Jahrhundert auch bestimmte. Seiner Auffassung nach verlor der Liberalismus in Ungarn im Laufe des 19. Jahrhunderts an Wert und führte letztendlich zur Revolution von 1918 und dann zum

[1] Über die Geschichte Ungarns im 20. Jahrhundert: Ignác ROMSICS, Hungary in the 20th Century, Budapest 1999.

[2] Über den Friedensvertrag von Trianon: Ignác ROMSICS, Der Friedensvertrag von Trianon, Herne 2005.

Kommunismus von 1919. Wenn die Epoche vor dem Zusammenbruch liberal war, dann sollte – Szekfű's Auffassung nach – die neue Epoche konservativ werden. Wenn der Liberalismus zum atheistischen und internationalistischen Kommunismus führte, dann sollte das neue Ungarn auf den Grundlagen des Christentums und des Nationalismus aufgebaut werden. Das Werk von Szekfű beeinflußte in der Horthy-Epoche grundsätzlich sowohl das Denken der politischen Führung als auch der konservativen, von der Regierung unterstützten Intelligenz.[3] Sie sahen in den Kirchen, besonders in der katholischen Kirche, einen natürlichen Verbündeten, der die Konsolidierung der Regierungen unterstützen könne. So entstand ein positives politisches Klima für die katholische Kirche, was zur Entfaltung ihrer Erneuerung, die schon im letzten Jahrzehnt des 19. Jahrhunderts angefangen hatte, wesentlich beitrug.[4]

2. *Von der Stagnation zur Erneuerung – die katholische Kirche im Aufbruch*

Der Friedensvertrag von Trianon hatte auch für die katholische Kirche tragische Folgen, weil die neuen Landesgrenzen das Gebiet der meisten Diözesen durchtrennten.[5] Die katholische Kirchenorganisation des Königreichs Ungarn bestand vor 1918 aus 24 Diözesen und einer freien Prälatur, die Benediktinische Erzabtei Pannonhalma.[6] Von den 24 Diözesen blieben nur vier (Veszprém, Székesfehérvár, Vác und Eger) ganz unangetastet in Ungarn.[7] In sieben Bistümern (Szombathely, Győr, Esztergom, Kalocsa, Pécs, Hajdúdorog, Pannonhalma) blieben die Bischofssitze in Ungarn, Teile ihrer Gebiete aber kamen zu den Nachfolgestaaten. Bei sieben Diözesen (Rozsnyó, Kassa, Eperjes, Munkács, Szatmár, Nagyvárad, Csanád,) gehörten die Bischofsitze zu den Nachbarländern, sie hatten aber Gebiete in Ungarn. Weitere 7 Diözesen

---

3 Es wurde das Grundwerk der christlich-nationalen Idee, der politischen Ideologie der Horthy-Epoche. Diese Ideologie trug auch antisemitische Züge. Diese Erscheinung ist im großen Maße auf die Tatsache zurückzuführen, dass die Mehrheit der Leiter der Räterepublik im Jahre 1919 jüdischer Herkunft war. Daneben stand aber eben das jüdische Bürgertum, das sehr unter der kommunistischen Diktatur litt. Diese Tatsache lassen die Ideologen jedoch außer Acht.

4 Über die ungarische katholische Kirche in der Zwischenkriegszeit: Norbert SPANNENBERGER, Die katholische Kirche in Ungarn 1918–1939. Positionierung im politischen System und „Katholische Renaissance", Stuttgart 2006; Éva PETRÁS, A Splendid Return. The Intellectual Reception of the Catholic Social Doctrine in Hungary 1931–1944, Budapest 2011.

5 Jenő GERGELY, A katolikus egyház története Magyarországon 1919–1945 [Die Geschichte der katholischen Kirche in Ungarn 1919–1945], Budapest 1999, 41-48.

6 Siehe die Landkarte über die Katholische Kirchenorganisation des Ungarischen Königtums, 1918 im Anhang.

7 Gabriel ADRIÁNYI, Geschichte der Kirche Osteuropas im 20. Jahrhundert, Paderborn-München-Wien-Zürich 1992, 100.

gerieten ganz zu den Nachbarstaaten. Der Friedensvertrag führte dementsprechend zu ernsthaften kirchenorganisatorischen und wirtschaftlichen Problemen, die erst in den 1930er Jahren mehr oder weniger gelöst werden konnten.

In den neuen Staatsgrenzen waren mehr als 64 Prozent der ungarischen Bevölkerung katholisch. 21 Prozent der Staatsbürger gehörten zu den Calvinisten, 6 Prozent zu den Lutheranern, 6 Prozent bekannten sich zum jüdischen Glauben.[8]

Trotz dieser tragischen Ereignisse fand das Ende des Ersten Weltkrieges die katholische Kirche inmitten eines Erneuerungsprozesses. Die katholische Kirche wurde vor dieser Erneuerung in der zweiten Hälfte des 19. Jahrhunderts auch von seinen konservativen Anhängern „welk, lethargisch und dumpf" gehalten.[9] Die rapide bürgerliche Entwicklung und der liberale Zeitgeist brachten die Anfänge der Säkularisierung der ungarischen Gesellschaft mit sich, was sich auch in dem immer breitere Schichten erreichenden religiösen Indifferentismus zeigte.[10] Der liberale Zeitgeist zusammen mit den Nachwirkungen des Josephinismus beeinflussten auch die Führung der Kirche. Die Bischöfe als Grundbesitzer führten in ihrem schönen Palais eher das Leben der zeitgenössischen Magnaten als der eifrigen Oberhirten. Die einfachen Geistlichen fühlten sich eher als Staatsbeamte und nicht als Seelsorger. Aus diesem Grund widmeten sie sich oft nicht der Seelsorge, sondern der landwirtschaftlichen, politischen oder anderen gesellschaftlichen Tätigkeiten.

Der josephinische Geist zeigte sich auch in der Priesterausbildung. Die Studienzeit dauerte seit Joseph II. vier Jahre. Die Zahl der Dogmatikstunden war stark reduziert. Die Spiritualität wurde auf das Minimum gesenkt, Joseph II löste sogar das Amt des Spirituals auf.[11] Die Disziplin der Seminaristen war sehr locker. Die katholische Zeitschrift Religio berichtete 1870, dass es im Priesterseminar von Veszprém in der Kapelle keine Eucharistie gab.[12] Die Seminaristen hatten keine Meditationen. Sie beichteten und empfingen die Kommunion nur einmal im Monat. Sie feierten drei Tage lang den Fasching,

---

8 Jenő GERGELY / József KARDOS / Ferenc ROTTLER, Az egyházak Magyarországon Szent Istvántól napjainkig [Die Kirchen in Ungarn vom Heiligen Stephan bis heute], Budapest 1997, 169.

9 Zoltán NYISZTOR, Ötven esztendő. Századunk katolikus megújhodása [Fünfzig Jahre. Die katholische Erneuerung unseres Jahrhunderts], Wien 1962, 13.

10 Gabriel ADRIÁNYI, Fünfzig Jahre Ungarische Kirchengeschichte 1895–1945, Mainz 1974 (Studia Hungarica 6.), 35-37.

11 Ákos MIHÁLYFI, A papnevelés története és elmélete. Első kötet. A papnevelés története [Die Geschichte und die Theorie der Priestererziehung. Erster Band. Die Geschichte der Priestererziehung], Budapest 1896, 253-276.

12 Mihály RAJZ / Tibor KOROMPAY, Megemlékezés Dr. Hanauer Árpád István váci megyéspüspökről [Erinnerung an Dr. Árpád István Hanauer, den Diözesanbischof von Vác], Budapest o. D., 16.

brachten den Wein in Kanistern in das Seminar, wo sie Zigeunermusik hörten und mit Dienstmädchen tanzten. Über die Spiritualität des Priesterseminars schrieb 1883 Ottokár Prohászka, damals Lehrer des Knabenseminars später Spiritual des Großseminars in Esztergom, die folgenden Sätze: „Das religiöse Leben, die übernatürliche Tugend und das Leben aus dem Glauben sind auch für die Priester völlig fremd. [...] Hier gibt es kein Silentium, was zur Initiative und Entfaltung der Spiritualität unbedingt notwendig wäre. Man beichtet und empfängt die Kommunion sehr selten. Unter Meditation versteht man hier nicht das, was sie sein sollte. Es gibt keine lectio spiritualis und keine ascetische Bildung."[13] Die ungarische katholische Kirche trug also mehr Symptome des Unterganges als der Zukunft.[14]

Es gab zwei Faktoren, die die ungarische katholische Kirche aus dieser Stagnation herausrissen: die neuen Impulse der Weltkirche unter dem Papsttum Leos XIII und die kirchenpolitischen Kämpfe der 1890-er Jahre in Ungarn.[15] Der neue und offene Geist Leos XIII regte durch die Enzyklika Rerum novarum zur Bildung katholischer Parteien und Bewegungen an, um die Widersprüche des Kapitalismus mit der aktiven Teilnahme der Gläubigen friedlich bewältigen zu können. Die Konfrontation der Kirche mit der liberalen ungarischen Regierung wegen der Einführung der obligatorischen Zivilehe führte zum Protest der Oberhirten und zur politischen Aktivität der bekennenden Katholiken. Obwohl sie die Regierung nicht zur Rücknahme der Gesetze zwingen konnten, trugen diese Ereignisse zur Mobilisierung der katholischen Gesellschaft wesentlich bei.

Die Erneuerung konnte man im Aufschwung der katholischen Publizistik, in der Gründung zahlreicher katholischer Vereine, in der politischen Aktivität der Katholiken und auch in den jährlichen Katholikentagen erkennen.[16] Die Leiter der katholischen Erneuerung waren neue Typen des Klerus und des Episkopates. Sie traten durch tiefere, innere, anspruchsvollere Religiosität getrieben, und mit gesellschaftlichem Pflichtgefühl auf. Sie waren gegenüber den neuen Impulsen der Weltkirche offen und durch diese inspiriert. Wenn auch die tragischen Ereignisse nach dem Ersten Weltkrieg diese Entwicklung vorläufig aufhielten, brachte das positive politische Klima der Zwischenkriegszeit eine weitere Entfaltung des Erneuerungsprozesses mit sich. Sie manifestierte sich in der weiteren Verbreitung der schon existierenden und der Gründung neuer Vereine, in der steigenden Anzahl der religiösen Orden, in der

---

13 Ferenc SZABÓ, Prohászka Ottokár élete és műve 1858–1927 [Das Leben und Werk von Ottokár Prohászka 1858–1927], Budapest 2007, 83. Übersetzt von Andor Ferenc Lénár.

14 ADRIÁNYI, Fünfzig Jahre, 37.

15 GERGELY / KARDOS / ROTTLER, Az egyházak Magyarországon, 156-161, 184-193.

16 ADRIÁNYI, Fünfzig Jahre, 38-52, 77-90.

Vielfältigkeit der katholischen Presse, im steigenden Einfluss der katholischen Kirche im Unterrichtswesen und auch darin, dass die Erneuerung im Klerus nicht isoliert blieb, sondern auch von tatkräftigeren Laienaposteln begleitet wurde. Die ungarische Priesterausbildung der Zwischenkriegszeit kann nur im Kontext dieser katholischen Erneuerung richtig behandelt werden, weil sie auch Teil des Erneuerungsprozesses war.

3. Die ungarische Priesterausbildung in der Zwischenkriegszeit

Die Priesterseminare

In Ungarn hatte jede Diözese ein Priesterseminar am Sitz des Bischofs, so verfügte die ungarische katholische Kirche in der Zwischenkriegszeit über 10 Priesterseminare: in Szombathely, Győr, Veszprém, Esztergom, Székesfehérvár, Vác, Eger, Pécs, Kalocsa, Szeged.[17] Daneben hatte sie noch ein interdiözesanes Seminar für die begabtesten Alumnen in Budapest, das Zentralseminar. In Székesfehérvár sollte das Priesterseminar 1918 wegen finanzieller Schwierigkeiten geschlossen werden; es konnte seine Türe für die Seminaristen erst 1926 wieder öffnen.[18] Der Bischof von Csanád wurde 1923 durch die rumänischen Behörden aus Temesvár, seinem Sitz verwiesen und der Heilige Stuhl wies ihm Szeged als neuen Bischofssitz zu. In dieser Stadt in Süd-Ungarn wurde daraufhin 1930 ein neues Seminar gegründet.

Die Oberhirten schickten die begabtesten Priesteramtskandidaten für die höheren theologischen Studien gerne ins Ausland, vor allem nach Wien ins Pazmaneum, dem der Erzbischof von Esztergom vorstand, oder nach Rom ins Collegium Germanicum et Hungaricum. In Wien studierten die Seminaristen an der theologischen Fakultät der Wiener Universität, in Rom an der Päpstlichen Universität Gregoriana. Der Bischof von Vác schickte seine Seminaristen gern nach Innsbruck in das von den Jesuiten geführten Collegium Canisianum, wo er auch selbst Theologie studiert hatte. Die meisten Diözesen unterhielten auch Knabenseminare, in denen Schüler im Alter zwischen 14 und 18 Jahren eine intensivere religiöse Erziehung und einen größeren Einblick in den

---

17 GERGELY, A katolikus egyház, 252. Siehe die Landkarte über die Katholische Kirchenorganisation des Ungarischen Königtums, 1920–1938 im Anhang.

18 Gergely MÓZESSY, Az újkori Székesfehérvár első felsőoktatási intézménye [Die erste Instituion für höhere Bildung in Stuhlweißenburg in der Neuzeit], in István DRASKÓCZY / Júlia VARGA / Vilmos ZSIDI (Hg.), Tanulmányok a 70 éves Szögi László tiszteletére, Budapest 2018, 337-349.

Priesterberuf bekamen. Nach dem Abitur konnten sie sich aber frei entscheiden, ob sie Priester werden wollten.

Die Organisationsrahmen und die finanzielle Lage

Die oberste Aufsichtsbehörde der Priesterseminare bildete in dieser Zeit die Kongregation für Priesterseminare und Universitätsstudien (Congregatio de Seminariis et Studiorum Universitatibus).[19] Die Bischöfe sollten dieser Kongregation in jedem dritten Jahr einen Bericht über ihre Seminare schicken. Diese Kongregation ordnete auch die Visitation der Seminare an. In Ungarn wurde 1936 eine Visitation durchgeführt, womit der Regens des Priesterseminars in Pécs beauftragt wurde. [20] Seine Berichte befinden sich im Archiv der Kongregation.[21]

Der Rahmen der Priesterausbildung wurde durch den 1917 erlassenen Codex des kanonischen Rechtes bestimmt.[22] Die Regelungen des Codex konnten

---

19 Zur Aufsicht der katholischen Bildungseinrichtungen errichtete Papst Pius V. 1588 die Kongregation für Römische Studien (Congregatio pro universitate studii romani). Sie übte die Aufsicht über die Universitäten in Rom, Bologna, Paris und Salamanca. Leo XII. erweiterte 1824 den Wirkungsbereich der Kongregation auf die Schulen des Päpstlichen Staates und benannte sie in die Kongregation für Studien (Congregatio studiorum) um. Nach 1870 gehörten alle katholische Universitäten unter ihre Aufsicht. Mit der Anordnung von Benedikt XV. gerieten 1915 auch die Priesterseminare unter die Aufsicht der Kongregation. Dementsprechend wurde ihr Name auf die Kongregation für Priesterseminare und Universitätsstudien (Congregatio de Seminariis et Studiorum Universitatibus) geändert. Über die Seminare übte früher die Konsistorialkongregation (Congregatio Consistorialis) die oberste Aufsicht. In der Zwischenkriegszeit stand ein Kardinal als Präfekt an ihrer Spitze, dessen Arbeit der Sekretär und der Vizesekretär unterstützten. Die Kongregation war in dieser Zeit für alle katholischen Schulen zuständig. Heutzutage heißt sie die Kongregation für das katholische Bildungswesen. http://www.vatican.va/roman_curia/congregations/ccatheduc/documents/rc_con_ccatheduc_20051996_profile_en.html_ (31. 03. 2021.)
Zum Organisationsrahmen siehe die Abbildung 1 im Anhang.

20 A magyar katolikus püspökkari tanácskozások története és jegyzőkönyvei 1919–1944 között [Die Geschichte und die Protokolle der ungarischen katholischen Bischofkonferenz 1919–1944], hg. v. Margit BEKE, Bd. 1-2, München-Budapest 1992 (Dissertationes Hungaricae Ex Historia Ecclesiae XII–XIII), hier Bd. 2, 79, 102.

21 Archivio Segreto Vaticano (im weiteren ASV), Archivio Nunziatura Ungheria, busta 52, fasc 6., zitiert von Krisztina TÓTH, A szombathelyi egyházmegye története Grősz József egyházkormányzása idején 1936–1944 [Die Geschichte der Diözese Steinamanger in der Zeit von Jószef Grősz 1936–1944], Budapest 2015, 197. Fußnote 34.

22 Codex Iuris Canonici – im weiteren CIC 1917. can. 1352–1371.; József BÁNK, Kánonjog I. Bevezetés a kánoni jogba [Kanonisches Recht I. Einführung in das kanonische Recht], Budapest 1960, 478-488.
In meiner Studie verwendete ich die ungarische Überstezung des Kodex: Kánonjogi kódex [Kodex des kanonischen Rechtes. Manusskript.], o. D.

dann durch die Dekrete der Diözesansynoden und die Regelungen des Statutes für die Priesterseminare ergänzt werden.

Die direkte Aufsicht über die Seminare wurde vom Diözesanbischof ausgeübt.[23] Er konnte die Art und Weise der Einrichtungsleitung, der Ausbildung und der Erziehung in einem Statut beschreiben.[24] In der Aufsicht des Seminars waren dem Oberhirten zwei Kommissionen behilflich.[25] Die eine war für die personellen (die Ernennung der Professoren, Entlassung der Seminaristen, Modifizierung der Ausbildung oder des Statuts), die andere für die finanziellen Angelegenheiten verantwortlich. Beide Kommissionen bestanden aus für den Bischof zuverlässigen Klerikern.

Die Leitung des Priesterseminars bestand aus vier Personen, die vom Diözesanbischof ernannt wurden.[26] Der Regens war der Leiter des Seminars und beschäftigte sich mit disziplinarischen, organisatorischen und personellen Angelegenheiten. Er übte die Aufsicht über die Professoren aus. Auf Grund der Meinung der Vorgesetzten entschied er über die Zulassung des Kandidaten zur Priesterweihe. Der Subregens, in Ungarn auch Ökonom genannt, unterstützte ihn in den wirtschaftlichen, der Präfekt (prefectus studiorum) in den disziplinarischen Angelegenheiten. Der letztere war auch für das Studium der Kandidaten verantwortlich. Der Spiritual (director spiritualis) war für die geistliche Begleitung der Seminaristen zuständig. In vielen Fällen waren die Vorgesetzten auch Professoren unterschiedlicher theologischer Fächer.[27]

Die Oberhirten waren verpflichtet, im Rahmen ihrer ad-limina – Besuche einen Bericht über die Lage ihrer Diözese zu schreiben und in diesem auch die Situation der Priesterausbildung zu behandeln. Auf Grund dieser Berichte kann man über die Anzahl der Professoren, der Priesteramtskandidaten, die Zeit der Ausbildung und die Weise der Finanzierung wichtige Informationen erhalten.[28]

Bezüglich der finanziellen Lage soll erwähnt werden, dass nur drei Seminare (in Eger, Pécs und Szombathely) über ein nennenswertes Vermögen verfügten und sich selbst unterhalten konnten.[29] Die anderen Seminare wurden aus den Einkünften der Diözesanbischöfe, dem Seminaristicum (der kirchlichen Sondersteuer zur Priesterausbildung), und aus staatlicher Unterstützung finanziert. Bis zum Anfang der dreißiger Jahre sollten die Priesteramts-

---

23 CIC 1917, can. 1367.

24 CIC 1917, can. 1357, 1307.

25 CIC 1917, can. 1359.

26 Vgl. CIC 1917, can. 1359, 1360, 1361, 1366, 1368.

27 In der Diözese Vác unterrichteten in den dreißiger Jahren der Regens die Dogmatik, der Subregens die biblischen Fächer, der Spiritual die scholastische Philosophie.

28 Die Abbildung 2 fasst die wichtigsten Angaben der Ad-Limina-Berichte des Bischofs von Vác bezüglich der Priesterseminare in der Zwischenkriegszeit zusammen.

29 A magyar katolikus püspökkari tanácskozások, hier Bd. I., 141, 259, 384-386.

kandidaten keinen Beitrag zu ihrer Ausbildung bezahlen. Dann wurde er aber wegen der Wirtschaftskriese in vielen Seminaren auch eingeführt.

Die Anzahl der Seminaristen

Die Protokolle der ungarischen Bischofskonferenzen geben bis zur Weltwirtschaftskrise Informationen auch über die Anzahl der Priesteramtskandidaten.[30] Die Abbildungen 3 und 4 im Anhang zeigen die Anzahl und die Tendenz nach Diözesen. Die Zahl der Kandidaten nahm in den zwanziger Jahren kontinuierlich zu, Anfang der dreißiger Jahre folgte eine Rezession. Die Diözese Eger bildete auch keine Ausnahme, wenn man die späteren Angaben auch berücksichtigt. Diese Tatsache ist auf der Abbildung 5 im Anhang sichtbar. Vor dem ersten Weltkrieg hatte die Erzdiözese durchschnittlich 50 Priesteramtskandidaten. Dann stieg ihre Anzahl in der Epoche und das Erzbistum hatte 1931 schon 114 Seminaristen. Anschließend begann ihre Zahl zu sinken.

József Petró, der Spiritual des Priesterseminars in Eger, veröffentlichte 1937 eine interessante Studie mit dem Titel Soziographie der Priesteramtskandidaten.[31] Inspiriert durch die damalige Bewegung der ungarischen Dorfforscher[32] untersuchte er mit den Methoden der Soziographie den gesellschaftlichen Hintergrund der Priesteramtskandidaten zwischen 1921 und 1937. In die Untersuchung wurden insgesamt 303 Personen (230 Priester und 73 Seminaristen vom I. bis zum IV. Jahrgang) einbezogen.

In seiner Studie legte er dar, dass die Rezession auf die hohe Anzahl der Austritte und der Entlassungen zurückzuführen ist. Nach dem Ersten Weltkrieg und den revolutionären Ereignissen von 1918 und 1919 wollten viele den Priesterberuf wählen und meldeten sich zur Priesterausbildung. Die Qualität und das Engagement dieser Kandidaten war aber nach der Meinung von Petró stark fraglich. Die Abbildung 6 im Anhang gibt einen Überblick über die Tendenz der Anzahl der Seminaristen in Eger. In der Studie wurde festgestellt, dass der Erzbischof von Erlau zwischen 1922 und 1932 112 Männer zum Priester weihte. Daneben wurden aber 39 Kandidaten entlassen. 61 Alumnen verließen das Seminar freiwillig. Das sind insgesamt 100 Personen. So war der

---

30 Ebd.

31 József PETRÓ, Papnövendékek szociográfiája [Soziographie der Priesteramtskandidaten], in: Egri Egyházmegyei Közlöny 69 (1937), 67–74.

32 Die Bewegung der ungarischen Dorfforscher fing in der zweiten Hälfte der Zwanziger Jahre an und setzte sich das Ziel, das Leben der ungarischen Bauern mit Hilfe der neuesten Ergebnisse der Soziographie literarisch vorzustellen. An der Bewegung nahmen junge Intellektuelle und Schriftsteller teil. Sie wollten die Aufmerksamkait der Gesellschaft auf das Elend der Bauern lenken und kämpften für ihren gesellschaftlichen Aufstieg.

Anteil derer, die vor der Priesterweihe das Seminar verließen in diesen zehn Jahren fast 50 Prozent. Ab Mitte der dreißiger Jahre sank die Anzahl der Austritte und der Entlassungen. Zwischen 1933 und 1937 wurden 118 Personen zum Priester geweiht, 18 Personen entlassen und nur 8 Seminaristen traten freiwillig aus. Petró erklärte diese Veränderung damit, dass man mit der Zunahme der Kandidatenanzahl die Aspiranten auf dem Konkurs besser prüfte und die Nicht-Geeigneten nicht aufnahm. Andererseits hielt die schwere wirtschaftliche Situation des Landes die Kandidaten von einer unüberlegten Handlung auch ab.

Der gesellschaftliche Hintergrund der Seminaristen

József Petró untersuchte in seiner Studie auch den gesellschaftlichen Hintergrund der Seminaristen.[33] Von den 303 Priestern und Seminaristen stammten 58 aus der Intelligentia. Der Vater war also Arzt, Jurist, Ingenieur, Lehrer, Offizier in der Armee oder Apotheker. 80 Kandidaten kamen aus Familien, in denen der Vater Handwerker war oder einen kaufmännischen oder einen wirtschaftlichen Beruf ausübte. 165 Seminaristen waren Söhne von Arbeitern und Bauern. Die Hälfte der Kandidaten stammte also aus einfacheren Familien. Die Bauernfamilien bildeten demnach die Basis der katholischen Priesterschaft in der Diözese und eigentlich auch im Lande. 141 Kandidaten stammten nämlich aus dieser Gesellschaftsschicht. 22 Seminaristen kamen aus Lehrer-, 18 aus Arbeiter-, 18 aus Amtsdiener- und 14 aus Beamtenfamilien. Unter den Handwerkern waren die Schuhmacher die, die die meisten Priester der Erzdiözese gaben, nämlich 12.

Petró untersuchte auch die Kinderanzahl der Familien, woher die Schüler des Knabenseminars und die Seminaristen im Jahre 1936/1937 kamen. Er stellte fest, dass 76 Prozent der Seminaristen aus Familien mit mehr als drei Kindern kam.

Bei der Untersuchung der Schulergebnisse der Seminaristen im Jahre 1937 stellte er fest, dass 50 Prozent mit sehr gutem oder ausgezeichnetem Ergebnis die Reifeprüfung ablegten. Ins Priesterseminar kamen demnach in den 1930er Jahren immer begabtere und qualifiziertere Kandidaten.

---

[33] Siehe die Abbildung 7 im Anhang.

Die theologische Ausbildung

Im Sinne des CIC sollte die theologische Ausbildung aus einem zweijährigen philosophischen und einem vierjährigen theologischen Kurs bestehen und fünf Jahre dauern.[34] Als Folge der Josephinismus dauerte die theologische Ausbildung in Ungarn zunächst vier Jahre, erst 1926 wurde sie auf fünf Jahre ausgeweitet.[35] Die Dauer, die Art und Weise der Ausbildung, die Studienfächer wurden neben dem Kodex durch die Anordnungen der Päpste und der Kongregation für Priesterseminare und Universitätsstudien bestimmt. Eines der wichtigsten Dokumente der Epoche ist in dieser Hinsicht das Officiorum omnium, der apostolische Brief von Benedikt XV. an Kardinal Gaetano Bisleti, den Präfekt der Kongregation für Priesterseminare und Universitätsstudien.[36] Der Brief betont, dass die theologischen Fächer in erster Linie auf Latein unterrichtet werden sollen. Der Papst fordert von den Priesterseminaren, dass sie einen größeren Wert auf die rhetorische und praktische Bildung legen. In der Zwischenkriegszeit bildeten die Dogmatik, die Moraltheologie, die biblischen Fächer, das kanonische Recht und die Liturgik die wichtigsten theologischen Fächer.

Die ungarische theologische Ausbildung wurde am Beginn unserer Epoche auch von den Klerikern kritisiert. Ferenc Chobot[37], der anerkannte Kirchenhistoriker aus der Diözese Vác hielt 1917 diese für zu theoretisch und meinte, dass die Mehrheit der Theologieprofessoren über keine Erfahrungen in der Seelsorge verfügte.[38] Doch sollten sie gerade die praktischen Kenntnisse weitergeben. Er kritisierte die hohe Anzahl der mündlichen Prüfungen, die nur zum „Büffeln" motivieren und vermisste die Entwicklung des physischen Stehvermögens der Priesteramtskandidaten. Er meinte, dass die Priesterausbildung noch immer unter dem Einfluss des Spätjosephinismus stand.

---

34 CIC 1917, can. 1365.

35 A magyar katolikus püspökkari tanácskozások, hier Bd. I., 173.

36 Máté GÁRDONYI, Veszprémi papnevelés a XX. század első felében – az egyházmegyei zsinatok tükrében [Die Priesterausbildung in Wesprim im XX: Jahrhundert – im Spiegel der Diözesansynoden], Kézirat 2012, 6.

37 Ferenc Chobot (1860–1930) ist in Ignám, im Komitat Pozsony (Pressburg) geboren. Er studierte Theologie in Vác (Waitzen) und wurde 1883 zum Priester geweiht. Nach dem Dienst als Kaplan in unterschiedlichen Dörfern der Diözese wurde er Subregens des Priesterseminars in Waitzen und unterrichtete Kirchengeschichte. Er war später Pfarrer in Rákospalota und Romhány. Er veröffentlichte zahlreiche Bücher und Werke: Jézus Krisztus egyházának története [Die Geschichte der Kirche Jesu Christi], A pápák története [Die Geschichte der Päpste], Rákospalota 1909.

38 Ferenc CHOBOT, A papi reformról [Über die Reform der Priesterschaft], in: Magyar Kultúra 5 (1917), 802–804.

József Petró, der Spiritual des Priesterseminars in Eger, vertrat 1924 in seiner Studie über „Die Reform der theologischen Ausbildung“[39] die Meinung, dass die Anzahl der Dogmatikstunden und der schriftlichen Prüfungen erhöht werden sollte. Er unterstrich, dass die niedrige theologische Bildung der ungarischen Priester teilweise darauf zurückzuführen sei, dass sie eher mündlich geprüft würden und ihre Kenntnisse nicht schriftlich zusammengefasst werden sollen. Man erwartete von ihnen keine tieferen Kenntnisse.

Bis in die dreißiger Jahre veränderte sich in der theologischen Ausbildung in Ungarn viel, was auch der Stundenplan der Seminaristen in Vác aus dem Jahre 1936/37 zeigt.[40] Die Mehrheit der theologischen Fächer wurde in Ungarn auf Latein und von 5-8 Professoren unterrichtet. In der fünfjährigen Ausbildung trennen sich die zweijährige philosophische und die dreijährige theologische Bildung auf diesem Stundenplan sichtbar voneinander. Die Hauptfächer des philosophischen Kurses waren die Philosophie, die Kirchengeschichte und die biblischen Fächer. Das Hauptfach des theologischen Kurses war die Dogmatik, die in sechs Stunden pro Woche unterrichtet wurde. Die Anzahl der Dogmatikstunden wurde also in der Epoche kontinuierlich erhöht. Zu diesem Kurs gehörten auch die biblische Exegese, die Moraltheologie und das Kirchenrecht. Die Alumnen studierten die biblischen Sprachen, Hebräisch und Latein, nicht aber die modernen westeuropäischen Sprachen. Unter den Fächern finden wir die Gregorianistik, wo den Seminaristen der liturgische Gesang beigebracht wurde. Sie studierten zur Entwicklung ihrer rhetorischen Fähigkeiten fünf Jahre lang Lautbildung. Wir sehen unter den Fächern die Liturgik, die christliche Kunst, den Unterricht der Dekrete der Diözesansynoden, die Pädagogik auch Sportunterricht.

Wenn man den Stundenplan des Priesterseminars in Vác mit dem Stundenplan eines deutschen Seminaristen vergleicht, kann man feststellen, dass der ungarische nicht so vielseitig und praxisorientiert war, wie es auch József Petró schon 1924 schrieb: „Wenn wir einen ungarischen Theologen fragen, welche Fächer er in der vierjährigen theologischen Ausbildung hatte, dann kann er diese mit Hilfe seiner Finger leicht zählen. Wenn man aber diese Frage einem deutschen Theologen stellt, dann zeigt er sein Studienbuch, wo wir 40-45 Fächer sehen können.“[41]

---

[39] Dr. József PETRÓ, A theológiai oktatás reformja. [Reform der theologischen Bildung], in: Egri Egyházmegyei Közlöny, (1924), 19-20.

[40] Siehe Abbildung 8 im Anhang. Váci Püspöki és Káptalani Levéltár (Bischofs- und Domkapitelarchiv von Waitzen – im weiteren VPKL), Acta Seminarii, Seminarium, 3259/1937.

[41] PETRÓ, A theológiai oktatás, 17.

Zusammenfassend lässt sich feststellen, dass sich die theologische Ausbildung der Epoche in Ungarn bemühte, den Erwartungen des Kodex und des erwähnten apostolischen Briefes zu entsprechen.

Die Erziehung im Priesterseminar

Der Kodex des kanonischen Rechtes machte die Sicherung der spirituellen Erziehung zu der Pflicht des Diözesanbischofs.[42] Er sollte sich darum kümmern, dass die Priesteramtskandidaten morgens und abends beten, betrachten und an der heiligen Messe teilnehmen. Der Kodex schrieb auch vor, dass die Alumnen einmal pro Woche beichten und täglich die Kommunion empfangen sollen. Es ist wichtig, dass sie wöchentlich einen religiösen Ansporn (Exhorte) bekommen und jedes Jahr an einem Exerzitium teilnehmen. Zur Aneignung der liturgischen Tätigkeiten sollten sie im Hochamt und der Vesper in der bischöflichen Kathedrale dienen. Das Leben des Seminars wurde durch das Statut des Priesterseminars bestimmt, das auf Grund des Kodex vom Diözesanbischof ausgegeben wurde.[43] Das Statut enthielt die Leitungsprinzipien des Seminars, den Wirkungskreis und die Pflichten der Vorgesetzten, die Pflichten und die Tagesordnung der Kandidaten.

Die Abbildung 9 und 10 im Anhang zeigen die Tagesordnung der Seminaristen in Vác.[44] Das Statut bestimmte den Tag vom Wecken um 5 Uhr bis zum Zapfenstreich um Viertel nach 9 am Abend. Es wollte ein harmonisches Gleichgewicht zwischen der Spiritualität, den Studien und der Unterhaltung schaffen, um die Alumnen zu Selbstdisziplin zu erziehen. Durch die Gestaltung des gemeinsamen Lebens (gemeinsames Gebet, Essen, Unterhaltung) wollte man die Einheit und die brüderliche Zusammengehörigkeit der Priester begründen.

---

42 CIC, 1917. can. 1367.

43 In der Diözese Waitzen war lange Zeit das Statut gültig, das von Bischof Ágoston Roskoványi noch im Jahre 1852 ausgegeben worden war. Von Zeit zu Zeit ergänzte man es mit neueren Anordnungen. Bischof István Hanauer gab 1925 ein vorläufiges Statut heraus, das fünf Jahre später als Constitutio et leges seminarii in Kraft trat. Es wurde dann auch auf Ungarisch zusammengefasst ausgedruckt. Die Priesteramtskandidaten bekamen diese kurze Fassung, wenn sie das Seminargebäude das erste Mal betraten. VPL, Seminarium, 1920-1925/XII

44 Mehr zum Thema der Priesterausbildung in der Diözese Waitzen: Andor LÉNÁR, A papnevelés helyzete és jellemzői a Váci Egyházmegyében a két világháború között [Die Situation und Kennzeichen der Priesterausbildung in der Diözese Vác zwischen den beiden Weltkriegen], in Jenő GERGELY (Hg.), Ahogy mi látjuk, Budapest 2007, 157-181; Andor LÉNÁR, A Váci egyházmegye története Hanauer Árpád István püspöksége (1919–1942) idején [Die Geschichte der Diözese Vác unter Bischof István Árpád Hanauer, 1919–1942.], Pécs 2017 (Seria Historiae Dioecesis Quinqueecclesiensis XVI.), 118-125.

Die Monotonie der Tagesordnung wurde durch die jährlichen Exerzitien, die kirchlichen Feiertage, die eine eigene Tagesordnung hatten, und die Teilnahme an den niederen (Ostiarier, Lektor, Exorzist, Akoluth) und höheren Weihen (Subdiakon, Diakon, Priester) unterbrochen. Für die Seminaristen war es auch ein Fest, wenn sie ihre Eltern oder Verwandten empfangen durften. Sie hatten viele Möglichkeiten in der Nähe von Vác im Rahmen unterschiedlicher Ausflüge die Natur zu genießen. Sie hatten auch einen Selbstbildungskreis, der sogenannte Pázmány-Verein, wo sie ihre theologischen, literarischen oder historischen Kenntnisse erweitern konnten.

Der Geist der Priesterseminare – bedeutende Persönlichkeiten der ungarischen Priesterausbildung

Auf Grund des bisher Gesagten kann festgehalten werden, dass die Nachwirkungen des Josephinismus in der Zwischenkriegszeit in den ungarischen Priesterseminaren langsam überwunden und der Geist der Priesterausbildung und Erziehung erneuert wurden. Träger dieser Erneuerung waren ein neuer Typus von Klerikern, die in Rom, Wien oder Innsbruck Theologie studiert hatten und meistens von Jesuiten gebildet worden waren. Zu ihnen gehören Ottokár Prohászka (1858–1927) aus der Erzdiözese Esztergom, István Hanauer (1869–1942) aus der Diözese Veszprém und József Petró (1890–1967) aus der Erzdiözese Eger. Prohászka und Hanauer waren Zeitgenossen, Petró vertrat schon die nächste Generation.[45] Sie haben alle große Wirkung auf die ungarische Priestererziehung ausgeübt.

Ottokár Prohászka (1858–1927) war die bedeutendste Persönlichkeit der katholischen Erneuerung und übte eine große Wirkung nicht nur auf die Priesterausbildung, sondern auch auf die gesamte katholische Kirche in Ungarn aus.[46] Er ist 1858 in Nyitra in der Erzdiözese Esztergom, in der heutigen

---

[45] Siehe Abbildung 11 im Anhang.

[46] Vgl. hier auch den Beitrag von Bettina REICHMANN in diesem Band.
Über das Leben und Werk von Prohászka auf Deutsch: ADRIÁNYI, Fünfzig Jahre, 67-71.; Bettina REICHMANN, Bischof Ottokár Prohászka (1858–1927). Krieg, christliche Kultur und Antisemitismus in Ungarn, Paderborn 2015 (Veröffentlichungen der Kommission für Zeitgeschichte 127); Weitere Veröffentlichungen auf Ungarisch: Ferenc SZABÓ, Prohászka Ottokár élete és művei (1858–1927) [Das Leben und Werk von Ottokár Prohászka (1858–1927)], Budapest 2007; Jenő GERGELY, Prohászka Ottokár. „A Napba öltözött ember" [Ottokár Prohászka, „Der Mensch, der sich in Licht kleidete"], Budapest 1994.; Ö. Szabolcs BARLAY, Prohászka az alkotó [Prohászka der Schöpfer], Székesfehérvár 2000; Gábor ADRIÁNYI, Prohászka és a római index [Prohászka und der römische Index], Budapest 2002; Jenő GERGELY, Főpapok, főpásztorok, főrabbik [Prälaten, Oberhirte, Oberrabbiner], Budapest 2004, 7-37.

Slowakei geboren und lernte in dem Jesuitengymnasium in Kalocsa, wo er sich dafür entschied, Priester zu werden. Er besuchte das Knabenseminar in Esztergom, wo sich seine besondere Intelligenz und Begabung schon zeigten. Kardinal Simor, der Erzbischof von Esztergom schickte ihn nach Rom, wo er zwischen 1875 und 1882 als Bewohner des Collegium Germanicum et Hungaricum an der Gregoriana, der Universität der Jesuiten studierte. Der römische Geist, die Reformgedanken von Papst Leo XIII. und die Spiritualität der Jesuiten machten auf ihn einen tiefen Eindruck und bestimmten sein Denken bis zu seinem Tod. Er wurde 1881 in Rom zum Priester geweiht.

Nachdem Prohászka nach Ungarn zurückgekehrt war, wurde er bald zum Lehrer für Latein und Altgriechisch im Knabenseminar ernannt. Später lehrte er unterschiedliche theologischen Fächer, ab 1888 Dogmatik im Priesterseminar von Esztergom. In seinem Leben – und auch in der Geschichte der ungarischen Priesterausbildung – kam eine entscheidende Wende, als Kardinal Simor ihn 1891 zum Spiritual des Priesterseminars von Esztergom ernannte.[47] Prohászka wollte einerseits die theologische Ausbildung erneuern, indem er

In den letzten zwei Jahrzehnten entfaltete sich eine Diskussion in der – sowohl ungarischen als auch internationalen – Geschichtschreibung über die Ansichten und Bemerkungen von Prohászka über die Juden und deren Wirkungsgeschichte. Dabei stellt man oft die Frage, ob man diese als rassistisch bestimmten Antisemitismus bewerten kann? Man fragt auch, inwiefern er als berühmter Redner für die judenfeindliche Atmosphäre in Ungarn der Zwischenkriegszeit verantwortlich war, die dann letztendlich zum Holocaust führte? Weil er schon 1927 starb, kann man natürlich keinen direkten Zusammenhang zwischen seiner Tätigkeit und dem fast zwei Jahrzente späteren tragischen Schicksal des ungarischen Judentums feststellen. Die Meinungen über seine Verantwortung bezüglich der Ansichten der katholischen Intelligenz gegenüber den Juden sind aber unterschiedlich. Meiner Auffassung nach soll man dabei beachten, dass man die Bemerkungen von Prohászka über die Juden nur dann richtig beurteilen kann, wenn man diese im Spiegel seines ganzen Lebenswerkes und im historischen Kontext bewertet. Ansichten, die ihn als leitende Persöhnlichkeit des ungarischen konservativen Antisemitismus vorstellen, sind übertrieben und lassen gerade diese zwei Kontexte ausser Acht.

Zum Antisemitismus von Prohászka: Ö. Szabolcs BARLAY, Hitvédelem és hazaszeretet avagy antiszemita volt e Prohászka [Glaubensverteidigung und Vaterlandsliebe oder war Prohászka ein Antisemit]? Székesfehérvár 2003; Máté GÁRDONYI, Az antiszemitizmus funkciója Prohászka Ottokár és Bangha Béla társadalom- és egyházképében [Die Funktion des Antisemitismus im Geselschafts- und Kirchenbild von Ottokár Prohászka und Béla Bangha], in: Judit MOLNÁR (Hg.), A holokauszt Magyarországon európai perspektívában, Budapest 2005, 193-197, 201-204. Levente ORVOS, Prohászka Ottokár és a zsidókérdés [Ottokár Prohászka und die Judenfrage], in: Gergely MÓZESSY (Hg.), Prohászka Ottokár – püspök az emberért, Székesfehérvár-Budapest 2006, 85-144; SZABÓ, Prohászka Ottokár, 237-257; REICHMANN, Bischof Ottokár Prohászka, 13-35, 77-101, 167-213. Zur Geschichte der Juden in Ungarn: János GYURGYÁK, A zsidókérdés Magyarországon. Politikai eszmetörténet [Die Judenfrage in Ungarn. Politische Ideengeschichte], Budapest 2001.

47 SZABÓ, Prohászka Ottokár, 83-87; BARLAY, Prohászka az alkotó, 153-205; GERGELY, Főpapok, főpásztorok, 11-17.

die theologischen Fächer mit Einbeziehung der neuesten wissenschaftlichen Kenntnisse zu modernisieren versuchte. Andererseits wollte er die Vorbereitung auf den Priesterberuf und die Seelsorge erneuern und den Erfordernissen der Zeit anpassen. Die Reformgendanken von Prohászka beruhten auf seinen römischen Erfahrungen und den Erziehungsprinzipien der Jesuiten.

Als Spiritual baute er erstens ein inniges, freundliches Verhältnis mit den Seminaristen auf. Er achtete auf ihre Probleme, hörte ihnen zu. Er betrachtete sie nicht als seine Untergeordnete, sondern als seine Kinder in Christus. Er führte die Priesteramtskandidaten zu einer tiefen und intensiven Spiritualität. Mittel dafür waren die häufige Beichte und der tägliche Empfang der Kommunion. Prohászka brachte den Seminaristen die Art und Weise des Gebetes bei. Das Gebet ist ein Gespräch mit Gott. Der Spiritual erkannte, dass die Priester die formal getaufte und säkularisierte Gesellschaft nur dann zur Kirche und zum Gott zurückführen können, wenn sie Menschen des Gebetes werden. Das ist eine Antithesis zum Josephinismus. Prohászka wollte eine solche Priesterschaft, die theoretisch gut vorbereitet und bereit ist, mit den glaubens- und kirchenfeindlichen Geistesströmungen eine Diskussion zu führen. Er erzog eine solche Priesterschaft, die mit den Gläubigen zusammenlebt und ihnen sowohl im Privatleben, als auch im öffentlichen Leben ein Exempel liefert. Er legte darauf großen Wert, dass die Seminaristen die Soziallehre der Kirche, vor allem die Enzyklika von Papst Leo XIII. kennenlernen. Prohászka erzog die Priesteramtskandidaten dazu, dass sie die Probleme der modernen Welt und die Seele des modernen Menschen verstehen können.

Prohászka diente in der Priesterausbildung 23 Jahre lang, dann wurde er 1905 zum Bischof von Székesfehérvár ernannt und geriet damit in eine neue Situation.[48] Er hatte die Möglichkeit auf die Priesterausbildung einer Diözese entscheidende Wirkung auszuüben: Priesteramtskandidaten aufzunehmen, den Ort ihrer Ausbildung selber auszuwählen. Als Oberhirte führte er eine direkte Aufsicht über die Einrichtung. Er konnte die Professoren auswählen, das Leben des Seminars beeinflussen. Am Anfang seiner Amtszeit schenkte er der Priesterausbildung große Aufmerksamkeit. Er führte die regelmäßige Meditation ein, hielt Exhortatio, Exerzitien, besuchte sogar die Prüfungen. Ab 1906 wurde die Soziologie in den Stundenplan der Seminaristen aufgenommen. Die Autonomie der Einrichtung respektierte er aber, indem er sich in den Stundenplan und in die Disziplinarangelegenheiten nur selten einmischte. Er unterstützte den Selbstbildungskreis der Seminaristen für Sozialwissenschaften, womit die soziale Empfindsamkeit und Empathie der zukünftigen Priester entwickelt werden sollte. Wenn wir sein Vorleben kennen, erscheint es über-

[48] Dazu siehe MÓZESSY, Az újkori Székesfehérvár, 337-349.

raschend, dass er das Seminar in Székesfehérvár 1918 wegen der geringen Anzahl der Seminaristen und finanzieller Schwierigkeiten schloss und erst 1926 wieder eröffnen konnte. In dieser Zeit studierten die Seminaristen in Budapest als Bewohner des Zentralseminars. Prohászka verfolgte das Leben seiner Seminaristen aber auch weiterhin mit großer Aufmerksamkeit. Obwohl er als Bischof in der Priesterausbildung nicht so erfolgreich erscheint, hatte er jedoch als Spiritual eine riesengroße Wirkung auf die Erziehung der Seminaristen in der Zwischenkriegszeit ausgeübt. Die von ihm gebildeten Priester wurden in Ungarn die Träger und Ausführer der katholischen Erneuerung von der Jahrhundertwende bis zum Zweiten Weltkrieg.[49]

István Hanauer (1869–1942) ist in Pápa, auf dem Gebiet der Diözese Veszprém geboren.[50] Er lernte zuerst bei den Benediktinern in seiner Heimatstadt, dann besuchte er das Jesuitengymnasium in Kalocsa, wo er auch die Reifeprüfung ablegte. Hanauer spürte seinen Priesterberuf, wie Prohászka, bei den Jesuiten und meldete sich beim Bischof von Veszprém für das Priestertum. Der Oberhirt schickte ihn dann nach Innsbruck, wo er als Bewohner des Collegium Canisianum bei den Jesuiten Theologie studierte. Die Spiritualität der Gesellschaft Jesu übte auf ihn, wie auch auf Prohászka eine lebenslange Wirkung aus. Hanauer wurde 1892 zum Priester geweiht und zum Spiritual des Seminars in Veszprém ernannt. Er diente 12 Jahre lang in der Stadt der Königinnen, wie Veszprém die Ungarn auch heutzutage nennen. Dann wurde er 1904 zum Spiritual des Zentralseminars in Budapest ernannt, wo er sieben Jahre tätig war. Ähnlich wie Prohászka verbrachte er fast zwanzig Jahre in der Priesterausbildung; seine Erziehungsprinzipien waren denen des Spirituals in Esztergom durchaus ähnlich.

Er legte großen Wert auf die Entwicklung der Spiritualität der Seminaristen. Eine tiefe Religiosität war charakteristisch für ihn, er betete sein ganzes Leben lang jeden Tag vor der Eucharistie und wollte seinen Schülern diese tiefe Spiritualität weitergeben.[51] In Veszprem sollten die Kandidaten in seiner Zeit jeden Tag eine halbe Stunde meditieren, oft beichten und die Kommunion empfangen, jeden Tag religiöse Bücher lesen. Er baute ein vertrautes, freundliches Verhältnis zu den Seminaristen auf. Der Theologieprofessor Arnold Pataky, sein ehemaliger Schüler aus der Diözese Nagyvárad, schrieb über ihn, dass seine Tür für die Seminaristen immer offen war. Sie konnten ihn im Laufe des Tages jederzeit aufsuchen. Für das Leben seiner Schüler zeigte er auch später Aufmerksamkeit und half ihnen in der Krise mit seinen spirituellen

---

49 GERGELY, Főpapok, főpásztorok, 12, 14, 17.

50 Über das Leben und Werk von Hanauer siehe LÉNÁR, A Váci egyházmegye története, 49-67; RAJZ / KOROMPAY, Megemlékezés.

51 RAJZ / KOROMPAY, Megemlékezés, 15-22.

Ratschlägen weiter. Er achtete auf die Gesundheit der Seminaristen, indem er viel Zeit mit ihnen in der Natur verbrachte. Neben der spirituellen Erziehung hielt Hanauer auch die geistige Bildung der Priesteramtskandidaten für wichtig. Er unterstützte die Arbeit der Selbstbildungskreise, die ursprünglich in den Seminaren im 19. Jahrhundert zur Pflege der ungarischen Nationalsprache und Literatur ins Leben gerufen wurden. Dieses Ziel verlor an der Jahrhundertwende seine Aktualität; Hanauer wollte diese Kreise auch zur Vorbereitung auf die moderne Seelsorge verwenden.

Er wurde 1919 zum Bischof von Vác ernannt, aber blieb bis zu seinem Tode Spiritual, wie er selber in seinem ersten Rundbrief an die Priester der Diözese formulierte: „An die 19 Jahre, die ich als Spiritual im Seminar von Veszprém und Pest in der Priesterausbildung verbrachte, denke ich so zurück, als an die Quelle großer Gnaden und unvergesslicher Freuden. Ich möchte diese Arbeit als Bischof mit meinen Priestern fortsetzen.“[52] Als Bischof scheint er in der Priesterausbildung erfolgreicher zu sein als Ottokár Prohászka. Die Erneuerung der Priesterausbildung betrachtete er als eine strategische Frage. Im gleichen Rundbrief schrieb er darüber mit den folgenden Worten: „Meine wichtigste Aufgabe ist die Priesterausbildung. Wie das Seminar aussieht, so wird in kurzer Zeit auch die Diözese aussehen.“[53] Er hatte tatsächlich ein freundschaftliches, väterliches Verhältnis sowohl zu seinen Priestern als auch zu den Seminaristen. Ihm ist zu verdanken, dass die Anzahl der Priesteramtskandidaten in der Epoche kontinuierlich zunahm. In seiner Zeit wurde zwischen 1922 und 1930 das Seminar in Vác zum modernsten Seminargebäude Ungarns umgebaut.[54] In dem Gebäude konnten 80 Seminaristen und 46 Schüler untergebracht werden. Für die Vorgesetzten und theologischen Lehrer wurden sechs Wohnungen eingerichtet. Die Seminaristen hatten eigene Zimmer, die mit Zentralheizung ausgestattet waren.[55] Im Seminargebäude wurde ein Turnsaal zur Entwicklung des Stehvermögens der Alumnen angelegt.

József Petró (1890–1967) gehörte schon zur folgenden Generation. Sein Name war bis zu seiner Ernennung zum Bischof von Vác im Jahre 1942 weniger bekannt.[56] Er verbrachte als Vorgesetzter 24 Jahre im Priesterseminar von

---

52 Á. István HANAUER, Főpásztori levelek és intelmek 1919–1929 [Briefe und Mahnungen des Oberhirten], Budapest 1929, 17.

53 HANAUER, Főpásztori levelek, 17.

54 Ignác TRAGOR, Vác múltja és jelene [Die Vergangenheit und die Gegenwart von Vác], Vác 1928, 148-149.

55 A Váci Egyházmegye Hivatalos Közleményei [Offizielle Mitteilungen der Diözese Vác], 1930/11/6506; 1935/8/5760.

56 Über sein Leben und Werk: Sándor PETRÓCI, Emlékek Pétery József püspökről [Erinnerungen an Bischof József Pétery], Budapest 1997; Andor LÉNÁR, Az út Hejcére – Pétery József váci püspök (1890–1967) életútja és meghurcoltatása a kommunista diktatúrában [Der Weg nach

Eger; dort verfasste er nennenswerte Studien über die Priesterausbildung. Er wurde in Miskolc, auf dem Gebiet der Diözese Eger geboren. Er studierte von 1908 bis 1914 in Innsbruck und war ebenso Bewohner des Collegium Canisianum wie István Hanauer. Die Erziehung und die Spiritualität der Jesuiten beeindruckten ihn nachhaltig und beeinflussten seine Auffassung über die Religiosität und die Priesterausbildung sein ganzes Leben lang. In Innsbruck war der tägliche Empfang der Kommunion und die häufige Beichte, wozu Papst Pius X. in seiner Enzyklika Quam singulari 1910 drängte, längst in die Praxis umgesetzt und bildeten die Grundlagen einer tieferen Religiosität, anders als in den ungarischen Seminaren. Petro schrieb dazu: „Im Priesterseminar von Eger beichteten und empfingen wir die Kommunion nur einmal im Monat. Dass wir nach der Beichte mehrmals die Kommunion empfangen könnten, fiel niemandem ein. Unser tugendhaftes Leben entsprach dieser Spiritualität. Als meine Vorgesetzten mich nach Innsbruck schickten, erfuhr ich dort eine ganz andere Welt. In dem Collegium der Jesuiten beichteten wir jede Woche und empfingen wir jeden Tag die Kommunion."[57] Diese Praxis, die tägliche Adoration, das Einhalten der Tagesordnung, die Achtung auf die Ordnung in seiner Umgebung wurden die wichtigsten Kennzeichen seiner Spiritualität, die er dann zuerst sieben Jahre (1914–1921) als Präfekt, dann 17 Jahre (1921–1938) als Spiritual den Seminaristen weitergeben wollte. Daneben unterrichtete er Kirchengeschichte, Philosophie, dann Neues Testament und später Dogmatik und Liturgik.

Die Fragen der Priesterausbildung beschäftigten ihn sein ganzes Leben lang. Am Ende seines Lebens blickte er auf die Zeit im Seminar als auf die glücklichsten Jahre seines Lebens zurück. Er widmete als Spiritual seine ganze Zeit den Kandidaten. Vormittags unterrichtete er die theologischen Fächer, nachmittags führte er religiöse Gespräche mit den Seminaristen. Das vertraute Verhältnis zu ihnen hielt er auch für sehr wichtig, indem er darüber die Folgenden schrieb: „Vor meinem Schreibtisch nimmt ein junger Mensch mit seinen 18-20-22 Jahren Platz, mit all seinen jugendlichen Besorgnissen, Zweifeln und Plänen. In der Stille meines Zimmers, wo nur die Lampe auf dem Schreibtisch brennt, fängt das Gespräch an. Das Gespräch ist vertraulich. [...] Anfangs wird es über allgemeine Angelegenheiten geführt: geht ihm das Studium schwer, sehnt er sich nach Hause, wie kann er das frühe Aufstehen um 5 Uhr und das gemeinsame Leben ertragen? Dann kommen wir zu den wichtigsten

---

Hejce – Der Lebensweg und die Verfolgung von József Pétery, Bischof von Vác (1890–1967) in der kommunistischen Diktatur], in: Péter STRAUSZ / Péter Krisztián ZACHAR (Hg.), Egyén és nemzet Európa történelmében. Tanulmányok, Budapest 2009 (Modern Minerva Könyvek 1), 79-122.

57 József PÉTERY, Papi és szerzetesi hivatás [Der Beruf des Priesters und des Mönches], Budapest 1992, 74.

Fragen: warum kam er ins Seminar? Die Antwort auf diese Frage bringt dann viele Ereignisse seines Lebens ins Gespräch."[58] Petró betont die Bedeutung dieser Gespräche, indem er darauf hinweist, dass die meisten Jungen mit Begeisterung in das Seminar eintreten aber wenig von dem Wesen, der Freude und den Schwierigkeiten des Priesterberufs wissen. Sie sollen darüber in den Jahren der Ausbildung Eindrücke bekommen. József Petró bestimmte mit seiner Spiritualität, seinem Charakter das Denken und die Auffassung seiner Studenten über den Priesterberuf.

Er schrieb wichtige Studien über den Zustand der ungarischen theologischen Ausbildung und die Soziographie der Seminaristen. Petró wurde 1942 zum Bischof von Vác ernannt, nahm den Namen Pétery an, und bekam, wie Prohászka und Hanauer, die Möglichkeit, auf die Priesterausbildung einer Diözese eine größere Wirkung auszuüben. Er tat die ersten Schritte in diese Richtung, aber der Krieg und danach der Kommunismus hinderten ihn daran, seine Ideen zu verwirklichen.

Zusammenfassung

Vorliegende Studie will einen Überblick geben über die Situation der ungarischen Priesterausbildung im Kontext des katholischen Erneuerungsprozesses. Es wurde festgestellt, dass die Erneuerung durch die neuen Impulse und Regelungen der Weltkirche motiviert wurde. Obwohl die Träger der katholischen Wiedergeburt anfangs solche Priester waren, die im Ausland Theologie studiert hatten und von der Notwendigkeit der Reformen überzeugt waren, blieb aber diese Erneuerung unter den Klerikern nicht isoliert, sondern durchdrang viele Gebiete des katholischen Lebens.

Die römisch-katholische Priesterausbildung konnte sich aus der Prägung durch den Josephinismus befreien und den zentralen Regelungen der Weltkirche folgend von den Oberhirten und den Vorgesetzten erneuert werden. In der Zwischenkriegszeit wuchs eine solche Priestergeneration heran, für deren Vertreter im Allgemeinen eine tiefere Spiritualität und gründlichere theologische Ausbildung charakteristischer war als für die frühere Generation. Eine weitere Entfaltung und Verbreitung der katholischen Erneuerung wurde durch die Machtübernahme der Kommunisten im Jahre 1947 verhindert.

---

[58] PÉTERY, Papi és szerzetesi hivatás, 21.

Anhang

Landkarten

Karte 1: Katholische Kirchenorganisation des Ungarischen Königtums 1918

Karte 2: Katholische Kirchenorganisation des Ungarischen Königtums, 1920–1938

Abbildungen

Abb 1: Organisationsrahmen der Priesterausbildung in der Zwischenkriegszeit

Abb. 2: Die Ad-limina-Berichte der Diözese Vác über die Priesterausbildung, 1923–1938[59]

	1923	1928	1933	1938
Anzahl der Professoren	5	6	6	6
Anzahl der Seminaristen	46	63	67	75
Seminaristen im Ausland	12	13	11	12
Anzahl der Schüler	30	45	37	30
Studiendauer der Theologie	4 Jahre	5 Jahre	5 Jahre	5 Jahre
Weise der Finanzierung	Einkünfte des Diözesanbischofs	Einkünfte des Diözesanbischofs	Einkünfte des Diözesanbischofs, Seminaristicum, Beitrag der Seminaristen	Einkünfte des Diözesanbischofs, Seminaristicum, Beitrag der Seminaristen

59 ASV, Congregatione Consistoriale, Relationes Dioecesium, Vác (Waitzen), fasc 903.

Abb. 3. Die Anzahl der Seminaristen nach Diözesen, 1923–1931[60]

Jahr	Esztergom	Eger	Vác	Pécs	Veszprém	Kalocsa	Győr	Csanád	Székesfehérvár	Szombathely
1923	106	44	90	76	56	54	41	9	8	40
1928	164	64	126	88	91	71	82	56	42	57
1931	125	114	76	61	59	28	50	40	40	49

Abb. 4. Tendenz der Anzahl der Seminaristen nach Diözesen, 1923–1931[61]

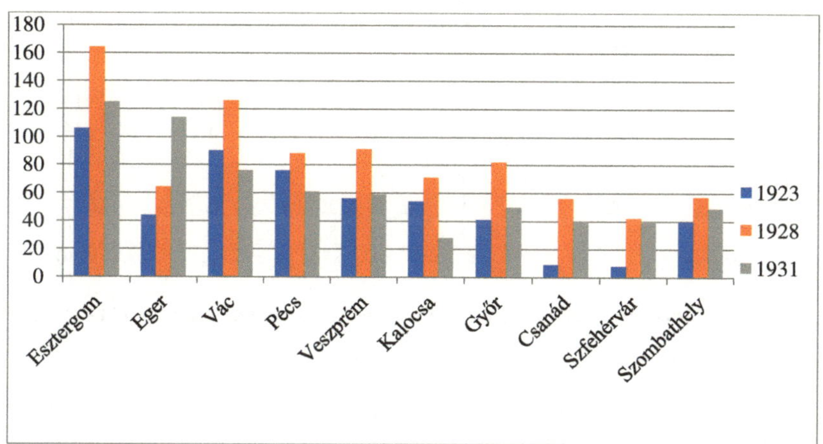

Abb. 5: Anzahl der Seminaristen in der Erzdiözese Eger, 1921–1936[62]

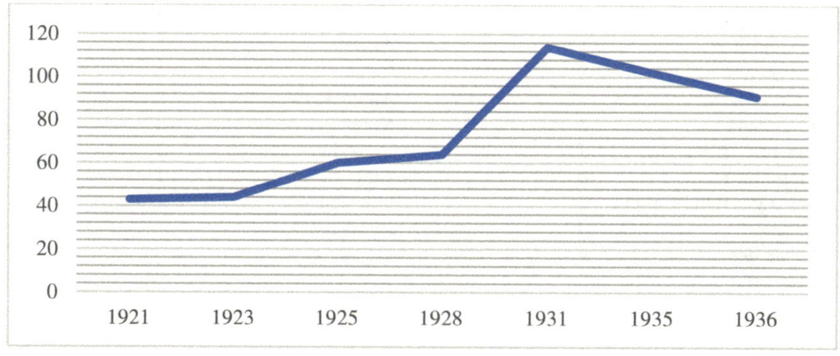

[60] A magyar katolikus püspökkari tanácskozások, hier Bd. I., 141., 259., 384–386.

[61] A magyar katolikus püspökkari tanácskozások, hier Bd. I., 141., 259., 384-386.

[62] PETRÓ, Papnövendékek szociográfiája, 67-74.

Abb. 6: Die Anzahl der Seminaristen in der Erzdiözese Eger, 1921–1937[63]

Studienjahr	Anzahl der Seminaristen	An Universitäten	Entlassen	Ausgetreten	Priesterweihe
1921/22	43	11	4	5	7
1922/23	43	7	2	6	8
1923/24	44	10	1	4	12
1924/25	48	12	0	5	6
1925/26	60	11	2	5	11
1926/27	66	11	5	5	9
1927/28	71	9	1	7	16
1928/29	64	11	1	7	13
1929/30	75	11	3	4	8
1930/31	96	12	7	8	9
1931/32	114	12	13	5	13
1932/33	115	11	7	3	14
1933/34	120	10	2	3	20
1934/35	112	9	2	2	27
1935/36	102	9	2	0	37
1936/37	91	8	5	0	20
Zusammen			57	69	230

Abb. 7: Die Herkunft der Seminaristen in der Erzdiözese Eger, 1921–1937[64]

Beruf des Vaters	Anzahl der Priester / Seminaristen
Bauer	141
Lehrer	22
Führender Amtsträger	19
Arbeiter	18
Amtsdiener	18
Schumacher	12
Gendarm, Unteroffizier	8
Kaufmann	8
Maurer	7
Maschinist	6
Sonstiger Handwärker	5
Offizier	4
Schneider	4
Metzger	3

Beruf des Vaters	Anzahl der Priester / Seminaristen
Barbier	3
Müller	3
Schmied	3
Glöckner	3
Angestellter	3
Anwalt	2
Richter	2
Apotheker	2
Notar	2
Verwalter	2
Arzt	1
Ingenieur	1
Journalist	1

[63] PETRÓ, Papnövendékek szociográfiája, 67-74.
[64] PETRÓ, Papnövendékek szociográfiája, 67-74.

Abb. 8: Der Stundenplan des Priesterseminars in Vác nach den Jahrgängen, 1937–1938[65]

	I.	II.	III.	IV.	V.
Philosophia	6	6			
Historia	3	3			
Biblicum	4	4			
Hebräisch	1	1			
Assistentia	1				
Lingua latina	3				
Orthophonia	1	1	1	1	1
Gregorian	2	2	2	2	2
Sport	1	1	1	1	1
Dogmatica fundamentalis		4			
Pädagogik		2	2		
Dogmatica specialis			6	6	6
Exegesis			4		
Moralis fundamentalis			3		
Moralis et Pastoralis				6	6
Liturgica			2	2	
Jus				4	4
Christliche Kunst				1	1
Decreta Synodalia					1
Res scholaris					1
Stundenzahl pro Woche:	22	24	21	23	23

[65] VPKL, Acta Seminarii, Seminarium, 3259/1937.

Abb. 9: Die Tagesordnung der Seminaristen in der Diözese Vác an den Werktagen, 1931[66]

Uhrzeit	Tätigkeit
5.00	Wecken, Betten auslüften
5.30	Meditation in der Kapelle
6.00	Heilige Messe
6.40	Studium, Am Anfang das Bett machen
7.30	Reinigung des Zimmers
7.45	Frühstück, Staub wischen
8.00	Vorlesungen (Zwischen den Vorlesungen darf man nur in die Kapelle oder auf den Hof gehen. Man soll 10 Minuten vor der Vorlesung im Hörsaal still auf den Professor warten. Die Freistunden sollen entweder im Zimmer oder im Studierzimmer verbracht werden.)
12.40	Lesen eines religiösen Buches, 15 Minuten
12.55	Gebet in der Kapelle
13.00	Mittagessen, dann Freizeit
14.00-16.30	Spaziergang (Dienstag und Donnerstag)
16.30	Studium
14.15-15.45	Studium (Montag, Mittwoch, Freitag, Samstag)
15.45-17.00	Spaziergang (Montag, Mittwoch, Freitag, Samstag)
17.00	Studium (Montag, Mittwoch, Freitag, Samstag)
18.40	Lesen eines religiösen Buches
18.55	Gebet in der Kapelle
19.00	Abendessen, dann Freizeit
20.30	Punkte zur Meditation, Gebet
21.15	Zapfenstreich
21.30	Zapfenstreich (Samstag)

66 A Borromaei Szent Károly védnöksége alatt álló Váci Püspöki Papnevelő Intézet szabályainak rövidített kivonata [Statut des Karl Borromäus Priesterseminars der Diözese Vác, gekürzter Auszug], Vác o. D, 9-11.

Abb. 10: Die Tagesordnung der Seminaristen in der Diözese Vác an den Feiertagen, 1931[67]

Uhrzeit	Tätigkeit
5.00	Wecken, Betten auslüften
5.30	Meditation in der Kapelle
6.00	Heilige Messe
6.40	Studium, Am Anfang das Bett machen
7.30	Reinigung des Zimmers
7.45	Frühstück, Staub wischen
8.15	Hochamt in der Kathedrale
11.00	Studium
12.40	Lesen eines religiösen Buches, 15 Minuten
12.55	Gebet in der Kapelle
13.00	Mittagessen, dann Freizeit
14.00-14.45	Litanei
14.45-16.00	Vesper in der Kathedrale oder Studium
16.00-17.00	Freizeit
17.00-18.40	Studium
18.40	Lesen eines religiösen Buches
18.55	Gebet in der Kapelle
19.00	Abendessen, dann Freizeit
20.30	Punkte zur Meditation, Gebet
21.15	Zapfenstreich

67 A Borromaei Szent Károly védnöksége alatt álló Váci Püspöki Papnevelő Intézet szabályainak rövidített kivonata [Statut des Karl Borromäus Priesterseminars der Diözese Vác, gekürzter Auszug], Vác o. D, 9-11.

Abb. 11a-c: Bedeutende Persönlichkeiten der ungarischen Priesterausbildung[68]

Ottokár Prohászka (1858–1927)

- 1875–1882: Rom, Studium an der Gregoriana, Collegium Germanicum et Hungaricum
- 1881: Rom, Priesterweihe
- 1882–1891: Esztergom, Professor der Dogmatik
- 1891–1904: Esztergom, Spiritual im Seminar
- 1904–1905: Budapest, Professor der Dogmatik
- 1905–1927: Székesfehérvár, Diözesanbischof

István Hanauer (1869–1942)

- 1887–1892: Innsbruck Studium der Theologie, Collegium Canisianum
- 1892: Innsbruck Priesterweihe
- 1892–1904: Veszprém Spiritual im Seminar
- 1904–1911: Budapest, Spiritual im Zentralseminar
- 1911–1919: Budapest, Direktor des Heiligen Emmerich Kollegiums
- 1919–1942: Vác, Diözesanbischof

68 Quelle der Bilder: Ottokár Prohászka: : https://hu.wikipedia.org/wiki/Prohászka_Ottokár (01.04.2021); István Hanauer: VPKL, Fotótár; József Petró: www.ujkor.hu (01. 04. 2021)

József Petró (1890–1967)

- 1908–1912: Innsbruck, Studium der Theologie, Collegium Canisianum
- 1912: Eger, Priesterweihe
- 1914–1921: Eger, Präfekt im Seminar
- 1921–1938: Eger, Spiritual im Seminar
- 1938–1942: Eger, Pfarrer der Kathedrale
- 1942–1967: Vác, Diözesanbischof

VÁCLAV MAIDL

Die Darstellung der Vertreibung in der tschechischen Literatur, insbesondere im neuen Jahrtausend

Abstract: Expulsion in Czech literature, especially in the new millennium. This essay treats how Germans and German-speakers are portrayed in those works of Czech literature that treat the expulsion of said communities and its consequences. In contrast to older literature (with the exceptions of Jaroslav Durych or Vladimír Körner), younger Czech authors approach this topic with a greater degree of openness and reject narrowly nationalistic mentalities. Authors such as Radek Fridrich, Martin Finger, Radka Denemarková, Jaroslav Rudiš, Kateřina Tučková or Jakuba Katalpa treat this topic without prejudice. Important for them are not national, but rather universally humanist values.

Die Darstellung der Deutschen in alten tschechischen Schriftdenkmälern (alte Chroniken, Sagen) sowie in der Literatur des 19. und 20. Jahrhunderts fällt vorwiegend negativ aus. Die Deutschen werden als unwillkommene und komische Gäste, als Konkurrenten und zuletzt, mit der Zuspitzung der nationalen Verhältnisse am Ende des 19. Jahrhunderts, als Feinde dargestellt und wahrgenommen.[1]

Die (aus tschechischer Perspektive gesehen) tragischen Ereignisse des 20. Jahrhunderts – das Münchner Abkommen und die damit verbundene Abtretung der „Sudetengebiete" an das „Dritte Reich", die Zerschlagung der Tschechoslowakei und die nachfolgende Okkupation der „Rest-Tschechei" und der Zweite Weltkrieg – verstärkten dieses negative Bild noch, eine Tatsache, die als Bestätigung der bisherigen Darstellungen angesehen wurde. Kein Wunder also, dass diese negative Tradierung in der tschechischen Literatur der zweiten Hälfte des 20. Jahrhunderts noch krasser fortgesetzt wurde – aus den Deutschen wurden nicht nur Feinde, sondern auch Mörder und (Kriegs-)Verbrecher. Diese

---

1 Ausführlicher zur Literatur dieser Zeit Václav MAIDL, Německy hovořící literární postavy a německé prostředí v české literatuře [Deutschsprachige Figuren und deutsches Milieu in der tschechischen Literatur], in: duha. Informace o knihách a knihovnách z Moravy 2003, Nr. 2, 9-16.

vereinfachte und einseitige Sicht der Ereignisse und der daran beteiligten Menschen (der Deutschen) wurde darüber hinaus insbesondere in den 1950er Jahren im Sinne der Ästhetik des „sozialistischen Realismus" stark ideologisiert, so dass die Deutschen zugleich als Klassenfeinde betrachtet wurden (immer mit Ausnahme eines von den Nationalsozialisten verfolgten deutschen Kommunisten, der die Regel bestätigte). Als Beispiele solcher Romane lassen sich Bohumil Říhas *Země dokořán* (1950), Václav Řezáčs *Nástup*[2] (1951), teilweise auch Karel Ptáčníks *Město na hranici* (1958[3]) anführen. Positive Rollen wurden dann in einem solchen Schema von Figuren tschechischer Kommunisten besetzt.

Zur Lage der tschechischen Literatur nach 1945 bzw. nach 1948 (kommunistische Machtübernahme) muss man zwei erläuternde Bemerkungen vorausschicken. Erstens: Diese Literatur wurde – mit einer kleinen Unterbrechung 1968 – vom Staat und den Parteibehörden reglementiert und zensuriert, je nach der Entwicklung der innenpolitischen Lage strenger oder milder. Und zweitens: Das Thema „Vertreibung" stand in dieser Literatur (aber auch in der tschechischen Gesellschaft) am Rande – wichtiger war für sie das Thema „Wiederbesiedlung", wovon auch die Titel der angeführten Romane zeugen (sinngemäß übersetzt: „Das weit offene Land", „Der Einstieg", „Die Stadt an der Grenze"). Über die Gründe dafür kann man nur spekulieren – war es Gleichgültigkeit gegen das Schicksal der Vertriebenen, eigene Unsicherheit über das Getane, schlechtes Gewissen, Bemühen, das Geschehene möglichst schnell zu vergessen?[4]

Um es zu konkretisieren: In den drei die tschechische Literatur der 1950er Jahre repräsentierenden Romanen zum Thema „Vertreibung", wird die Vertreibung nur in Řezáčs Roman tatsächlich zum Gegenstand literarischer Darstellung (und alles verläuft hier „ordnungsgemäß" und unter Aufsicht sowjetischer Soldaten). Říha geht dem Thema in seinem Roman ganz naiv aus dem Wege, indem er seine tschechischen Figuren in ein entvölkertes deutsches Dorf kommen lässt, in dem nur hungrige Tiere und komplett ausgestattete Häuser geblieben sind, was Říhas Figuren akzeptieren, ohne zu fragen und ohne nach den Gründen dieses Zustands zu forschen. Die Erzählzeit von Ptáčníks Roman nimmt den Zeitraum von Mai 1945 bis Frühjahr 1946 ein, Konflikte zwischen deutschen Einwohnern und den in die Stadt Freudenthal (Bruntál) zurück-

---

2 Der Roman erschien unter dem Titel „Die ersten Schritte" 1955 im Dietz-Verlag Berlin-Ost.

3 Oft wird irrtümlich das Jahr 1956 angegeben, doch der Katalog der Nationalbibliothek Prag zeigt eindeutig die Erstausgabe aus dem Jahr 1958 an.

4 Was dann fast zur freiwilligen Tabuisierung des Themas und dazu führte, dass in der Tschechoslowakei bis 1989 zwei Nachkriegsgenerationen aufwuchsen, die über das Leben der Deutschen auf dem Gebiet der Böhmischen Länder und über die Vertreibung so gut wie gar nichts wussten.

kehrenden oder neu kommenden Tschechen sind unvermeidlich, und der Autor kann und will sie auch nicht verschleiern.[5] Ebenso werden Gewalttaten von Tschechen an der deutschen Bevölkerung in seiner Darstellung nicht verschwiegen, die eigentliche Vertreibung steht aber am Rande der Handlung, in deren Mittelpunkt die Machtkämpfe der Tschechen untereinander und die Wiederherstellung des Stadtlebens unter tschechischer Herrschaft gestellt werden.[6] Doch es muss festgestellt bleiben, dass Ptáčník der erste tschechische Autor war, der Tschechen als Plünderer und Vergewaltiger zeigte, und nicht einmal vor der Szene der Erschießung von fünf zufällig ausgewählten Deutschen als Vergeltung für Ermordung eines Tschechen zurückscheute – also vor einer in der Kriegsliteratur über die Gräueltaten deutscher Soldaten oft auftretenden Szene.[7]

Ende der 1950er Jahre kann man eine gewisse Lockerung der Zensur in der Tschechoslowakei feststellen – eine Haltung im Kulturbereich, die bis Herbst 1968 vorherrscht. Übertragen auf das Thema der Darstellung der Vertreibung bedeutet es quantitativ zwar nicht viel, qualitativ hingegen sehr wohl. Der Fokus der Autoren wendet sich von panoramaartigen Aufnahmen der Gesellschaft und dem politischen Geschehen ab und konzentriert sich auf individuelle Schicksale von Menschen und auf die kleine, intime Mikrowelt der zwischenmenschlichen Beziehungen. Gesellschaftliche Ereignisse bleiben als Folie im Hintergrund, doch greifen sie maßgeblich in die private Welt der Hauptfiguren ein. So ist es in der Novelle *Adelheid* (1967)[8] von Vladimír Körner sowie im Roman *Boží duha* von Jaroslav Durych (geschrieben 1955, veröffentlicht posthum 1969)[9]. Die geschaffene Mikrowelt ermöglicht es den Autoren, das Wahrnehmen und die Gefühle ihrer Figuren intensiv und differenziert zu gestalten. Bei Körners Protagonisten beispielsweise oszilliert die

---

5 Es wird angegeben, dass Ptáčník, der die Jahre 1946 bis 1956 als Städtischer Beamter in Freudenthal verbrachte, seinen Roman in bewusster Polemik gegen Řezáčs Buch „Die ersten Schritte“ geschrieben habe, das vom grünem Tisch in Prag aus verfasst wurde.

6 Der Roman endet symptomatisch mit den Parlamentswahlen 1946, in denen die Tschechoslowakische Kommunistische Partei die meisten Stimmen erhielt. Dem Roman folgten weitere zwei Bände (1963 und 1967), die die Erzählzeit in Freudenthal bis in das Jahr 1956, schon ohne deutsche Bevölkerung, führten, und so gemeinsam eine Trilogie der Wiederbesiedlung von Freudenthal bilden.

7 Ebenfalls 1958 erschien der Roman „Zbabělci“ von Josef Škvorecký (auf Deutsch „Feiglinge“, Neuwied 1969, Hermann Luchterhand), der das Ende des Zweiten Weltkriegs in einer tschechischen Kleinstadt darstellt und wie Ptáčníks Roman Szenen der von Tschechen an Deutschen verübten Gräueltaten (Folterung und Ermordung deutscher verhafteter Soldaten) enthält.

8 Deutsch unter demselben Titel 2005 im Arco Verlag Wuppertal.

9 Deutsch zunächst 1975 in Postilla bohemica. Vierteljahresschrift der Konstanzer Hus-Gesellschaft 4, Nr. 1–2. Als Buch erschien die identische Übersetzung 1999 in der Deutschen Verlagsanstalt Stuttgart.

Beziehung zwischen Viktor, dem ehemaligen tschechischen, auf Seiten der Engländer kämpfenden Soldaten, und Adelheid, Tochter des ehemaligen örtlichen Naziführers Heidemann, zwischen Misstrauen, Scheu, Hass, Zuneigung bis Liebe; dabei entwickelt sich die Beziehung nicht linear von negativen zu positiven Gefühlen, sondern befindet sich in beständigem Wechsel.

Das erste tschechisch-deutsche Liebespaar (tschechischer Mann – deutsche Frau) tauchte zwar bereits in Ptáčníks *Město na hranici* auf, doch dieser Autor problematisiert die Liebesbeziehung keineswegs. Ganz im Gegenteil: Die zwei Liebenden macht ihre Beziehung stark und kapselt sie ab gegen Schmähungen sowohl von der tschechischen als auch von der deutschen Außenwelt; ihre Liebe wird als absolut und unzerstörbar dargestellt. Das passt in Ptáčníks fiktionale Welt, in der die Figuren stabil und unveränderlich bleiben.[10]

Zum ersten Mal wird bei Körner die Liebesbeziehung zwischen einem tschechischen Mann und einer deutschen Frau nicht als absolut vorausgesetzt, sondern in ihrer Entwicklung und Variabilität dargestellt. In Körners Novelle wurde der zerbrechlichen Beziehung zwischen Viktor und Adelheid keine Zeit gegönnt sich zu entwickeln. Anders war es in den Romanen *Sázka na lásku* von Jan Suchl (1972, auf Deutsch etwa „Einsatz auf Liebe") und *Obsluhoval jsem anglického krále* von Bohumil Hrabal[11] (auf Deutsch *Ich habe den englischen König bedient*, erste Auflage 1988). Die Erzählzeit in Suchls Roman umfasst mehr als ein Jahrzehnt, bei Hrabals Ich-Erzähler handelt es sich um eine Quasi-Lebensbeichte. Während Suchls Roman in dem Zeitraum von 1945 bis Anfang der 1960er Jahre spielt und sich in seiner Handlung auf die Liebesbeziehung und spätere Ehe eines jungen Tschechen, der im Sommer 1945 nach Reichenberg (Liberec) kommt, mit einer jungen einheimischen Deutschen konzentriert, beginnt Hrabals Roman in den 1920er Jahren und wird bis in die späten 1950er Jahre geführt. Die Beziehung des Ich-Erzählers Jan Dítě mit einer sudetendeutschen Frau beeinflusste zwar sein inneres Leben bis ins Alter, im Roman nimmt sie allerdings höchstens ein Jahrzehnt ein, denn sie endet mit dem Tod der Frau bei einem Luftangriff. Die Ehe hat aber schon vorher nicht mehr funktioniert, mit der Zeit kam es nach und nach zur Entfremdung der Ehepartner.

---

10 Und wenn es schon zu einer Wandlung der Figur kommt (es gibt solche Fälle in Ptáčníks Roman), wirkt sie dann unglaubwürdig, da sie psychologisch nicht vorbereitet ist.

11 Wie bei manchen Texten Hrabals ist die Verfolgung der Entstehungsgeschichte dieses Werkes kompliziert. Der Text soll bereits 1971 entstanden sein. 1980 wurde der Roman unter dem Titel „Jak jsem obsluhoval anglického krále" [Wie ich den englischen König bedient habe] vom tschechischen Exilverlag Index in Köln herausgegeben. Halblegal (oder halbillegal) wurde der Roman in der Tschechoslowakei erst im Jahre 1982 von der Organisation Jazzová sekce [Jazz-Sektion] herausgegeben.

Die Ehe von Suchls Protagonisten endete ebenfalls in Disharmonie, sie wurde wegen der Untreue des Mannes geschieden. Suchls Interesse gilt vorrangig nicht dem tschechischen Mann, sondern dem jungen deutschen Mädchen, das sich für das Leben unter Tschechen entschied (das „auf die Liebe gesetzt hatte“), währenddessen ihre Eltern und ihr Bruder ausgesiedelt wurden. Suchl stellte seine deutsche Protagonistin so dar, dass er sie durch ihre Vitalität und positive Lebenseinstellung den Liebesverrat des tschechischen Mannes überwinden ließ, wodurch sie als erste deutschsprachige Figur in der tschechischen Nachkriegsliteratur Sympathien tschechischer LeserInnen (u.a. wohl aufgrund weiblicher Empathie) gewann.[12]

Tschechische literarische Werke, in denen das Motiv der Vertreibung oder sudetendeutsche Figuren auftauchen, zeigen seit den späten 1960er Jahren in ihrer Darstellung eine wesentliche Änderung. Mit Durych, Hrabal, Suchl erscheint in der Typologie der deutschen Figuren ein neuer Aspekt: die (sudeten)deutsche Figur ist nicht mehr unbedingt nur Angreifer, Feind oder Konkurrent, sondern kann auch Opfer sein. Die bipolare Sichtweise wurde nach und nach verlassen, die eben genannten Autoren und in den 1990er Jahren neu auch Zdeněk Šmíd mit seinem Roman *Cejch* (1992)[13] oder Václav Vokolek mit *Pátým pádem* (1995) erwecken im tschechischen Leser das Interesse an der Welt „der Anderen“, an dem Blick „des Anderen“, was eine Voraussetzung für ein besseres Verständnis des Anderen bedeutete.

Die Öffnung der Grenzen 1990 erleichterte die Bedingungen für ein besseres Kennenlernen und brachte das für die tschechische Öffentlichkeit tabuisierte und vermeintlich halbvergessene Thema der Deutschen wieder ins Spiel. Für die nach dem Zweiten Weltkrieg geborenen zwei Generationen bedeutete dies eine völlige Überraschung, die Neugier und Fragen weckte. Es tauchten allerdings erneut auch alte Vorurteile auf, andererseits wurden nach 40 Jahren zum ersten Mal Archivbestände zugänglich gemacht. Die letzten 30 Jahre erlebt die tschechische Gesellschaft eine politische Binnendiskussion, deren Bestandteil auch die Debatte über die Vertreibung und „unsere Deutschen“ ist.[14] Insbesondere die junge Generation (geboren in den späten 1960er und in den 1970 Jahren – inzwischen also eher die mittlere Generation) und die jüngste Generation betrachten die Ereignisse unvoreingenommen und ohne nationale Parteilichkeit. Dies findet seinen Niederschlag auch in literarischen Werken jüngerer Autoren, die seit der Jahrtausendwende zu publizieren begannen.

---

12 Von dem Lesererfolg zeugen etliche Neuauflagen. (1975, 1980, 1983, 1988).

13 Auf Deutsch „Unterm Mittagsstein. Geschichte einer sudetendeutschen Familie“, Berlin 1992.

14 Vgl. dazu die inspirative, inhaltsreiche und komplexe Dissertation von Václav SMYČKA, Das Gedächtnis der Vertreibung. Interkulturelle Perspektiven auf deutsche und tschechische Gegenwartsliteratur und Erinnerungskulturen, Bielefeld 2019. Zur Veränderung der Haltung in der tschechischen Öffentlichkeit zur Vertreibung binnen der letzten 30 Jahre siehe z.B. 11f.

Die aus jetziger Sicht rasante Wende im Zugang zu dem Thema begann eher unauffällig. Als 2000 Josef Urbans Roman *Habermannův mlýn* [auf Deutsch etwa „Habermanns Mühle"] erschien, fand er in tschechischen Literaturkritiken kaum Beachtung. Die verfilmte Geschichte der deutschtschechischen Müllerfamilie vor dem Zweiten Weltkrieg, während des Krieges und im Mai 1945 in einem national gemischten Dorf, dessen Bürgermeister der Müller Habermann auch noch war und dafür letztendlich sein Leben einbüßte, rief schon in der tschechischen Öffentlichkeit nach ihrer Aufführung 2010 heftige Diskussionen hervor, die nicht primär die Filmqualität als vielmehr die sogenannte „historische Wahrheit" des Dargestellten betrafen. Die meisten tschechischen Figuren wurden nämlich nicht mehr als heroische Widerstandskämpfer dargestellt,[15] sondern eher als kleine Dorfleute, die möglichst ruhig und ungestört leben und überleben wollten und auch nicht zögerten, wenn sich die Gelegenheit bot, sich auf Kosten der Schwachen und Benachteiligten zu bereichern.

Der Boden für die Diskussion über die Darstellung der Tschechen bei Kriegsende und danach wurde dabei in diesem Jahrzehnt durch das Erscheinen dreier belletristischer Werke vorbereitet, die in der tschechischen Öffentlichkeit allgemeine Anerkennung fanden und preisgekrönt wurden. Es waren der Chronologie nach folgende Romane: *Peníze od Hitlera*[16] (2006) von Radka Denemarková, *Grandhotel*[17] von Jaroslav Rudiš und *Vyhnání Gerty Schnirch*[18] von Kateřina Tučková. Allen drei Romanen wurde der tschechische Prestigeliteraturpreis Magnesia litera zuerkannt, wenn auch in unterschiedlichen Kategorien. Denemarkovás Roman wurde 2007 als das beste Prosawerk des Jahres preisgekrönt. Jaroslav Rudiš erhielt in demselben Jahr den Magnesia litera-Preis der Leser und denselben Preis bekam 2010 auch Kateřina Tučková. Die kritische Sicht auf die Tschechen und ihr Verhalten im Jahre 1945 sowie in der Gegenwart (Denemarková, Rudiš) störte nicht mehr, und die vom Leserpublikum zuerkannten Preise an Romane von Rudiš und Tučková zeugen davon, dass es in der tschechischen Gesellschaft (die – statistisch gesehen – bereits mindestens zu zwei Dritteln aus Nachkriegsgeborenen gebildet war) zu einer Veränderung der Sicht auf die eigene Geschichte gekommen ist.

---

15 Der oben erwähnte Roman „Feiglinge" von Josef Škvorecký wurde nie verfilmt.

16 Auf Deutsch erschien der Roman unter dem ganz „unauffälligen" Titel „Ein herrlicher Flecken Erde". München 2009. Mehr zur Änderung des Titels und zu den daraus resultierenden semantischen Konsequenzen in SMYČKA (wie Anm. 14), 196 f.

17 Auf Deutsch „Grand Hotel", München 2008.

18 Auf Deutsch „Gerta. Das deutsche Mädchen", Berlin 2019. Auch dieser Titel wurde – ähnlich wie in Denemarkovás Fall – nur annähernd übersetzt. Verschwand bei Denemarková der ganze tschechische Titel samt Hitlers Namen [etwa „Geld von Hitler"], ging bei Tučkovás Roman das Wort „Vertreibung" verloren.

Doch da befinden wir uns bereits in der Mitte der Dekade und weit darüber hinaus. Erste Signale der Veränderung kamen aber schon am Anfang des Jahrhunderts aus der Region.[19] 2001 gab die Stadtbibliothek Tetschen (Děčín) die Gedichtsammlung *Řeč mrtvejch / Die Totenrede* mit dem Untertitel *Textové varianty / Textvarianten* des tschechischen Dichters Radek Fridrich in einer Auflage von 300 Exemplaren heraus. Ungewöhnlich war bereits der zweisprachige tschechisch-deutsche Titel. Bei der Lektüre selbst wurde dann der Leser mindestens zweimal überrascht. Zunächst (falls er beide Sprachen beherrschte), dass es sich um keine Übersetzungen „eins zu eins" handelte, sondern tatsächlich um Textvarianten der Gedichte zu demselben Thema. Die zweite Überraschung stellte das Thema dar. Inspiriert durch die Grabinschriften auf dem verlassenen Friedhof im Dorf Rosendorf (Růžová) sowie durch Erinnerungen alter Dorfeinwohner fasste Fridrich Lebensgeschichten einzelner Dorfeinwohner in seinen Gedichten zusammen. Liest man diese, merkt man sofort in Fridrichs knapper Sprache, dass er dem Wort „Dichtung" seine ursprüngliche Bedeutung zurückgibt: Er konzentriert sich auf wesentlichste Dinge im Menschenleben (Kindheit, Liebe, eigene Kinder, Arbeit) und mischt sie mit einigen individuellen und individualisierenden Details. Es genügen ihm oft nur 10–12 Zeilen, um darin das gesamte Menschenleben zu erfassen, und zwar so, dass man sich die darzustellende Person ganz deutlich vorstellen kann.

Řeč mrtvejch / Die Totenrede ist nicht die einzige Gedichtsammlung Fridrichs mit zweisprachigem Titel – 2011 folgte eine weitere mit dem verwandten Thema: *Nebožky / Selige*. Inzwischen war allerdings der Name Radek Fridrich nicht mehr nur in Nordböhmen bekannt, und 2012 wurde auch er mit dem Literaturpreis Magnesia litera für seine Gedichtsammlung *Krooa krooa* geehrt. Sehr treffend hat der tschechische Germanobohemist Václav Smyčka Fridrichs Poetik charakterisiert:

„Die zweite Quelle seiner Poetik sind die Lebensgeschichten der auf den hiesigen Friedhöfen begrabenen ehemaligen Bewohner der Ortschaft, die Fridrich teilweise recherchierte, teilweise aber auch selbst frei mitgestaltete. Die Lebensgeschichten der ehemaligen Ortsbewohner werden in Fridrichs Sammlungen jedoch nicht aus der Perspektive des lyrischen Subjekts, sondern aus ihrer eigenen Perspektive in der ersten Person Singular geschildert. [...] Auf diese Art und Weise entsteht eine spezifische lyrisch-epische Form, die Fridrich als ‚Totenrede' bezeichnet."[20]

---

[19] Damit hängt auch die Wanderausstellung ‚Zmizelé Sudety' [Verschwundenes Sudetenland] zusammen, organisiert anfangs des Jahrtausends von der Initiative ‚Antikomplex', sowie die später herausgegebene gleichnamige Publikation. Mehr dazu vgl. SMYČKA, Das Gedächtnis der Vertreibung, 52.

[20] SMYČKA, Das Gedächtnis der Vertreibung, 84.

Die ursprünglichen deutschen Einwohner sowie die deutsche Sprache fanden allerdings Eingang auch in andere Gedichtsammlungen Fridrichs. In seiner Sammlung mit dem Titel *molchloch*[21] stellt Fridrich absichtlich eine gewisse sprachliche Spannung zwischen deutsch gewählten Titeln einzelner Gedichte und dem tschechisch verfassten Text des Gedichts her (so z.B. „Oktober") oder übernimmt deutsche Wörter und „tschechisiert" sie – so „v bauchu" (= „im Bauch", tschechisch wäre es „v břichu"); „dunkelské oči" (= „dunkle Augen", tschechische wäre es „tmavé oči") –, bzw. benutzt er bereits etablierte Germanismen im Tschechischen („vartovat" = warten; „mordýřka" = Mörderin). Sprachlich erinnert er an die deutsche Vergangenheit der Gegend auch durch die Verwendung ehemaliger deutscher Ortsnamen (z. B. das Gedicht *Dux* – tschechisch heute Duchcov). Und ähnlich wie in der *Řeč mrtvejch / Die Totenrede* oder *Nebožky / Selige* findet seine dichterische Vorstellungskraft auch in *molchloch* die Lebensgeschichten ehemaliger Einwohner (vgl. die Gedichte *Stará kostelní cesta* – übersetzt etwa: „Ein alter Kirchweg" oder *O zavražděné Veronice Bergert* – „Über die ermordete Veronika Bergert") und hat Gespür für ehemals besiedelte Orte und deren unauffällige Spuren in der Gegenwart.

Für Fridrichs Poesie gilt vollkommen seine Äußerung über die geänderte Lage nach 1990: „Die demokratische Situation in Tschechien in den 1990er Jahren ermöglichte es jedoch, das Thema Sudeten und Vertreibung anders und neu zu schreiben." Und als er sagte: „Wertvoll ist immer, wenn diese ewig gleiche Geschichte [...] teilweise aus dem persönlichen Gedächtnis heraus geschrieben wird, ohne stärkere politische Konnotationen oder wertende Aspekte"[22], so charakterisierte er damit auch seine eigene Schreibweise.

Auf ähnliche Art und Weise gestaltet Fridrichs Landsmann und Freund Martin Fibiger seine Prosawerke. Für ihn ist ebenfalls typisch, dass man in seinen Werken kaum politische Konnotationen und keine wertenden auktorialen Aspekte findet. Sein Prosastück *Anděl odešel* (deutsch etwa „Der Engel ist weggegangen", geschrieben 2004, herausgegeben 2008 im Brünner Verlag Weles) oszilliert genremäßig zwischen Erzählung und Novelle. Die Handlung spielt in der Gegenwart in einem grenznahen, halbverlassenen Dorf, dessen ideelle Vergangenheit (= erzählte Zeit) nur in den Erinnerungen seiner Einwohner (Vertriebene, Emigranten, einige Ortsansässige) vorhanden ist und an dessen materielle Vergangenheit verkrüppelte Obstbäume, zerfallene Häuser, zerschlagene Statuen, alte Gräber sowie alte verwachsene Wege erinnern.

[21] Die Gedichtsammlung erschien 2004 nicht mehr in der Stadtbibliothek Tetschen (Děčín), sondern im renommierten Literaturverlag Host in Brünn.

[22] Radek FRIDRICH, Německé téma v české literatuře před a po roku 1989 [Das deutsche Thema in der tschechischen Literatur vor und nach 1989], vorgetragen am 3. Dezember 2019 im Tschechischen Zentrum Berlin.

Fibiger kommentiert nicht, doch durch seine Aufnahmefolge wird deutlich, dass die Gegend einen tiefen antizivilisatorischen Einschnitt erlitt, es fehlt hier die natürliche Abfolge der Generationen. Mit den alten verbliebenen Dorfbewohnern geht hier das Menschenleben zu Ende, und die Natur gewinnt wieder die Oberhand. Vielleicht liegt darin der Sinn des vom Autor gewählten Titels, der Engel als ein Bestandteil der Menschenwelt hat die Gegend verlassen, weil sie aufhört, Menschenwelt zu sein, obwohl sie sich in der Nähe der Menschensiedlungen befindet: „Im großen und ganzen eine Reisestunde und rechts ein Felsen, von Stein entblößt. Ausgefressen. Ausgehöhlt wie ein alter Zahn. Hohl. Leer. Und dahinter in alle Richtungen verstreute Lichter einer großen Stadt.“[23]

Radka Denemarková gibt durch ihre Bücher Stellungnahmen zu brennenden Fragen der Gegenwart. Es wäre ein Irrtum, ihr Buch *Peníze od Hitlera* als ein Buch über die Vertreibung zu bezeichnen. Im Prinzip ist ihre Hauptfigur Gita Lauschmannová keine Deutsche, sondern eine deutschsprachige Jüdin, die in einem sprachlich und national gemischten Dorf lebt. Es gelingt ihr zwar als einziger aus der Familie das Konzentrationslager zu überleben, doch nach ihrer Rückkehr wird sie von den Dorfbewohnern als eine Deutsche behandelt, da sich diese inzwischen des Eigentums ihrer Familie bemächtigt haben. Zuletzt wird sie zwar aus dem Internierungslager für Deutsche entlassen und nach Prag zur Tante gebracht, doch ihre Rückkehr in ihr Heimatdorf bleibt unerwünscht. Denemarková zeigt überzeugend, wie die Symbole in unserem Leben für dessen Komplexität ungenügend sind und wie sie missbraucht werden können:

„Du-du musst weg.“

„Ich geh hier nicht weg. Ich habe nichts getan.“

„Du bist eine Deutsche.“ [...]

„Bin ich nicht. Ich bin tschechoslowakische Staatsbürgerin. Ich bin...“

„Eine Deutsche.“

„Na und? Eine Deutschböhmin.“

„Ist haargenau da-dasselbe. Böhmin, aber eine Deutsche.“ [...]

„Hören Sie, *dort*, von wo ich zurückgekommen bin, hat man mir wiederum eingebläut, dass ich eine Jüdin bin. Dass ich eine Jüdin bin, wusste ich vorher nicht, zu Hause hat es mir keiner gesagt, erst kurz bevor wir in den Transport mussten...“.[24]

---

23 Martin FIBIGER, Anděl odešel, Brno 2008, Weles, 94. Ins Deutsche übersetzt von V.M. Im Original: „Všehovšudy hodina cesty a vpravo skála zbavená kamene. Vykotlaná. Vyhlodaná jako starý zub. Dutá. Prázdná. A za ní do všech stran rozsetá světla velkého města.“

24 Radka DENEMARKOVÁ, Ein herrlicher Flecken Erde, München 2009, 56.

Noch schärfer zeigt sich die Benutzung der Symbole im Fall des Vaters der Hauptfigur, als er vor 1938 das Hakenkreuz trägt, „damit mich unsere Leute in Ruhe lassen", wie er seiner Tochter erklärt, die vergeblich rätselt: „Wen meinte er damit? Wer waren *unsere Leute*? Mein Papa weiß noch nicht, dass... mein Papa spricht deutsch... er ist Jude... wer sind unsere Leute...".[25]

Durch Symbole lässt sich alles in Zweifel ziehen – so können tschechische Dorfbewohner nach 1945 behaupten, der Fabrikbesitzer Lauschmann sei ein Nazi gewesen, da er doch die Armbinde mit Hakenkreuz getragen habe. Die „große" Geschichte wird auf die kleinen Verhältnisse projiziert.

Denemarková geht es aber nicht um die Geschichte, sondern um die Gerechtigkeit, bzw. darum, zu zeigen, dass man die Gerechtigkeit – in tschechischen Verhältnissen – nicht erreichen kann. Denn neben der Lebensgeschichte von Gita Lauschmannová, die nach 60 Jahren in das Dorf zurückkommt und Gerechtigkeit für ihren Vater verlangt, ist im Roman wohl das Wesentlichste die ungeschminkte Darstellung des tschechischen Gegenwartsdorfes, seiner Bevölkerung, deren Lebensweise und Gesinnungen. Es ist kein schmeichelhaftes Bild, das Denemarková zeichnet: Habgier, Neid, brutal materielle Interessen, eine kompakt geschlossene Gemeinschaft, die unter sich niemanden Neuen zulässt und sich auf ihren kleinen „Führer", den Bürgermeister, verlässt. Eigene Schuld will man nicht bekennen. Als die langsame Ermordung von Gita Lauschmannovás Bruder im Jahre 1945 durch die Dorfbewohner – man ließ ihn verhungern und verdursten – nach Jahren von einer Zeugin präsentiert wird, fehlt das Eingeständnis der Schuld am Geschehenen absolut:

„Die Jahre sind halt so ins Land gekommen... wir haben ehrlich gelebt. Dein Vater meinte, wir hätten nichts Böses gemacht. Stimmt auch, direkt umgebracht haben sie ihn nicht. Der ist einfach vor Hunger und Durst krepiert, es war doch so heiß damals. Schon da hätte ihnen keiner was beweisen können, der Junge kam dünn wie ein Streichholz von dort zurück [...].[26]

In diesem Dorf besteht die Verteilung „wir" und „sie" latent über die Jahrzehnte weiterhin, und fühlt man sich bedroht, taucht sie wiederum auf, sowohl bei den Einwohnern als auch bei von ihnen gewählten Repräsentanten des Dorfes (so z. B. als die junge Enkelin von Gita Lauschmannová ins Dorf kommt): „Wie ne Heuschreckenplage kommen die über uns her." „Dass die keine Ruhe geben wollen. Wen interessieren die uralten Geschichten?"[27]

Die positive Aufnahme des Buches sowie die Anerkennung, die es trotz der negativen Darstellung des tschechischen Gegenwartsdorfes fand, sprechen für die tschechische Gesellschaft von heute als Ganzes.

---

25 Ebd., 291.
26 Ebd., 206.
27 Ebd., 293.

Jaroslav Rudiš zeigte gleich in seinem ersten Buch das Interesse an Deutschland und den Deutschen, spielt doch sein Debütroman *Nebe pod Berlínem*[28] in der deutschen Hauptstadt. In den Jahren 2003 bis 2005 beschäftigte ihn die Figur des Eisenbahners Alois Nebel an einem entlegenen Bahnhof im ehemaligen Sudetengebiet, der er in Kooperation mit dem Zeichner Jaromír 99 (Pseudonym für Jaromír Švejdík) im dreibändigen Comic *Alois Nebel* eine Gestalt gab und deren Lebensgeschichte 2011 auch erfolgreich verfilmt wurde.[29] In diesem Comic verflechten sich Lebensschicksale deutscher, tschechischer und teilweise auch polnischer Figuren in einigen Generationen, die Anfänge der Geschichte reichen bis in das Jahr 1945. Die Handlung des Romans *Grandhotel*[30] spielt in Reichenberg (Liberec) und zu einem nahen Bekannten der Hauptfigur Vlastimil Fleischman entwickelt sich binnen der Romanhandlung ein ehemaliger Reichenberger, Reinhard Franz, der regelmäßig nach Reichenberg kommt und eine spezielle Mission hat: Die Asche seiner zwei Reichenberger Freunde in Reichenberg illegal zu verstreuen. (Franz´ Asche wird nach seinem Tod und der heimlichen Verbrennung im Reichenberger Krematorium von Vlastimil Fleischman verschüttet.) Auf diese makabre Weise, aber auch in Dialogen zwischen Franz und Fleischman wird im Roman an die deutsche Vergangenheit der Stadt und an die dauerhafte Beziehung der ehemaligen Einwohner zu ihrer Heimat erinnert. Es scheint so, als wäre Reinhard Franz ein Vorgänger der Hauptfigur von Rudiš' bisher letztem Roman *Winterbergs letzte Reise* gewesen. Wenzel Winterberg ist ebenfalls in Reichenberg geboren, als Angehöriger des Jahrgangs 1918 verkörpert er allerdings nicht nur die Stadt Reichenberg, sondern zugleich auch die 1918 gegründete Tschechoslowakische Republik. Als 99jähriger unternimmt er mit seinem tschechischen Pfleger Jan Kraus eine Reise durch Mitteleuropa auf den Spuren seiner Reichenberger Geliebten jüdischer Herkunft Lenka Morgenstern. Diese ist zugleich eine Reise durch die Geschichte Mitteleuropas, ebenfalls eine Reise zur Selbsterkenntnis – wie am Anfang des voluminösen Romans (541 Seiten) der Ich-auktoriale Jan Kraus bereits rekapitulierend feststellt:

„Ich wusste so vieles noch nicht.

Über Winterberg. Über Lenka Morgenstern. Über seine Tochter Silke. Über Reichenberg und über die Feuerhalle. Über die vielen Leichen und über

---

28 Auf Tschechisch erschien das Buch 2002 im Verlag Labyrint, Prag, auf Deutsch zwei Jahre später mit dem Titel „Der Himmel unter Berlin" bei Rowohlt, Berlin 2004.

29 Der Comic „Alois Nebel" wurde 2012 vom Verlag Voland&Quist deutsch herausgegeben. Der Film gewann den Europäischen Filmpreis 2012 für den besten Zeichentrickfilm.

30 „Grandhotel", Praha 2006, Verlag Labyrint. Auf Deutsch erschien es unter demselben Titel 2008 bei Luchterhand, München. Der Verlag Klaus Wagenbach hat das Buch 2018 als Taschenbuch mit dem Titel „Grand Hotel" herausgegeben.

die Liebe. Über den Krieg. Über die Geschichte und über die Eisenbahn. Über Königgrätz und über Sarajevo.

Über mich."[31]

Wenzel Winterberg, Reinhard Franz, aber auch Alois Nebel oder Vlastimil Fleischman und der Ich-Erzähler Jan Kraus bilden eine Galerie von Rudiš' Außenseitern, welche „starrsinnige, leicht verrückte, gebrochene, gefährliche, aber zugleich traurige Figuren"[32] abgeben. Denn es ist die Melancholie oder Traurigkeit, die Winterberg und Kraus auf ihrer Reise begleitet. Ihre Quelle ist nicht nur das Gefühl des misslungenen eigenen Lebens, das „auf die falsche Weiche" geraten ist (die Eisenbahnmetaphorik spielt in diesem Roman eine sehr große Rolle), sondern auch das Wahrnehmen der unendlichen Kette von Konflikten und Kriegen in der Geschichte der Menschheit sowie die Feststellung vergeblicher Mühe, dies zu ändern. Doch Rudiš' zwei Reisende gehen in der Resignation nicht völlig unter. Der 99jährige Wenzel Winterberg wird zuletzt mit seinem privaten Schuldgefühl versöhnt, sein etwa 50jähriger Begleiter endet nach dieser „Überfahrt"[33] nicht wie üblich im Saufzustand, sondern durchbricht seine selbstgewählte Einsamkeit.

Im Unterschied zu bisherigen Werken Rudiš' merkt man in *Winterbergs letzte Reise* eine Verschiebung zur Reflexion des Menschenleids allgemein, das man nicht als Ausnahme, sondern als Begleitumstand der menschlichen Existenz wahrnimmt:[34]

„Das Radio berichtete über Krieg und Vertreibung und Mord und Krise und Angst und Verzweiflung. Und über einen heftigen Schneesturm, der über das Land zog."[35]

Obwohl diese Haltung und Wahrnehmung des Ich-Erzählers brutal erscheinen mögen, sind sie zugleich ein Beleg für den medialen Überfluss, der einen gegenüber solchen Nachrichten abstumpfen lassen kann. Allerdings empfindet Rudiš' Ich-Erzähler das Leid im konkreten Falle, wenn er seine zur „Überfahrt" bestimmten Klienten betrachtet, und kann sein Mitleid äußern:

---

[31] Jaroslav RUDIŠ, Winterbergs letzte Reise, München 2019, 47.

[32] Diese Charakteristik stammt von der tschechischen Filmkritikerin Jindřiška Bláhová. Vgl. Jindřiška BLÁHOVÁ, Hledat svoji Severku [Seinen Nordstern suchen], in: Respekt XXX, Nr. 40 (30.9.2019), 53. Im Original: „[...] galerie Rudišových zatvrzelých, lehce vyšinutých, zlomených, nebezpečných, ale zároveň smutný chhrdinů."

[33] So bezeichnet Jan Kraus seine palliative Arbeit bei den Todkranken in Anspielung auf die antike Charon-Sage.

[34] Zur Einbettung einer konkreten historischen Vertreibung in breitere geschichtliche Kontexte vgl. SMYČKA, Das Gedächtnis der Vertreibung, 54ff.

[35] RUDIŠ, Winterbergs letzte Reise, 521.

„Was ich damit sagen will, ist, dass viele, die ich mit auf die Überfahrt nahm, die ich in den Tod begleitete und während der Reise bekochte und fütterte und mit Medikamenten versorgte und wusch und kämmte, viele, denen ich den Mund und die Augen und den Arsch abwischte, viele, denen ich die Zähne und die Ohren putzte, viele, dich ich rasierte, die ich wickelte und an der Hand hielt, viele, mit denen ich mich prügelte und die ich beruhigte, viele, denen ich aus Büchern und Zeitungen vorlas, und die ich danach wieder bekochte und fütterte [...] viele von denen waren und sind und werden nichts anderes als kleine, verlorene, wie aus dieser Zeit und dieser Welt rausgeschmissene heimatlose Kinder, die am Rand einer Straße warten, dass sie jemand mitnimmt.“[36]

Ähnlich wie bei Radka Denemarková wird die nationale Identität entschärft und ironisch hintergangen. Einmal vom kroatischen Busfahrer, der zu Jan Kraus sagt: „You Czechs are more Germans then Germans are Germans.“[37] Und in grotesker Darstellung im „Finale“ des Romans, als Wenzel Winterberg seine Lenka endlich findet: „Er erzählte, wie die deutsche Nazirakete mit der böhmischen Jüdin Lenka aus Reichenberg als die erste Rakete in der Geschichte der Menschheit zum Himmel flog.“[38]

Die besprochenen Romane von Denemarková und Rudiš zeichnen sich durch ihren eigenen Stil markant aus. Sie unterscheiden sich allerdings in ihrer Tonlage – bei Denemarková ist sie tragisch, bei Rudiš eher grotesk. Ganz unterschiedlich sind dann beide Autoren im Ausdruck.

Denemarková schreibt in kurzen, schlagfertigen Sätzen, wie ein Bildhauer haut sie ihre Figuren mit harten, groben Schicksalsschlägen oder schmiedet sie – im Einklang mit dem Beruf eines der Täter – wie ein Schmied auf dem Amboss. Der Eindruck der Härte und der Destruktion wird von der Autorin durch passend gewählte Lexik erhöht: Auffallend ist die starke Frequenz der Wörter mit der Bedeutung von „bersten“, „brechen“ oder „reißen“ (betrachte man nur einzelne Kapitelüberschriften: *Der Riss im Herz*, *Das Eis bricht*, *Rissige Panzer*).[39] Eine andere semantische Gruppe bilden Bezeichnungen, die Erstarrung oder Verhärtung konnotieren wie *Frostige Kruste*, *Zerfließende Lava*, *Betonbunker* oder *Vereiste Meere*. Ebenso häufig benutzt Denemarková Ausdrücke, die Destruktion bezeichnen oder diese hervorrufen können wie *Zertretene*

---

[36] Ebd., 46 f.

[37] Ebd., 492.

[38] Ebd., 530.

[39] Dazu müssen noch weitere Kapitelüberschriften gezählt werden, die diese Bedeutung im tschechischen Original in sich tragen, für die aber keine entsprechende Übersetzung bei der Beibehaltung dieser Bedeutung im Deutschen gefunden werden konnte wie z.B. Tetelivý pukavec – Faule Eier.

Nüsse, *Angeknackter Knochen*, *Prädator*, *Gebrochene Flügel* oder *Revolver in der Handtasche*. Oft verwendet sie auch Ausdrücke aus dem Gastronomie- und Lebensmittelbereich (treffend für die Charakteristik des Dorflebens), nicht selten mit ironischer Brechung: *Bonuslinsen*, *Brennnessel-Nachschlag*, *Ein Fleischklumpen* oder *Gerupfte Hühner*. Durch Denemarkovás in diese semantische Richtung zielende Sprache entsteht eine harte, unbarmherzige Welt, die kein Mitleid und keine Gerechtigkeit kennt: Das angetane Leid wird nicht anerkannt, das Getane wird von den Dorfbewohnern als durchgeführtes Recht empfunden oder als etwas, was man am besten vergisst. Es klingt fast wie Resignation, wenn die Autorin im Romanepilog feststellt: „Sicher, Worte können viel Übles anrichten. Verhindern können sie *nichts*.“[40] – doch man muss all die Bücher als Gegenbeweis in Betracht ziehen, die Denemarková nach diesem Roman veröffentlichte.

Verglichen mit Denemarkovás Buch wird Rudiš‘ Roman dagegen vom breiten Erzählstrom des Ich-Erzählers Jan Kraus getragen, der an die Erzähltechnik von Jaroslav Hašeks Schwejk-Roman oder an das scheinbare Geschwafel der „Baffler“-Figuren in Erzählungen von Bohumil Hrabal erinnert. Das Erzählen ohne Punkt und Komma, die Wiederholung von ganzen Satzteilen und signifikanten Ausdrücken, das Verknüpfen einzelner scheinbar nicht zusammenhängender Geschichten (wobei sich erst später der Sinn ihrer Verknüpfung zeigt) charakterisieren diesen Stil, der hauptsächlich in den Monologen beider Hauptfiguren zur Geltung kommt. Rudiš kombiniert geschickt diese haupttragende Tonlage mit dynamisch geführten Dialogen, die vorwiegend aus kurzen Sätzen und Halbsätzen bestehen.[41] Die Anwendung dieser Stilelemente hat eine Rhythmisierung des Erzählten zur Folge, das Erzählte bekommt dadurch einen gewissen Sound, erinnernd an die Jazz- oder Rockmusik. Die Gefahr, dass der Leser sich in diesem Dickicht der Geschichten verliert,[42] wird auf zweifache Weise abgewendet: Durch die Wiederholung der für das Leben der Hauptfigur sinnstiftenden Situationen, auf die in immer neuen Kontexten rekurriert wird, sowie durch Prolepsen, die in bestimmten Abständen den Ausgang des Romans signalisieren. Die räumliche Orientierung sowohl für die beiden Hauptfiguren als auch für die Leser gewährt ein Eisenbahnbaedeker für

---

40 Radka DENEMARKOVÁ, Ein herrlicher Flecken Erde, München 2009, 194.

41 Rudiš benutzt die Wiederholung und Abwandlung der Halbsätze ebenfalls als Steigerungseffekt: „Wir trieben weiter. / Weiter und weiter. / Immer in Bewegung, wie Winterberg sagte. / Immer der Freiheit nach. / Immer auf der Flucht. / Vor der großen Geschichte. / Vor der kleinen Geschichte. / Vor seiner Geschichte. / Vor meiner Geschichte.“ RUDIŠ, Winterbergs letzte Reise, 377.

42 Winterbergs Figur reflektiert diesen Umstand selbst: „Ich weiß, zu viele Geschichten, zu viel Geschichte, man kann sich in der Geschichte immer schnell verlieren, […].“ RUDIŠ, Winterbergs letzte Reise, 345.

Österreich-Ungarn von 1913, aus dem häufig zitiert wird und der sich so an der sprachlichen Gestalt des Buches durch seine Austriazismen und durch den zur leichten Metaphorik neigenden Wortschatz (z.B. „Weiche") beteiligt.

Als Kateřina Tučková 2009 ihren Roman *Vyhnání Gerty Schnirch* herausbrachte, widmete sie sich darin – im Unterschied zu Denemarková und Rudiš – einem ganz konkreten Ereignis, das unter dem Namen „Brünner Todesmarsch" in die Geschichte einging. Im Mittelpunkt ihres Romans steht Gertrude (= Gerta) Schnirch, die 1925 in einer deutschtschechischen „Mischehe" in Brünn zur Welt kam. Das harmonische Familienleben wird durch die Politik zersetzt, der deutsche Vater wird in den 1930er Jahre zum Anhänger der Nazis und so erzieht er auch seinen Sohn, der zuletzt bei einer Sondereinheit der Wehrmacht landet. Durch die Familie geht ein Riss, der sich in einen Abgrund verwandelt. Die tschechische Mutter stirbt 1942, die kaum erwachsene Gerta wird von ihrem Vater geschwängert. Den Mai 1945 erlebt sie mit ihrem Säugling Barbora in Brünn und als Deutsche wird sie mit ihrer Tochter am 31. Mai 1945 gemeinsam mit anderen deutschen Bewohnern aus Brünn im Fußmarsch Richtung Österreich vertrieben. Doch der Menschenzug muss in Pohrlitz (Pohořelice) halt machen, da die sowjetische Besatzungszone in Österreich die Brünner Deutschen nicht aufnehmen will. Gerta und ihre Leidensgenossen (hauptsächlich Leidensgenossinnen) sind so gezwungen in der Tschechoslowakei zu bleiben, wo sie zur Zwangsarbeit angehalten werden. Tučková verfolgt detailliert Gertas Leben in der Nachkriegstschechoslowakei, stellt einzelne Schikanen dar, denen die in der Tschechoslowakei verbliebene deutsche Bevölkerung ausgeliefert wurde. Gerta erlebt noch das Jahr 1989, erlebt noch die Bemühungen junger Menschen (darunter ihre Enkelin) vom Stadtrat, eine offizielle Entschuldigung bei den Betroffenen für die Vertreibung zu erreichen,[43] doch Gertas Tochter Barbora sieht das Leben ihrer Mutter als verloren an:

„[…] dachte ich mir, dass sie nicht nur von den letzten Wochen, sondern von ihrem ganzen Leben rein gar nichts gehabt hatte. Ohne Mann, ohne Gefühle, gefangen in ihrem Hass auf diese Gesellschaft und am Ende festgefahren in ihrem Verlangen nach einer Entschuldigung. Ich kann mir nicht helfen, aber ich habe den Eindruck, dass Mamas gesamtes Leben, abgesehen von den zwei, drei Jahren mit Onkel Karel, unerfüllt und sinnlos war."[44]

---

43 Zu dieser Entschuldigung kam es am 20. Mai. 2015: „Am 20. Mai 2015 bat der Stadtrat von Brünn um Entschuldigung für die gewalttätige Vertreibung, für den „Racheakt", der „eine Vergeltung für Nazi-Verbrechen sein sollte" und der „vor allem gegen Frauen, Kinder und alte Menschen gerichtet war". Quelle: http://de.wikipedia.org./wiki/Brünner_Todesmarsch, zuletzt abgerufen am 2. Dezember 2020.

44 Kateřina TUČKOVÁ, Gerta. Das deutsche Mädchen, Berlin 2019, 544f.

Mit Ausnahme des vierseitigen Prologs wird Gertas Geschichte chronologisch erzählt, wobei die Arbeit mit der Erzählzeit unausgeglichen bleibt. Das Augenmerk Tučkovás gilt vor allem dem zentralen Ereignis des Romans, dem Brünner Todesmarsch, sowie dem Leben der Deutschen als Zwangsarbeiterinnen[45] in den Nachkriegsjahren in den Dörfern in der Nähe von Pohrlitz – diese Schilderungen nehmen samt der Beschreibung des familiären Hintergrunds von Gerta insgesamt mehr als die Hälfte des Romans ein. Gertas Leben nach ihrer Rückkehr nach Brünn Ende der 1940er Jahre wird immer mehr nur skizziert, mit dem zunehmenden Alter ihrer Heldin beschränkt sich die Autorin auf einzelne Episoden. Dafür verteilt sie aber ihre Aufmerksamkeit auch auf andere Frauenfiguren – Gertas Leidensgenossinnen vom Brünner Todesmarsch – und verfolgt ihre Lebensschicksale (eine emigriert nach Österreich, eine andere gibt sich mit Leben und Arbeit im zugewiesenen Dorf zufrieden, eine andere lebt wie Gerta wieder in Brünn, im Unterschied zu Gerta gibt sie aber ihre deutsche Nationalität nicht auf). Tučková geht es offensichtlich um mehr als nur darum, ein deutsches Frauenschicksal einzufangen.[46] Die Titelfigur bietet der Autorin in ihrer Resignation für die Darstellung der Frauen deutscher Nationalität in der Nachkriegstschechoslowakei zu wenig Raum. Deshalb spielt sie am Beispiel von Gertas Leidesgenossinnen andere mögliche Lebensweisen durch, um ein vielfältigeres Bild zu gestalten. Tučková hilft sich dabei auch dadurch, dass sie etwa ab Mitte des Romans in einigen Kapiteln die Erzählperspektive des auktorialen Erzählers mit der Perspektive der Ich-Erzählerin wechselt. Diese Ich-Erzählerin ist Gertas Tochter Barbora. So wird dem Leser ermöglicht, die bereits beschriebenen Ereignisse und Figuren aus einem anderen Blickwinkel zu betrachten. Erzähltechnisch wird so der letzte Teil des Romans, eigentlich ein zwölfseitiger Epilog mit dem Titel *Solo für Barbora*, vorbereitet, der ebenfalls in der Ich-Form verfasst ist.

Derselbe renommierte Brünner Verlag Host, der die Romane von Radka Denemarková und Kateřina Tučková veröffentlichte, gab 2012 den Roman

---

45 Es ist symptomatisch und im Einklang mit der Zusammensetzung des bewachten Zugs dass Tučková nach der Auflösung des Todesmarsches ihre Aufmerksamkeit nur deutschsprachigen Frauen widmet. Deutsche männliche Personen, vorwiegend Greise, verschwinden deshalb nach Erreichen von Pohrlitz aus dem Blickfeld der Autorin. Vgl. auch die in Anm. 43 zitierte Entschuldigung des Stadtrats von Brünn.

46 Der tschechische Titel „Vyhnání Gerty Schnirch" (wortwörtlich übersetzt: Die Vertreibung von Gerta Schnirch) klingt, als ob er sich – akkurat betrachtet – nur auf die erste Hälfte des Romans beziehen würde. Doch die Folgen dieser Vertreibung bestimmen das ganze weitere Leben Gertas. Vielleicht liegt hier der Grund für die Wahl des deutschen komplexen Titels „Gerta. Das deutsche Mädchen", aus dem allerdings das Wort „Vertreibung" weggefallen ist. Zu Bedeutungsverschiebungen bei Übersetzungen der Buchtitel vgl. SMYČKA, Das Gedächtnis der Vertreibung, 196ff.

Němci. Geografie ztráty[47] von Jakuba Katalpa (d. h. Tereza Jandová) heraus. In diesem Fall handelt es sich ebenfalls um einen Familienroman – im Prinzip geht es um eine versteckte Familiengeschichte und deren Entdeckung. Man kann das Sujet, das Katalpa gewählt hat, als Metapher für das Zusammenleben von Tschechen und (Sudeten)deutschen betrachten sowie als Metapher für die Lage der tschechischen jungen Generation im Jahre 1989, als sie von der Existenz der Sudetendeutschen erfuhr.

In Katalpas Roman wissen zwar die vier erwachsenen Kinder anhand der ihnen geschickten Pakete, dass ihre Großmutter mütterlicherseits in Deutschland lebt, doch für ihre eigentliche Oma halten sie die Ziehmutter. Erst der Tod ihres Vaters ist der Anlass dafür, danach zu forschen, weshalb die Großmutter den Sohn nach dem Krieg in der Tschechoslowakei „gelassen hatte" (so die tschechische Familienlegende). Irgendwie symptomatisch ist, dass sich die einzige Tochter der Forschung annimmt (weibliche Empathie), die drei Brüder sind daran überhaupt nicht interessiert. Bei den Verwandten in Deutschland (Vaters Halbschwestern) beginnt sie die Lebensgeschichte ihrer tatsächlichen Großmutter Klara, die während des Krieges als Lehrerin in ein Dorf im Sudetengebiet gekommen war, nach und nach zu enthüllen. Zugleich erfährt sie von den „Halbtanten" den deutschen Teil der Familiengeschichte: Der Vater sei von der Mutter in Prag nicht freiwillig zurückgelassen worden, sondern er sei ihr von der Ziehmutter raffiniert auf amtlichem Wege „gestohlen" worden.

Die skizzierte Suche und Rekonstruktion der Familiengeschichte ermöglicht Katalpa, das Kriegs- und Nachkriegsleben in einem sudetendeutschen Dorf im Hinterland darzustellen. Als Lehrerin lebt Klara vom dörflichen Alltag ein wenig distanziert, das Dorf und seine Einwohner lernt sie mittels ihrer Schüler kennen. Die geschichtlichen Ereignisse im Dorf (Ende des Krieges und Ankunft russischer Soldaten, später dann das Auftauchen tschechischer Neusiedlerfamilien und die Ankunft der tschechischen Machthaber) bilden nur den Hintergrund für das persönliche Schicksal der Lehrerin.

Ist Tučkovás Ausdrucksweise eher berichtend und im Vergleich zu Denemarková oder Rudiš sprachlich merkmallos, wird die von Jakuba Katalpa benutzte Sprache als „knapp und schlagkräftig, gleichzeitig aber reich, voll von Emotionen und sich entwickelnden Details und zugleich irgendwie abstrakt" beschrieben.[48] Die letzte Charakteristik gilt allerdings nicht nur für Katalpas Sprache, sondern auch für ihre Gestaltung der Figuren: Äußerlich haben diese

---

47 Der Roman wurde unter dem Titel „Die Deutschen. Geographie eines Verlustes" 2015 vom Balaena-Verlag in Landsberg am Lech herausgegeben.

48 Veronika HAVLOVÁ, Mimo bez pečívelkých dějin [Außerhalb der Sicherheit der großen Geschichte], in: Respekt XXXI, Nr. 47 (16.11.2020), 62. Im Original: „[…] stručný a úderný, zároveň bohatý, plný emocí a rozvíjejících detailů, zároveň čímsi odtažitý."

ihre Emotionen unter Kontrolle, sie wirken sachlich und beherrscht. Doch sie sind nicht emotionslos, ihre Emotionen implodieren, und als Leser wird man erst mit den Folgen der Implosion konfrontiert – so z. B. mit Klaras Reaktion auf die Hinrichtung ihres Verlobten Horst oder bei der Schilderung des Todes von Klara:

„Der dritte [Schlaganfall] war wesentlich schwerer und schließlich tödlich gewesen, er hatte das Gehirn unserer Oma komplett verschlungen, zusammen mit all ihren im tiefsten Unterbewussten schlummernden Erinnerungen und ihrem letzten Rest gesunden Menschenverstands.“[49]

Betrachtet man die fünf zuletzt vorgestellten Romane, stellt man einige gemeinsame Züge fest:

1) Alle Romane spielen in der Gegenwart, bzw. ihre Handlung wird bis in die Gegenwart geführt (am traditionellsten ist in dieser Hinsicht Tučkovás Roman, in dem sie mit dem Stoff chronologisch vorgeht). Von der Gegenwart werden Rückblicke in die Vergangenheit geführt, so dass die Vergangenheit aktualisiert wird.

2) Es kommt zum Wechsel des nationalen Masternarrativs.[50] Es gilt nicht mehr die Aufteilung und Darstellung „wir guten, unschuldigen Tschechen“ und „die bösen (Sudeten)deutschen“. Die Ereignisse werden mit Abstand, ohne nationalisierende Sicht und mit Empathie dargestellt.

3) Es ist auffallend, dass alle vier AutorInnen bei ihrer Darstellung das gemischte familiäre Milieu akzentuieren. Ihre Hauptfiguren stammen nicht aus national streng abgesonderten Familien, in den Familiengeschichten tauchen tschechische wie auch deutsche Vorfahren auf.

4) Ebenso und im Zusammenhang damit kommt es zur Verunsicherung der Kategorie „nationale Identität“. Wie wichtig ist die nationale Zugehörigkeit? Aus der heutigen Sicht der AutorInnen und ihrer Darstellung kann man darauf schließen, dass sie diese Kategorie im Unterschied zu vorherigen Generationen als überwunden betrachten. Es wäre aber auch aufgrund der Darstellung einzelner Lebensschicksale (Gita Lauschmannová, Wenzel Winterberg, Gerta Schnirch) die Interpretation zulässig, dass auch die ältere Generation aufgrund eigener Erfahrung diese Kategorie als überflüssig, schädlich, ja gar gefährlich betrachtet. Möglicherweise eine Lehre für die Gegenwart.

---

[49] Jakuba KATALPA, Die Deutschen. Geographie eines Verlustes, Landsberg am Lech, 2015, 402.

[50] Mehr, ausführlicher und auch auf theoretischer Basis siehe bei SMYČKA, Das Gedächtnis der Vertreibung, 40ff.

Arkadiusz Nocoń

Ein Ablassbrief aus Bamberg und der hl. Hyazinth: eine bereits abgeschlossene Frage?

Abstract: A letter of indulgence from Bamberg and Saint Hyacinth: has this question really already been answered?
The wood-cut "Rosary Image" from ca. 1500 contains a figure long held to be Saint Hyacinth. This depiction is among the oldest depictions of this saint, having been produced nearly 100 years before he was canonized (1594). Thus, this wood-cut, which was printed on the back of the so-called "Letter of Indulgence" (now kept at the Staatsbibliothek Bamberg under the signature VI Aa 20), was very important for those researching the "Apostle of the North" and the iconography of Saint Hyacinth. But it has never been researched on its own, which has led to some inaccuracies in publications treating this document. Additionally, questions were posed in 1958 as to whether the figure in this wood-cut really depicts Saint Hyacinth or not.
In our paper, which is the first to extensively discuss the document in Bamberg, we consider both of these objections. The unconvincing nature of the chronological and iconographic arguments pertaining to the question of Saint Hyacinth found in the Bamberg engraving mean that discussion of this topic is not over. We don't want to make any final judgments but only encourage further research on the Bamberg wood-cut. Regardless of whether Saint Hyacinth really is depicted in this wood cut or not (or if it will ever be possible to decide this question), this image will always belong to the iconographic history of this "Light of Silesia" (Lux ex Silesia), the nickname of Saint Hyacinth.

Es ist bemerkenswert, dass unter den 139 Heiligenfiguren, die Berninis Kolonnaden auf dem Petersplatz in Rom überragen, zwei das gleiche Antlitz haben. Es handelt sich um die Statuen des hl. Antonius von Padua, geboren in Lissabon, und des hl. Hyazinth (poln. Jacek Odrowąż), geboren in Groß-Stein in

Schlesien.[1] Wahrscheinlich werden wir nie erfahren, warum sich der Künstler dazu entschlossen hat, aber wenn man sich die Biografien dieser beiden Heiligen ansieht, stellt man in der Tat fest, dass sie sich durch große Ähnlichkeit auszeichnen. Beide lebten fast zur selben Zeit: der hl. Antonius von 1195 bis 1231, der hl. Hyazinth von 1185 [?] bis 1257. Beide waren hervorragende Prediger, Missionare und Thaumaturgen. Interessanterweise „teilten" sie sich fast je zur Hälfte das Gebiet ihrer Missionstätigkeit: Der hl. Antonius war im Westen und Süden Europas aktiv, der hl. Hyazinth im Norden und Osten, genauer gesagt von der Ostsee bis zum Schwarzen Meer, was ihn als „Apostel des Nordens" berühmt machte sowie einen Platz unter den größten Missionaren der katholischen Kirche einnehmen ließ. Auf den oben erwähnten Kolonnaden Berninis wurde er nämlich zwischen dem hl. Franz Xaver, dem Apostel Asiens, und dem hl. Louis Bertrand, dem Apostel Südamerikas, platziert.

Es ist auch erwähnenswert, dass der hl. Hyazinth für kurze Zeit im heutigem Österreich aktiv war: Als er von Rom, wo er in den Dominikanerorden eintrat, in seine Heimat zurückreiste, gründete er vermutlich 1221in Friesach (Kärnten) das Dominikanerkloster, die erste Niederlassung dieses Ordens im deutschen Sprachraum.[2] Daher wird er von einigen als Vater der deutschen Provinz des Dominikanerordens angesehen. Nicht alle wissen, dass auch die Dominikanerinnen in Lienz (Osttirol) den hl. Hyazinth als Gründer betrachten. Er soll, nach verlässlichen Berichten, selbst nach Lienz gekommen sein und die dortige kleine Gemeinschaft der Reyerinnen dem Dominikanerorden angeschlossen haben.[3] Das Kloster der Dominikanerinnen in Lienz besteht laut Überlieferung seit 800 Jahren. Es gilt als einer der ältesten Konvente weltweit und als der einzige im deutschsprachigen Raum, der durchgehend vom Anfang des 13. Jahrhunderts bis heute besteht.[4]

---

1 Siehe Janusz Stanisław PASIERB – Michał JANOCHA, Polonica artystyczne w zbiorach watykańskich [Kunst-Polonica in den vatikanischen Sammlungen], Warszawa 1999, 151.

2 Die Datierung der Reisen des hl. Hyazinth wird in unserem Artikel nach dem Werk De vita et miraculis sancti Iacchonis (Hyacinthi) Ordinis Fratrum Praedicatorum auctore Stanislao lectore Cracoviensi eiusdem ordinis (siehe Anm. 17) angegeben. Das Thema wird hier nicht weiter ausgeführt, da die wissenschaftliche Diskussion im Gange und in diesem Zusammenhang nicht von Relevanz ist.

3 Siehe Meinrad PIZZININI, Die Kirche zu St. Johannes dem Täufer in Lienz. Ein kurzer historischer Abriss, in: ROBERT BÜCHNER, Bauen zum Lobe Gottes und zum Heil der Seele. Der Neubau der St. Johanneskirche zu Lienz im 15. Jahrhundert (mit einer Edition des Rechnungsbuches 1467–1491), Krems 2006, 154; R. MAYR, 800 Jahre Dominikanerinnen, in: Tiroler Tageszeitung, 16.05.2018, 37; Karin STANGL, 800 Jahre Dominikanerinnen in Lienz 23.05.2018, in: www.osttirol-online.at/aktuelles/radio-osttirol-aktuelle-beitraege/800-jahre-dominikanerinnen-in-lienz.html (Zugriff: 24.05.2021).

4 Siehe Martina HOLZER, Ein Kloster mit sehr langer Geschichte, in: Osttiroler Bote, 18.10.2018, 36.

Um auf den Vergleich zwischen dem hl. Antonius und dem hl. Hyazinth zurückzukommen: Wenn der Ruhm des Ersteren bis heute beinahe auf der ganzen Welt anhält, ist der hl. Hyazinth eher ein vergessener Heiliger. Mit der Reform des liturgischen Kalenders nach dem Zweiten Vatikanischen Konzil verlor er seine globale Bedeutung und wurde immer mehr zum lokalen Heiligen (gegenwärtig wird er nur noch im liturgischen Kalender Polens und Litauens erwähnt). Abgesehen von der Liturgie ist die Erinnerung an ihn jedoch in den Namen einiger Städte (Saint-Hyacinthe in Kanada, San Jacinto in Guatemala, Kolumbien, Peru, Uruguay, USA) und in geografischen Namen erhalten (allein in Kalifornien gibt es ein Dutzend solcher Orte) sowie in der Benennung von Kirchen auf der ganzen Welt. Am meisten jedoch ist sein Name durch Kunstwerke verbreitet: Es sei hingewiesen auf Künstler solch bedeutenden Ranges wie El Greco, Ludovico Carracci, Malosso, Guido Reni, Giambattista Tiepolo, Federico Zuccari und viele andere mehr, von denen er gemalt wurde.

Der Gegenstand dieser Untersuchung ist jedoch nicht das Werk eines dieser großen Künstler, sondern ein Holzschnitt des hl. Hyazinth aus der Anfangszeit seiner Ikonographie. Mit anderen Worten: Wir wollen uns – ausgehend von seiner mächtigen, mehr als drei Meter hohen Statue auf den Bernini-Kolonnaden[5] – mit einer Miniatur einer Holzschnittfigur eines sogenannten Rosenkranzbildes befassen, die für einige Zeit als eine der ältesten Darstellungen des hl. Hyazinth (aus der Zeit um 1500) angesehen wurde. Für Hyazinthforscher ist diese Zeichnung und die Diskussion um diese von derart großer Bedeutung, dass es lohnenswert ist, sie allen, die an der Ikonographie des hl. Hyazinth interessiert sind, eingehender zu präsentieren – einschließlich eigener Überlegungen dazu.

1. Ablassbrief aus Bamberg

Die Illustration wurde auf der Rückseite des sogenannten Ablassbriefes gedruckt, der in der Staatsbibliothek Bamberg die Signatur VI Aa 20 trägt. Die Forscher lassen meistens den Inhalt des Ablasses (Abb. 1) aus und erwähnen lediglich, dass er aus der Zeit um 1500 stammt.[6] Da der Briefinhalt unserer Ansicht nach einen gewissen Einfluss auf das Erscheinungsbild der Abbildung haben könnte, lohnt es sich, dieses Dokument kurz vorzustellen. Zunächst kann

---

5 Siehe PASIERB – JANOCHA, Polonica artystyczne, 146.

6 Siehe z.B. Wilhelm Ludwig SCHREIBER, Holzschnitte mit Darstellungen der Heiligen Dreifaltigkeit, Gottvaters, Jesu Christi und der Jungfrau und Gottesmutter Maria, Leipzig 1926, 106; Peter BIRKNER, Beiträge zur Ikonographie des hl. Hyazinth, in: Archiv für schlesische Kirchengeschichte, Bd. 16 (1958), 126.

anhand der im Ablassdokument enthaltenen Informationen der Zeitpunkt der Entstehung bestimmt werden. Das erfahren wir von den Ablasskommissaren Eberhard Szelle (lat. Everhardus Szelle) und Christian Bomhower (lat. Christianus Bomhower), die sich im Brief vorstellen als: *[...] Sanctissimi in Christo patris et domini nostri domini Julii divina providentia pape secundi Accoliti, Capellani [...] Nuncii et Commissarii* (originale Schreibweise). Da Papst Julius II. die Kirche von 1. November 1503 bis 21. Februar 1513 führte, muss das Dokument zu diesem Zeitpunkt verfasst worden sein, höchstwahrscheinlich in der ersten Regierungsperiode von Julius II., da im Ablassbrief von der Ablass-Erneuerung durch den Vorgänger, Papst Alexander VI., anlässlich des Kreuzzugs gegen die Ruthenen die Rede ist. Diese Ablässe waren für den Zeitraum von drei Jahren 1503–1506 vorgesehen, daher sollte man die Entstehung des Babmerger Ablassbriefes in diese Periode einordnen. Die zweite wichtige Information: An wen wurde dieses Dokument gerichtet? Oder anders: Wer könnte den angekündigten Ablass erhalten haben? Auch darüber lesen wir in unserem Dokument: *[...] Cunctis utriusque sexus chrifidelibus qui pro necessario Livonie predicte subsidio in orthodoxe nostre fidei defensione contra Ruthenos hereticos et scismaticos ac Tartaros infideles eis adherentes eiusdem fidei crudelissimos inimicos* (originale Schreibweise). Er war also für alle gedacht, die die Verteidigung des wahren Glaubens auf dem Gebiet von Livland (lat. Livonia) unterstützten, der durch ketzerische und schismatische Ruthenen (lat. Rutheni) sowie untreue Tataren bedroht war. Da bekanntlich die Ablasskommissare auf den vom Papst ausgewiesenen Gebieten tätig waren, waren diese Ablässe im engeren Sinne für die Gläubigen (und dies wird auch im Dokument erwähnt) in den folgenden kirchlichen Provinzen bestimmt: Magdeburg, Bremen, Riga sowie für die Einwohner Pommerns, Livlands und der Hansestädte. Die Gläubigen aus diesen Gebieten wurden aufgerufen, sich dem Kreuzzug des Deutschen Ordens persönlich anzuschließen oder ihn auf andere Weise zu unterstützen, wodurch ihnen ein Ablass gewährt werden würde. Im Übrigen ist anzumerken, dass die 1503–1506 durchgeführte Ablasskampagne mit einem finanziellen Erfolg endete. Papst Julius II., der ein Drittel des gesammelten Geldes zur Finanzierung des Krieges gegen die Türken erhielt, beschloss nun, ihn um weitere drei Jahre zu verlängern (1507–1510).

Zurück zu unserem Ablassbrief: Die Historiker merken an, dass die Erfindung des Drucks sehr schnell als Instrument zur Verbreitung der Kreuzzüge eingesetzt wurde, weshalb die relevanten päpstlichen Bullen und von päpstlichen Legaten veröffentlichten Ablassbriefe am Ende des 15. Jahrhunderts quantitative Rekorde brachen. Der berühmte Gesamtkatalog der Wiegendrucke zeichnet bis zu 328 verschiedene Ausgaben auf, was fast der Hälfte des dort gesammelten Materials entspricht. Die Popularität von Ablassbriefen änderte sich auch zu Beginn des 16. Jahrhunderts nicht. Was das äußere Erscheinungsbild dieser Briefe betrifft, so handelte es sich in der Regel um einseitige Drucke, meist im Format von etwa 10×20 cm, obwohl es auch kleinere und größere gegeben hat.[7] Im Vergleich dazu zeichnet sich der Ablassbrief aus Bamberg nicht nur durch seine Größe aus, sondern auch durch die Illustration auf der Rückseite, mit der wir uns nun befassen wollen.

2. *Holzschnitt mit einem Rosenkranzbild*

Diese Abbildung (Abb. 2) beschreibt Wilhelm Ludwig Schreiber in seiner Arbeit von 1926. Er gibt ihr dort den Titel *Die Jungfrau als Mantelbeschützerin im Rosenkranz*.[8] Der Autor schreibt unter anderem:

„Innerhalb eines Rosenkranzes mit den fünf Wundmalen Christi steht in der Mitte etwas nach links blickend die Jungfrau und deckt mit ihrem Mantel eine links und rechts kniende Menge, die aber ausschließlich aus Mitgliedern des Dominikanerordens besteht. Ihr Mantel wird von vier Engeln ausgebreitet und vor demselben kniet links der hl. Dominikus neben dem Hunde, der eine Fackel im Maul hält. Über Maria schwebt die hl. Dreifaltigkeit, und zwar links Gottvater, der ihr eine Krone auf das Haupt setzt, in der Mitte ist die hl. Taube mit ausgebreiteten Flügeln, rechts Christus mit einem Zepter in der Rechten. In den vier Ecken außerhalb des Kranzes ist je die Halbfigur eines dem Orden angehörenden Heiligen, und zwar oben links St. Petrus Martyr mit gespaltenem Schädel und einem Schwert in der Hand, rechts der Stifter einer Kirche mit dem Modell in der Rechten und einem Buch in der Linken, unten links ist der hl. Hyacinth mit einer Statuette der hl. Jungfrau und rechts die hl. Katharina von Siena mit einem Herz, auf dem sich ein Kruzifix befindet. 172x173. – Unten ist ein 17zeiliger Typentext [...].“[9]

Der Autor beschreibt auch das Blatt selbst: „Braun, dunkelkarmesin, mennige, gelb, spangrün, grauschwarz“ und gibt den Ort an, an dem es gedruckt wurde: „Dieses Blatt scheint um 1500 von Martin Landsberg in Leipzig gedruckt worden zu sein.“[10] Basierend auf den Informationen Schreibers stellen wir fest, dass er den Namen des Heiligen oben rechts auf der Abbildung nicht klar formuliert, sondern ihn allgemein definiert: „der Stifter einer Kirche mit

---

7 Siehe Piotr TAFIŁOWSKI, Turcica w Gesamtkatalog der Wiegendrucke, in: Kultura i Historia [Kultur und Geschichte], Lublin 2012 (http://www.kulturaihistoria. umcs.lublin.pl/archives/4296; Zugriff: 02.04.2021).

8 Siehe SCHREIBER, Holzschnitte mit Darstellungen der Heiligen Dreifaltigkeit, 106.

9 Ebd. Im Anhang findet sich unsere Transkription des Textes.

10 Ebd.

dem Modell", und dass er den Heiligen unten links eindeutig als den hl. Hyazinth mit einer Statuette der hl. Jungfrau bezeichnet. Es kann angenommen werden, dass Schreiber seine Meinung auf einige frühere Studien stützt, die ebenfalls in diesem Heiligen unten links den hl. Hyazinth gesehen haben. Diese Ansicht wurde in den nachfolgenden Jahren nicht in Frage gestellt, auch nicht von Joseph Gottschalk 1948 in seiner Arbeit über den hl. Hyazinth.[11]

Zehn Jahre später (1958) wurden alle früheren Ergebnisse von Peter Birkner hinterfragt, der in seinem Artikel *Beiträge zur Ikonographie des hl. Hyazinth* unter anderem schrieb:

„Die vier Ecken füllen Dominikanerheilige aus, darunter Petrus Martyr und Katharina von Siena. Das dritte Bildnis ist noch nicht bestimmt worden, das vierte wird als St. Hyazinth gedeutet. Er trägt in der Linken ein Buch, in der Rechten eine kleine von einem Reif umspannte Figur. Letztere hat man als Marienbildnis angesehen. Es handelt sich jedoch höchstwahrscheinlich um den in seiner Herrlichkeit zum Gericht wiederkehrenden Christus. Denn Hartmann Schedel zeigt in seiner 1493 gedruckten *Weltchronik* den Holzschnitt eines hl. Ordensmannes, der auf den richtenden Christus hinweist; dieses sehr kleine Bildnis in der Mandorla gleicht dem im Ablaßbrief geschnittenen derartig stark, daß man eine Entlehnung annehmen darf. Nun ist der Heilige in der Weltchronik durch die Unterschrift als Vinzenz Ferrer gekennzeichnet, der in seinen Bußpredigten oft auf das Weltgericht hingewiesen hat. Deshalb wird man den Bamberger Holzschnitt aus dem Anfang des 16. Jahrhunderts kaum für eine Hyazinth-Darstellung in Anspruch nehmen dürfen."[12]

Bevor wir zur Figur des hl. Hyazinth übergehen, soll darauf hingewiesen werden, dass Peter Birkner sich auch nicht festlegt, die Figur eines Heiligen oben rechts zu definieren („das dritte Bildnis ist noch nicht bestimmt worden"), was seltsam erscheint, da die Attribute, die diesen Heiligen begleiten (Buch und Kirchengebäude), gemeinhin mit dem hl. Thomas von Aquin assoziiert werden, dessen Lehre versuchte, Glaube (Kirchenbau) und Vernunft auf der Grundlage der Philosophie des Aristoteles (Buch) in Einklang zu bringen. So wird die Figur des hl. Thomas aus dem berühmten *Polyptychon* von Carlo Crivelli aus dem Jahr 1476 (einst der Altar von San Domenico in Ascoli Piceno in der italienischen Region Marken, heute in der Nationalgalerie in London) interpretiert.

Wenn es jedoch um die Figur des hl. Hyazinth geht, zieht Peter Birkner sie aus zwei Gründen in Zweifel: einem chronologischen und einem ikonografischen. Im Hinblick auf den ersten Aspekt bemerkt Birkner im selben Artikel:

---

11 Siehe Joseph GOTTSCHALK, Die Missionierung des Ostens und der Schlesier St. Hyazinth (= Schlesische Reihe, Heft 4), Aschaffenburg 1948, 28.

12 BIRKNER, Beiträge zur Ikonographie des hl. Hyazinth, 127.

„Am Ausgang des Mittelalters unternahmen die Polen vieles, um Hyazinth bekannter zu machen. Im Jahre 1517 erschien ein Buch von Leander Alberti zu Bologna im Druck, das einzelne Hyazinthwunder [...] nannte und den Auftakt zum Kanonisationsprozeß gab. Da dieser günstig verlief, gestattete Papst Clemens VII. (1523–34) den Dominikanern in Polen im Jahre 1527, Hyazinth im Brevier und Missale zu kommemorieren sowie Bilder von ihm zu malen und sie in ihren Kirchen aufzustellen. Diese Erlaubnis dehnte der Papst 1530 auch auf andere Kirchen Polens aus... Aus diesen Erkenntnissen ergibt sich für die Ikonographie folgendes: Vor 1517 sind kaum Hyazinth-Darstellungen zu erwarten.“[13]

Wenn es um den ikonografischen Aspekt geht, glaubt Birkner, dass die Figur in der linken Hand des Heiligen nicht Maria zeigt, sondern eine Darstellung Jesu am Tag des Jüngsten Gerichts, die aus Hartmann Schedels Werk entlehnt wurde. Es ist ein häufiges Motiv der Bußpredigten des hl. Vincent Ferrer, daher sollte er und nicht der hl. Hyazinth mit der Heiligengestalt auf der Abbildung identifiziert werden. Die Argumentation Birkners wurde, wie wir herausfinden konnten, in den nachfolgenden Jahren übernommen. Wir lesen zum Beispiel in dem kürzlich veröffentlichten Buch *Geschichte der Diözese Rottenburg-Stuttgart* von A. Holzem und W. Zimmermann über die Figur auf dem Holzschnitt: „Um den Rosenkranz versammelt der Druck prominente Heilige aus dem Dominikanerorden: Petrus Martyr (links oben), Thomas von Aquin (rechts oben), Vinzenz Ferrer (links unten) und Katharina von Siena (rechts unten).“[14] Wie wir sehen, haben die Autoren dieser Studie keine Schwierigkeiten, die Gestalt oben rechts (hl. Thomas von Aquin) zu identifizieren. Sie ersetzen auch die Gestalt des hl. Hyazinth durch die des hl. Vinzenz Ferrer. Infolgedessen möchten wir nun auf beide Vorbehalte Peter Birkners eingehen.

3. Sind vor 1517 kaum Hyazinth-Darstellungen zu erwarten?

Um kritisch zu der polemisierenden Meinung Peter Birkners Stellung zu beziehen, möchten wir hier ein bedeutendes Beispiel für die Ikonographie des hl. Hyazinth vor 1517 anführen. Es handelt sich um das Gemälde *Die Vision des hl. Hyazinth* in der Pfarrkirche in Odrowąż (Polen), das Werk eines anonymen Malers an der Wende vom 15. zum 16. Jahrhundert, der als Meister der

---

13 Ebd., 113-114.

14 Andereas HOLZEM / Wolfgang ZIMMERMANN, Geschichte der Diözese Rottenburg-Stuttgart. Band 1: Christentum im Südwesten bis 1800. Das 19. Jahrhundert, Ostfildern 2019, 56.

Verkündigung aus Jodłownik bezeichnet wurde.[15] Dieses Bild ist äußerst wichtig, weil es nach der Heiligsprechung des hl. Hyazinth 1594 verwendet wurde, um die Ikonographie des ersten polnischen Dominikaners maßgeblich zu prägen.[16] Wir erinnern daran, dass dieses Gemälde die Szene darstellt, in der die Gottesmutter dem hl. Hyazinth erscheint, wie sie in seiner ältesten *Vita* des Lektors Stanisław OP um 1350 beschrieben wurde. Fast 250 Jahre vor der Heiligsprechung betrachtet ihn die *Vita* bereits als Heiligen.[17] Erwähnenswert ist auch, dass die Kulisse für die *Vision des hl. Hyazinth* drei Kirchen bilden: jene aus Friesach, Krakau und Kiew – Städte, in denen er wirkte. Hinzu kommt, dass sowohl hinsichtlich der Zeit der Entstehung der Bilder, ein Vierteljahrhundert vor der offiziellen päpstlichen Approbation der Bildnisse von Hyazinth und seiner allgemeinen Verehrung (1527), als auch in Bezug auf den Ort seiner ursprünglichen Ruhestätte (die Dominikanerkirche in Krakau) keine Zweifel unter den Wissenschaftler herrschen.[18] Wenn wir nur dieses eine Bild erwähnen (und in wissenschaftlichen Studien gibt es andere),[19] erkennen wir, dass auch andere ikonographische Beispiele des hl. Hyazinth vor 1517 nicht völlig ausgeschlossen werden können.

4. Zeigt der Heilige auf den am Tag des Jüngsten Gerichts kommenden Christus?

Peter Birkner meinte, dass auf der Abbildung nicht der hl. Hyazinth mit einer Gottesmutter-Statue wiedergegeben wird, sondern der hl. Vinzenz Ferrer, der auf den am Tag des Jüngsten Gerichts kommenden Jesus hinweist (siehe oben). In der Tat ist allgemein bekannt, dass im Anschluss an die Predigertätigkeit

---

15 Siehe Marek WALCZAK, Obraz „Wizja św. Jacka" w Odrowążu jako „vera effigies" pierwszego polskiego Dominikanina [Das Bild „Die Vision des hl. Hyazinth" in Odrowąż als „vera effigies" des ersten polnischen Dominikaners], in: Sztuka w kręgu krakowskich dominikanów [Kunst im Kreis der Krakauer Dominikaner], red. v. Anna MARKIEWICZ – Marcin SZYMA – Marek WALCZAK (= Studia i źródła Dominikańskiego Instytutu Historycznego [Studien und Quellen des Dominikanischen Historischen Instituts], 13), Kraków 2013, 566-567.

16 Siehe ebd., 567.

17 Siehe De vita et miraculis sancti Iacchonis (Hyacinthi) Ordinis Fratrum Praedicatorum auctore Stanislao lectore Cracoviensi eiusdem ordinis, hrsg. L. ĆWIKLIŃSKI, in: Monumenta Poloniae Historica, Bd. 4, Lwów [Lemberg] 1884, 818-903.

18 Siehe WALCZAK, Obraz „Wizja św. Jacka", 566-567.

19 Siehe z.B. Jan SOSSALLA, Pamiątki kultu św. Jacka w niektórych krajach Europy Wschodniej [Andenken der Verehrung des Heiligen Hyazinth in einigen osteuropäischen Ländern], in: Wiadomości Urzędowe Kurii Biskupiej Śląska Opolskiego [Amtliche Mitteilungen der Bischofskurie der Diözese Oppeln], Jg. 30 (1975), Nr. 1–2, 63–64.

des hl. Vinzenz, der das bevorstehende zweite Kommen Jesu verkündete, dieser in der Ikonographie oft als „Engel der Apokalypse“ mit einer Posaune und einer Flamme auf der Stirn dargestellt wird. Ein anderes ikonografisches Modell desselben Heiligen zeigt ihn in einem dominikanischen Gewand mit einem nach oben hin, in die Richtung des kommenden Jesus gerichteten Zeigefinger. So wurde er sowohl im Fresko von Fra Bartolommeo im Kloster San Marco in Florenz (Abb. 3) als auch in der von Birkner erwähnten *Weltchronik* (Abb. 4) präsentiert. Das Problem besteht jedoch darin, dass in den meisten Darstellungen, die dieses ikonografische Modell auswählen, der Finger des hl. Vinzenz Ferrer deutlich nach oben gerichtet ist und es immer einen gewissen Abstand zwischen dem Finger des Heiligen und dem vom Himmel herabkommenden Jesus gibt. Dennoch zeigt die Gestalt der Bamberger Zeichnung auf niemanden. Sie hält vielmehr eine Figur in der Hand oder verehrt in der Orantenhaltung die Figur, die ihr erscheint. Jesus (?) oder Maria (?) „kommt“ nicht von oben herunter auf einer Wolke wie beim hl. Ferrer, vielmehr befindet sich die erwartete Gestalt unterhalb des Blickes des Heiligen (Abb. 5). Die Darstellung weicht so deutlich vom ikonografischen Modell des hl. Vinzenz Ferrer ab, dass es nicht verwunderlich ist, dass Hartmann Schedel und andere in ihm die Figur des hl. Hyazinth in dem Moment gesehen haben, in dem ihm die Gottesmutter erschienen ist (dann wäre seine Hand die Hand des Oranten), oder sie sahen ihn mit der Gottesmutter-Statue in der Hand als Bezug auf das berühmte Wunder des Heraustragens der Statue der Gottesmutter aus dem brennenden Kiew (zum Zeitpunkt des Entstehens des Ablassbriefes muss dieses Wunder bekannt gewesen sein, nachdem in den Jahren 1523–1524 Dokumente erschienen sind, die für die Zwecke des Heiligsprechungsprozesses vorbereitet wurden).[20]

Die beiden von Peter Birkner genannten Kriterien, die seiner Meinung nach die Figur des hl. Hyazinth auf der Bamberger Zeichnung ausschließen, sind nicht überzeugend genug, um festzustellen, dass Wilhelm Ludwig Schreiber in seiner Arbeit von 1926 mit Sicherheit falsch gelegen wäre. Wenn wir außerdem andere Argumente berücksichtigen – beispielsweise dass der Ablassbrief die Verteidigung des katholischen Glaubens in Livland betrifft und sich daher auf ein Gebiet bezieht, das stark mit der Missionstätigkeit des hl. Hyazinth verbunden war –, so müssen wir zugeben, dass dieser Heilige als Patron dieses Werkes mehr als jeder andere geeignet war. Darüber hinaus gilt es zu erwähnen, dass Gottesmutter im Hinblick auf die im Bild verewigten Heiligen nur dem hl. Hyazinth persönlich versicherte, dass „was auch immer er Ihren Sohn

20 Siehe Jan SOSSALLA, Zobrazowanie św. Jacka we Włoszech jako wyraz jego kultu w Italii [Darstellung des hl. Hyazinth in Italien als Ausdruck seiner Verehrung in Italien], in: Wiadomości Urzędowe Kurii Biskupiej Śląska Opolskiego [Amtliche Mitteilungen der Bischofskurie der Diözese Oppeln], Jg. 30 (1975) Nr. 9, 284.)

durch Ihre Fürsprachen bitten würde, [...] er es sicherlich erhalten" würde (*quidquid ab eo per me petieris impetraris*). Eine solche Garantie war für diejenigen, die sich um den Ablass bemühten, gewiss nicht ohne Bedeutung.[21]

Was weitere Aspekte betrifft, die zur Wiedergabe des hl. Hyazinth auf dem Holzschnitt geführt haben, kann noch seine große Popularität in Deutschland erwähnt werden. Dies lag daran, dass Ende des 15. Jahrhunderts an seinem Grab mindestens zwei Wunder im Zusammenhang mit Personen dieser Nation geschehen sind (eines davon wurde von Bruder Michael Salpüsch beschrieben, der damals als Prediger für Deutsche im Krakauer Dominikanerkloster zuständig war).[22] Über das Grab des hl. Hyazinth in Krakau und seine außergewöhnlichen Wunder schrieb auch Hartmann Schedel im bereits erwähnten „Bestseller" von 1493, in der berühmten *Weltchronik*. All dies trug dazu bei, dass der Ruhm des hl. Hyazinth und des Krakauer Dominikanerklosters in Deutschland derart groß war, dass einige deutsche Kandidaten für das Ordensleben, ihre Verantwortlichen baten, die Ordensausbildung im Krakauer Konvent am Grab des hl. Hyazinth absolvieren zu dürfen.

Nicht ohne Bedeutung ist auch der Ort, an dem der Holzschnitt entstanden ist – Leipzig, eine Stadt, die stark von den Dominikanern geprägt wurde. Einige von ihnen kamen aus Schlesien, der Heimat des hl. Hyazinth. Seine Person war daher in Leipzig sicher bekannt. Interessanterweise gibt es in der Stadt Grimma (in der Nähe von Leipzig) in der Friedhofskirche Zum Heiligen Kreuz, auf dem prächtigen Nikolausaltar von 1519 (sic!) eine Figur, die als hl. Hyazinth gilt (Abb. 6).[23]

* * *

Abschließend möchten wir unsere Überlegungen und Schlussfolgerungen zusammenfassen. Die Frage des Ablassbriefes aus Bamberg wurde bisher noch nicht gesondert bearbeitet, obwohl sie sich seit Jahren in der ikonographischen

---

[21] Siehe Maciej ZDANEK (red.), Lektor Stanisław z Krakowa, Życie i cuda świętego Jacka z zakonu Braci Kaznodziejów [Das Leben und die Wunder des Heiligen Hyazinth vom Orden der Predigerbrüder], Nr. 5, Übers. Tomasz GAŁUSZKA, in: Święty Jacek Odrowąż. Studia i źródła. Skarby dominikańskie [Heiliger Hyazinth Odrowąż. Studien und Studien und Quellen. Dominikanische Schätze] (= Studia Dominikańskiego Instytutu Historycznego w Krakowie, 2), Kraków 2007, 109.

[22] Siehe Anna ZAJCHOWSKA, Kontynuacja cudów świętego Jacka z lat 1488–1500 [Fortsetzung der Wunder des Heiligen Hyazinth aus den Jahren 1488–1500], in: div. Verf., Święty Jacek Odrowąż. Studia i źródła. Skarby dominikańskie [Heiliger Hyazinth Odrowąż. Studien und Quellen. Dominikanische Schätze], 159-161.

[23] Siehe auch https://de.wikipedia.org/wiki/Friedhofskirche_Zum_Heiligen_Kreuz_(Grimma) (Zugriff: 11.05.2021).

Diskussion des hl. Hyazinth findet. Eine oberflächliche und gelegentliche Behandlung dieser Fragestellung hat zur Folge, dass hier und da fehlerhafte Angaben im Zusammenhang mit diesem Dokument gemacht werden.[24] Es freut uns daher, dass es dank der freundlichen Genehmigung der Staatsbibliothek Bamberg und der Hilfe einiger Personen[25] gelungen ist, dieses Dokument erstmals ausführlicher zu präsentieren – einschließlich der wissenschaftlichen Diskussion darum und unserer Stellungnahme. Aufgrund der vorliegenden Untersuchung wagen wir festzustellen, dass die chronologischen und ikonographischen Gründe einiger Wissenschaftler, die Figur des hl. Hyazinth auf dem Dokument aus Bamberg zu hinterfragen, unserer Meinung nach nicht ausreichend überzeugend sind, um dieses Thema als abgeschlossen zu betrachten. Es ist nicht unsere Absicht, mit unserem Artikel endgültige Ergebnisse vorzulegen. Wir wollen lediglich zu weiterer Forschungsarbeit über den Bamberger Holzschnitt ermutigen. Unabhängig davon, wie das endgültige Urteil in dieser Frage ausfällt (falls es jemals dazu kommen sollte), wird dieser Holzschnitt immer ein Fragment der ikonographischen Geschichte des hl. Hyazinth sein.

---

24 In einer der Studien kann man etwa lesen, dass dieses Dokument aus dem Anfang des 15. Jahrhunderts stammt, in einer anderen wiederum, dass es in einer Galerie in Bamberg aufbewahrt wird. Leider wurden solche Fehler durch das Zitieren dieser Literatur weiter verbreitet, unter anderem auch durch den Verfasser dieser Abhandlung, wofür dieser sich bei den Lesern entschuldigt.

25 Der Verfasser bedankt sich bei Frau Mag. Joanna Łukaszuk-Ritter und Herrn Dr. Michael Ritter aus Wien sowie Herrn Pfarrer Dr. Jarosław Woch aus Aidhausen (Deutschland) für die sehr wertvolle Hilfe bei der Vorbereitung des Artikels.

Abbildungen

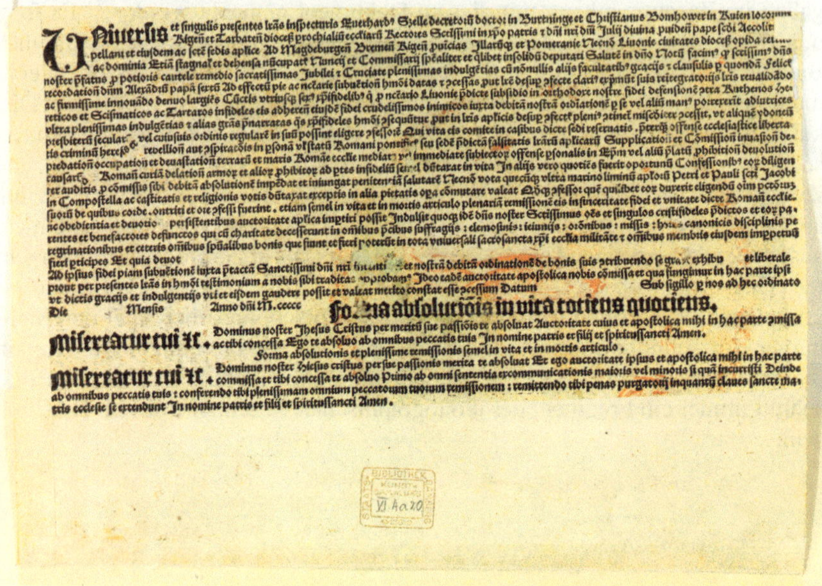

Abb. 1: Ablassbrief

Es ist czu merckenn Szo styffter / vnd anheber prediger ordens der heylige vater Sant Dominicus / seine orden / vnd alle seine brudere / marie der hymelkoͦnigyn / der mutter gottes bevolhen / das Christus Jhes[?] In entczuckt im geyst / fraget / ob er / seinem orden vñ brudern sehen woldet / des er auß grūth seynes hertzen vnd weinlich begerth / Szo er auß allen / ane seinem orden / brudere sage / das [?] herre Jhesus / dē mātel marie seiner allerliebsten mutter eroͦffnet wunderliche gezczyret vnd alßo weyt vñ groß / das er auch das gancze hymelysche here vmbfinge / vnd sprach czu ym / sich deinen orden vnd brudere / welche ich meyner allerliebsten mutter bevolhen habe die ewer aller beschuczerin vnd mutter sall [sic!] seyn / do aber / der heylige vatter Dominicus / von got belonunge solt entphangen an seinem leczte ende / wie dan maria selberst erkundet hat die heilige brigittam / als wir dan im dritten buch am sibenczeenden capitell yrer offenbarunge leßen (Sagte er czu maria der mutter alle barmherczigkeyt O maria ich bevelhe dir meine glythmassen / meine brudere / vntherweysse sy als deyne szoͦne / vnd beschucze sy als ire mutter / Do antworth maria O dominice / mein gelibter / dorvmb das du mich hocher gelibet / hast wan dich selberst / Szo wil ich vnther meinen breyten mantell / vorfechten vnd regiren / deine szoͦne Vnd alle dy vnther deiner regell bestendich bleyben / werden seylich / Mein breytter mantel ist mein barmherczigkeyt / die ich keynem menschen der sy[…]eyliglich begert wil vorsagen / Szonder alle dy do suchē hulffe / vnter der schoͦsse meiner barmherczigkey … y werden von mir barmherczíglich beschůtzet / Derhalben sollen wir alle / mit andechtigen herczen vñ demutigen geberthe czu yr schreyhen vnd sprechen

Vnther deine beschuczunge / flyhen wir / O heylige gotteßgebereryn vnnßer bytten in noͦtenn / nicht vorschmehe / ßonder von allen ferligkeitē / erloͦße vns alle czeyt o gebenedeyte Junckfrawe.

Abb. 2a: Umschrift zu Abb. 2 (nächste Seite)

Es iſt zu merckenn Szo ſtyffter/vnd anheber prediger ordens der heylige vater Sant Dominicus/ſeinē
orden/vnd alle ſeine brudere/marie der hymel köngyn/der mutter gottes beuolhen/das Chriſtus Iheſ-
us entzuckt im geyſt/fraget/ob er/ſeinem orden vñ brudern ſehen woldet/des er auß grūth ſeynes hertz
en vnd weinlich begerth/Szo er auß allen/ane ſeinem orden/brudere ſage/das ð herre Iheſus/dē mātel
marie ſeiner allerliebſten mutter eröffnet wunderliche geztzyret vnd alßo weyt vñ groß/das er auch das
gantze hymelyſche here vmbfinge/vnd ſprach zu ym/ſich deinen orden vnd brudere/welche ich meyner
allerliebſten mutter beuolhen habe die ewer aller beſchutzerin vnd mutter ſall ſeyn/do aber/der heylige
vatter Dominicus/von got belonunge ſolt entphangen an ſeinem letzte ende/wie dan maria ſelberſt erkundet hat die heilige brigittam/als wir dan im dritten buch am ſibentzeenden capitell yrer offenbarunge
leßen(Sagte er zu maria der mutter aller barmhertzigkeyt O maria ich beuelhe dir meine glythmaſſen/
meine brudere/vntherweyſſe ſy als deyne ßöne/vnd beſchutze ſy als ire mutter/Do antworth maria O
dominice/mein gelibter/dor vmb das du mich hocher gelibet/haſt wan dich ſelberſt/Szo wil ich vnther
meinen breyten mantell/vorfechten vnd regiren/deine ßöne Vnd alle dy vnther deiner regell beſtendich
bleyben/werden ſeylich/Mein breytter mantel iſt mein barmhertzigkeyt/die ich keynem menſchen der ſy-
[illegible]eyliglich begert wil vorſagen/Szonder alle dy do ſuchē hulffe/vnter der ſchöſſe meiner barmhertzigkey-
[illegible]y werden von mir barmhertziglich beſchützet/Der halben ſollen wir alle/mit andechtigen hertzen vñ de-
[illegible]mutigen geberthe zu yr ſchreyhen vnd ſprechen

Vnther deine beſchutzunge/flyhen wir/O heylige gotteß geberetyn vnnßer bytten in nötenn/nicht vor-
ſchmehe/ßonder von allen ferligkeytē/erlößе vns alle zeyt o gebenedeyte Junckfrawe.

Abb. 2: Ablassbrief

Abb. 3: Fra Bartolommeo, Hl. Vinzenz Ferrer

Abb. 4: Hl. Vinzenz Ferrer

Abb. 5: Ablassbrief, Rückseite

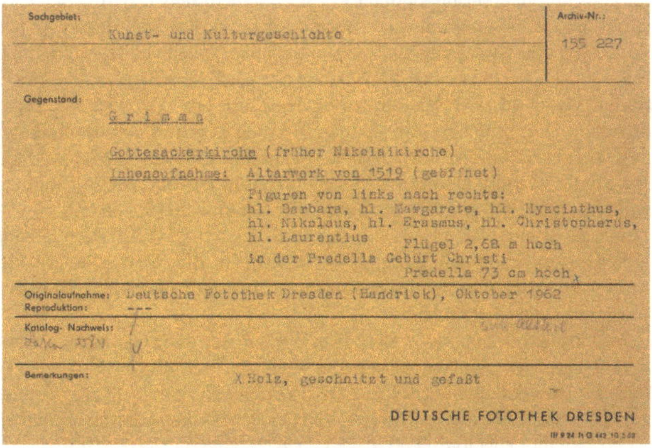

Sachgebiet: Kunst- und Kulturgeschichte

Archiv-Nr.: 155 227

Gegenstand:

Grimma

Gottesackerkirche (früher Nikolaikirche)

Innenaufnahme: Altarwerk von 1519 (geöffnet)

Figuren von links nach rechts:
hl. Barbara, hl. Margarete, hl. Hyacinthus,
hl. Nikolaus, hl. Erasmus, hl. Christopherus,
hl. Laurentius Flügel 2,68 m hoch
in der Predella Geburt Christi
Predella 73 cm hoch x

Originalaufnahme: Deutsche Fotothek Dresden (Handrick), Oktober 1962

Reproduktion: ---

Katalog- Nachweis:

Bemerkungen: x Holz, geschnitzt und gefaßt

DEUTSCHE FOTOTHEK DRESDEN

Abb. 6: Karteikarte

Literatur

Birkner, Peter: Beiträge zur Ikonographie des hl. Hyazinth, in: Archiv für schlesische Kirchengeschichte, Bd. 16 (1958), 111-136.

Ćwikliński, Ludwik (Hg.): De vita et miraculis sancti Iacchonis (Hyacinthi) Ordinis Fratrum Praedicatorum auctore Stanislao lectore Cracoviensi eiusdem ordinis, in: Monumenta Poloniae Historica, Bd. 4, Lwów [Lemberg] 1884, 818-903.

Gottschalk, Joseph: Die Missionierung des Ostens und der Schlesier St. Hyazinth (= Schlesische Reihe, Heft 4), Aschaffenburg 1948.

Holzem, Andreas / Zimmermann, Wolfgang: Geschichte der Diözese Rottenburg-Stuttgart. Band 1: Christentum im Südwesten bis 1800. Das 19. Jahrhundert, Ostfildern 2019, 56.

Holzer, Martina: Ein Kloster mit sehr langer Geschichte, in: Osttiroler Bote, 18.10.2018, 36.

Mayr, R.: 800 Jahre Dominikanerinnen, in: Tiroler Tageszeitung, 16.05.2018, 37.

Pasierb, Janusz Stanisław / Janocha, Michał: Polonica artystyczne w zbiorach watykańskich [Kunst-Polonica in den vatikanischen Sammlungen], Warszawa 1999.

Pizzinini, Meinrad: Die Kirche zu St. Johannes dem Täufer in Lienz. Ein kurzer historischer Abriss, in: R. Büchner, Bauen zum Lobe Gottes und zum Heil der Seele. Der Neubau der St. Johanneskirche zu Lienz im 15. Jahr hundert (mit einer Edition des Rechnungsbuches 1467–1491), Krems 2006, 154-166.

Schreiber, Wilhelm Ludwig: Holzschnitte mit Darstellungen der Heiligen Dreifaltigkeit, Gottvaters, Jesu Christi und der Jungfrau und Gottesmutter Maria, Leipzig 1926.

Sossalla, Jan: Pamiątki kultu św. Jacka w niektórych krajach Europy Wschodniej [Andenken der Verehrung des Heiligen Hyazinth in einigen osteuropäischen Ländern], in: Wiadomości Urzędowe Kurii Biskupiej Śląska Opolskiego [Amtliche Mitteilungen der Bischofskurie der Diözese Oppeln], Jg. 30 (1975), Nr. 1-2, 62-64.

Sossalla, Jan: Zobrazowanie św. Jacka we Włoszech jako wyraz jego kultu w Italii [Darstellung des hl. Hyazinth in Italien als Ausdruck seiner Verehrung in Italien], in: Wiadomości Urzędowe Kurii Biskupiej Śląska Opolskiego [Amtliche Mitteilungen der Bischofskurie der Diözese Oppeln], Jb. 30: (1975) Nr. 9, 284-287.

Stangl, Karin: 800 Jahre Dominikanerinnen in Lienz, 23.05.2018, in: www.osttirol-online.at/aktuelles/radio-osttirol-aktuelle-beitraege/800-jahre-dominikanerinnen-in-lienz.html (Zugriff: 24.05.2021).

Tafiłowski, Piotr: Turcica w Gesamtkatalog der Wiegendrucke, in: Kultura i Historia [Kultur und Geschichte], Lublin 2012 (http://www.kulturaihistoria. umcs.lublin.pl/archives/4296; Zugriff: 02.04.2021).

Walczak, Marek: Obraz „Wizja św. Jacka" w Odrowążu jako „vera effigies" pierwszego polskiego Dominikanina [Das Bild „Die Vision des hl. Hyazinth" in Odrowąż als „vera effigies" des ersten polnischen Dominikaners], in: Sztuka w kręgu krakowskich dominikanów [Kunst im Kreis der Krakauer Dominikaner], red. v. Anna Markiewicz – Marcin Szyma – Marek Walczak (= Studia i źródła Dominikańskiego Instytutu Historycznego [Studien und Quellen des Dominikanischen Historischen Instituts], 13), Kraków 2013, 565-591.

Zajchowska, Anna: Kontynuacja cudów świętego Jacka z lat 1488–1500 [Fortsetzung der Wunder des Heiligen Hyazinth aus den Jahren 1488–1500], in: div. Verf., Święty Jacek Odrowąż. Studia i źródła. Skarby dominikańskie [Heiliger Hyazinth Odrowąż. Studien und Quellen. Dominikanische Schätze], 157-162.

Zdanek, Maciej (red.): Lektor Stanisław z Krakowa, Życie i cuda świętego Jacka z zakonu Braci Kaznodziejów, nr 5 [Das Leben und die Wunder des Heiligen Hyazinth vom Orden der Predigerbrüder, Nr. 5], Übers. T. Gałuszka, in: Święty Jacek Odrowąż. Studia i źródła. Skarby dominikańskie [Heiliger Hyazinth Odrowąż. Studien und Studien und Quellen. Dominikanische Schätze] (= Studia Dominikańskiego Instytutu Historycznego w Krakowie, 2), Kraków 2007, 101-155.

Dieser Text wurde aus dem Polnischen übersetzt von Joanna Łukaszuk-Ritter.

Vatroslav Župančić

Deutsche Protestanten aus Kroatien. Geschichte einer Ausgrenzung und Verfolgung

Abstract: German Protestants from Croatia. A history of exclusion and persecution
The Protestant Germans in Croatian were always a "minority in a minority." Of the 2% of the Yugoslavian population that was German before the end of the Second World War, only about 20% of them were Protestants.
Despite a difficult phase after the First World War, in which the German minority in the Kingdom of Yugoslavia experienced systematic discrimination, the Protestants were actually able to set up an intact territorial church. Despite its Name "The German Evangelical-Lutheran Church of the Augsburg Confession in the Kingdom of Yugoslavia," the church drew nationalities well beyond this definition, including Hungarians/Magyars and Slovenians. Bishop Philipp Popp, the pastor in Zagreb, was the church's first and last bishop.
The outbreak of the Second World War and the dissolution of Yugoslavia brought about the end of the German minority and its Protestant territorial church in these regions. While the bishop and most of the Protestant clergy had practiced a rather distanced attitude toward the fascist government of Ustaša and the representatives of the German Reich, they nevertheless had to flee from the collective revenge of Tito's government. Having remained in Zagreb, Bishop Popp's death sentence was cast in the language of martyrdom in the post-war Protestant Donau-Swabian literature. An aide committee for the German Protestant territorial church from Yugoslavia helped to maintain and cultivate the memories of this church for its former members in Germany, and also provided pastoral care.

Einleitung / Vorgeschichte

Die ersten Deutschen, die sich Anfang des 18. Jahrhunderts in der pannonischen Niederdonau-Region ansiedelten, waren, entsprechend der Habsburger

Religionspolitik, überwiegend katholischer Konfession.[1] Einige Gruppen von evangelischen Ansiedlern aus deutschen Ländern (z. B. Hessen) konnten sich wegen des praktisch-politischen Kalküls des Wiener Hofs als Grenzbauern in Südungarn in der Zeit um 1720 niederlassen.[2] Sie konnten ihr Gemeindeleben jedoch fast ein halbes Jahrhundert (bis zum Erlass des Toleranzpatents 1781) nur mit Beschränkungen ausüben.[3] Danach wurden auch die Regionen Batschka und Banat mit evangelischen deutschen Pfarreien und Siedlungen durchzogen.[4] Das Grenzgebiet Slawonien öffnete sich für deutsche Protestanten erst in der zweiten Hälfte des 19. Jahrhunderts,[5] obwohl es in Syrmien und Ostslawonien Ausnahmen gab, wo sich schon seit der Reformationszeit einige ungarische und eine kroatische[6] Siedlung befanden. Zusätzlich wurden hier noch eine slowakische und ab 1790 zwei deutsche evangelische Gemeinden geduldet.[7]

---

1 Die Habsburger betrieben mit großem Eifer die Rekatholisierung der Protestanten in ihren Ländern. Den Druck der Rekatholisierung konnten die Protestanten besonders im Zeitraum von 1691–1701 spüren, als die kaiserliche Obrigkeit mehrere blutige „Kreuzzüge“ unternahm. Protestanten wurden in großer Zahl aus Österreich und Ungarn nach Siebenbürgen oder auch nach Preußen vertrieben, zahlreiche wurden ermordet. Karl STERLEMANN, Studien zur Kirchengeschichte der Reformierten Christlichen Kirche in Jugoslawien, Kroatien und Südungarn (von der Ansiedlung bis 1944), Winnenden 1988, 27.

2 Obwohl dieses Gebiet als „Schwäbische Türkei“ bekannt wurde, kamen die Kolonisten auch aus anderen Regionen wie Baden, Bayern und Hessen. Mehr in: János SCHMIDT, Die Einwanderung der deutschen Siedler aus Hessen in die Komitate Tolna, Baranya und Somogy in der ersten Hälfte des 18. Jahrhunderts, Győr 1939, 20–25. Johann WEIDLEIN, Die Schwäbische Türkei I. Beiträge zu ihrer Geschichte und Siedlungsgeographie, München 1967, 66–84.

3 Durch die gesetzlichen Verordnungen der „Resolutio Carolina“ von 1731 wurden die Rechte der Protestanten im Königreich Ungarn (inklusive Kroatien) wesentlich eingeschränkt.

4 Jan-Andrea BERNHARD, Calvins Wirkung und Einfluss in Ungarn und Siebenbürgen vor 1551, in: Calvin und Reformiertentum in Ungarn und Siebenbürgen. Helvetisches Bekenntnis, Ethnie und Politik vom 16. Jahrhundert bis 1918, hg. v. Márta FATA, Anton SCHINDLING, Münster 2010, 25–62.

5 Kroatien-Slawonien widersprach durch seine landesrechtliche Autonomie dem habsburgischen Toleranzpatent von 1781. So konnten durch den sogenannten *Kroatischen Paragraphen 14* keine Evangelischen auf dem Boden von Kroatien-Slawonien und Dalmatien angesiedelt werden. Dies galt bis in die zweite Hälfte des 19. Jahrhunderts. Valentin OBERKERSCH, Die Deutschen in Syrmien, Slawonien, Kroatien und Bosnien: Geschichte einer deutschen Volksgruppe in Südosteuropa, Stuttgart 1989, 140–141.

6 Im kroatischen Ort Tordinci wurde die Slawonische Kirche (Ecclesia Sclavoniae Reformatae) mit slawischen bzw. kroatischen Protestanten gegründet. Jasmin MILIĆ: Povijest reformirane crkve u Hrvatskoj (s posebnim osvrtom na reformiranu župu Tordinci 1823–1952) [Geschichte der reformierten Kirche in Kroatien und der Pfarrei Tordinci 1823–1952], Osijek, 2014, 53. STERLEMANN 1988, Studien zur Kirchengeschichte der Reformierten Christlichen Kirche, 120.

7 Es handelt sich um die schwäbisch-pietistisch geprägten Gemeinden Neu-Pasua (Nova Pazova) und Neudorf (Novo Selo) bei Winkowitz (Vinkovci). Mehr in: Irmgard HUDJETZ-LOEBER, Heimatbuch Neu-Pasua. Die Geschichte eines donauschwäbischen Dorfes, Reutlingen 1984. Friedrich KÜHBAUCH (Hg.), Neu-Pasua und Neu-Banovze, zwei donauschwäbische

Widerstände gegen die Protestanten wurden in der kommenden Zeit besonders stark von Vertretern des kroatisch-nationalen Katholizismus geäußert.[8]

Nach dem Protestantenpatent von 1859, das eine Gleichstellung von Protestanten im Habsburgerreich sicherte, wanderten mehrere tausende Protestanten aus Österreich, Böhmen, Galizien und Deutschland, und besonders Sekundärsiedler aus der Batschka und der Schwäbischen Türkei,[9] in die Gebiete Kroatiens und Bosniens aus.[10] So entstanden in der Zeit zwischen 1860 bis zum Beginn des 1. Weltkrieges in zahlreichen Orten und Städten Kroatien-Slawoniens (und nach 1878 auch Bosniens) neue Pfarreien, die unterschiedliche regionale und konfessionelle Merkmale trugen. Trotz schwieriger Umstände konnten deutsche Protestanten im südslawischen Raum ihre Kirchenorganisationen bilden und ein deutsches Schulwesen aufbauen.[11] Insgesamt betrug der Anteil von Protestanten beider evangelischer Konfessionsausrichtungen[12] unter den Deutschen in dem Bereich etwa 20% der gesamten deutschen Bevölkerung.[13]

Deutsche Protestanten im neuen Königreich 1918–1941

Nach der Gründung des Königreiches der Serben, Kroaten und Slowenen hat der neue Staat trotz übernommener Verpflichtungen zum Minderheitenschutz nach den Pariser Konferenzen seine ethnischen Minderheiten, besonders die deutsche und die ungarische, diskriminiert. Die deutsche politische Beteiligung wurde begrenzt, die Minderheitenschulen wurden geschlossen – unter ihnen zahlreiche deutsche Schulen –, und alle kirchlichen Vereine, die mit dem

---

Grenzergemeinden, Reutlingen 1978. Friedrich SCHILLER, Das Wichtigste aus der Geschichte Neudorfs, Vinkovci 1943.

8 Joseph PINDOR, Die evangelische Kirche Kroatien-Slavoniens in Vergangenheit und Gegenwart, Osijek 1902, 65-79. OBERKERSCH, Die Deutschen in Syrmien, Slawonien, Kroatien und Bosnien, 141.

9 Leopold Karl BARWICH, Heimatbuch Welimirowatz. Zur Erinnerung an unser deutsches Dorf und Slawonien, Reutlingen 1985, 58-60.

10 Carl BETHKE, Deutsche „Kolonisten“ in Bosnien. Vorstellungswelten, Ideologie und soziale Praxis in Quellen der evangelischen Kirche, in: Bosna i Hercegovina u okviru Austro-Ugarske 1878-1918. Zbornik radova. Filozofski Fakultet, Sarajevo 2011, 235-360.

11 Vor dem Großen Krieg gelang es den deutschen Protestanten in Kroatien und Bosnien-Herzegowina, zum Teil selbständige Organisationsformen zu gründen: das oberkroatische und syrmische Seniorat und eine autonome Bosnische Synode. Georg WILD, Die deutsche evangelische Kirche in Jugoslawien 1918–1941, München 1980, 58-69.

12 A. C. = Augsburger Konfession (lutherisch) und H. C. = Helvetischer Konfession (reformiert / calvinistisch).

13 Vladimir GEIGER, Nestanak Folksdojčera [Das Verschwinden von Volksdeutschen], Zagreb 1997, 110.

Ausland verbunden waren (unter ihnen der Gustav-Adolf-Verein), wurden verboten.[14] Als Folge dessen bekamen deutsche Protestanten, besonders die lutherischen, trotz ihrer etwas geringeren Zahl unter den Donauschwaben eine bedeutende Rolle zur Bewahrung der deutschen Identität. So konnte sich im Laufe der Zeit auch in Jugoslawien ein spezifisch deutsch-evangelisches Milieu etablieren.[15]

Durch einen neuen politischen Kurs der jugoslawischen Regierung Anfang der 1930er-Jahre kam es zu einer Verbesserung der Verhältnisse der deutschen Minderheit und durch ein neues Religionsgesetz auch zur Verbesserung der Verhältnisse der protestantischen Kirchen, denen neue administrative Wirkungsmöglichkeiten gegeben wurden. So konnte sich 1931 eine selbstständige *Deutsche Evangelische Landeskirche für Jugoslawien* gründen. Die Kirche war aus acht Senioraten zusammengesetzt und versammelte auch nichtdeutsche Völker Jugoslawiens in ihren Reihen.[16] Zum ersten Landesbischof wurde Dr. Philipp Popp, Pfarrer aus Zagreb, geweiht. In seiner Zukunftsmission für die Landeskirche sah Popp zwei Dinge als sehr wichtig an:

1. Gute und loyale Beziehungen zur Belgrader Regierung zu pflegen und
2. eine Verbundenheit mit Deutschland als zweifaches Mutterland – des Volkes und des Glaubens – zu suchen.[17]

In diesem Sinne wurde 1934 mit der neugegründeten Reichskirche und dem kirchlichen Außenamt in Berlin als Vermittler ein gegenseitiger Freundschaftsvertrag unterschrieben.[18] Als „Lieblingskind des Außenamtes" konnte

---

14 WILD, Die deutsche evangelische Kirche in Jugoslawien 1918–1941, 72. Der Gustav-Adolf-Verein ist heute das Gustav-Adolf-Werk.

15 Deutsch-evangelisches Milieu bedeutete nicht nur konfessionelle Zugehörigkeit, sondern zugleich auch politisch-nationale Aktivität. Mehr in: Carl BETHKE, Deutsche und ungarische Minderheit in Kroatien und der Vojvodina 1918–1941, Wiesbaden 2009, 523.

16 Die Kirche versammelte noch slowenische Protestanten aus der Region Prekmurje, ungarische Lutheraner und auch wenige Kroaten und Serben in ihren Reihen. Da die slowakischen Protestanten ihre eigene Kirche in Jugoslawien gestalten wollten, hatten die anderen Protestanten keine andere Wahl, als sich in einer Deutschen Kirche selbstständig zu organisieren. WILD, Die deutsche evangelische Kirche in Jugoslawien 1918–1941, 348-360.

17 Popp war ein willkommener Gast am königlichen Hof in Belgrad und eine Hand des Königs in diplomatischen Verbindungen Jugoslawiens mit nordischen und europäischen Ländern. Auf seinen häufigen Reisen und Besuchen in Schweden, Norwegen und Finnland verpasste er nicht die Chance, sich positiv über Jugoslawien zu äußern. Matthias MERKLE, Hirte und Märtyrer. Lebensbild des Landesbischofs der Deutsch-Evangelischen Landeskirche in Jugoslawien D. Dr. Philipp Popp, 23. März 1893–29. Juni 1945, Heilbronn-Böckingen 1973, 17.

18 Leiter des Kirchlichen Außenamtes in Berlin war der Bischof Theodor Heckel. Einer der wichtigen Figuren des Außenamtes war der spätere Bundestagspräsident Eugen Gerstenmaier, der zur Bekenntnisfront in dem Kirchenkampf gehörte und nach dem 20. Juli 1944 verhaftet wurde. Eugen GERSTENMAIER, Von Bolz bis zu Rommel und Wurm. Baden-Württemberger im Kampf gegen Hitler, Stuttgart 1978, 23.

die Landeskirche in Jugoslawien zahlreiche Hilfespenden und theologische Beiträge aus Deutschland genießen.[19]

Die Strömungen, die nach der Machtergreifung unter Protestanten in Deutschland zum Kirchenkampf führten, konnten auch in Jugoslawien gespürt werden. Jedoch versuchte Bischof Popp, die polarisierenden theologisch-ideologischen Streitigkeiten, die aus Deutschland kamen, in der jugoslawischen Kirche auszubalancieren, sodass es hier zu keinen sichtbaren Spaltungen kam. Eine neutrale Haltung zu wahren war allerdings schwierig und die immer näher rückenden Kriegsgeschehen stellten die Kirchenleitung in Jugoslawien vor noch größere Herausforderungen.[20]

Der Krieg und seine Auswirkungen

Nach dem Balkanfeldzug und der Zerschlagung Jugoslawiens im April 1941 waren deutsche Protestanten in mehreren neuen territorialen Einheiten aufgeteilt. Die Gemeinden in der Batschka standen unter ungarischer Herrschaft, das Banat unter deutscher Verwaltung, Kroatien, Srijem (Syrmien) und Bosnien unter kroatischer Verwaltung; die Protestanten in Slowenien wurden zwischen Ungarn und dem Dritten Reich aufgeteilt. Obwohl es innerhalb des deutsch-evangelischen Milieus offene Sympathisanten für den Einzug der Wehrmacht und sogar für die NS-Ideologie gab,[21] versuchten viele Pfarrer, sich dem ideologischen Einfluss auf die Kirche entweder zu widersetzen oder sich zu distanzieren. Dies waren beispielsweise einige Pfarrer, die langjährige Kontakte mit schwäbisch-pietistischen Netzwerken pflegten und dann zur Bekenntnisfront unter Leitung des württembergischen Bischofs Wurm kamen.[22] Genauso

---

[19] WILD, Die deutsche evangelische Kirche in Jugoslawien 1918–1941, 183–190.

[20] Carl BETHKE, Deutsche und ungarische Minderheit in Kroatien und der Vojvodina 1918–1941, Wiesbaden 2009, 517. Philipp Popp, An den Hochwürdigen Herrn Landesbischof Dr. Coch. Zagreb, 7.5 1935. Evangelisches Zentralarchiv Berlin, 5/863.

[21] Bethke beschreibt ein Beispiel des in Westslawonien wirkenden „Hasspredigers“ Stötzer. Genauso gab es bei der völkisch orientierten Gruppe der „Erneuerer“, die die Leitung des schwäbisch-deutschen Kulturbundes in Jugoslawien ab 1939 übernommen haben, eine Überpräsenz von Vertretern aus dem deutsch-evangelischen Milieu. Drei Namen werden hier stark hervorgehoben: der aus einer Predigerfamilie stammende Neu-Pasuaner Jakob Lichtenberger, der Pastorensohn Gustav Halwax und Franz Hamm. BETHKE, Deutsche und ungarische Minderheit, 525.

[22] Unter ihnen war auch der spätere Bischof und Leiter des Hilfskomitees in Deutschland, Franz Hein. BETHKE, Deutsche und ungarische Minderheit, 516-522. WILD, Die deutsche evangelische Kirche in Jugoslawien 1918–1941), 253 und Interview mit dem kroatischen Senior Ladislav Deutsch in der Zeitschrift *Slobodna Dalmacija* vom 3. März 1995, 39-40: Die Bekennende Kirche war unter den deutschen Protestanten in Kroatien organisiert.

konnte die Leitung der neu organisierten deutsch-evangelischen Landeskirche in dem faschistisch geprägten *Unabhängigen Staat Kroatien* (USK) eine „von Oben und Außen“[23] bestrebte Einführung des „Arierparagraphen“ und des „Führerprinzips“ für lange Zeit verzögern und am Ende sogar ablehnen.[24]

Für die Protestanten in ehemals jugoslawischen Gebieten verschlimmerte sich die Lage zunehmend: zuerst wurden die meisten Deutschen aus Bosnien (die hier mehrheitlich evangelisch waren)[25] mit einem Teil jener aus dem kroatischen Westslawonien im Rahmen eines Umsiedlungsvertrages zwischen dem Deutschen Reich und der kroatischen Regierung 1942/43 mehrheitlich in die eroberten Gebiete Polens (Warthegau, Litzmannstadt) umgesiedelt.[26] Der einzige evangelische Pfarrer, der aus Bosnien in den Warthegau ging, war der Pastor von Schutzberg (Glogovac), Ferdinand Sommer. Er beschreibt in seinen Memoiren die Stimmung bei den neueingebürgerten bosnisch-kroatischen deutschen Siedlern bei Litzmannstadt und Lublin. Sie waren mit der Lage in Polen sehr unzufrieden und aufgrund der kirchenfeindlichen Haltung der deutschen Verwaltung führten die Umstände oft zu Vorfällen.[27] In Folge solcher Ereignisse und der misslungenen Integration der Bosniendeutschen in die neuen Reichsgebiete, traf die Gauleitung gemeinsam mit der *Volksdeutschen Mittelstelle* eine rasche Entscheidung über einen Transfer in Richtung Westen, der wegen der Kriegsgeschehnisse zu einer Zerstreuung der Bosniendeutschen führte.[28] Die verbliebenen deutschen Protestanten im südslawischen Raum erwarteten jedoch noch viel schwierigere Umstände.

---

23 Die Einführung des „Arierparagraphen“ und des „Führerprinzips“ wurde von Bischof Heckel und der deutschen Gesandtschaft in Kroatien empfohlen.

24 Matthias ROMETSCH, Die deutsche evangelisch-christliche Kirche A.B. im Unabhängigen Staate Kroatien 1941–1944, in: Keine bleibende Stadt, hg. v. Roland VETTER, Wiesbaden 1990, 74-78.

25 Vladimir GEIGER, https://hrastovac.net/historical-information-2/bosnias-ds-losses-part-one (31.01.2020). Carl BETHKE, Deutsche „Kolonisten“ in Bosnien. Vorstellungswelten, Ideologie und soziale Praxis in Quellen der evangelischen Kirche, in: Bosna i Hercegovina u okviru Austro-Ugarske 1878–1918. Zbornik radova. Filozofski Fakultet, Sarajevo 2011, 235-360, hier 239-241.

26 Fritz HOFFMANN, Das Schicksal der Bosniendeutschen in 100 Jahren von 1878 bis 1978, Göppingen 1982, 63.

27 Sommer spricht über eine sorgfältig geplante Hetze, die sich gegen die Kirchen richtete. Ferdinand SOMMER, Geschichte der deutschen evangelischen Gemeinde Schutzberg in Bosnien 1895–1942. Das Schicksal der Bosniendeutschen, Mülheim an der Ruhr 1960, 170-171.

28 Fritz HOFFMANN, Franz-Josefeld / Schonborn. Freilassing 1963, 142-144.

Haltung der Partisanen gegenüber den Deutschen und dem Glauben – „Eine Jagd nach den Pfaffen"

Titos antifaschistische Gesinnung gegenüber der deutschen Minderheit auf dem Gebiet des ehemaligen Jugoslawiens war ganz auf stalinistischer Linie, die in der Sowjetunion und später in Osteuropa ausgeübt wurde.[29] Die Partisanen waren trotz der deklarierten toleranten Aussagen während des Krieges in ihrem Kern de facto eine kommunistisch-revolutionäre Bewegung, die eine feindliche Agenda gegenüber Kirchen und der Religion führte. In Bezug zu Volksdeutschen wurde ein ähnliches Feindbild schon 1944 von dem höchsten Gremium der Partisanen AVNOJ (Antifaschistischer Rat der Nationalen Befreiung Jugoslawiens) definiert: jedes Verhalten der deutschen Minderheit, das keinen offenen Widerstand gegenüber der deutschen Besatzung leistete, sollte als Kollaboration bezeichnet werden.[30] Das bedeutete, dass die meisten jugoslawischen Volksdeutschen, egal ob Soldaten, Zivilisten, politisch Beteiligte, aber auch jeglicher Ideologie gegenüber neutrale Personen, eine kollektive Kriegsschuld drohte. Deutsch-evangelische Pfarrer wurden so zu einer doppelten Zielscheibe der Partisanenverfolgung: als Kirchenvertreter und als Pfleger des sog. Deutschtums. So wurden besonders in Westslawonien, wo die Partisanenbewegung eine starke Unterstützung hatte, evangelische Geistliche mehrmals gezielt angegriffen.

Erstes Beispiel: die Sekundärsiedlung Georgshof (Brezik)

Die Siedlung Georgshof wurde als Schwestersiedlung der schwäbisch-pietistischen Gemeinde Neu-Pasua (Nova Pazova) auf dem ehemaligen Besitz des Fürsten Schaumburg-Lippe gegründet. In unmittelbarer Nähe der westslawonischen Stadt Wirowititz (Virovitica) und als Nachbarort der deutsch-kroatischen und rein katholischen Siedlung Lukač lag die Siedlung an der Grenze zu Ungarn in einer Niederung des Flusses Drau (Drava).[31] Die Sekundärsiedlung wurde bald zu einer der Hochburgen des deutsch-evangelischen Milieus in Westslawonien und war als Filiale der evangelischen Pfarrei in Slatina

---

[29] Dušan BILANDŽIĆ, Hrvatska moderna povijest [Moderne Geschichte Kroatiens], Zagreb 1999, 114.

[30] Vladimir GEIGER, Nestanak Folksdojčera [Das Verschwinden von Volksdeutschen], Zagreb 1997, 31.

[31] Carl BETHKE, (K)eine gemeinsame Sprache? Aspekte der Deutsch-Jüdischen Beziehungsgeschichte in Slawonien, 1900–1945, Berlin 2013 (Studien zur Geschichte, Kultur und Gesellschaft Südosteuropas 12), 80,81. Wilhelm SATTLER, Die slawonische Drauniederung als deutsche Volksinsellandschaft, Leipzig 1941 (Deutsche Schriften zur Landes- und Volksforschung 11), 57.

eingeführt. Wegen des Pfarrermangels kamen die meisten Pfarrer der Gemeinde, wie fast überall in Slawonien, aus der St. Chrischona-Missionsschule in Basel.[32] In den dreißiger Jahren war gerade in Georgshof und den deutschen evangelischen Nachbarorten (Ciganka und Sopjanska Ada) die „Volkstumsarbeit" der gegen den Kulturbund konkurrierenden *Kultur- und Wohlfahrtsvereinigung der Deutschen* (KWVD) stärker präsent.[33]

Mit dem Kriegsausbruch wurden Siedlungen mit Volksdeutschen in Westslawonien zum Ziel von Partisanenangriffen. In der „Dorfchronik Georgshof" wurde so ein Angriff auf ihre evangelischen Geistlichen mit tödlichen Folgen vom 28.10.1943 beschrieben: „Ein Angriff auf unser so friedliebendes Dorf Georgshof. Die Banden schossen mit Maschinengewehren, Gewehren auch mit Handgranaten. Angeblich, hörten wir nachträglich, sollen es über 500 Partisanen gewesen sein (...) Das größte Opfer in dieser Nacht war, daß sie unseren Prediger Heinrich Leinberger in seinem Zimmer, im Beisein seiner Frau erschossen haben".[34] Kurz danach wurde die gesamte Siedlung in Richtung Neu-Pasua und im Herbst 1944 in das Deutsche Reich evakuiert.

Zweites Beispiel: Die Angriffe auf das evangelische „Hessendorf"[35] Klein-Bastei (Mali Bastaji)

Die Siedlung liegt in der Ilowa-Senke nordöstlich der Stadt Daruwar (Daruvar).[36] Zwischen 1942 und 1944 wurde sie mehrmals attackiert. Besonders schwierig war es am 5. Juni 1942, als drei einheimische Deutsche fielen und 16 verschleppt wurden, wovon drei freigelassen wurden und andere niemals wieder zurückgekommen sind. In den Chroniken und dem Heimatbuch wurde

---

32 Mati KORPIAHO, Utjecaj misije na razvoj Evangeličke crkve u Slavoniji 1868–1918 [Der Einfluss der Mission auf die Entwicklung der Evangelischen Kirche in Slawonien 1868–1918], Zagreb 1988, 118.

33 Einer der aktiven Träger der *Kultur- und Wohlfahrtsvereinigung der Deutschen* in Brezik war der aus einer protestantischen Predigerfamilie stammende „Erneuer" Jakob Lichtenberger. BETHKE, (K)eine gemeinsame Sprache?, 265.

34 Friedrich KÜHBAUCH, Chronik Georgshof (Brezik) in Westslawonien 1912–1944, Reutlingen 1990, 53. Prediger Heinrich Leinberger Jun. gefallen. In: Kirche und Volk. Evangelisches Gemeindeblatt in Kroatien. Neu Pasua 1. Juli 1944 (IV/1), 3-4.

35 *Hessendörfer* bezeichnet deutsch-evangelische Sekundärsiedlungen mit Einwohnern aus Hessen. Mehr dazu in: Jakob BENTZ (Hg.), Groß Mlinska. Die Geschichte eines hessischen Dorfes in Kroatien. Die Geschichte der Deutschen von Groß Mlinska mit seiner Verbindung zu Nachbardörfern Groß und Klein Pašijan und den anderen hessischen Dörfern diesseits und jenseits der Ilowa, Ehringshausen, 1984. János SCHMIDT, Die Einwanderung der deutschen Siedler aus Hessen in die Komitate Tolna, Baranya und Somogy in der ersten Hälfte des 18. Jahrhunderts, Győr 1939.

36 Egon LENDL, Das Deutschtum in der Ilowasenke, 1941 Leipzig, 48–50.

der Angriff und die Rolle des heimischen Pfarrers Abrell betont: „Der Ortsschutz konnte die Partisanen nicht abwehren (...) Das Gemeindehaus, das evangelische Bethaus, in dem sich der evangelische Pfarrer verzweifelt verteidigte, gingen in Flammen unter.“[37] Pastor Abrell wurde nach diesem Geschehen als Vikar nach Osijek versetzt und der Ort wurde im Herbst 1944 evakuiert.[38]

Die Evakuierungen und die Flucht der evangelischen Deutschen aus südslawischen Gebieten

Matthias Beer belegt eine deutliche Andersartigkeit des „Flucht- und Vertreibungsprozesses der Deutschen“ aus Südosteuropa im Unterschied zu denen aus Osteuropa. Er zeigt durch Vergleiche zudem auf, dass die Fluchtprozesse in Rumänien, Ungarn und Jugoslawien differierten. So stellt er fest, dass die Evakuierungsmaßnahmen „auf Grund von militärischen Entwicklungen auf dem Gebiet Vorkriegsjugoslawiens in weitaus größerem Umfang durchgeführt wurden“.[39] Aber auch in den Gebieten des zerschlagenen Jugoslawiens gab es bedeutende Unterschiede zwischen der Evakuierung auf dem Gebiet des USK (Slawonien und Syrmien) und der, die auf den Gebieten der Batschka und des Banat durchgeführt oder ausgelassen wurde.[40] Nachdem im Spätsommer 1944 Rumänien die Kriegsseiten wechselte und sich die Front damit rasch nach Süden verschob, kam es im USK zwischen der Volksgruppenführung, der deutschen Militärführung und der Regierung des USK zu intensiven Verhandlungen, die durch einen Eingriff des Reichsaußenamtes in Berlin zur Entscheidung kamen, die vorher vorbereitete Evakuierung in Kroatien durchzusetzen. Diese wurde in drei Phasen und im Zeitraum von September bis November durchgeführt.[41]

---

37 Die Berichte im Heimatbuch und bei OBERKERSCH weichen bei der Angabe der Zahl der toten Einheimischen voneinander ab. OBERKERSCH betont, dass an diesem Tag „15 Menschen aus Bastaji verschleppt wurden ohne jemals zurück zu kommen“. OBERKERSCH 1989, Die Deutschen in Syrmien, Slawonien, Kroatien und Bosnien, 424-425.

38 Friedrich HOFFMANN / Heinrich HEPPENHEIMER / Anton KRAEHLIG, Klein-Bastei. Heimatbuch eines deutschen Dorfes in Slawonien-Kroatien, Sersheim 1990, 230-250.

39 Mathias BEER, Flucht und Vertreibung der Deutschen. Voraussetzungen, Verlauf, Folgen, München 2011, 88-90.

40 Mathias BEER, „Beg i proterivanje“ iz Jugoslavije u uporednoj perspektivi [„Flucht und Vertreibung“ aus Jugoslawien in vergleichender Perspektive], in: Andreas KOSSERT, Christian GLASS (Hg.), O „nestanku“ nemačkih manjina: Jedno teško poglavlje u istoriji Jugoslavije 1941.–1945, Berlin–Ulm 2016, 124.

41 OBERKERSCH 1989, Die Deutschen in Syrmien, Slawonien, Kroatien und Bosnien, 432-441.

Durch diese Maßnahmen wurden 80–90% der Deutschen aus Kroatien evakuiert, unter ihnen auch die evangelischen Siedler und ihre Geistlichen.[42] Es gibt keine Anzeichen dafür, dass die Vertreter der deutschen evangelischen Kirche eine wichtige Rolle bei der Planung oder der Evakuierung spielten, sondern nur am Rande bei der Ausführung und in Partnerschaft mit der Volksgruppenführung. Die Transporte wurden aus Syrmien und Esseg (Osijek) durch Zugtransporte und Trecks durch Ungarn in Richtung Deutsches Reich durchgeführt. Die meisten Evakuierten landeten nach mehreren Wochen in Österreich (Oberösterreich und Steiermark) und ein Teil erlebte das Kriegsende in Thüringen, Danzig, usw. Bis Ende 1944 hatte sich ihnen auch ein Teil der Evakuierten angeschlossen, die aus „gescheiterter Flucht aus dem Westbanat" und nur „zum Teil gelungener Flucht" aus der Batschka gekommen waren.[43] Vom Ausmaß der chaotischen Lage im Banat zeugen verschiedene Quellen, unter anderem auch Aufzeichnungen des evangelischen Bischofs des Banat und ehemaligen Seniors des Bosnisches Seniorats (1930–1935) Franz Hein[44] aus der schwäbisch-pietistischen Muttersiedlung Franzfeld: „Am 4. Oktober 1944 bin ich von der Militärbehörde aufgefordert worden Franzfeld zu verlassen, da sonst die Glieder der Gemeinde Franzfeld nicht verlassen würden. Im Segelflugzeug, angehängt an ein Kampfflugzeug, verließen wir unsere geliebte Heimat, zusammen mit noch 376 Frauen und Mädchen".[45]

Diejenigen, denen eine Evakuierung oder Flucht nicht gelungen ist oder die sich nicht bedroht fühlten und die sich gleich nach Kriegsende zu einer Heimkehr entschieden und sich repatriieren ließen, erwartete im kommunistischen Jugoslawien eine bittere Enttäuschung.[46] Es folgten Einsperrungen in Lagern, Deportationen zur Zwangsarbeit in die Sowjetunion, Mord oder Schauprozesse. Deutsches Eigentum wurde beschlagnahmt und die Volksdeutschen

---

[42] Georg WILDMANN, Verbrechen an den Deutschen in Jugoslawien 1944–1948. Die Stationen eines Völkermords, München 1998, 68.

[43] Bethke führt aus, dass die Evakuierung der Deutschen im NDH zu 80% und in der Batschka zu 50% gelungen war. Dort, wo die meisten Deutschen lebten, im Banat, war sie am wenigsten erfolgreich und nur zu 10% gelungen. Carl BETHKE, Da li je bilo „Jugoslovenskih Nemaca"? [Gab es „Jugoslawische Deutsche"?], in: KOSSERT / GLASS, O „nestanku" nemačkih manjina, 41. WILDMANN, Verbrechen an den Deutschen in Jugoslawien 1944–1948, 66-67.

[44] Franz Hein übernahm später gemeinsam mit dem politischen Vertreter Franz Hamm die Leitung der *Hilfsstelle für evangelische Flüchtlinge aus Jugoslawien* (*Hilfskomitee für deutsche evangelische Kirche aus Jugoslawien*) mit Sitz in Stuttgart.

[45] Bischof Franz Hein. Vom Heimat-Bischof zum Vertriebenen-Seelsorger, in: Roland VETTER (Hg.), Keine bleibende Stadt. Beiträge zur Geschichte deutscher Protestanten aus Jugoslawien, Wiesbaden 1990, 216-221, hier 220.

[46] Jugoslawien hat keine „humane" Deportation der Deutschen garantiert oder durchgeführt, weil es im Unterschied zur Tschechoslowakei oder zu Ungarn nicht am Potsdamer Abkommen, das zu dieser Frage entschied, teilgenommen hat.

verloren im zweiten Jugoslawien jegliche Bürgerrechte. Die Evangelische Kirche wurde zur „feindlichen deutsch-faschistischen Organisation" erklärt und ihr Eigentum wurde vom Staat beschlagnahmt. Der berühmteste Schauprozess gegen einen volksdeutschen Protestanten war die vom „Volksgericht" geführte Verhandlung gegen den daheimgebliebenen evangelischen Bischof Popp in Zagreb. Popp schloss sich nicht den Evakuierungen an und lehnte im Mai 1945 die letzte Möglichkeit ab, sich durch diplomatische Immunität vom schwedischen Konsulat in den Schutz der amerikanischen Zone zu begeben. In der Überzeugung, dass „der Hirte seine Herde nicht verlässt" und in Übereinstimmung mit dem katholischen Erzbischof Stepinac erwartete er den Einmarsch der Partisanen in Zagreb am 08.05.1945.[47] Aber er wurde gleich festgenommen und wegen angeblicher Kollaboration angeklagt.

Das Urteil gegen den evangelischen Bischof Philipp Popp[48]

Bischof Popp wurde vor einen typisch sowjetisch-kommunistischen Schauprozess gestellt und zusammen mit einer Gruppe von 58 nicht verwandten Menschen, verschiedenen Religionsführern wie katholischen Priestern, russischen und kroatischen Orthodoxen und muslimischen Geistlichen, genauso mit verschiedenen Intellektuellen sowie Beamten und Offizieren des Militärs des USK gerichtet.[49] Trotz zahlreicher Appelle von Bürgern zur Unterstützung von Bischof Popp wurde er rasch zum Tode verurteilt.

Am 30. Juni 1945 wurde in der damals wichtigsten Tageszeitung *Vjesnik* das Urteil gegen Miroslav Filipović-Majstorović und seine Gesellschaft veröffentlicht. In dem Zeitungsartikel mit dem Titel „Anstifter und Täter von ungeheuerlichen Verbrechen gegen unser Volk und ihre Helfer kamen zur Vergeltung" wurde auch das Urteil gegen Bischof Philipp Popp veröffentlicht. Das Urteil trägt den Ton der typisch kommunistischen Propaganda und stellt folgende Falschanklagen gegen Bischof Popp auf:

---

47 MERKLE, Hirte und Märtyrer, 44; GEIGER, Das Verschwinden von Volksdeutschen, 111.

48 Das Urteil wurde von dem Historiker Vladimir Geiger nach der demokratischen Wende neu entdeckt und veröffentlicht. GEIGER, Das Verschwinden von Volksdeutschen, 103–116.

49 Es gab keinen richtigen juristischen Prozess, keine Zeugen, keine Rechtsanwälte. Jugoslawische Kommunisten orientierten sich in den ersten Jahren ihrer Regierungsphase (1944–1950) am sowjetisch-kommunistischen „Modell" der Säuberungen aus den 1930er-Jahren. Dasselbe „Modell" wurde im Urteil gegen den Erzbischof von Zagreb, Alojzije Stepinac, verwendet. Dabei wurde der katholische Erzbischof Stepinac zusammen mit dem erstangeklagten Ustascha-Oberst Erik Lisak angeklagt.

- „Popp war Mitglied der terroristischen, berüchtigten Organisation ‚Kultur der fünften Kolonne' in Jugoslawien.
- Durch seine engen Beziehungen mit Vertretern der deutschen NS-Behörden hat er während der Besatzung und Versklavung der Völker Jugoslawien durch die faschistischen Eindringlinge geholfen.
- Er war im Dienst der Okkupatoren (Eindringlinge) und zu diesem Zweck hatte er politische Beziehungen zum Leiter der NS-Besatzungsbehörden in Zagreb (z. B. Siegfried Kasche).
- Er unterstützte die Besetzer durch persönliche Besuche sowie durch seine Teilnahme an Feiern in Zagreb, durch welche er den faschistischen Bösewichten moralische Unterstützung gab.
- Als höchster Vertreter der deutschen evangelischen Geistlichkeit, die mit überwiegender Mehrheit den Nationalsozialisten gewogen gewesen ist, vertrat Popp ihre Interessen gegen den Willen der Völker Jugoslawiens. Er half loyal den deutschen Besatzern, die gegen die grundlegenden Interessen der NOP (Volksverteidiger-Partisanen) waren.
- Er brach bei jedem Schritt die Einheit aller Völker Jugoslawiens und für solche kriminelle Leistungen wurde er vom kriminellen Ustascha-Oberhaupt Pavelić dekoriert". [50]

Doch durch die Auswertung von historischen Quellen, Dokumenten und der verfügbaren Literatur sind die Fakten anders:

1. Philipp Popp war als Bischof seiner Landeskirche dem Königreich Jugoslawien gegenüber loyal bis zum Ende im April 1941. Besondere Beziehungen pflegte er zu dem königlichen Haus Karadjordjevic in Belgrad.[51] Dies wurde von Seiten der neuen kommunistischen Machthaber als bourgeoiser Feind und „Gegner der Revolution" bezeichnet. Popp war in den Augen der Kommunisten ein Vertreter oder Verbündeter des „Ancien Régime", das in den ersten Monaten nach dem Krieg immer noch legale Machtansprüche an den Regierungspositionen in Jugoslawien besaß.[52] Darum gab es in den ersten Wochen einen massiven Druck seitens der Partisanen, sich rasch von jeder Opposition in Lande zu lösen. So wurden in den ersten Nachkriegsmonaten viele bürgerliche oppositionelle Politiker, Intellektuelle, Geistliche, Sportler und viele, die die kommunistische

---

50 Zeitschrift *Vjesnik* v. 30. Juni 1945, 1–2 (Übersetzung durch den Verfasser).

51 MERKLE, Hirte und Märtyrer, 17.

52 Noch 1945 hatte die königliche Regierung Jugoslawiens einen legalen Anspruch auf die Macht in Jugoslawien – durch den Deal zwischen die Verbündeten (Churchill / Stalin mit einer Vereinbarung Tito / Šubašić).

Ideologie nicht unterstützen, liquidiert, inhaftiert oder denunziert und ihrer Ämter enthoben.[53]

2. Die meisten Geistlichen der deutsch-evangelischen Landeskirche in Jugoslawien waren deutsch-national gesonnen, aber nicht in völkisch-exklusivem Sinne und keinesfalls wie die deutschen Christen.[54] Bischof Popp distanzierte sich von jenen rassisch-heidnischen Elementen oder dem Einfluss der NS-Ideologie in der Kirche.[55] Diese Distanzierung war wenig bekannt und wurde in dem Urteil nicht berücksichtigt.
3. Zur Zeit der Ustascha-Regierung in Kroatien hat die deutsche evangelische Kirche einige Privilegien bekommen (gleich wie die römisch-katholische Kirche und die islamisch-muslimische Gemeinde); die Initiative dazu kam von der Regierung und nicht von den Kirchen. Als Kirchenoberhaupt pflegte Popp einfache Protokoll-Beziehungen zur legalen Regierung, ganz im Sinne des lutherischen Obrigkeitsverständnisses. Popp nahm an Ereignissen wie Staatsfeiern oder der Eröffnung des kroatischen Landtags, Sabor, teil.
4. Es gibt Quellen und Dokumente, aus denen hervorgeht, dass sich Bischof Popp für damals verfolgte Serbisch-Orthodoxe einsetzte.[56] Genauso gibt es Belege, dass die deutsche evangelische Kirche keiner anti-jüdischen Ideologie folgte. Daraus weist etwa die Tatsache hin, dass die evangelisch-theologische Bibliothek in Zagreb bis 1942 über kein einziges Exemplar des Luther-Traktats *Von Juden und ihren Lügen* verfügte.[57] Popp äußerte diplomatisch Vorbehalte gegen den Vorschlag zur Einführung des „Führerprinzips“ in der Landeskirche in USK.[58]

Trotz all dieser Fakten war das Urteil für Bischof Popp am Ende: „Tod durch Erschießen, dauerhafter Verlust der bürgerlichen Rechte und Ehren und

---

[53] Zahlreiche Beispiele von Liquidierung der verbliebenen Intelligenz und bürgerlich-demokratischer Kräfte in ganz Jugoslawien seitens der Partisanenbewegung.

[54] Bericht der Polizei der Stadt Zagreb, in dem steht, dass der Bischof sich der nazistischen Ideologie widersetzte. Hrvatski državni arhiv u Zagrebu (Kroatisches Staatsarchiv in Zagreb, HDA), grupa XI, kut. 29, inv. br. 2911.

[55] Archiv des Instituts für donauschwäbische Geschichte und Landeskunde, Tübingen: Nachlass Hamm HA 1327-3. Referat von Pfarrer Hamm über der Lage der Evangelischen Kirche in Deutschland am 25. 10. 1934. Memoiren des Gesandtenführers im Unabhängigen Staat Kroatien Edmund Glaise von Horstenau. Zapisi iz NDH, Zagreb 2013, 221-222.

[56] Ein Brief von Bischof Popp an die Nationale Direktion für Wiederverwaltung des Unabhängigen Staats Kroatien, in dem er den Schutz von zum Protestantismus konvertierten Orthodoxen sucht. HDA-218/1515.

[57] Brief von Vikar Becker und Bitte von Pfarrer Schiller aus Neudorf vom 12. März 1942. Evangelisches Zentralarchiv Berlin, 5/896.

[58] Brief von Popp an das Kirchliche Außenamt in Berlin. Evangelisches Zentralarchiv Berlin, 5/895.

Beschlagnahmung seiner Eigenschaft". Das gleiche Urteil bekamen auch der orthodoxe Metropolit Germogen Maximov (damals 84 Jahre alt) und der islamische Mufti Mesić. Gemäß Zeugenberichten (Brief von Herrn Boras an Edgar Popp in den 1960er-Jahren) und Berichten in der kroatischen Emigrationszeitung *Hrvatska Država* wurde die Exekution von Bischof Popp auf Befehl des Partisanengenerals Koča Popović durch einen Pistolenschuss in den Hinterkopf im Lager Maksimir bei Zagreb ausgeführt.[59] Über seinen Bestattungsort gibt es bis heute keine Angaben.[60]

Von den verbliebenen evangelischen Geistlichen erlagen noch Emanuel Retzer aus dem Banat, der in die UdSSR deportiert wurde, und Michael Schaffer, Pfarrer aus Laibach (Ljubljana), der an den Folgen des Gefängnisaufenthalts starb, den Folterungen und Internierungen.[61]

Die Kirchenreste in Jugoslawien

Der Rest der Familie Bischof Popps, seine im Land gebliebene Frau Malwine und Pfarrer Edgar Popp, Sohn des Bischofs, wurden interniert. Edgar Popp landete im Gefängnis Stara Gradiška und wurde bis 1947 freigelassen. Die Kirchen blieben im ersten Nachkriegsjahr vorwiegend geschlossen. Nach dem Krieg konnte Edgar Popp als Pastor die Reste der Kirche vorwiegend in Kroatien wieder sammeln und eine neue Organisation aufbauen. Obwohl in Zagreb das Kircheneigentum zuerst konfisziert wurde, stellte die Regierung die enteigneten Kirchengebäude der evangelischen Kirche in den Nachkriegsjahren in den Orten, wo es noch Gemeindeglieder gab, wieder zur Verfügung und das Gemeindeleben konnte unter strengen Auflagen wieder aufgebaut werden. Edgar Popp konnte als neugewählter Senior seine kirchliche, ökumenische und diakonische Arbeit aufbauen,[62] auch unter Druck und Kontrolle seitens der kommunistischen Behörden. Senior Popp wurde zu zahlreichen Informations-

---

59 Koča Popović war Außenminister im sozialistischen Jugoslawien 1953–1965. Zeitschrift *Hrvatska Država*, München, Oktober 1964, 7.

60 In der Region um Zagreb gibt es zahlreiche Massengräber aus der Nachkriegszeit, wo die neue kommunistische Regierung ihre Opfer begraben hat. Unter ihnen sind auch viele katholische Priester und andere „volksfeindlichen Elemente".

61 Helmut STAUDT, Philipp Popp, der einzige Bischof der „Deutschen Evangelischen Kirche A.B. im Königreich Jugoslawien" in der Vorkriegszeit. Seelsorger, Organisator und Märtyrer, in: Donauschwäbisches Martyrologium. Die Opfer von Gewalt und Verfolgung bei den Donauschwaben in Jugoslawien, Rumänien und Ungarn im 20. Jahrhundert, hg. v. St. Gerhardswerk Stuttgart, Stuttgart 2016, 36.1.

62 Josip HORAK, Protestantism and Ecumenism, in: Religions in Yugoslavia, hg. v. Zlatko FRID, Zagreb 1971, 133-139.

treffen mit Regierungsvertretern (Geheimdienst) gerufen, bei denen er Informationen über die Lage der Kirche und ihrer Mitglieder darlegen sollte, was Popp verweigerte. [63] Weil sich der Druck auf ihn erhöhte, wanderte er zusammen mit seiner Familie 1960 nach Deutschland aus. Dort war er bis zu seinem Ruhestand in der Stadt Otterberg in der Pfalz als Pfarrer tätig. Nach Angaben seiner Witwe Ingeborg stand er auch in Deutschland unter Beobachtung des jugoslawischen Geheimdienstes.[64] Popp berichtete oft bei Vorträgen oder in donauschwäbischen Zeitungen über die Lage der Kirche in Jugoslawien bzw. Kroatien.[65]

Die vertriebene Kirche in der neuen Heimat

Die Mehrheit der evangelischen Geistlichen aus Jugoslawien konnte ihre Zuflucht in Österreich,[66] Deutschland und später in Übersee (USA, Kanada, Brasilien) finden. Die meisten Flüchtlinge, die nach Deutschland kamen, bekamen gerade von den Kirchen die erste notwendige Hilfe und Unterstützung.[67] Andreas Kossert behauptet sogar: „Keine andere große Institution hat auf die sozialen Ungerechtigkeiten und die mangelhafte Integration der Vertriebenen so deutlich hingewiesen und zugleich so umfassend die Missstände aufgezählt wie die Evangelische Kirche."[68] Die Zusammenarbeit zwischen den Landeskirchen und den evangelischen Flüchtlingspfarrern zeigte sich in den Nachkriegsjahren als eine erfolgreiche Partnerschaft und ein Projekt, das zu einer

---

63 Interview mit Ingeborg Popp vom 7. September 2015 in Otterberg, Pfalz: Bei einer solchen Gelegenheit sagte sogar einer dieser Inspektoren: „Hätte ihr Vater in den ersten Nachkriegstagen Zuflucht außer dem Staat (Jugoslawien) gefunden, konnte er die erste Welle des Revolutionsstürm vermeiden und er würde sicher noch heute einen Platz in der Gesellschaft haben".

64 Interview mit Ingeborg Popp vom 7. September 2015 in Otterberg, Pfalz.

65 Donaudeutsche Nachrichten. Mitteilungen für die Banater Schwaben und Deutschen aus Ungarn. Folge 3. Juli 2005, 51. Jahrgang, 8-9.

66 Die lutherischen und die reformierten fanden Zuflucht unter dem Dach der evangelischen Kirche A.B. und H.B. in Österreich, ab 1944 unter der Leitung des ehemaligen Pfarrers aus dem slowenischen Cilli (Celje), Bischof Gerhard May. Die Geistlichen wie Senior Anton Walter (Osijek), Senior Heinrich Meder (Neu-Werbass / Vrbas), und Bischof Hein (Franzfeld / Kačarevo) übernahmen Posten als Flüchtlingspfarrer im Lager und später die evangelischen Pfarreien im Lande. Peter F. BARTON: Evangelisch in Österreich. Ein Überblick über die Geschichte des Evangelischen in Österreich. Wien-Köln-Graz 1987, 178-194. Archiv der Evangelischen Kirche Augsburger Bekenntnisses in Österreich, Wien: P452 Bischof May Gerhard, P 537 Senior Walter Anton, P 609 Walter Edgar.

67 Mehr zur kirchlichen Integration: Rainer BENDEL / Abraham KUSTERMANN (Hg.), Die kirchliche Integration der Vertriebenen im Südwesten nach 1945, Berlin 2010.

68 Andreas KOSSERT, Kalte Heimat, Berlin 2008, 107.

zukünftigen Integration in die (west-)deutsche Gesellschaft geführt hat.[69] Die Mehrheit der evangelischen Volksdeutschen aus Jugoslawien (Banat, Batschka und Kroatien) übersiedelte ab 1946 nach Südwestdeutschland, vor allem nach Bayern, Hessen, Baden und dem donauschwäbischen „Stammgebiet" Württemberg. In Stuttgart gründete sich unter dem Dach des Evangelischen Hilfswerks[70] eine Hilfsstelle für Protestanten aus Jugoslawien, deren organisatorische Leitung Franz Hamm und ab 1949 der aus Österreich übersiedelten Bischof Franz Hein innehatte.[71]

Hilfskomitee für die deutsche Evangelische Landeskirche aus dem ehemaligen Jugoslawien e. V.

Die Aufgaben des Hilfskomitees waren umfassend: den Flüchtlingen bei der Einbürgerung zu helfen und eine geistliche Seelsorge sowie administrative Orientierung zu bieten. Der Verlag des Hilfskomitees trat durch verschiedene Periodika an die Öffentlichkeit: Uracher Gemeindeblatt (1946–1948), Mitteilungen für Vertriebene Protestanten aus Jugoslawien (1949–1953) und später durch das Organ „Der Bote" (1961–2017). Diese Publikationen pflegten durch Berichte, Artikel, Chroniken und Fotos die Erinnerung an die ehemalige Landeskirche und die Siedlungen, dokumentierten aber auch die Entwickelung der Arbeit des Komitees durch die Jahrzehnte, auch nach dem Zerfall des Landes, nach dessen Namen es benannt wurde.[72] Die Pflege der regionalen Kirchengeschichte des Hilfskomitees erfolgte in Zusammenarbeit mit Institutionen wie dem Haus der Donauschwaben in Sindelfingen, dem Donauschwäbischen Zentralmuseum in Ulm und dem Institut für donauschwäbische Geschichte und Landeskunde in Tübingen, wo sich die Nachlässe Franz Hamms und des

---

69 Mehr darüber in: Hartmut RUDOLPH, Evangelische Kirche und Vertriebene 1945 bis 1972. Band I: Kirchen ohne Land, Göttingen 1984:

70 Leiter und einer der Gründer des Evangelischen Hilfswerks war Eugen Gerstenmaier, der spätere Bundestagspräsident und guter Kenner von Jugoslawiendeutschen Protestanten während seines Amtes im Kirchlichen Außenamt in Berlin, wo er für die Diasporakirchen tätig war. RUDOLPH (wie Anm. 69), 563. Matthias STICKLER, Eugen Gerstenmaier (1906–1986). In: Günter BUCHSTAB, Brigitte KAAF, Hans-Otto KLEINMANN (Hg.), Christliche Demokraten gegen Hitler. Aus Verfolgung und Widerstand zur Union, Freiburg in Breisgau 2004, 217-226.

71 Matthias BEER, Selbsthilfeinitiativen der Flüchtlinge und Vertriebenen. Die Entstehung der Hilfskomitees der Evangelischen Kirche aus Jugoslawien mit Sitz in Stuttgart, in: Zeitschrift für Württembergische Landesgeschichte 55 (1996), 283,312. Roland VETTER, Die Heimatkirche nach der Vertreibung, in: VETTER, Keine bleibende Stadt, 208.

72 Ab 1995 nannte es sich *Hilfskomitee für die deutsche Evangelische Landeskirche aus dem ehemaligen Jugoslawien e. V.*

Hilfskomitees für die evangelische Landeskirche aus Jugoslawien (HIKO) befinden.

Fazit

Das Schicksal von deutschen Protestanten aus Jugoslawien könnte mit den massiven Christenverfolgungen der Geschichte verglichen werden, doch die Situation war viel komplexer und vielschichtiger. Das religiöse Element im Nachkriegsjugoslawien war nicht die Hauptursache der Verfolgungen. Es handelte sich vielmehr um eine Mischung aus Kriegsrache (Rachezorn)[73] und ethnischer Kollektivschuld, die fast alle jugoslawischen Volksdeutschen erlitten haben. Die Deutschen, egal welcher Konfession, wurden, genau wie die Italiener, die in Istrien und Dalmatien lebten, in Folge einer neuen ideologischen, aber auch slawisch-ethnischen Umgestaltung des Staates, dezimiert. Auch der revolutionären Eliminierung von bürgerlich-demokratischen Kräften sind viele kroatische, serbische und andere, meistens unschuldige Bürger Jugoslawiens, zum Opfer gefallen. Jedoch fielen die Vertreter der deutschen evangelischen Kirche in Jugoslawien besonders unter die Kriegsrache der jugoslawisch-kommunistischen Regierung – zuerst, weil sie deutsch waren, zweitens, weil sie bürgerlich-intellektuelle Elemente sammelten und drittens, weil sie christlich waren.

---

73 Diesen Terminus verwendet der kroatische Historiker Ivo Goldstein in seinem Artikel. Ivo GOLDSTEIN, Značaj godine 1945 u hrvatskoj povijesti i osvetnički gnjev [Bedeutung des Jahres 1945 in der kroatischen Geschichte und der Rachezorn], in: Nada KISIĆ-KOLANOVIĆ / Mario JAREB / Katarina SPEHNJAK (Hg.), 1945 – Prekretnica hrvatske povijesti, Zagreb 2006, 59-75.

WINFRIED TÖPLER (BEARB.)

Rundverfügungen des erzbischöflichen Generalvikariats Breslau für die Seelsorge 1941 bis 1945. Teil IV: Juli 1944 bis Januar 1945

Teil I, Einleitung und Jahrgänge 1941–1942 siehe ASKG 75 (2017), 9–13.
Teil II, 1943, siehe ASKG 77 (2019), 9–161.
Teil III, Januar bis Juli 1944, siehe JaKKDOS (ASKG) 78 (2020), 95–224.
Zu den Editionsgrundsätzen sei hier nur wiederholt vermerkt:
[a-a] gesperrt geschrieben
[b-b] zentriert gesetzt

[1944 Nr. 12]

Erzbischöfliches General-Vikariat
Breslau, den 31. Juli 1944
Nr. 9859
Rundverfügung an die Herren Dekanats-Erzpriester, betr. Materialanweisung für die Seelsorge.

Zum Breslauer Domjubiläum[1]
[ab]1244-1944[ba]
Aus Anlaß des Breslauer Katholikentages im August 1926 schrieb Dr. Carl Sonnenschein[2] in seinen „Notizen" im „Katholischen Kirchenblatt" (Berlin):[3] „... In einer stillen Stunde wollen wir über die Brücke zur Dominsel wandern und an Breslaus Gräbern stillestehen.

---

1 Überschrift in Großbuchstaben und gesperrt geschrieben, zentriert und doppelt unterstrichen.
2 Geb. 15.7.1876, gew. 28.10.1900, gest. 20.2.1929.
3 Katholisches Kirchenblatt der Fürstbischöflichen Delegatur für Berlin, Brandenburg und Pommern, Nr. 35, 29.8.1926, 5 f.

Am Grabe Diepenbrocks.[4] Kardinal von Diepenbrock! Im westfälischen Bocholt geboren. Der Vater war Kammerrat. Den Sohn tauften sie Melchior. Die Melchiorstraße in Berlin, hinter der Michaeliskirche, ist nach ihm benannt. In Regensburg weihte ihn, den soldatisch Erzogenen, der heiligmäßige Sailer.[5] Nach Breslau geleitete ihn die heimliche Liebe Seuses,[6] die er zu einem Blumenstrauß von Gedichten gebunden. Friedrich Wilhelm IV. war sein kongenialer Freund. Diepenbrock bedeutet die Romantik.
Am Grabe Försters.[7] Dieser ist eines Malers Sohn. In Groß-Glogau geboren. Ein Redner von des Himmels Gnaden. Von perlender, geschmeidiger Beredsamkeit. Der Freund von Holtei.[8] Über ihn brach der Kulturkampf in der von Preußen eroberten Provinz zusammen. Er wurde abgesetzt. Das was 1875. Just vor einem halben Jahrhundert! Ein Regierungsrat, von Schuckmann mit Namen, übernahm die Vermögensverwaltung des Bistums. Försters gütigweiche Seele hat die ganze Banalität, den ganzen Unverstand, das ganze Elend der siebenziger Jahre ausgekostet. Stehe an diesem Grabe still und horche aufmerksam. Förster bedeutet den Kulturkampf.
Am Grabe Kopps.[9] Seine Wiege, die schmale des Webersohnes, stand in Duderstadt. Über Hildesheim und Fulda führte der Weg den Mitrageschmückten an die Oder. Du kennst sein Porträt! Wie klar diese Augen! Leoninisch fast die Hand. Cäsarenhaft dieser Wille. Ein Staatsmann, der zu regieren verstand. Ein Fürst ohne Prunk. Von friederizianischer Klarheit und Konzentration! Seine Bischofszeit war ein Zufassen. War schöpferische Kraft. Er ist der große Architekt dieser großen Diözese geworden. Kopp bedeutet den Aufbau.
Laßt uns beim Katholikentag, dem fünfundsechzigsten deutschen Katholikentag, dem fünften, den die Mauern Breslau umspannen, an diesen drei Gräbern stille Blumen niederlegen. An diesen drei Gräbern ein herzliches, ein versunkenes Gebet sprechen. An diesen drei Gräbern die Hände zum Schwur heben! Sie sollen uns, diese Männer, den Willen der Zukunft geben. Wir brauchen die Romantik ihrer Stimmung, die Tapferkeit ihres Duldens, die Kraft ihrer Architektur ..."

---

4 Melchior Kardinal von Diepenbrock, geb. 6.1.1798, gew. 27.12.1823, kons. 8.6.1845 zum Bischof von Breslau, kreiert 30.9.1850, gest. 20.1.1853.

5 Johann Michael Sailer, geb. 1751, gew. 1775, seit 1780 Theologieprofessor an verschiedenen Hochschulen, seit 1829 Bischof von Regensburg, gest. 1832.

6 Heinrich Seuse (1295 oder 1297 bis 1366), deutscher Dominikanermönch und Mystiker.

7 Heinrich Förster, geb. 24.9.1799, gew. 17.4.1825, kons. 15.10.1853 zum Bischof von Breslau, gest. 20.10.1881.

8 Karl von Holtey (1798–1880), schlesischer Theaterschriftsteller und Schauspieler.

9 Georg Kardinal Kopp, geb. 25.7.1837, gew. 28.8.1862, kons. 15.11.1881 zum Bischof von Fulda, transferiert nach Breslau 1887, kreiert 16.1.1893, gest, 4.3.1914.

Für die Männerseelsorge.
Am Vorabend des Festes der Apostelfürsten stieg der Papst wie alljährlich in die Peterskirche hinab, um am Grabe des ersten Papstes zu beten. Die Tore der Basilika waren um diese Zeit für das Publikum geschlossen und nur wenige Personen begleiteten den Hl. Vater. Das Peter-Paulfest selbst wurde am Mittelpunkt der Weltkirche wieder mit der gewohnten Feierlichkeit begangen. Die Basilika war mit rotem Damast ausgeschlagen, die altehrwürdige Bronzestatue des hl. Petrus war mit Pluviale und Tiara bekleidet. Den ganzen Tag über kamen Tausende von Gläubigen zum Gebet. Kardinal Tedeschini,[10] der Erzpriester von St. Peter, zelebrierte um 10.30 Uhr ein feierliches Pontifikalamt.

–

Im Seligsprechungsprozeß Papst Pius X. wurde Ende Juni 1944 ein wichtiger Akt vorgenommen: Die Rekognoszierung der Leiche. Die Rompilger erinnern sich an den schlichten Marmorsarkophag in den Grotten von St. Peter, an dem fast immer fromme Beter knien. Dieser wurde geöffnet, die Leiche erhoben und mehrere Tage lang in der Reliquienkapelle von St. Peter hinter Glastüren für den allgemeinen Besuch aufgebahrt. Obwohl schon 30 Jahre nach dem Tode des gottseligen Papstes vergangen sind, ist der Leichnam noch sehr gut erhalten, nur Hände und Gesicht sind schon etwas geschwärzt. Vor der neuerlichen Beisetzung wurde Papst Pius X. mit neuen Gewändern bekleidet: mit einer roten Stola aus seiner eigenen Pontifikatszeit und mit den übrigen Gewändern aus der Garderobe Pius XII. Am 3. Juli d. Js. erfolgte dann im Beisein mehrerer Kardinäle und Bischöfe und viel Volkes die abermalige Überführung der Leiche in die Grotten. Auf dem Weg von der Reliquienkapelle zu den Grotten machte der feierliche Zug an der Confessio halt, der offen im Sarge ruhende Leichnam wurde niedergestellt und konnte nochmals kurz von allen Andächtigen besichtigt werden. Sodann wurden auf Anordnung des Präfekten der Ritenkongregation, Kardinal Salotti,[11] mehrere Münzen aus dem Pontifikat Pius X. sowie die Trauerede aus dem Jahre 1914 und eine Pergamenturkunde über die Rekognoszierung des Leichnams diesem beigegeben und hierauf der Holzsarg geschlossen. Dieser wurde in einen zweiten (Zypressensarg) eingeschlossen und dieser erst in den großen Marmorsarkophag.

–

Beim Pontifikalrequiem für die Opfer des Fliegerangriffs auf München am 25. April, gehalten im Dom zu München am 19. Mai 1944, sprach Kardinal Faulhaber unter dem Thema „Die Stimme des Herrn aus dem brennenden Dornbusch“ den Hinterbliebenen und allen Leidtragenden tiefen Trost zu. Er sagte

---

[10] Federico Tedeschini, geb. 1873, gew. 1896, 1921 Bischof, 1933/35 Kardinal, gest. 1959.

[11] Carlo Salotti, geb. 1870, gew. 1894, kons. 1930, kreiert 1933/35, seit 1938 Präfekt der Ritenkongregation, gest. 1947.

u.a.: „Wenn die Kirchen die Verheißung hätten, sie würden niemals vom Blitz getroffen, niemals von einem Feuer verzehrt, niemals bei Bombenangriffen beschädigt, ja dann würden auch die Lästerer, die sonst keine Kirche betreten, beim Fliegeralarm auf die Kirchen zulaufen. Wenn der Herr neben jede Kirche und jedes Heiligenbild einen Engel stellen würde, der mit flammendem Schwert alle Schädlinge abzuwehren hätte, wenn also um jede Kirche eine ewige Wunderkette sich schlingen würde, dann stände der Kirchenbesuch in Blüte, und doch hätten wir dann vor lauter Religion keine Religion, weil ein solcher Glaube sich nur auf das äußere Wunder stützen würde statt auf die innere freie Zustimmung zum Worte Gottes und zum Wort der Kirche. Nein, so leicht, so mechanisch äußerlich kommt das Glauben nicht zustande ... Es gibt einen Halt, der von den Ruinen unserer Kirchen den Glauben aufrecht hält, das ist der kleine, aber unendlich tiefe Glaubenssatz: Dominus est, Er ist der Herr! Er hält die Schlüssel des Todes in den Händen und verteilt die ‚Kronen des Lebens'. Er hat die Welt ins Dasein gerufen. Er erhält die Schöpfung im Dasein und schließt die Weltgeschichte ab, wenn seine Stunde gekommen ist. ‚Er schüttelt die Erde ‚im Erdbeben'', ‚Er bereitet den Himmel aus und schreitet über die Wellen des Meeres',[12] ... Er fragt nicht, ob Sein Weltplan oder Sein Heilsplan die Zustimmung Seiner Geschöpfe findet, und niemand kann Ihm das Szepter der Weltregierung aus den Händen nehmen. Zwei Tatsachen stehen bombenfest: Der Herr hat die Erde ‚nicht zum Verwüstetwerden geschaffen, sondern zum Bewohntwerden' (Isaisas 45,18). Wir dürfen nicht kaufmännisch mit Gott abrechnen wollen: ‚So und soviel habe ich gebetet und die Kirche besucht und Almosen gegeben, also mußt Dur mir das und das, Gesundheit und Schutz für Hab und Gut dafür gutschreiben.' Gott ist der Herr, nicht der Geschäftspartner der Menschen. Wir dürfen bei unseren Gebeten auch nicht abergläubisch werden, wie die Verbreiter der sinnlosen Kettenbriefe und der anderen abergläubischen Gebetszettel: ‚Wer dieses Gebet abschreibt und weitergibt, dem [a]kann[a] nichts passieren, der wird vor allem Unglück verschont.' Der Herr der Heerscharen ist der Herr, nicht der Hausknecht der Menschen. Wir müssen beim Beten unseren Willen restlos unterordnen unter den Willen Gottes, auch wenn er großes Leid uns schickt ... Unser Gebet wird in einem viel höheren Sinne erhört, wenn es uns die Kraft gibt, in der Gnade Gottes das Leid zu tragen. Und für unsere Toten war, so wahr Gott lebt, die Gnade Gottes am Werk in ihrer letzten Stunde. ... Es liegt offenbar eine große Schuld auf den Völkern, die im Geiste der Buße und Sühne abgetragen werden muß. Wir dürfen nicht immer nur anderen die Schuld und die Verantwortung aufladen, wir müssen alle, sagt der heilige Vater, einsehen, daß jeder durch eigene Schuld zu diesem Schuldkonto der Menschheit beigetragen hat. Wir müssen

[12] Nach Ijob 9,6 und 8.

durch Buße und Sühne von der Schuld abzutragen suchen in Vereinigung mit dem, der den Schuldbrief ans Kreuz geheftet hat und dieses Sühnopfer in der hl. Messe erneuert. Unter den Opfern des 25. April waren auch tiefreligiöse Menschen, reine Menschen, reife Menschen. Es gibt keinen tieferen Sinn ihres Strebens, keinen größeren Trost für die Hinterbliebenen als diesen: Sie haben mit ihrem Sterben Sühne geleistet und von der großen Schuld der Menschheit ein wenig abgetragen und damit die Tage der Heimsuchung abgekürzt."

–

In Rom verstarb der Generalvikar der Gesellschaft Jesu, P. Alexius Ambrosius Magni, S.J.,[13] im Alter von 71 Jahren. Er hatte nach dem Todes Generals P. Ledochowski[14] am 13.12.1942 die oberste Leitung des Ordens übernommen, da die Wahl eines neuen Generals infolge der Zeitverhältnisse nicht möglich war. P. Magni hat als Prediger und Studentenseelsorger eifrig gewirkt; namentlich aber war er ein gesuchter Exerzitienmeister. Zweimal, 1925 und 1936, gab er die Exerzitien im Vatikan, die immer auch der Papst selbst mitmacht, einmal gab er die Exerzitien dem Patriarchen von Venedig und seinen 13 Suffraganbischöfen. – Zum neuen Generalvikar der Gesellschaft Jesu wurde P. Norbert de Boynes[15] gewählt, bisher Assistent für Frankreich und Superior der Generalkurie. R.i.p.

–

Der „Osservatore Romano" vom 1. April brachte einen längeren Gedenkartikel zum 10. Todestag des deutschen Kardinals Franz Ehrle S.J.,[16] der am 31. März 1934 im gottbegnadeten Alter von 88 Jahren starb. In einer Darstellung des Lebens dieses hervorragenden Gelehrten würdigt der Artikel insbesondere seine Verdienste, die er sich als Präfekt der Vatikanischen Bibliothek von 1895 bis 1914 durch Neuordnung der Handschriften, photographische Reproduktionen aller größeren Codices, Schaffung eines Arbeitssaales u.a. erwarb. Welcher Wertschätzung sich Kardinal Ehrle erfreute, das zeigte sich bei Vollendung seines 80. Lebensjahres, als ihm Pius XI. als Geburts[tags]geschenk eine von vielen Wissenschaftlern angefaßte umfangreiche Festschrift überreichte, welche die klassische Widmung trug: Tibi de tuis tui tua.[17] Im Jahre 1911 hatte Ehrle dem Papst Pius X. seinen eigenen Nachfolger als Bibliothekar in der

---

13 Geb. 1873, Eintritt 1892, gest. 12.4.1944.

14 Włodzimierz Ledóchowski, geb. 7.10.1866, Ordenseintritt 1889, gew. 1894, gest. 13.12.1942; 1915–1942 Ordensgeneral der Jesuiten.

15 Geb. 24.8.1870, gew. 24.8.1902, gest. 6.10.1954; 1944 bis September 1946 Generalvikar des Jesuitenordens; erst dann konnte wieder ein Ordensgeneral ordentlich gewählt werden.

16 Geb. 1845, gew. 1876, kreiert 1922, gest. 1934.

17 Miscellanea Francesco EHRLE: Scritti di storia e paleografia pubblicati ... in occasione dell' ottantesimo natalizio delle Cardinale Francesco Ehrle. Biblioteca apostolica Vaticana 1924.

Person von Msgr. Achille Ratti,[18] Präfekt der Ambrosiana in Mailand, vorgeschlagen. In seine Hände legte er drei Jahre später die Leitung der Vatikanischen Bibliothek.

–

Zum Patrozinium des St. Paulusdomes in Münster teilte Bischof Galen[19] in einem Hirtenwort mit, daß die Sicherungsarbeiten an dem so schwer heimgesuchten Bauwerk fleißig betrieben werden. Jedoch wird es bei einem ungestörten Arbeiten frühestens im nächsten Jahre möglich sein, wieder Gottesdienst im Hochchor und Ostteil des Schiffes zu feiern. Die völlige Herstellung muß den Zeiten des Friedens überlassen werden.

–

In der Erzdiözese Wien wurden durch die Angriffe in der Pfingstwoche 5 Kirchen getroffen, darunter 4 ganz zerstört. Drei dieser vollständig zerstörten Kirchen sind Pfarrkirchen.

–

Der Generalpräses des Kolpingwerkes Msgr. Theodor Hürth[20] schreibt in einem Kurzbericht über die deutsche Kolpingsfamilie u.a.: „Wir schauen ... unverzagt in die Zukunft. Im Geiste gehen wir zum Grabe unseres Vaters Adolf Kolping, dessen Grabeskirche durch Spreng- und Brandbomben fast vollständig zerstört ist. Wir wissen, daß aus all diesen Ruinen wieder neues Leben blühen wird und daß wir uns schon heute bereiten müssen, die große Mission, die Vater Kolping an der christlichen Erneuerung unseres Familien- und Volkslebens und an der beruflichen Ertüchtigung des Handwerkerstandes als eine neue und große Aufgabe vor sich hat, im weitesten Umfange zu erfüllen.
Mit Recht nennen wir Kolping den Gesellenvater und den Apostel der katholischen deutschen Familie.
Aber die Arbeiten zu seinem Seligsprechungsprozeß lassen immer deutlicher erkennen, daß er auch Priester-Vater genannt werden darf und muß. Ich wüßte keinen deutschen Priester, der so tief die Nöte unserer Zeit erkannt und vorausschauend durchschaut hat, der so wegweisend und führend in Wort und Tat angefaßt hat, der darum dem Seelsorger von heute so stark Beispiel und Führer sein kann, wie Adolf Kolping. Darum muß auch sein Seligsprechungsprozeß eine Herzensangelegenheit des gesamten deutschen Klerus sein und dürfte nicht als eine Privatangelegenheit der Kolpingsfamilie interessenlos übersehen

---

[18] Geb. 1857, gew. 1879, Dr. jur., theol. et phil., 1882 Professor, 1907 Präfekt der Biblioteca Ambrosiana in Mailand, 1912 Präfekt der Vatikanischen Bibliothek, 1920 Apostolischer Nuntius in Polen und Titularerzbischof, 1922 Papst Pius XI., gest. 1939.

[19] Clemens August Graf von Galen, geb. 1878, gew. 1904, 1933 Bischof von Münster, Kardinal 1946, gest. 1946.

[20] Geb. 1877, gew. 1900, seit 1924 Generalpräses des Kolpingwerkes, gest. 1944 bei einem Bombenangriff.

werden. Kolping hat uns Priestern von heute mehr zu sagen, als Petrus Canisius.[21] Und wenn Pater Josef Anton[22] von Altötting, der gewiegteste Kenner der Kanonisationsprozesse, mir nach Einsicht in die Akten der causa Kolpings schrieb: „Ich halte jetzt Kolping für größer als Don Bosco", dann dürfte es an der Zeit sein, einen Kolping aus der engen Sicht eines sozialen Organisationsgründers herauszunehmen und ihn als wegweisendes Beispiel mitten vor Klerus und Volk hinzustellen. Eine gewisse Verzögerung haben die Prozeßarbeiten im vergangenen Jahre nicht nur durch die verheerenden Fliegerangriffe, sondern auch durch den Umstand erfahren, daß es mit besonderen Schwierigkeiten verbunden war, den in Holland untergebrachten handschriftlichen Nachlaß Kolpings herbeizuschaffen. Möge das neue Jahr nicht ähnliche Hindernisse bringen!"

–

Aus dem Benediktinerorden. Aus der Benediktinerkongregation von St. Ottilien stehen insgesamt 72 Priester, 57 Kleriker, 222 Brüder und 150 Zöglinge, zusammen 501 Mitglieder, im Wehrdienst. Von diesen sind 10 Priester, 10 Kleriker, 40 Brüder und 29 Zöglinge, zusammen 89 gefallen; vermißt sind 48. Militärische Dienstgrade (vom Stabsunteroffizier aufwärts) haben erhalten 133 Mitglieder, militärische Auszeichnungen 495 Mitglieder.
Am 6. Mai starb der Benediktinermönch aus der Erzabtei P. Beda Danzer, Mitarbeiter an zahlreichen theologischen Zeitschriften und hervorragender Kenner der Geschichte des Benediktinerordens und seiner Klöster in Europa und Übersee. R.i.p.

–

Am 2. Mai d. Js. starb in Näfels (Schweiz) P. Gaudentius Koch O.M.Cap.,[23] bekannt als fruchtbarer Schriftsteller und Dichter vieler Kirchenlieder.

–

Den „Mitteilungen" des Generalvikariats Hildesheim entnehmen wir folgendes von dem frühverstorbenen Priester Christoph Hackethal[24] verfaßte kurze Gebet, das er wohl in manch schwerer Stunde gebetet hat:

Gott
Du nur einer. –
Wir sind viele.
Laß uns sein sein,
Herr, durch dich!

---

[21] Petrus Canisius oder Pieter Kanijs (1521–1597), niederländischer Theologe und erster Jesuit, Schriftsteller der Gegenreformation.

[22] P. Joseph Anton Kessler (geb. 1868, gew. 1892, gest. 1947).

[23] Gaudentius (Friedrich) Koch, Pseudonym Liebfrauenlob, geb. 1867, prof. 1886, gew. 1890.

[24] Geb. 1899, zum Priester des Bistums Hildesheim geweiht 1923, umgekommen im KZ Dachau am 25.8.1942.

Du, o Reinster –
Hehrste Stille!
Laß uns rein sein,
Herr, durch dich!

Wie du keiner –
Reichste Fülle.
Rein, reif, reich sein,
Herr durch dich!

Für die Glaubensstunde.
650 Jahrfeier der St. Peter-Paul-Pfarrkirche in Landeshut/Schles.
Die Landeshuter Pfarrkirche wurde alsbald nach der Gründung der Stadt 1294 von Herzog Bolko[25] von Schweidnitz massiv erbaut. So ist sie das älteste Bauwerk inmitten der Altstadt am Obertor mit ihrem alten Wehrturm, der vor etwa 100 Jahren unter Pfarrer Klopsch[26] seinen zierlichen formschönen Aufbau im Biedermeierstil erhielt und ein Wahrzeichen der Stadt geworden und geblieben ist. Bis heute sind die bedeutsamsten Teile des ursprünglichen Baues erhalten, vor allem das Presbyterium mit seinen gotischen Formen. Das ebenfalls noch in seinem ersten Umfange bestehende Langschiff hat später eine wesentliche Veränderung erfahren durch die notwendig gewordene Vergrößerung des Gotteshauses in Form eines seitlichen Anbaues mit der darüber angebrachten Empore. In diesem Teile und damit mit seinem ersten Einbruch eine Art „Predigtkirche" trägt es die bleibende Erinnerung an die Zeit, da es von ca. 1560 bis ca. 1650 von Protestanten benutzt wurde. Spätere Zeiten haben weiter gebaut und gestaltet; besonders war es Pfarrer Heinrich Puschmann,[27] der mit viel Liebe und persönlicher Opferbereitschaft zusammen mit der von ihm begründeten „Kirchenbauhütte" der Kirche ihre jetzige Innenausstattung gab. 1932 erhielt sie unter G.R. Paul Scholz[28] in ihrem Äußeren ein neues Gewand, vor allem auch ein würdiges Sandsteinportal. Mit dem Einbau einer Kirchenheizung konnte im dem Jahre 1938 ein erster Schritt getan werden zu der bevorstehenden Neugestaltung und Renovation des Innenraumes mit dem Ziel einer notwendigen Aufhellung und einer Raumgestaltung die den gottesdienstlichen Bedürfnissen mehr Rechnung tragen soll.

---

25 Bolko (1308–1368), seit 1326 Herzog von Schweidnitz und Jauer.

26 Josef Klopsch, geb. 5.11.1802, gew. 17.4.1825, 1838 Pfarrer in Landeshut (poln. Kamienna Góra), 1848 Pfarrer in Glogau (poln. Głogów), 1855 Domkapitular, gest. 9.6.1879.

27 Geb. 8.12.1840, gew. 28.6.1866, 1886–1899 Pfr. in Landeshut, gest. 9.3.1918.

28 Geb. 22.8.1863, gew. 23.6.1890. 1899–1936 Pfr. in Landeshut, gest. 7.2.1936.

Eine religiöse Woche „Die Kirche in der Zeit“, gehalten von P. Dr. Robert Svoboda O.S.C.,[29] war mit ihren gehaltvollen, zeitnahen und ermutigenden Gedanken ein schöner Auftakt zur Festfeier am 2. Juli. Als Vertreter Se. Eminenz konnte die Gemeinde den Hochww. Herrn Dompropst Dr. Blaeschke[30] freudig begrüßen, den einstigen Kaplan und Pfarradministrator von Landeshut (1896-99). Im Pontifikalamt, währenddessen der Kirchenchor die „Krönungsmesse“ von Mozart aufführte, hörten die Gläubigen froh und aufmerksam die Festpredigt ihres alten verehrten Seelsorgers,[31] der mit schönen Erinnerungen und Rückblicken auf die Vergangenheit bedeutsame und richtungsweisende Anregungen und Ermahnungen für den weiteren Weg der Pfarrfamilie verknüpfte. Eifrig ging gerade auch an diesem Tage die Gemeinde zum Tisch des Herrn. Der Festtag klang aus in einer Feierstunde am Nachmittag mit Festpredigt des P. Dr. Robert Svoboda, Ansprache des Hochww. Herrn Prälaten Dr. Blaeschke und Dankesworten des Pfarrers. Auch ein Vertreter des Patronates (Stadtverwaltung Landeshut) nahm an der Festfeier teil.

–

Militärische Auszeichnungen.
Der Priester Erwin Gitzler[32] aus Ratibor z.Zt. San.Feldwebel im Osten besitzt das EK II, das EVK II mit Schwertern, das silberne Verwundetenabzeichen und das Infanteriesturmabzeichen.
Der Minorist im Erzb. Priesterseminar Hans-Ulrich Kober[33] aus Wartha, Oberfeldwebel in einem Grenadierregiment im Osten, erhielt im März das EK I. Er besitzt außerdem das EK II und EVKII mit Schwertern.

–

Wallfahrtsfest in Deutsch-Wartenberg. Das alte Wartenberger Gnadenbild, das früher in Kleinitz seine Heimat hatte, wurde von den Jesuiten im Jahre 1656 in dem schwedisch-polnischen Kriege nach Wartenberg geholt in die dortige Schloßkapelle, um es vor der Zerstörung zu bewahren. Unter Berufung auf die unruhigen Verhältnisse in Polen blieb es auch nach dem Kriege weiter in Deutsch-Wartenberg. Dafür wurde zu Mariä Heimsuchung, zum 2. Juli eine große Prozession mit dem Gnadenbild nach Kleinitz gehalten, die am 1. hinging und am 2. zurückkam. Um 1700 bauten die Jesuiten an Stelle der

---

29 Geb. 26.5.1904, 1924/1927 Ordenseintritt als Kamillianer, gew. 19.3.1929, 1939-1949 Provinzial der dt., 1946–1955 der österr. Ordensprovinz, gest. 8.7.1970.

30 Alfons Blaeschke, geb. 2.11.1870, gew. 23.6.1896, 1909 Pfr. in Liegnitz, 1915 Domkapitular, 1916-1938 Generalvikar, 1924 Dompropst, gest. 26.11.1950.

31 Bernhard Görlich, geb. 25.5.1909, gew. 1933 in Breslau, 1933–1937 Kpl. in Landeshut, dann Pfarrer dort, 1946 im Bistum Hildesheim, seit 1947 im Bistum Rottenburg, gest. 11.10.1984.

32 Geb. 26.1.1916, gew. 2.2.1941, 1941–1944 Wehrmacht, 1944–1950 Kriegsgefangenschaft, dann in Konstanz, gest. 27.4.1969.

33 Verbleib unbekannt.

bisherigen Schloßkapelle die heutige Schloßkirche, deren Hochaltar als Thron für das Gnadenbild eingerichtet wurde. Seitdem ist das Gnadenbild in Deutsch-Wartenberg geblieben, wenn auch bisweilen noch Prozessionen nach Kleinitz stattfanden. Alljährlich am Feste Mariä Heimsuchung wird nun in Deutsch-Wartenberg das sogenannte Wallfahrtsfest feierlich begangen.
Den Höhepunkt des Wallfahrtsfestes, das dieses Jahr vom 2.-9. Juli in Wartenberg gehalten wurde, bildet die Überführung des Gnadenbildes in feierlicher Prozession von der Schloßkirche in die Pfarrkirche und zurück. Fast die ganze Geistlichkeit der benachbarten Dekanate ist vertreten. Etwa 3-4000 Teilnehmer aus Deutsch-Wartenberg und Umgebung und der nordniederschlesischen Diaspora wurden geschätzt. Da die Kirche die Menge der Gläubigen nicht fassen kann, wird die Festpredigt alljährlich im Schloßhof gehalten. P. Pietsch S.J.,[34] verstand es, den von weither gekommenen Wallfahrern mit zündenden Worten das Glück ihres heiligen Glaubens zu schildern. Jeden Abend in der Oktav hielt derselbe Pater eine große Predigt in der Schloßkirche, jeden Morgen wurden mehrere Ämter gehalten, zu denen die Gläubigen trotz des schönen Erntewetters aus der ganzen Umgebung recht zahlreich zusammengekommen waren. Auch die katholische Jugend der Umgebung, die zum großen Teil in dem benachbarten Neusalz arbeitet, hatte zwei Mal in der Woche in der Frühe Gemeinschaftsmesse, die recht gut besucht waren. In der ganzen Woche sind in der Wallfahrtskirche 8.000 hl. Kommunionen gespendet worden. Das Wallfahrtsfest in Deutsch-Wartenberg ist für die ganze Umgebung jedes Jahr eine Zeit der religiösen Erneuerung.
(Über die Entstehung der Wallfahrt nach Deutsch-Wartenberg und die näheren Einzelheiten unterrichtet gut Alfons Nowack: „Schlesische Wallfahrtsorte älterer und neuerer Zeit im Erzbistums Breslau.“ Breslau 1937.)

–

25 Jahre Redemptoristenkirche „Maria Trost“ in Breslau-Grüneiche. Am 2. Juli beging die Redemptoristen-Kirche „Maria Trost“ in Breslau-Grüneiche die 25-Jahrfeier ihres Weihetages. Zur Vorbereitung auf das Jubelfest hielt P. Rektor Rinke[35] eine Eucharistische Familienwoche. Der Jubeltag selbst erhielt besondere Weihe durch ein feierliches Pontifikalamt des Hochww. Herrn Generalvikars Prälaten Dr. Negwer und dessen aufmunternde Worte in der Festpredigt. Viele Freunde des Kirchleins aus der Gründungszeit hatten sich zur Schlußfeier eingefunden, wobei P. Provinzial v. Meurers[36] C.ss.R. – Köln die

---

[34] Wohl P. Walter Pietsch S.J:, geb. 1911, Ordenseintritt 1932, gew. 1940, 1962 in die Diözese Gurk inkardiniert, gest. 1990.

[35] P. Alfons Rinke, geb. 5.3.1888, gew. 27.7.1914, seit 1940 Rektor und Prokurator in Breslau, gest. 10.1.1952.

[36] P. Eugen v. Meurers C.ss.R. (1889–1945), 1936-1945 Provinzial der niederdeutschen Provinz.

Jubiläumsansprache und H. Domkapitular Dr. Lukaszczyk[37] die Euchar. Prozession durch den Park führte. Das freundliche Kirchlein ist in schwerer Zeit als Notbau erstanden aus dem Rüstholz für die Instandsetzung der Domtürme. Längst reicht es nicht mehr aus für den stetig wachsenden Zuspruch der Gläubigen am Rande der Bischofsstadt. Möge die Zeit nicht ferne sein, die der Planung einer geräumigen Kloster- und Seelsorgskirche Verwirklichung bringt.

–

Nach einem Bericht der Zeitschrift „Der Sonntag“ vom 2.7. d. Js. ist die Schweizer Garde des Vatikans schon vor einiger Zeit auf 2.000 Mann erhöht worden. Jetzt sollen weitere 2.000 Mann eingestellt werden.

–

Das Erz. Theologenkonvikt hat außer den 18 bisher gemeldeten vermißten bezw. in Gefangenschaft geratenen Theologen 4 neue Verluste zu melden:
[a]Slanina[a], Bernhard, cand. theol. approb., geboren am 11.8.1913 in Klein-Peterwitz, Kr. Ratibor, Olmützer Diözesan, wird sei dem Frühjahr 1944 auf dem östlichen Kriegsschauplatz vermißt. Er ist Unteroffizier.
[a]Buchta[a], Georg, geboren 2.4.1918 in Beuthen O/S., cand.theol., wird seit dem 8. Mai vermißt. Er ist Unteroffizier und war zuletzt auf der Krim.[38]
[a]Galle[a], Willibald, cand.theol., geboren am 11.12.1917 in Breslau, wird seit dem Verlust von Tarnopol (April 1944) vermißt. Er ist Unteroffizier.
[a]Kurka[a], Richard, stud.theol., geboren am 16.11.1920, Olmützer Diözesan, Obergefreiter bei der Luftwaffe, eingezogen zur Wehrmacht am 15.10.1940, gilt seit dem 24. März 1944 als vermißt an der Ostfront. Sein Vater ist Schlosser in Schepankowitz, Kr. Ratibor, Straße des 8. Okt. Nr. 79. – Wir bitten, ihrer im Gebete zu gedenken.

–

Außer den 56 gemeldeten gefallenen Theologen hat das Erzb. Theologenkonvikt 2 neue Verluste zu beklagen:
[a]Moczko[a], Hubert, cand.theol.approb., geboren am 28.11.1916 in Oppeln, Unteroffizier in einer Nachrichten-Abteilung, starb am dem Wege zum Hauptverbandsplatz nach schwerer Verwundung am 5. Juli 1944 im Osten. M. ist Vollwaise. Seine Stiefmutter verww. Frau Lehrer Moczko wohnt in Breslau, Bohrauer Str. 12a. R.i.p.
[a]Heinze[a], Reinhard, geboren am 16. Nov. 1916 in Grottkau, cand.theol.approb., Sanitäts-Unteroffizier, Inhaber des Kriegsverdienst-Kreuzes II. Kl. mit Schwertern und der Ostmedaille, fiel am 15. Juli 1944 bei Caen in Frankreich.

---

37 Paul Lukaszczyk, geb. 29.5.1878, gew. 28.10.1903, seit 1934 Domkapitular, Dompfarrer u. Offizial, gest. 3.9.1950 in Trebnitz.

38 1944–1949 Kriegsgefangenschaft, gew. 25.2.1951, gehörte dann zum Bistum Hildesheim, gest. 2.11.1994.

H. ist Prager Diözesan (Generalvikariat Glatz). Sein Vater ist Sparkassenkontrolleur a.D. in Neurode, Kr. Glatz, Magnis-Str. 19. R.i.p.

–

Das Oberkommando der Wehrmacht hat dem Wehrmachtsstandortpfarrer von Mährisch-Ostrau, Wilhelm Sperlik,[39] in Anerkennung seiner mehrjährigen Verdienste um die Wehrmachtsseelsorge in Böhmen und Mähren das Kriegsverdienstkreuz II. Klasse verliehen.

–

Die kirchliche Statistik der Diözese Linz ergab für 1943 eine Katholikenzahl von 957 086 (Nichtkatholiken 70 325). Die durchschnittliche Besucherzahl der Sonntagsmesse lag bei 384 000. 1288 Austritten aus der katholischen Kirche stehen 815 Rück- und 273 Übertritte zur katholischen Kirche gegenüber. Obwohl im Ganzen die Zahl der Austritte noch überwiegt, sind in den größeren Städten wie Linz und Steyr die Rücktritte bedeutend zahlreicher als die Austritte.

–

Die Äbtissin der Zisterzienserinnenabtei Thyrnau (Diözese Passau), Frau Juliana Meier,[40] beging am 26. Juli d. Js. ihr silbernes Amtsjubiläum als Äbtissin. Aus diesem Anlaß zelebrierte Abt Eberhard Hoffmann[41] von Marienstatt, dem die Abtei Thyrnau unterstellt ist, ein feierliches Pontifikalamt.

–

Am 10. Juni verschied in Pulgarn[42] bei Steyregg (Oberdonau) im Alter von 71 Jahren der Hochww. Herr Propst Dr. Vinzenz Hartl[43], lateran. Abt der Augustiner-Chorherren des Stiftes St. Florian. Der Verstorbene war zugleich Generalabt der österreichischen Chorherrenkongregation, sowie Direktor der mit dem Stift St. Florian verbundenen phil.-theol. Lehranstalt. R.i.p.

<u>Für die Quatembertage.</u>

Am 15. Juni d. Js. verstarb im 62. Lebensjahre der Direktor des Canisiuswerkes in Wien, Paul Salec. Er gehörte dem Canisiuswerk seit seiner Gründung als

---

39 Geb. 23.4.1905, gest. 12.12.1977, Priester des Erzbistums Olmütz.

40 Geb. 1867, Profess 1893 in Vézelise, seit 1902 in Thyrnau, seit 1919 Äbtissin, verstorben 1949.

41 Hier liegt eine Verwechslung bzw. ein unrichtig eingefügter Name vor. Abt Eberhard Hoffmann, geb. 1878, gew. 1901, seit 1918 Abt von Marienstatt, starb 1940. Hier muss also sein Nachfolger gemeint sein: Abt Idesbald Eicheler, geb. 1896, Eintritt 1922, gew. 1926, Abt seit 1936, gest. 1971.

42 In Pulgarn in Oberösterreich bestand seit dem frühen 14. Jh. ein Spital, das später von den Brüdern des Ordens vom Hl. Geist geführt wurde. Während der Kriegsläufe 1485 fanden hier die Stiftsherren von St. Florian ein erstes Mal Zuflucht; ein zweites Mal, als das Stift St. Florian 1941 von den Nazis beschlagnahmt und enteignet wurde.

43 Geb. 1872, gew. 1898, Propst seit 1920, des Landes verwiesen 1941.

einer der eifrigsten Mitarbeiter an, von 1931 bis zu seinem Lebensende war er dessen Leiter. Das Canisiuswerk wurde als Verein zur Heranbildung katholischer Priester 1918 durch den Bürgerschuldirektor Josef Moser in Wien in Leben gerufen. Seine Mitglieder verpflichten sich durch Gebet und Geldspenden die Ausbildung von Priestern zu unterstützen. Über ganz Österreich und seit längerer Zeit auch über verschiedene Diözesen des Altreichs erstreckt sich die ungemein segensvolle Tätigkeit des Werkes. Etwa 800 Schützlinge werden durch dasselbe betreut. Die Mitgliederzahl des Vereins beträgt etwa 70.000.

Für den Kirchenchor.
Weihbischof Fliesser[44] von Linz zelebrierte anläßlich seines 25jährigen Priesterjubiläums im Dom zu Linz am Feste Peter und Paul einen Abendgottesdienst, der von etwa 7000 Gläubigen besucht war. Ein großer Chor von 160 Sängern und Sängerinnen aus den Kirchenchören von Linz brachte Palestrinas[45] berühmte Missa Papae Marcelli mustergültig zur Aufführung, um dadurch zugleich des 350. Todestages des großen Meisters zu gedenken. Die lateinischen Responsorien wurden vom ganzen Volke gesungen, ein im Dom zu Linz erstmalig gemachter Versuch, der aber glänzend gelungen war.

–

Als Opfer eines Fliegerangriffes gab sein Leben der bekannte Musikpädagoge Prof. E. J. Müller,[46] der sich auch um das Ethos der Kirchenmusik hoch verdient gemacht hat, vor allem als letzter Herausgeber der Kirchenmusik-Zeitschrift des Verlages Schwann. R.i.p.

Für die Studentenseelsorge.
Der kürzlich verstorbene bayerische Historiker Hochschulprofessor Dr. Max Heuwieser[47] von Passau schreibt in seinem Testament: „Meine Berufsarbeit als Historiker hat mich zu einem nüchternen, sachlichen Beurteiler der Geschichte werden lassen. Aber etwas Wunderbareres an einer geschichtlichen Persönlichkeit habe ich nirgends gefunden, als das Selbstbewußtsein Jesu – und kein wunderbareres Ereignis von so gewaltigen Wirkungen, als die Auferstehung Christi. Wehe allen, die die Gottheit unseres Jesus Christus bekämpfen und wehe dem deutschen Volke, das ich liebe, wenn es sich den christlichen Glauben zerstören läßt. Es ist nur mit dem Christentum zu so großer geschichtlicher Bedeutung gelangt und würde ohne dasselbe sie wieder verlieren."

---

44 Joseph Calasanz Fließer, geb. 1896, gew. 1919, seit 1941 Weihbischof und Kapitelsvikar in Linz, 1946-1956 Bischof von Linz, gest. 1960.

45 Giovanni Pierluigi da Palestrina, geb. 1525, gest. 1594, italienischer Komponist.

46 Edmund Josef Müller, Lehrer an der Kölner Musikhochschule um 1930/1935.

47 Geb. 1878, gew. 1903, Dozent und Professor für Geschichte in Passau und Regensburg, gest. 10.5.1944.

Nach einem arbeitsreichen Leben starb in Innsbruck am 6. Juni nach kurzer Krankheit Dr. Michael Gatterer[48] S.J., Theologieprofessor, im 82. Lebensjahr und 59. seines Priestertums. Durch viele Jahrzehnte wirkte er überaus segensreich als Theologieprofessor, Schriftsteller und Beichtvater in Innsbruck, Klagenfurt und Wien. R.i.p.

–

In Bonn starb am 23. Mai im 72. Lebensjahr der Professor an der kath.-theologischen Fakultät der Universität und nichtresidierender Domkapitular Prälat Albert Lauscher.[49] R.i.p.
gez. I.V. [a]Lukaszczyk[a50]

[1944 Nr. 13]

Erzbischöfliches General-Vikariat
Breslau, den 10. August 1944
Nr. 10037
Rundverfügung an die Herren Dekanats-Erzpriester, betr. Materialanweisung für die Seelsorge.

Pontifikalhandlungen. Am 2. Juli spendete unser Hochww. Herr Kardinal in seiner Hauskapelle in Breslau eine Einzelfirmung. – Am 9.7. erteilte er in der Kapelle des Marianums die Subdiakonatsweihe an 2 Olmützer Diözesanen. – Am 15.7. erteilte unser Oberhirt in der Johannesberger Schloßkapelle in Jauernig die Tonsur an 1 Breslauer und an 1 Olmützer Diözesanen. – Am 16.7. erteilte Se. Eminenz in Weidenau den Ostiariat, Lektorat und Exorzistat an 1 Breslauer und 1 Olmützer Diözesanen, den Akolythat an 10 Olmützer, den Diakonat an 2 Olmützer Diözesanen. – Vom 16.-19.7. weilte unser Hochww. Herr Kardinal im Dekanat Freiwaldau (Ostsudetenland) und spendete das Sakrament des Hl. Geistes in Freiwaldau, Buchelsdorf, Lindewiese und Niklasdorf. – Am 24., 25. und 26. Juli erteilte unser Hochww. Herr Erzbischof in seiner Hauskapelle in Breslau die Tonsur und die niederen Weihen an 2 Breslauer Diözesanen. – Am 31.7. spendete unser Oberhirte in seiner Hauskapelle die hl. Firmung an 2 Einzelpersonen.

---

48 Geb. 1862, gew. 1885.

49 Geb. 1872, gew. 1897, 1917–1934 Prof. für Moraltheologie in Bonn, 1920–1924 Mitglied des Reichstags, 1921–1933 Mitglied des Preußischen Landtags.

50 Siehe Anm. 37.

Zur 700 Jahrfeier des Breslauer Domes (1244-1944)

In einem Aufsatz: „Der Breslauer Dom und seine Wiederherstellung" schrieb Alfred Schellenberg[51] in: „Die christliche Kunst" (April 1935):

„Siebzehn mittelalterliche Kirchen zählt Breslau, unter ihnen ist der Dom weder die größte noch die schönste. Was ihn auszeichnet vor den anderen, ist seine Lage. Im Herzen der Dominsel bestimmt er ihre Silhouette. Als noch vor 30 Jahren seine beiden Westtürme mit schlichten Notkappen gedeckt waren, da war der Rhythmus, der ihm Westen vom Sandstift und -kirche über die wundervolle Nadel des Kreuzkirchturmes zum östlichen Dom schwang, einer der schönsten, den ein Stadtbild in Deutschland aufzuweisen hatte. Seitdem jedoch die beiden flachen Domhauben durch zwei schlanke 22 m hohe geschweifte Spitzen ersetzt wurden, wurde die Melodie der Dominsel zerstört und die Turmsilhouette der Kreuzkirche übertrumpft, aber der Dom selbst hatte nichts gewonnen. Sein Inneres aber ward von Jahr zu Jahr peinlicher. Über den Mißverstand einer völlig verfehlten früheren Restauration legte sich ein dicker Mantel von Ruß und Staub, ... Selbstverständlich wurde dieser unleidliche Zustand nicht nur von den Fremden erkannt, und wenn schließlich vor etwa 2 Jahren Se. Eminenz der Fürsterzbischof und Kardinal Bertram zusammen mit dem Domkapitel den Entschluß zur Aufbringung der notwendigen Mittel faßte, um aus dem Breslauer Dom wieder einen Bau zu machen, der Charakter und Größe hatte, so wurde dadurch nur der erste Schritt zur Verwirklichung eines von der gesamten Breslauer Geistlichkeit gehegten Wunsches getan ... Auszugehen war bei der Restaurierung in jedem Fall vom Baustoff selbst. Gegeben waren dem Chor der rote Backstein, im Langschiff der goldgelbe Heuscheuer-Sandstein und weiter wurde die Farbstimmung des Kirchenraumes auch durch das herrliche Grau des Prieborner Marmors[52] bestimmt, der sich überall an Altären, Epitaphien, Kanzel und Steinfußboden in reicher Verwendung fand. Aus diesem Dreiklang von Goldgelb, Rot und Grau entwickelte Mayer-Speer[53] den neuen farbigen Raum, der, nun von allen Barbareien früherer Zeiten befreit, jene Einheitlichkeit und Ganzheit hat, die unsere Zeit von einem sakralen Raum fordert. Der Charakter dieses erneuerten Gotteshauses, das nun die Bezeichnung des Domes wieder mit Recht tragen darf, ist bestimmt nicht nüchtern und oder nackt oder arm, sondern von jener östlichen Herbheit und in der Sparsamkeit bedingten Strenge, die durchaus mit Größe vereinbar ist ...

Mit dem geleisteten Werk kann Breslau, ja, ganz Schlesien zufrieden sein ...

---

[51] Dr. Alfred Schellenberg (1888–1957), 1925 Lehrer für Kunstgeschichte an der Handwerker- und Kunstgewerbeschule Breslau, 1935 NSDAP-Mitglied, lebte in Breslau, seit 1941 in Warschau.

[52] Heuscheuer, Gebirge mit Steinbruch im Glatzer Gebirge. – Prieborn, Gemeinde im Kreis Strehlen (poln. Przeworno).

[53] Paul Mayer-Speer, 1887–1983.

Die Restaurierung setzte am 9. April 1934 ein und wurde mit der Weihe am 18. November des gleichen Jahres abgeschlossen. In einer erstaunlich kurzen Zeit ist damit ein Werk vollendet worden, dem niemand seine Bewunderung versagen wird."

Für die Caritasarbeit.
In einem Schreiben an den Diözesanvorstand des Bonifatiusvereins sagt unser Hochww. Herr Kardinal u.a.: „... Schon in den Vorkriegszeiten haben Wanderungen und Verschiebungen im Volke, die vorwiegend beruflicher Art waren, die Kirche bewogen, die Hinausziehenden besonders religiös zu festigen und in mütterlicher Überwachung ihnen zu folgen. Der Krieg hat diese Aufgabe ins Unermeßlich gesteigert. Denn kaum eine Familie ist bei der langen Dauer des Krieges mit seinen Massenaufgeboten und Zwangsläufigkeiten unberührt in heimatlicher Ruhe verblieben. Wertvoll ist es, wenn in solchen Zeiten der Unrast, die eine Menge religiöser Notstände bringen und dementsprechende neue Aufgaben, Priester mit kundigem Blick und treuem Herzen hinausziehen und Erfahrungen heimbringen, die der Erziehung und Ausrüstung besonders des jugendlichen Christenvolkes dienstbar werden können. Das ist Bonifatiusarbeit des Krieges: Bausteine zu sammeln auch für den Aufbau der lebenden Tempel des heiligen Geistes."[54]

–

Die Caritasschwestern der Haus- und Familienpflege des III. Ordens des hl. Franziskus mit dem Sitz in Aachen konnten am 1. Juli d. Js. auf das silberne Jubiläum ihrer Tätigkeit zurückblicken. Eine Fülle von Arbeit hat in diesen Jahren gezeigt, daß die junge und „neuartige" Gründung einem dringenden Bedürfnis entgegenkam. In seinem Glückwunschschreiben betonte der Generalvikar, wie sehr die bisherige Arbeit gezeigt habe, daß dieses Wagnis, in den verwirrten ersten Nachkriegsjahren eine neue Form dienender Caritasarbeit zu begründen, gelungen ist. Die Caritasschwestern des III. Ordens haben sich überall die Liebe des Volkes und die Achtung der geistlichen und weltlichen Behörden erworben.

–

Am 27. Juni starb im Mutterhaus Breslau die frühere langjährige Generaloberin der Grauen Schwestern von der hl. Elisabeth, Mater M. Mercedes Rother im 77. Lebensjahr und im 59. Jahre ihres Ordenslebens. Die Verstorbene kannte noch die Stifterinnen der Grauen Schwestern Maria Merkert und

---

[54] In den Unterlagen des Kardinals findet sich kein Schriftverkehr mit dem Bonifatius-Verein nach 1931. Entweder gibt es hier eine kriegsbedingte Überlieferungslücke, oder der Kardinal hatte alles dem Domdechanten Ferdinand Piontek überlassen, dessen Unterlagen vollständig verloren gegangen sind.

Franziska Werner. Nach 27jähriger Tätigkeit als Lehrerin und Oberin in Hamburg wurde sie 1914 Generalsekretärin, 1920 als 5. Generaloberin an die Spitze der großen Kongregation gestellt, 1926 und 1932 wieder gewählt. In 18jähriger Tätigkeit als Generaloberin hat sie beim Aufbau der großen Kongregation überaus segensreich gewirkt. R.i.p.[55]

–

In Wien starb im 63. Lebensjahr Prälat Dr. Josef von Tongelen,[56] Stiftsdekan von St. Peter. Er stammte aus der Diözese Aachen, war längere Jahre Präsident der Caritas Catholica. Unter seinen Veröffentlichungen sind zu erwähnen: „Relig. Berufskatechismus für kathol. Krankenpflegerinnen", „Der Heiland am Ölberg und die moderne Zeit", „Im Geist des Evangeliums".[57] R.i.p.

Für das Kreuzbundapostolat.

In seiner Festpredigt aus Anlaß der Jahrhundertfeier der Abstinenzarbeit des † Kanonikus Joh. Fietzek[58] in Deutsch-Piekar sagte der Hochww. Herr Generalvikar von Kattowitz Franz Wosnitza[59] u.a.:

„Meine Brüder starben in Trunksucht und ohne heilige Sakramente" so begann vor 100 Jahren am Fest Mariä Lichtmeß der heiligmäßige Pfarrer und Erbauer dieser Gnadenkirche von Piekar auf der schwankenden Kanzel des alten Holzkirchleins von damals seine erste große Predigt gegen die Trunksucht, die dann von Piekar aus das ganze Land erfaßte. „Warum geht der verfluchte Schnapskrug bei euch von Haus zu Haus? Warum habt ihr euch mit dem Teufel der Trunksucht verheiratet? Wollt ihr etwa in Ewigkeit ein Geschlecht zeugen, das krank und verkrüppelt und verblödet ist? Wollt ihr etwa weiter im Straßengraben und auf dem Misthaufen eurer Trunksucht sterben und in solchem Zustand vor Gottes Thron treten?", so geißelte Pfarrer Fietzek seine Zuhörer mit erbarmungslosen Worten. Und mit der Sicherheit eines Propheten schloß er seine Predigt mit dem heiligen Schwur: „Ich stehe auf zum Kampf mit dem dreimal verfluchten Schnapsteufel, der euch Leib und Seele vergiftet. Und ich werde

---

55 Johannes MERTENS: Geschichte der Kongregation der Schwestern von der heiligen Elisabeth 1842–1992. Bd. 1, Reinbek 1998, 139 f. u. 151.

56 Geb. 1881, gew. 1905, Kamillianer, 1920-1938 Caritasdirektor bzw. Generaldirektor der Caritas in Wien, seit 1930 Präsident der internationalen Caritas Catholica, seit 1940 Pfr. und Stiftsdekan an St. Peter in Wien, gest. 22.10.1943.

57 „Relig. Berufskatechismus" 2 Aufl. 1915 u. 1916, „Der Heiland am Ölberg" 2 Aufl. 1912 u. 1925, „Im Geist des Evangeliums" 3 Bde. 1927.

58 Johann Alois Fietzek, geb. 10.5.1790, gew. 19.7.1817, 1826 Pfr. in Deutsch Piekar, Erzpriester und fürstbischöflicher Kommissar, gest. 18.2.1862.

59 Geb. 3.10.1902, gew. 20.6.1926, seit 1940 Ordinariatsrat in Kattowitz, 1942 Generalvikar und damit faktisch Leiter des Bistums, bis zur Ausweisung am 27.7.1946; lebte dann in Köln, wo er am 4.11.1979 verstarb.

mit ihm kämpfen, bis ich falle. Doch ich weiß, die hl. Gottesmutter wird mir raten und zum Siege helfen!"

So sprach der kleine bescheidene Mann, der sonst keinem Menschen ein böses Wort sagen konnte. Und er hat seinen Schwur gehalten. Wie ein loderndes Feuer goß er seine Entschlossenheit in die Herzen seiner Zuhörer. Und aus dieser Predigt entstand eine Bewegung, die unser ganzes oberschlesisches Heimatland erfaßte. Es dauerte kaum ein Jahr, da zählten die Mäßigkeitsvereine in Oberschlesien 300 000 Mitglieder. Das war bei einer damaligen Einwohnerschaft von etwa 900 000 mehr als ein Drittel der Bevölkerung ganz Oberschlesiens. Was langjährige polizeiliche Maßnahmen nicht vermocht hatten, was der Aufklärung durch Zeitung und Schule nicht gelungen war, das hat die begeisterte Predigt des Pfarrers und Kanonikus Fietzek fertig gebracht. Der Kampf gegen die Trunksucht wurde eine Volksbewegung....

Was haben wir zu tun?

Gewiß hat Kan. Fietzeks Bewegung viel getan. Und wir können ihm nicht genug danken. Trotzdem ist die Trunksucht unsere Sünde geblieben. In wenig Ländern wird soviel getrunken wie in Oberschlesien. So bleibt der Kampf gegen den Mißbrauch des Alkohols unsere christliche Aufgabe auch heute noch. Zwar ruft der Krieg notwendig nach vielen anderen Aufgaben, aber wir wollen den Kampf gegen die Genußsucht nicht beiseite legen; im Gegenteil! Ganz verfehlt wäre es zu sagen: jetzt, wo es keinen Schnaps gibt, braucht man nichts gegen die Trunksucht und den Alkoholverbrauch zu sagen oder zu tun. Gerade die schwersten Trinker besorgen sich noch heute ihren Schnaps, und oft zum Schaden der darbenden Familie. Wie schlimm es da zugeht sieht man an den vielen Todesfällen, die gerade jetzt durch Alkoholvergiftung verschuldet sind. Und Hand aufs Herz, meine lieben Zuhörer! Habt ihr nicht selbst schon manchmal gedacht: Wenn der Krieg bloß aufhört, dann kauf ich mir mal einen ganzen Kranz Wurt zu einem Abendbrot und besauf ich mich einmal bis zur Besinnungslosigkeit.

Nein, gerade jetzt ist die beste Gelegenheit, um mit dem Kampf gegen die Genußsucht rechten Ernst zu machen. Die furchtbaren Wunden, der Krieg schlägt, sollen wir nicht vergrößern durch Ausschweifung und Mißbrauch der Güter, die der Herrgott uns geschenkt hat. Man braucht kein Prophet zu sein, um zu sagen, daß wir nach dem Kriege ganz arm sein werden. Wie könnten wir es verantworten, jetzt das zu verschwenden, woran wir nachher darben müßten.

Es ist ja auch leichter, jetzt das Opfer der Entsagung zu bringen, wo uns manche Dinge einfach aus dem Zwang der augenblicklichen Notzeit nicht zur Verfügung stehen. Und haben wir jetzt unseren Hang zur Genußsucht im Willen überwunden, dann werden wir es auch in der Tat können, wenn nach dem Krieg eine Welle der Genußsucht über unser Volk kommen sollte, wie es auch nach dem letzten Weltkrieg geschehen ist. Wir Christen haben da einfach eine Aufgabe für alle unserer schwergeprüften Brüder im ganzen Volk. Darum stehen die „Fastenratschläge" mit dem Aufruf zum freiwilligen Opfer in den Hirtenbriefen aller deutschen Diözesen. Darum ruft der Heilige Vater Pius XII. in seiner Enzyklika vom Mystischen Leibe Christi nach der Sühne der wahren Glieder Christi für alle Sünden der ganzen Welt. Wir müssen Liebe bringen gegenüber der Brutalität, die die Welt zerfleischt. Wir müssen Opfer bringen gegenüber der Genußsucht, die heute und noch mehr in der Zukunft unser Volk zu vernichten droht..."

Für die Bibelstunde.

Aus Feldpostbriefen an Se. Eminenz: Von der Ostfront schreibt ein Theologe: „... Die Worte aus oberhirtlichem Munde waren für uns Theologen eine große Freude; denn sie waren in der Tat ein Echo all dessen, was uns bewegt, was unsere Sorge, unser Fühlen und Seh[n]en und Hoffen ausmacht. Deutschlands christlicher Charakter. Dafür zu kämpfen ist unser Stolz, dafür einst zu arbeiten, unsere demütige Bitte. Und was wir in den seltenen Feldgottesdiensten beglückend empfangen, was in Gebet und Betrachtung eine Quelle tiefen Trostes war, das ist in dem Brief Ew. Eminenz in kurzen Worten zusammengefaßt, der kostbare Hort der ewigen Wahrheiten, die im Schoße der Kirche niederlegt sind. Daraus dürfen wir eine felsenfeste Zuversicht schöpfen. Ich erinnere mich lebhaft daran, wie im stundenlangen heftigen Artilleriefeuer der Gedanke an Gott und seine hl. Vorsehung eine wunderbare Ruhe in mich brachte. Ich denke daran, wie zu Ostern die durch das Grauen des Krieges gegangenen Soldaten in ehrfürchtiger Andacht und dankbarer Freude das hl. Meßopfer feierten und die hl. Sakramente empfingen. Vereint mit Christus konnten sie wieder in die Gefahren der Front zurückkehren. Die Seele, für Gott geschaffen, findet nur in ihm Sicherheit und Erfüllung. Das zeigt sich besonders in Kampfzeiten, wo die äußeren Daseinsformen so zerbrechlich erscheinen ..."

–

Das kath. Bibelwerk Stuttgart teilt in einem Kurzbericht über die Bibelarbeit 1943 mit, daß 22 oberhirtl. Stellen trotz der Papierknappheit im laufenden Kirchenjahr den Bibelleseplan im kirchl. Amtsblatt zum Abdruck bringen. Besonders von den Kriegstheologen auch von Tausenden katholischer Familien und Einzelpersonen, welche täglich nach einer bestimmten Ordnung die hl. Schrift lesen wollen, werde das dankbar begrüßt. In einer Stadt Süddeutschlands wird der Bibelleseplan jeden Monat 800fach abgeschrieben und an die infrage kommenden Familien und Einzelpersonen weitergeleitet. Auch in vielen Anstaltsfamilien und klösterlichen Gemeinschaften wird die tägliche Bibellesung unter Benützung des Bibelleseplans gepflegt. In der Apostol. Administratur

Innsbruck[60] werden die Geistlichen jeden Dekanates auf Anordnung des Oberhirten alle zwei Monate zu einem biblischen Arbeitstag zusammengerufen. Die Priester werden dabei planmäßig angeleitet zur Auswertung der hl. Schrift in Predigt und Bibelstunde. 1943 war es dem Bibelwerk möglich, mehr als 15 000 Einzelteile der Hl. Schrift solchen Diözesen zur Verfügung zu stellen, die unter Fliegerangriffen besonders zu leiden hatten. Die Betreuung der Kriegstheologen mit Bibelbriefen lies sich das Bibelwerk im vergangenen Jahr besonders angelegen sein. 85 000 Bibelbriefe wurden den Kriegstheologen zugeleitet.

Für die Männerseelsorge.
Se. Heiligkeit Papst Pius XII. hat an den Hochww. Herrn Bischof von Limburg, Dr. Antonius Hilfrich[61] ein Handschreiben gerichtet, in dem er u. a. sagt: „Du schreibst, ehrwürdiger Bruder, von dem Luftangriff auf Frankfurt am 4. Oktober des vergangenen Jahres, durch den auch die phil.-theol. Hochschule „St. Georgen“ Deiner Diözese schwer beschädigt wurde. Inzwischen mußte die alte Kaiserstadt, in deren Bauten und Schätzen so viel Geschichte Eures Vaterlandes verkörpert ist, weitere schwerste Angriffe über sich ergehen lassen. Wir bitten Dich, die Gläubigen Frankfurts wissen zu lassen, wie innig Wir das Erschütternde ihres Geschicks mitempfinden. Wir vertrauen darauf, daß das bittere Geschehen der gegenwärtigen Stunde in ihnen lebendiges Erfassen des Jenseitigen und Ewigen, Bußgesinnung und den heiligen Willen zu einem geläuterten christlichen Lebenswandel wachrufe, daß ihr Beispiel die anderen aufrichte und stärke, daß sie bei aller eigenen Not ein offenes Auge und ein warmes Herz für die vielleicht noch größeren Entbehrungen ihrer Mitmenschen haben. Wir selbst schließen sie und alle ihre Mitbürger, die Überlebenden und die Toten der Stadt, in das Gebet ein, indem wir die von Luftangriffen heimgesuchten Städte auf beiden Seiten der Kriegsfront der Gnade und den Erbarmungen Gottes sowie der allvermögenden Fürbitte der Gottesmutter, der ja auch Du Deine Herde geweiht hast, oft am Tage empfehlen.“ –
25 Jahre Benediktinisches Gotteslob in Grüssau. Am 2. Juli 1919 begannen deutsche Benediktiner aus der Abtei Emmaus in Prag nach mehr als 100jähriger Unterbrechung wieder das monastische Gotteslob in Grüssau. Damals sechs Mönche und drei Brüder. In der Festpredigt am 2. Juli des Jahres legte der derzeitige Prior P. Nikolaus von Lutterotti[62] der Gemeinde dar, welcher

---

60 Der Bischofssitz von Tirol war seit dem Mittelalter Brixen. Nach der Teilung des Landes in Folge des Ersten Weltkriegs wurde für den bei Österreich verbliebenen Teil eine Apostolische Administratur errichtet, die 1964 zum Bistum Innsbruck erhoben wurde.

61 Geb. 1873, gew. 1898, 1930 Bischof von Limburg, gest. 1947.

62 Geb. 22.7.1892, prof. 15.1.1915, gew. 10.10.1920, 1942-1946 Prior, dann Deutschenseelsorger in Grüssau (poln. Krzeszów), gest. 28.10.1955.

Segen durch das bis heute ununterbrochene liturgische Beten der Mönche über die Klosterfamilie, die Gemeinde und unser ganzes Schlesierland ausgegangen sei. Er sagte u.a.: „Mit der Vesper des Festes Mariä Heimsuchung wurde vor 25 Jahren das heilige Feuer des Gotteslobes hier wieder entzündet, was das vor 109 Jahren bei der Klosteraufhebung von 1810 gewaltsam ausgelöscht worden war. Nur ganz wenige Mönche waren es damals, die den Lobgesang der Mutter Gottes, das Magnifikat, wieder neu anstimmten ... Wir waren damals durch den Umsturz aus Prag vertrieben worden ... Wir kamen nach Schlesien, hierher nach Grüssau, wo schon im Jahre 1242 die ersten Benediktiner ein Kloster gegründet hatten, das dann durch über 500 Jahre von unseren engsten Mitbrüdern, den Zisterziensern, die auch nach St. Benedikts Regel leben, betreut wurde. Es war ein kleiner, bescheidener, mühevoller Anfang. Aber Gott segnete das Samenkorn. Bald füllten sich die leeren Chorstühle mit jungen, eifrigen Mönchen. Immer stärker wurde der Chor, immer kräftiger klangen die uralten Melodien des vom Hl. Papst Gregor d. Gr. stammenden Chorals, immer glanzvoller konnten die Hochfeste des Kirchenjahres begangen werden ... Wir hatten gehofft, die 25. Wiederkehr dieses Tages in feierlicher Weise begehen zu können, im Frieden, mit einer stattlichen Schar von Mitbrüdern, mit einer großen Schar auswärtiger Festpilger, ... Gott hat es anders gewollt. Er weiß, wozu es gut ist. Die Mitbrüder stehen zum größten Teil draußen an der Front, 10 von ihnen sind bereits gefallen. Die Glocken sind verstummt und fortgeschafft worden. Das Kloster dient anderen Zwecken ... Das Fehlen des äußeren Glanzes und die schwere Bedrängnis, in der jetzt Kloster und Pfarrgemeinde leben, sollen uns aber nicht die innere Freude und Dankbarkeit rauben ... Wie schön waren die gewaltigen Pilgerscharen, die mit allen Mitteln des modernen Verkehrs aus ganz Schlesien herbeikamen und draußen auf dem Hof unter den alten Linden ihre abendlichen Lichterprozessionen hielten. Wie schön waren die Feste, die wir hier feierten, die Katholikentage und die Glaubenskundgebungen, wenn die weiten Hallen des Gnadenhauses Mariens und noch seine Empore dicht mit begeisterten Gläubigen gefüllt waren. Wie schön war es, wenn jedes Jahr der Bischof kam, um hier das Sakrament der Priesterweihe zu spenden. Wie schön war noch das große Kirchenweihjubiläum 1935 mit seiner glänzenden Festwoche und seinen gewaltigen Pilgerscharen. Ein Strom von Gnaden ist in diesen 25 Jahren auf Grüssau ausgegangen, auf das Ziedertal, auf weite Teile unserer Breslauer Erzdiözese. In diesen 25 Jahren hat unser Grüssau mit vollem Recht den Namen getragen, den ihm im Jahre 1292 sein zweiter Gründer Herzog Bolko beilegte: Gnadenhaus Mariens!

Für eines wollen wir heute besonders danken. Das nämlich in diesem Vierteljahrhundert Tag für Tag hier wieder das so lange verstummte Chorgebet gehalten wurde. Nun hat das schöne Schnitzwerk der Chorstühle, welches das

„Großer Gott, wir loben dich" darstellt, wieder seinen Sinn und seine Berechtigung. All die lieben Apostel und Propheten, die Martyrer und Heiligen der Kirche tragen nun wieder unsere Gebete zu Gott empor und bringen uns aus Himmelshöhen Erhörung und Erbarmen. Erst die Ewigkeit wird es euch einmal offenbaren, welchen Segen diese stille, treue, von vielen verkannte Tätigkeit der Mönche euch gebracht hat. Siebenmal des Tages und dann wieder, wenn die Nacht herabsinkt, stehen wir da und beten und singen und loben Gott und danken ihm und bringen eure Bitten und Sorgen vor Gottes Angesicht. Wir sind die Stellvertreter all der Zahllosen, die nicht mehr beten wollen, weil sie den Väterglauben, dies heiligste Erbe der Vorfahren verloren haben. Immer wieder bewegt dies Gebet Gott zu langmütigem Zuwarten, zum Verzeihen wie das Gebet des Moses für das schuldig gewordene Wolk. Und wir beten hier für all die vielen, die im Übermaß der Arbeit und Sorgen beim besten Willen oft einfach nicht mehr beten können, weil sie nicht dazu kommen. Denkt manchmal daran, wenn ihr auf dem Feld oder im lärmerfüllten Fabriksaal, in der Stube oder in im Stall euren vielen Arbeiten nachgeht und schließt euch manchmal mit einem kleinen frommen Gedanken in dies Gebet ein. Wir bringen dann euren Lobpreis und Dank, eure Bitten und euer Flehen, vor Gottes Gnadenthron. Solange wir die Kraft haben, solange wenigstens einige wenige von uns noch hier bleiben dürfen, solange wollen wir als eure Stellvertreter hier unsere Pflicht tun. ... Freut euch also, daß Gott vor 25 Jahren dieses heilige Feuer hier wieder entzündet hat. Jetzt brennt es zwar wieder ganz klein und bescheiden, aber kein Sturm und weiß Gott! es waren schwere Stürme, hat es zum Erlöschen bringen können. Helft uns aber auch beten, daß es nach Einzug des langersehnten Friedens wieder in alter Kraft und Herrlichkeit auflodere!" ...

–

Weihbischof Dr. Schinzel (Olmütz) †. Am 28 Juli starb Dr. theol. Josef Schinzel, Weihbischof zu Olmütz, Titularbischof von Elusa, Kapiteldechant und erster Domprälat. Der Verstorbene wurde 1869 zu Kronsdorf[63] in Schlesien geboten, 1892 zum Priester geweiht geweiht 1913 als Kanonikus installiert, 1923 zum Weihbischof von Olmütz konsekriert. Nach den Trauerfeierlichkeiten in Olmütz wurde er in der Familiengruft in Kronsdorf beigesetzt. R.i.p.

–

Bei dem Terrorangriff auf München am 17.7.1944[64] fand der Priesterdichter Ludwig Hoch (mit Schriftstellernamen Ludwig Hugin), Dombenefiziat und Kurat des städt. Waisenhauses, den Tod.[65] Er nahm am Weltkrieg 1914-18 als Leutnant teil und war Träger des EK I und II. Für seinen Einsatz bei einem

---

63 Kronsdorf bzw. Krasov, im österreichischen/tschechoslowakischen Teil Schlesiens.

64 Der Angriff erfolgte am 11.7.1944.

65 Ludwig Hoch, Priesterdichter in München, geb. 1895, gew. 1921, gest. am 11.7.1944.

früheren Luftangriff auf München erhielt er das Kriegsverdienstkreuz. Als der Dichter der „Geigermette", der „Ernte", die seinerzeit vom Münchener Staatsschauspiel aufgeführt wurden, sowie mehrerer anderer Bühnenstücke und ergreifender Erzählungen war er weithin bekannt. Mit ihm fanden 12 Engl. Fräulein, die im genannten Waisenhaus wirkten, den Tod.

Für die Glaubensstunde.
Das Bergfest auf dem Zobtenberge. Am 2. Juli, am Feste Mariä Heimsuchung, wurde das Weihefest des Kirchleins auf dem Zobtenberge gefeiert. Auf dem Berge, der schon Illyrern, Kelten, Germanen und Slawen Kultstätte war, haben im 12. Jahrhundert Augustinermönche ein Heiligtum errichtet. Um 1700 haben dann dieselben Mönche ein sehr schönes Kirchlein im Renaissancestil erbaut, welches am 2. Juli 1702 unter dem Titel Mariä Heimsuchung eingeweiht wurde. Im Jahre 1834 wurde dieses Heiligtum durch Blitzstrahl vernichtet. Im Jahre 1852 erbaute man ein neues Kirchlein. Inzwischen war ja der Besitz der Augustinerchorherren säkularisiert. Seit dieser Säkularisation im Jahre 1810 gestaltete sich das Weihefest des Kirchleins erheblich weltlicher. Während es früher durch acht Tage begangen wurde, wobei die Augustinerchorherren 2500-3600 Gläubigen die hl. Sakramente spendeten, mischten sich allmählich zum „Bergfest" mehr und mehr Ausflügler unter die frommen Wallfahrer. Es ist wieder besser geworden. Auch der Sakramentenempfang nimmt von Jahr zu Jahr zu.
Dieses Jahr waren mehr als 1000 Gläubige aus den Gemeinden um den Zobten und namentlich auch aus Breslau zum Fest erschienen. Da das Kirchlein die Zahl der Pilger nicht fassen konnte, wurde das hl. Opfer im Freien gefeiert. Herr Caritasdirektor Zinke[66] hat mit seiner Predigt viel stärkende Zuversicht für die Not der Zeit gebracht. Die fromme Haltung der Gemeinde hatte allen Lärm der Ausflügler besiegt und auch auf viele Andersgläubige tiefen Eindruck gemacht. An der am Nachmittag gehaltenen Marienandacht haben noch Hunderte von Wallfahrern teilgenommen und sich von dem Gnadenbilde, welches Papst Pius IX. dem Kirchlein geschenkt hat, Kraft und Freude geholt. Der nächste Gottesdienst auf dem Berge findet am Feste Mariä Geburt, am 8. September, statt.[67]

–

[66] Johannes Zinke, geb. 18.11.1903, gew. 29.1.1928, seit 1939 Caritasdirektor in Breslau, seit Oktober 1945 in Berlin, 1957 Prälat, 1966 Apostolischer Protonotar, gest. 14.11.1968.

[67] Zur Kirche siehe Kurt DEGEN, Die Bau- und Kunstdenkmäler des Landkreises Breslau, Frankfurt am Main 1965, 377–378. Das Gnadenbild wird dort allerdings nicht erwähnt.

Papst Pius XII. hat den Bistumsoffizial Msgr. Alois Piossek[68] von Berlin zum Dompropst an der St. Hedwigskathedrale der Reichshauptstadt ernannt. Der neue Berlin Dompropst ist am 6.9.1889 in Matzkirch, Krs. Cosel O/S geboren und am 22.6.1912 in Breslau zum Priester geweiht worden.

–

In einem Hirtenwort zur Weihe der Diözese an die Gottesmutter sagt der Bischof von Hildesheim, Dr. Josef Machens[69] u.a.: „... Wir bieten ihr alsdann als Sühne an, was uns die Kriegszeit an Leid und Schmerz, Entbehrung und Entsagung auferlegt. Wenn der Tod mit harter Hand in die Familien eingegriffen und den Ernährer, den Sohn, den Bruder, den Verlobten weggerissen hat, wenn Haus und Obdach, Hab und Gut verloren ging, wenn Sorgen um die Lieben auf der Seele lasten, wenn die Sirene uns aufschreckt, wenn manche andere Last uns drückt, wir opfern es als Sühne und Ersatz für unsere und anderer Sünden auf. Und wenn der Herr uns noch ein besonderes auflegte, dann umfassen wir es in Geduld und Ergebung und nehmen es hin um Genugtuung zu leisten.

Doch wollen wir damit noch nicht zufrieden sein, sondern freiwillig kleine Sühnewerke auf uns nehmen. Wir stehen morgens bei dem ersten Weckruf auf. Die Arbeit, die wir vernünftigerweise jetzt schon tun können, schieben wir nicht auf ... Wir versagen uns zuweilen bewußt eine Bequemlichkeit und einen Genuß. So stählen wir den Willen und bilden den Charakter, zugleich aber leisten wir dadurch Ersatz und Sühne. Sagen wir es der himmlischen Mutter, daß wir es tun, um ihrem Sohn und ihr selbst dadurch Freude zu machen ...“

–

Zum neuen Propst des Chorherrenstiftes St. Florian bei Linz wurde der bisherige Stiftsdechant Theologieprofessor Leopold Hager[70] gewählt. Am 22. Juni erhielt er in der Stadtpfarrkirche von Kleinmünchen[71] unter zahlreicher Anteilnahme von Volk und Klerus durch den Hochw. Herrn Weihbischof Fließer[72] von Linz die feierliche Benediktion.

–

Durch Fliegerangriffe am 11., 12., 13., 16. und 21. Juli 1944 wurden in der Stadt München folgende Kirchen [a]zerstört[a]:

Die Pfarrkirchen St. Andreas, St. Korbinian, St. Margareth, Herz Jesu und Königin des Friedens.

Die Kuratiekirche St. Joachim.

---

[68] Er starb am gest. 27.8.1953.

[69] Geb. 1886, gew. 1911, 1934 Bischof von Hildesheim, 1956 Erzbischof, gest. 1956.

[70] Geb. 1889, resignierte 1968 und starb 1972.

[71] Seit 1923 Stadtteil von Linz.

[72] Siehe Anm. 44.

Die Ordens- und Anstaltskirchen und -kapellen: Herz Jesu in der Buttermelcherstraße, die Redemptoristenkirche, die Kapelle der Marienanstalt, das Herz-Jesu-Haus in der Augustenstraße, die Hauskapelle der Adelgundenanstalt, die Chorkapelle von St. Bonifaz, die Kapelle des Albertus-Stiftes I, des Gregorianums.
Die Pfarrhäuser: St. Josef, St. Pius, St. Andreas, St. Franziskus und Hlg. Geist.
Die kirchlichen Anstalten: Marienanstalt, Caritasstift, Postulat der Barmherzigen Schwestern, Herz-Jesu-Kloster an der Buttermelcherstraße, das Herz-Jesu-Haus an der Augustenstraße, Heim Nazareth, Albertus-Stift I und Albertus-Stift II, Marienherberge und das Hotel der Familienschwestern Europäischer Hof.
[a]Schwer beschädigt[a] wurden:
Die Kirchen: Theatinerkirche, Johann-Nepomuk-Kirche, St. Pius, St. Peter, St. Jakob, Asamsaal (Notkirche), Leiden Christi.
Die Pfarrhäuser: St. Sebastian, Maria-Hilf.
Die kirchlichen Anstalten: Maria-Regina-Stift, Kloster- und Schulgebäude der Armen Schulschwestern, Adelgundenanstalt, Provinzhaus der Engl. Fräulein, das Gregorianum (Zentral-Priesterseminar), Mutterhaus der Familienschwestern.
Bei diesen Fliegerangriffen wurden getötet: Der Kurat des städt. Waisenhauses, Prof. Ludwig Hoch,[73] 12 Mitglieder des Institutes der Engl. Fräulein und eine Familienschwester.

–

Der bekannte Bahnbrecher der volksliturgischen Bewegung Prof. Dr. Pius Parsch[74] – Kloster Neuburg – war anläßlich seines 60. Geburtstages in Wien Gegenstand großer Ehrungen. Unter den zahlreichen volksliturgischen Veröffentlichungen des Verfassers ist besonders das dreibändige Werk: „Das Jahr des Heiles“[75] zu nennen, das vielen Tausenden den Zugang zu den Schätzen unserer heiligen Liturgie gezeigt hat.

–

Der St. Georgsverlag in Frankfurt a./M. wurde bei einem Fliegerangriff auf die Altstadt am 31. März zerstört.

Für die Studentenseelsorge.

Heuer sind es 50 Jahre, daß der junge Eugen Pacelli als Student ins Collegio Capranica zu Rom eintrat. Die Oberen und Alumnen dieses Kollegs wollten diesen Gedenktag zum Anlaß nehmen, um in einer Sonderaudienz dem Hl. Vater ihre Wünsche darzubringen. Papst Pius XII. reichte dabei jedem die

---

73 Geb. 1895, gew. 1921, gest. 11.7.1944.

74 Geb. 1884, Eintritt in das Augustinerchorherrenstift Klosterneuburg 1904, Priesterweihe 1909, gest. 1954.

75 Erschien erstmals 1926 und wurde bis 1960 mehrfach aufgelegt; zugleich als Liturgischer Kalender 1923 bis 1956.

Hand und unterhielt sich wohlwollend mit den Angehörigen dieses ihm aus seiner Studienzeit teuren Kollegs.

–

Der em. ao. ö. Professor der Apologetik und phil.-theol. Propädeutik Dr. Franz von Tessen-Wesierski,[76] wohnhaft in Stettin, der viele Jahre an der Universität Breslau las, konnte am 25.7. sein goldenes Priesterjubiläum feiern.

–

Hans Spemann,[77] Zoologe, hervorragend verdient um die experimentelle Erforschung der tierischen Entwicklung, 1914-19 Direktor am Kaiser-Wilhelm-Institut, seit 1919 Professor an der Universität Freiburg i./Br. sagte einmal: „Wenn es erlaubt ist ... für einen Augenblick die werktätige Nüchternheit des exakten Forschers beiseite zu lassen, so will ich bekennen, daß ich bei meinen experimentellen Arbeiten oft das Gefühl einer Zwiesprache habe, bei der mir mein Gegenüber als der bedeutend Gescheitere vorkommt." (In „Die Natur, das Wunder Gottes" v. Prof. DDr. Eberhard Dennert, Berlin, Martin Warneck-Verlag, S. 25).[78]
gez. Negwer

[1944 Nr. 14]

Erzbischöfliches General-Vikariat
Breslau, den 31. August 1944
Nr. 11323
Rundverfügung an die Herren Dekanats-Erzpriester, betr. Materialanweisung für die Seelsorge.

Pontifikalhandlungen. Am 13.8. erteilte unser Hochww. Herr Kardinal in der Kapelle des Marianums die Diakonatsweihe an 1 Franziskaner.[79] – Der Hochww. Herr Weihbischof firmte im August im Dekanat Kreuzburg O/S.

---

76 Franz v. Tessen-Węsierski, geb. 22.12.1869, gew. 25.7.1894, 1894 Benefiziat der kurfürstlichen Kapelle und Privatdozent für Kirchengeschichte in Breslau, 1899 a.o. Prof. für Apologetik in Breslau, 1937 emeritiert, gest. 7.1.1947 in Stettin.

77 Geb. 1869, gest. 1941, 1935 Nobelpreis für Physiologie oder Medizin.

78 1. Aufl. 1938, 3. Aufl. 1940, 6. Aufl. 1957.

79 Vermutlich Diethmar Hugo Hein OFM, geb. 1916, zum Priester geweiht 10.9.1944, gest. 20.3.1946.

Confoederatio Latina Major. Am 30.7. starb Herr G.R. Erzpr. Adolf Hentschel in Oppelwitz, Kr. Züllichau-Schwiebus. Aufgenommen wurde Herr Pfarrer Bernhard Escher in Birkenbrück, Kr. Bunzlau.[80]

Für die Männerseelsorge.

1200 Jahrfeier der Gründung des Klosters Fulda. Zwar gestatten die gegenwärtigen Verhältnisse nicht, die 1200 Jahrfeier der Gründung des Klosters und der Stadt Fulda auch äußerlich so zu begehen, wie es der geschichtlichen Bedeutung der Abtei Fulda, aus der das Bistum Fulda hervorgegangen ist, entsprochen hätte. Doch konnte die Dank- und Jubelfeier im Rahmen des Möglichen durchgeführt werden.

Schon im diesjährigen Fastenhirtenbrief hatte der Hochww. Herr Bischof Dr. Joh. Dietz[81] auf die Tatsache hingewiesen, daß es im weiten deutschen Raum kaum eine zweite Stadt gäbe, die ihre ersten Anfänge auf 2 Männer zurückführen könnte, die in der Kirche als Heilige verehrt würden, den hl. Bonifatius und seinen Schüler, den hl. Sturmius, die beide die Bürgschaft für die lange und ununterbrochene Vergangenheit der Stadt Fulda bildeten. Ihre Absicht war, für die Anbetung Gottes, die Bekehrung der vielen noch heidnischen Germanen und die Heiligung der künftigen Insassen ein Kloster zu errichten, das einen Mittelpunkt für diese heiligen Ziele bilden sollte. Das Kloster wurde von Sturmius im Auftrage und unter Aufsicht des hl. Bonifatius errichtet. Am 12. März d. J. waren 1200 Jahre seit seiner Gründung verflossen.

An diesem Gründungstag fand im Hohen Dom zu Fulda ein erhebender Festgottesdienst statt, bei dem der aus der Diözese Fulda stammende Hochww. H. Abt von St. Matthias in Trier, Dr. Basilius Ebel O.S.B.,[82] das Pontifikalamt feierte und der mit der Idee und geschichtlichen Wirksamkeit des Benediktinerordens besonders vertraute Hochww. Herr Abt von Maria Laach, Dr. Ildefons Herwegen,[83] die Festpredigt hielt. Er leite sie ein mit dem Vers des 142. Psalmes „Ich gedenke der vergangenen Tage und sinne nach über all dein Tun, erwägend deiner Hände Werk",[84] und führte dann aus, daß für die Gründer Fuldas die drei Grundelemente der Benediktinerregel bestimmend waren für die Geistesformung: stabilitas, conversatio morum, oboedientia. Die Beständigkeit

---

80 Adolf Hentschel, geb. 21.3.1877, gew. 23.6.1902, 1906/07 Pfr. in Rothschloß (poln. Białobrzezie), 1908 Pfarrer in Oppelwitz (poln. Opalewo). – Bernhard Escher, geb. 6.12.1904, gew. 29.1.1933, 1941 Pfr. in Birkenbrück, 1947 im Bistum Hildesheim, gest. 14.12.1981.

81 Geb. 1879, gew. 1905, 1936 Weihbischof in Fulda, 1939–1958 Bischof von Fulda, 1958 Erzbischof, gest. 1959.

82 Geb. 1896 in Kassel, Profess 1922 in Maria Laach, gew. 1924, 1939–1946 Abt von St. Matthias in Trier, 1946–1966 Abt von Maria Laach, gest. 1968.

83 Geb. 1874, Klostereintritt 1894, gew. 1901, zum Abt gewählt 1913, gest. 1946.

84 Ps 143,5.

war die Lebensquelle für die materielle und geistig-sittliche Entfaltung der Gründergemeinde. Der christliche Tugendwandel bekundete sich vor allem darin, daß alles auf Gott ausgerichtet war: Ora et labora! Gehorsam waren die Gründer selbst der heiligen Kirche und ihrem Oberhaupte und hielten sich an dessen Weisungen mit unbedingter Treue.

Die eigentliche Festfeier wurde in der bekannten „Bonifatiuswoche" anfangs Juni durch ein feierliches Triduum begangen. Mit Rücksicht auf die Kriegszeit mußte jedes Werben für geschlossene Wallfahrten und sonstige öffentliche Kundgebungen unterbleiben. So konnten auch die in der „Bonifatiuswoche" herkömmlichen Prozessionen aus dem Fuldaer Lande nicht durchgeführt werden, und doch wurde die Grabeskirche des hl. Bonifatius in diesen Tagen nicht leer von frommen Betern. Zu jedem Festgottesdienst waren die weiten Hallen der Domkirche gefüllt mit aufmerksamen Gläubigen. Vom Hochww. deutschen Episkopat nahmen an der Festfeier persönlich teil der Hochww. Herr Metropolit Erzbischof Dr. Lorenz Jäger von Paderborn[85] und die Hochww. Herren Bischöfe von Osnabrück, Münster, Hildesheim, Mainz, Würzburg und Berlin[86] sowie die General-Vikare von Köln und Trier[87] in Vertretung ihrer Bischöfe.

Am Sonntag (4. Juni) füllten zahlreiche Gläubige aus Stadt und Land die Kathedrale bis auf den letzten Platz, als der Hochww. Herr Erzbischof von Paderborn mit den übrigen anwesenden Bischöfen feierlichen Einzug in das Gotteshaus hielt und am Hochaltar, auf dem das hl. Haupt des hl. Sturmius in kostbarem Schrein zur Verehrung der Gläubigen ausgestellt war, das Pontifikalamt begann.

Nach dem Evangelium bestieg er die Domkanzel und hielt die Festpredigt über 1.Kor.1,23: Wir predigen euch Christus, und zwar den Gekreuzigten. Der hl. Sturmius will, so führte er aus, ebenso wie sein geistlicher Vater, der hl. Bonifatius, uns hinweisen auf das Kreuz des Herrn; sie wollen uns sagen, das Kreuz Christi stand an der Wiege Fuldas und stand an der Wiege des christlichen Glaubens in deutschen Landen. In diesem Kreuze des Herrn ist Deutschland groß und glücklich gewesen. Sie rufen uns zu: Das Kreuz des Herrn wird auch uns Licht und Trost sein im Karfreitagsdunkel unserer Tage. Im Kreuz des Herrn finden wir Trost und Segen auch heute noch. Unsere germanischen

---

[85] Geb. 1892, gew. 1922, 1941-1973 Erzbischof von Paderborn, 1965 Kardinal, gest. 1975.

[86] Wilhelm Berning, geb. 1877, gew. 1900, 1914 Bischof von Osnabrück, 1950 Erzbischof, gest. 1955. – Galen siehe Anm. 19. – Machens siehe Anm. 69. – Stohr siehe Anm. 88. – Ehrenfried siehe Anm. 90. – Conrad Graf von Preysing, geb. 1880, gew. 1912, 1932 Bischof von Eichstätt, 1935 Bischof von Berlin, 1946 Kardinal, gest. 1950.

[87] Emmerich David, geb. 1882, gew. 1905, 1931-1952 Generalvikar der Kölner Erzbischöfe, gest. 1953. – Heinrich v. Meurers, geb. 1888, gew. 1920, 1923–1935 Prof. für Dogmatik in Trier, 1935–1951 Generalvikar der Bischöfe von Trier, gest. 1953.

Vorfahren sind im Kreuz emporgestiegen zu ihrer Größe und Kraft. Das Kreuz hat ihnen die tiefste Wahrheitserkenntnis geschenkt. Das Kreuz hat sie stark gemacht für ihren Erdenweg. Im Kreuz wurden sie, haben sie sich zu einer Einheit zusammengeschlossen, und im Kreuz haben sie das ganze Abendland geeint zur großen abendländischen Völkerfamilie unter Führung der deutschen Kaiser. Er schloß mit der eindringlichen Mahnung und Bitte an die Zuhörer: „Für euch erwächst eine hohe Aufgabe aus diesem Jubiläum: Ihr habt von Sturmius und Bonifatius das Kreuz anvertraut bekommen; eure Vorfahren haben an Straßen und Wegen das Kreuz errichtet, die Berggipfel damit gekrönt; ihr selbst habt den Segen des Kreuzes erfahren, tragt jetzt dieses Vatererbe hinaus in eine Welt, die das Kreuz verloren hat. Zeigt den Menschen aus unserer Zeit die Kraft des Kreuzes an eurem Leben. Bewährt euch jetzt in Gottesliebe und Starkmut, in allem Kreuz laßt den Gottesfrieden sehen, der denen zuteil wird, die all ihre Sorgen auf den Herrn werfen. Möchte der hl. Sturmius, der einst das Kreuz hier aufgepflanzt hat, euch eine heiße Kreuzesliebe ins Herz geben, damit ihr furchtlos in aller Drangsal zum Kreuze steht, und das Kreuz in eurem Leben gerade jetzt seine Kraft bewährt. Das Kreuz wird siegreich bleiben; es wird triumphieren über alle Erdennot und alles Erdenleid.“

Die Feierstunde am Abend sah wieder einen gefüllten Dom. Bischof Dr. Machens[88] von Hildesheim besteigt die Kanzel: „Deine Gründung liegt auf heiligen Bergen. Herrliches ist von dir gesagt, du Gottesstadt.“ Psalm 86. Das kann man anwenden auf Fulda. Drei mächtige Triebkräfte waren es, die den hl. Bonifatius und den hl. Sturmius bewogen, hier am Fuldastrand ein Kloster zu gründen. Der Drang eines begnadigten Herzens, näher zu Gott, der deutsche Schaffensdrang, ausgelöst und in die rechte Bahn geleitet durch christliche Ideen, der Drang zur Eroberung von Seelen und Ländern für Christus ...

Am Montag (6. Juni) feierte der Bischof von Mainz, Dr. Albert Stohr,[89] das Pontifikalamt und zeigte in einer tiefdurchdachten Predigt die Vermählung von Germanentum und Christentum, die heute oft in Gegensatz gebracht werden, als habe das Christentum deutsches Wesen überfremdet. Er wies hin auf die eineinhalbtausendjährige enge Verbindung zwischen Christentum und Germanentum und bewies daraus seine Artgemäßheit auch für die nordischen Menschen. Auch der Fuldaer Dom ist Zeuge dieser Verbindung. Der Dom wurde zwar von deutschen Menschen aus deutschem Material erbaut, das ist der germanische Beitrag. Aber die seinem Bau zugrunde liegende Idee, all seine Kunstwerke, sind vom christlichen Geist inspiriert und gestaltet. Gerade der christliche Einfluß ist von entscheidender Bedeutung. Gewiß ist die germanische Seele von Natur zu hoher Geistigkeit veranlagt gewesen. Sie hatte wohl

[88] Siehe Anm. 69.

[89] Geb. 1890, gew. 1913, 1935 Bischof von Mainz, 1961 gest.

wissenschaftliche und künstlerische Begabung, aber, wenn das Christentum angeblich dafür bedeutungslos war, müssen wir fragen, warum hat diese Veranlagung in der germanischen Seele geschlummert bis zu ihrer Begegnung mit dem Christentum? Das Christentum hat die schlummernde Kräfte erst geweckt; von da ab werden gewaltige Dome erstellt, von ab erst erblühen die Künste in Malerei und Plastik, ersteht eine germanisch-christliche Kunst und Wissenschaft. Das Christentum ist also auch für unser Volkstum eine Segensmacht, auch deshalb unsere Liebe zur Kirche, der großen Wohltäterin der Menschheit. „Wenn ich dein vergäße, Jerusalem, so soll kleben meine Zunge an meinem Gaumen." Ps 136,6).
Am dritten Tage hielt der Hochww. Herr Bischof von Würzburg, Dr. Matthias Ehrenfried,[90] das Hochamt und führte in der Predigt unter dem Motto: „Ihr seid auferbaut auf dem Fundament der Apostel." (Eph.2,20) seinen aufmerksam lauschenden Zuhörern die drei großen Gedanken vor: Fulda war Apostelschule des Glaubens, Apostelschule der sittlichen Ordnung und Kultur, Apostelschule der katholischen Liebe und Einheit. Mit [der] Gründung des Klosters Fulda schufen Bonifatius und Sturmius ein dauerndes apostolisches Werk. Die 1200 Jahre Fuldas üben eine heiligende Kraft. Auf dem Martyrerblut des hl. Bonifatius ist die Apostelschule des Glaubens aufgebaut: Er ist der Glaubensvater. Fulda ist in gewissem Sinne ein Mittelpunkt des katholischen Deutschlands. Treu stehen wir zum persönlichen überweltlichen Gott. Gewaltig ist die Kraft des guten Beispiels:
Deshalb schufen Bonifatius und Sturmius im Kloster Fulda die Schule des guten Beispiels: „Männer strenger Enthaltsamkeit, die kein Fleisch essen, nicht Met noch Wein trinken und ohne Knechte freudig ihre Arbeit selbst verrichten." (Br. d. hl. Bonifatius an Papst Zacharias 751[91]). Die Ordensleute stellten mitten unter das Volk die zehn Gebote, die Schutzmauern für das Wohl der Menschen. Heute bleiben die Gebote Gottes weithin unbeachtet, ja werden ausgeschaltet. Wir brauchen die Apostelschule der sittlichen Ordnung! Auch der christlichen Kultur! Ackerbau, Handwerk, Künste wurden vom Kloster aus gepflegt. Anregung, Aufschwung, neue Mittel und organisierten Fortschritt brachten die Mönche. Wissenschaft und Bildung und Kunst fanden fruchtbare Heimstatt. Apostelschule katholischer Liebe und Einheit: romgebunden und romverbunden „at Rome – at home" (In Rom – daheim). Dieser Geist herrscht in Fulda seit 1200 Jahren. Ihr ward auferbaut auf dem Fundament der Apostel." Die lebendigen Ausführungen des Hochww. bischöflichen Predigers fanden

---

[90] Geb. 1871, gew. 1898, kons. 1924, gest. 1948.

[91] Ähnliche Übersetzung in: Die Briefe des Winfrid-Bonifatius 672–754. Ausgewählt und eingeleitet von Franz Peter Sonntag. Leipzig 1985. Zitat S. 257.

bei den tausenden mit tiefer Ergriffenheit lauschenden Zuhörern stärksten Widerhall.
Nach dem Pontifikalamt konnte mit besonderer Ermächtigung des Hl. Vaters in Rom den Anwesenden Gläubigen der Päpstliche Segen erteilt werden.

–

Am 21.8. starb in Rom infolge Herzschlages nach schwerer Krankheit, im Alter von 67 Jahren der Staatssekretär Sr. Heiligkeit Kardinal Luigi Maglione.[92] Der Verstorbene war 1935 ins Kardinalskollegium berufen worden und leitete als Nachfolger des jetzigen Papstes mit großer Umsicht die Kongregation für außerordentliche kirchliche Angelegenheiten; zugleich war er Großkanzler des Päpstlichen Institutes für christliche Archäologie. Vor seiner Ernennung zum Kardinal und ersten Mitarbeiter des Papstes war er Apostolischer Nuntius in Paris. Die Trauerfeierlichkeiten fanden im rechten Querschiff der Peterskirche statt. Mit den in Rom anwesenden Kardinälen nahmen die römischen Orden und Kollegien, der römische Adel sowie viele Gläubige an den Exequien teil. Maestre Perosi[93] führte mit der sixtinischen Kapelle ein von ihm selbst komponiertes Requiem auf. Die Absolutio ad tumbam hielt der 93 jährige Kardinaldekan Granito di Belmonte.[94]

–

Beim Pontifikalrequiem für die Opfer des Luftkrieges hielt Kardinal Faulhaber am 3.7. im Münchener Dom eine Ansprache: Der Opfergang der Kinder, der Priester, der Schwestern, in dem er u.a. sagte:
„... Die Opfer des Luftkrieges stehen dem Herzen des Bischofs gleich nahe. Darum habe ich heute wiederum, ohne genaue Zahl und genaue Namen zu kennen, im Pontifikal-Requiem meinen Kelch mit dem kostbaren Blute Jesu Christi gefüllt, damit das Blut der Erlösung für alle vergossen werde zur Vergebung der Sünden, und aus der unendlichen Sühnekraft des kostbaren Blutes Christi die Heimsuchung abgekürzt und dem furchtbaren Blutvergießen Einhalt geboten werde. Die Toten vom 9. und 13. Juni stehen meinem Herzen gleich nahe und doch werdet ihr verstehen, wenn ich einzelne Gruppen besonders nenne: Die Gruppe der Kinder, die Gruppe der Priester, die Gruppe der Schwestern.
Die Einzelgruppe der Kinder. Auch unschuldige Kinder sind im Massengrab jener Tage dabei gewesen, Kinder, bei deren Beisetzung die Kirche in normalen

---

92 Geb. 1877, gew. 1901, 1920 Bischof, 1935 Kardinal, 1939-1944 Kardinalstaatssekretär, gest. 22.8.1944.

93 Lorenzo Perosi, geb. 1872, gew. 1895, 1898 Kapellmeister der Sixtinischen Kapelle (Kapellmeister der päpstlichen Musikkapelle), gest. 1956.

94 Gennaro Granito Pignatelli di Belmonte, geb. 1851, gew, 1879, kons. 1899, Titularerzbischof von Edessa in Osrhoene und Apostolischer Nuntius in Belgien, dann in Österreich, 1911 Kardinal, 1930 Kardinaldekan, gest. 1948.

Zeiten die weiße Stola trägt statt der schwarzen Trauerstola. Ich weiß, vor den Leichen unschuldiger Kinder liegt ebenso wie vor den Ruinen zerstörter Kirchen auf manchen Lippen die Frage: Wie kann unser Herrgott so etwas zulassen? Er, der versprochen hat, es werden kein Sperling vom Dach fallen ohne seinen Willen? Meine lieben Diözesanen! Als der Sohn Gottes in Kindesgestalt auf Erden erschien, hatte er als nächste Gefolgschaft die Kinder von Bethlehem, die Seinetwegen von grausamen Soldaten den Müttern aus den Armen gerissen und ermordet wurden. In der Allerheiligenlitanei eröffnen die unschuldigen Kinder von Bethlehem heute noch die Gruppe der Märtyrer. Im Evangelium wurde der Meister gefragt: „Meister, wer hat da gesündigt, daß dieser Mensch blind geboren wurde, er oder seine Eltern?" Jesus antwortete: „Er hat nicht gesündigt und auch seine Eltern haben nicht gesündigt, die Werke Gottes sollen an ihm offenbar werden" (Joh. 9,2 f). Kommt eine schwere Prüfung über eine Volksgemeinschaft dann werden auch die Unschuldigen mitgetroffen. Das liegt im Begriff der Volksgemeinschaft. Muß ein Volk Sühne leisten, um die Gerechtigkeit Gottes zu versöhnen, dann müssen auch unschuldige Kinder in den Opfergang sich einreihen.
Die Einzelgruppe der Priester. Bei den letzten Angriffen am 9. und 13. Juni wurden vier Priester aus arbeitsreicher, gesegneter Seelsorge plötzlich abgerufen und andere gesundheitlich schwer geschädigt. Wir Priester verlangen von der Vorsehung keine Ausnahmebehandlung. Wo die Pfarrkinder und Diözesankinder so schwere Opfer bringen müssen, müssen auch die Priester zum Opfer bereit sein. Vor ihrer Weihe wurden sie gefragt: „Könnt ich den Kelch trinken, den ich trinken werde"? (Mark. 10,38) Der Priester ist überhaupt nur soviel Priester nach dem Herzen Gottes, als er Opfergesinnung hat. Gestern habe ich eine kleine Priesterweihe gehalten – 2 Neupriester statt 45 – und mit den Gebebeten der Kirche gesprochen: Imitamini, quod tractatis, macht das nach, was ihr tut, wenn ihr am Altar den Kelch erhebt! Die Priester müssen also nicht bloß zwischen Vorhof und Altar das Sühnegebet beten: „Schone o Herr, schone Deines Volkes", sie müssen auch durch persönliche Sühneopfer zum großen Werk der Sühne beitragen ...
Die Einzelgruppe der Schwestern. ... An dem Tage, an dem die Barmherzigen Schwestern das Ordenskleid erhielten, wurde ihnen auch ein Kreuz überreicht, und sie haben damals nach dem Brauch dieses Ordens das Lieg gesungen: „Der am Kreuz ist meine Liebe". Sie hatten in den Ordensgelübden, im Gelübde der Armut, der Keuschheit und des Gehorsams, von all dem längst Abschied genommen, was den meisten Menschen den Abschied vom Leben schwer macht. Für die Ordensoberen bliebt es eine große Sorge, wie die Lücken dieser krankenpflegerisch bestgeschulten Kräfte wieder ausgefüllt werden sollten in einer Zeit, da der Bedarf an Pflegeschwestern für die Krankenpflege außerordentlich

groß geworden ist. Wir vertrauen, daß der Herr, der das Opfer forderte, auch die Gnade geben und den Ordensoberen neue Kräfte zuführen wird.
Wir sind in der Seele erschüttert, wenn wir durch die Ruinenfelder unserer Stadt gehen und auch vor den Schutthaufen ehemaliger Kirchen stehen. Vor diesen Ruinen sollten wir Gewissenerforschung halten, ob nicht auch der Tempel des Heiligen Geistes, der durch die Taufe und die Firmung in unserer Seele aufgerichtet wurde, in Ruinen gesunken sei. Unsere schöne Kirche St. Wolfgang ist ein großer Trümmerhaufen. Man kann wegen Lebensgefahr das Innere der Kirche nicht betreten, man sieht aber durch eine Seitentüre das Marienbild auf dem rechten Seitenaltar, das von der allgemeinen Verwüstung bewahrt blieb und jetzt mit Blumen und Kerzen umgeben ist. Dort ist an der Wand ein Sinnspruch zu lesen: „Siehst du die Verwüstung am heiligen Ort, gehe nicht gedankenlos wieder fort! Denk ob in deinem Herzen da auch etwas in Trümmer sank, was einst Gott geweiht war". Der Herr hat uns jene schwere Schreckenstage überleben lassen. Vielleicht ist der Tod hart in unserer Nähe vorübergegangen. Der Herr über Leben und Tod hat uns eine Gnadenfrist gegeben. Fragen wir uns, ob nicht in unserem Leben noch irgend eine Sache in Ordnung gebracht, ein Hindernis auf dem Heimweg zu Gott aus dem Wege geräumt werden muß. Das ist der Sinn aller Heimsuchungen Gottes, daß sie uns zu Gott heimholen sollen.
Wir haben einzelne Gruppen genannt, die Gruppe der Kinder, die Gruppe der Priester, die Gruppe der Schwestern. Gerade deren Tod ist „kostbar in den Augen des Herrn" (Ps. 115,6). Gerade deren Tod hat einen wertvollen Beitrag geleistet zu dem großen Werk der Sühne, zu dem wir alle, verbunden mit dem Kreuzopfer, beitragen müssen durch Sühnegebete, Sühnewerke, Sühneleiden, Sühnesterben. Seelenamt und Absolution galten aber nicht nur diesen drei Gruppen. Galten allen unseren lieben Toten vom 9. und 13. Juli, die in Christus ruhen und damit am Herzen Gottes geborgen sind. Gottesliebe bleibe auch bei den Überlebenden, auf daß sie in diesen schweren Stunden innerlich nicht zerbrechen, daß sie vielmehr in der Kraft aus der Höhe stark bleiben für die Stunde der Prüfung. Im Namen des Vaters und des Sohnes und des Heiligen Geistes. Amen."

Für die Kinderseelsorge.
In einem Hirtenwort an die Schulkinder zur Kinderseelsorgestunde sagte Erzbischof von Köln, Dr. Josef Frings u.a.: „Liebe Kinder! Die Ferien sind zu Ende. Die Schule hat wieder begonnen. Nun fängt auch eure Kinderseelsorgestunde wieder an. Hierzu ruft euch alle, vom kleinen ABC-Schützen bis zum großen Jungen und Mädchen, die bald aus der Schule kommen, euer Erzbischof auf.

Kein Morgen vergeht, ohne daß ihr im Gebet des Herrn die Worte sprecht: Vater unser – geheiligt werde dein Name – dein Wille geschehe! Damit wollt ihr sagen: Auch ich will Gottes Namen heiligen und seinen Willen tun. Ihr betet aber auch mit denselben Worten darum: Zeige mir, o Vater, deine Wege! Führe mich den Weg zu einem rechten Leben auf Erden! Führe mich vor allem den Weg zum Ewigen Leben! Seht Kinder: Um diesen Weg geht es in eurer Kinderseelsorgestunde. Hier spricht zu euch durch den Mund des Priesters euer Heiland Jesus Christus. Er hat gesagt: Ich bin der Weg, die Wahrheit und das Leben.

Schon die ganz Kleinen, die gerade in die Schule gekommen sind, sollen an der Kinderseelsorgestunde teilnehmen. Und sie tun es gern. Ich kann ohne Sorge sein: Alle guten Mütter werde ihre Kleinen frühzeitig und regelmäßig schicken.

Dann aber kommt schon bald der Beicht- und Kommunionunterricht. Alle Kinder also, die nächstes Jahr zur ersten hl. Kommunion gehen, müssen ihn ganz regelmäßig mitmachen. Wer das nicht tut, leidet großen Schaden an seiner Seele. Kein Kind darf daher zu spät kommen, darf auch nur eine Stunde durch Nachlässigkeit fehlen. Hier ist sogar ein besonderer Eifer notwendig. Merkt euch gut: Wer gewissenhaft zum Beicht- und Kommunionunterricht kommt, macht dem Heiland selbst eine große Freude und geht sicher schön zur ersten hl. Kommunion.

Eins erwarte ich aber bestimmt von den größeren Kindern: Ihr sollt nicht nur dem Befehl der Eltern folgen. Ihr sollt vielmehr aus Liebe zu Jesus Christus und ganz freiwillig kommen. Da lockt euch mitunter ein Spiel oder sonst etwas. Wird da der Junge die Kraft haben, eine heilige Pflicht dem Sport voranzustellen? Da wird ein Mädchen von einer Freundin eingeladen, mit ihr spazieren zu gehen. Wird es imstande sein, auf diese Freude zu verzichten? Seht: Das traue ich euch zu. Denn es geht auch in eurem jungen Leben bereits um das Wort des Heilandes: Suchet zuerst das Reich Gottes und seine Gerechtigkeit.

Aber noch ein weiteres erwarte ich von euch, den größeren Kindern. Ihr könnt viel Gutes tun. Schon zuhause, indem ihr mithelft, daß die Kleinen pünktlich zur Seelsorgestunde kommen. Am wichtigsten aber ist euer gutes Beispiel. Wenn ihr selbst gewissenhaft an der Seelsorgestunde teilnehmt, dann werden es auch die Kleinen tun.

Und noch eins: Es gibt sicher in manchen Pfarrgemeinden Kinder, die meinen, das Wegbleiben aus der Kinderseelsorgestunde sei eine Heldentat. Ich denke, ihr seid klug und mutig genug, euch nicht mit einer solche dummen Prahlerei verführen zu lassen.

Ganz besonders aber wende ich mich an die großen Jungen und Mädchen, die demnächst aus der Schule kommen. Für euch wird eine besondere religiöse Abschlußunterweisung durchgeführt werden. Sie soll euch das kommende Leben im Lichte des Glaubens zeigen. Hierzu lade ich euch herzlich ein und erwarte von euch in erster Linie freie und frohe Pflichterfüllung. Denn wir brauchen Jungmänner, die mutig zu Christus stehen, und Jungmädchen, die zu edlen Frauen nach dem Vorbilde der lieben Gottesmutter heranreifen.
So folgt denn, liebe Kinder, alle, groß und klein, eurem Bischof. Er spricht zu euch im Namen des Heilandes. Ihr seht in vielen Städten und Dörfern die Trümmer des Krieges. Eure Seele darf keine Trümmerstätte des Unglaubens und der Gottlosigkeit werden. Nein, sie soll immer mehr zu einem Tempel der Glaubensfreude und Gottesliebe werden. Das ist das Ziel eurer Kinderseelsorgestunde."

Für die Studentenseelsorge.
In diesem Jahr sind 100 Jahre seit der Neuordnung der Erzbischöfl. Akademie in Paderborn verstrichen. Die Akademie ist die Rechtsnachfolgerin der vom Fürstbischof Dietrich v. Fürstenberg[95] 1614 gestifteten Universität. Diese wurde zwar durch königl. Kabinettsorder 1818 aufgehoben, bestand aber unbehelligt als Hochschule für die wissenschaftl. Ausbildung des Klerus der 1821 um ein Mehrfaches vergrößerten Diözese [weiter]. Auf den energischen Einspruch des Bischofs und der Bürgerschaft nicht weniger als wegen der offensichtlichen Unentbehrlichkeit einer solche Bildungsanstalt für eines der größten Bistümer Deutschlands sah sich der preußische König genötigt, durch Kabinettsbefehl 1836 auch förmlich anzuordnen, daß jene Order von 1818 „vor der Hand nicht ausgefüllt werden sollte". Langjährige Verhandlungen über die Einrichtung und Dotation der Hochschule fanden 1844 ihren Abschluß. Die philosophisch-theologische Lehranstalt – so lautete seit 1814 ihr amtlicher Name – wurde 1917 aus Anlaß ihres 300-jährigen Bestehens zur Akademie erhoben.

–

Am 9. August d. Js. starb der Dompropst Prälat Dr. Adolf Donders, o.ö. Professor der Homiletik an der Universität Münster. Der Verewigte ist geboren am 15.3.1877 zu Anholt i. Westf. Sein unermüdliches und gesegnetes Wirken als gottbegnadeter Prediger und Redner, als akademischer Lehrer und erfolgreicher theologischer Schriftsteller hat ihm eine führende Stellung in der katholischen Kirche Deutschlands verschafft.

–

95 Geb. 1546, 1585/1589 bis 1618 Bischof von Paderborn.

Die Gesamtzahl der katholischen Theologiestudierenden des Großdeutschen Reiches (Altreich, Ostmark, Sudetengau) betrug nach dem Stand vom 1. Oktober 1943: 3.934, Davon waren 3.752 – 95,37 % einberufen. Gefallen waren bis zum gleichen Tage 733 – 18,63 % von der Gesamtzahl oder 19,54 % von den Einberufenen. Die Studierenden der Orden sind hier nicht mit eingerechnet.

–

Außer den 58 gefallenen Theologen hat das Erzb. Theologenkonvikt 4 neue Verluste zu beklagen:
[a]Skibka[a] Emanuel, cand. theol. approb., geb. 23.3.1915 in Hindenburg O/S., starb am 4.8.1944 an den Folgen seiner schweren Verwundung und wurde am Südausgang des Dorfes Kupientyn, etwa 5 km nördlich von Sokolov-Podleski bestattet. Er diente in einem Grenadier-Regiment als Obergefreiter. – Sein Vater ist Landwirt (Hindenburg O/S, Rollnikstr. 73).
[a]Bensch[a] Johannes, cand. theol., geb. 12.3.1916 in Berlin, Sanitäts-Unteroffizier und Inhaber des EK II und des Verwundetenabzeichens, starb am 17.7.1944 nach harten Kämpfen an der Ostfront. B. hatte 7 Semester Theologie studiert. Er ist Berliner Diözesan. – Sein Vater ist Postinspektor (Berlin N 65, Willdenowstr. 8).
[a]Püschel[a] Georg, stud.theol., geb. 7.3.1915 zu Neustadt O/S, fiel als Oberleutnant und Kompanieführer in einem Grenadierregiment und als Inhaber des EK II u. I, der Ostmedaille, des Panzersturm- und Verwundetenabzeichens, am 2.8.1944 in der Nähe von Bialystok. – Sein Vater ist Oberzollsekretär (Neisse O/S, Neustädter Str. 2).
[a]Peschke[a] Gerhard, geb. 30.7.1925 in Neisse, Theologieaspirant, Gefreiter in einer Panzergrenadier-Abteilung, starb am 14.8.1944 im Osten den Heldentod. – Sein Vater ist Postschaffner (Neisse O/S, Luisenstr. 16). Viat inter sanctos!

–

Das Erzb. Theologenkonvikt hat außer den 22 bisher gemeldeten vermißten bzw. in Gefangenschaft geratenen Theologen einen neuen Verlust zu melden:
[a]Klesse[a] Günther, geb. 5.6.1924 in Breslau, Theologie-Aspirant, Gefreiter, wird seit dem 23.6.1944 bei den Abwehrkämpfen in der Nähe von Witebsk vermißt und ist wahrscheinlich in Feindeshand gefallen. – Sein Vater ist Stadtgeometer und wohnt Breslau, Ledeborntrift 8.

–

Bischof Clemens August Graf Galen[96] feierte den 40. Jahrestag seiner Priesterweihe. – Bischof Memelauer[97] von St. Pölten vollendet am 23. September das 70. Lebensjahr.

---

[96] Siehe Anm. 19.

[97] Michael Memelauer, geb. 1874, gew. 1897, kons. 1927, gest. 1961.

Soeben erschien im Verlag Adolf Holzhausens Nachf. (Wien) der 2. Band der „Werke von Abraham a Sancta Klara“, bearbeitet von Karl Bertsche, hrgg. aus dem handschriftlichen Nachlaß von der Akademie der Wissenschaften in Wien. Mit dem noch folgenden 3. Band wird das Gesamtwerk des sprachgewaltigsten Kanzelredners der Barockzeit vollständig vorliegen.[98]

Für die Glaubensstunde.
600 Jahre Pfarrgemeinde Ilnau, Kr. Oppeln. Die Pfarrgemeinde Ilnau, K. Oppeln konnte mit dem diesjährigen Patronatsfest (St. Bartholomäus) zugleich ihr 600jähriges Jubiläum begehen.[99] 1344 geschieht die erst urkundliche Erwähnung der Ortschaft. Ilnau (früher Jellowa) ist Mutterkirche für die heut von ihr abgetrennten Pfarreien: Alt Budkowitz (heute Alt-Baudendorf), abgetrennt 1827, und Lugnian (heute Lugendorf), abgetrennt 1889. Von Alt Baudendorf wurde 1919 auch Friedrichsthal abgezweigt. Die heutige Pfarrkirche trat 1844 an Stelle der jahrhundertealten hölzernen Kirche. Dem Feste voraus ging eine religiöse Woche, gehalten P. Johannes Imping[100] O.F.M., der auch beim Festgottesdienst in seiner Festpredigt einen kurzen Überblick über die 600-jährige Geschichte der Pfarrei gab.

–

10 Jahre Breslau-St. Rochus. Die Breslauer St. Rochusgemeinde beging am diesjährigen Rochusfest[101] den 10jährigen Gedenktag der Weihe ihrer kleinen Kirche auf dem Belvedere-Friedhof hinter dem Nikolaitor-Bahnhof[102] mit einem Gebets- und Sühnetriduum, einem feierlichen Pontifikalamt des Hochww. Herrn Domdechanten Präl. Dr. Piontek und Festpredigt des H.H. Subregens Pohler.[103] Der Erbauer der Kirche Geistl. Rat Trumpke[104] (St. Nikolaus) fungierte als Presbyter assistens. Der Nachmittag versammelt noch einmal die Gemeinde zu einer feierlichen deutschen Vesper zu Ehren ihres Patrons, wobei P. Holzapfel[105] S.V.D. in seiner Ansprache die Herzen zu erwärmen wußte. In

---

98 Band 1 erschien 1943, Band 3 1945.

99 Pfarrer dort war seit 1937 Johannes Sigulla, geb. 19.5.1888, gew. 4.7.1915; blieb dort bis zu seinem Tode am 27.7.1956.

100 Geb. 13.6.1879, gew. 12.8.1904, meist in Neustadt O/S (poln. Prudnik), Neisse (poln. Nysa), Breslau und Berlin tätig, 1949 in Wiedenbrück Erzbistum Paderborn. Weiterer Verbleib unbekannt.

101 In Breslau am 18. August, 1944 ein Freitag.

102 12 km westlich der Altstadt.

103 Karl Pohler, geb. 23.11.1912, gew. 1.8.1937, seit 16.8.1943 Subregens in Breslau und Seelsorger in Breslau-Burgweide, seit August 1947 in der Altmark (Komm. Magdeburg), gest. 21.3.1979.

104 Max Trumpke, geb. 6.8.1884, gew. 21.6.1910, seit 1925 Pfr. an St. Nikolaus in Breslau, seit 1946 im Bistum Hildesheim, gest. 19.11.1970.

105 P. Josef Holzapfel SVD, geb. 5.12.1889, gew. 30.8.1914, gest. 2.4.1954.

seinem Glückwunschschreiben an die Gemeinde sagt unser Hochww. Herr Kardinal u.a.: „Die Absicht, den zehnten Jahrestag der Weihe der St. Rochuskirche besonders feierlich zu begehen, begrüße ich als Ausdruck dankbarer Pietät. Mit allen Parochianen vereinige ich mich im Dankgebete für allen Segen, der von diesem bescheidenen Gotteshause im Laufe des Jahrzehnts ausgegangen ist, und mit dem Vertrauen, daß die Festesfeier die Liebe zum Heiligtum und den Eifer im Empfange der göttlichen Gnadenmittel neu beleben und vertiefen möge.“ [106]

–

25 Jahre Franziskaner in Ostpreußen. Die Niederlassung der Franziskaner in Allenstein (Ostpreußen), die zur Schles. Provinz der Franziskaner von der hl. Hedwig gehört, konnte ihr 25jähriges Bestehen feiern. Der Diözesanbischof Maximilian Kaller[107] hielt unter großer Beteiligung des Volkes Festpredigt und Pontifikalamt.

–

25 Jahre Borromäerinnen in Militsch. Am 27.8. konnte die Schwesternniederlassung der Borromäerinnen in der Diasporagemeinde Militsch auf eine 25-jährige segensreiche Tätigkeit zurückblicken.

–

In Mailand wurde zur Wiederherstellung von 300-400 durch Bomben geschädigten Statuen des Domes eine „Klinik“ in Betrieb genommen. Der Mailänder Dom ist mit insgesamt 6640 Figuren geschmückt.

–

Nachdem die Steyler Missionsgesellschaft bereits vor einiger Zeit 18 Missionare von der Insel Flores verloren hat, die bei ihrer Überführung von Sumatra in ein indisches Internierungslager auf See untergingen, erreichte uns nunmehr, so berichtet das Päpstliche Werk der Glaubensverbreitung in Aachen, die erschütternde Nachricht vom gewaltsamen Tode des Steyler Bischofs Franziskus Wolf[108] von Neuguinea, der mit insgesamt 60 Missionaren und Missionsschwestern das Opfer australisch-amerikanischer Flieger geworden ist.
gez. i.V. [a]Piontek[a]

---

106 Pfarrer an dieser Kirche war 1935 bis 1945 Friedrich Pasquay (geb. 5.9.1905, gew. 2.2.1930, 1946 in Tirol, seit 1949 im Bistum Fulda, gest. 27.1.1972); 1945 wurde die Kirche zerstört.

107 Maximilian Kaller, geb. 10.10.1880, gew. 20.6.1903, 1917 Pfr. in Berlin an St. Michael, 1926 Apostolischer Administrator von Schneidemühl, kons. 20.10.1930, Bischof von Ermland, gest. 7.7.1947.

108 Geb. 1876, gew. 1899, kons. 1914, seit 1922 Apostolischer Vikar von Ost-Neuguinea, gest. 23.2.1944.

[1944 Nr. 15]

Erzbischöfliches General-Vikariat
Breslau, den 20. September 1944
Nr. 12226
Rundverfügung an die Herren Dekanats-Erzpriester, betr. Materialanweisung für die Seelsorge.

Pontifikalhandlungen. Am 10.9. erteilte unser Hochww. Herr Kardinal in der Kapelle des Marianums die Priesterweihe an 1 Franziskaner (P. Diethmar Hugo Hein, geb. in Leuber, Krs. Neustadt O/S).[109]

[b]Zur 700 Jahrfeier des Breslauer Domes. (1244-1944)[b]
Aus Anlaß des Breslauer Katholikenstages im August 1926 schrieb Dr. Carl Sonnenschein[110] in seinen Notizen im „Kath. Kirchenblatt" (Berlin): „... Der stampfende D-Zug trägt uns wieder Berlin zu. Drüben am dunklen Strom liegt, in Träume gebettet, die Dominsel. Die beiden schlanken Türme der Kathedrale ragen über Giebel und Dächer. Unten rührt der Wind an die Kränze und Girlanden, die, klassisch, des Fürstbischofs Palais umrahmen. Um die hohe Kirche gehen die Schatten der alten Zeit. Um des unbekannten Meisters sandsteinerne Madonna. ... St. Wenzeslaus ragt aufrecht. St. Hieronymus, der große Übersetzer des Neuen Testamentes, sinnt. St. Johannes, der Täufer, steht in einsamem Winkel und kündet mit herbem Gestus den Einen. Dem er den Weg bereitet. Zwischen den Fenstern des Seitenschiffes, einsam der Straße zu, der hl. Vinzenz! Die beiden anderen Diakone St. Stephanus und St. Laurentius kennen wir von der Mark her. Diesen dritten erleben wir zum ersten Mal an den Ufern der Oder. Den Märtyrer von Saragossa. Childebert I.,[111] der 558 starb, baute eine Vinzenzkirche in Paris.[112] Die die große Reliquie des Archidiakons, seiner Tunika, bewachte. 4 französische Kathedralen, von St. Malo, Chalons-sur-Saone, Mâcon und Viviers,[113] sind ihm geweiht. Dem Blutzeugen des 4. Jahrhunderts. Dem dritten großen Diakon der altchristlichen Zeit.

---

[109] Geb. 1916, gest. 20.3.1946.
[110] Siehe Anm.2.
[111] Sohn des merowingischen Königs Chlodwig I., der von Paris aus einen Teil des Frankenreichs regierte (um 497 bis 558).
[112] Die Abtei Saint-Vincent-Sainte-Croix wurde nach Zerstörungen im 9. Jh. wiederaufgebaut und mit dem Titel Saint-Germain-des-Prés versehen. Damals vor der Stadt gelegen, ist sie heute historischer Kern eines Pariser Innenstadtviertels.
[113] Die Kathedralen der Städte Saint-Malo, Chalon-sur-Saône, Mâcon und Viviers (Ardèche) waren bis zur französischen Revolution Bischofssitze; nur der letztgenannte Ort ist heute wieder Bischofssitz.

Der Dom ist eine Welt. Abseits der Straße! Ercole Ferratas Elisabeth aus karrarischem Stein![114] Giacomo Scianzis Elisabethkapelle![115] Steinhäusers,[116] des Nazareners, moderne Madonna mit Kind! Bischof Preczlaws von Pogarel[117] böhmisches Epitaph! Seine Füße auf den Löwen gesetzt! Im Eingang des Presbyteriums die vier großen Kirchenlehrer! In leuchtendem Gold! Auf den Hochaltar aufgebaut das silberne Kreuz und die wunderbaren Leuchter des schlesischen Goldschmiedes Paul Nitsch.[118] Zwischen den Chorstühlen die Gräber Diepenbrocks, Försters und Kopps![119] Alles das umhüllt die weihrauchtragende Luft. Der Glöckner führt eine Gruppe Fremder von Kapelle zu Kapelle. Diese Insel heißt „Terra sancta". Hier ist katholisches Land. Nicht Diaspora. Die Heiligen stehen hier auf heimatlicher Erde ..."

Für die Männerseelsorge.
Nach der Zeitung „Pro familia" vom 18.6.44 ließ die kirchl. Behörde von Bergamo folgende Veröffentlichung in der kath. Ortspresse erscheinen: „Zu den Erscheinungen der allerseligsten Jungfrau Maria, die, wie man sagt, zu Chiaie die Bonate[120] in den letzten Tagen stattgefunden haben, erklärt das Ordinariat, sich eines voreiligen Urteiles zu enthalten. Erst nach genauer Untersuchung wird das Ordinariat seine Meinung äußern. Bis dahin verlangen wir von allen, besonders vom Klerus, größte Zurückhaltung ..."

Beim Pontifikalrequiem für die Opfer des Fliegerangriffs sprach Kardinal Faulhaber am 1.8. im Dom zu München unter dem Thema „Heimgeholt" den Hinterbliebenen und allen Leidtragenden tiefen Trost zu. Er sagte u.a.: „... In der Präfation der Totenmesse ist ein Pauluswort aus dem 2. Korintherbrief (5,1) aufgegriffen. Im Korintherbrief heißt es: „Wenn unser irdisches Wohnhaus zerstört wird, erhalten wir dafür ein ewiges Haus im Himmel." In der Präfation der Totenmesse heißt es: „Wenn dieses irdische Wohnhaus auseinanderfällt, wird uns dafür eine ewige Wohnung im Himmel bereit gestellt." Wie erschüttert uns dieses Wort im Gleichnis eines abgebrochenen Wohnhauses, wenn wir für die Opfer des Luftkrieges (heute im besonderen für die Toten des

114 Geschaffen 1682 von Ercole Ferrata (1610–1686), ein italienischer Bildhauer.
115 Giacomo Scianzi, italienischer Bildhauer, der in Schlesien tätig war und u.a. zwischen 1680 und 1700 die Elisabethkapelle am Breslauer Dom entwarf und ausmalte.
116 Geschaffen 1851 in Rom aus Anlass der Verkündung des Dogmas der unbefleckten Empfängnis der Jungfrau Maria von Carl Steinhäuser (1813–1879) und 1854 vom Bischof Heinrich Förster (siehe Anm. 7) für Breslau erworben.
117 Bischof von Breslau 1342–1376.
118 Paul Nitsch (1548–1609), Goldschmied in Breslau.
119 Siehe Anm. 4, 7 und 9.
120 Ghiaie di Bonate. Die auf Mai 1944 datierten Erscheinungen wurden kirchlich nicht bestätigt.

11., 12., 13., 16., 19., 21. u. 31. Juli) die Totenliturgie halten. Viele von ihnen sind unter den Trümmern ihrer Wohnung gestorben, Die erbarmende Liebe Gottes aber möge ihnen, nachdem ihre irdische Wohnung zerstört wurde, eine ewige Wohnung im Himmel bereitstellen.

Der Tod im Licht des Glaubens. Vor jedem Einzelgrab und mehr noch vor den Massengräbern des Krieges muß jede Weltanschauung Rede und Antwort stehen. Denkende Menschen lassen sich auf die Dauer nicht abspeisen mit einem Achselzucken: „Wir wissen nicht, was nach dem Tode kommt". Auch nicht mit dem leeren Spruch: „Sei zufrieden, wenn du in der Volksgemeinschaft weiterlebst". Wir haben auf Erden ein persönliches Leben geführt, wir haben als Persönlichkeiten gearbeitet und gelitten, wir werden auch ein persönliches Leben nach dem Tode weiterleben, wenn die Schöpfung und das Leben einen Sinn haben. Die Volksgemeinschaft hat Rechte auf den Einzelnen, auch das Recht, für die Gemeinschaft Opfer zu fordern ... Der Herr über Leben und Tod hat jedem Einzelnen mehr oder weniger Talente für einen bestimmten Beruf mitgegeben und einen persönlichen Auftrag. Dieser Herr wird in der Stunde des Todes von jedem Einzelnen Rechenschaft fordern (Matth. 25,14-19). Der Herr über Leben und Tod hat jeden einzelnen in seinen Weinberg gerufen und wird, wenn der Feierabend kommt, nach dem Wort des Evangeliums den Denar ihm aushändigen. (Matth. 20,1-8) Im Lichte dieses Glaubens brauchen wir nicht eine umgestürzte Fackel auf das Grab zu setzen. Im Lichte dieses Glaubens wird uns sogar das Sterben Licht, und als Symbol dessen stellen wir die brennende Kerze auf die Tumba.

Wie unendlich trostvoll hat Jesus im Evangelium seinen Weggang von der Erde als Heimgang zum Vater bezeichnet: „Ich gehe zum Vater" (Joh. 14,12). Seitdem ist es christlicher Sprachgebrauch: Sie sind heimgegangen, sie sind heimgeholt worden. „Sie sind gestorben"? Nein, sie sind heimgegangen zum Vater. Auch die eines gewaltsamen und plötzlichen Todes gestorben sind, sie sind heimgegangen zum Vater. „Sie haben alles verloren"? Nein, sie haben alles gefunden, sie haben heimgefunden. „Sie wurden unter den Trümmern ihres Hauses verschüttet"? Nein, sie wurden in das ewige Vaterhaus aufgenommen, sie wurden heimgeholt. „Im Hause meines Vaters sind viele Wohnungen, ich gehe hin, euch eine Wohnung zu bereiten" (Joh. 14,2). In solchen Stunden, wie wir sie in den letzten Wochen fast Tag für Tag zusammen erlebten, in solchen Stunden, in denen sich das Wort erfüllte „Ich und der Tod sind nur einen Schritt voneinander getrennt" (Kön. 20,3)[121] bleiben wir ruhig und gefaßt in dem Glauben „Sterben ist Heimgehen zum Vater." Sprechen wir doch die Sprache Christi! Ich verstehe so gut, wenn die Hinterbliebenen bitten, von menschlichen Trostsprüchen und Trostbesuchen abzusehen. Unser Trost bleibt: Sie sind

[121] Meint 1 Sam. 20,3.

heimgegangen zum Vater. Der Vater hat, wie es vorher bestimmt war, sie heimgeholt.
Nicht bloß das Sterben, auch das Leben erhält im Lichte des Glaubens seinen tiefsten Sinn. Der Apostel spricht an der gleichen Stelle im 2. Korintherbrief: „Solange wir noch im Zelte leben" (5,4). Ein Zelt ist im Gegensatz zu einem festen Haus eine Unterkunft, die jederzeit leicht abgebrochen werden kann. „Solange wir im Leibe sind, sind wir Pilger, fern vom Herrn. ... Wir möchten heimgehen zum Herrn" (5,6-8). Der Apostel hat „viel gearbeitet" (1. Kor. 4,12), Tag und Nacht gearbeitet als Zeltweber und als Sendbote Christi, und doch hat er bei aller Arbeit auf Erden nicht vergessen: Der Schwerpunkt des Lebens liegt nicht im Diesseits, sondern im Jenseits. Das Heimweh nach dem Herrn, vom dem er spricht, hat ihm die Freude an der diesseitigen Berufsarbeit nicht ausgelöscht. Die eigentliche Heimat nimmt uns erst dann auf, wenn wir zum Vater heimgehen.
Es ist eine furchtbare Heimatlosigkeit über unser Volk gekommen: die Familien zerrrissen, mehr als in früheren Kriegen, weil nicht bloß die Männer, weil auch die Frauen im Kriegseinsatz sehen. Das häusliche Gemeinschaftsleben aufgelöst, auch wenn das Haus nicht zerstört ist. Volksgruppen umgesiedelt. Wir sprechen von einer „Wandernden Kirche". Kinder aus bombengefährdeten Gebieten in bombensichere Gegenden geschickt, Obdachlose in ungezählten Scharen, die sich ein Obdach suchen. Die deutsche Seele leidet unter dieser Heimatlosigkeit besonders, weil die deutsche Seele mit besonderer Liebe an der Heimat hängt. Und doppelt heimatlos sind sie geworden, wenn sie durch die Umsiedlung auch aus der religiösen Atmosphäre des Elternhauses und der Heimat herausgerissen wurden.
In solchen Zeiten der Heimatlosigkeit und Obdachlosigkeit hat die Stunde der helfenden Liebe geschlagen. Wir haben Ausgebombte in unser Haus aufgenommen, wir können aber nicht allen helfen und müssen bei der Aufnahme die Ordnung der Liebe einhalten, also zunächst denen helfen, denen wir zunächst verpflichtet sind. Wer hätte geglaubt, daß einmal Zeiten kommen, in denen gute Menschen an unserer Pforte um ein Glas Wasser bitten oder um einen Kerzenstummel in den Tagen, da wir kein Wasser und Licht hatten? Zeiten des Evangeliums: „Wer euch einen Becher Wasser zu trinken gibt in meinem Namen, wird seines Lohnes nicht verlustig gehen." (Mark. 9,41).
Sogar jene Häuser, die immer noch für Menschen ohne Heim und ohne Heimat ihr Tore öffneten, ich meine die Gotteshäuser, wo sich alle wie zu Hause fühlen könnten beim Vater, sind durch die Fliegerangriffe im Monat Juli in erschreckender Zahl zerschlagen worden. Außer den früher zerstörten, wurden 7 für die Seelsorge notwendige Kirchen total zerstört. ... Dazu [sind] weitere sieben Kirchen so schwer geschädigt, daß sie eine Zeit lang für den gottesdienstlichen

Gebrauch ausfallen. Dazu sieben Hauskapellen in Anstalten und Ordensheimen, die z.T. als Notkirchen dienten. Die furchtbare Siebenzahl: 7 schwere Überfälle im Monat Juli, 7 schwergeschädigte Kirchen, 7 Hauskapellen – uns ist, als würden die sieben Schalen des Zornes in der Geheimen Offenbarung (16,1) auf die Erde ausgegossen. Euer Bischof nimmt tiefsten Anteil an euren schmerzlichen Verlusten und Opfern. Jeder von uns hat persönliche Bekannte dabei. Auch ein Priester ist wieder dabei. Unser hochbegabter Priesterdichter Hugin,[122] und evangelische Pfarrer. Auch gottgeweihte Schwestern sind wieder dabei, gleich 13 vom Institut U.L.F.[123] vom Mutterhaus Nymphenburg, die im Städt. Waisenhaus, manche seit Jahrzehnten, die Kinder betreut haben, und viele, viele gute Mitbürger und Mitschwestern. Euer Bischof nimmt tiefsten Anteil an euren Opfern. Ich weiß aber auch, daß ihr mit eurem Bischof die schweren Verluste im kirchlichen Bereich mitempfindet. Die Bombe, die eine Kirche zerschlägt, hat auch das Herz des Bischofs getroffen. Und dennoch meine Lieben! Es wäre nicht im Sinne unserer Toten und nicht im Sinne unserer Kirche, wollten wir über den schweren Opfern in Trauer versteinern oder aus innerer Verbitterung verzagen. Kein Leid [ist] so groß, daß es nicht in der Gnade des Herrn überwunden werden kann. Keine Last [ist] so schwer, daß sie nicht in der Kraft des Glaubens getragen werden kann. Kein Leben [ist] so hart, daß es nicht in Gottes Namen weiter geschleppt werden kann, bis zu der Stunde, da die Botschaft kommt: „Ich gehe heim zum Vater." Amen."

–

Aus der Bayerischen Benediktinerkongregation wurden im Laufe des Krieges 241 Patres, Kleriker und Brüder zum Wehrdienst eingezogen. Davon sind 31 gefallen, 46 verwundet, 8 vermißt, 2 in Gefangenschaft.

Aus Feldpostbriefen an Se. Eminenz:

Ein Priestersoldat schreibt: „Heute vor 6 Jahren durfte ich aus Ihrer Hand das heilige Weihesakrament empfangen. Es drängt mich, Euer Eminenz nochmals herzlich zu danken – welch reiches inneres Glück hat doch diese Stunde uns damals geschenkt – und wieviel Freude in diesen Jahren uns gebracht. Auch während der Soldatenzeit, die uns äußerlich anders kleidet und andere Pflichten und Aufgaben stellt – bleibt man ja Priester. Gebe es der Herrgott, daß diese Zeit uns alle durch die Lebenserfahrung reicher und voll tiefer Freude über unseren heiligen Glauben (gerade durch das Sehen und Innewerden der geistigen Armut und Not um uns herum) in unsere große Lebensaufgabe zurückkehren lasse. Zwei von uns, die wir damals bittend zu Eurer Eminenz hintraten,

---

122 Siehe Anm. 65.

123 Unserer Lieben Frau.

sind schon in der Ewigkeit.[124] – Aber Gott seit Dank ist meines Wissens nach keiner dem Beruf untreu geworden. Mir geht es gut, vor allem habe ich fast täglich die Möglichkeit zu zelebrieren. ..."
Ein anderer schreibt: „Ich sitze im Bunker und halte Telefonwache. Wenige hundert Meter, wohl 250 Meter weg, liegt der Feind und sendet ab und zu seine furchtbaren Explosionsgeschosse herüber. Aber gottlob trifft er ganz selten, und sonst ist es jetzt an der Front ruhig, sodaß ich als der Sanitäter ... so gut wie nichts zu tun habe. So gibt es jetzt manchen freien Augenblick, den ich zu Lesung, Briefschreiben und Gebet verwende. Der ganze Rosenkranzpsalter ist mein täglicher lieber Begleiter und ersetzt mir das so schmerzlich entbehrte hl. Opfer und Breviergebet. Aber der „Schott" ist mit draußen und kommt bei mir täglich zu seinem Recht. Nicht zu vergessen das N.T. Während der letzten 6 Wochen hatte ich nur dreimal Gelegenheit zur Zelebration und dabei hat mir die liebe Gottesmutter sichtbar am 15.8. dazu verholfen. Wie ich auch sonst ganz sichtbar die Hilfe von oben in letzter Zeit spürte. ..."
Einige Soldaten haben Sr. Eminenz zum 30jährigen Jubiläum als Bischof von Breslau und gleichzeitig zur 700Jahrfeier der Domkirche ein künstlerisches Gedenkblatt gesandt, worauf der H.H. Kardinal in einem Briefe folgenden Inhalts geantwortet hat: „Am lieben Feste Mariä Himmelfahrt erhielt ich Ihre Gedenk-Adresse, die besonders dem siebten Säkular-Jubiläum unserer Domkirche und dem 30. Jahrestage meines Amtsantritts in Breslau gewidmet ist.[125] Vielmals herzlichen Dank! Ihr künstlerisch kalligraphisches Gedenkblatt ist ein prächtiges Zeichen der treuen Liebe und Anhänglichkeit an die höchsten Güter Ihrer Heimat. Eine Liebe, die durch die jahrelange Trennung nur gesteigert ist.
Es sind große Ereignisse, von denen die Jahrzehnte und Jahrhunderte reden, die Ihr Gedenkblatt vor Augen stellt. Wechselvolle Geschicke, die über die Dominsel und die ganze weite Riesendiözese dahingegangen sind.
Es sind auch ereignisvolle Tage, denen wir gerade jetzt entgegengehen, wo wir mit ernster Spannung in die nächste Zukunft blicken.
Gott gebe uns bald einen ebenso siegreichen wie segensreichen Frieden!
Jedem Einzelnen aber gilt der Ruf des Apostels Paulus: „Seit freudig in der Hoffnung, geduldig in der Drangsal, beharrlich im Gebete." Röm. 12,12.
Gottes gütige Vorsehung beschirme Euch alle! ..."
–

[124] Es dürfte sich um den Weihekurs vom 7.8.1938 mit 44 Alumnen handeln. Von ihm verstarben Gerhard Kurda im Feld (Gerhard Kurda, geb. 30.9.1912, gew. 7.8.1938, einberufen Juni 1940, gefallen 4.10.1941.) und Johannes Reichelt (geb. 7.10.1912) am 21.9.1943 durch einen Verkehrsunfall in Breslau.

[125] In den überlieferten und verbreiteten Briefen an die Soldaten ist dieser Satz nicht zu finden.

Wie die Münchener Neuesten Nachrichten (Nr. 226 v. 15.8.44) melden, hat der brasilianische Botschafter beim Heiligen Stuhl einen Vorstoß in der Richtung unternommen, daß das Gebiet des Vatikans erweitert und ein Zugang zum Meer geschaffen werden soll. In der Begründung heißt es, daß die Unabhängigkeit des Päpstlichen Territoriums nicht genügend gewährleistet wäre, da es auf Ausfuhren angewiesen sei, die jeweils zu genehmigen mehrere Stadt- und Provinzbehörden obliege. Der Vatikan besitze beispielsweise kein eigenes Elektrizitätswerk, eine der Tatsachen, die sich bei Kriegsereignissen auf die Neutralität beeinträchtigend auswirkten.

–

Die neuesten statistischen Zusammenstellungen ergeben folgendes Bild des kirchlichen Lebens in Deutschland: Die Kirchenaustritte sind seit 1937 mit 108 054 im Altreich stetig gesunken und haben 1942 den seit 1937 tiefsten Stand von 38 367 erreicht. Die Rücktritte haben sich [seit] 1937 ungefähr auf gleicher Höhe gehalten (1942 waren es 3580[126]). Die Jahreskommunionen weisen seit Kriegsbeginn eine stetige Zunahme auf. Der Anstieg von 1940 (267 384 328) auf 1941 (269 423 692) betrug über 2 Millionen und der von 1941 auf 1942 (278 633 191) sogar über 9 Millionen trotz der Millionenzahl von Wehrmachtsangehörigen, deren Kommunionen in diesen Zahlen nicht einbegriffen sind. – Bei den Osterkommunionen war wegen der Abwesenheit der im Heeresdienst befindlichen Männer ein Absinken zu erwarten. Die geringfügige Abnahme[127] (1940: 12 280 827 Osterkommunionen, 1941: 12 231 828, 1942: 11 959 775) beweist, daß viele in der Kriegszeit den Weg zur Kommunionbank zurückgefunden haben, die in früheren Jahren die österliche Zeit zur Einkehr nicht benutzten. – Die Zahl der Kirchenbesucher, die von 1940 auf 1941 um ungefähr 350 000 gesunken war, ist im Jahre 1942 wieder um 200 000 gestiegen. (Die kirchlichen Akte der Wehrmachtsangehörigen sind auch hier nicht erfaßt.) Aus allen obigen Zahlen scheint sich zu ergeben, daß eine gewisse Scheidung der Geister sich vollzieht. Während die einen sich von der christlichen Wahrheit und Sitte abwenden, umfassen die anderen umso inniger die großen Gedanken und Motive des Glaubens und der Tugend, um für die Abseitsstehenden zu sühnen und für sich selbst einen festen Grund zu finden im Aufruhr unserer Zeit (Tätigkeitsbericht der Zentralstelle für kirchliche Statistik.).[128]

–

Die Bischofsstadt Trier wurde am 14.8. durch feindliche Flieger heimgesucht. Der höhere der beiden Domtürme (der südwestliche) brannte aus. Die 3 noch im Turm befindlichen Glocken der großen Domgeläute schmolzen oder

---

[126] Hier muss eine Dezimalstelle verlorengegangen sein.

[127] In der Vorlage steht: Annahme.

[128] Das zuletzt erschienene Kirchliche Handbuch von 1943 kennt nur Zahlen bis 1941.

zersprangen und fielen herab. Ferner brannten ab ein Teil des Dachstuhles des Querschiffes, sowie die Dächer der Domsakristei, des Domkreuzgangs und er anstoßenden Musikschule. Im Innern entstand kein Schaden, da die Gewölbe standhielten. Die Liebfrauenkirche verlor durch Brand den Vierungsturm und fast das ganze Dach. Auch hier blieben die Gewölbe heil, sodaß das Innere keinen Schaden nahm. Vom Generalvikariat und von seinen Nebengebäuden brannten die Dächer ab. Die Betondecke im Hauptgebäude verhindert aber das weitere Umsichgreifen des Brandes. Der Bischofshof und das Priesterseminar erlitten nur geringe Schäden. Völlig zerstört wurden aber das Kloster der Ursulinen und mehrere Domkurien, schwer beschädigt das Bischöfl. Konvikt und das Haus der Schwestern vom Hlg. Geist im Gartenfeld.

–

In einem Hirtenwort zum Rosenkranzmonat sagte der Bischof von Passau Dr. Simon Konrad Landersdorfer[129] OSB u.a.: „... Der furchtbare Weltkrieg, der wie eine Gottesgeißel auf der Menschheit lastet, ist vor kurzem in sein 6. Jahr und damit allem Anschein nach in sein entscheidendes Stadium eingetreten. Die verschärfte Totalisierung des Krieges bringt den Ernst der Lage auch jenen zum Bewußtsein, die sich bisher dieser Erkenntnis hartnäckig verschlossen hatten.
Mit dem totalen Einsatz der physischen Kraft des Volkes muß Hand in Hand gehen die Totalisierung des moralischen und religiösen Einsatzes. Der gläubige Christ weiß, daß die Fäden allen Weltgeschehens in der Hand dessen liegen, der die Welt einst geschaffen und fortwährend erhält und lenkt. Der Glaube sagt uns, daß dieser allmächtige Gott unser Vater ist, und daß wir uns in seinen Vaterarmen geborgen fühlen dürfen, vorausgesetzt, daß wir mit kindlicher Liebe zu ihm emporblicken und unseren Willen vertrauensvoll seinem heiligen Willen unterordnen. Was ein rechter katholischer Christ ist, der ist sich auch bewußt, daß wir in Maria eine Mutter haben, die in wahrhaft mütterlicher Liebe um uns besorgt und jeder Zeit bereit ist, bei ihrem göttlichen Sohn für uns einzutreten, wenn wir uns ehrlich bestreben, ihre Kinder zu sein. Wir haben uns dieser himmlischen Mutter geweiht und dürfen rückhaltlos auf ihren mächtigen Schutz vertrauen, wenn wir uns dessen durch ein wirkliches christliches Leben würdig machen.
Angesichts der schweren Drangsal, in der die Menschheit sich befindet, drängen sich dem christlichen Denken zwei Forderungen mit unerbittlicher Notwendigkeit auf, einmal daß wir Buße tun und Sühne leisten müssen, sodann daß wir beten müssen. Niemand geringerer als Maria selbst erwartet dies von uns, fordert es geradezu als Herold ihres göttlichen Sohnes als letztes Ret-

[129] Geb. 1880, Ordenseintritt 1899, gew. 1903, 1922 Abt von Scheyern, 1936-1968 Bischof von Passau, gest. 1971.

tungsmittel in der furchtbaren Katastrophe, die über die Menschheit hereinzubrechen droht.

Meine lieben Christen! Wenn ich von Buße und Sühne spreche, so denke ich dabei nicht so fast an selbstgewählte Kasteiungen und Abtötungen, höchstens daß man sich mancher an sich erlaubter Lustbarkeiten und Vergnügungen enthält, die mit dem Ernst der Zeit nicht mehr im Einklang stehen und jetzt ohnehin zumeist in Wegfall kommen, sondern es handelt sich vielmehr darum, daß wir all die Opfer, Leiden und Entbehrungen, die Gott der Herr selbst uns durch den Krieg auferlegt, im Geiste der Buße und der Sühne auf uns nehmen und mit Ergebung in Gottes heiligen Willen tragen. Ich weiß, diese Opfer sind sehr schwer und sind oft sehr ungleich verteilt. Wir haben kein Recht, darüber mit Gott zu richten oder uns darüber zu beschweren, und was ein rechter Christ ist, der fügt sich einfach seinem heiligen Willen, eingedenk dessen, daß Buße und Sühne dringend nottun angesichts der Berge von Sünden, die Tag für Tag aufgehäuft, und der ungeheuren Verbrechen, die in frivolster Weise begangen werden. Buße und Sühne tun bitter not, aber die große Mehrheit der Menschheit, auch ein großer Teil der Christenheit, denkt gar nicht daran. Um so mehr müssen wir, die wir Kinder Gottes heißen und auch sind, und zwar bewußt sind, diese Aufgabe zur unsrigen machen, müssen den erzürnten Gott zu versöhnen suchen, um so einen glücklichen Ausgang des unheilvollen Krieges für die Menschheit im allgemeinen und für unser Vaterland im besonderen zu erlangen.

Hand in Hand mit Buße und Sühne muß gehen das Gebet. Das Gebet, das kindliche Bitten, das nicht erlahmt und sich auch durch scheinbaren Mißerfolg nicht beirren läßt, ist die stärkste Waffe, die die Kinder Gottes gegen ihren himmlischen Vater haben. Wiederum ist es die Mutter des Herrn, die uns mahnt, energisch mahnt zum Gebet und sich als Mittlerin bei ihrem göttlichen Sohne anbietet. Und darum ist es vor allem das Rosenkranzgebet, dessen Pflege [uns] in der gegenwärtigen Not besonders fordert.

Meine lieben Christen! Der Rosenkranz ist Jahrhunderte hindurch gewissermaßen das Brevier des christlichen Volkes gewesen, besonders der christlichen Familie, in der er bis vor wenigen Jahrzehnten gemeinsam und laut verrichtet wurde, ähnlich wie das Chorgebet in den Domkirchen und Klöstern. Das ist nun leider anders geworden. Wohl gibt es noch einzelne Familien, in denen diese Übung lebendig geblieben ist, wenigstens am Samstag, dem der Mutter des Herrn geweihten Wochentag, aber in der großen Mehrzahl derselben kennt man das gemeinsame Beten des Rosenkranzes kaum mehr.

Es gibt heut Christen, gute Christen, wie sie selbst meinen, die sogar eine gewisse Abneigung gegen diese altehrwürdige Gebetsform zur Schau tragen. Was aber das traurigste ist, viele Kinder lernen den Rosenkranz überhaupt nicht mehr beten oder er wird ihnen wenigstens nicht mehr geläufig.

Demgegenüber ist es der ausgesprochene Wunsch Mariens, daß dieses Gebet in der Christenheit wieder eifrig gepflegt werde, besonders in der gegenwärtigen Drangsal, und sie hat uns dafür die Rettung aus derselben in Aussicht gestellt. Der Rosenkranz ist das Buß- und Sühnegebet der Gegenwart, das unseren sonstigen Sühnewerken, Sühneopfern und Sühneleiden erst Inhalt und Wort gibt ..."

Für die Studentenseelsorge.
Der Dichter Werner Bergengruen[130] schreibt in einer Abhandlung „Die Antwort der Geschichte"[131] gegen Schluß: „Anhand der natürlichen Offenbarung, wie sie aus der Geschichte der Völker redet, habe ich mich bemüht, zu zeigen, daß uns der Ausgang versperrt wäre, selbst wenn wir aus allem christlichen Wesen hinauswollten. Nun aber wollen wir nicht hinaus und wissen aus der übernatürlichen Offenbarung, daß wir nicht hinauswollen dürfen und nicht hinauswollen sollen. Es soll nicht aus der Not eine Tugend gemacht werden. Nicht weil es bisher immer so gewesen ist, soll es auch in Zukunft so bleiben, sondern weil dieser christliche Glaube, den wir bekennen, die offenbarte alleinige und absolute Wahrheit gewesen ist, ist und bleiben wird. Wohl sind die Deutschen ein Volk geworden, weil sie christlich wurden. Aber sie müssen auch christlich sein, weil sie ein Volk sind. Denn die Offenbarung Gottes ist ja an die Völker ergangen. ... Mich dünkt der Umstand, daß seit mehr als einem Jahrtausend christliche Kirchen in unserem Lande stehen und christliche Sakramente in ihnen gespendet werden, unvergleichlich viel wichtiger und beweiskräftiger als alle Hindeutungen auf jene Kraft der christlichen Kulturform, von der ich oben gesprochen habe. Seit mehr als einem Jahrtausend ist ein Strom der sakramentalen Gnade ununterbrochen über unser Volk und unser Land hingeflossen. Sollte er nicht diesem Volke, auch wo es sich ihm nicht hat öffnen wollen in geheimnisvoller Weise einen unauslöschlichen Stempel, einen unzerstörbaren Charakter aufgeprägt haben."

Für die Glaubensstunde.
Das Erzbischöfl. Priesterseminar Albertinum hat einen neuen Verlust zu beklagen:
Der Alumnus Johannes Weber aus Breslau fiel am 19.8.1944 im Osten als Oberleutnant und Kompanieführer in einem Panz. Gren. Reg. Er war Inhaber des EK II., des K.V.K.I. und II. Kl. mit Schwertern und der Ostmedaille.[132]

---

130 Deutsch-baltischer Schriftsteller (1892–1964).

131 In: Kurt IHLENFELD (Hg.), Die Stunde des Christentums, Berlin 1937, 12–21. Zitat S. 20–21 mit leichten Textänderungen.

132 Geb. 1.1.1917 in Breslau.

Kriegsvermißter Subdiakon. Der Subdiakon im Erzbischöfl. Priesterseminar Günther Knetsch, aus Hindenburg O/S ist seit dem 17.6.1944 vermißt. Er befand sich zuletzt als Sanitätsunteroffizier auf der Insel Elba.[133]

–

Außer den 62 bisher gemeldeten gefallenen Theologen hat das Erzbischöfl. Theologenkonvikt einen neuen Verlust zu beklagen:
Czech, Karl, cand. theol. approb., geb. am 25.5.1916 in Babitz, Kr. Ratibor, fiel als Sanitätsobergefreiter am 25.8.1944 infolge eines Bauchschusses im Raume von Modon (Lettland). Sein Vater ist Bauer und wohnt in Jung-Birken (Ratibor-Land). R.i.p.

–

Fürstbischof Dr. Andreas Rohracher von Salzburg hat am 30.6. in der Franziskanerkirche zu Salzburg im Namen der ganzen Diözese ein feierliches Gelöbnis an die Gottesmutter abgelegt. Der Kernpunkt des Versprechens war: „Wenn unsere Bischofsstadt und die ganze Erzdiözese vor den Greueln des Krieges bewahrt bleibt, wollen wir deinem Unbefleckten Herzen eine Kirche bauen, sobald nach der Beendigung des Krieges die Lage der Dinge uns es möglich macht. Zu diesem Zwecke versprechen wir Opfer zu bringen und zusammenzuhelfen nach Maßgabe unserer Mittel, damit dieser Bau möglichst bald zustande kommt. Aber nicht allein ein steinernes Haus wollen wir bauen zur Ehre deines Unbefleckten Herzens. Wir wollen trachten, dir, o Mutter, noch ein viel schöneres Heiligtum zu errichten mitten in unseren Herzen, in unsern Familien und Pfarreien."[134]

–

Unter der Überschrift „Keine tierische Abhängigkeit des Menschen" bringt die Zeitschrift „Natur und Kultur" (Heft 4-6 1944 S. 37) folgende bemerkenswerte Notiz: „In einem Artikel in Heft 50/52 (1943) der Zeitschrift „Die medizinische Welt" weist Professor Westenhöfer[135] wieder darauf hin, daß eine Anhängigkeitserklärung des Menschen von Schimpansen, Orang, Gorilla nicht in Frage steht, sondern daß jedes dieser Wesen seinen eigenen Weg gegangen ist."

–

---

[133] G. Knetsch, geb. 8.6.1915, 1939 Kriegsdienst, 1944 frz. Kriegsgefangenschaft, kam 1946 ins Kriegsgefangenenseminar in Rivet (Algier), gew. 21.12.1946 in Algier, 1946–1948 Lagerpfarrer in Algerien und in Frankreich, 1949–1975 Mitarbeit in der Caritas in Freiburg und Essen, gest. 23.12.1984.

[134] Diese Kirche wurde dann in der neuen Satellitenstadt Salzburg-Taxham erbaut und am 13.10.1968 geweiht. Sie erhielt das Patrozinium Mariä Begegnung, das am 2. Juli begangen wird.

[135] Max Westenhöfer (1871–1957), deutscher Pathologe, Anthropologe und Mitarbeiter Rudolf Virchows.

Auf dem Mariahilfberg bei Passau wurde zum Fest Mariä Himmelfahrt eine neuntägige Andacht in den großen Anliegen der Zeit abgehalten. Die Beteiligung der Passauer Katholiken war so gewaltig, daß der gemeinsame Rosenkranz täglich im Klosterhof gebetet werden mußte, da die Wallfahrtskirche die Teilnehmer bei weitem nicht faßte. – Am Sonntag hielt Bischof Simon Konrad[136] von Passau am Gnadenort Altötting [ein] festliches Pontifikalamt. Am Vorabend lauschte eine mehrtausendköpfige Menschenmenge in der Basilika dem bischöflichen Redner, der den Zuhörern die Bedeutung der vollzogenen Marienweihe eindringlich vor Augen führte. Nicht eine Lebensversicherung hätten sie damit eingegangen, sondern eine unwiderufliche Hingabe an die Gottesmutter. Aus der Weihe ergebe sich die Forderung, vollen Ernst zu machen mit dem christlichen Leben, Bereitschaft zur Buße und Sühne zu zeigen und durch das Rosenkranzgebet, das wieder Gemeingut der christlichen Familien werden müsse, die Barmherzigkeit Gottes auf unsere so schwer bedrängte Zeit herabzurufen.

–

Spanien: Zum Wiederaufbau des im spanischen Bürgerkrieg zerstörten religiösen Nationaldenkmals auf dem Cerro de los Angeles bei Madrid, einer monumentalen Herz-Jesu-Statue auf gewaltigem Sockel, wurde am 30.5. der Grundstein gelegt.[137] Die Feier der Grundsteinlegung wurde als Staatsakt abgehalten, an dem sich der spanische Staatschef General Franco,[138] die Mitglieder der spanischen Regierung und der Erzbischof von Toledo[139] mit vielen anderen kirchlichen Würdenträgern beteiligten.

Für Missionsfeiern und -predigten.

Die kath. Kirche in Japan steht trotz ihrer zahlenmäßig außerordentlichen Minderheit in günstiger und aussichtsreicher Entwicklung. In einem Religionsgesetz, das seit dem 1.4.1940 in Kraft ist, wurde den religiösen Gemeinschaften – Shintoismus, Buddhismus und Christentum – ein Statut gegeben. Der Staat sichert sich gewisse Aufsichtsrechte, gewährt aber den anerkannten Religionsgemeinschaften seinen Schutz und manche andere Rechte. Das Christentum ist trotz seiner verhältnismäßig geringen Anhängerzahl – etwa 350 000 – den einheimischen Landesreligionen des Shintoismus und Buddhismus staatlich gleichberechtigt. Ja, die katholische Kirche erhielt als erste unter allen christlichen Bekenntnissen und noch vor den meisten shintoistischen und buddhis-

---

[136] Simon Konrad Landersdorfer, siehe 129.

[137] Das Denkmal wurde 1919 erbaut, 1936 zerstört und 1965 erneut eingeweiht.

[138] Francisco Franco (1892–1975), 1936–1975 Diktator des Königreichs Spanien.

[139] Enrique Pla y Deniel, geb. 1876, gew. 1900, 1918/1919 Bischof von Ávila, 1935 Bischof von Salamanca, 1941 Erzbischof von Toledo, 1946 Kardinal, gest. 1968.

tischen Sekten die staatliche Anerkennung. Das ist in einer Zeit nationaler Hochspannung ein Beweis, daß das Christentum von den Japanern nicht als artfremd erfunden wird. Dafür scheint auch die Japanisierung der Kirche ein schnelleres Tempo einzuschlagen. Alle fünfzehn Missionsgebiete wurden japanischen Bischöfen unterstellt, von denen drei zugleich ein Landesgebiet verwalteten. Alle zwölf japanischen Oberhirten sind Weltpriester, außer dem Jesuiten Msgr. Ogihara[140] von Hiroschima. Auch die Leitung aller Missionsschulen und der katholischen Universität ging in japanische Hände über. Rektor der katholischen Universität in Tokio wurde als Nachfolger von P. Heuvers S.J.[141] P. Yachita Tsuchihashi S.J.[142] Die ausländischen Missionare arbeiten auch weiterhin unter japanischer Leitung mit. Unter dem ausländischen Personal stellten die Deutschen 162 Missionare (36 %) und 70 Schwestern. Überraschend schnell ist das einheimische Personal gewachsen. Innerhalb [von] 10 Jahren stieg die Zahl der japanischen Priester von 54 auf 158, die der Brüder von 106 auf 150, die der Schwestern von 137 auf 1213. Das japanische Missionspersonal hat mit 1521 Priestern, Brüdern und Schwestern das ausländische, das insgesamt 947 zählt, bereits weit überholt; dazu kommen noch 588 japanische Katechisten, sowie viele japanische Laienhelfer und Laienhelferinnen. – Nach den Angaben des letzten Jahres betrug die Katholikenzahl im eigentlichen Japan 119 224 Getaufte und 2422 Taufbewerber, in Großjapan[143] mit Einschluß von Formosa,[144] Korea und Südseemandat 311 433 Getaufte und 14 714 Taufbewerber.
gez. Negwer

---

[140] Akira Aloysius Ogihara, geb. 1896, Eintritt 1922, gew. 1929, gest. 1991. Warum er hier mit „Msgr.“, also als Monsignore bezeichnet wurde, ist unklar, da er ja Jesuit war.

[141] Geb., 1890, gew. 1920, gest. 1977.

[142] P. Paulus Yachita Tsuchihashi, geb. 1866, Eintritt 1888, gew. 1901, 1940–1946 Präsident der kathol. Universität in Tokio, gest. 1965.

[143] Meint Japan unter Einschluss der von ihm annektierten Gebiete, aber noch vor Besetzung der katholischen Philippinen.

[144] Taiwan.

[1944 Nr. 16]

Erzbischöfliches General-Vikariat
Breslau, den 10. Oktober 1944
Nr. 12493
Rundverfügung an die Herren Dekanats-Erzpriester, betr. Materialanweisung für die Seelsorge.

[b]Die 700-Jahrfeier der Domkirche zu Breslau[b][145]
hat einen der erhabenen Mutterkirche unserer Millionendiözese würden Verlauf genommen. Wirkungsvoll eingeleitet wurde die Säkularfeier durch ein Abendtriduum im Dom mit Predigt und sakramentalem Segen. Es sprachen dabei:
Dompropst Prälat Dr. Blaeschke[146] über den Weltendom der einen, heiligen, katholischen und apostolischen Kirche;
Domkapitular Prälat Dr. Prof. Dr. Seppelt[147] über die Baugeschichte der Breslauer Domkirche, angefangen von Bischof Thomas I.[148] bis zur letzten Instandsetzung 1934;
Domdechant Prälat Dr. Piontek ließ drei Prozessionen durch den Dom ziehen, die der Toten aus den Grüften, der Lebenden in der Bischofsprozession und der Heiligen, deren Altäre den Dom umsäumen [gedachten].
Schon diese Abendandachten hatten sich eines recht guten Besuches aus allen Schichten der Bischofsstadt zu erfreuen. Weder Ungunst des Wetters noch das abendliche Dunkel vermochten den täglich wachsenden Zustrom zu hemmen. Die Hauptfeier am Sonntag, den 8. Oktober, bestand in einem Pontifikalamt Seiner Eminenz des Hochww. Herrn Kardinal Erzbischofs Dr. Bertram mit vorangehender Predigt des Domkapitulars Msgr. Dr. Kastner[149] über die Segnungen, die von der Domkirche ausgehen. Der Domchor unter Leitung des Domkapellmeisters Dr. Blaschke[150] brachte die Missa Papae Marcelli von Pales-

---

[145] Als Überschrift zentriert und doppelt unterstrichen.

[146] Siehe Anm. 30.

[147] Prof. Dr. Franz Xaver Seppelt, geb. 13.1.1883, gew. 23.6.1906, 1915 a.o., 1920 ord. Professor für Kirchengeschichte, Mitglied der Stadtverordnetenversammlung Breslau, des Provinziallandtages und des Preuß. Staatsrats bis 1933, 1925 Domkapitular, 1943 Prälat, seit 1946 in München, gest. 25.7.1956.

[148] 1232–1268 Bischof von Breslau.

[149] Karl Kastner, geb. 1.3.1886, gew. 20.6.1910, seit 1943 Domkapitular, seit 1947 in Bad Lippspringe (Erzbistum Paderborn), gest. 23.1.1957.

[150] Dr. Paul Blaschke, geb. 24.5.1885, gew. 17.6.1909, 1916 Divisionspfarrer in Russland, 1918/21 Domvikar, 1926 Domkapellmeister in Breslau, seit 1947 im Bistum Münster, gest. 10.3.1969.

trina[151] zur Aufführung. Zum Schluß durchbrauste den Dom im Te deum der Lobgesang der Gläubigen, die Kopf an Kopf die weiten Räume füllten.
Dem feierlich zurückgeleiteten Oberhirten huldigten vom Domportal bis zum Eingang der Residenz dichte Reihen von Gläubigen in ehrerbietigster Haltung.
Möge auch fernerhin wahrbleiben das Wort aus dem Stundengebet des Kirchweihfestes der Breslauer Metropolitankirche:
„Lasset uns Gott lobsingen bei der Jahresfeier dieses ehrwürdigen Gotteshauseses. Lasset uns Dank sagen mit Herz und Mund! Durch so viele Jahrhunderte schon blieb im raschen Wechsel der Dinge unversehrt der Glaube und die Andacht des Volkes, das zu diesem heiligen Tempel strömt."

Für die Männerseelsorge.
Die argentinische Regierung ordnete durch ein Dekret die Einführung des katholischen Religionsunterrichts an allen vom Staat abhängigen öffentlichen Volks- und Höheren Schulen an. Ausgenommen sind nur die Kinder, deren Eltern dies ausdrücklich wünschen. Die Religionslehrer werden im Einverständnis mit den kirchlichen Behörden von der Regierung ernannt. Ebenso müssen die Lehrbücher von der Regierung und Kirche gebilligt werden. In der Begründung wird darauf hingewiesen, daß Argentinien ein katholischer Saat sei und sich in der Verfassung als ein solcher bekenne. Es sei daher nicht angängig, daß die Schüler wie bisher in Unkenntnis über die Religion gelassen werden. Die Laienschule fördere[152] nicht die Objektivität sondern den Atheismus. Daher müsse die Regierung der nationalen Revolution in der Durchführung ihrer Aufgabe die katholische Religion pflegen, die eine der stärksten Grundlagen der nationalen Einheit sei.

–

In einem Hirtenwort zum Schulbeginn sagt der Salzburger Fürsterzbischof Dr. Andreas Rohracher u.a: „... Zum erstenmal erlebe ich mit Euch den Schulbeginn Eurer Kinder. Es drängt mich, aus diesem Anlasse ein Hirtenwort an Euch zu richten.
An die Spitze desselben stelle ich den ewig gültigen Grundsatz: Das Kind gehört Gott! Denn Gott Vater hat es erschaffen, Christus hat es mit seinem kostbaren Blute erlöst, der Heilige Geist hat von ihm in der hl. Taufe Besitz ergriffen und alle, die zum leiblichen und seelischen Wachstum des Kindes mitwirken, tuen dies in der Kraft und im Auftrage des Dreieinigen Gottes. Wenn also das Kind Gott gehört, muss es auch für Gott erzogen werden. Das

---

151 Giovanni Pierluigi da Palestrina, geb. 1525, gest. 1594, italienischer Komponist der Renaissance. Seine 1555 für Papst Marcellus II. komponierte Messe wurde fortan bei jeder Papstkrönung gesungen (bis 1963).

152 Geschrieben war: fordere.

kirchliche Gesetzbuch, das für die ganze Weltkirche gilt, kündet den Eltern diese Pflicht mit besonderem Ernste: „Alle Gläubigen sind von Jugend auf so zu unterrichten, daß der Unterricht der katholischen Religion und den guten Sitten nicht widerspricht und daß die religiös-sittliche Erziehung den ersten Platz einnimmt (can. 1372 CJC).“ Laßt mich nun im einzelnen etwas über Eure Pflichten sagen, die sich aus Eurer Berufung, am Aufbaue des Reiches Gottes mitzuwirken, ergeben. Diese Pflichten sind heute besonders die folgenden drei: 1. Katholische Eltern leben durch ihr Beispiel die Wahrheit des katholischen Glaubens ihren Kindern vor. 2. Katholische Eltern geben ihren Kindern eine klare, gründliche Unterweisung in unserm hl. Glauben. 3. Katholische Eltern arbeiten in der religiösen Erziehung ihrer Kinder aufs engste mit den von Gott und seiner Kirche beauftragten Seelsorgern zusammen.

Die erste Pflicht, die Pflicht des Beispiels, brauche ich Euch nicht näher zu begründen. In einem Elternhause, das durch das gemeinschaftliche Gebet, durch die Heiligung des Sonntags im gemeinsamen Besuche der hl. Messe, durch die Weihe des Lebens im öfteren Empfange der hl. Sakramente geweiht ist, werden die heranwachsenden Kinder schon vom zartesten Alter an aufs innigste mit Christus und seiner Kirche verbunden. In einem Elternhause, wo wahre christliche Eheliebe die Gatten verbindet, wo im Lärm und in der Hast des Lebens gottgesegneter Friede herrscht, wo das Kreuzbild unseres Herrn den Ehrenplatz einnimmt, wo das Bild der himmlischen Mutter geschmückt und verehrt wird, in einem solchen Elternhause wird den Kindern eine Glaubenskraft für das Leben mitgegeben, die sich unzähligemale schon als unzerstörbar erweisen hat und erweisen wird. Zu dieser Pflicht des Beispiels kommt die zweite Pflicht, dafür zu sorgen, daß Eure Kinder die Lehren des Christentums mit ins Leben nehmen. Ihr seid es Eurer eigenen elterlichen Würde schuldig, daß Ihr Euch um die religiöse Unterweisung Eurer Kinder [a]persönlich[a] eifrig bemüht. Es sind doch eure Kinder, Euch hat sie Gott in erster Linie anvertraut, Ihr habt im heiligen Sakrament der Ehe die besondere Gnade erhalten, die Kinder für Gott und den Himmel zu erziehen. Ihr seid darum die erstberufenen Religionslehrer Eurer Kinder, Ihre gottgesetzten Führer durch das Leben und zum Himmel. Niemand, weder Kirche noch Schule, kann Euch diesen Gottesauftrag abnehmen. Nirgends kann das Kind eindrucksvoller die wichtigsten religiösen Wahrheiten hören, als aus dem Munde seiner Eltern. Darum ist es notwendig, daß Ihr selber wieder nach dem Katechismus und nach der biblischen Geschichte greift und Euch die längst vertrauten Wahrheiten ins Gedächtnis zurückruft, um sie Euren Kindern als kostbares Ahnenerbe und Familienvermächtnis weiterzugeben. Immer wieder müßt Ihr Euch davon überzeugen, wie weit Eure Kinder in ihrer Kenntnis von Christus und seiner Kirche vorangeschritten sind. Ihr müßt Euch durch Anhören der Predigt und durch

Lesen katholischer Schriften und Bücher, die sicher noch in Euren Häusern vorhanden sind, weiterbilden, damit Eure eigene religiöse Bildung nicht in den Kinderschuhen steckenbleibt, sondern mit Eurem Alter und mit Eurer geistigen Reife Schritt hält. Nur so könnt Ihr Euren heranwachsenden Kindern auch geistig Vater und Mutter bleiben. Diesen ungeheuer schweren Erziehungsaufgaben werdet Ihr aber nur gewachsen sein, wenn Ihr mit der Kirche aufs engste zusammenarbeitet.

Die Kirche ist das Reich der Gnade und Wahrheit. Sie hat von ihrem göttlichen Stifter die Aufgabe erhalten, den Völkern aller Zeiten und Zonen göttliche Gnade zu vermitteln und göttliche Wahrheit zu künden. Sie hat dies zu tun durch die Apostel, deren Nachfolger und deren Mitarbeiter. Nur ihnen, nicht allen Gläubigen, gab Christus diesen Auftrag, wie dies klar und eindeutig aus seinen Worten folgt. (Matth. 28,19; Joh. 20,23; Luk. 22,19 u.a.) Darum habt Ihr für die religiöse Erziehung und Unterweisung Eurer Kinder keinen besseren Helfer als Euren Seelsorger. Er ist vom Bischof, dem rechtmäßigen Nachfolger der Apostel, für Eure Pfarre bestellt, die Wahrheit und Gnade Jesu Christi zu vermitteln. Schickt darum Eure Kinder pünktlich und regelmäßig zur religiösen Unterweisung. Schickt sie zum Religionsunterricht, wo dieser vom Seelsorger noch in der Schule erteilt werden kann; schickt sie ebenso gewissenhaft zu den Kinderseelsorgestunden, zum Erstbeicht-, Erstkommunion- und Firmungsunterricht.

Von einer verständnisvollen Zusammenarbeit zwischen Euch und Eurem Seelsorger erhoffe ich für Eure Kinder sie seelen- und charakterbildende Kraft unserer heiligen Religion und eine gründliche Belehrung im katholischen Glauben. ... Ich weiß, daß es Eure ganze schwere Verpflichtung vor Gott dem Herrn ist, daß Ihr Eure Kinder im heiligen katholischen Glauben gründlich unterrichten lasset. So wichtig der Unterricht im Schreiben, Rechnen und Lesen ist, noch unendlich wichtiger ist der Unterricht im Glauben unserer heiligen Kirche, da derselbe zur Rettung der Seele notwendig ist. Meldet daher Eure Kinder sofort ... beim Pfarramt zur Teilnahme an den Kinderseelsorgestunden an.

Liebe Gläubige! Die Seelen Eurer Kinder sind nach einem Worte des Völkerapostels Paulus (1. Kor. 3,6) Gottes Ackerfeld, auf dem Ihr zugleich mit den Priestern zu Gottes Mitarbeitern berufen seid. Ihr pflanzt und der Seelsorger setzt Eure Arbeit fort. Beide gehören in ihrer Arbeit zusammen. Gott aber muß das Wachstum geben. Darum wollen wir den Schöpfer und Herrn der unsterblichen Seelen Eurer Kinder bitten, daß er der gemeinsamen Erziehungsarbeit den Segen des göttlichen Wachstums verleihe, daß er Eure Kinder in allen Fährnissen des Glaubens schütze und sie in der unverbrüchlichen Treue zu Christus und seiner Kirche erhalte. Dies ist heute um so wichtiger, da, wie unser Hl. Vater in seinem Weltrundschreiben über den geheimnisvollen Leib

Christi sagt, die Unschuld der Kinder heute so leicht gefährdet ist und ihre Seelchen wie Wachs geformt werden können.[153]
Den Vätern und Müttern aber, denen heute die schwerste Elternverantwortung in neuer Klarheit bewußt wurde, schreibt der göttliche Kinderfreund sein ewig gültiges Schulgesetz mit göttlicher Eindringlichkeit ins Herz: „Wer ein Kind aufnimmt in meinem Namen, der nimmt mich auf; wer aber mich aufnimmt, nimmt den auf, der mich gesandt hat. (Mark. 9,37) ...

–

Der Generalpräses des Kolpingwerkes Msgr. Theodor [a]Hürth[a],[154] fand am 27. September 1944 bei schwerem Luftangriff auf Köln im Alter von 67 Jahren den Tod. Die große Familie der Kolpingssöhne, von denen die meisten zur Zeit an der Front stehen, verliert in ihm ihren geistlichen Vater. Seit 1924 stand Msgr. Hürth an der Spitze der katholischen Gesellenvereine, die (nach einer Statistik von 1933) in etwa 1900 Einzelvereinen 110 000 Mitglieder zählte. Der Verstorbene hat es verstanden, in nimmermüder Arbeit durch Wort und Schrift seine „Gesellen" zu kerndeutschen und tiefchristlichen Männern zu bilden.

–

Aus dem Franziskanerorden: Am 1.7.1944 zählte unser Orden in Deutschland 2772 Mitglieder: 1395 Patres, 189 Fratres, 30 Klerikernovizen, 1046 Brüder, 11 Brüdernovizen, 101 Terziaren. Davon standen im Kriegsdienst 1058 Mitglieder: 287 Patres, 172 Fratres, 30 Klerikernovizen, 480 Brüder, 11 Brüdernovizen, 78 Terziaren. Den Kriegstod sind gestorben 166: 22 Patres, 61 Fratres, 6 Klerikernovizen, 50 Brüder, 27 Terziaren.

–

In einem Hirtenbrief zum Rosenkranzgebet sagt der Hochww. Herr Erzbischof von Köln, Dr. Josef Frings u.a.: „... Vor einigen Tagen brachte mir ein bekannter Kölner Maler ein Bild, das er für meine neue Hauskapelle gemalt hat. Auf dem Hintergrunde des brennenden Köln zeigte es, wie vom himmlischen Licht umflossen, die Gottesmutter mit dem Kinde, und zu ihren Füßen erblühte mitten aus den Ruinen eine leuchtende rote Rose.
Das scheint mir ein treffendes Sinnbild dessen, was ist, und dessen, was sein soll.
Seit mehr als anderthalb Jahrtausenden wird in Köln die Gottesmutter und ihr göttliches Kind verehrt.
Wohl ist großes Leid über Stadt und Land gekommen. Überall Zerstörungen. In fast allen Familien Leid und Sorge um Söhne, Väter, Gatten, die draußen

---

153 Pius XII. Enzyklika Mystici corporis Christi vom 29.6.1943. Siehe Acta Apostolicae Sedis 35, 193–248, Zitat S. 239.

154 Geb. 1877, gew. 1900, seit 1924 Generalpräses des Kolpingwerkes.

stehen oder ihr Leben opfern mußten. Und nun nähert sich der Krieg von Tag zu Tag den eigenen Gauen. Sollen wir verzagen? Hat nicht auch Maria durch unsagbares Leid hindurchgehen müssen? Hat sie nicht den furchtbar entstellten toten Leib ihres Sohnes im Schoße gehalten? Und ist das nicht der Weg gewesen, den der liebe Gott seine geliebteste Tochter zu ihrer Herrlichkeit und Verklärung führte? Mir ist kein Zweifel, daß die Gottesmutter mit dem Kinde auch über den zerstörten Städten, über dem bedrohten Lande wacht, kein Zweifel, daß all dies Leid im Plane Gottes seinen Platz hat, und daß es sich zu unserem Besten wendet, wenn wir, wie Maria, bereitwillig auf Gottes Absichten eingehen.
Das Bild, von dem ich sprach, zeigt zu Füßen Mariens eine blühende Rose. Soll das nicht ein Hinweis sein, auf jenes Gebet, das die Christenheit seit 7 Jahrhunderten mit besonderer Vorliebe zu Ehren Mariens verrichtet, das Rosenkranzgebet? In Erinnerung und zum Ersatz der 150 Psalmen Davids, die der Priester allwöchentlich im Breviergebet spricht, verrichten die Gläubigen ihren marianischen Psalter, indem sie ebenso oft den Gruß des Engels an Maria wiederholen und damit die Betrachtung der wichtigsten Geheimnisse aus dem Leben Jesu und Mariä verbinden. Besonders in Zeiten großer Not hat die Christenheit zu diesem Gebet ihre Zuflucht genommen und mehr als einmal auf die Fürsprache Mariens hin Rettung aus größter Gefahr erlebt.
Kein Wunder, daß in unseren Tagen der Not das Rosenkranzgebet eine Neubelebung erfahren hat. Auch die Jugend hat neues Verständnis für die verborgenen Schätze dieser Gebetsart gewonnen. Mancher Soldat hat im halbvergessenen altvertrauten Rosenkranzgebet Kraft und Trost gefunden. ... Sollen wir nicht täglich im Oktober gemeinsam, sei es im Gotteshaus, sei es daheim, den Rosenkranz beten? Der Anliegen sind ja so viele, das dringendste scheint mir, es möchte aus all der Not und aus all dem Elend ein Geschlecht hervorgehen, das der Gottesmutter gleicht in Reinheit der Gesinnung, in Lauterkeit der Hingabe an Gott, in Echtheit der Liebe zu Gott und dem Nächsten, ein Geschlecht, das wie eine leuchtende Rose aus den Ruinen dieses Krieges hervorgeht ..."

–

Die Mailänder Zeitung „L'Italia" berichtet unter dem 21.9. aus der Vatikanstadt: In diesen Tagen traf in Rom der Apostolische Delegat von Nancking[155] Msgr. Paolo Yupin,[156] ein. In einer Unterredung mit einem katholischen Journalisten sprach der Delegat vom Erwachen Chinas und sagte: „Bei diesem Erwachen hat sich die katholische Kirche durch ihre mütterliche Teilnahme an den Leiden des Volkes in ihrer ganzen Schönheit als Beschützerin der Freiheit,

[155] Nanking, Nanjing.

[156] Paul Yü Pin, geb. 1901, gew. 1928, Apostolischer Vikar und Titularbischof 1936, Erzbischof von Nanking 1946, Kardinal 1969, gest. 1978.

in ihrer Sendung zur Liebe für alle Bedrängten, in der universellen Weite ihrer Auffassung geoffenbart. Der Katholizismus vertritt nicht irgendwelche Regierungssysteme, er verkennt nie die Bedeutung und Liebeskraft der Familie, er achtet die Autorität."

–

Zum neuen Abt des Stiftes Tepl wurde Petrus Carl Möhler,[157] bisher Pfarrer in Staab,[158] gewählt. Nach der erfolgten Bestätigung durch Rom erhielt er am 6.6.44 durch Weihbischof Johann Reminger[159] von Prag die Heilige Abtweihe.

Aus Feldpostbriefen an Se. Eminenz:
Ein Obergefreiter schreibt aus dem Osten: „... Voller Dank gegen Gott, der mich glücklich kurz vor „Toresschluß" den Weg aus Bessarabien finden lies, sei auch meinem Hochw. Bischof nachdrücklich gedankt für die Worte der Ermunterung und für das Gebet am Altare. „Aber du, o Herr, bist mir mit deiner Gnade zuvorgekommen." Dieses Wort, das der Hl. Vater an uns gerichtet, war mir wie eine Verheißung für das Kommende. Und in diesen Tagen, da einem bei ernstlichem Nachdenken der Sinn kleinmütig werden möchte, bedeutet solch ein Wort unsagbar viel. In diesem vergangenen Halbjahr war es mir zweimal vergönnt, das hl. Meßopfer mitfeiern zu dürfen. Das letzte Mal, es war in einer schismatischen Kirche, sprach der Militärpfarrer, wir stünden auf brüderlichem Boden. Und später kamen mir Worte aus den „Hymnen an die Kirche"[160] in den Sinn. Wahrhaftig, unsere hl. Mutter, ehrwürdig alt, aber dennoch ewig jung, von vielen verkannt oder gar gehaßt, in glühender Liebe indessen verbunden mit den gehorsamen Kindern, schreitet sie durch unsere Zeit. Wir folgen, wir deine Söhne, wie einst als begeisterte Jugend, so auch heute noch, treu deinem Weg. Und läßt der Herrgott nach diesem Kriege uns die Heimat wiedersehen, so soll all unser Bemühen dir, du heilige, herrliche Mutter aller Menschen, gelten. Trotz unserer Fehler und Mängel soll in allem Schmerz der Umwelt uns stolze Freude erfüllen, denn wir dürfen dir dienen, du demütige Magd Gottes, du Mutter aller Menschen, du erdkreisbeherrschende Königin, auf daß das Wort deines göttlichen Stifters wahr werde: „Zukomme uns den Reich!"."
Ein Soldat schreibt u.a.: „... Immer wieder musste ich feststellen, daß Kameraden ohne jeden Glauben schnell am Verzweifeln sind und alle Hoffnung aufgeben wollen. Doch solche Gedanken können bei uns Katholiken wohl nur

[157] Karl Petrus Möhler, geb. 1897, Eintritt 1919, gew. 1914, 1944 Abt, 1945 gefangen gesetzt, 1948 vertrieben, gest. 1968.

[158] Staab (tschech. Stod), eine Kleinstadt südlich von Pilsen (tschech. Plzeň).

[159] Johann Nep. Remiger, Dr. theol., geb. 1879, gew. 1902, 1929/30 Weihbischof von Prag, 1946 aus Prag vertrieben, gest. 1959.

[160] Lyriksammlung von Gertrud von le Fort (1876–1971), erstmals 1924 erschienen.

ganz selten auftreten. Unser tägliches Gebet und der Segen des hl. Meßopfers sind uns immer eine reiche Kraftquelle, die wir uns hier jeden Sonntag holen, und damit immer in die neue Woche hineingehen. Sonst geht hier alles seinen alten Weg. Außer der glühenden Hitze, die wir hier schon monatelang haben, macht uns auch öfters der Fliegeralarm den Boden unter den Füßen heiß, und oft heißt es dann, den Kopf einziehen. Wir sind hier in unserer Kompanie nur 2 Schlesier. Aber trotzdem vergessen wir unsere alte Bischofsstadt mit ihren vielen Kirchen nicht. Heute beim Gottesdienst sangen wir einige Marienlieder, die mich immer an meine Heimat, an Wartha, erinnern, wo ich als Junge viele Jahre hindurch beim hl. Opfer ministrierte. Wo ich all die schönen Marienlieder täglich mitsingen durfte. Ach ja, die schöne Jugend ruft man oft zurück und schnell singe ich mal für mich ein Muttergotteslied hin und ich habe immer das Gefühl, daß es mich aufmuntert ..."

Für die Caritasarbeit.

In einem Hirtenwort zur diesjährigen Caritasarbeit sagt der Erzbischof von Freiburg, Dr. Conrad Gröber[161] u.a.: „An Gelegenheit zur praktischen Ausübung der Nächstenliebe fehlt es uns in der Gegenwart wahrlich nicht, obgleich sich manche Verhältnisse in den vergangenen Jahren geändert haben, sodaß der Kirche nicht mehr alles verblieben ist, was sie früher in weitem Umfang caritativ besaß und besorgte. Dafür stehen wir vor ganz neuen Aufgaben, die die Vergangenheit nicht zu lösen brauchte, weil es damals noch keine Weltkriege im ungeheuren Ausmaß des gegenwärtig tobenden gab. Tatsächlich haben wir jetzt nicht bloß unsere, an den mehrfachen Fronten gefallenen Helden zu betrauern, wir sehen vor unseren Augen auch Dutzende zerstörter und zum dunklen Grab für viele ihrer Einwohner gewordenen Städte. Wir erblicken zahllose um ihre Heimat gebrachte Menschen und Tausende und Abertausende von Kindern, die getrennt von ihren Eltern und fern von ihren bisherigen Wohnsitzen leben müssen, und ganz der Obhut und dem Wohlwollen fremder Menschen überlassen sind. Mehr als je müssen wir jetzt an die Verrichtung der Werke der leiblichen Barmherzigkeit denken, indem wir jeden Überfluß an Kleidung und Nahrung und jeden unbenützten Raum unserer Häuser den „Ausgebombten" – ein häßliches Wort für eine gräßliche Sache – bereitwillig überlassen und jene Gastfreundschaft üben, die schon der hl. Paulus im Hebräerbrief (13,1 ff.) den Christen seiner Zeit empfahl. Wir müssen uns dazu entschließen, die erlassenen Vorschriften zu beachten, die landwirtschaftlich erzeugten Lebensmittel abzuliefern und unseren eigenen Haushalt der Not der Zeit anzupassen und zu vereinfachen, um andere mit dem zu beglücken, was wir selber in ruhigen Zeiten hätten nach Gutdünken verwenden können. Ich

[161] Geb. 1872, gew. 1897, 1931 Bischof von Meißen, 1932 Erzbischof von Freiburg, gest. 1948.

danke allen ... die sich in dieser Hinsicht nicht bloß der Zwangslage fügten, sondern auch bisher schon aus christlich wohlwollender Gesinnung der Fremden sich annahmen und in ihnen Christus selber kennen, laut seinem Wort, das er beim Jüngsten Gericht einmal sprechen wird: „Ich war ein Fremdling und ihr habt mich beherbergt“, „Alles, was ihr dem Geringsten meiner Brüder getan habt, das habt ihr mit getan“[162] ...
Der wogende Weltkrieg hat aber nicht bloß Äußerliches und Materielles zerstört, er hat auch die Seelen verwüstet und verwirrt, sodaß wir in der Gegenwart noch weit mehr als in der Vergangenheit an die geistigen Werke der Barmherzigkeit denken müssen. Kaum je gab es so reichliche und dringliche Gelegenheit, die sittlich Entgleisten wieder auf den rechten Weg zu bringen, die religiös Unwissenden oder Halbwissenden zu belehren, die Irr- und Wirrgewordenen aus christlicher Grundsätzlichkeit zu beraten und den Betrübten und Trostlosen die Quellen der göttlichen Tröstung zu öffnen, die vom grausamen Leben übel Zugerichteten an das christlich geduldige Erleiden des zugefügten Unrechts zu gemahnen, die verzeihenden Worte unseres Heilandes am Kreuze auf ihre Beleidiger anzuwenden: „Vater vergib ihnen, denn sie wissen nicht, was tun“,[163] und endlich durch das andächtige, fürbittende Gebet die Lebenden und Verstorbenen zu umfassen, jene Heimgegangenen zumal, die der Krieg aus unserer Mitte gerissen. Bei beidem, sowohl bei der Ausübung der leiblichen Werke der Barmherzigkeit als auch bei der Zuwendung der geistlichen wollen wir daran denken, daß wir damit apostolische Verkündiger sind und christliche Gedanken in jenen wachrufen, in denen sie vielleicht durch die Ungunst der Zeit oder durch eigene Schuld verdeckt lagen oder verdrängt wurden. Wenn wir aber hören, daß unter der Überlast der pflegenden christlichen Liebe unsere bewundernswerten barmherzigen Schwestern zusammenbrechen, wird es da nicht auch unsere heilige Christenpflicht sein, an die Vermehrung der klösterlichen Berufe von Neuem uns zu erinnern, um später die Lücken jener ausfüllen zu können, die unter dem Kreuze der Kriegsaufgaben erliegen? Es wäre nicht bloß für die Caritas im engeren Sinne, sondern auch für die deutsche Wohlfahrtspflege ganz im allgemeinen ein ungeheurer Verlust, wenn wir uns je einmal mit pflegenden Kräften behelfen müßten, in deren Seele die Christusliebe nicht mehr glüht und jene heiligen Motive schweigen oder ganz vergessen sind, die so unendlich viele Großtaten der christlichen Caritas reifen ließen. Ich übertreibe nicht, wenn ich sage: Einen Vollersatz für die christliche klösterliche Caritas gibt es nicht. Ich zweifle zwar nicht daran, daß Christus, die göttliche Liebe, immer wieder Seelen wecken wird, die aus Liebe zu ihm für die andern sich opfern, aber ich erachte es doch als meine

---

162 Mt 25,31–46.
163 Lk 23,34.

oberhirtliche Pflicht, daran zu gemahnen, daß alle, die den heiligen Drang Christi in sich verspüren, auch in opferfreudigster Entschlossenheit trotz der Ungunst der Zeit ihm Folge leisten und daß es ein schweres Unrecht und ein lastender Unsegen wäre, sie daran zu hindern. Das gelte mir als die schönste Frucht dieses Hirtenwortes, wenn ich später erfahren könnte, daß unsere caritativen Orden und Kongregationen neue Kandidatinnen und Novizinnen erhielten, die später dann durch ihre Selbsthingabe für die anderen den Beweis dafür erbringen, daß die wirksamste und edelste Nächstenliebe aus der Gottes- und Christenliebe stammt ... Daß wir noch schwereren Zeiten entgegengehen, wird wohl von keinem bestritten werden, der die Weltlage kennt ... Wir wissen ja alle, daß mit der Andauer des Krieges auch die Folgen des Krieges sich vermehren und ausweiten, sodaß wir ohne Ausnahme zusammenstehen müssen, um die dadurch bedingte Not in Verbindung mit den zuständigen staatlichen Stellen zu lindern und zu bezwingen. Wie im vergangenen Jahr soll auch in diesem der bereits berührte wirksame Gedanke uns führen, daß die christliche Nächstenliebe, öffentlich und heldisch ausgeübt, ein überzeugendes Glaubensbekenntnis ist und zugleich ein Beweis dafür, wir fruchtbar jetzt auch der Christusglaube im deutschen Volke sich bewährt. Die Welt soll es wissen, daß der heilige Geist des Urchristentums noch in unseren Seelen lebt und wirkt, jener Geist, der durch die Glut des ersten Pfingstfeuers die Armut und den Reichtum ausglich und das Allerwunderbarste in der Weltgeschichte schuf, weil alle, die an Christus glaubten und getauft waren auf ihn, aus Liebe „alles gemeinsam hatten“ und „ein Herz waren und eine Seele“.[164]

Für die Studentenseelsorge.

Goldenes Priesterjubiläum des Prof. Dr. Alfons Schulz. Am 28. Okt. d.Js. kann der em. o.ö. Prof. der alttest. Exegese Dr. Alfons Schulz sein Goldenes Priesterjubiläum feiern.[165] Der Jubilar ist ein Sohn der ostpreußischen Erde, gehört jedoch durch seine langjährige Tätigkeit als Hochschullehrer (50 Semester las er in Braunsberg und 25 in Breslau) auch zu uns Schlesiern. 1925 wurde er nach dem Tode Johannes Nickels[166] an die schlesische Alma mater berufen. Ein großer Teil des jüngeren Klerus hat zu seinen Füßen gesessen und seinen Übersetzungen gelauscht. Stets hat er es verstanden, die Schätze seiner Wissenschaft und die Schönheit des Alten Testamentes auch dem Volke nahezubringen. Im Breslauer Bistumsblatt war er lange Zeit ein geschätzter Mitarbeiter. In

164 Apg 1,44 u. 4,32.

165 Geb. 27.4.1871, gew. 28.10.1894, 1936 emeritiert, gest. 7.5.1947.

166 Johannes Nikel, geb. 18.10.1863, gew. 26.06.1886, Kaplan und Religionslehrer in Schlesien, 1897 a.o., 1900 o. Prof. für AT in Breslau, 1914 Domherr und 1922 Dompropst, gest. 28.6.1924.

einem seiner Bücher sagt er: „Ich habe es immer deutlicher empfunden, daß es viel wertvoller ist, statt weitschweifig und gelehrt über das Altes Testament zu reden, das Alte Testament lieber selbst reden zu lassen, und es auf sich und andere wirken zu lassen." Seine beiden letzten Werke (Die Psalmen und die Cantica des Römischen Breviers und: Biblisches Lesebuch aus dem Alten Testament, Verlag Friedrich Pustet, Regensburg)[167] sind wahre Perlen der Übersetzung. Die Kritik sagt: Manche Psalmen sind so vollendet übertragen, daß man die endgültig deutsche Sprachfassung erreicht zu sehen meint. Das Katholische Bibelwerk Stuttgart schreibt: „In jahrelanger, reichgesegneter akademischer Lehrtätigkeit hat er bei vielen Hunderten von Priesteramtskandidaten die Liebe zur Welt der Bibel geweckt. Ein überragender Orientalist, ein Mann von dichterischer Schau und sprachschöpferischer Kraft – nur ein so begnadeter – konnte uns diese hochbedeutsame Übersetzung schenken".

Für die Glaubensstunde.
Rohnstock, Kr. Jauer: Nach Überwindung mancher zeitbedingter Schwierigkeiten konnten am Sonntag vor Dedicatio St. Michaelis Archang.[168] zwei schöne, von Johann Drobek's[169] Meisterhand entworfene Kirchenfenster in unserer Pfarrkirche die Weihe erhalten. Das altehrwürdige Gotteshaus wurde kurz vor Ausbruch des Krieges gründlich restauriert, die dabei entdeckten mittelalterlichen Fresken waren ebenfalls durch den fachkundigen Kunstmaler Drobek zu neuem Leben erweckt worden. Aus diesem Geist heraus wurde nunmehr ein St. Michaelsfenster zum Gedenken an die Gefallenen geschaffen und zwar bewußt in unmittelbarer Nähe des Opferaltars; außerdem ein Lamm-Gottesfenster über dem Beichtstuhl.[170]
Der Ortspfarrer[171] mahnte seine Pfarrkinder und besonders die Angehörigen der Gefallenen, den Heldentod unserer braven Soldaten im Lichte des Opfertodes Jesu Christi zu schauen und dadurch Trost und eigene Opferkraft [zu] schöpfen, wie ja auch unser Hl. Vater in dem Geist des gewaltigen Rundschreibens „Mystici Corporis" alle Gläubigen als Glieder des geheimnisvollen Leibes Christi zu bewußten, freien Opfern und Sühnen aufruft. ... Die weit zerstreute Diasporagemeinde nahm erfreulich stark am hl. Opfer und Opfermahl teil.
–

[167] Erschienen 1939 und 1940.
[168] 24.9.1944.
[169] Johann Drobek, geb. 14.5.1887 in Königshütte OS (poln. Chorzów), im Oktober 1947 ausgewiesen, gest. 21.12.1951 in München.
[170] Die Kirche wurde am 14.2.1945 „restlos zerstört".
[171] Richard Hellmann, geb. 12.3.1896, gew. 19.6.1921, seit 1934 Pfr. in Rohnstock, seit 1946/48 in Thüringen, gest. 15.8.1980.

Außer den 23 bisher gemeldeten vermißten bezw. in Gefangenschaft geratenen Theologien hat das Erzb. Theologenkonvikt einen neuen Verlust zu melden: [a]Walter[a], Georg, cand. theol., Unteroffizier in einer Nachrichtenabteilung, geb. am 1.3.1919 in Brockau, Kr. Breslau (Sohn des Rittergutsbesitzers u. Rittmeisters W. in Brockau) gilt seit dem 28.8.44 an der Westfront als vermißt.[172]

–

Immer schwerer werden mit dem Fortgang des Krieges die durch die Luftangriffe hervorgerufenen Schäden an Kirchen, kirchlichen Gebäuden und Anstalten. Aus vielen deutschen Städten liegen Nachrichten über schwere Zerstörungen vor. Der Dom von Osnabrück ist durch Angriff vom 13.9. in seinen Türmen und im Dach völlig zerstört. Schwer beschädigt wurde auch das Bischöfl. Palais, das jedoch z.T. noch bewohnbar ist. Die Bischöfl. Kanzlei ist völlig ausgebrannt; das Priesterseminar erlitt schwere Luftdruckschäden. Ein großer Teil der Domgeistlichkeit hat seine Wohnung z.T. mit dem gesamten Inventar verloren. Die Pfarrhäuser bei der Johanneskirche und bei der Herz-Jesu-Kirche wurden total zerstört. Schwersten Schaden haben die Ordensniederlassungen in Osnabrück erlitten. Sehr schwer beschädigt wurde das Kloster der Ewigen Anbetung, ganz zerstört das Ursulinenkloster, wobei 2 Benediktinerinnen und 4 Ursulinen zu Tode kamen. Den Franziskanerrinnen aus dem Mutterhaus Thuine wurde das Wilhelmsstift und das Kindergärtnerrinnenseminar zerstört. Außerdem haben ihre Niederlassungen im Waisenhaus Stadthalle, im Annastift und im Elisabethhaus durch die völlige Vernichtung dieser Häuser ihr Obdach verloren. Auch die Zweigniederlassung der Schwestern U.L.F.[173] vom Hl. Herzen Jesu ist vollständig ausgebrannt. – Schwer getroffen wurde am 11. Sept. die Bischofsstadt Fulda. Der Dom, die Severikirche, das Priesterseminar, das Generalvikariatsgebäude, das Dompfarrhaus, die Benediktinerinnenabtei, das Mutterhaus der Barmherzigen Schwestern, das Institut der Englischen Fräulein wurden schwer beschädigt. Im Bischöfl. Palais wurden die Bischöfl. Hauskapelle und die Wirtschaftsgebäude zerstört. Schweren Schaden erlitt das Konvikt, wo Konviktsdirektor Hofmann[174] und 23 Zöglinge getötet wurden.

–

Sudetenland. Seit vielen Jahrhunderten ist die Verehrung der Gottesmutter im Braunauer Land heimisch. Auf dem Kamme des Gebirges, das im Westen das Braunauer Ländchen umsäumt, hat der große Abt Otmar Zinke (ein geborener

---

[172] Geb. 1.3.1919, Mai 1940 Kriegsdienst, August 1944 frz. Kriegsgefangenschaft, 1945–1947 im Seminar in Chartres, dann in Paderborn, gew. 20.3.1949 in Neuzelle, seitdem im Kommissariat Magdeburg tätig, gest. 19.11.1996.

[173] Unserer Lieben Frau.

[174] Karl Hofmann (geb. 1890, gew. 1913, gest. 1944), seit 1924 Direktor des bischöflichen Gymnasialkonvikts in Fulda.

Striegauer)[175] ein kleines, schönes Gotteshaus zu Ehren Marien errichten lassen. Dientzenhofer[176] hat es 1733 ganz aus Sandsteinquadern in Form eines Sternes gebaut und kühn auf einen Felsenvorsprung hinaufgesetzt, sodaß es emporragt über das liebliche Land zu seinen Füßen. Von dem sternförmig gebauten Kirchlein hat dieser Teil des Gebirges den Namen „Stern" erhalten. Wie alljährlich wurde auch heuer am 5.8. (Maria Schnee) und am darauffolgenden Sonntag unter zahlreicher Beteiligung des Volkes Festgottesdienst mit Predigt gehalten.

–

In der bekannten Benediktinerabtei Braunau fand am 17.9. unter großer Beteiligung des Volkes das Fest des altehrwürdigen Gnadenbildes (einer spätgotischen Plastik) Unserer Lieben Frau statt. In feierlicher Prozession wurde das Gnadenbild vom Hochww. Herrn Abt Dr. Dominikus Prokop[177] durch den Klostergarten getragen. Die Festpredigt behandelte das Thema: „Selig bis du, die du geglaubt hast."

Für den Brautunterricht.
In seinem Buch: Gattenwahl zu ehelichem Glück und erblicher Ertüchtigung sagt Hans F. K. Günther,[178] Prof. für Rassenkunde, Völkerbiologie und Ländliche Soziologie an der Universität Freiburg i.Br. (J. F. Lehmanns Verlag, München-Berlin, 21.-30. Tausend [1941]) auf Seite 88: „Die Gefährdung der Ehe durch Glaubensverschiedenheit der Ehegatten ist bekannt und braucht nicht eingehend erörtert zu werden. Vor dem Eingehen einer glaubensverschiedenen Ehe muß in allen den Fällen gewarnt werden, wo nicht nur die übliche äußerliche Zugehörigkeit zu einem Bekenntnis bei den beiden Ehegatten verschieden ist, sondern wo beide Menschen oder der eine von beiden in entschiedener Bindung an eine Kirche oder eine Glaubensform leben."
gez. I.V. [a]Piontek[a]

---

175 Geb. 1664, 1684 Eintritt in die Benediktinerabtei Braunau, gew. 1689, 1700 Abt von Braunau, gest. 1738.

176 Kilian Ignaz Dientzenhofer (1689–1751).

177 Geb. 1890, seit 1926 Abt von Břevnov-Braunau, seit 1939 nur noch von Braunau, ab 1946 in Rohr, 1969 resigniert, gest. 1970.

178 Hans (Friedrich Karl) Günther (1891–1968), Philologe und Rassentheoretiker. Gilt als Urheber der nationalsozialistischen Rassenideologie.

[1944 Nr. 17]

Erzbischöfliches General-Vikariat
Breslau, den 31. Oktober 1944
Nr. 13967
Rundverfügung an die Herren Dekanats-Erzpriester, betr. Materialanweisung für die Seelsorge.

Pontifikalhandlungen. Am 15. Oktober erteilte der Hochww. Herr Kardinal in der Kapelle des Marianums die Priesterweihe an 1 Jesuiten (P. Leo Zodrow[179] aus Schönlanke, Netzekreis[180]). – Der Hochww. Herr Weihbischof firmte im Oktober im Dekanat Klein-Strehlitz O/S.

[ab]Ode[ba]
occasione septimi centenarii ecclesiae cathedralis Wratislaviensis.

Templum Dei, tu spledida regia,
In qua bonus Jesus sedet, audiens
Nostras preces et vota cuncta,
Et Sua munera dat petenti,

Te lux inaurat sanctaque signat ars,
Tum picta, tum quae sculpta oculos rapit.
Sed te Supernis aequat Aulis
Glorificans populus fidelis,

Quando pie adstat Missae operi sacro
Et orat et cantat fluido sono
Ex corde pleno et mente pura,
Sic fere Angeli in alto adorant.

Coelum videtur tunc velut ante nos,
In nexu ad hunc mundum lacrimabilem,
Et coelites cum plebe nostra
Unanimes Dominum precantes.
Salveto templum tu Domini proin!

---

179 Geb. 18.5.1914, 1935–1939 und 1945–1948 Theologiestudium in Pullach bei München, dazwischen 1939–1945 Militärdienst mit mehrfachen Verwundungen, als Seelsorger meist in Berlin eingesetzt, gest. 28.4.1986.

180 Gehörte zur Provinz Grenzmark Posen-Westpreußen, kirchlich zur Freien Prälatur Schneidemühl.

Salvete et omnes, qui hic colitis Deum!
Quicunque Ei servivit Uni,
Tandem erit is socius Beatis.

O Gotteshaus, du glänzende Himmelsburg,
In welcher Jesus thront und entgegennimmt,
Worum wir bitten, was wir wünschen
Und seine Gaben dem Beter austeilt.

Dich zieret Licht und kennzeichnet heil'ge Kunst
Des Malers, wie des Bildhauers Wunderwerk
Doch macht dich gleich dem Himmelshofe
Preisen und Loben des gläub'gen Volkes,

Wenn fromm es beiwohnt heiligem Messedienst
Und betet und singt, so daß es weit erschallt,
Aus vollem Herzen, lautern Sinnes,
So wie da oben die Engel feiern.

Der Himmel scheint dann, als ob er wär‘ vor uns,
Verbunden schier der hiesigen Tränenwelt.
Die Himmlischen mit unserm Volke
Scheinen da einig den Herrn zu bitten.

Sei du daher mir, Gotteshaus, schön gegrüßt!
Gegrüßt seid alle, die ihr den Herrn hier ehrt!
Wer immer Ihm, dem Einen, diente,
Einst wir er hinzugesellt den Sel‘gen.

Wratislaviae, d. 8. Octobris 1944
Paulus Lukaszczyk.[181]

Aus der Ansprache Papst Pius XII. vom 1. Sept. 1944: „Die Uhr der Geschichte zeigt heute eine schwere Stunde, die entscheidend ist für die ganze Menschheit ... Eine alte Welt liegt in Trümmern, und wir leben in der Sehnsucht, möglichst rasch eine neue erstehen zu sehen, die gesund ist und höher gesittet, deren Ordnung in Übereinstimmung steht mit den Erfordernissen der Menschennatur; dahin geht der heiße Wunsch der gepeinigten Völker. Wo sind die Baumeister,

---

[181] Siehe Anm. 37.

welche die wesentlichen Linien des Neubaues entwerfen, wo die Denker, die ihm das endgültige Gepräge verleihen werden?"
... „Der klare Blick und das Gefühl brüderlicher Liebe bei allen redlichen, anständigen Menschen wird maßgebend dafür sein, inwieweit es dem christlichen Gedanken vergönnt ist, das Riesenwerk des Wiederaufbaues im gesellschaftlichen, wirtschaftlichen und internationalen Leben aufrechtzuerhalten oder zu unterstützen. Deshalb richten Wir in dieser Stunde mit ihren vielleicht unwiderruflichen Entscheidungen an alle Unserer Söhne und Töchter in der weiten Welt wie auch an diejenigen, die nicht zur Kirche gehörig, sich doch mit Uns eins fühlen, die eindringliche Mahnung: Erwägt den außerordentlichen Ernst des Augenblicks und bedenkt, wie ohne Rücksicht auf alle Verschiedenheiten die Treue zum Erbgut der christlichen Kultur und seine energische Verteidigung gegen gott- und christusfeindliche Strömungen den Schlüssel bilden, den man nicht einem vorübergehenden Vorteil oder einer unsicheren Berechnung opfern darf." ...
„Der Christ, der ernsthaft über die Bedürfnisse und das Elend seiner Zeit nachdenkt, bleibt, wo es sich um den Bereich der Heilmittel handelt, den Grundsätzen treu, die die gesunde Vernunfterfahrung und die christliche Sozialethik als Grundlage und Ausgangspunkt jeder gerechten Reform erweisen. Bereits Unser unsterblicher Vorgänger Leo XIII. sprach in seinem Rundschreiben Rerum novarum den Grundsatz aus, daß jede rechte Wirtschafts- und Gesellschaftsordnung das Recht auf Privateigentum als Fundament nehmen und sich einprägen müsse.
Wenn es schon wahr ist, daß die Kirche stets das naturgegebene Recht auf Eigentum und Weitervererbung des Eigenbesitzes anerkannt hat, so ist es doch nicht weniger sicher, daß dieses Privateigentum in ganz besonderer Weise die natürliche Frucht der Arbeit, das Ergebnis angestrengter Tätigkeit des Menschen ist. Er erwirbt es sich dank seinem entschlossenen Willen, durch seine Anstrengungen seine Existenz und die seiner Familie zu sichern und zu fördern, sich und den Seinen gänzlich freies Feld nicht bloß auf wirtschaftlichem, sondern auch auf politischem, kulturellem und religiösem Gebiet zu schaffen"
...
„Wir sehen tatsächlich, wie die ständig zunehmende Zahl von Arbeitern oft jenen ungebührlichen Zusammenballungen von Wirtschaftsgütern gegenübersteht; denen es – häufig unter der Maske von Aktiengesellschaften – gelingt, sich ihren sozialen Verpflichtungen zu entziehen, wodurch sie den Arbeiter beinahe in die Unmöglichkeit versetzen, sich ein wirkliches Eigentum zu schaffen. Wir sehen das kleine und mittlere Eigentum gedrückt und eingezwängt in einen immer härteren und aussichtsloseren Kampf. Wir sehen auf der einen Seite ungeheure Reichtümer, welche die Privat- und Staatswirtschaft,

oft sogar das Staatsleben beherrschen, auf der anderen Seite die zahllose Menge derjenigen, die, jeder unmittelbaren oder mittelbaren Sicherheit bar, keinen Anteil mehr nehmen an den geistigen Werten und Bestrebungen, die zur wahren Freiheit führen. Diese werfen sich der nächstbesten politischen Partei in die Arme als Sklaven eines Jeden, der ihnen irgendwie Brot und Ruhe verspricht. Die Erfahrung zeigt, welcher Ironie unter solchen Umständen auch heutzutage die Menschheit fähig ist."

„Wenn die Kirche den Grundsatz des Privateigentums vertritt, so verfolgt sie damit einen hohen ethischen und sozialen Zweck, beabsichtigt aber nicht lediglich und ohne weiteres den Status quo aufrechtzuerhalten, als sähe sie darin den Ausdruck göttlichen Willens, noch aus den Reichen und Plutokraten grundsätzlich gegen den Armen in Schutz nehmen. Ganz im Gegenteil! Seit ihren Anfängen hat die Kirche den Schwachen gegen den Mächtigen beschützt und hat immer die gerechten Ansprüche der Arbeiter gegen jedes Unrecht verteidigt. Das Hauptaugenmerk der Kirche ist vielmehr darauf gerichtet, daß die Einrichtung des Privateigentums den Plänen der göttlichen Weisheit und den Naturanlagen entspricht: als ein Element der Gesellschaftsordnung, eine notwendige Vorbedingung menschlicher Schaffensfreude, bei der die Arbeit den Vorteil und den Zweck hat, die Schwierigkeiten des Lebens zu mildern und demnach die Freiheit und Würde des nach Gottes Ebenbild geschaffenen Menschen zu sichern" ...

Anschließend kommt der Hl. Vater auf das Kriegselend zu sprechen, auf die Hungersnot in Italien und Rom, an denen die Zerstörung aller Verkehrswege wesentlich schuld sei. Er fordert alle noch besser versorgten Italiener und wohlhabende Völker des Auslandes auf, Hilfe zu senden. Er bedauert, daß es ihm bis jetzt nicht möglich war, Schiffe für die Versorgung und den Flüchtlingstransport zu erhalten, hofft aber demnächst in anderer Weise Erleichterung bringen zu können.

„Am Ende diese Krieges, der alle Wirkungsbereiche des menschlichen Lebens zerrüttet und in neue Bahnen geworfen hat, wird das Problem der zukünftigen Gestaltung der Sozialordnung einen heißen Kampf zwischen den verschiedenen Strömungen hervorrufen. Mitten unter diesen hat die christliche Gesellschaftsauffassung die schwierige, doch auch ehrenvolle Aufgabe, den Beweis anzutreten und den Anhängern der anderen Lehren theoretisch und praktisch zu zeigen, wie auf diesem, für die friedliche Entwicklung des menschlichen Zusammenlebens so wichtigen Gebiet die Forderungen wahrer Billigkeit und die christlichen Grundsätze sich eng vermählen und so Rettung und Segen für alle werden können, die es fertigbringen, unter Verzicht auf die menschlichen Leidenschaften ihr Ohr den Lehren der Wahrheit zu leihen. Wir vertrauen, daß Unsere getreuen Söhne und Töchter in der katholischen Welt als Herolde der

christlichen sozialen Ideen auch um den Preis beträchtlicher Verzichte zur Annäherung an jene sozialen Gerechtigkeit beitragen werden, nach der alle Jünger Christi hungern und dürsten müssen" ....
Im letzten Teil der Rede fordert Pius XII. zur Erleichterung des Überganges vom Krieg zum Frieden wahre Solidarität und erinnert an seinen Vorschlag von 1939, eine neue, gerechte Einrichtung als Garanten der Neuordnung zu bilden.[182] Dann kommt er auf die Gefangenen und Internierten zu sprechen. „Dieser Krieg hat zu der tragischsten Völkerwanderung geführt, die die Geschichte kennt. Deswegen wird es ein Werk tiefer Menschlichkeit, klarblickender Gerechtigkeit und weiser Ordnungskunst sein, wenn man diese Unglücklichen, außer in den Grenzen des unbedingt Notwendigen, nicht auf die schon all zu späte Befreiung warten läßt. Eine derartige Lösung schlösse naturgemäß nicht die Wahrung einiger unvermeidlicher Vorsichtsmaßregeln aus. Auf jeden Fall würde ein, wenn auch noch so armseliger Sonnenstrahl immerhin eine Entspannung der Gemüter bedeuten. Alle friedliebenden Nationen, Sieger und Besiegte, müssen an den Wohltaten der Zivilisation beteiligt sein ..."

–

Aus Feldpostbriefen an Se. Eminenz. Ein Priestersoldat schreibt aus dem Osten: „Die vergangenen Wochen und Monate brachten vielen von uns z.T. völlig neue und ungekannte Situationen. Wir waren eines Tages mit unserem vorgeschobenen H.-V.-Platz[183] an eine Stelle geraten, an der im dauernden Auf und Ab des Kampfes plötzlich eine kleine Frontlücke entstanden war. Es hätte nicht viel gefehlt, so wären wir alle mitten bei unserer Arbeit an den Verwundeten einem größeren sowjetischen Spähtrupp in die Hände gefallen. Im letzten Augenblick erst haben uns unsere Sturmgeschütze herausgehauen. Als das Granatwerfer- und M.G.-Feuer auf uns gerichtet war, mußte ein jeder von uns damit rechnen, daß für ihn die letzte Stunde gekommen sein könnte. Ich habe es damals selbst zum erstenmal erfahren, daß wir uns über das Verhalten der meisten Kameraden in einer solchen Situation oft falsche Vorstellungen machen. Wer es in seinem sonstigen Leben nicht gewöhnt ist, übernatürlich zu denken, der erlernt es selbst im Angesichte des Todes nicht. Ich glaube, daß es Ausnahmen sind, bei denen man eine plötzliche und unerwartete Wendung auf Gott hin feststellen kann. Es ist in dieser Situation so merkwürdig über mich gekommen, daß ich mich mehr noch als sonst im Gebet verantwortlich fühlte für alle. Ich habe selbst daraus unendlich viel Kraft und innere äußere Sicherheit gewonnen, die, wie ich später erfuhr, auch auf die anderen eingewirkt hat. Es ist nur sehr schwer, den Kameraden, die immer so sehr auf sichtbare Erfolge

---

182 Meint wohl die Radiobotschaft vom 24.8.1939. Acta Apostolicae Sedis 31 (1939), 333–336.
183 Wohl Hauptverbandsplatz.

eingestellt sind, es klar zumachen, daß das Sich-in-Gott-geborgen-wissen noch lange klein Privileg für äußere Unverletzlichkeit darstellt.
Seit einigen Wochen, in denen wir nun endlich etwas zur Ruhe gekommen sind, haben wir wieder das Glück, in der hiesigen Kirche täglich am Altare stehen zu dürfen. Die Kraft, die wir uns hier holen, mag vielleicht Rüstzeug werden für eine Zukunft, deren Schwere und Bitterkeit wir nur ahnen können. Ich darf mir erlauben, Ew. Eminenz und allen Diözesanen für die Zukunft, die wie ein undurchdringbares Dunkel vor uns liegt, Gottes Segen in reicher Fülle zu wünschen."

–

In einem Hirtenbrief, den Erzb. Gröber[184] (Freiburg) anläßlich des 300. Jahrestages der Geburt Abrahams a Sancta Clara[185] an die Pfarrgemeinde Kreenheinstetten, wo der große Volksprediger geboren ist, richtete, sagt er u.a.: „Leider hat man lange Zeit hindurch in manchen deutschen Kreisen Euren berühmten Landsmann als eine Art Witzbold betrachtet, der seine derben Späße und lachhaften Geschichten von der Kanzel herab ins Volk warf. Damit hat man aber Abraham a Sancta Clara völlig verkannt. Gewiß, er übersprudelte von Humor, er weiß die drolligsten Anekdoten aus der Literatur fast aller Völker, er kennt deren Sprichwörter und Gewohnheiten besser als jeder andere. Er steht mitten im Leben und weiß bis ins kleinste, was bei Hoch und Nieder in Wien vorgeht und wo namentlich den einfachen Mann der Schuh drückt. Aber alles das zusammen war nicht bloß die Folge seiner Neugier, seiner unermeßlichen Belesenheit und seines unerschöpflichen Humors, über allem stand der große Gedanke: Gott, den er immer mit der [a]Seele[a] und ihrem Heil verband. Abraham a Sancta Clara war Missionär, um, nachdem es anderen nicht gelungen war, mit der Posaune des Ernstes die Menschen um ihre Kanzeln zu versammeln, mit der Schellenklappe und Tanzmusik seines Witzes Tausende anzuziehen und über das Lachen hinweg auf ernste, christliche Gedanken zu bringen. Auch wenn die gesamte Zuhörerschaft über die auf sie herabregnenden Scherze fast ausgelassen wurde, immer weiß der Prediger wieder, daß er Prediger ist, daß das Kreuz auf seiner Kanzel steht, daß er zu unsterblichen Seelen redet und einmal verantwortlich ist vor dem ewigen Richter. Manchmal wird er auch so furchtbar ernst, daß er wie der Tod erschüttert. Ich besitze sein Büchlein „Merk's Wien" in seiner allerersten Ausgabe[186] und habe immer wieder darin

---

184 Siehe Anm. 161.

185 Geb. 1644 in Kreenheinstetten am Bodensee, Ordenseintritt 1662 bei den Augustiner-Barfüßern in Maria Brunn bei Wien, gew. 1666, gest. 1709.

186 Mercks Wienn, Das ist: Deß wütenden Todts ein umständige Beschreibung, In Der berühmten Haupt und Kaiserl. Residentz Statt in Oesterreich. Gedruckt zu Wien, Bey Peter Paul Vivian, 1680.

gelesen, wie ich auch jetzt in seinen neu herausgekommenen Predigten[187] nicht bloß lustige Erholung, sondern auch tiefernste, christliche Anregung suche. Und immer fühle ich es wieder heraus, wie diesem von der Heiterkeit so überschäumenden Mann die Not des Leibes und der Seelen der anderen auf der eigenen Seele brannte, und daß er es versteht, mit den Spielbällen seines Humors uns schmerzlicher und nachhaltiger zu treffen als andere mit den Stockhieben ihrer todernsten, aber oft so langweilenden Beredsamkeit.
Schade, daß die Toten tot bleiben und daß der im Sterben verstummte Mund nicht mehr reden kann. Wie hätten wir seine gewaltige Stimme in der Gegenwart nötig! Wie könnte er uns mit seinem Scherz und Witz und seinem Gang durch die heilige und profane Geschichte über die Schwere des Tages hinwegführen! Wie könnte er uns trösten, er, der in allerschlimmerster Kriegsnot Zahllose getröstet hat! Und wie wüßte er uns zu ermahnen, am Volk und Vaterland festzuhalten und die Jugend christlich zu erziehen, denn nur eine christlich erzogene und erstarkte Jugend bietet uns Bürgschaft für eine bessere Zukunft. Wie müßte er uns warnen vor den Gefahren, Hoffarten, Oberflächlichkeiten und Entsittlichungen der Gegenwart, um uns zu sagen: Bleibt der Sitte eurer Väter treu und schlagt nicht aus eurer anständigen und gesunden Art! Wie müßte er endlich uns daran erinnern, daß wir es merken sollen, wie es damals Wien merkte, daß nur der Herrgott uns helfen kann ..."

–

Pius XII. hat den Bischof von St. Pölten, Michael Memelauer,[188] anläßlich seines 70. Geburtstages zum Päpstl. Thronassistenten und Comes Romanus ernannt.

–

<u>Das St. Hedwigsfest in Trebnitz.</u> Das Vertrauen zur Landespatronin, der hl. Hedwig, hat auch in diesem Jahre wieder erfreulich zahlreiche Pilgerscharen zur Festoktav in die erhabene Basilika geführt, die mit ihrer imposanten Architektur und dem prachtvollen Grabmal der großen Herzogin immer wieder den Besucher mit Bewunderung erfüllt und zu hingebender Andacht ladet. Der Besuch des Festes fand diesmal besondere kriegsbedingte Erschwernisse: in der Reisebeschränkung der Reichsbahn, dem Mangel an Quartieren infolge dauernder Belegung der Stadt und der Abberufung vieler zu Schanzarbeiten, weshalb besonders auch die pilgerfrohe Jugend fehlte. Und doch waren allein am 15. Oktober gegen 2500 Wallfahrer zur Stelle.

---

187 Wohl: Werke von Abraham a Sancta Clara. Hg. v. d. Akademie der Wissenschaften Wien, bearb. v. Karl Bertsche, 3 Bände 1943–1945.

188 Geb. 1874, gew. 1897, kons. 1927, gest. 1961.

Als Vertreter Se. Eminenz des Hochww. Herrn Erzbischofs hielt das Pontifikalamt[189] am Feste selbst Herr Dompropst Prälat Dr. Blaeschke[190] und am Oktavsonntag Se. Exz. Herr Weihbischof Ferche.[191] Die Predigten lagen diesmal ganz in den Händen der P.P. Franziskaner und behandelten die Themen: „Das Gottvertrauen der hl. Hedwig", „Die Nächstenliebe der hl. Hedwig", „St. Hedwigs Werk der Gnade" und „St. Hedwig und die Kirche."
Der wohlgeschulte Gesangschor der Basilika hat viel zur würdigen Gestaltung des Festes beigetragen. Besonders eindrucksvoll waren als wuchtige Volkskundgebung die „Hedwigsrufe", die sicher auch durch zahlreiche Kirchen der Erzdiözese geklungen und als ein flammendes Gebet von den Hedwigsaltären aufgestiegen sind:

[b]„Heilige Hedwig, schirme dein Volk,
Komm' uns zu Hilfe und rette uns!"[b]

–

Katholikentag 1944 in Görlitz. Wenigstens 1800 Teilnehmer füllten am Sonntag, den 8. Okt., die große Pfarrkirche St. Jakobus in Görlitz und wohnten dem diesjährigen Katholikentag der Oberlausitz als religiöser Feierstunde bei. Unter festlichen Orgelklängen zogen die kirchlichen Fahnen, die Ministranten und Geistlichen ein. „Gott in der Höh' sei Ehr' allein": so sang die versammelte Gemeinde. Das Gottvertrauen war diesmal das Leitmotiv der Feier. Nach der Verkündigung des Segenswunsches unseres Hochww. Herrn Kardinals, der uns in seiner väterlichen und gütigen Weise das Gottvertrauen ans Herz legte, begrüßte Erzpr. Dr. Bollmann[192] (Hl. Kreuz) die Glaubensgenossen aus Görlitz, der Oberlausitz, Sachsen und der Rheinprovinz. Die vereinigten Kirchenchöre von Görlitz sangen die Motette „Der Herr ist mein Hirt" (B. Klein).[193] Nun hielt der Hochw. Herr Redemptoristenpater Jakob Kugler[194] aus Philippsdorf[195] in formvollendeter und packender Beredsamkeit die Festpredigt: „In den Zeiten der Not vertraue fest auf Gott!" Ein Chor aus dem „Messias" (G.F. Händel) schloß sich an. Nach Gebet und Lied der Gemeinde empfingen die Gläubigen den sakramentalen Segen. Zum Schluß brauste das alte Lied „O unbesiegter Gottesheld" auf, die Fahnen verließen unter Orgelklang die Kirche.

---

[189] Der Breslauer Dompropst war infulierter Prälat, so dass auch er ein Pontifikalamt halten durfte.

[190] Siehe Anm. 30.

[191] Joseph Ferche, geb. 9.4.1888, gew. 22.6.1911, kons. 29.9.1940, Weihbischof von Breslau, seit 1947 Weihbischof von Köln, gest. 23.9.1965.

[192] Alois Bollmann, geb. 5.8.1890, gew. 13.6.1915, 1928 Kuratus an Hl. Dreifaltigkeit in Liegnitz, 1936–1948 Pfr. in Görlitz an Hl. Kreuz, gest. 2.12.1948.

[193] Bernhard Klein (1793–1832), deutscher Komponist.

[194] Geb. 10.7.1888, gew. 25.7.1915, später in Bamberg.

[195] Philippsdorf (tschech. Filipov), sudetendeutscher Wallfahrtsort, unmittelbar an der Grenze zur sächsischen Oberlausitz.

Wiederum eine erhebende Feiersunde, die uns Diasporakatholiken und sicherlich auch den Brüdern aus dem katholischen Westen Freude und Mut geschenkt hat.

–

In Buenos Aires fand kürzlich unter großen Feierlichkeiten ein Eucharistischer Nationalkongreß für Argentinien statt. Als Legaten für die Feier hatte Papst Pius XII. den Erzbischof von Buenos Aires, Kardinal Giacomo Luigi Copello,[196] bestimmt. Der Kongreß richtete an den Hl. Vater eine Huldigungsadresse. In seinem Antworttelegramm rief dieser den großen Internationalen Eucharistischen Kongreß von Buenos Aires vor mehreren Jahren[197] in Erinnerung, auf welchem er selbst im Auftrag Pius XI. als Kardinallegat fungiert hatte. Zum Abschluß richtete Papst Pius XII. am Sonntag, den 15. Okt., durch den vatikanischen Rundfunk eine Botschaft an das argentinische Volk.

–

In mehreren süddeutschen Städten entstanden wiederum empfindliche Schäden an Kirchen durch Fliegerangriffe. So wurde bei einem Angriff der Amerikaner auf Salzburg am 16.10. der dortige Dom durch einen Bombentreffer beschädigt. Bei einem Angriff auf Regensburg am 20.10. wurden im Dom die Fenster zertrümmert, der herrliche Bau der „Alten Kapelle“ wurde durch eine Sprengbombe seitlich aufgerissen, die Hauskapelle eines Kinderheims wurde völlig zerstört.

–

Den Heldentod starben aus unserer Erzdiözese bisher 24 Priester:
Wehrmachtspfarrer Johannes Schauer, die Kapläne Augustin Seifert, Gerhard Kurda, Heinrich Lippa, Rudolf Gromotka, Willibald Peterknecht, Johannes Frach, Alois Blaschke, Ernst Joachimski, Hermann Kretschmer, Lic. theol. Georg Kühn, Rudolf Schiptur, Hugo Szinczetzki, Georg Ches, Waldemar Wawro, Johannes Kroener, Bernhard Scholz, Walter Starrek, Rudolf Czeczotka, Wehrmachtsdekan Walter Kauder,[198] Hubert Doberschütz, Friedr. Schmolke, Kurt Mahlig und Ehrenhold Lex.

---

196 Geb. 1880, gew. 1902, 1918/19 Weihbischof für La Plata und Titularbischof von Aulon, 1932 Erzbischof von Bueno Aires, 1935 Kardinal, resign. 1959 als Erzbischof und ernannt zum Kanzler der Apostolischen Kanzlei („Kanzler der Heiligen Römischen Kirche“), gest. 1967.

197 10.–14.10.1934.

198 J. Schauer, geb. 10.8.1905, gew. 29.1.1928, 1932 Standortpfarrer in Schweidnitz, 1936 Heerespfarrer, gefallen 10.6.1940. – A. Seifert, geb. 28.8.1913, gew. 31.7.1939, einberufen 1.9.1940, gefallen 22.8.1941. – G. Kurda siehe Anm. 124. – H. Lippa, geb. 20.12.1912, gew. 30.7.1939, einberufen 15.5.1941, gefallen 13.10.1941. – R. Gromotka, geb. 27.4.1912, gew. 5.4.1936, eingezogen 21.5.1941, gefallen 16.1.1942. – W. Peterknecht, geb. 19.6.1908, gew. 28.1.1934, einberufen 12.3.1941, gefallen 9.2.1942. – J. Frach, geb. 4.5.1910, gew. 28.1.1934, eingezogen 20.5.1941, gefallen 16.2.1942. – A. Blaschke, geb. 27.7.1913, gew. 30.7.1939, eingezogen Weihnachten 1941, gefallen 29.6.1942. – E. Joachimski, geb. 25.1.1916, gew.

Doberschütz, Hubert wurde am 30.4.1913 in Schildberg (Posen) geboren. Seine Jugendzeit liegt in der Diasporastadt Haynau, wo er 1932 am Städt. Reform-Realgymnasium die Reifeprüfung bestand. Im freien Zwischensemester vor dem Eintritt ins Priesterseminar kam er als Pfarrhelfer nach Oppeln (St. Peter Paul). Nach seiner Weihe am 30.7.1939 begann er sein priesterliches Wirken in der gleichen Gemeinde. Im Mai 1941 wurde er eingezogen und wurde dann später dem Seenotdienst der Luftwaffe in der Nordsee zugeteilt. Im Juli 1944 meldet er: „Nun sind wir 2000 km ostwärts gefahren. Was wird mich hier erwarten? Die Liebe Gottes." Am 25. Juli gab er sein junges Priesterleben infolge eines Fliegerangriffes auf den Hafen Reval in die Hände des ewigen Hohenpriesters zurück. Im Brief des zuständigen Marinepfarrers wird seine kameradschaftliche Verbundenheit mit der ganzen Besatzung seines Bootes gelobt. R.i.p.

Schmolke, Friedrich wurde am 28.8.1915 in Reichenbach (Eule) als Sohn des Kaufmanns Sch. geboren. 1924-33 besuchte er das staatl. Reform-Realgymnasium seiner Vaterstadt, wo er 1933 die Reifeprüfung bestand. 1933-37 studierte er an der Universität Breslau, leistete den Reichsarbeitsdienst und wurde am 30.7.1939 zum Priester geweiht. Zunächst half er in der Seelsorge in Järischau, Krs. Schweidnitz, wurde dann Kaplan in Freiburg (bzw. Lokalist im zugehörigen Polsnitz), am 12.7.1943 Kaplan in Neustadt O/S., jedoch schon am 6.9.43 zum Heeresdienst eingezogen und als Sanitätssoldat ausgebildet. Er fiel am 29.4.44 bei Santaika, nordwärts Mariampol. Ein Granatsplitter traf ihn so schwer am Kopf, daß der Tod sofort eintrat. Die Leiche konnte nicht geborgen werden, weil die Kompanie das Gelände aufgeben mußte. Er starb im 29. Jahre seines Lebens im 5. seines Priestertums. R.ip.

Mahlig, Kurt wurde am 15.7.1908 in Gleiwitz als Lehrerssohn geboren. 1920-30 besuchte er das Staatl. Hindenburg-Gymnasium in Beuthen O/S. und bestand 1930 die Reifeprüfung. Nach seinem Theologiestudium auf der Universität Breslau, wurde er 1935 zum Priester geweiht. Nach Aushilfen in Biskupitz und Czarnowanz wurde er Kaplan in Beuthen O/S. (St. Barbara). 1940 nach

---

31.3.1940, eingezogen Mai 1941, gefallen 18.8.1942. – H. Kretschmer, geb. 20.4.1915, gew. 31.3.1940, eingezogen Juli 1940, gefallen 1.9.1942. – G. Kühn, geb. 13.10.1907, gew. 1.12.1930, eingezogen 5.12.1941, gefallen 25.01.1943. – R. Schiptur, geb. 14.12.1911, gew. 1.8.1937, einberufen im Sommer 1940, gefallen 7.8.1943. – H. Szinczetzki, geb. 9.3.1907, gew. 28.2.1932, eingezogen 27.2.1943, gefallen 9.8.1943. – G. Ches, geb. 24.4.1915, gew. 20.3.1943, gefallen 24.9.1943. – W. Wawro, geb. 4.2.1913, gew. 30.7.1939, einberufen im Juni 1941, gefallen 26.9.1943. – J. Kroener, geb. 6.6.1915, gew. 31.3.1940, einberufen Mai 1940, gefallen 22.1.1944. – B. Scholz, geb. 3.10.1914, gew. 31.3.1940, einberufen 14.1.1943, gefallen 27.3.1944. – W. Starrek, geb. 10.1.1915, gew. 30.7.1939, einberufen Februar 1941, gefallen 10.4.1944. – R. Czeczotka, geb. 22.4.1918, gew. 21.3.1942, eingezogen 26.2.1943, gefallen 20.4.1944. – W. Kauder, geb. 15.5.1890, 1914-1918 Soldat, gew. 20.06.1920, ab 1935 Standortpfarrer, Heeresgruppenpfarrer, Wehrmachtdekan, gefallen 18.5.1944.

Rosenberg versetzt, wurde er am 5.2.41 zum Heeresdienst einberufen und als Sanitäter ausgebildet. 1942/43 war er in einem Kriegslazarett tätig. Dort hatte er viel Arbeit, konnte aber oft hl. Messe lesen und zwar zusammen mit anderen Priestern. Das änderte sich, als er im November 1943 an die Front kam und Truppen-Sanitäter bei der Artillerie wurde. Er lag in der Gegend von Schitomir. Die Verhältnisse waren so schwierig, daß er niemals zelebrieren konnte. Pfingsten 1944 konnte er in seinem Urlaub seit 7 Monaten wieder einmal zelebrieren. Es war ihm ein Erlebnis wie die Primiz. Er war Inhaber des Kriegsverdienstkreuzes II Kl. mit Schwertern und der Ostmedaille. Am 8.9.1944 ist er bei Krosno (Galizien) gefallen. Eine in nächster Nähe einschlagende Granate verwundete ihn schwer; in der Bewußtlosigkeit ist er bald darauf gestorben. Am selben Tage, kurz vor seinem Tode, war er zum Sanitäts-Feldwebel befördert worden. Er starb im 37. Jahr seines Lebens, im 10. seines Priestertums. R.i.p.[199]

Lex, Ehrenhold, der als Sohn eines Brauereibesitzers in Ratibor am 5.10.1909 geboren wurde, erwab 1929 das Reifezeugnis und studierte Theologie in Breslau und Freiburg i.Br. Am 28.1.1934 zum Priester geweiht, war er Kaplan in Mühlbock, Reichenbach, Bolkenhain, Falkenberg O/S. und Steinau O/S. Im Mai 1940 wurde er zum Wehrdienst einberufen. Vom ersten Tage des russischen Krieges bis zu seinem Heldentode war er an der Ostfront als Sanitäter einer Infanterieeinheit. Er war zweimal verwundet, Inhaber der Ostmedaille und des Verwundetenabzeichens in Bronze. Er fiel am 12.9.44 bei Bosko (Ungarn) durch Kopf- und Rückenverletzung (Granatsplitter). Er stand im 35. Jahr seines Lebens, im 11. seines Priestertums. R.i.p.

–

Das Erzb. Priesterseminar Albertinum hat einen neuen Verlust zu beklagen: Der Alumnus Alfons [a]Kaczmarczyk[a], geb. am 9.2.1915 in Ruda O/S., fiel am 25.9.1944 als Obergefreiter an der Ostfront. Er war Inhaber des EK I und II, der Ostmedaille, der Nahkampfspange, des Sturmabzeichens und des goldenen Verwundetenabzeichens. Sein Divisionspfarrer schreibt: „Alfons war jahrelang mein Küster, und ich kannte ihn sehr gut. Er war ein äußerst heller Kopf, der sich nach vorne gern mit Philosophie beschäftigte. Als Soldat war er ganz besonders vorbildlich ... Nun habe von 7 keinen Breslauer mehr.“ R.i.p.

–

Das Erzb. Theologenkonvikt hat außer den 63 bisher gemeldeten gefallenen Theologen einen neuen Verlust zu beklagen:

Nowak, Johannes, cand.theol.approb., geb. am 15.10.1916 in Liegnitz, fiel am 5.10.44 im Osten als Oberfeldwebel und Kompanietruppführer. Inh. des EK I und

---

[199] Kurt Malig, gew. 27.1.1935.

II, des Verwundetenabzeichens, Infanteriesturmabzeichens und der Nahkampfspange in Silber (Sein Vater ist Kaufmann in Liegnitz, Raupachstr. 24). R.i.p.

–

Von den 24 bisher gemeldeten vermißten bezw. in Gefangenschaft geratenen Theologen hat das Erzb. Theologenkonvikt 2 neue Verluste zu melden:

Lellek, Georg, cand.theol., Obergefr., geb. den 1.3.15 in Kupp, Kr. Oppeln O/S., wird seit dem 27.7.44 in der Gegend von Zagorce ostwärts Lemberg vermißt. Seine Mutter verw. Frau Mühlenbesitzer L. wohnt Breslau 1, Scheitnigerstr. 4 II.

Goigofski, Joachim, cand.theol. geb. 20.3.1918 in Liegnitz, Uffz., ist am 13.8.1944 in Gefangenschaft geraten und befindet sich als Verwundeter in einem französischen Lazarett. Sein Vater ist Prokurist und wohnt in Liegnitz, Rosentstr. 1.[200]

–

Prälat Wolker[201] schreibt zum Tode des Generalpräses der Kolpingsfamilie: „Theodor [a]Hürth[a],[202] der Gesellenvater ist tot – gefallen beim Fliegerangriff auf Köln, im Hauses Kolpings, nahe dem Grabe Kolpings.

Wie ein schneller schwarzer Vogel ist die Nachricht nach allen Himmelsrichtungen durch das Reich und über des Reiches Grenzen geeilt! Tausendfach und tausendfach wird das Echo der Trauer und des Schmerzes sein, zumal bei den ungezählten katholischen Gesellen, denen Generalpräses Hürth Vater geworden.

Ja das war Theodor Hürth. – Vater! Seiner ganzen Natur nach – Vater! Seiner kirchlichen Sendung nach – Vater! Seinem priesterlichen Willen nach – Vater! Er war Vater der Seinen, in der ganzen wunderbaren Vaterschaft, wie sie im Kolpingswerk dem Präses inne ist nach dem Geist seines Stiftes.

Das Kolpingswerk, das war für Msgr. Hürth das Werk seines Herzens, das Werk seines Lebens. Er hat es als Nachfolger des großen Kolping übernommen. Er hat das Erbe treu gehütet, ja er hat es mit eifersüchtiger Liebe gehütet vor Verbildungen, die dem Geist des Stifters fremd waren, hat es gemehrt nach außen und nach innen. Hat vor allem den einen großen Grundgedanken Adolf Kolpings, den Familiengedanken, mit aller Hingabe und allüberall geweckt und lebendig gemacht in Wort und Schrift unter Einsatz seiner ganzen Person. Hat damit den Vielen, Vielen den Boden bereitet zu des Lebens schönstem

---

200 Laut Notiz in der Personalakte seines Bruders war er im Mai 1946 noch in französischer Gefangenschaft, ist jedoch später nie als schlesischer Kleriker in Erscheinung getreten.

201 Ludwig Wolker, geb. 1887, gew. 1912, Generalpräses der kathol. Jungmännervereine Deutschlands 1926–1933, gest. 1955.

202 Geb. 1877, gew. 1900, seit 1924 Generalpräses des kath. Gesellenvereins, gest. am 27.4.1944.

Glück, dem der Familie, der echten deutschen Familie, der echten christlichen Familie.
Ich habe durch viele Jahre des Kampfes und des Aufbaues neben Freund Hürth und mit ihm gearbeitet. Zwei Wege waren uns aufgetragen, zwei Werke uns übergeben. Und doch war es eine Aufgabe, zum gleichen Ziel: „Christus in deutscher Jugend ..."

–

Der Bischof von Regensburg, Michael Buchberger,[203] erließ einen Hirtenbrief, zum 950. Jahrestag des Todes des hl. Wolfgang, des Bistumspatrons. Der Heilige, von Geburt ein Schwabe, erhielt seine Ausbildung im Kloster Reichenau im Bodensee. Sein Studienfreund Erzbischof Heinrich von Trier[204] berief ihn 956 zum Lehrer an die Domschule daselbst und zum Domdekan. Nach dem Tode des Erzbischofs trat Wolfgang im Jahr 965 in die Benediktinerabtei Einsiedeln als Mönch ein, empfing vom hl. Ulrich von Augsburg[205] die Priesterweihe und ging 971 als Missionar nach Ungarn. Bereits ein Jahr darauf übertrug ihm Kaiser Otto d. Gr. das Bistum Regensburg, wo er bis zu seinem Tode am 31.10.994 eine gesegnete Tätigkeit entfaltete. Der in Regensburg residierende Bayernherzog, Heinrich der Zänker, vertraute ihm die Erziehung seiner 4 Kinder an. Einzigartig war der Erfolg dieser Erziehungsarbeit des Heiligen. Von den vier Kindern des Herzogs verehrt die Kirche drei als Selige und Heilige. Heinrich, der Heilige, wurde deutscher Kaiser, Bruno Bischof von Merseburg, die sel. Gisela Gemahlin des hl. König Stephan von Ungarn, die sel. Brigida Äbtissin. Das Grab des hl. Wolfgang in der Krypta von St. Emmeran in Regensburg sowohl wie seine Heiligtümer an anderen Orten, wie in St. Wolfgang am Obersee und am Burgholz bei Dorfen sind vielbesuchte Wallfahrtsstätten geworden. – In der Erzdiözese Breslau ist die Pfarrkirche in Markt-Bohrau, Krs. Strehlen, dem hl. Wolfgang geweiht.

–

Papst Pius XII. hat den Professor am Priesterseminar in Trier und Pfarrer in Kanzem/Saar Dr. Bernhard Stein[206] zum Titularbischof von Dagno und Weihbischof des Erzbischofs Dr. Rudolf Bornewasser[207] von Trier ernannt. Der im 41. Lebensjahr stehende neue Weihbischof wurde am Christkönigsfest 1929 im Collegium Germanicum zu Rom zum Priester geweiht. Die Bischofsweihe erhielt er am diesjährigen Christkönigsfest, dem 29. Okt. 1944.

---

203 Geb. 1874, gew. 1900, 1924 Weihbischof in München, 1928 Bischof von Regensburg, gest. 1961.

204 Heinrich I., 956-964 Erzbischof von Trier.

205 Ulrich von Augsburg, geb. 890, seit 923 Bischof von Augsburg, gest. 973.

206 Geb. 1904, gew. 1929, 1940 Prof. f. Exegese am Priesterseminar Trier, kons. 5.11.1944, 1967-1980 Bischof von Trier, gest. 1993.

207 Geb. 1866, gew. 1894, 1921 Weihbischof in Köln, 1922 Bischof von Trier und Erzbischof, gest. 1951.

Der Heilige Vater ernannte den Domkapitular Kaspar Kranz[208] von Trier zum Dompropst an der dortigen Kathedrale und den Weihbischof Heinrich Metzrot[209] zum Domdechanten daselbst.

Für den Kirchenchor.
Die Kirchenmusikschule in Regensburg kann im November 1944 auf ihr 70jähriges Bestehen zurückblicken. Sie wurde 1874 von Dr. F. X. Haberl[210] gegründet und auf persönlichen Rat von Franz Liszt und unter materieller Unterstützung durch denselben Liszt, durch Franz Witt[211] u. a. Sie ist die älteste Kirchenmusikschule der ganzen Welt. In ihrer Organisation und in ihrer konsequenten Ausrichtung auf das Motu proprio steht sie auch heute überall geachtet da. Prof. Dr. C. Thiel,[212] Direktor 1930-39 gab der Schule eine neue Organisation, indem er das Studienprogramm erweiterte und der Neuorganisation die staatliche Anerkennung verschaffte. Die letzte Erweiterung des Studienprogramms erfolgte durch einen Ministererlaß vom 20.6.1939, in welchem besonders musikpädagogische Fächer und allgemeine Pädagogik weiter ausgebaut wurden. Die Schüler wohnen in Einzelzimmern. Jedes Zimmer hat ein Klavier. Die Schule besitzt 5 zweimanualige Orgeln, eine Bibliothek mit rund 12000 Bänden. An der Schule wirken 8 Lehrer. Die Schüler kommen aus ganz Großdeutschland. Auch während des Krieges waren ausländische Schüler (Schweiz, Rumänien) in Regensburg. Mit Kriegsbeginn hat Direktor Dr. Ferdinand Haberl[213] die Leitung übernommen, und zwar mit sieben Schülern und 8 Lehrern! Nunmehr ist die Schule überfüllt.
An berühmten ehemaligen Schülern seien genannt: Ignaz Mitterer, Max Filke, Vinzenz Goller, Hermann Müller, der Kapellmeister der Sixtina Lorenzo Perosi,[214] der auf Anraten des Bischofs Sarto, des späteren Papstes Pius X., in Regensburg studierte und durch Bischof Sarto Unterstützung für sein Studium erhielt, Kromolicki, der Aachener Domkapellmeister Theodor Rehmann,

---

208 Geb. 1879, gew. 1905, Domkapitular 1935, gest. 1965.

209 Geb. 1893, gew. 1916, Domkapitular 1936, Weihbischof 1941, gest. 1951.

210 Dr. theol. hc. Franz Xaver Haberl, geb. 1840, gew. 1862, 1871–1882 Domkapellmeister in Regensburg, gest. 1910.

211 Franz Xav. Witt, geb. 1834, gew. 1856, seit 1856 Lehrer am Priesterseminar Regensburg, gest. 1888.

212 Carl Thiel, geb. 1862 in Klein-Öls (poln. Oleśnica Mała), Kr. Ohlau, Musiklehrer in Berlin, nach seiner Pensionierung in Regensburg und seit 1930 ehrenamtlicher Leiter der Kirchenmusikschule, gest. 1939.

213 Dr. theol. F. Haberl, geb. 1906, gew. 1931, Präsident des Päpstl. Instituts für Kirchenmusik in Rom 1970, gest. 1985.

214 Siehe Anm. 93.

Univ.Prof. Fellerer, Domkapellmeister Berberich, Kagerer, A. Schirdewahn (Breslau) u.v.a.[215]
gez. [a]Negwer[a]

[1944 Nr. 18]

Erzbischöfliches General-Vikariat
Breslau, den 20. November 1944
Nr. 14108
Rundverfügung an die Herren Dekanats-Erzpriester, betr. Materialanweisung für die Seelsorge.

Pontifikalhandlungen. Am Kirchweihfest des Hohen Domes[216] feierte unser Hochww. Herr Kardinal unter großer Beteiligung der Gläubigen ein feierliches Pontifikalamt. – Der Hochww. Herr Weihbischof firmte am 5.11. in Herrnstadt, Kr. Guhrau, am 12.11. erteilte er eine Einzelfirmung im Dom.

[b]Am 8. Dezember jährt sich zum 90. Mal der Tag, da Pius X. die unbefleckte Empfängnis Mariä zum Glaubenssatz erhoben.[b]
Kardinal Reisach,[217] Erzbischof von München, der an jenem 8. Dezember 1854 in Rom anwesend war, schilderte die Feierlichkeit in einem Hirtenbrief vom 2.2.1855 seinen Erzdiözesanen mit folgenden Worten: „Wie freute sich ganz Rom, als kund wurde, der Hl. Vater habe nunmehr die Entscheidung dieser Glaubenslehre beschlossen und die Verkündigung werde am 8. Dezember geschehen! Ihr werdet begreifen, mit welcher Freude und Erwartung unser Herz erfüllt war, als an dem großen Festtage mit dem Hl. Vater der unabsehbare Zug von Kardinälen, Bischöfen und anderen hohen Würdenträgern der Kirche den gewaltigen Dom von St. Peter betrat, als eine Menge aus allen Nationen, welche diese so umfassenden Hallen füllte, hereinwogte und als die ersten Töne

---

215 Ignaz Mitterer, geb. 1850, Domkapellmeister in Regensburg 1882, desgl. in Brixen 1885, gest. 1924. – Max Filke, geb. 1855 in Steubendorf (poln. Ściborzyce Małe), Kr. Leobschütz, 1891 Domkapellmeister in Breslau, 1911 Prof. h.c., gest. 1911 in Breslau. – Vinzenz Goller, geb. 1873, Musiklehrer und Komponist meist in Wien, gest. 1953. – Hermann Müller, wohl geb. 1868, gest. 1932. – Jozef Kromolicki, geb. 1882, Musiklehrer und Komponist in Berlin, gest. 1961. – Theodor Rehmann, geb. 1895, Domkapellmeister Aachen 1930, gest. 1963. – Karl Gustav Fellerer, geb. 1902, Professor für Musik in Freiburg i. Üe. und Köln, gest. 1984. – Ludwig Berberich, geb. 1883, Domkapellmeister in München, gest. 1965. – Kagerer und Alois Schirdewahn nicht identifiziert.

216 Sonntag nach St. Martin, d. h. 12.11.1944.

217 Karl August von Reisach, geb. 1800, gew. 1828, kons. 1836, Bischof von Eichstätt 1836–1846, Erzbischof von München und Freising 1846–1856, Kardinal 1855, gest. 1869.

der Litanei widerhallten, die dem Hochamt vorangingen. Es begann das hochheilige Opfer mit all jenem Pomp, der die päpstl. Würde umgibt, gehoben durch die Gegenwart von 200 Kardinälen und Bischöfen; und als die heilige Handlung bis an das Kredo vorgeschritten war, da traten (es war um die elfte Stunde des Tages) die ältesten aus der Reihe der Kardinäle, Erzbischöfe und Bischöfe und zwei orientalische Oberhirten vor den Thron des Papstes und baten ihn, als Stellvertreter Christi und Nachfolger des hl. Petrus, den entscheidenden Ausspruch tun zu wollen. Der Hl. Vater, antwortend, daß er zuvor noch einmal den Beistand des Heiligen Geistes anrufen wolle, warf sich auf die Knie nieder und stimmte die Hymne an: Veni Creator Spiritus; mit ihm kniete und sang und betete die ganze unermeßliche Versammlung, so daß die mächtigen Wölbungen von St. Peter wahrhaft von den Gebeten der Kirche Gottes erfüllt waren. Dann folgte tiefe Stille; es erhob sich der oberste Hirt und Lehrer der Kirche in nächster Nähe jenes Stuhles, auf dem der Apostelfürst gesessen; alle Herzen bebten, als seine männlich-milde Stimme die Verkündigung begann; alles war tief ergriffen und reichliche Tränen flossen, als diese väterliche Stimme vor Rührung fast zu versagen schien und er allmählich die Kraft gewann, um die Worte des Heiles auszusprechen. – Als aber der Hl. Vater vollendet hatte, da strahlten aller Augen vor Freude, da klangen die Glocken der ganzen Heiligen Stadt, da dröhnten die Kanonen der Engelsburg, und das heilige Opfer schritt feierlich fort, bis ein vieltausendstimmiges Te Deum das erhabenste Fest beschloß, das Rom jemals bei St. Peter gesehen. Die Sonne leuchtete lieblich an diesem Ehrentage der allerseligsten Jungfrau Maria; die freudig bewegte Menge füllte die Straßen der Ewigen Stadt, die am Abend in einem Meer von Lichtern leuchtete: Jeder fühlte, daß das dringendste Bedürfnis des Herzens befriedigt sei, daß heute die katholische Kirche die süßeste Pflicht kindlicher Liebe gegen ihre Mutter, die allzeit unbefleckte und gebenedeite Jungfrau Maria erfüllt habe."

Zum Weltmissionssonntag.

In einem Hirtenwort zum Weltmissionssonntag sagt Bischof Petrus Legge[218] von Meißen u.a.: „Das Missionsrundschreiben des hochseligen Papstes Pius XI. stellt die Glaubensverbreitung an die Spitze der von der Kirche zu bewältigenden Aufgaben. „Erwägen wir", so sagt der Stellvertreter Christi „daß es noch Hundert von Millionen Heiden gibt, und unser Herz gibt keine Ruhe. Es ist, als vernehmen wir in unserem Innern das erschütternde Wort: „ruhe nicht und lasse nicht nach, wie eine Posaune erhebe deine Stimme!" Wer damit zufrieden ist, sagt der Hl. Vater, den augenblicklichen Bestand des Katholizismus zu erhalten und zu schützen, der erfüllt die Aufgabe der Kirche nicht. Die

[218] Geb. 1882, gew. 1907, seit 1932 Bischof von Meißen, gest. 1951.

Kirche ist ein lebendiger Baum, muß also naturhaft wachsen und sich immer mehr ausbreiten. Missionstrieb ist also eine naturhafte Wesensforderung für den Christen. Missionsarbeit ist christliche Pflicht, die nach den Worten Pius XI. „alle übrigen Werke und Beweise der christlichen Nächstenliebe so sehr übertrifft, wie die Seele den Leib, der Himmel die Erde, die Ewigkeit die Zeit überragt.“ „Unsere Liebe zum Gottesreich drängt uns zu hilfreicher Tat ...“
In unseren Gebetsstunden gedachte so mancher von uns auch jener deutschen Männer und Frauen, die, dem Rufe der Gnade folgend, die Heimat verlassen haben, um sich im großen Missionsfelde der Welt der so opfervollen Arbeit der Gewinnung der armen Heiden für Christus hinzugeben. Wir wissen heute bei vielen von ihnen nichts restlos Zuverlässiges über ihr Los, ob sie irgendwo interniert sind oder ob es ihnen gestattet ist, frei ihrem Missionsauftrag nachzukommen. Wir können nur die Zahl aus der letzten Vorkriegszeit, vom August 1939, angeben; es sind im gesamten Weltmissionsgebiet 7764 katholische volksdeutsche Missionskräfte tätig und zwar 221 Patres, 1154 Brüder und rund 43006 Schwestern, dazu kommen 21 deutsche Missionsärzte, bezw. Ärztinnen und 62 sonstige deutsche Missionskräfte.[219] Mit Ehrfurcht und Liebe schauen wir auf zu diesen tapferen Kämpfern im Reiche Christi, wir vergessen in unseren Gebeten und Opfern weder sie noch ihre Arbeit, noch ihre Pflanzstätten und Missionshäuser, mit denen wir einig in Liebe und Glauben dem großen Ziele, dem Siege von Christi Reich zuschreiten ...
Bei einer Feier im Missions-Propaganda-Kolleg in Rom sagte Kardinal Salotti[220]: „Die Geschichte wird sich in Zukunft nicht darauf beschränken dürfen, Pius XI. den Papst der Missionen zu nennen. Sie wird ihm feierlich bezeugen müssen, daß er der Papst der größten Missionsentwicklung in den letzten Jahrhunderten war.“ Noch 1938 konnte Pius XI. bekennen: „Alle Welt weiß, daß die Mission im Vordergrund der Gedanken des Papstes steht und immer stehen wird, solange ihm Gott einen Hauch des Lebens schenkt. Das missionarische Ergebnis dieses Pontifikates ist in der Tat erstaunlich. Kein Papst vorher schuf auch nur annähernd eine solche Zahl neuer kirchlicher Verwaltungsbezirke. Die Zahl der Missionsbistümer stieg unter Pius XI. in den der Missionspropaganda in Rom unterstellten Gebieten von 352 auf 529 Bistümer.
Die Herzenssorge Pius XI. ging dann über auf seinen Nachfolger, unseren jetzigen Hl. Vater, der am Christkönigsfeste seines ersten Pontifikatsjahres 1939 in der Peterskirche zu Rom 12 Missionsbischöfe weihte, um durch diese

---

219 Diese Zahlen stehen so in der Vorlage. Richtig ist es wohl, die Zahl der Patres auf 2221 und die der Schwestern auf 4306 zu korrigieren. Das Kirchliche Handbuch 1943 nennt für den Sommer 1939 2192 Priester, 1121 Brüder, 3995 Schwestern, mithin insgesamt 7308 deutsche Missionare (S. 80).

220 Carlo Salotti, geb. 1870, gew. 1894, kons. 1930, kreiert 1933/35, seit 1938 Präfekt der Ritenkongregation, gest. 1947.

weltbedeutende Weihehandlung öffentlich zu dokumentieren, wie das heilige Erbgut seines Vorgängers von ihm gehütet und gepflegt werde. Papst Pius XII. verbindet die Missionstat eng mit dem Gebets-, Opfer- und Leidensleben der hl. Kirche. Wir alle wollen ihm kindlich ergeben folgen und in beharrlichem Gebet, in lebendigem Opfer und starkmütigem Ertragen aller Leiden gemeinsam mit ihm arbeiten an der Entfaltung des Reiches Christi auf Erden. ..."

–

Aus einem Vortrag „Das katholische Weltapostolat in dieser Zeitenwende" von Joseph Peters, Missionszentrale Aachen: „Es hat Zeiten und Theologen gegeben, die in der Frage des Heiles der Heiden einem düsteren Pessimismus huldigten. Heute hat unsere Theologie, tiefer eindringend in das Gotteswort und in Erweiterung des geschichtlichen, geographischen und religionswissenschaftlichen Weltbildes, sich eine freundlichere und wohl gerechtere Auffassung von der Heilstätigkeit Gottes zu eigen gemacht. Es bleibt freilich war, daß wir über die Zahl der endgültig Geretteten, also auch über die Zahl derer, die auf dem außerordentlichen Heilsweg das Ziel erreichen, keine Offenbarung besitzen. Wenn aber die Menschen, die schuldlos außerhalb der sichtbaren Kirche stehen, durch außerordentliche Gnaden Gottes zum Heil geführt werden können, ist dann die Apostelarbeit nach außen, die Mission, nicht überflüssig? „Wenn ich", so erzählte Professor P. Thomas Ohm[221] O.S.B. in einem zu Ende 1942 in „Theologie und Glauben" erschienenen Aufsatz, „in Japan und China bei Unterhaltungen über das Heil der Heiden von außerordentlichen Heilswegen sprach, erwiderten mir die Missionare verschiedentlich, ja, dann sei die Mission überflüssig ..." Selbstverständlich ist diese Auffassung irrig. Die Mission geschieht deshalb, weil Gott die Mithilfe der Menschen an der Zuwendung der Erlösung bedingungslos gefordert hat. Es wird zwar [von] den Theologen betont, daß die Menschen ohne die sichtbare Führung durch die Kirche viel schwerer den Weg des Heiles finden und sich immerhin in größerer Heilsgefahr befinden als die durch die Kirche Geführten, und insofern ergibt sich eine gewisse innere Notwendigkeit für die Mission. Man sollte aber bei der Antwort aus obigem Einwand den Schwerpunkt der Beweisführung für die Notwendigkeit der Mission einfach auf die Darlegung des ausdrücklichen Willens des Herrn legen, der, wie Pius XII. in seiner jüngst erschienenen Enzyklika über den Mystischen Leib Christi so schön sagt, die Mitwirkung seiner Kirche am Erlösungswerk zur größeren Ehre seiner makellosen Braut angeordnet hat. ... Gottes Vorsehung bestimmt allein, welchen Weg zum Heile sie dem einzelnen Menschen anbietet, um selig zu werden. So erfüllt uns die weitgehende Lähmung des Weltmissionswerkes, von der wir ... berichten müssen, nicht mit

---

221 Geb. 1892, Profess 1913 in St. Ottilien, gew. 1920, lehrte an den Universitäten Salzburg, Würzburg und Münster Missionswissenschaft, starb 1962.

Sorge und Angst. Gottes Liebe ist immerdar tätig, und die Menschen können seine Fügungen und Führungen nie durchkreuzen."

–

Wie das Zisterzienserstift Wilhering bei Linz bekanntgibt, starb am 18.12.1943 Prälat Dr. Justinus Josephus Wöhrer,[222] Titularabt von Säusenstein,[223] Gründer und Superior der Zisterziensermission in Bolivien im Alter von 72 Jahren. Der Verstorbene war zunächst Professor am Stiftsgymnasium Wilhering, dann dessen Direktor und zugleich Stiftsprior. 1925 nahm er als Vertreter des Abtes Gabriel[224] am Generalkapitel des Ordens in Rom teil. Dort wurde der Beschluß gefaßt, die Missionsarbeit des Zisterzienserordens in fernen Ländern wieder aufzunehmen. Das war für Justinus ein Wink von oben. Am 19.8.1928 verließ er Abtei und Heimat und erreichte Ende Oktober sein neues Arbeitsfeld. Das Wirken unter den Indianern war voller Sorgen und Entbehrungen. 1934 ernannte ihn Pius XI. in Anerkennung seiner großen Verdienste um den Missionsgedanken zum Titularabt. Abt Justinus hat der Sprachwissenschaft und zugleich der Mission einen wertvollen Dienst geleistet durch die Bearbeitung eines Wörterbuches „Keshua-Spanisch-Deutsch", eine wissenschaftliche Arbeit, an die sich vorher niemand gewagt hatte.

Für die Männerseelsorge.
Beim Pontifikalamt für die Opfer des Fliegerangriffs sprach Kardinal Faulhaber am 24. Oktober im Dom zu München unter dem Thema: „Selig bist du, daß du geglaubt hast" (Lk 1,45) den Hinterbliebenen und allen Leidtragenden tiefen Trost zu. Er sagte u.a.: „Seit dem letzten Seelenamt hat uns die Sirene immer wieder in die Tiefe der Luftschutzräume befohlen, und dort haben wir den Psalm gebetet: „Aus der Tiefe rufe ich zu dir, o Herr."[225] Der letzte schwere Überfall, der viele Verwüstungen in München anrichtete, war am 4. Okt., gerade am Tag des Bruders Franz von Assisi, der den Wolf seinen Bruder nannte und gewiß auch die Alarmsirene Schwester Sirene genannt hätte. Meine Diözesanen! Wie wir die Stunden des Trommelfeuers miteinander erlebten, bangend um unsere Stadt und unsere Stadtgenossen, betend für die Verschütteten, die Geschädigten, die Toten, so sind wir auch heute zum Pontifikalrequiem miteinander um den Altar und um die Tumba versammelt. Um den Altar, wo der Bischof für die Opfer der feindlichen Überfälle vom 22. Sept. und 4. Okt. das heilige Sühnopfer des Altars dargebracht hat. Um die Tumba, wo er soeben die Toten ausgesegnet hat. Es drängt ihn ein Wort des Trostes und der

---

222 Geb. 1872, prof. 1895, gew. 1896.
223 Ehemaliges Zisterzienserkloster (1334–1789) bei Ybbs an der Donau in Niederösterreich.
224 Gabriel Josef Fazeny, geb. 1862, prof. 1885, gew. 1886, 1915 Abt, gest. 1938.
225 Ps 130,1.

seelischen Aufrichtung zu den Hinterbliebenen zu sprechen. Gerade für solche Zeiten gilt das Mahnwort des Apostels: „Ihr sollt einander die Lasten tragen helfen, einer dem andern“ (Gal. 6,2). Im Geiste dieses Apostelwortes spricht auch der Bischof: „Diözesanen, euer Leid ist mein Leid, eure Totenklage ist meine Totenklage“.

Euer Leid ist mein Leid. Die furchtbaren Auswirkungen des unmenschlichen Luftkrieges haben wieder 7 Kirchen von München getroffen, davon 4 total zerstört und3 schwer beschädigt. Total zerstört St. Paul und St. Benno, 2 Kirchen, die monumental aus dem Stadtbild von München aufragten, dazu St. Benedikt und die Notkirche Zwölf Apostel. Schwer beschädigt St. Clemens, St. Theresia und die ehemaligen Institutskirche der Englischen Fräulein. Von den 68 Pfarrkirchen der Stadt sind nunmehr 22 für den Gottesdienst gesperrt. Zu unserem Leid hat der Überfall des 4. Okt. außer den Verwüstungen an Gebäuden auch viele Todesopfer gefordert, 3 Ordensschwestern vom Institut in Pasing und erschreckend viele Tote in der Stadt, zu deren Gedächtnis wir heute um Altar und Tumba uns versammelt haben. Es war mir möglich, gleich am Tag darauf die Kirchenruinen zu besuchen. Mit tiefer Teilnahme habe ich die Ruinen der Privathäuser gesehen. Ihr könnt mir aber nachfühlen, wie tief mir die Ruinen der zerstörten Kirchen ans Herz gegriffen haben.

Vor diesen Kirchen standen Pfarrkinder mit verweinten Augen, als wäre ihr Vaterhaus in Schutt und Asche gesunken. Andere waren bereits frisch an der Arbeit, um den Schutt im Kircheninnern aufzuräumen und auszuräumen. Besonders die Jugend der Pfarrei bot ein ergreifendes Bild katholischer Tatkraft. Auch unser Liebfrauendom wurde am 22. Sept. zum vierten Mal von der Verwüstung gestreift. Wenige Meter vor dem Haupteingang sind 5 Sprengbomben niedergegangen. Die Nachbarhäuser wurden schwer mitgenommen, das Hauptportal vollständig zerfetzt, die Fenster und ein Stück vom Dach zerschlagen, die große Orgel zertrümmert, das Mauerwerk des Domes von außen zerkratzt, Spuren der Verwüstung bis zur Haube des Südturms hinaufgetragen. Innerhalb des Hauptportals, wo dem Eingang zunächst die Marienkapelle eingerichtet ist mit dem Standbild der Gottesmutter, wurden die Bänke zerbrochen, durcheinandergeworfen, die Glasscheiben von weitentfernten Fenstern über den Boden gestreut, die Blumen und Kerzen und der sonstige Altarschmuck vom Altar gerissen. Das Standbild der Gottesmutter aber, die wir hier als Patronin von Stadt und Land verehren, war unverletzt mit Krone und Zepter auf ihrem Thon über dem Altar stehen geblieben, wie schon bei einem früheren Überfall. Unsere himmlische Patronin war wieder einmal am Liebfrauendom Wache gestanden und hatte größeres Unheil abgewendet, sodaß der Gottesdienst in dieser Kirche nicht unterbrochen werden mußte.

Euer zustimmendes Nicken bestätigt mir: Eure Liebe zur Gottesmutter hat neue Glut erhalten. So kann euer Bischof doch nicht anders als, zumal jetzt im Monat des Rosenkranzes, vom Marienbild unseres Liebfrauendomes Trost und seelische Aufrichtung holen für die Hinterbliebenen der Fliegeropfer. Ob wir die Mutter des Herrn grüßen als Patronin von Stadt und Land mit Zepter und Krone, das göttliche Kind auf dem Arm, ob wir sie grüßen als Schmerzhafte unter dem Kreuz, immer ist sie eine Trösterin der Betrübten, ein Vorbild in Leidensstunden.
Schmerzhafte Mutter, lehre uns glauben an das Geheimnis des Kreuzes.
Der Verstand könnte uns stille stehen über dem Geschehen der Zeit und über persönlichen Erlebnissen des furchtbaren Krieges. Mit dem natürlichen Verstand können wir diese dunklen Rätsel nicht fassen. Der Apostel sagt: „Nicht zu erfassen sind Gottes Gerichte, nicht zu ergründen seine Wege." (Röm. 11,33) Nur aus dem Glauben kommt uns ein Licht für das Dunkel der Zeit. Und was mit dem natürlichen Verstand nicht zu erfassen, nicht zu ergründen ist, wird uns heller im Licht des übernatürlichen Glaubens. Darum darf der Glaube nicht stille stehen, auch wenn der Verstand uns stille stehen wollte.
Nun wallfahren wir zum Kreuz, zum Marterholz dessen, der als Mann der Schmerzen die Sünden der Welt hinwegnimmt, und zur Schmerzhaften Mutter unter dem Kreuz. Der Beste der Menschenkinder wie ein Verbrecher öffentlich hingerichtet, die Beste der Menschenmütter, die Gebenedeite unter den Frauen, in ein Meer von Leid eingetaucht. Der Vater im Himmel hatte dem Menschensohn wiederholt das Zeugnis gegeben: „An ihm habe ich mein Wohlgefallen" (Matth. 3,17; 17,5) und die Mutter Maria grüßen lassen: „Du bis voll der Gnade". Beide ohne persönliche Schuld und doch beide vom größten Leid heimgesucht. Stabat mater, die Mutter stand unter dem Kreuz, berichtet der Evangelist, der dabei war (Joh. 19,25). Sie ist unter ihrem Leid nicht zusammengebrochen, ihr Glaube hat sie aufrecht erhalten. „Selig bist du, daß du geglaubt hast". „Siehe, ich bin die Magd des Herrn" (Lk 1,38). Mit dieser Losung hat sich auch in der schwersten Stunde ihres Lebens ihren Willen rückhaltlos dem Willen des Vaters untergeordnet und zu den unfaßlichen Gerichten Gottes und seinen unergründlichen Wegen ihr Ja-Wort gesprochen. Ja Vater, „mir geschehe nach deinem Worte".
Ein paar Stunden später lag der Leichnam ihres Sohnes auf ihrem Schoß, blutig und zergeißelt, das Herz von der Lanze durchstochen. Da erfüllte sich das Wort des Propheten: „Es war nicht mehr Menschengestalt an ihm und nicht mehr Edelwuchs." Wir sahen ihn, aber er war nicht mehr zum Ansehen" (Is. 53,2). Da wurde die Schmerzhafte Mutter die Mutter der Hinterbliebenen, denen ein teures Menschenleben verschüttet und dann, kaum noch kenntlich, „nicht mehr zum Ansehen", ausgegraben wurde. Schmerzhafte Mutter, wir haben Anteil an

deinem Leid, gib uns auch Anteil an deiner Leidenskraft! „Selig bist du, daß du geglaubt hast!“ Mutter unter dem Kreuz, lehre uns, so wie du in Stunden des Kreuzes „Ja, Vater“ sprechen. Lehre uns glauben an das Geheimnis des Kreuzes!

Schmerzhafte Mutter, lehre uns glauben an den Endsieg der Liebe!

Mit Menschenaugen betrachtet hatte damals auf Golgatha der Haß gesiegt, die Hölle triumphiert. Mit Glaubensaugen betrachtet waren der Sieg des Haßes und der Triumph der Hölle nur der erste Akte des Dramas der Erlösung. Höhepunkt und Abschluß war der Triumph der göttlichen Allmacht und der göttlichen Liebe. Auch wenn eine Zeit lang der Haß sich austobt und Verwüstung auf Verwüstung häuft, letzten Endes ist die Liebe Gottes am Werk. Auf diese Stunde von Golgotha und seinem Kreuz folgte die Stunde der Auferstehung von den Toten und das Wiedersehen mit der Mutter. Was ein Zusammenbruch schien, war im Plan der Erlösung der Übergang zur Auferstehung. Was eine schmachvolle Niederlage schien, wurde der größte Sieg der Weltgeschichte, der Sieg über Tod und Hölle. Auf die Geheimnisse des Schmerzhaften Rosenkranzes – „Der für uns das schwere Kreuz getragen hat“, „Der für uns gekreuzigt worden ist“ – folgen die Geheimnisse des Glorreichen Rosenkranzes – „Der von den Toten auferstanden ist“, „Der in den Himmel aufgefahren ist“. Schmerzhafte Mutter, du hast das tiefste Leid und den höchsten Triumph deines Sohnes miterlebt, lehre uns glauben an den Endsieg der Liebe. Lehre uns glauben, daß der Allmächtige alles zum Guten lenkt (Gen. 50,20), daß er denen, die ihn lieben, alles zum Besten gereichen läßt (Röm. 8,28) und die Trauer des Abschieds in die Freude des Wiedersehens wandelt (Joh. 16,20). Daß Gott ein Gott der Lebendigen ist und nicht der Toten (Matth. 22,32), daß „er sterben läßt und wieder lebendig macht, in die Unterwelt hinabführt und wieder heraufführt.“ (Kön[226] 2,6 u.ö.). Daß er den bösen Feind eine Zeit lang die Menschen quälen läßt, wie bei Job zur Bewährung, daß er aber zuguterletzt in Liebe dem Werke seiner Hände die Hand reicht (Job 14,15). Auch über den Trümmern der Zeit ragt das Kreuz, das Wahrzeichen der erlösenden Liebe.

Mutter des Herrn, lehre uns glauben an die Kraft des Gebetes!

Die Leiden und Ofer der langen Kriegszeit haben bei manchen den Glauben an die Kraft des Gebetes erschüttert, bei manchen den glimmenden Docht ganz ausgelöscht. Bei allen Andachten in meiner Pfarrkirche hin bin ich dabei gewesen, alle Heiligen habe ich angerufen, und nun ist die schreckliche Botschaft „gefallen“ oder „vermißt“ doch gekommen, meine Wohnung beim Fliegerüberfall doch zerschlagen worden. Warum hat mein Beten das Unglück nicht abgewendet? Warum hat Maria nicht geholfen? Eine Frau, die früher ein geordnetes religiöses Leben führte, schrieb mir, als ihre Tochter einer Bombe

---

[226] Meint 1 Samuel 2,6.

zum Opfer gefallen war: „Ich bringe seitdem kein Vaterunser mehr zusammen". Bei anderen war es umgekehrt: Sie hatten lange nicht gebetet, dann aber, als die Gerichtsposaunen der Geh. Offenbarung ertönten, wieder zu Gott heimgefunden.

Nun wallfahrten wir wieder zur Mutter des Herrn, die an allen Tagen ihres Lebens, an freudvollen wie an den leidvollen, ihre Psalmen betete. Mutter des Herrn, lehre uns auch in den Tagen der Prüfung an die Kraft des Gebetes glauben und in diesem Glauben das beharrliche Gebet üben! Jetzt im Oktober beten wir täglich den Rosenkranz, betrachtend in die Geheimnisse Christi und seiner Mutter nach dem Bericht der Evangelien versenkt, immer wieder beten wir Ave Maria und beharrlich wiederholen wir 10 mal und 50 mal „Gegrüßet seist du, Maria". In den Gärten der Herbstzeit sind die Rosen verblüht, der mystische Rosengarten der Kirche steht in voller Blüte. Mutter des Herrn, lehre uns mit überpersönlicher Meinung beten!" Christus hat am Grabe seines Freundes Lazarus in persönlichem Schmerz geweint, Christus hat auch über seine Vaterstadt geweint, weil er im Geiste die Verwüstungen des Krieges über seine Heimat kommen sah. So müssen wir lernen, über die persönlichen Anliegen hinaus für Volk und Vaterland zu beten, für unsere Soldaten, die jetzt Übermenschliches leisten müssen, für die Millionen in den Schutzräumen. Mutter des Herrn, lehre uns das gemeinsame Beten! Es kommen immer wieder Briefe an mich, ich solle mehr gemeinsame Andachten anordnen. Wir haben unsere gemeinsamen Kriegsandachten, es ist aber nicht möglich, daß sich bei der gegenwärtigen Arbeitsbelastung eine größere Zahl um die gleiche Stunde von den häuslichen Pflichten und von Arbeitseinsatz frei machen kann. Dafür wird von den einzelnen, wenn sie eine freie Viertelstunde haben, und in den Familien mehr gebetet. In diese Marienkapelle des Domes, in diese Wallfahrtskapelle kann man zu jeder Stunde kommen, man wird in früher Morgenstunde wie in später Abendstunde immer fromme Beter finden.

Mutter des Herrn, selig bist [du], daß du geglaubt hast! Lehre uns glauben! An das Geheimnis des Kreuzes glauben, an den Endsieg der Liebe glauben, an die Kraft des Gebetes glauben! Laß deinem mütterlichen Herzen unsere lieben Toten empfohlen sein, daß sie bald das Licht und den Frieden und die Herrlichkeit Gottes schauen! Patronin von Stadt und Land, laß dir auch unseren weiteren Weg empfohlen sein! Meine Diözesanen! Bei manchen von euch ist bei den letzten Überfällen der Tod ganz in der Nähe vorbeigegangen. Gott hat euch nicht sterben lassen, Gott hat euch am Leben erhalten, d.h.: Ihr habt noch eine Sendung zu erfüllen. Gewiß nicht die Sendung, Gott zu beleidigen und zu lästern. Vielmehr die Sendung, wieder zu glauben, Werke der Liebe zu tun, wieder zu beten. So gehet hin, Ihr Überlebenden, und erfüllt Eure Sendung! Amen.

Für das Kreuzbundapostolat.
Vor kurzem feierte der Bundesgeschäftsführer des Kreuzbundes, Direktor Heinrich aCzelotha[227] sein 25jähriges Priesterjubiläum. Der bekannte 72jährige, noch jugendfrische P. Elpidius O.F.M.,[228] Pfr. Weidmann[229] und Caritas-Direktor Baumeister[230] u.v.a. sprachen die Glückwünsche und den Dank des Kreuzbundes und des Reichsverbandes für kath. Trinkerfürsorge dem Jubilar aus, der seit 1925 die Bundesgeschäftsstelle und die Hoheneck-Zentrale leitet. Bischof Kaller,[231] der zuständige Referent der Fuldaer Bischofskonferenz, erklärte in seinem Glückwunschschreiben u.a.: „Das Werk des Kreuzbundes mit seinen 536 Ortsvereinen und Einrichtungen der Kath. Süchtigenfürsorge sind der äußeren Zahl und der inneren Kraft nach größer als die Stärke aller anderen Einrichtungen zusammengenommen. Der Kreuzbund arbeitet aus tiefster christlicher Nächstenliebe zum Wohl der Suchtkranken und ihrer Familienangehörigen und kämpft nicht nur gegen den Alkoholmißbrauch, sondern [auch] gegen die Genußsucht, die unheimlichste Folgen nach sich zieht. Gleichzeitig setzt sich der Kreuzbund für die Rückführung der Menschen zu einem einfachen christlichen Leben ein. Eine außerordentlich schwer zu bewältigende Aufgabe, die im Vertrauen auf Gott und auf die Mitarbeit zahlreicher trefflicher Männer und Frauen mutig angepackt wird. Hierbei vertrauen wir alle auf die unermüdliche Arbeitskraft und Ausdauer des Bundesgeschäftsführers und Direktor aCzelotha, der die Seele dieses Kampfes und dieser Arbeit ist und bliebt ...“

Für die Glaubensstunde.
Erzbischof Dr. Gröber[232] (Freiburg) schreibt in einem kurzen Hirtenwort an die weibliche Jugend u.a. folgendes: „Nicht durch törichtes Tändeln und leichtfertiges Tanzen oder noch schlimmeren Zeitvertreib dient man in Ehre einem kriegsbedrängten Volk, sondern durch die läuternde Anteilnahme am entscheidenden Weltgeschehen, durch die aufrichtig klare Erkenntnis der eigenen

---

227 Heinrich Czeloth, geb. 1895, gew. 1919, wurde 1925 Hauptgeschäftsführer des „Kreuzbündnisses“, das 1928 als „Kreuzbund – Reichsverband abstinenter Katholiken“ seinen Hauptsitz von Essen nach Berlin und 1945 nach Büren /Westf. verlegte. H. Czeloth verstarb 1958.

228 P. Elpidius Weiergans OFM, geb. 1873, Ordenseintritt 1892 in den Niederlanden, gew. 1900, gest. 1946.

229 Walter Baumeister, geb. 1887, gew. 1910, 1917 Caritasdirektor in Karlsruhe, ab 1926 in Freiburg, gest. 1980.

230 Geb. 1886, gew. 1910 zum Priester des Erzbistums Freiburg, 1917 Caritasdirektor für die Stadt Karlsruhe, 1926 Leiter des Referats Asozialenfürsorge bei Deutschen Caritasverband in Freiburg, 1958 Ruhestand, gest. 1980.

231 Siehe Anm. 107.

232 Siehe Anm. 161.

Gefahren und Schwächen und durch die würdevolle Flucht oder unentwegte Tapferkeit im Kampf um die weibliche Unschuld und Ehre .... Was die Gegenwart und die nächste Zukunft im besonderen betrifft, so drängt der nachfolgende unbegreifliche Widerspruch zur unabweisbaren Stellungnahme jedes christlichen Mädchens: Draußen ein heldenhaftes Kämpfen, Bluten und Verbluten, und daheim, statt einer charaktervollen Scheu und sittlich gebotenen Abwehr ein sorgenloses Sichvergessen und Sichgehenlassen oder gar ein bewußt bedenkliches Spiel mit dem, was erfahrungsgemäß nur Scham und Reue erzeugt. Darum, christliche weibliche Jugend, je unreifer und lebensunkundiger oder je gefährdeter von innen und außen du bist, um so notwendiger brauchst du gerade jetzt den steten Gedanken an den ewigen allwissenden und allmächtigen Gott, die Selbstbesinnung, die jede Oberflächlichkeit und Sinnesverwirrung verdrängt, dein doppelt eifriges tägliches Gebet, das dich erleuchtet und stärkt, die übernatürliche Kraft der hl. Messe und der Sakramente der Buße und des Altares, das mitreißende Beispiel aller Guten und christlichen Strebsamen und die wohlwollende Mahnung, eine eindringliche Warnung deiner Eltern und Seelsorger ... Besinne dich auf das Feine und Reine in dir und auf die heiliggroßen Aufgaben und Pflichten, die im Leben der Familie und des Volkes deiner harren. So wahre in Ehrfurcht vor dir selbst und geleitet durch das leuchtende Beispiel deiner christlichen vertieften und damit sittlich erstarkten Mitschwestern deinen Anstand und deine Ehre, deine Unschuld und dein Glück.

–

Außer den 26 bisher gemeldeten vermißten bezw. in Gefangenschaft geratenen Theologen hat das Erzb. Theologenkonvikt einen neuen Verlust zu beklagen: Grunert, Gerhard, Theologieaspirant, geb. 15.10.24 in Breslau, Gefreiter, wird seit dem 11.8.44 bei Schönberg in Lettland vermißt. Sein Vater ist Domkassenrendant Breslau, Domplatz 16.[233]

–

Aus dem Benediktinerorden. Aus der Beuroner Benediktinerkongregation sind insgesamt 392 Mitglieder (Patres, Kleriker und Brüder) zum Wehrdienst eingezogen, davon sind 26 gefallen, 14 vermißt.
Aus der Abtei Grüssau sind 39 (15 Patres, 4 Kleriker und 18 Brüder) zum Wehrdienst eingezogen, davon sind gefallen 9, vermißt 2.

–

[233] Grunert, G., geb. 15.10.1924, gew. 29.9.1956 in Regensburg, gest. 4.10.1966.

Am Christkönigsfest[234] beging Bischof Dr. Joseph Kumpfmüller[235] – Augsburg sein Goldenes Priesterjubiläum. Im ganzen Bistum fanden Dankgottesdienste statt, im Dom zu Augsburg selbst zelebrierte der Jubilar ein feierliches Pontifikalamt. Die Festpredigt hielt Bischof Dr. Matthias Ehrenfried[236] von Würzburg, ein Studiengenosse des Jubilars.

–

Der langjährige frühere Botschafter beim Vatikan Diego von Bergen ist am 7. Okt. in Wiesbaden gestorben. Von Bergen wurde 1872 als Sohn eines deutschen Konsularbeamten in Bangkok (Siam) geboren, trat 1895 in das Auswärtige Amt ein und war von 1919 bis 1943 zunächst Gesandter, später Botschafter des Deutschen Reiches beim Vatikan. Von Bergen galt als ein Diplomat von hervorragenden Qualitäten und war längere Zeit auch Doyen des Diplomatischen Korps. Sein Nachfolger als Botschafter beim Vatikan wurde Staatssekretär Frhr. v. Weizsäcker.[237]

–

Jon Svensson, der bekannte Jugend- und Volksschriftsteller, ist am 16. Okt. im Alter von 87 Jahren in Köln gestorben. Mit ihm ist eine hervorragende Gestalt der katholischen Literatur aus dieser Zeit geschieden, der bekannteste Jugend- und Volkserzähler der Gegenwart zu Grabe getragen worden. Seine unter der Bezeichnung „Nonni-Bücher" erschienenen Werke sind in rund 30 Sprachen über die ganze Welt verbreitet. Der Grundzug seines Schaffens war, den Glauben an das Gute und Schöne in der Welt zu stärken und so den Abglanz des Ewigen im Zeitlichen sichtbar zu machen als eine Hilfe fürs Leben. Durch seine zahlreichen Vortragsreisen in Europa, Amerika und Japan ist er ungewöhnlich vielen Menschen auch persönlich bekannt. R.i.p.[238]

–

Die Zeitschrift Haec loquere (9. Heft 1944) Würzburg veröffentlicht ein Gebet, das bei Trauerfeiern für Gefallene (außerhalb des Rahmens der vorgeschriebenen Liturgie!) verwendet werden könnte:

[b]<u>Gebet bei einem Gefallenengottesdienst</u>
von Anton Burk,[239] Röllfeld a.M.[b]

---

[234] Das Fest wurde damals am letzten Sonntag im Oktober, also am 29.10.1944, gefeiert. Der Priesterweihetag des Bischofs war der 28.10.1894.

[235] Geb. 1869, gew. 1894, 1930 Bischof von Augsburg, gest. 1949.

[236] Siehe Anm. 90.

[237] Ernst Heinrich Freiherr von Weizsäcker (1882–1951), deutscher Marineoffizier, Brigadeführer der SS und Diplomat, 1943–1945 Botschafter des Deutschen Reichs beim Vatikan. Später verurteilt wegen aktiver Mitwirkung an Deportationen von Juden nach Auschwitz. Vater des späteren Bundespräsidenten Richard v. Weizsäcker (1920–2015).

[238] Jón Sveinsson (1857–1944), isländischer Schriftsteller, bekannt unter dem Namen Svensson vor allem durch seine Nonni-Bücher.

[239] Geb. 1899, 1939-1954 Pfarrer von Röllfeld a. M. im Bistum Würzburg, gest. 1958.

Gott Vater im Himmel, unsterblicher Vater der sterblichen Menschenkinder, wir beten heute zu Dir in tiefer Trauer um unseren auf dem Schlachtfelde gefallenen Mitbruder N., den Du in Deinem unerforschlichen Ratschluß heimgerufen hast in der Mitte seiner Tage. Er hat den guten Kampf gekämpft, den Lauf vollendet, den Glauben bewahrt. So schaue denn, o Vater der Erbarmung, liebreich herab auf das heilige Opfer Deines Sohnes, das wir soeben für den in fremder Erde Ruhenden dargebracht haben! Laß ihm die Mühen und Anstrengungen des Krieges, die Schmerzen und Leiden der Verwundung und das Opfer des Lebens, das er in Verteidigung des Vaterlandes für den Schutz der Heimat gebracht hat, gnädig zur Sühne und Genugtuung gereichen für alle Mängel und Fehler, die er aus menschlicher Schwäche begangen, und verleihe ihm für den Heldenmut, mit dem er für sein irdisches Vaterland gekämpft, und für alles Gute, das er hienieden getan, gütigst die Siegeskrone des ewigen Lebens.
Gott Sohn, Erlöser der Welt, Du hast mit Deinen Tränen am Grabe Deines Freundes die Trauer um die Toten geheiligt und mit Deinem eigenen Begräbnis das Grab geweiht und eine Kammer des Schreckens in eine Heimatstätte der Auferstehung umgewandelt. Laß Deine heiligen Engel an dem fernen, uns unbekannten Grabe unseres Helden Wache stehen bis zum großen Ostermorgen der Auferstehung und schenke uns freudiges Wiedersehen mit ihm in Deinem ewigen Reiche, wo es keinen Tod mehr geben wird, keine Trauer und keinen Schmerz.
Gott Heiliger Geist, Du Geist des Trostes, gieße Deine heilende Gnade in die blutenden Herzen der Hinterbliebenen unseres heimberufenen Kriegers und gibt Mut und Kraft allen Betrübten, die auf ihn ihre Hoffnung setzen. Tröste die leidgeprüften Angehörigen in ihrer Trauer mit der gläubigen Gewißheit, daß denen, die Gott lieben, alles zum Guten gereicht! Verkläre ihren Schmerz durch kindlichen Glauben an die weise Vorsehung des himmlischen Vaters und stärke sie zur tapferen Ergebung in den göttlichen Ratschluß, damit der irdische Verlust als ein wohlgefälliges Opfer emporsteige vor das Angesicht Deiner göttlichen Majestät!
Schmerzhafte Mutter Maria unter dem Kreuze, Du hast die Todeswunden Deines sterbenden Sohnes in tiefster Seele mitempfunden und an jenem Schmerzenfreitag mit ihm Dein ganzes Glück ins Grab gelegt. O Königin der Martyrer, wende Deine mütterlichen Augen auf alle leidtragenden Mütter unseres Volkes und lehre sie an deinem Bilde standhaft und stark unter dem Kreuze stehen! Lehre uns alle an Deinem Beispiel in der Stunde der Prüfung im Geiste des Opfers erstarken, damit wir als Helden des Leidens befunden werden und nach den Trübsalen dieser Zeit eingehen dürfen in eine glückliche Ewigkeit! Amen.
gez. [a]Negwer[a]

[1944 Nr. 19]

Erzbischöfliches General-Vikariat
Breslau, den 12. Dezember 1944
Nr. 14970
Rundverfügung an die Herren Dekanats-Erzpriester, betr. Materialanweisung für die Seelsorge.

Pontifikalhandlungen. Am 1. Adventssonntag[240] feierte Se. Eminenz im Hohen Dom ein feierliches Pontifikalamt. – Am 7., 8. u. 10. Dez., erteilte unser Hochww. Herr Kardinal in der Kapelle des Marianums die Tonsur und die niederen Weihen an 1 Breslauer und 1 Berliner Diözesanen. Am 8. Dez. außerdem den Subdiakonat an 1 Breslauer, die hl. Priesterweihe an 2 Olmützer Diözesanen;[241] am 10.12. den Diakonat an 1 Breslauer.[242]
Confoederatio Latina Major. Am 21.9.1944 starb H.H.Erzpr. Franz Schnalke in Loslau O/S. Aufgenommen wurde H. Kapl. Gerhard Jonczyk (Hindenburg O/S.). – Am 26. 11.1944 starb der H.H.Erzpr. Paul Brosig in Breslau (St. Vinzenz). Aufgenommen wurde H. Pfarrvikar Karl Wrazidlo in Konstadt, Kr. Kreuzburg O/S.[243]

Für die Männerseelsorge.
In einem Weihnachts-Hirtenbrief sagte der Erzbischof von Paderborn Dr. Lorenz Jäger[244] u.a.: „... Wieder läuten die Weihnachtsglocken hin über die weite Erde und rufen die Menschen zur Krippe, damit sie sehen und empfangen, was

240 3.12.1944.
241 Anton Hlubek, geb. 22.4.1920, gest. nach 1973. – Anton Juchelka, geb. 1.6.1920 oder 31.5.1921 in Bílovec, 1944–1945 Kpl. in Bölten (tschech. Bělotín), Wagenstadt (tschech. Bílovec) und Ostrau-Schönbrunn (tschech. Ostrava-Svinov), 1.1.1946–30.6.1948 Pfarradministrator in Ostrau-Schönbrunn, gest. 18.2.1987 in Pocheram in Velká Polom.
242 Dies waren die letzten Weihen des Kardinals in Breslau. Er spendete dann noch am 25.2. (an drei Jesuiten Robert Frater, Josef Menzel und Bernhard Hauptmann) und am 17.3. (Anton Thiel) vier Priesterweihen in seinem Exil in Jauernig. Anton Thiel war möglicherweise derjenige, der am 10.12. das Diakonat erhalten hatte. Er war jedenfalls derjenige, der als letzter von Kardinal Bertram die Priesterweihe erhalten hatte (geb. 10.5.1915 in Auenwalde (poln. Otoki), seit 5.10.1961 Pfarrer von Matzkirch (poln. Marciowakrze), gest. dort 28.11.1993).
243 Franz Schnalke, geb. 4.12.1873, gew. 11.6.1898, 1911 Pfr. in Loslau (poln. Wodzisław Śląski) Ostoberschlesien, gehörte damit dann zum Bistum Kattowitz. – Gerhard Jonczyk, geb. 25.9.1917, gew. 20.12.1941, 1943 Kaplan in Hindenburg (poln. Zabrze), 1945 Seelsorger in Straupitz NL, dann im Bistum Münster, gest. 8.3.1967. – Paul Brosig, geb. 16.5.1889, gew. 18.6.1914, 1929 Pfr. an St. Vinzenz in Breslau. – Karl Wrazidlo, geb. 20.12.1908, gew. 29.1.1933, April 1943 Pfarrvikar in Konstadt (poln. Wołczyn) OS, April 1944 Pfarradministrator in Pitschen (poln. Byczyna), starb 1945 unbekannten Tages.
244 Siehe Anm. 85.

dort Gottes Liebe und Erbarmen ihnen geschenkt hat (Luk. 2,15). Weihnachtsglocken kennen keine Schranken und Hindernisse. Sie klingen im Lärm der Schlachten und übertönen den Schreckensruf der Sirenen. Sie wecken aus erdversunkenem Schlafen die Reichen und Satten, welche der Lebensgenuß bis zum Überdruß füllt. Sie lassen aufhorchen die Armen, die nicht wissen, wohin sie ihr müdes Haupt heute und morgen legen sollen. Weihnachtsglocken kann man nicht überhören, wenigstens nicht in deutschen Landen. Weihnachtsglocken verlangen wie der, den sie verkünden, – Entscheidung. Man muß ihnen folgen – oder sich ihrer Einladung versagen. Vor Christus gibt es kein Ausweichen. „Wer nicht für mich ist, der ist wider mich" (Luk. 11,23). – Wie oft schon in unserem Leben hat die Weihnachtsbotschaft als Erfüllung sehnsuchtsvoller adventlicher Erwartung uns erfreut. Sie beglückte uns, da wir Kinder waren, sie rührte unsere Herzen in späteren Jahren, da wir frohe Kinderaugen unter dem Weihnachtsbaum erglänzen sahen, sie weckte in uns das Gefühl der Sehnsucht nach der Heimat unserer Seelen. O du fröhliche, o du selige, gnadenbringende Weihnachtszeit! Sie bejahen wir und sie wünschen wir einander von ganzem Herzen.

Ob es schwerer ist als in anderen Jahren, in dieser Notzeit diesen Herzenswunsch miteinander auszutauschen? Oder ist nicht vielleicht gerade heute der Augenblick da, wo der Stern von Bethlehem uns aus dem unheilvollen Dunkel der Zeit hineinruft in das wahre Licht, von dem jedes andere Licht in dieser Welt sich nähren muß?

Konnten wir schon in den vergangenen Jahren immer wieder betonen, daß gerade die Not der Zeit, die so viel überflüssiges Beiwerk unserer verbürgerlichten Weihnachtsfeier genommen hat, uns auf das Wesentliche und allein wahrhaft Beglückende der Weihnachtsbotschaft verweist, so ist das in diesem Jahre noch viel mehr am Platze. Viele unter Euch, die diese meine Weihnachtsbotschaft vernehmen, haben die Furchtbarkeiten und Leiden dieses Krieges in ihrer ganzen Schwere zu spüren bekommen. Fern der Heimat, die selbst ein Opfer des Krieges geworden ist, in Sorge um die Lieben, die Not und Einsatz auseinandergerissen haben, voll Trauer über unsere teuren Toten, die früher mit uns Weihnacht feierten in der Fremde, auf das Erbarmen anderer Leute angewiesen, vielleicht hungernd und frierend auf der Herbergssuche, so werden manche unter Euch meinen Weihnachtssegenswunsch in dieser Stunde vernehmen. Es erschüttert mich zutiefst, wenn ich das unübersehbare Leid überdenke, das sich heute wie ein Alp auf so viele Herzen legt. Und doch kann und muß ich mit Euch im Lichte des Glaubens diese Stunde segnen, da wir selbst dem Herrn in der Krippe so ganz nahe gekommen sind, weil wir an Seiner Erdennot nunmehr in unverhüllter Weise teilzunehmen gewürdigt werden. Und während wir selbst auf Herbergssuche sind, kommt uns der Herr wieder einmal zuvor. Denn seit jener heiligen Nacht sucht Er nach Menschenseelen, die Ihm Krippe und Herberge in Liebe sein können und sollen. Auf uns nur kommt es an, daß wir dieses Verlangen des Heilandes aufgreifen und in Ihm unsere eigentliche Herberge finden, der seinerseits dann in uns Seine Krippe aufschlägt. Dann und nur dann ist ja zu allen Zeiten selige, gnadenbringende Weihnachtszeig gewesen. In allem ist Er uns gleich geworden, ausgenommen die Sünde, damit wir in allem Ihm ähnlich würden, selbst in der Teilnahme an Seinem Kreuz und Leid, und durch dieses dann auch an Seiner Herrlichkeit (Phil. 2,7; Röm. 8,29).

... Wie gern möchte ich die vielen Tränen trocknen, die Ihr weint, wie gern Euch die Last der Herzen abnehmen und Eure Not und Sorge für Euch tragen. Aber selbst wenn ich es vermöchte, würde der Vater im Himmel, der uns doch in allem Seinem Sohne verähnlichen will, dies kaum gutheißen. Wer kann einem Kinde die Last des Lernens abnehmen, ohne ihm dadurch für später wehe zu tun? Wer könnte die Menschheit und einem jeden von uns von der Last des Kreuzes befreien, ohne uns dadurch unermeßlichen Schaden für Zeit und Ewigkeit zuzufügen? Nein! Wir wollen alle gemeinsam mit unseren Leiden und Sorgen an der Krippe niederknien und Ihm danken, der uns in Seinem Herzen eine Heimat erschlossen hat und der sich selber uns als den größten Reichtum, als die Quelle alles Lebens, als das Licht in allem Dunkel, als die Arznei in jeder Krankheit – als armes Kind von Bethlehem – geschenkt hat.

Laßt darum unsere Tränen der Not sich wandeln in Tränen stiller Dankbarkeit und herzlicher Gegenliebe. Lassen wir, von so manchem Irdischen befreit, in dem nunmehr leeren Raum unseres Herzens allein den Gott-König thronen. Verbinden wir unsere Herzen fest mit dem Seinen, lassen wir alle unsere Not und unser Leid aufgenommen sein in die Armut Seiner Krippe und in das Karfreitagskreuz, uns zum ewigen Heil und Segen. Da wir den großen Trost Seiner innigsten Nähe so dankbar empfinden, laßt uns an Ihn uns halten zu jeder Stunde. Weder die Welt noch wir selbst wollen auf dem Thron unseres Herzen regieren, sondern allein Er, der König der heiligen Weihnacht. Er, der als Kindlein kam und am Kreuze in Liebe alles für seine Brüder dahingab, hat am Ende den Sieg errungen, den niemand Ihm streitig machen kann, weder Tod noch Teufel. Und sein Sieg ist auch unser Sieg. Wir werden das um so mehr verspüren, je ähnlicher wir ihm werden auf dem Wege von der Krippe durch das Kreuz bis hin zum herrlichen, strahlenden Ostertag.

Heilige, segensreiche Weihnachtszeit! Du allein machst die armen Herzen reich, erwärmst sie mit der Liebe des göttlichen Kindes; du allein vermagst unsere Tränen der Trauer in Tränen der Freude zu verwandeln. Du bist unsere Hoffnung, deren wir im Kampfe dieses Lebens so sehr bedürfen, ohne die wir

die Last des Lebens nicht mehr zu tragen vermöchten. Sei uns gegrüßt, göttlicher Heiland in der Krippe!
Als Opfer der Anbetung und der Sühne legen wir alles, was wir sind und haben, was wir hatten und nicht mehr besitzen, Dir zu Füßen. Verwandle Du unsere Armut in den Reichtum Deines Herzens, laß uns in Dir Herberge und Heimat finden, schenke uns Deine Liebe in reichster Fülle, damit wir davon auch unseren darbenden Brüdern und Schwestern mitteilen können.
... So laßt uns Weihnacht feiern. Dann schreiten wir in christlichem Starkmut auch in die kommende Zeit voll Vertrauen auf Ihn, der da mächtig genug ist, uns aus aller Not und Sorge zu erretten (II Tim. 1,12). Auch das neue Jahr steht unter dem Zeichen Christi, da an seiner Spitze die Jahreszahl steht, die uns von der Zeitwende kündet und die Wahrheit Seines Wortes verbürgt: „Ich bleibe bei Euch alle Tage bis ans Ende Welt ..." (Matth. 28,20). „Kommt zu mir, die ihr mühselig und beladen seid, ich will euch erquicken" (Matth. 11,28). Und wo immer wir diese neue Jahreszahl sehen oder schreiben, soll es uns ein Bekenntnis sein zu Christus und durch ihn ein Gebet an den Vater, der uns nicht verläßt, der uns liebt, gerade in den Prüfungen der Erdenzeit. Fassen wir darum an der Krippe, neues, unerschütterliches Gottvertrauen. Verpflichten wir uns einander zu opferfroher, selbstloser Bruderliebe, so wie Christus sie uns vorgelebt hat, da er arm wurde für uns und ans Kreuz sich hat schlagen lassen, damit wir das Heil erwerben. – Wenn recht viele unter uns so Weihnacht feiern, dann wird von diesem Weihnachtsfest ein Segen ausgehen auch auf unser deutsches Volk und Vaterland. Er hat immer gerade dieses Fest als sein schönstes betrachtet. Darum dürfen wir hoffen, daß der Friedensfürst ihn auch nach den vielen Opfern und Kämpfen den Frieden schenken wird, den Er in der Heiligen Nacht allen verheißen hat, die guten Willens sind (Luk. 2,14).
So wünsche ich Euch allen, meine lieben Erzdiözesanen, eine recht gnadenfrohe heilige Weihnacht und ein gottgesegnetes neues Jahr. Einen besonderen Segensgruß sende ich denen unter Euch, die infolge der Kriegsnotwendigkeit fern der Heimat und getrennt von ihren Lieben das Fest begehen müssen. Gerade sie und alle, bei denen sie in Liebe Aufnahme fanden, möge der göttliche Heiland mit seinen weihnachtlichen Gottesgaben erfreuen. Ich flehe innig zu dem Herrn in der Krippe, der auch wie so viele in unseren Tagen die Not der Heimatlosigkeit in der heiligen Nacht getragen hat, daß Er Seinen Engel sende und alle in einem glücklichen Frieden wieder in ihre Heimat zurückführe. Laßt uns vereint auch dem Schutze Gottes empfehlen unsere Soldaten, deren wir gerade in den Weihnachtstagen besonders herzlich und dankbar gedenken wollen. Möge das göttliche Kind, der Friedenskönig, ihren Kampf für Volk und Heimat mit Seinem Segen begleiten!"

–

Der Hl. Vater hat die früher üblichen Sammelaudienzen für neuvermählte Ehepaare an den Mittwochen wieder aufgenommen. Beim Empfang mehrerer hundert Brautleute am Allerheiligenfest legte der Papst seinen Zuhörern Gedanken über unsere Verbindung mit den Heiligen des Himmels und den Seelen des Fegfeuers vor.

Aus Feldpostbriefen an Se. Eminenz. Ein Wehrmachtspfarrer schreibt aus dem Osten: „Ew. Eminenz danke ich gehorsamst für den letzten persönlichen Brief.[245] Diese Zeilen verbinden mit der Heimat, und diese Verbindung ist für uns ... ganz besonders wertvoll, wichtiger jedenfalls als früher. Jetzt haben wir unser Gepäck verringert, und in meiner Hand befindet sich kein theologisches und kein weltliches Buch mehr, keine aszetische Schrift, – nichts, ausser der Hl. Schrift und dem N.T. griechisch. Zwar hat dies auch seine guten Seiten, denn man lernt die Hl. Schrift besser kennen als je zuvor, besser selbst als in der Studienzeit, und trotzdem freut man sich, wenn man einmal anders angesprochen wird. Schlesier waren bisher in der Division selten. Erst mit dem Einsatz vom Oktober kamen einige Hundert, die vorwiegend aus Schlesien und Oberschlesien waren. Man kann die Leute dann ganz anders ansprechen, wenn man ihnen sagen kann, daß man selbst in ihrer Heimat wohnt. So traf ich heute auch einen aus Oels und einen aus Breslau-Fünfteichen. Leider hatte der arme Junge seinen ganzen Arm verloren....
Wie wird nun die Zukunft sein? Mehr als je merkt man, daß Menschen die Geschicke der Völker nicht lenken, sondern Gott. Mögen auch finstere Wolken am Horizont aufziehen, Er wird doch alles zu einem Ende führen, das für uns gut ist. Wir dürfen nur nicht selbstsüchtig denken, sondern unseren Willen ganz in den Willen Gottes hineintauchen. Wir müssen bedenken, daß es auch gut für uns ist, wenn der Herr Opfer von uns verlangt, selbst das Opfer des Lebens..."

Für die Ministrantenseelsorge.
Im vergangenen Sommer wurde am St. Laurentiusfest in der Diözese Passau ein Ministrantentag durchgeführt. Bischof Simon Konrad[246] O.S.B. hielt mit den Ministranten, die mit ihren roten und grünen Röcken ein festliches Bild in dem ganz gefüllten Presbyterium boten, Pontifikalgemeinschaftsmesse. Die Hauptgedanken der Bischofsansprache waren: Es ist des Bischofs große Freude, mit seinen Priestern, Alumnen und Seminaristen das heilige Opfer

[245] Wohl MARSCHALL (Adolf Kardinal Bertram, Hirtenbriefe und Hirtenworte, bearb. v. Werner MARSCHALL, Köln–Weimar–Wien 2000 (Forschungen und Quellen zur Kirchen- und Kulturgeschichte Ostdeutschlands 39).) Nr. 249, 922–924.

[246] Simon Konrad Landersdorfer, siehe Anm. 129.

darzubringen. Nicht weniger groß ist die Freude heute, wo so viele Ministranten aus dem Bistum mit dem Bischof Opferfeier halten. Die Ministranten sind ja die nächsten Gehilfen des Bischofs. In der Alten Kirche kam das zum Ausdruck dadurch, daß nur besonders geweihte junge Männer Diener des Altars sein durften. Es bleibt heute bestehen, daß Ministrantendienst eine besondere Auszeichnung ist. Dem entspricht die Notwendigkeit, daß von den Seelsorgern eine sorgfältige Auswahl getroffen wird für den Dienst am Altar, daß der Ministrant selber nie seinen Dienst als einen bloßen Gelderwerb betrachten darf, daß er vielmehr täglich mit einer neuen Freude an den Altar tritt. In gewisser Beziehung kann man den Dienst des Ministranten mit dem der Engel vor Gottes Thron vergleichen. Damit soll nicht die lebensfrische und sprudelnde Lebendigkeit des Meßbuben ertötet werden, es soll nur die Würde ihres Amtes gezeigt sein. Dieses Amt des Ministranten berechtigt aber nicht zum Stolze gegen andere, die nicht Ministranten sind, gibt kein Anrecht auf Dünkelhaftigkeit und die Meinung, der Ministrant wäre schon deswegen, weil er Ministrant ist, vor Gott mehr als ein anderer. Im Gegenteil, das ruft nur auf zu höherem Streben, zu lebendigerem Opfer, zu echtester Kameradschaft und zu wahrer Liebe für den heiligen Dienst. – Fast alle Ministranten empfingen aus der Hand des H.H. Bischofs die hl. Kommunion. Der Vormittag verging dann nach einer Frühstückspause durch die Probe der Feier für den Nachmittag, durch das Erzählen einer feinen Ministrantengeschichte und ein kleines Orgelkonzert. Der Ministrantentag wurde abgeschlossen mit einer Marienfeier auf dem Mariahilfberg. Ein Priester hielt dabei eine kernige, ganz aus dem Herzen kommende Ansprache über den Dienst des Ministranten. Wie Maria die erste Dienerin im Hofstaat Gottes, so ist der Ministrant der erste Diener des Herrn neben dem Priester. Darum muß ihn auszeichnen wie Maria Reinheit von der Sünde, von der schweren zumal. Eifer für Christus. Ich <u>darf</u> ministrieren, nicht ich <u>muß</u> ministrieren. Opferbereitschaft für Christus. Das Verhalten des Ministranten am Altar soll gleichen dem Verhalten der Gottesmutter unter dem Kreuz. Der Ministrant soll sein ein Prediger der Andacht, des Glaubens und der Sammlung. Die Mutter des Herrn wurde mit ihrem Gottessohn zusammen unter dem Kreuz verspottet, der Ministrant wird von den Gläubigen in der Kirche geehrt, aber nur dann, wenn er seinen Dienst treu verrichtet. Wie soll das Verhalten des Ministranten draußen sein? Dienst am Altar und Leben den Tag über muß zusammenstimmen!

<u>Für den Kirchenchor.</u>
75 Jahre Kirchenmusik-Verlag C. Kothes Erben – Leobschütz. Im Jahre 1869 kaufte der Lehrer und Chorrektor Carl Kothe in Leobschütz die Buchhandlung Bauer. Aus Gesundheitsrücksichten mußte Kothe den Lehrerberuf aufgeben

und erweiterte seine Buchhandlung zu einem kirchenmusikalischen Verlage. Seine drei Brüder, die Tonkünstler und staatlichen Musikerzieher Alois, Bernhard und Wilhelm Kothe[247] unterstützen ihn durch ihre musikalischen Werke. Auch andere schlesische Komponisten wie Heinrich Goetze, Emil Nikel, Joseph und Bruno Stein, Max Filke, Emanuel Adler[248] u.a., sowie bedeutende Nichtschlesier bereicherten den Verlag durch ihre musikalischen Arbeiten, so daß er nicht nur einen bedeutenden Aufschwung nahm, sondern nach augenblicklicher Lage sicherlich zu den bedeutendsten Verlagsanstalten für kirchliche Kompositionen zählt. Möge ihm eine weitere glückliche Zukunft beschieden sein!

Für die Kinderseelsorge.
In seinem Fastenbrief 1944: „Die Biblische Geschichte in Schule und Familie“ wendet sich Kardinal Faulhaber auch an die Kinder, denen er zuruft: „Liebe Kinder! Haltet euren Katechismus in Ehren und bewahrt euch die Freude an der Biblischen Geschichte! Merkt gut auf, wenn sie in der Schule erklärt oder in der Kirche darüber gepredigt wird! Setzt euch manchmal zuhause zusammen zu einer häuslichen Bibelstunde mit der Mutter, mit den Geschwistern, und wenn einmal der Vater dazu kommt, dann ist es eine besondere Feierstunde. Einmal wird die Schulbibel oder die Familienbibel mit schönen Bildern wieder unter dem Christbaum liegen. Gotteskinder hören gerne Gottesworte. Gotteskinder gehen gerne in Gottesgarten der Hl. Schrift spazieren. Ihr werdet in der Biblischen Geschichte auch von Kindern hören, vom Moses im Binsenkörblein, vom Hirtenknaben David, besonders vom göttlichen Kind in der Wiege von Bethlehem. Ihr werdet im Geiste dem lieben Heiland begegnen, der den Kindern die Hände aufgelegt und sie gesegnet hat. Dieser Segen des göttlichen Kinderfreundes komme über euch, ihr lieben Kinder, und über mein ganzes Erzbistum im Namen des Vaters + und des Sohnes + und des heiligen Geistes +. Amen.“

Für die Caritasarbeit.
Der Präsident des Deutschen Caritasverbandes teilt am 30.11. mit: „Von unserem großen Leid, das am Abend des 27. Nov. über unsere Bischofsstadt hereinbrach, haben Sie wohl durch den Wehrmachtsbericht und das Radio Kenntnis genommen. Das alte schöne Freiburg ist verschwunden. Das Münster ist in

---

[247] Bernhard (1821–1897), Aloys (1828–1868), Wilhelm (1831–1899) und Carl Kothe (1836–1893).

[248] Heinrich Goetze (1936–1906). – Dr. theol. Emil Nikel (geb. 12.9.1851, gew. 15.7.1877, 1893 Pfr. in Marienau, 1901 Vizedechant und Zeremoniar und Chorregens in Breslau, 1907 Prof. für Kirchenmusik, 1908 Päpstl. Geheimkämmerer, gest. 17.5.1921). – Joseph und Bruno Stein (1845–1915 u. 1873–1915). – Max Filke (1855–1911). – Emanuel Adler (1845–1926).

seiner Architektur so gut wie unbeschädigt, dagegen im Inneren stark mitgenommen. Der H.H. Erzbischof[249] hat sein Palais verloren; ebenso haben auch der Weihbischof[250] und fast das gesamte Domkapitel ihre Häuser eingebüßt; Dompräbendar Dr. Schlenker[251] liegt noch unter den Trümmern. Die Menschenverluste sind auch nach dem Wehrmachtsbericht besonders hoch. – Von unseren Mitarbeitern sind, soweit [es] sich bis jetzt übersehen läßt, alle gerettet bezw. ausgegraben worden. Vor dem Werthmannhaus[252] selber ist ein riesiger Bombentrichter entstanden, der das Haus auf Wochen hinaus unbewohnbar und fast ganz unbenutzbar macht. Die Nachbargebäude sind meist schwer getroffen. Wir sind glücklich darüber, wenigstens keine Toten unter den Mitarbeitern zu haben und noch sehr vieles bergen zu können. Die Nacht selber war schrecklich, dazu kommt der dauernde Kanonendonner der sehr nahe gerückten Front.[253] Das Elend ist groß, aber wir werden es mit Gottes Hilfe zu meistern suchen. Wir bitten um Ihr Gebet, nicht bloß für uns, sondern für alle von der Heimsuchung Betroffenen. Wir bleiben mit einer Anzahl Referenten bis auf weiteres hier, um die Arbeit im Rahmen des Möglichen weiterzuführen. Die Anschrift bleibt vorerst dieselbe ...“

Für die Mütterseelsorge.

In einer Handreichung des bischöfl. Gen[eral-]. Vik[ariats]. Osnabrück zu einem Monatsvortrag für Männer und Frauen über die Autorität der Eltern heißt es u.a.: Von ganz besonderer Bedeutung ist es, daß die elterliche Autorität so eingesetzt wird, daß durch dadurch das Kind immer mehr zum selbständigen Menschen herangebildet wird. Diese Selbständigkeit des Kindes ist gerade heute von größter Bedeutung. Heute gilt es mehr denn je, unsere Kinder „diasporafähig“ zu machen, sie innerlich, sittlich-religiös so stark zu machen und so selbständig, daß die möglichst auch ohne Kontrolle und Antrieb der Eltern bereit und fähig sind, das Böse zu meiden, das Gute zu tun. Nichts wäre da verkehrter, als die Autorität einzusetzen zu einer beständigen Bemutterung und Behütung des Kindes. Gewiß werden Eltern niemals unklug das Kind Gefahren aussetzen, denen es nicht gewachsen ist, und Leistungen verlangen, für die es noch nicht reif ist. Aber was das Kind selbständig tun kann, das soll es auch tun. Die Erreichung dieses Zieles setzt bei den Eltern eine ständige Arbeit an sich selbst voraus. Die größten Erziehungsfehler erwachsen nicht aus der

---

249 Conrad Gröber, siehe Anm. 161.

250 Wilhelm Burger, geb. 1880, gew. 1903, kons. 1924, gest. 1952.

251 Dr. Ernst Schlenker, geb. 1901, gew. 1925, 1941 Dompräbendar.

252 Zentrale des Deutschen Caritasverbandes.

253 Auf der gegenüberliegenden Rheintalseite waren Mülhausen (franz. Mulhouse) am 22.11.1944, Colmar jedoch erst am 2.2.1945 wieder unter französischer bzw. unter alliierter Hoheit, und am 21.4.1945 marschierten französische Truppen in Freiburg ein.

Unkenntnis und Ungeschicklichkeit der Eltern, sondern aus jener Selbstsucht, die nur um das eigene Ich kreist, statt auf das wahre Wohl des Kindes bedacht zu sein. Das zeigt sich schon beim Kleinkind, wo man kindliche Wünsche gegen besseres Wissen und Gewissen erfüllt, nur um Ruhe zu haben, oder wo man das Kind einengt in seinem frohen kindlichen Spiel, nur weil es einem unbequem ist. Je älter das Kind wird, um so mehr empfindet es, ob die Eltern sein wahres Wohlwollen oder sich selbst suchen. Besonders zeigt sich das in der Handhabung der Strafe und der Art der Verbote. Spürt das Kind, daß Vater und Mutter in vernünftiger Sorge etwas abschlagen oder Grund zu strafendem Einschreiten haben, so wird es, wenn auch nicht immer gleich im Augenblick, so doch auf die Dauer dankbar sein. Aber es wird den Eltern entfremdet, wenn es merkt, daß sie nur ihre eigene Bequemlichkeit, ihre Ruhe suchen. Entscheidend für die Autoritätsführung durch die Eltern werden die Jahre der Reife. Hier muß das Kind von den Eltern sich mehr und mehr lösen. Das ist für Vater und Mutter oft recht schmerzlich. Aber es ist der Wille Gottes, daß das Kind immer mehr lernt, seine eigenen Wege zu gehen. Schrittweise müssen in jenen Jahren die Schranken des Gehorsams gelockert werden, nicht damit das Kind zügellos werde, sondern damit es selbständig werde und selbständig den Weg der Gebote Gottes wandle. Wenn Eltern das nicht beachten, wird das Kind entweder sein Leben lang schwach und daher jeder Verführung preisgegeben sein, oder es wird Verbitterung gegen den unvernünftigen Erzieher und schließlich sogar gegen jede Ordnung und Autorität im Herzen tragen. Das allmähliche Freilassen des heranwachsenden jugendlichen Menschen besteht darin, daß das Gebiet der Befehle allmählich immer kleiner wird. Die Form des Befehlens wird öfter übergehen in Wunsch oder Vorschlag, wird sich aussprechen in Erwartung oder selbst Bitte. Auch werden dem Kinde mehr und mehr die Gründe für die Anordnungen angegeben, damit es sieht, daß die Eltern in heiliger Verantwortung vor Gott handeln. Vor allem muß eines immer betont werden: Wir Christen beugen uns der Autorität um Gottes Willen.

Für die Glaubensstunde.

75 Jahrfeier der Pfarrkirche in Festenberg. Am 9. Nov. waren 75 Jahre verflossen, seitdem Weihbischof Wlodarski[254] die kath. Pfarrkirche in Festenberg konsekrierte. Zur Feier dieses Gedenktages hielt am Sonntag darauf, den 12. Nov., der Hochw. Herr Domkapitular Kramer[255] ein Levitenamt und überbrachte die Segenswünsche Sr. Eminenz des Hochww. Herrn Kardinals. Die

---

254 Adrian Wlodarski, geb. 2.3.1807, gew. 25.3.1830, Domkapitular 1854, kons. 2.6.1861 zum Titularbischof von Ibora und Weihbischof von Breslau, gest. 20.5.1875.

255 Joseph Kramer, geb. 15.7.1892, seit 1939 Domkapitular in Breslau, stellvertretender Generalvikar, seit 1946 in Reinbek bei Hamburg, gest. 6.4.1956.

Gläubigen waren trotz der großen Arbeitsbeanspruchung zahlreich erschienen, auch aus umliegenden Pfarreien. An diesem Tage erstrahlte auch der nach einem Entwurf des Diözesanbaurates Mokross[256] von einem Tischlermeister unserer „Tischlerstadt" neugestaltete und von der Firma Liebig in Gold ausstaffierte Hochaltar in seinem neuen Glanze. Die jetzige 1867-69 erbaute Pfarrkirche ist die erste katholische Kirche Festenbergs, obwohl die Stadt bereits im Jahre 1293 gegründet worden ist. Sie hat sich während des Mittelalters nicht recht entwickeln können und blieb ohne Kirche. Zur Zeit der Reformation erlosch der katholische Glaube, in der Mitte des vorigen Jahrhunderts stieg die Zahl der Katholiken in der Stadt auf ca. 300. Es gelang den Bemühungen des Kaufmanns Totzki, mit Unterstützung des Fürstbischofs Heinrich Förster[257] ein Haus zu kaufen, in das 1863 der erste Seelsorger, Kuratus Letzel,[258] einzog. Der Gottesdienst wurde 4 Jahre lang in den Erdgeschoßräumen des Pfarrhauses, die jetzt für die religiösen Unterweisungen benutzt werden, abgehalten, bis durch eine namhafte Spende des Fürstbischofs und durch Beihilfen des Generalvikariats und des Domkapitels gefördert, die Kirche fertiggestellt werden konnte.[259]

Außer den 64 bereits gemeldeten gefallenen Theologen hat das Erzb. Theologenkonvikt 2 neue Verluste zu beklagen:
[a]Wenzel[a] Hermann, geb. den 7. Sept. 1920 in Görlitz, Theologieaspirant, Obergefreiter und Inhaber des EK II, fiel bei den schweren Kämpfen in Rumänien am 25.8.1944. Sein verst. Vater war Reichbahnbeamter. Seine Mutter wohnt in Görlitz, Jauernickerstr. 2.
[a]Nawrath[a] Walter, geb. den 26.9.1922 in Kattowitz O/S., Theologieaspirant und Feldwebel, starb den Fliegertod am 19. Nov. 1944 bei Serajewo. Sein verst. Vater war Baumeister. Seine Mutter wohnt in Gleiwitz O/S., Fraunhofstr. 9. – Vivant inter sanctos!

–

Außer den 27 bisher gemeldeten Vermißten bezw. in Gefangenschaft geratenen Theologen hat das Erzb. Theologenkonvikt 7 neue Verluste zu melden:

---

[256] Anton Mokroß, geb. 15.5.1886, Baureferendar in Breslau, 1931–1942 Diözesanbaurat in Breslau, 1946–1956 Stadtbaurat und Oberbaudirektor in Würzburg, gest. 14.12.1965.

[257] Siehe Anm. 7.

[258] Robert Letzel, geb. 18.5.1830, gew. 28.6.1856, nach den Schematismen Kaplan in Wansen (poln. Wiązów) und bis 1865 in Reichenstein (poln. Złoty Stok), seit 16.11.1865 Kuratus und ab 1883 Pfarrer in Festenberg (poln. Twardogóra) bis zu seinem Tod am 4.1.1907.

[259] 1883 wurde Festenberg zur Pfarrei erhoben und dem Archipresbyterat Militsch zugeordnet; bis dahin gehörte der Sprengel zur Pfarrei Rudelsdorf, Archipresbyterat Groß Wartenberg. Seit 1931 war Pfarrer hier Paul Pohl (geb. 30.6.1892, gew. 10.6.1917, seit 1947 in Westfalen, gest. 29.5.1966).

[a]Koszarek[a] Josef, cand. theol., approb., geb. den 8.2.1915 in Makau, Kr. Ratibor, Sohn des Landwirts K. ebendort, wird seit dem 16.6.1944 in den Kämpfen bei Witebsk vermißt. Er ist San.Unteroffizier und Inh. des EK II und des Ehrenkreuzes für Tapferkeit.
[a]Piosik[a] Paul, Theologieaspirant, geb. 3.3.1922 zu Blesen, Kr. Schwerin (Warthe), Gefreiter, Sohn des Lehrers P. in Fürstenberg a.O., ist als vermißt seit Mitte Mai 1944 nach Abschluß der Kämpfe auf der Krim gemeldet worden.[260]
[a]Gospos[a] Nikolaus, stud. theol., geb. 29.7.1921 in Neisse O/S., Unteroffizier und Inh. des EK II ist als Kranker Ende August mit seiner Truppe nicht aus Rumänien zurückgekehrt. Er gilt seitdem als vermißt. Bei uns hatte er 3 Semester Theologie studiert. Sein Vater Dr. G. ist Chefarzt des Städt. Krankenhauses in Neisse und wohnt Hindenburgstr. 27.
[a]Giemsa[a] Herbert, geb. den 30.12.1920 in Gleiwitz O/S., stud. theol., Obergefreiter und Inhaber des EK II und des Inf. Sturmabzeichens in Silber. Sein Vater ist Eisenhobler in Gleiwitz O/S. und wohnt Bernhardstr. 27.
[a]Janitschke[a] Gerhard, geb. am 9.9.1917 in Dittersdorf, Kr. Neustadt O/S., stud. theol. und San. Feldwebel. Sein Vater ist Bauer in Dittersdorf.
[a]Hudalla[a] Max, geb. am 19.1.1915 in Breslau, cand. theol. approb. und Obergefr., wird seit August d. Js. in Besarabien vermißt. Sein Vater ist Rottenführer a.D. in Oderwinkel, Kr. Oppeln.
[a]Tilgner[a] Leo, geb. am 23.10.1921 in Breslau, Theologieaspirant, Obergefr. und Inh. des EK II, ist seit Mitte Juni d. Js. an der Ostfront verschollen. Sein Vater ist Postassistent in Breslau, Schleiermacherstr. 9.

–

Die diesjährige Allerseelenpredigt von Kardinal Faulhaber in der unterdessen völlig zerstörten St. Michaelskirche zu München behandelte den Selbstmord. In markanten Ausführungen legte der hohe Redner dar: Selbstmord ist Sünde, Empörung gegen Gottes Gebot – Selbstmord ist Attentat, Eingriff in Gottes Rechte – Selbstmord ist Fahnenflucht, Zurückschrecken vor dem Kampf des Lebens.

–

Das 60jährige Priesterjubiläum feierte P. Otto Pfülf S.J.[261] Der geistig noch außergewöhnlich rüstige Jubilar ist 1856 geboren. 1884 zum Priester geweiht und war längere Zeit als Spiritual am Collegium Germanicum in Rom tätig. Als kirchengeschichtlicher Schriftsteller hat er zahlreiche Biographien

---

[260] Überstand den Krieg und kam zurück, gew. 27.7.1952 in Fulda, Religionslehrer dort, gest. 11.6.1995.
[261] Starb am 21.5.1946.

veröffentlicht, u.a. ein 2bändiges Werk über Kardinal v. Geißel,[262] eine 3bändige Lebensbeschreibung v. Bischof Ketteler,[263] Biographien Hermanns v. Mallinckrod[264] und von M. Klara Fey.[265]

–

Der Erzbischof von Wien, Theodor Kardinal Innitzer, hielt im Stefansdom am Abend des Rosenkranzfestes eine Gelöbnisfeier vor dem Gnadenbild Maria Pötsch in Anwesenheit von 8.000 Gläubigen. In seiner Ansprache sagte der Kardinal: „Schwer lastet die Hand des gerechten Gottes auf uns allen. Unter dem Donner der Bomben hält der Herr Gericht auch über unsere Stadt, weil wir viel Böses getan und viel Gutes zu tun versäumt haben." Mit schonungsloser Offenheit nannte er die Hauptübel, die zugleich auch die Hauptsorgen des Bischofs sind: Religiöse Gleichgültigkeit vieler Christen, die Sonntagsentheiligung auch da, wo sie nicht durch die besonderen Verhältnisse geboten ist, Zerrüttung der Ehen und Familien, Entfremdung vieler Kinder und Jugendlicher gegenüber den Quellen des religiösen Lebens. Aber der gerechte Gott ist auch ein barmherziger Gott und hat uns in Maria eine Mutter gegeben, hinter der die Allmacht des Vaters, die Liebe des Sohnes und die Heiligkeit des Göttlichen Geistes steht. Aus dieser Erkenntnis ist der Entschluß zu einem Gelöbnis erwachsen: Es soll ein Gotteshaus zu Ehren des Unbefleckten Herzens Mariä[266] erbaut werden, in einem der der großen Arbeiterviertel Wiens, und mit dieser Kirche soll ein soziales Hilfswerk für besonders hart getroffene Opfer des Krieges verbunden werden. Auf dieses Werk hin soll viel gebetet werden in den Familien und Pfarreien. Und mit diesem Gebet soll einhergehen der ehrliche Wille zur Buße und Umkehr. Dann dürfen wir zuversichtlich auf den Schutz Mariens hoffen, die unseren Vorfahren wiederholt so augenscheinlich geholfen hat."

–

Am 22. Nov. wurde München durch einen schweren Luftangriff heimgesucht. Die weltbekannte Münchener Frauenkirche wurde durch einen Volltreffer in

---

262 Johannes von Geissel (geb. 1796, gew. 1818, 1837 Bischof von Speyer, 1844 Erzbischof von Köln, 1850 Kardinal, gest. 1864. Die Biografie erschien bei Herder in Freiburg i. Br. 1895.

263 Wilhelm Emmanuel von Ketteler (geb. 1811, gew. 1844, kons. 1850, gest. 1877), Bischof von Mainz, Zentrumspolitiker, Mitbegründer der Katholischen Soziallehre, Gründer der Katholischen Arbeitnehmerbewegung. Die Biografie erschien im Kirchheim Verlag Mainz 1899.

264 Hermann von Mallinckrodt (1821–1874), dt. Politiker. Die Biografie erschien bei Herder in Freiburg i. Br. 1892.

265 Clara Fey (1815–1894), Gründerin der Schwestern vom armen Kinde Jesu. Die Biografie erschien bei Herder in Freiburg i. Br. 1907.

266 Aus Altmaterialien wurde 1949 eine erste Notkirche erbaut, ersetzt 1969–72 durch einen Neubau (Herz-Marien-Kirche), der in ein Wohnhaus integriert wurde. 15. Gemeindebezirk Rudolfsheim-Fünfhaus, Winckelmannstraße 34, Nähe Schloss Schönbrunn.

die Apsis scher beschädigt, die St. Michaels-Hofkirche, eine der wertvollsten Renaissance-Kirchen Deutschlands, durch Sprengbomben total geschädigt.

–

Am 27. November konnte Abt Ildefons [a]Herwegen[a267] von Maria Laach sein 70. Lebensjahr vollenden. Seine über drei Jahrzehnte umspannende äbtliche Regierung brachte der 1892 neubesiedelten Abtei am Laacher See eine liturgisch-monastische Hochblüte und gereicht dem gesamten benediktinischem Mönchtum zur höchsten Zierde. Für das kirchliche Leben in Deutschland und weit darüber hinaus bedeutet der Laacher Abt die Besinnung und Rückkehr zu den „Alten Quellen neuer Kraft". Durch seine geistvollen Vorträge in- und außerhalb seiner Abtei sowie durch die zahlreichen Publikationen hat Abt Ildefons die Erneuerung des religiösen Lebens aus der heiligen Liturgie stets erfolgreich gefördert. Besonders viele Priester und gebildete Laien wissen sich ihm in dankbarer Verehrung verbunden. Möchte es dem hohen Jubilar vergönnt sein, trotz der Drangsal unserer Tage sich noch recht lange der „tranquilla devotio"[268] zu erfreuen.

–

In Berlin starb im Alter von 74 Jahren der Prälat Dr. Otto Müller,[269] Verbandspräses der kath. Arbeitervereine Westdeutschlands. Am 15.8. d. Js. hatte er sein goldenes Priesterjubiläum gefeiert, auch waren 40 Jahre seit seiner Ernennung zum Verbandspräses vergangen. R.i.p.

–

Im Elsaß starb im Juli der elsässische Historiker Prof. Dr. Lucian Pfleger,[270] Bruder des bekannten Schriftstellers Karl Pfleger,[271] Neffe des Münchener Historikers Nikolaus Paulus.[272] Von seinem außerordentlichen fruchtbaren Schaffen zeugen die über 900 Nummern seiner Schriften, die das „Archiv für Elsässische Kirchengeschichte" zu seinem 60. Geburtstag 1936 aufzählen, konnte. Zahlreich waren seine Beiträge, besonders biographischer Art, im „Lexikon für Theologie und Kirche", im „Hochland", in „Seele", „Historisch-Politische Blätter" u. a. Die Theologische Fakultät der Universität Münster i. W. ernannte ihn 1936 zum Ehrendoktor. R.i.p.
Negwer

---

[267] Siehe Anm. 83.

[268] Stille Andacht.

[269] Geb. 1870, gew. 1894 in Köln, engagierte sich im Widerstand gegen den Nationalsozialismus. Wurde wegen Beteiligung an der Planung des Attentats auf Hitler verhaftet und starb am 12.10.1944 im Staatskrankenhaus der Polizei in Berlin.

[270] Geboren 1879.

[271] Geb. 1883, gew. 1908, Priester des Bistums Straßburg, gest. 1975.

[272] Geb. 1853, gew. 1878, Priester des Bistums Straßburg, gest. 1930.

[1944 Nr. 20]

Erzbischöfliches General-Vikariat
Breslau, den 30. Dezember 1944
Nr. 15555
Rundverfügung an die Herren Dekanats-Erzpriester, betr. Materialanweisung für die Seelsorge.

Pontifikalhandlungen. Am Hochheiligen Weihnachtsfest feierte unser Hochww. Herr Kardinal unter großer Anteilnahme des gläubigen Volkes im Hohen Dom ein feierliches Pontifikalamt und erteilte den Päpstlichen Segen, verbunden mit einem vollkommenen Ablaß. – Der Hochww. Herr Weihbischof firmte am 28.12. in Breslau (St. Matthias) zur Schulentlassung kommende Kinder der Bischofsstadt.

Priesterjubiläen 1945.
Das 50jährige Priesterjubiläum können feiern am 25.6.:
Feicke Karl, EErzpr., Pfr. in Nesselwitz (Kr. Cosel O/S).
Gerlich Max, G.R., EErzpr., Pfr. in Bischofstal (Kr. Groß-Strehlitz O/S).
Herrmann Wilhelm, G.R., em. Erzpr., em. Pfr. von Breslau (St. Heinrich).
Lange Karl, Eb. Kommissar, Dek.-Erzpr., Pfr. in Groß-Strehlitz O/S.
Maliske Joseph, Pfr. in Stuben (Kr. Wohlau).
Proksch Johannes, Pfr. in Strahlheim (Kr. Tost-Gleiwitz O/S).
Steinhauf Leo, G.R., em. Erzpr., früher Pfr. in Falkenberg O/S., in Neisse.[273]
Das 40jährige Priesterjubiläum können feiern am 23.6.:
Benkel Alois, Eb. Kommiss., G.R., Dek.-Erzpr., Pfr. in Urdorf (Kr. Militsch).
Bienert Alfred, EErzpr., Pfr. in Friedland (Kr. Waldenburg).
Brendel Josef, früher Pfr. von Raudnitz (Kr. Frankenstein) in Lähn.
Görlich Stephan, Pfr. in Steinhaus (Kr. Grottkau).
Habernoll Max, früher Pfr. in Altwarthau (Kr. Bunzlau) in Naumburg.
Kotzur Alfons, EErzpr., Pfr. in Wittgendorf (Kr. Landeshut).

---

[273] Geweiht am 25.6.1895: Feicke, K., geb. 12.4.1871, seit 1933 Pfr. in Nesselwitz (poln. Pokrzywnica) Kr. Cosel O/S., gest. 23.3.1953; – Gerlich, M., geb. 13.11.1870, seit 1925 Pfr. in Bischofstal (Ujest, poln. Ujazd) Kr. Gr. Strehlitz, gest. 20.1.1945; – Herrmann, W., geb. 22.7.1872, 1919–1941 Pfr. an St. Heinrich in Breslau, 1931–1936 Erzpriester, gest. 18.12.1946; – Lange, K., geb. 21.2.1870, 1926–1945 Pfr. in Gr. Strehlitz (poln. Strzelce Opolskie), 1932 Erzbischöflicher Kommissar, gest. 25.1.1945; – Maliske, J., geb. 27.2.1867, seit 1925 Pfr. in Stuben (poln. Stubno), gest. 3.12.1946; – Proksch, J., geb. 6.5.1871, seit 1904 Pfr. in Strahlheim (Chechlau, poln. Chechło), gest. 6.1.1955 ebd.; – Steinhauf, L., geb. 20.9.1872, 1899 Pfarrer in Groß-Strenz/Altreichenau (poln. Trzcinica Wołowska/Głębowice) Kr. Wohlau, 1903–1932 Pfr. in Falkenberg O/S. (poln. Niemodlin), gest. 27.1.1946.

Kügele Richard, EErzpr., Pfr. in Schmellwitz (Kr. Schweidnitz).
Loch Friedrich, G.R., Pfr. in Friedland O/S.
Nowak Johannes, G.R., EErzpr., Pfr. in Profen (Kr. Jauer).
Ramberg Georg, Pfr. in Boberröhrsdorf (Kr. Hirschberg).
Regul Josef, Pfr. in Hertwigswaldau (Kr. Sprottau).
Schirmeisen Georg, EErzpr., Pfr. in Obernigk (Kr. Trebnitz).
Thielsch Bernhard, EErzpr., Pfr. in Brosewitz (Kr. Strehlen).
Ulbrich Theophil, EErzpr., früher Pfr. in Maltsch a.O. (Kr. Neumarkt).
Wilkens Heinrich, Pfr. in Dittersbach (Kr. Sprottau).
Wischke Georg, EErzpr., Pfr. in Mittenbrück O/S. (Kr. Cosel).
Wodarz Anton, Eb. Komiss., G.R., Erzpr., Pfr. in Paulsgrund (Kr. Ratibor).
Zwior Johannes, EErzpr., Pfr. in Wiese-Pauliner (Kr. Neustadt).[274]
Das 25jährige Priesterjubiläum können feiern am 20.6.:
Bank Karl, Pfr. in Rodenau O/S. (Kr. Tost-Gleiwitz).
Behan Johannes, Pfr. in Zottwitz (Kr. Ohlau).
Dräther Hermann, Pfr. in Groß-Neundorf (Kr. Neisse).
Drzisga Alfons, Pfr. in Kupp O/S. (Kr. Oppeln).
Fritsch Max, Pfr. in Tarnau (Kr. Frankenstein).

---

[274] Geweiht am 23.6.1905: Benkel, A., geb. 19.3.1878, seit 1914 Pfr. in Powitzko/Urdorf (poln. Powidzko), seit 1938 Erzbischöflicher Kommissar; seit 1946 im Bistum Hildesheim, gest. 6.4.1947; – Bienert, A., geb. 19.5.1878, seit 1915 Pfr. in Friedland (poln. Mieroszów), seit 1946 im Bistum Osnabrück, gest. 5.5.1949; – Brendel, J., geb. 17.8.1879, 1913–1937 Pfr. in Raudnitz (poln. Rudnica), seit 1949 im Bistum Osnabrück; gest. 21.5.1956; – Görlich, St., geb. 7.4.1878, seit 1929 Pfr. in Kamnig/Steinhaus (poln. Kamienik), seit 1946 in Nord- und Westdeutschland, gest. 13.10.1948; – Habernoll, M., geb. 9.2.1878, 1918–1941 Pfr. in Altwarthau (poln. Warta Bolesławiecka), gest. 2.3.1945; – Kotzur, A., geb. 13.7.1882, seit 1915 Pfr. i. Wittgendorf (poln. Witków), gest. 18.5.1945; – Kügele, R., geb. 12.3.1880, seit 1918 Pfr. in Schmellwitz (poln. Śmiałowice), seit 1947 im Erzbistum Paderborn, gest. 1.2.1966; – Loch, F., geb. 26.12.1879, seit 1921 Pfr. in Friedland O/S (poln. Korfantów), seit 1946 im Bistum Hildesheim, gest. 12.5.1963; – Nowak, J., geb. 19.8.1881, seit 1914 Pfarrer in Profen (poln. Mściwojów), seit 1946 in Sachsen, gest. 24.12.1957; – Ramberg, G., geb. 4.8.1879, seit 1921 Pfr. in Boberröhrsdorf (poln. Siedlęcin), dann im Bistum Hildesheim, gest. 8.4.1948; – Regul, J., geb. 12.10.1878, seit 1928 Pfr. in Hertwigswaldau (poln. Chotków), seit 1945 in Hoyerswerda, gest. 15.10.1951; – Schirmeisen, G., geb. 23.6.1880, seit 1906 Kuratus in Obernigk (poln. Oborniki Śląskie), seit 1920 Pfr. dort, seit 1945 in Tröbitz (Niederlausitz), dann Bistum Rottenburg, gest. 26.9.1963; – Thielsch, B., geb. 21.4.1881, seit 1915 Pfr. in Brosewitz (poln. Brożec), seit 1946 in Oldenburg, gest. 11.8.1958; – Ulbrich, Th., geb. 9.7.1878, seit 1916 Pfr. in Maltsch (poln. Malczyce), gest. dort 8.7.1946; – Wilkens, H., geb. 25.6.1881, seit 1916 Pfarrer in Dittersbach (poln. Dzietrzychowice), 1924–1930 Mitglied des Reichstags, seit 1945 in Berlin, gest. 9.7.1948; – Wischka, G., geb. 17.4.1880, seit 1917 Pfr. in Rokitsch/Mittenbrück (poln. Raszowa-Rokicie), seit 1946 in Dortmund, dann Bistum Rottenburg, gest. 2.8.1959; – Wodarz, A., geb. 28.7.1879, seit 1916 Pfr. in Pawlau/Paulsgrund (poln. Pawłów), 1940 Erzbischöflicher Komissar für das Olsagebiet, seit 1943 desgl. für Ratibor (poln. Racibórz), gest. 27.4.1975 in Pawlow; – Zwior, J., geb. 22.5.1879, seit 1934 Pfr. in Wiese-Pauliner (poln. Lesnik), gest. dort 2.5.1958.

Golla Eduard, Dr.theol. et phil., Stud.R. in Leobschütz.
Gulitz Johannes, EErzpr., Pfr. in Breslau (Heilig Geist).
König Paul, Pfr. in Fürstenberg a.O. (Kr. Guben).
Kramer Josef, Domkapitular in Breslau.
Kutz Emil, Pfr. Marklinden (Kr. Groß-Strehlitz O/S).
Lorke Robert, Pfr. in Kuttlau (Kr. Glogau).
Markuschik Josef, früher Pfr. in Schurgast, in Bad Landeck.
Mika Viktor, Pfr. in Schlüsselgrund (Kr. Groß-Strehlitz O/S).
Nickel Josef, Pfr. in Liebenau bei Patschkau.
Peterknecht Georg, Pfr. in Michelsdorf (Kr. Landeshut).
Pietsch Franz, Pfr. in Neustadt O/S.
Roter Friedrich, Pfr. in Voigtsdorf i. Rsgb.
Schmidt Alois, Pfr. in Groß Mohnau bei Kanth.
Schneeweiß Johannes, P. Aloys O.S.B. in Grüssau (z.Zt. Abtei St. Paul, Brasilien)
Wawrzinek Alfons, Pfr. in Zellin (Kr. Neustadt O/S).
Widera Stanislaus, Strafanstaltspfarrer in Ratibor O/S.[275]

---

[275] Geweiht am 20.6.1920: Bank, K., geb. 25.10.1893, seit 1938 Pfr. in Groß Kottulin/Rodenau (poln. Kotulin), dort verst. 11.9.1957; – Behan, J., geb. 7.5.1894, seit 1932 Pfr. an der Kreuzkirche in Neisse, gest. 18.6.1951; – Dräther, H., geb. 16.10.1890, 1931-1943 Pfr. in Kaubitz (poln. Kubice) Kr. Frankenstein, seit 1943 Pfr. in Groß Neundorf (poln. Złotogłowice), 1947 im Erzbistum Paderborn, gest. 26.10.1974; – Drzisga (Drzyzga), A., geb. 25.7.1896, seit 1934 Pfr. in Kupp (poln. Kup), gest. 19.3.1981 ebendort; – Fritsch, M., geb. 31.10.1896, seit 1929 Pfr. in Tarnau (poln. Tarnów), 1947 im Bistum Osnabrück, gest. 31.1.1966; – Golla, E., geb. 20.12.1894, Studienrat in Leobschütz (poln. Głubczyce), 16.7.1945–6.7.1946 Vicarius substitutus der Pfarreien Gläsen und Schönau (poln. Klisino und Szonów), dann im Bistum Hildesheim und 1948 Gymnasiallehrer in Hagen i. Westf., Erzbistum Paderborn, gest. 23.12.1959; – Gulitz, J., geb. 5.2.1893, seit 1932 Pfr. an Hl. Geist in Breslau, seit 1947 in Thüringen, gest. 19.9.1961; – König, P., geb. 18.4.1894, seit 1934 Pfarrer in Fürstenberg /Oder, gest. 11.11.1945; – Kramer, J., geb. 15.7.1892, seit 1939 Domkapitular in Breslau und Kurator der Grauen Schwestern, stellvertr. Generalvikar, seit 1946 in Reinbek bei Hamburg, gest. 6.4.1956; – Kutz, E., geb. 31.12.1893, seit 1933 Pfr. in Gr. Pluschnitz/Marklinden (poln. Płużnica Wielka), erschossen 31.1. oder 1.2.1945; – Lorke, R., geb. 1.1.1891, seit 1937 Pfr. in Kuttlau (poln. Kotla), seit 1947 im Bistum Hildesheim, gest. 16.10.1969; – Markuschik, J., geb. 28.2.1893, 1933–1942 Pfr. in Schurgast (poln. Skorogoszcz), dann Ruhestand, 1950–1956 Deutschenseelsorger in Schlesien, seit 1956 im Bistum Hildesheim, dann Limburg, gest. 16.7.1976; – Mika, V., geb. 1.12.1891, seit 1932 Pfr. in Klutschau/Schlüsselgrund (poln. Klucz), gest. 25.7.1945; – Nickel, J., geb. 15.10.1890, seit 1927 Pfr. in Liebenau (poln. Lubnów), seit 1946 im Bistum Hildesheim, gest. 27.4.1965; – Peterknecht, G., geb. 15.9.1892, seit 1940 Pfr. in Michelsdorf (poln. Miszkowice), dann im Bistum Hildesheim, gest. 19.12.1950; – Pietsch, F., geb. 4.7.1894, seit 1935 Pfr. in Neustadt O/S. (poln. Prudnik), dann in Bayern, gest. 20.11.1954; – Roter, F., geb. 16.8.1896, seit 1935 Pfr. in Voigtsdorf (poln. Wojcieszyce), seit 1947 in Bad Lauchstädt, Kommissariat Magdeburg, gest. 23.7.1962; – Schmidt, A., geb. 7.2.1892, seit 1928 Pfr. in Groß Mohnau (poln. Maniów), seit 1946 im Erzbistum Köln, gest. 16.3.1968; – Schneeweiß, P. Aloys (Johannes), O.S.B. in Grüssau, geb. 6.2.1895, seit 1937 in Brasilien, gest. 11.5.1960; – Wawrzinek, A., geb. 13.6.1894, seit 1932

40 Jahre Pfarrer am Ort:
Rösler Maximilian, EErzpr., Pfr. in Zobten (Kr. Löwenberg) am 4.5.
Flassig Eugen, em. Erzpr., Pfr. in Blüchertal (Kr. Trebnitz) am 5.7.
Guzy Johannes, G.R., Dek.-Erzpr., Pfr. in Freystadt N.S. am 1.8.
Tobias Paul, G.R., em. Erzpr., Pfr. in Krappitz (Kr. Oppeln) am 18.10.[276]
25 Jahre Pfarrer am Ort:
Grünig Paul, Pfr. in Marienau (Kr. Strehlen) am 26.1.
Stenzel Josef, EErzpr., Pfr. in Weide (Kr. Breslau) am 27.1.
Kunze Bernhard, G.R., EErzpr., Pfr. in Waldenburg-Altwasser am 5.2.
Sossna Maximilian, Dr. theol., EErzpr., Pfr. in Zülz (Kr. Neustadt) am 16.2.
Komorek Josef, EErzpr., Pfr. in Schneidenburg (Kr. Cosel) am 26.2.
Franzskowski Leo, EErzpr., Pfr. in Goschütz bei Festenberg am 22.3.
Schinke Augustin, EErzpr., Pfr. in Bielau (Kr. Neisse O/S.) am 14.4.
Kresse Augustin, G.R., EErzpr., Pfr. in Wangern (Kr. Breslau) am 22.4.
v. Prondzynski Ferdinand, Erzpr., Pfr. in Kuhnern (Kr. Neumarkt) an 27.4.
Fritsch Amand, G.R., Dek.-Erzpr., Pfr. in Bad Warmbrunn am 7.6.
Kleineidam Josef, Pfr. in Deutmannsdorf (Kr. Löwenberg) am 15.7.
Slossarczyk Alfred, EErzpr., Pfr. in Gammau (Kr. Ratibor O/S.) am 9.9.
Schirmeisen Georg, EErzpr., Pfr. in Obernigk (Kr. Trebnitz) am 23.10.
Mitschein Robert, Pfr. in Altaltmannsdorf bei Münsterberg am 28.10.[277]
Das 25jährige Dienstjubiläum können feiern:

Pfr. in Zellin/Kujau (poln. Zielina), gest. dort 9.1.1947; – Widera, St., geb. 15.11.1894, seit 1934 Strafanstaltspfarrer, seit 4.7.1945 Pfr. in Matzkirch/Maciowakierz (poln. Maciowakrze), gest. dort 19.4.1961.

276 Rösler, M., geb. 11.12.1872, gew. 21.6.1899, gest. 15.2.1945 in Zobten am Bober (poln. Sobota); – Flassig, E., geb. 8.11.1876, gew. 22.6.1901, gest. 11.9.1945 in Wittichenau OL; – Guzy, J., geb. 24.5.1873, gew. 11.6.1898, gest. 21.2.1945 in Freystadt; – Tobias, P., geb. 24.8.1876, gew. 23.6.1900, gest. 9.2.1949 Krappitz (poln. Krapkowice).

277 Grünig, P., geb. 1.6.1886, gew. 22.6.1911, seit 1945 in Sachsen, gest. 17.11.1958; – Stenzel, J., geb. 25.1.1882, gew. 22.6.1907, seit 1947 in Bayern, gest. 15.8.1958; – Kunze, B., geb. 3.9.1883, gew. 22.6.1907, seit 1946 im Bistum Hildesheim, gest. 1.1.1954; – Sossna, M., geb. 1.9.1878, gew. 21.6.1904; seit 1947 im Bistum Hildesheim, gest. 22.10.1953; – Komorek, J., geb. 30.12.1881, gew. 23.6.1906, gest. 17.12.1952 in Ostroznica (poln. Ostroznica); – Franzkowski, L., geb. 2.3.1883, gew. 21.6.1913, seit 1947 in Steinbach (Eichsfeld), gest. 27.8.1948; – Schinke, A., geb. 25.12.1879, gew. 20.6.1903, seit 1946 im Friesland, gest. 11.9.1957; – Kresse, A., geb. 7.10.1880, gew. 23.6.1906, seit 1946 in Sachsen, gest. 30.1.1958; – Prondzynski, F. v., geb. 5.1.1888, gew. 21.6.1913, seit 1946 in Thüringen, gest. 21.1.1978; – Fritsch, A., geb. 27.4.1886, gew. 20.6.1910, seit 1947 im Kommissariat Magdeburg, gest. 31.10.1950; – Kleineidam, J., geb. 3.11.1884, gew. 17.6.1909, seit 1946 im Erzbistum Paderborn, gest. 24.4.1958; – Schlossarczyk/Slossarczyk, A., geb. 10.9.1875, gew. 20.6.1903, gest. 15.3.1955 in Gammau (poln. Gamów); – Schirmeisen, G., geb. 23.6.1880, gew. 23.6.1905, seit 1945 in der Niederlausitz, dann Bistum Rottenburg, gest. 26.9.1963 (vgl. Anm. 274); – Mitschein, R., geb. 7.6.1875, gew. 28.7.1901, seit 1946 in Franken, gest. 20.7.1950.

Onderek Franz, Dr. theol., Prälat, als Prof. der Pastoraltheologie am Erzb. Priesterseminar in Weidenau am 1.1.
Blokscha Josef, Dr. theol. et phil., als Prof. der Apologetik und Dogmatik in Weidenau am 1.1.
Herrmann Erich, als Geistl. Direktor der Borromäerinnen in Trebnitz am 12.2.
Seppelt Franz Xaver, Dr. theol., Prälat, Domkapitular als o.ö. Prof. der Kirchengeschichte des Mittelalters und der Neuzeit und der Diözesangeschichte an der Universität Breslau am 13.8.
Lange Ernst, Prälat, als Domkapitular in Breslau am 28.9.[278]

–

Das Verordnungsblatt der Erzdiözese Salzburg bringt folgende Gedanken über die priesterliche Betreuung der Familie:
„Der Priester muß sich selber durch Studium und Betrachtung an das magnum mysterium heranarbeiten, wie Pius XI. sagt, an die Gedanken Gottes über die Ehe, um selber von großer Hochachtung vor der christlichen Ehe und Familie tief innerlich erfaßt zu werden, und um die würdige, zugleich dem heutigen Menschen angeglichene Sprechweise darüber in großen und kleinen und kleinsten Kreisen zu finden. Bloßes Aufzählen von Forderungen und Aufstellen von Sündenkatalogen, zu weit gehende Durchleuchtungen des Körperlichen und Triebhaften im Eheleben führen nicht zum Ziele, sondern letztlich nur eine tiefgläubige, seelenwarme Schau in das Mysterium Christus-Kirche. Diese Schau muß schon in die Jugend, ja in die Kinderwelt hineingetragen werden, bei den Kinderkatechesen in Kirche und Schule, bei den Seelsorgestunden und kirchl. Jugendstunden für die Schulentlassenen. Gerade diese Rücksicht auf die frühzeitige Vorbildung auf die Ehe muß dazu drängen, in irgendeiner Form öfter die Jugendlichen zu rufen, selbst wenn einstweilen ganz wenige kämen. Hier hat ein erster „Brautvorunterricht“ seinen rechten Platz. Und warum sollen nicht wenigstens zwei-, dreimal im Jahre die am Wege zur Ehe Stehenden zu einer Standeslehre mit ansprechender Andachtsumrahmung geladen werden, zu einem zweiten „Brautvorunterricht“? In einer dritten Stufe könnten die einzelnen Paare der vor dem Verlöbnis Stehenden zu einem

---

278 Onderek, F., geb. 13.10.1888, gew. 23.7.1912, seit Juli 1945 Generalvikar für den tschechischen Teil des Erzbistums Breslau, seit Juli 1946 mit den Rechten eines residierenden Bischofs, gest. 24.10.1962. – Blokschka, J., geb. 5.4.1892, gew. 26.6.1917, Mitte Mai 1945 von Kardinal Bertram zum stellvertretenden Direktor des Seminars ernannt, 1.10.1946 Auflösung des Seminars, Blokscha war nur noch Verwalter des Gebäudes, 1951 Kaplan in Weidenau und Pfarrer der in Weidenau und Jauernig internierten Nonnen, gest. 9.6.1960. – Herrmann, E., geb. 18.11.1889, gew. 21.6.1913, 1920 Kuratus bzw. 1927 Geistl. Direktor in Trebnitz (poln. Trzebnica), 1945 desgl. in Görlitz, 1951 Hausgeistlicher bei den Borromäerinnen in Rothestein, dann desgl. in Grafschaft, gest. 4.3.1956. – Zu F. X. Seppelt siehe Anm. 147. – Lange, E., geb. 8.12.1876, gew. 21.6.1904, seit 1920 Domkapitular und Vorsitzender des Caritasverbandes, seit 1946 in Oldenburg, gest. 5.3.1973.

eingehenden Unterricht herangebeten werden, der ausklingen könnte in das Verlöbnis und dessen Segnung. Kann es zweifelhaft erscheinen, daß dadurch viel unselige Überstürzung, viel zukunftsverwüstende Leichtsinnigkeit und Sündigkeit hintangehalten und anderseits viel Gnadenerfüllung und Charakterstärkung geboten würde, besonders, wenn für diese wie für die früheren Perioden die verständige Mitarbeit der Eltern und Priester zur Seite trete? Da so Großes auf dem Spiel steht, sollte man nicht so rasch mit der Rede kommen: „Vorbereitende Stunden für die Ehe sind unmöglich".
Der eigentliche letzte Brauunterricht sollte zu einer Weihestunde werden, sowohl durch den äußeren Rahmen im Priesterzimmer, wie durch die seelenvolle Darbietung der Lehre. Daß ja der Kanonist nicht den Theologen und Seelsorger verdränge! Außer der Beichte haben wir wohl keine kostbare Gelegenheit zur Einzelseelsorge. Sie sei gut ausgenützt zu gründlicher Belehrung, zu freier Aussprache, zu warmer Heranführung zum würdigen Sakramentenempfang und zu einem wahrhaft christlichen Familienleben. Unter freier Benützung einer sorgfältig ausgearbeiteten Vorlage wird einer abstoßenden Länge des Unterrichts gewährt werden.
Die Eheschließung soll zu einer eindrucksvollen Feier der Pfarrfamilie werden: Schmuck des Altares, bessere Paramente, würdige Musik, eindrucksvolles Halten der Trauungsansprache, besonders aber der Brautmesse und dabei möglichst Kommunion der Brautleute.
Der Ausklang der Eheschließung ist die planmäßige Priestersorge für die Familie, besonders für die jungen: durch Besuch im neuen Heim und dessen Segnung, bei freudigen und traurigen Ereignissen, durch kirchliche Standesfeiern (Predigt, Andacht, gemeinsame Kommunion), durch Müttermessen oder andere Einrichtungen als Hilfen für die christliche Erziehungspflicht der Eltern, durch Einspannen der Pfarrcaritas für materielle und seelische Notlagen der Familien, durch Weihe der Familien an das göttliche Herz Jesu und das unbefleckte Herz Mariens, durch Herstellung eines gewissen Kontaktes unter den besten Familien der Pfarrei, mit denen im Bunde der Seelsorger wohl am ehesten drei ganz dringliche Gewissenspflichten erfüllen kann: Die Sorge dafür, daß die standesamtlich Verheirateten der Gnade des Ehesakramentes teilhaft, daß die Kinder christlicher Eheleute getauft und daß der Priesternachwuchs gesichert werde."

–

Zum Nachfolger des am 21.8. verstorbenen Kardinal-Staatssekretärs L. Maglioni[279] wurde vom Papst Pius XII. der Kardinal Tedeschini[280] ernannt. Er ist

---

279 Siehe Anm. 92.

280 Siehe Anm. 10. Nach verschiedenen Angaben blieb das Amt des Kardinal-Staatssekretärs aber unbesetzt und Pius XII. nahm das Amt selbst war.

1875 zu Antrodoco in der Diözese Rieti geboren, wurde 1933 Kardinal mit der Titelkirche S. Maria della Vittoria und war bisher Datarius[281] S. Heiligkeit sowie Präfekt der hl. Kongregation für die Kirchenfabrik von St. Peter.

–

Papst Pius XII. hat für die Ewige Stadt die Abhaltung von Volksmissionen sowie gemeinsame Bitt- und Sühneandachten angeordnet. In Durchführung dieser päpstlichen Verordnung wurde am Nachmittag des 2. Adv.-Sonntags (10. Dez.) in der Peterskirche eine große Bitt- und Sühneandacht abgehalten. Die Feier hielt der Papst selbst, in Anbetracht ihres Bußcharakters jedoch ohne das sonst übliche Zeremoniell. Er betrat den Petersdom zu Fuß, begab sich zunächst zur Sakramentskapelle zu einer kurzen Anbetung und trug dann in Prozession allen Kardinälen und Bischöfen voran unter dem Absingen der Allerheiligenlitanei ein großes Kreuz durch die weiten Hallen bis zum Altar der Confessio. Es schloß sich das Alma Redemptoris Mater und der Bußpsalm Miserere[282] an. Den Abschluß bildeten Gebete um den Frieden der Welt. Neben den in Rom anwesenden kirchlichen Würdenträgern nahm das gesamte diplomatische Korps und große Scharen von Gläubigen an der Veranstaltung teil.

–

Nach einer Meldung der „L'Italia" empfing der Heilige Vater am Sontag, 3.12. die Mitglieder der neugegründeten italienischen Rundfunkgesellschaft RAI in Audienz und hielt an sie eine Ansprache, in der er die Bedeutung des Rundfunks hervorhob, der die Aufgabe habe, der Verbreitung der Wahrheit, der Pflege menschlicher Kultur und der Förderung des Friedens zu dienen.

–

In einem Hirtenwort zum Feste der Unbefleckten Empfängnis sagt der Hochww. Herr Erzbischof von Trier, Dr. Franz Rudolf Bornewasser[283] u.a.: „... Viel Leid und Not, viel Elend und Verwüstung sind über uns und unsere Gemeinden, besonders über die trauernden Gemeinden in Koblenz und Saarbrücken, gekommen. Die Schrecken des Krieges rücken immer näher, und die Gefahren für Leib und Leben, für Eigentum und Besitz werden immer größer.
Immer deutlicher wird es dem gläubigen Christen, daß Gott, der Herr der Welt und der Lenker alles Weltgeschehens, in seiner Gerechtigkeit die heutige Menschheit schwer heimsucht, weil so viele sich von ihm abgekehrt haben, seinen heiligen Willen nicht mehr als Richtschnur alles Lebens anerkennen, ihr Leben nicht nach seinem Gesetz und Gebet einrichten und gestalten.
Unser betender Notruf zu Christus und seiner Mutter, der Unbefleckten, der aus dem Herzen vieler Getreuen zum Himmel steigt – das dürfen wir nie

281 „Geber"; er vergab Dispense und Benefizien.
282 Ps 51.
283 Siehe Anm. 207.

vergessen – wird nur dann Erhörung finden, wenn wir uns wieder alle an Gottes Gesetz und Gebot halten, wenn wir unser ganzes Leben in seinem Denken und Handeln ohne Wanken und Zaudern unbedingt aufbauen auf dem Glauben, auf der christlichen Hoffnung, auf der Liebe und auf den Gesetzen der christlichen Sittlichkeit.

Wenn wir daher heute unsere Pfarrgemeinde und jeden von uns, dem Wunsche des Hl. Vaters entsprechend, der Immaculata mit ihrem unbefleckten Herzen weihen, dann müssen wir uns vor einem großen Irrtum hüten.

Die heilige Weihe, die wir heute vollziehen, ist nicht nur ein schönes Wort und eine fromme Feier, es ist eine ernste Besinnung und eine ernste Entscheidung, wenn die Weihe Wert, Bedeutung und Segen für die Gemeinde und einen jeden aus uns haben soll. Die Marienverehrung, die Verehrung ihres unbefleckten Herzens, bedeutet und muß bedeuten eine Vertiefung des ganzen religiösen Lebens, wie die Marienverehrung überhaupt ein wesentlicher Teil der christlichen Lehre und des christlichen Lebens ist. Darum muß ein jeder, der es mit dem Christentum ernst nimmt, sie als seine Pflicht ansehen. Die Weihe an Maria, die unbefleckte Jungfrau und Gottesmutter, hat die Bedeutung, daß Gott, Christus, Maria und die Kirche mehr als bisher im Mittelpunkt unseres ganzen religiösen Lebens stehen sollen. Gewiß, wir werden auch dadurch, wie durch alles Beten, nicht alles Leid aus unserm Leben beseitigen; denn wer ein wahrer Christ ist, muß auch mit Christus leiden. Aber sicher ist, daß wir die Not der Zeit für uns persönlich mildern, wenn wir unser Leben in der Familie und im Beruf ganz nach Gottes Willen einrichten. So hat es Maria getan, die ihr öffentliches Leben mit den Worten einleitet: „Siehe, ich bin eine Magd des Herrn; mir geschehen ach deinem Wort!“[284]

Wo dieser echte Mariengeist in der Seele des Menschen weht, wo dieser Geist seinen Ausdruck findet im persönlichen und im Familiengebet, wo das Familiengebet vor dem Kruzifix mit dem Marienbilde wieder eine Selbstverständlichkeit wird, die die Kinder mit ins Leben nehmen, da wird die heutige Weihe an Maria, die unbefleckte Jungfrau und Gottesmutter, zu einer Wurzel des Segens werden. Da wird in jedem Herzen, wie in Mariens Herz, eine rückhaltlose Liebe zu Gott, zu Christus und seiner heiligen Kirche lebendig werden. Da wird auch bei aller Not und Enttäuschung und bitterem Leid etwas von der heiligen Ruhe und der stillen Freude bleiben, die Maria, die Gottverbundene, auch in ihrem schmerzdurchbohrten Herzen sich bewahrte. So konnte sie auch die Mutter der Barmherzigkeit werden, an deren erbarmungsvollem Mutterherzen wir ausruhen dürfen, wenn nur, die wir uns ihr heute geweiht haben, unser Vertrauen ihrer mütterlichen Herzensgüte würdig ist.

---

[284] Lk 1,38.

Die Maria Geweihten kennen auch ihr heldenmütig starkes Herz. Armut und Verkennung, Flucht und Verbannung brachen ihren Mut nicht. Sie kennt auch unter dem Kreuze kein Wanken, ob auch ihr Herz ob der Marterqual ihres göttlichen Sohnes vor lauter Weh und Leid zerspringen möchte. Aufrecht und ungebrochen steht die Mutter unter dem Kreuz des Sohnes. Welch ein Vorbild für uns in dieser schweren Zeit! Auch ein Vorbild ihrer Abtötung, ihrer Buße und Sühne für den Abfall des Volkes, in dem sie lebte, eines Volkes, dessen Verachtung, Haß und Mordgier es bis zur Kreuzigung ihres Sohnes trieben. Lernen wir von ihr beten, zu dulden, zu büßen und zu sühnen. Auch unsere Zeit bedarf dessen in hohem Maße.
Möchte uns die Gottesmutter, deren unbeflecktem Herzen wir uns heute weihen, uns auch helfen, daß wir den Rosenkranz gewissenhaft beten, daß unser Bußwille ernster, unsere Sühnegesinnung tiefer und unser ganzes Leben im Denken, Reden und Handeln wahrhaft christlich werde. „Und der Herr wird sein Volk segnen mit dem Frieden, mit der Fülle alles Guten.“[285]
Ich erinnere zum Schluß an ein Wort unseres Hl. Vaters, das er am 31. Okt. 1942 mit Bezug auf das Land Portugal sagte und das wir sinngemäß auf uns anwenden können: „Rufen wir sie noch einmal an, sie, die allein uns helfen kann! Maria, deren mütterliches Herz sich erbarmte beim Anblick der Zerstörungen, die sich in eurem Vaterlande haften, und die wunderbar geholfen hat. Maria, die voll Erbarmen in der Voraussicht des jetzigen Weltunglücks, womit die Gerechtigkeit Gottes die Welt straft, schon im voraus den Weg andeutete ‘durch Gebet und Sühne‘; Maria wird uns ihre mütterliche Liebe und ihren mütterlichen Schutz nicht versagen ... Ruft die Gottesmutter an, uns sie wird euch antworten: Hier bin ich!“[286]

Für die Bibelstunde.

Der bekannte Pfarrer Dr. Könn, Köln, schreibt dem kath. Bibelwerk Stuttgart, daß seine Bibelstunden so stark besucht sind wie in der Friedenszeit. Man hat den Eindruck, als ob Gott selber seine Kirche zubereite zu einem neuen Verständnis der Hl. Schrift, als ob viele Gläubige die Heilige Schrift wieder mit neuen Augen lesen und mit neuen Ohren hören. – Eine Familie aus Leipzig schrieb: „Wir haben durch Bombenangriffe alles verloren. Was uns am meisten schmerzt, ist dies, daß wir keine Heilige Schrift mehr haben“. – In Stuttgart kommt am Montag Nachmittag regelmäßig eine Gruppe von Geistlichen zusammen, um das Evangelium des folgenden Sonntags im griechischen Text

[285] Nach Ps 147,14.
[286] Actes et Documents du Saint Siège Relatifs à la Seconde Guerre Mondiale, ed. par Pierre BLET, Robert A. GRAHAM, Angelo MARTINI, Burkhart SCHNEIDER, Tom V, Juillet 1941 – Octobre 1942, Città del Vaticano 1969 (Libreria Editrice Vaticana 512), 753–756.

gemeinsam zu lesen. Im Rahmen einer Arbeitsgemeinschaft wird die biblische Sonntagspredigt des folgenden Sonntags besprochen. Auch in anderen Städten kommen Gruppen von Geistlichen zusammen zur gemeinsamen Lesung der Heiligen Schrift im Urtext. – Trotz der Papierknappheit ist im laufenden Kirchenjahr von allen oberhirtl. Stellen der Bibelleseplan im kirchl. Amtsblatt zum Abdruck gebracht worden. Unsere Kriegstheologen sind dafür herzlich dankbar, und darüber hinaus tausende von braven Familien und Einzelpersonen, welche täglich nach einer bestimmten Ordnung die Heilige Schrift lesen wollen. – In der Diözese Trier wird der Bibelleseplan auf zwei Blättern (Din Format) abgedruckt, dem kirchl. Amtsblatt als Anlage beigefügt und an den Kirchentüren angeheftet. In einer Stadt in Süddeutschland wird der Bibelleseplan jeden Montag 800fach abgeschrieben und an die in Frage kommenden Familien und Einzelpersonen weitergeleitet. Auch in vielen Anstaltsfamilien und klösterlichen Gemeinschaften wird die tägliche Schriftlesung unter Benützung unseres Bibelleseplanes gepflegt.
In der wegweisenden Bibelenzyklika des Hl. Vaters Pius XII. vom 30. Sept. 1943 heißt es u.a.: „Unternehmungen, die sich stets weiter verbreiten und wachsen wie Bibelvereine, Kongresse, biblische Wochen, biblische Büchereien, Vereine zur Betrachtung der Evangelien, geben uns die sichere Hoffnung, daß auch in Zukunft die Verehrung, der Gebrauch und die Kenntnis der Heiligen Schrift allüberall zum Heil der Seelen mehr und mehr zunehmen werden“.[287] Für das kath. Bibelwerk ist das Päpstl. Rundschreiben ein Ansporn, seine Arbeiten fortzusetzen und weiter auszubauen.

–

Beim eucharistischen Nationalkongreß für Argentinien in Buenos Aires Ende Oktober d.Js. war ein eigener Tag der Kinder angesetzt, an dem etwa 200 000 unschuldige Kinder gemeinsam um den Frieden der Welt beteten.

<u>Für Missionsfeiern und -predigten.</u>
Zum diesjährigen Weltmissionssonntag richtete der Sekretär der Propagandakongregation Msgre. Celso Constantini[288] wieder einen Aufruf an die kath. Christenheit, in dem er u.a. sagt: „Ich danke euch, liebe Brüder, im Namen der Propagandakongregation und im Namen unserer bewundernswerten Missionäre für eure herrliche Liebestätigkeit. Trotz der Erschütterungen und Beschränkungen des Krieges haben alle Nationen im vergangenen Jahr ihre

---

[287] Divino afflante Spiritu. In: Acta Apostolicae Sedis 35 (1943), 297–326. Zitat Übersetzung von S. 304.

[288] Geb. 1876, gew. 1899, 1921 Titularbischof, 1935–1953 Sekretär der Kongregation für die Verbreitung des Glaubens (Propaganda Fide), 1953 Kardinal, 1954–1958 Kanzler der Apostolischen Kanzlei („Kanzler der Heiligen Römischen Kirche“), gest. 1958.

Missionsgaben gesteigert. Wir hatten den großen Trost, den Glaubensboten die gewohnte Unterstützung und darüber hinaus noch namhafte außerordentliche Hilfen für die dringendsten Notstände zukommen zu lassen. Der Aufruf führt dann mehrere Dankesbriefe von Missionsoberen an und fährt fort: Auch in diesem Jahre wurden 2 Bischöfe und zahlreiche Missionäre und Schwestern das Opfer des Krieges. Wir beugen in Ehrfurcht und Rührung das Haupt vor diesen unschuldigen Opfern. Für den Missionstag, der ein Tag des Glaubens und der Liebe ist, will ich keine Worte verschwenden, um eure Liebe anzufeuern. Der Hl. Vater selbst wird zum Bettler für die fernen Brüder. Die Liebe der katholischen Weltmission erhebt sich über den Verschanzungen des Hasses. Sie stellt noch eines der wenigen Bande der Liebe unter den Völkern dar. Im Namen Gottes, der die Liebe ist, und im Namen seines Christus, der uns lehrt, in der Liebe die zerstörenden Flammen des Hasses und der Rache auszulöschen, werdet nicht müde inmitten von soviel Unheil zu arbeiten für den Kreuzzug der Liebe.

Für die Caritasarbeit.
Der Vatikan hat eine eigene päpstliche Flüchtlingskommission eingesetzt, die sich die Betreuung und möglichst schnelle Rückführung der infolge der Kriegsereignisse aus ihrer Heimat Evakuierten zum Ziele setzt. Durch Bemühen der Kommission konnten in der 2. Hälfte des vergangenen Oktober allein etwa 700 Flüchtlinge aus Sizilien auf die Insel zurückkehren.

–

Im Antoniushaus in Soest, wo sie nach Verlust ihres Dortmunder Heims Zuflucht gefunden hatte, starb im Alter von 90 Jahren am 20.11. die Gründerin und 1. Vorsitzende des Kath. Fürsorgevereins für Mädchen, Frauen und Kinder, Frau Agnes Neuhaus, geb. Morsbach.[289] Eine vorbildliche Christin und große Caritasjüngerin, deren Name in der Geschichte der kath. Liebestätigkeit in Deutschland allzeit ehrenvoll genannt werden wird, ist mit ihr dahingegangen. Die Kraft zu ihrer erfolgreichen Fürsorgearbeit an der gefährdeten Jugend und an den gefährdeten Frauen schöpfte sie wie aus ihrem Leben in Christus so aus einem echt christlichen Familienleben, aus fraulicher und mütterlicher Verbundenheit mit ihren Gatten, ihren Kindern und Enkeln. R.i.p.

Für die Studentenseelsorge.
Am 9. Nov. 1944 starb in Dillingen der katholische Bibelgelehrte Prof. für neutestamentliche Exegese Dr. Peter Dausch im gesegneten Alter von 80

[289] Geb. 1854, gründete 1899 ihren ersten Fürsorge-Verein. Mitglied der Zentrumspartei und 1919–1930 Mitglied der Weimarer Nationalversammlung und des Reichstags.

Jahren.[290] Von 1899-1903 war er Professor an der phil.-theol. Hochschule Passau, von 1903 bis zu seiner Ruhestandsversetzung 1930 in Dillingen. Die Hauptwerke des in seinem Schaffen sehr fruchtbaren Gelehrten sind: „Kanon des Neuen Testamentes", 1921 bereits in 4. Auflage erschienen, „Das Leben Jesu" (3. Auflage 1914), „Die 3 älteren Evangelien" (1918 4. Auflage 1932). R.i.p.

–

Domkapitular Msgre. Dr. Anton Luible[291] von Augsburg erhielt das Kriegsverdienstkreuz II. Klasse ohne Schwerter.

–

In einem im Universitätsverlag Karl Winter, Heidelberg 1944 erschienenen Sonderheft „Naturforschergedanken über Unsterblichkeit" schreibt Alwin Mittasch[292] u.a.: „Auch in der Naturwissenschaft hat die Überzeugung mehr und mehr Boden gewonnen, daß alles Physisch-Natürliche irgendwie auf eine uns schwer zugängliche ‚Innerung' oder ‚Beseelung' der Welt hinweist, und daß schließlich Wesen und Ursprung der Natur im Geistigen liegen mag. Mancherlei Denkschwierigkeiten, insbesondere auch in Bezug auf Vererbungs- und Entwicklungstatsachen, lassen dennoch den Kern des Unvergänglichkeitsgedanken unberührt.

Für die Glaubensstunde.

Das Bistum Eichstätt feiert im Jahre 1945 das 1200jährige Bistumsjubiläum. Nachdem St. Willibald am 22. Juli 741 durch Bonifatius im Marienkirchlein zu Eichstätt zum Priester geweiht worden war, und am 22. Okt. 742 durch 3 heilige Bischöfe: Bonifatius, Burkhard von Würzburg und Wize von Buraburg[293] in Sulzbrücken[294] bei Gotha die Bischofsweihe empfangen hatte, begab er sich alsbald nach Eichstätt, „auf den für ihn bestimmten Sitz", um das bisherige Missionsgebiet zu organisieren und in ein geordnetes Bistum zu verwandeln. Das Jahr 745 darf man als gewissen Abschluß dieser organisatorischen Tätigkeit annehmen, und deshalb wurde in den vergangenen Jahrhunderten stets das Jahr 45 als Jubeljahr betrachtetet. Bischof Dr. Michael Rackel[295] schreibt in seinem Neujahrshirtenbrief zu dem bevorstehenden Jubiläum: „Mit der Gründung des Bistums Eichstätt sollte ausgesprochenermassen ein Bindeglied geschaffen

---

290 Geb. 1864, gew. 1889.

291 Domkapitular Msgr. Dr. Anton Luible von Augsburg, geb. 1885, gest. 1961.

292 Geb. 1869, gest. 1953, war sorbischer Herkunft, Lehrer und Chemiker, der sich aber auch mit Philosophie und Psychologie befasste.

293 Witta von Büraberg (etwa 700–760); Büraberg bzw. Büraburg bei Fritzlar war Sitz eines Bistums, das aber wohl um 755 nach Mainz eingegliedert wurde.

294 Heute Sülzenbrücken.

295 Michael Rackl, geb. 1883, gew. 1909, kons. 1935, gest. 1948.

werden zwischen den angrenzenden deutschen Stämmen der Bayern, Schwaben und Franken. Und das ist, man darf es ohne Übertreibung sagen, in fast wunderbarer Weise gelungen. Es wird selten in einer Diözese das Bewußtsein familiärer Zusammengehörigkeit so ausgeprägt sein wie in unserm Bistum der Stammesverschiedenheit. Man spürt es jetzt noch, dass wir die Gründung unserer Diözese einer heiligen Familie verdanken. Richard der Vater, Wunna die Mutter, Willibald und Wunibald die Brüder, Walburga die Schwester, sie alle werden als Heilige verehrt. Und das Herz dieser Familie ist das Herz Jesu, das Herz Christi, das Herz des Gekreuzigten." Der Bischof schlägt dann vor, das Jubiläum durch eine besondere Weihe der Diözese ans Herz Jesu zu begehen, die am Neujahrstag 1945 in allen Kirchen vorgenommen wird.

–

Metropolit Szeptyckj gestorben: Nach einer Mitteilung des ukrainischen Amtsblattes starb am 1. Nov. 1944 in Lemberg der bekannte Metropolit der griech.-kath. Kirche Galiziens, Exz. Erzbischof Andreas Graf Szeptyckj.[296] Seine Beisetzung fand am 5. Nov. statt. Erzbischof Andreas Szeptyckj war 1865 in Prybytschi[297] (Galizien) geboren. Er entstammte der bekannten Grafenfamilie Szeptyckj, die der Kirche einige berühmte Kirchenfürsten geschenkt [hat]. Andreas Graf Szeptyckj war Doktor der Theologie, Philosophie und der Rechtswissenschaft. Er trat in den Orden des Hl. Basilius des Grossen ein. Nach seiner Priesterweihe war er einige Jahre in der Seelsorge. 1895 wurde er Bischof der Diözese Stanislau,[298] 1900 Erzbischof von Lemberg und Metropolit von Galizien. Als Kirchenfürst des damaligen Österreich-Ungarn hat er sich um die Kirche, sein Volk und die österreich-ungarische Monarchie sehr verdient gemacht. 1914 wurde er auf Befehl des Zaren nach Innerrussland verbannt, von wo er erst nach dem Weltkriege zurückkehren konnte. In Lemberg gründete er die wissenschaftlich hochstehende phil.-theologische Akademie und eine ganze Reihe großer sozialer Einrichtungen. Er rief auch in Galizien den strengen Orden nach der Regel des hl. Theodor von Studion[299] (Studitenmönche) ins Leben. Andreas Graf Szeptyckj war ein kath. Kirchenfürst ganz großen Formats. Er selbst lebte in größter Einfachheit, Armut und urchristlicher Bußstrenge. Gegen seinen Klerus und seine Gläubigen war er ein liebevoller, fürsorgender Vater und Hirt. Seine gewaltige Bedeutung für die gesamte kath. Kirche recht zu ermessen und zu würdigen, wird erst kommenden Geschlechtern vorbehalten sein. R.i.p. – Sein Nachfolger wurde der frühere Rektor der

---

296 Šeptycki, Sheptyskyi, ukrain. Шептицький, poln. Szeptycki.

297 Prylbytschi, Prybilchi bzw. Pryłbice, Прилбичі, 40 km westlich von Lemberg (L'viv, Lwów).

298 Stanisławów/Iwano-Frankiwsk, Stanislaviv/Ivano-Frankivsk, Івано-Франківськ.

299 Theodor Studites (um 759–826), Abt des Klosters Studin im heutigen Istanbul.

phil.-theologischen Akademie in Lemberg, Generaloberer Erzbischof Exz. Dr. Josef Slipyj,[300] der Herausgeber der bekannten theol. Zeitschrift „Studion".

–

Der Reichsverband für das kath. Deutschtum im Ausland beging im Sommer mit einem Gottesdienst und einer Gedenkstunde in Berlin sein 25jähriges Bestehen. Er konnte seine Arbeit trotz der augenblicklichen Schwierigkeiten weiterhin durchführen. Die Auslandsselsorger sind aus den besetzen Ländern großenteils zurückgekehrt und helfen in der deutschen Heimatseelsorge vor allem bei den Evakuierten mit.

–

Altkemnitz i. Rsgb. Durch verständnisvolle Unterstützung seitens des Herrn Provinzialkonservators[301] und des Hochbauamtes sowie des Bonifatiusvereins ist es trotz zeitbedingter Schwierigkeiten gelungen, von 1941-44 die Restauration der hiesigen Pfarrkirche durchzuführen und ihre wertvollen Kunstdenkmäler aus der Gotik und der Renaissance vor dem völligen Untergang zu retten. Die Vollendung der Renovation wurde am 12. Nov. unter Teilnahme mehrerer Geistlicher und zahlreicher Glaubensbrüder aus der Diaspora in einem nachmittäglichen Dankgottesdienst feierlich begangen, nachdem sich die Gemeinde am Vormittag zahlreich am hl. Opfer und Opfermahl beteiligt hatte. In seiner Festpredigt erinnerte der Ortspfarrer[302] die Gläubigen, namentlich die zahlreich erschienene Jugend, daran, dass es heute das Gebot der Stunde sei, Buße zu tun und zu sühnen, sodann etwas zu wagen und endlich wiederaufzubauen. – Die Renovation des Hochaltars und der Kanzel ist das letzte Werk des bekannten Meisters Carl Liebich[303] aus Breslau, die wunderbare Kassettendecke wurde geschaffen von der Künstlerhand des Johannes Ollesch[304] aus Königsberg.

–

Das Erzb. Priesterseminar Albertinum meldet:
Diakon Karl [a]Langer[a] aus Neisse-Neumühl im Erzbischöflichen Priesterseminar Albertinum, wird seit dem 25.8. vermißt. Er stand zuletzt als San.-Unteroffizier in Rumänien.

–

---

300 Jossyf Slipyj, geb. 1882, gew. 1917, gest. 1984, 1939 Koadjutorbischof und 1944 Erzbischof und Metropolit von Lemberg, seit 1945 in Verbannung bzw. im Exil, gest. 1984 in Rom.

301 Günther Grundmann (1892–1976), 1932–1945 Provinzialkonservator für Niederschlesien.

302 Franz Simon, geb. 1.8.1908, gew. 1.2.1931, seit 1937/38 Pfr.-Adm./Pfr. in Altkemnitz (poln. Stara Kamienica), seit 1946 im Erzbistum Freiburg, gest. 25.12.1981.

303 Carl Liebich, geb. 1887, betrieb in Breslau seine Werkstätten für Malerei, Vergoldung und Staffierung. Spezialität: Kirchen-Restaurierung.

304 Geb. 1893 in Ostpreußen, 1945 nach Russland verschleppt. Er hatte die Kirche in Altkemnitz im Sommer/Herbst 1941 neu ausgemalt.

Außer den 34 bisher gemeldeten Vermißten bezw. in Gefangenschaft geratenen Theologen hat das Erzb. Theologenkonvikt 3 neue Verluste zu melden:
[a]Meinhold[a] Bernhard, geb. am 31.7.1919 in Jarotschin,[305] stud.theol., Unteroffizier und Inhaber des EK I und II, gilt seit Juni 1944 als vermißt. Sein Vater ist Volksschullehrer in Görlitz, Reuterstr. 20.
[a]Schleupner[a] Heinz-Dieter, Theologieaspirant, geb. den 12.2.1923 in Breslau, Leutnant, ist nach Mitteilung seiner Mutter in Gefangenschaft geraten. Nähere Angaben fehlen. Sein Vater steht im Felde und wohnt Breslau, Tiergartenstr. 15/17.
[a]Stelzer[a] Alfred, geb. den 19.9.1918 zu Langwasser, Krs. Löwenberg, Unteroffizier und Inhaber des Infanteriesturmabzeichens, stud.theol. approb., wird seit Dezember 1944 an der Westfront vermißt. Sein Vater ist Hilfsweichenwärter und wohnt in Langwasser 227.[306]

–

Am 15.12.1944 starb nach mehr als 50jähr. Dienstzeit Max [a]Jäkel[a], Oberbuchhalter der Erzbistums- und Kassierer der Bonifatiuskasse. Er war ein Vorbild treuester Pflichterfüllung. Jede ihm übertragene Arbeit führte er bereitwillig und gewissenhaft aus. Sein Wollen und Streben war getragen von unbedingter Redlichkeit. Seine Lebensführung war schlicht, sein Benehmen bescheiden. Aufrichtige Liebe zur Kirche und eine unaufdringliche, von Herzen kommende Frömmigkeit zeichneten ihn aus und erwarben ihm allgemeine Achtung. Seine caritative Gesinnung betätigte sich eifrig in der St. Vinzenzkonferenz. R.i.p.

–

Aus dem Franziskanerorden. Am 13.9. starb in Rom als Generaloberer der Franziskaner-Terziaren P. Burkhard Winzen O.F.M.[307] Auch außerhalb des Ordens wurde er bekannt durch seine Schrift „Ein Blick in das religiös-sittliche Leben des Jugendlichen“ M. Gladbach 1931. R.i.p.
Am Allerseelentag starb in Nürnberg P. Arsenius Dotzler OFM.[308] im Alter von 76 Jahren. Jahrelang wirkte er als Missionär und Exerzitienmeister. Er war früher Herausgeber der Zeitschrift „Ambrosius“ und Verfasser verschiedener religiöser Werke. R.i.p.

–

Aus dem Kamillianerorden. Der Provinzial der deutschen Kamillianer-Provinz Dr. Robert Svoboda[309] teilt mit: Bei der Zerstörung des St. Kamillushauses

---

305 Jarocin südöstl. von Posen (poln. Poznań).

306 Geb. 19.9.1918, geriet am 6.12.1944 in Kriegsgefangenschaft, seit 1946 in Bamberg, dort gew. 20.7.1947, gest. 11.7.1968.

307 Er war 1937 bis 1943 Superior der „Franziskanerbrüder vom Heiligen Kreuz“ (= Franziskanertertiaren) in Hausen (Wied) im Rheinland.

308 P. Arsenius Dotzler OFM, geb. 1868.

309 Siehe Anm. 29.

(Kirche und Kloster) in Neuss (Rheinland) durch den Luftangriff vom 27.11. fanden 4 Kamillianerpatres in Erfüllung ihrer Pflicht den Tod. R.i.p.
Negwer

[1945 Nr. 1]

Erzbischöfliches General-Vikariat
Breslau, den 10. Januar 1945
Nr. 424
Rundverfügung an die Herren Dekanats-Erzpriester, betr. Materialanweisung für die Seelsorge.

Neujahrsempfang bei Sr. Eminenz. Am Morgen des Neujahrstages sprach Dompropst Prälat Dr. Blaeschke[310] dem Oberhirten im Palais namens der Diözese, des Domkapitels und der zahlreich erschienenen Vertreter aus dem Klerus und der Gläubigen ehrerbietige Glückwünsche zum neuen Jahre aus. Der Dompropst führte aus:
„Der Wanderer durch Breslau macht überrascht halt, wenn von der Holteihöhe her sein Augenmerk auf die „Dominsel" fällt. Ein überaus reizvolles Bild bietet sich da dem Beschauer, besonders wenn der Frühling den zarten Blütenflor der Domgärten um die ehrwürdigen Mauern, Zinnen und Türme schlingt, die der Altvorderen frommer Sinn zu Gottes Ehre geschaffen. Ja, wer betrachtend der Geschichte Schlesiens nachsinnt, dem ist es, als habe hier dereinst Gottes Hand selbst zur Meßschnur gegriffen, sich eine würdige Wohnstatt zu bereiten bei einem edlen, starken Geschlechte, eine „aula Dei", eine „coelestis urbs."
Wir konnten im vorigen Oktober die 700. Jahrfeier der gegenwärtigen Domkirche begehen, der Metropolitankirche für das Erzbistum des deutschen Ostens. Wenn der Mystiker Heinrich Seuse die Klosterinsel, die von der Stadt Konstanz in den Bodensee ragt, einen „vicus quidam praecipuus", einen vornehmlichen Bezirk nennt, so kann dieses Wort wahrlich auch gelten von unserer „terra sancta", denn hier wohnt und wirkt zu Füßen seines Meisters ein praecipuus, der princeps episcopus, der erhabene Oberhirt eines Millionenvolkes gläubiger katholischer Christen, als deren Vertreter wir in dieser Morgenstunde eines neuen Jahres erschienen sind, treue Wünsche für Ew. Eminenz weiteres Wohlergehen darzubringen.
Der Heilige Vater hat im März vorigen Jahres einen warmen Appell an den Klerus gerichtet: „offenes Vertrauen entgegenzubringen den von Gott gesetzten

---

[310] Siehe Anm. 30.

Oberhirten, der reifen Erfahrung und den gütigen Mahnungen derer, die in der Liebe zur Kirche und in ihrem Dienste ergraut sind."

Dieses offene Vertrauen lebt in unserem Klerus und lebt in den Herzen der Gläubigen bis an die Grenzen der Erzdiözese. Und es klingt dieses warme, kindliche Vertrauen Ew. Eminenz entgegen in den treuherzigen Briefen der kämpfenden Jugend aus den Feldlagern des gefährdeten Vaterlandes.

Wir sehen aber auch in unserem Oberhirten immer wieder die vom Heiligen Vater gepriesene Erfahrung, Güte und restlose Hingebung im Dienste der heiligen Kirche wirksam. Die Hirtenbriefe des letzten Jahres gaben erneut davon Zeugnis: Der Fastenhirtenbrief,[311] gerichtet an die „Familie, edelstes Glied am mystischen Leibe Christi", brachte eine Fülle reifer Erziehungsweisheit; der Rosenkranzbrief[312] stellte als leuchtendes Vorbild des Glaubens und Vertrauens mitten in die drangvolle Zeit Maria, die „Hilfe der Christen", und zur Adventszeit ließ ein Hirtenwort[313] uns hell strahlen den Bethlehemsstern froher Erwartung des Erlösers.

Im Diözesanmuseum las ich kürzlich unter einem Kardinalswappen den Wahlspruch: „omnibus prodesse – obesse nemini",[314] Ja, „allen nützen – niemandem schaden", „allen zu liebe – keinem zu leide", das waren stets auch leitende Grundzüge im nunmehr 30jährigen Breslauer Bischofswirken Eurer Eminenz. Priester und Volk wissen es und lieben ihren Bischof, unter dessen väterlicher Führung sie sich geborgen fühlen.

Eminenz, in kostbaren Friedensjahren konnte dereinst weiland Kardinal Kopp[315] ins goldene Buch der Jahrhundertwende das Psalmenwort setzen: „iustia et pax osculatae sunt".[316] Alles freute sich damals dieses Friedens. Einer jedoch, auf höchster Warte, sah schon damals am Zeitenhorizonte trübe Wolken aufsteigen, Papst Leo XIII. Er schrieb darum an das Tor des neuen Jahrhunderts die besorgten Worte: „Jesus Christus, Richter der Zukunft, lenke gnädig, was uns beschieden ist!"

Jene Ahnungen begannen sich zu erfüllen, als 1914 Eminenz zu uns kamen: Die Wetter des Weltkrieges brachen los. Und heute, nach 30 Jahren tobt wieder ein Krieg, furchtbarer noch als jener, ein Krieg nicht nur um irdische Werte, ein Krieg auch um das kostbarste Schöpfungsgut Gottes: die Menschenseele, die anima christiana. Ein harter Kampf für uns alle. Wir werden ihn mit Gottes Gnade bestehen. Dicht geschart um Eure Eminenz, den hochgemuten Bischof

---

311 MARSCHALL (wie Anm. 245) Nr. 243, S. 891–902.

312 MARSCHALL (wie Anm. 245) Nr. 247, S. 905–918.

313 MARSCHALL (wie Anm. 245) Nr. 248, S. 918–921.

314 Als Wahlspruch der Breslauer Kardinäle unbekannt, dagegen von Antonius II. Kardinal Fischer (geb. 1840, gew. 1863, gest. 1912), seit 1902 Erzbischof von Köln, seit 1903 Kardinal.

315 Siehe Anm. 9.

316 Ps 85: Gerechtigkeit und Friede küssen sich. D. h. es herrscht großer Frieden.

unserer Seelen, machen wir das leonische Gebet uns zu eigen: [b]„Jesus Christus, Richter der Zukunft, lenke gnädig, was uns beschieden ist!“[b]

Seine Eminenz erwiderte:
„Ein Erlebnis, das heute in meiner Erinnerung so besonders lebendig ist, ist jene Stunde, zu der Papst Pius XI. in schwerster Krankheit fünf deutsche Bischöfe zu sich zu einer Beratung berufen hatte,[317] und wir sein Schmerzenslager umstellten in tiefster Teilnahme an den körperlichen Qualen, die er nicht verbergen konnte. Da hörten wir von ihm das Bekenntnis: bisher war mein Grundsatz das Wort des hl. Bischofs Martinus: non recuso laborem, jetzt tritt hinzu: non recuso dolorem.[318]
Das galt von den überaus schmerzlichen Leiden, das ihn ans Bett fesselten. Es galt auch von jenen Sorgen, die dann einige Wochen später ihren Ausdruck fanden in der Enzyklika „Mit brennender Sorge“.
Als ich im Oktober 1944 im Hirtenbrief einen Rückblick tat auf die 30 Jahre meines Breslauer Bischofamtes,[319] galten die Worte des Dankes an Klerus und helfende befreundete Laien der rastlosen treuen Arbeit, die sie den Sorgen des Bischofs widmeten, und galten auch den schmerzvollen Opfern, die von ihnen in so entscheidungsvoller Zeit getragen sind. Meine Teilnahme auch heute gilt den Opfern, die der Krieg in den Reihen des Klerus und der Laien verlangt hat. Grabkreuze in Rußland, Frankreich, Afrika bezeichnen die Opfer, die für das Vaterland gebracht sind. Verborgen mit diesen Opfern sind die zahllosen opfervollen Arbeiten in den sechs Kriegsjahren, die ihn der Heimat vollbracht sind. Nicht zuletzt die Opfer in Gottesdienst und Seelsorge, in Caritas und Laienapostolat.
Das ist der Dank, den ich auch beim Jahreswechsel abstatte. Ich denke an die vielfach überaus mühevollen Arbeiten der Seelsorge im Riesengebirge, in der Diaspora, in den zur Winterszeit schwer erreichbaren Filialen. Da tritt zu dem non recuso laborem das zweite Wort hinzu, das lautet: non recuso dolorem.
Hinzu treten noch die zahlreichen mühevollen Ausarbeitungen in schwebenden Diözesansorgen. Die Bitte um treue Hilfe ist umsotiefer begründet, je

---

[317] Am 17.1.1937 waren die Kardinäle Bertram, Faulhaber und Schulte sowie die beiden Bischöfe Preysing und Galen bei Papst Pius XI. Aus dieser Unterredung entwickelte sich die Idee zur Enzyklika „Mit brennender Sorge“. Zum Treffen vgl. Bemerkung im Hirtenworts Bertrams vom 21.1.1937 (MARSCHALL (wie Anm. 245) Nr. 172, S. 651). – Walter ADOLPH: Kardinal Preysing und zwei Diktaturen. Sein Widerstand gegen die totalitäre Macht, Berlin 1971. 73. – Ludwig VOLK, Akten Kardinal Michael von Faulhabers II 1935–1945, Mainz 1978. Nr. 607, 279–281.

[318] Ich verweigere mich nicht der Arbeit / dem Leiden.

[319] MARSCHALL (wie Anm. 245) Nr. 247, 905–918.

verwickelter die geltenden Bestimmungen lauten und je schwerer die Folgen vorauszusehen werden können.
Gottes Vorsehung wolle über Ihnen allen und über Ihrer rastlosen Mitarbeit walten!"

–

Im Vatikan fanden wie alljährlich in der Woche nach dem 1. Adventssonntag die Jahresexerzitien der päpstl. Kurie statt, an denen sich auch der Hl. Vater selbst beteiligte. Nach Abschluß der geistlichen Übungen empfing der Papst den Exerzitienmeister und die Teilnehmer in Audienz.

–

Der Hl. Vater ernannte den Bischof von Augsburg, Dr. Josef Kumpfmüller,[320] anläßlich seines goldenen Priesterjubiläums zum Päpstl. Thronassistenten und Comes Romanus.

–

Über die Beschädigung des Kölner Domes durch Fliegerangriff berichtet die Kölnische Zeitung vom 30.11.44: „Eine Bombe traf den Kölner Dom, explodierte im Innern und beschädigte Hochaltar und Sakristei schwer. In der Sakristei des Kölner Domes war bisher für die Kölner Bevölkerung nach der Zerstörung ihrer gesamten Kirchen eine der wenigen noch vorhandenen Gelegenheiten zum Gottesdienst geboten. Auch diese Möglichkeit ist nun genommen."

Kriegsseelsorge.
Daß ein so gewaltiger Krieg, wie wir ihn durchleben, große Einschränkungen auferlegt – auch für unsere Seelsorge – ist selbstverständlich. Aber auch in dem Außergewöhnlichen sind die allgemeinen und die kriegsbedingten besonderen Aufgaben der kirchlichen Seelsorge klar zu sehen. Die allgemeinen: Sie dienen für alle Zeiten und Zeitlagen der Erfüllung des Herrenwortes Joh. 10,10.[321]
Auch im Kriege bedarf die Kinder- und Jugendwelt der Hinführung zu Christus, dem Weg, der Wahrheit und dem Leben; auch im Kriege bedarf es der Stärkung der Familien und der einzelnen Stände für ihre religiösen Aufgaben; auch im Kriege müssen wir sein die Ausspender des göttlichen Wahrheits- und Gnadengutes; auch im Kriege ist eminent zeitgemäß das Gotteslob in der Liturgie der Kirche und die Weckung und Pflege des sakramentalen Gnadenlebens in den Seelen.
Die besondere Aufgabe heute: das Trösten, das Stärken, das Aufzeigen der göttlichen Vorsehung in ihrer Weisheit und Güte. Heute bedarf es vor allem, die Kraft aus der Höhe fruchtbar zu machen in den Seelen, und den nach der

320 Siehe Anm. 235.
321 Ich bin gekommen, damit sie das Leben haben und es in Fülle haben.

Höhe sich Sehnenden, die geistige Heimstätte zu bieten durch das Leben in und mit der Kirche. Muß nicht für Notzeiten das Wort der Schrift besonders Geltung haben: Justus ex fide vivit?[322]
Mit einer Schmalspurseelsorge werden wir zweifelsohne diesen allgemeinen und besonderen Aufgaben nicht gerecht. Der Krieg allein wäre keine hinreichende Entschuldigung dafür, aus freien Stücken wichtige Funktionen des seelsorglichen Wirkens brach liegen zu lassen. Ein Seelsorger klagte, daß in einer Pfarrei mit 10000 Seelen seit Kriegsbeginn jede Art der Jugendseelsorge fortgefallen sei. Man warte eben auf das Ende des Krieges, aber inzwischen sind aus den Vierzehnjährigen Neunzehnjährige geworden, ohne ihnen auch nur etwas von besonderer Jugendseelsorge angedeihen zu lassen. Anderswo fallen sämtliche Standesveranstaltungen aus. Muß es nicht unser Grundsatz sein, soweit äußere Verhältnisse es zulassen, in Kriegszeiten nicht weniger den Gläubigen den Wahrheits-, Lebens- und Trostgehalt Christi zu bringen als in Friedenszeiten? Wenn wir nicht mehr 10000 oder 8000 erfassen können, dann sind es doch noch 1000 oder es sind 500 oder 100. Und wenn auch nicht mehr die da wären, dann stehen noch 50 Menschen da, die ein Recht darauf haben, unter unserer Führung im Geiste der Kirche zu leben, zu beten, zu feiern. Der Krieg ist an sich auch keine Entschuldigung dafür, nur mehr in puritanischer Nüchternheit sang- und klanglos offizielle Gottesdienste im Laufe des Kirchenjahres abzuhalten. Sollte nicht gerade jetzt jeder Gottesdienst zugleich Weihe- und Feierstunde sein für die so schwer heimgesuchten Menschen? Das geht auch mit einfachsten Mitteln, auch im kleinen, engen Raum. Wenn wir keinen Kirchenchor mehr haben von 60 Mitgliedern, dann ließe sich doch immer noch eine Schola bilden mit 20 Stimmen. Und wenn es nicht zur vierstimmigen Messe reicht, dann bleibt noch ein Choralamt möglich. Und wenn auch das nicht mehr möglich wäre, dann gäbe es noch das „deutsche Hochamt“, die Betsingmesse, das deutsche Kirchenlied.
(Aus: Berichte zu Seelsorgsfragen der freien Vereinigung für Seelsorgshilfe Freiburg i.Br.)

100 Jahre Gebetsapostolat. Das Gebetsapostolat, das 1944 auf sein 100jähriges Bestehen zurückblickte, wird von den bayerischen Bischöfen in einem Hirtenwort Priestern und Gläubigen warm empfohlen. Es heißt dort: „Wenn je, dann ist in unserer Zeit das apostolische Beten notwendig, und zwar wollen es möglichst viele, wenn nicht alle Gläubigen üben. Dafür besteht schon seit hundert Jahren ein vorzügliches Mittel, auf das der Hl. Vater in seinem Rundschreiben vom mystischen Leibe Jesu Christi eigens hinweist: das Herz Jesu-Gebetsapostolat. In Deutschland wurde es vor 80 Jahren auf Anregung der beiden großen

[322] Der Gerechte wird aus dem Glauben leben. Röm 1,17.

Männer Görres[323] und Ketteler[324] eingeführt und bildete während des Kulturkampfes die beste Schutz- und Abwehrwaffe für die Katholiken.
Das Gebetsapostolat gründet sich auf den Glauben an die Wirksamkeit des Gebetes, dem der göttliche Heiland gleichsam eine unfehlbare Kraft zuschreibt mit den Worten: „Bittet und ihr werdet empfangen." (Joh. 16,24). Noch wirksamer wird das Gebet in der Gemeinschaft gemäß seiner Verheißung: „Wenn zwei von euch auf Erden um irgend etwas einmütig bitten, so wird es ihnen von meinem himmlischen Vater zuteil werden; denn, wo zwei oder drei in meinem Namen versammelt sind, da bin ich mitten unter ihnen" (Matth. 18,19 und 20). Ja, wir können uns beim Gebet auf die Verdienste Jesu Christi berufen und unser Gebet mit dem seinigen vereinen; denn, so versichert er uns selbst: „Der Vater wird euch alles geben, um was ihr in meinem Namen bittet." (Joh. 16,23). Das tun wir gerade im Gebetsapostolat. Wir vereinigen uns mit dem unablässigen Gebet des göttlichen Herzens durch tägliche Aufopferung unserer Gebete, Arbeiten und Leiden nach seiner Meinung. ...
Das Gebetsapostolat ist demnach keine bloße Gebetsübung. Es umfaßt den ganzen Menschen, seine ganze Tätigkeit, die er Gott weiht. Es ist auch nicht etwa bloß für fromme Seelen, nein, jeder kann und soll seine täglichen Arbeiten und Opfer Gott dem Herrn darbringen und, wenn er sie mit den Opfern des göttlichen Herzens vereinigt, sind sie erst recht gottgefällig und heilsam für andere. Herz Jesu-Gebetsapostolat wird es genannt, weil es eine praktische Art der Herz-Jesu-Andacht ist, die uns nach dem göttlichen Herzen umbilden soll. Nach seinem Beispiel sollen wir nicht bloß für uns selbst leben und beten, arbeiten und leiden, sondern im Verein mit ihm für die ganze Kirche, für die ganze Menschheit. Das heißt apostolisch beten, wie es der Hl. Vater in seiner genannten Enzyklika so ergreifend darstellt. Er fügt sogar eigens an: „Zur größeren Wirksamkeit dieser Absicht trägt sicherlich ungemein viel die täglich erneuerte Selbsthingabe an Gott bei, wie sie die Mitglieder jener frommen Vereinigung üben, die unter dem Namen Gebetsapostolat bekannt ist. Wir legen Wert darauf, den Gott so wohlgefälligen Bund in diesem Zusammenhang herzlich zu empfehlen." Die Empfehlung geht vor allem die Priester an, die zur apostolischen Tätigkeit berufen sind. Darum machen sie jedesmal für die kirchlichen Tagzeiten die Meinung: „Herr, in Vereinigung mit jener göttlichen Meinung, mit der Du selbst auf Erden Gott das Lobgebet dargebracht hast, will ich Dir diese Tagzeiten darbringen." Das dehnen wir aus auf all unser Arbeiten und Leiden, Beten und Opfern, wenn wir am Morgen als Mitglieder des Gebetsapostolates beten: „Alles nach deiner Meinung, heiligstes Herz Jesu". ... So schalten wir uns ausdrücklich ein in die erhabenen Ziele des Weltheilandes

---

323 Joseph Görres (1776–1848), deutscher katholischer Publizist und Philosoph.
324 Siehe Anm. 263.

für die Erlösung der Menschen und sichern uns den Segen des göttlichen Hohenpriesters für die Seelsorgearbeiten.
Damit dürfen aber wir Seelsorger uns nicht begnügen: Wir müssen die uns anvertrauten Gläubigen zum apostolischen Beten anhalten, und das gelingt am ehesten mit Hilfe des Gebetsapostolates. Wir müssen sie darüber belehren, daß sie am Anfang des Tages ihr Tagewerk und alles, was es in sich schließt, nicht bloß Gott aufopfern, sondern es auch vereinigen sollen mit den Absichten, Gebeten und Verdiensten Jesu Christi, etwa mit den Worten: „Alles nach deiner Meinung, heiligstes Herz Jesu!" oder „Alles für dich, heiligstes Herz Jesu!"
Der Hl. Vater hat für jeden Monat und Tag eigene Anliegen bestimmt, wofür die Mitglieder des Gebetsapostolates eintreten sollen. Auf diese Weise bildet sich in jeder Pfarrei ein Schar apostolischer Beter und treuer Apostel für Christi Reich. ...
Wenn also irgendwie möglich, soll in den Pfarreien das Gebetsapostolat errichtet werden. Wer nämlich Mitglied des Gebetsapostolates sein will, muß sich in die Liste des Pfarramtes eintragen lassen. ...
Für das eigentliche Herz-Jesu-Gebetsapostolat sind zahlreiche Ablässe verliehen, besonders auch der Anteil an den geistigen Gütern von nicht weniger als 400 religiösen Orden und Genossenschaften. Wer mehr tun will, bete dazu täglich ein Gesetz vom Rosenkranz in der Meinung, die vom Hl. Vater jeweils bestimmt wird. ... Den dritten und höchsten Grad des Gebetsapostolates bilden jene, die überdies noch jeden Monat eine Sühnekommunion aufopfern.
Ohne Zweifel ist das Gebetsapostolat eine Vereinigung, an der sich jeder Katholik, auch der Vielbeschäftigte, beteiligen kann. Das Gebetsapostolat baut die große Wahrheit vom mystischen Leibe Jesu Christi wirksam ins Leben ein und bringt dem einzelnen wie der Gesamtheit unberechenbaren Segen, weil es die Schätze des göttlichen Herzens auch für das gewöhnliche Arbeiten und Leiden erschließt."

Für Missionsfeiern und -predigten.
Das kirchliche Jahrbuch 1943 schreibt über die Lage der katholischen Kirche in China: China steht im 5. Kriegsjahr. Die Wirren wirken sich auch auf die Missionsarbeit aus, keineswegs nur zum Schaden. Im Gegenteil! Die Not des Volkes gibt der Mission herrlichste Gelegenheit, christliche Caritas zu üben. Alle sind, wie ein Berichterstatter aus Peking schreibt, überrascht, die Chinesen, die Japaner, die Truppen auf dem Rückzug und die Vorandringenden; immer und überall finden sie dasselbe Kreuz, denselben Priester, dieselben Schwestern, von der Mongolei bis zu zur heißen Zone, von Tibet bis zum Gelben Meer. Die Missionsstationen sind Oasen der Liebe, mitten im Greuel der Verwüstung und Not. Für die beiden ersten Kriegsjahre Sommer 1937 bis

Sommer 1939 wurden auf den Missionsstationen 920 907 Flüchtlinge monatelang beherbergt, fast 20 Mill. Behandlungen erfolgten in den Armenapotheken, 210 074 Kranke wurde in den Missionshospitälern gepflegt. Zum Dank für die Caritashilfe der Mission verlieh die Regierung von Tschungking[325] dem päpstlichen Delegaten Msgre. Zanin[326] die hohe Auszeichnung des Jadebrillanten am großen blauen Band, P. Jaquinot[327] SJ, der in Schanghai und Hongkow[328] die neutrale Zone organisierte und dadurch Zehntausenden das Leben rettete, die gleiche Auszeichnung am rot-blauen Band. Freilich hat das treue Ausharren der Missionäre auf gefährdeten Missionsposten inmitten einer entfesselten Kriegsfurie auch viele Todesopfer gefordert. Sie fielen durch Räuberbanden, Freischärler, Kommunisten, aber auch durch chinesische und japanische Soldaten. Von Sommer 1937 bis Sommer 1939 wurden 40 Missionäre ermordet: 1 Bischof, 28 Priester, 4 Brüder, 7 Schwestern. Für 1940 und 1941 sind weitere 25 Blutopfer bekannt geworden. Damit ist die Zahl der ermordeten Missionäre seit Ausbruch der chinesischen Revolution im Jahre 1912 auf über 129 gestiegen, also mehr als in der langen Zeit der Christenverfolgung und Boxerwirren, wo nur gegen 112 Missionäre ums Leben kamen.

Für die Caritasarbeit.
Für die zahlreichen Evakuierten, die sich in der Erzdiözese Bamberg aufhalten, wurden in allen Teilen der Erzdiözese Adventsfeiern veranstaltet. Die Feiern wollten den Evakuierten ein Stück Heimatgefühl geben und ihnen zeigen, daß sie auch in der Fremde von der Sorge und Liebe der gleichen Mutterkirche umgeben sind. In Bamberg hielt der Hochww. Herr Erzbischof, Dr. Josef Otto Kolb die Feier selbst. Er zeigte den Evakuierten nach warmen mitfühlenden Worten der Anteilnahme an ihrem schweren Los, wie sie in unserer katholischen (allgemeinen), heiligen und einigen Kirche Trost und Kraft finden können. In den gleichen Heiligtümern, bei den gleichen Gottesdiensten, mit den gleichen Predigten, mit dem gleichen Christkind, so groß und so klein, so mächtig und so schwach, umweht sie kräftigende Heimatluft. Die gleichen Gnadenmittel dienen auch hier ihrer Heiligung. Der Schlüssel zum Verständnis ihres gewiß harten Schicksals ist für sie das Wort: Herr, dein Wille geschehe!, das Maria bei der Verkündigung in Nazareth, an Weihnachten in Bethlehem, bei der Flucht nach Ägypten und vor allem auf dem Kreuzweg und unter dem Kreuze so vorbildlich erfüllt hat. Unsere in dem einen Glauben, in der einen

[325] Chongqing, auch Chungking, Millionenstadt in China, 1938 bis 1949 Sitz der nationalchinesischen Regierung unter Tschiang Kai-shek.
[326] Mario Zanin (1890–1958), italienischer Prälat, 1933–1946 Apostolischer Delegat in China, 1934 zum Erzbischof geweiht.
[327] Robert Jacquinot de Besange, französischer Jesuit (1878–1946).
[328] Hongkou, ein Distrikt in Shanghai.

Taufe, in dem einen Oberhaupt, das sich jetzt so sehr um uns sorgt, einige Kirche, mahnt alle Gäste und Gastgeber, einig zu sein in der Liebe. Es wäre ein großes Unrecht und Verhängnis, wenn wir uns in kleinen Dingen zerkriegen und zerfleischen wollten. Wir müssen einander, soviel wir nur können, helfen in der von Christus gewollten und geübten Nächstenliebe. Vor allem sollen wir uns kleine Gefälligkeiten erweisen, die nichts kosten und doch so kostbar sind in den Augen Gottes und am ehesten und besten aus Verbitterung und Mißtrauen herausführen. Wenn wir uns so von unserer katholischen heiligen und einigen Kirche führen und stützen lassen, werden wir trotz aller Bitterkeit und Not den Weihnachtsfrieden finden, den uns weder Bomben noch Feuer, noch sonst etwas rauben kann. Diese Feiern waren überall so gut besucht, daß die Gotteshäuser kaum ausreichten. Überall wurden auch kleine Weihnachtsgeschenke für die Kinder der Rückgeführten übergeben.

–

In einem Hirtenwort an die Katholiken von Freiburg schreibt der Hochww. Herr Erzbischof:[329] „Es wird mir unvergeßlich sein, was ich diesen Morgen, als ich vor dem Trümmerhaufen der Konviktskirche stand, wie eine Gottesgnade erleben durfte: Da kam ein mir sonst nicht bekanntes Büble und fragte mich, indem es mir so gütig in die Augen sah: Herr Erzbischof, haben Sie Hunger? Ich antwortete: Nein. Aber trotzdem griff der Kleine in seine Tasche, um mir eine ganze Hand voll Brosamen anzubieten, die ihm von seinem eigenen Brote geblieben waren. So wollen wir alle handeln. Dann wird durch die christliche Liebe aus unserm übergroßen Unglück uns Segen und innere Tröstung erwachsen. Dann werden wir zwar immer wieder erschüttert auf die Trümmerhaufen innerhalb unserer Stadt schauen müssen, aber als aufrechte, christliche, zum Himmel gerichtete Menschen, dem geretteten Münsterturm gleich, in Ehren bestehen, um aus der Kraft unseres christlichen Glaubens zu bekennen: Auch, wenn alles bricht, Gott verläßt uns nicht! Größer als der Helfer ist die Not ja nicht."

–

In einem Hirtenschreiben zum Weihnachtsfest sagt der Bischof von Osnabrück, Dr. Wilhelm Berning[330] u.a.: „Ein besonderes Werk der barmherzigen Liebe ist in unserer Zeit: Fremde beherbergen, die Heimatlosen, die Evakuierten in das eigene Haus aufnehmen und ihnen ihr schweres Los in jeder Weise erleichtern. Fremde und Gastgeber müssen aufeinander Rücksicht nehmen, um ein friedliches Zusammenleben zu ermöglichen. Dazu fordert uns Paulus auf: „Einer trage des anderen Last, dann erfüllt ihr das Gebot Christi" (Gal. 6,2) ... Es gibt heute viele seelische Not. Manche Menschen brechen unter der Last

---

329 Conrad Gröber, siehe Anm. 207.
330 Siehe Anm. 86.

des Leides zusammen und kommen in Gefahr, ihren Glauben und ihr Gottvertrauen zu verlieren. Saget den Trauernden ein Wort des Trostes, richtet die Verzagten und Niedergedrückten durch den Hinweis auf Gottes Güte und Barmherzigkeit auf. Schenket allen Leidträgern die Gabe eures Gebetes. Anderen Liebe und Trost spenden, ist im eigenen Leid der beste Balsam für unser wundes Herz. Paulus sagt: „Gott tröstet uns selbst in unserer Trübsal, so daß wir imstande sind, auch andere in ihrer Trübsal zu trösten mit dem Troste, den wir selbst von Gott empfangen. Denn wie die Leiden Christi reichlich über uns kamen, so kommt uns durch Christus auch reicher Trost zu." (2. Kor. 1,4 f).

Für die Glaubensstunden.

Zur Konfessionsstatistik in Deutschland. Die katholische Kirche in Großdeutschland einschl. des Protektorates Böhmen/Mähren und der neuen Ostgebiete zählt 48 Mill. Mitglieder. Katholische Kirchengemeinden gibt es insgesamt 17 183, davon im Altreich 9 813, in der Ostmark 5 441, in Böhmen/ Mähren 2 591, in den neuen Ostgebieten 1 338. Weltpriester zählt die kath. Kirche: 35 103, davon im Altreich 22 221, in der Ostmark 4 523, in Böhmen/Mähren 5 429, in den neuen Ostgebieten 2 930. Die Zahl der Geistlichen im Verhältnis zur kath. Bevölkerung ist nicht zu groß, umso weniger, als in der Gesamtzahl der Geistlichen auch die emeritierten Geistlichen, Religionslehrer, Anstaltsgeistlichen usw. enthalten sind, die für die Seelsorge nicht oder nur zum Teil in Frage kommen.

Ordensniederlassungen zählt die kath. Kirche im Altreich und in der Ostmark: männliche 940 mit 21 310 Ordensgeistlichen und Ordensbrüder; weibliche 8 991 mit 114 626 Ordensschwestern.

Die evangelische Kirche im Großdeutschen Reich einschl. Böhmen/Mähren zählt 45 Mill. Mitglieder. Evangelische Kirchengemeinden gibt es 19 600, evangelische Geistliche 19 000. Die innere Mission, die für die deutsche evangelische Kirche eine ähnliche Bedeutung hat wie die Orden für die katholische Kirche, zählt 4 800 Einrichtungen der geschlossenen, 4 500 Einrichtungen der halboffenen Fürsorge, 4 800 Diakone, 47 860 Diakonissen, 20 000 Wohlfahrtspflegerinnen. Die äußere Mission zählt 31 Missionsgesellschaften mit 1 600 Missionaren und 12 500 eingeborenen Mitarbeitern. Für die Ausbildung der evangelischen Geistlichen bestehen 18 theologische Fakultäten an staatlichen Universitäten und 29 Predigerseminare und theologische Schulen.

–

Am Abend des 27. Nov. wurde Freiburg durch einen schweren Fliegerangriff heimgesucht. Der hochwürdigste Herr Erzbischof[331] schrieb u.a. in seiner Mitteilung an die Dekane: „Furchtbare Bilder breiten sich vor uns aus, wenn wir

[331] Conrad Gröber, siehe Anm. 207.

einen Gang durch die Straßen der Stadt, namentlich der Innenstadt unternehmen, denn vor allem der älteste Teil von Freiburg wurde auf das Schwerste betroffen und mit ihm auch unsere katholischen Werte. – Wir müssen Gott dafür danken, daß wenigstens unser unvergleichliches Liebfrauenmünster noch steht und mit seinem wunderbaren Turm in den trüben Herbsttag hineintrauert. Aber wie sieht dieser Dom jetzt aus! Man könnte meinen, es hätte ihn der wütende Sturm gerüttelt und geschüttelt, um ihn zu entwurzeln. Kein Fenster mehr, kein Maßwerk mehr und kaum mehr einige Ziegel auf dem gewaltigen Dach. Eine Möglichkeit Gottesdienst darin zu halten, besteht für längere Zeit nicht mehr. In der Nacht begann auch der Glockenstuhl zu brennen (im Turm). Das Feuer aber wurde gottlob noch rechtzeitig bemerkt und gelöscht. Auf das Schwerste gelitten hat dagegen die bekannte St. Martinskirche an ihrem Turm und ihrem Langhaus. Vernichtet ist die Universitätskirche bei der einstigen alten Universität, die Konviktskirche die Kapelle des Gymnasialkonviktes und das Kirchlein des Mutterhauses. Das theologische Konvikt (-Seminar), von meinem hochseligen Vorgänger erst vor 20 Jahren mit ungeheuren Auslagen erneuert und erweitert, ist ein rauchendes Trümmerfeld. Das Ordinariatsgebäude steht noch ... In der Schloßbergstraße ist das Missionsinstitut zerstört, auch das Vereinshaus und Gesellenhaus sind dem Angriff zum Opfer gefallen. Außerordentlich heimgesucht wurde das Mutterhaus der Barmherzigen Schwestern, das mitsamt seinem Josefshaus und dem Carolushaus zu Trümmern geworden ist. Das Vinzentiuskrankenhaus, das Studienheim St. Hildegard, das Hedwigshaus (Kinderkrankenhaus), das Augustinusheim, das Jungmädchenheim, das Notburgaheim, das Camillianerhaus sind bis auf wenige Mauerreste verschwunden. Das architektonisch so prachtvolle, durch seine Leistungen in der ganzen Welt bekannte Verlagshaus Herder starrt nur noch mit zerklüfteten Mauern in die Luft. Auch mein eigenes Haus am Münsterplatz ist dem Feuer zum Opfer gefallen.“ (Die meisten Häuser der Domherren und Domvikare sind vernichtet. Ein Teil der Universität und viele Kliniken sind stark beschädigt.)

–

Über den Tod und die Beerdigung des Generalpräses der Kolpingsfamilie Msgr. Theodor Hürth wird folgendes bekannt: Prälat Hürth befand sich mit seinen Angehörigen und dem Pfarrer der Kupfergasse,[332] den er wegen Totalschadens in seine Wohnung aufgenommen hatte, in seinen Hauskeller. Als die ersten Einschläge hörbar wurden, bat er den Pfarrer um die Generalabsolution, die er kniend empfing und erteilte sie dann dem Pfarrer und den übrigen. Darauf begab er sich trotz Abratens der anderen durch einen Kellergang zu den

---

[332] Joseph Atanasius Mazurowski, geb. 1885, gew. 1908 in Köln, seit 1942 Pfarrer an St. Maria in der Kupfergasse, gest. 1961.

Schwestern und Hausinsassen, um auch diesen die Absolution zu spenden. Prälat H. war noch in diesem Kellergang, als 3 Einschläge auf dem Gelände des Gesellenhauses erfolgten. Eine eiserne Tür wurde aufgeschlagen und traf den Herrn Generalpräses so unglücklich, daß er nach kurzer Zeit verschied. Der Tote wurde von seiner Schwester gefunden und der Pfarrer erteilte ihm noch die hl. Ölung. Die Beerdigung fand auf dem Südfriedhof statt, auf dem die Kölner Kolpingsfamilie eine eigene Grabstätte hat. Nach der Beerdigung fand eine Sitzung im Kolpingshause statt, in der der Kölner Diözesanpräses Cardaun[333] mit der einstweiligen Führung und Leitung der Kolpingsfamilie beauftragt wurde, da im Augenblick eine Neuwahl des Generalpräseses durch die zuständigen Organe nicht möglich ist.
Adolf Kolping hatte seinen dritten Nachfolger[334] so geprägt, daß die Gesellen und Meister ihren Generalpräses den zweiten Kolping nannten. Seine Worte, einfach und wahr, griffen immer ans Herz, weil sie aus einem selbstlos liebenden Vaterherzen kamen, das für die tausend Anliegen und Nöten seiner geistigen Söhne und der vielen Gesellenhäuser jederzeit Verständnis und tatkräftige Hilfe zeigte. Als Generalpräses leitete er klug und zielbewußt das weltumspannende Kolpingswerk 20 Jahre lang durch wildbewegte Zeiten. Was er getreu dem Erbe Kolpings seine geistigen Söhnen über Aufbau und Gestaltung christlichen Familienlebens gelehrt, wird sich in tausenden katholischen Familien auswirken.

–

Am 6. Dez. 1944 hat ein Luftangriff im Dom zum Minden, der unter den mittelalterlichen Kunstdenkmälern Westfalens mit in erster Reihe steht, schweren Schaden angerichtet. Eine Bombe explodierte zwischen Hochaltar und Sakristei, wodurch der von 1377-79 stammende Polygonalabschluß des Chores in Trümmer gerissen wurde. Das Gewölbe des anstossenden spätromanischen Chorquadrums wurde zum Einsturz gebracht, Sakristei und Schatzkammer größtenteils vernichtet. – Auch der romanische Patroklidom in Soest weist Schäden auf. Eine schwere Bombe ging neben dem Westwerk auf der Rathausseite nieder, riß ein großes Loch in das mächtige Mauerwerk, vernichtete die Orgel und zerstörte sämtliche Fenster. – Von den ehemals katholischen Soester Kirchen hat die Wiesenkirche, der edelste gotische Kirchenbau in Westfalen, einen Bombentreffer ins Innere hinein erhalten.

–

---

333 Josef Cardaun, geb. 1893, 1933–1944 Kölner Diözesanpräses. Er starb am 16.11.1944 in Düren, auch durch einen Bombenangriff. Ein ordentlicher Nachfolger wurde erst am 4.10.1945 gewählt.

334 Auf Adolf Kolping (1813–1865) folgten 1866 Sebastian Schäffer (1828–1901) und 1901 Franz Schweitzer (1865–1924), dann 1924 Theodor Hürth (1877–1944).

In einem Brief der Generaloberin der Armen Schulschwestern v. U.L.Fr.[335] aus München vom 20. Dez. lesen wir u.a.: „Heute muß ich Ihnen schmerzlichstes Leid klagen. Wir Schulschwestern haben keine Mutterhausheimat mehr ... Kaum wollte ich mich gegen ½ 10 Uhr zur Ruhe begeben, da heulte – am diesem Tag zum 3. Mal – die Sirene auf. Die letzten Schwestern waren eben in den Kellern angelangt, da schlugen schon die Bomben in nächster Nähe ein. Nach wenigen Minuten eine ohrenbetäubende Detonation ... Staub und Qualm erfüllte den Luftschutzkeller. Es waren Augenblicke schrecklicher Todesangst ... Als nach etwa einer halben Stunde der ärgste Bombenhagel über der Innenstadt nachgelassen hatte, traten unsere Luftschutzleute ihre Kontrollgänge an. Schon nach wenigen Minuten kam der LS-Wart in den Keller zurück und verkündete mit bebender Stimme: ‚Ehrw. Mutter, nun dürfen wir mit Maria und Joseph auf Herbergssuche gehen, unser Mutterhaus ist zerstört.' ... Eine Luftmine war über dem Gruftflügel niedergegangen. Der Luftdruck schädigte schwerstens die Kirche und sämtliche Klostergebäude ... Noch in der Nacht, wurde der Arbeitsraum der Schulküche zu einer Notkapelle eingerichtet, freilich so dürftig, dass sie an den Stall zu Bethlehem erinnert. Hier wird nun die Ewige Anbetung fortgesetzt. Die hl. Messe im Notkapellchen zur frühen Morgenstunde mutete an wie ein Katakombengottesdienst. Wie ein Wunder kam es uns vor, daß wir am Tische des Herrn alle vollzählig versammelt waren; die Katastrophe hatte kein Todesopfer gefordert. ... Freilich trug nur ein Teil der Schwestern die volle Ordenstracht. Ein Teil schritt im Feuerwehranzug dem Heiland entgegen, auf den Schleier verzichteten alle. ... Der heraufziehende Morgen zeigte uns die unvorstellbare Verwüstung unserer geliebten Ordensheimat. Kirche, Kapelle und Klosterblock ein einziges da und dort vom Feuer noch grell durchzüngeltes Ruinenfeld! ..."

–

In einem Bericht des Erzbischöfl. Ordinariats München heißt es: „Das kirchliche Leben in den von den Luftangriffen schwergetroffenen Pfarreien Münchens bietet ergreifende Bilder. In Sakristeien und Unterkirchen, in Pfarrheimen und Zimmern, durch deren Decken bei schlechtem Wetter das Wasser tropft, sammeln sich die Pfarrkinder um die Notaltäre. Vom frühen Morgen bis in den hohen Mittag hinein reiht sich am Sonntag Messe an Messe, um allen seelsorglichen Anforderungen Genüge zu leisten. Kurze, aus dem Ernst der Zeit geborene Worte ersetzen die gewohnte Pfarrpredigt. Für Dienstverpflichtete, die in der Frühe den Gottesdienst nicht besuchen können, findet Abendmesse statt. Mit altchristlichem Opfermut nehmen die Gläubigen alle diese Schwierigkeiten in Kauf, und bekenntnisfroh singt die Jugend in den Noträumen ihre Lieder."

---

[335] Unserer Lieben Frau.

Confoederatio Latina Major. Am 5.1. starb in Magdeburg H. Pfarrer Paul Drosdek aus Jedrysek, Krs. Tarnowitz. Aufgenommen wurde H. Pfarrer Helmut Kwoll in Mosern, Kr. Ratibor. – Am 7.1.1945 starb H. Erzpr. Paul Bartsch in Briesnitz. Aufgenommen wurde H. Pfarradministrator Rudolf Tenzer in Weißwasser.[336]
Negwer

336 Paul Drosdek, geb. 11.1.1878, gew. 20.6.1903, 1919 Pfr. in Jendryssek (poln. Jędrysek), Ostoberschlesien, gehörte damit dann zum Bistum Kattowitz. Erstmals 1939, erneut am 3.12.1941 verhaftet; verstarb im Gefängnis in Magdeburg. – Helmut Kwoll, geb. 22.5.1902, gew. 14.2.1926, 1935–1956 Pfr. in Mosern (Mozurow, poln. Modzurów), dann Langscheid bei Arnsberg Erzb. Paderborn, gest. 8.9.1975. – Paul Bartsch, geb. 1.9.1871, gew. 11.6.1898, 1911–1939 Pfr. in Briesnitz. – Rudolf Tenzer, geb. 2.4.1906, gew. 27.1.1935, April 1943 Pfarrvikar in Weißwasser am Reichensteiner Gebirge (tschech. Bílá Voda), 1951 Steyler Missionar, gest. 29.8.1981.

Rainer Bendel

Neu machen das Angesicht der Erde – Maximilian Kallers Predigten zu Pfingsten und zu Kirchweih 1945

Abstract: Renewing the face of the earth – Maximilian Kaller's Sermon at Pentecost 1945
Regardless of whether they are written as pastoral letters or sermons, Maximilian Kaller's (1880–1947, bishop in Ermland since 1930) pastoral addresses are thoroughly infused with knowledge of the often desolate situation of the exiles at the end of the war. He speaks directly to the worries of exiled Catholics and their despair, as well as treats the consequences of becoming bitter or attempting to change the situation through violence.
One can see the basic structure of Kaller's appeal for a new beginning in his sermon at Pentecost, 1945. God's creating spirit does not begin with rebuilding homes and cities, but rather gives the highest priority to the destruction in human hearts. Kaller used the devastating effects of the war in his theological images and argumentation.
In September 1945, he directed a further pastoral letter to the faithful of his diocese. He hoped both to strengthen them in their love of homeland but also to disillusion them. His appeal to them was to find and create a new homeland and restart their lives, keeping the bonds of community strong and repairing old networks in justice and Christian love.

Kallers[1] Hirtenworte, ob als Hirtenbriefe geschrieben oder als Predigten vorgetragen, sind gesättigt vom Wissen um die oftmals desolate Situation der

---

1 Rainer BENDEL/Hans-Jürgen KARP, „Jetzt wird das Reich neu gezimmert". Maximilian Kaller (1880–1947) – Bischof von Ermland 1930–1947, in: Maria Anna ZUMHOLZ / Michael HIRSCHFELD (Hg.), Zwischen Seelsorge und Politik. Katholische Bischöfe in der NS-Zeit,

Vertriebenen in der Ankunftszeit.[2] Es waren Trostworte in schwerer Zeit, im franziskanischen Geist verfasst. Er griff die Sorgen der vertriebenen Katholikinnen und Katholiken auf. Er hob sie ins Wort, er nahm sie ernst. Er sprach die Konsequenzen an und malte die Verzweiflung, die Versuchung, bitter zu werden, die Versuchung, mit Gewalt die Verhältnisse zu ändern, aus.

Die Vertreibung deutete Kaller als Prüfung, als Krisis. Das persönliche wie das gesellschaftliche Leben müsse neu nach dem Gesetz Gottes in der Nachfolge Christi, des Gekreuzigten, geordnet werden. Damit erhält das Schicksal Vertreibung eine Sendung, eine Botschaft an alle – eine Chance, die Seligpreisungen zu realisieren. Auch wenn sie in der neuen Umgebung kalt empfangen, abgelehnt werden, sind die Vertriebenen nicht Verstoßene und Verlassene, sondern in diesem Interpretationskontext Gesandte Gottes. Sie sollen Boten seiner Liebe werden.

Bereits in den frühen Predigten Kallers nach der Kapitulation des Nationalsozialismus findet sich eine intensive Reflektion der Situation der Geflüchteten und Vertriebenen. In dieser Reflektion wurden auch die Ursachen klar benannt, die geistigen Verwirrungen der vorangegangenen zwölf Jahre. D. h. es setzte bereits in diesen frühen Predigten so etwas wie eine Vergangenheitsbewältigung ein, was man in der Extensität und Intensität bei den eingesessenen Katholiken nicht findet. Vielleicht war sie auf Vertriebenenseite vom Schicksal erzwungen. Man konnte die eigene Situation nicht ignorieren. Sie wollte erklärt sein, um halbwegs akzeptiert werden zu können, und für diese Erklärung reichte die einfache Parallelsetzung mit biblischen Bildern und Situationen in der Regel nicht aus. Die Menschen fragten radikaler.

So predigte Kaller zur Caritassammlung in der Herz-Jesu-Oktav am 10. Juni 1945 zu der Frage „Wer baut die Brücken?“. Das Bild der gesprengten Brücke wurde zum Sinnbild und Gleichnis für die abgebrochene und zerstörte Verbindung zwischen Menschen und Völkern. Das Verhältnis des Menschen zum Menschen sei an der Wurzel vergiftet und verdorben.

Münster 2018, 107-130. – DIES., Bischof Maximilian Kaller 1880–1947. Seelsorger in den Herausforderungen des 20. Jahrhunderts, Münster 2017. – Rainer BENDEL, Maximilian Kaller. Grundanliegen des Vertriebenenbischofs, in: Thomas FLAMMER und Hans-Jürgen KARP, Maximilian Kaller – Bischof der wandernden Kirche. Flucht und Vertreibung – Integration – Brückenbau, Münster 2012, 23-54.

2 Rainer BENDEL, Aufbruch aus dem Glauben? Katholische Heimatvertriebene in den gesellschaftlichen Transformationen der Nachkriegsjahre 1945-1965, Köln-Weimar-Wien 2003. – Sabine VOẞKAMP, Katholische Kirche und Vertriebene in Westdeutschland. Integration, Identität und ostpolitischer Diskurs 1945–1972, Stuttgart 2007. – Rainer BENDEL (Hg.), Vertriebene finden Heimat in der Kirche. Integrationsprozesse im geteilten Deutschland in der Nachkriegszeit, Köln–Weimar–Wien 2008. – DERS., Hochschule und Priesterseminar Königstein. Ein Beitrag zur Vertriebenenseelsorge der katholischen Kirche, Köln-Weimar-Wien 2014.

Das Gift der Zerstörung werde nicht durch Worte überwunden, sondern nur durch ein Heilwerden von der Wurzel her. So skizzierte er den Brückenbauer der Gegenwart und der Zukunft: „Er sieht, dass etwas ganz Neues und ganz anderes beginnen müsste im Verhältnis vom Menschen zum Menschen, wenn er nicht überhaupt am Menschen irre werden und am Leben verzweifeln soll. Er ist ohne Glauben aufgewachsen, aber hat das Verlangen nach dem Wahren und Guten in sich bewahrt." [3]

Grundlage und Impuls für diesen Neuanfang skizzierte Kaller in seiner Pfingstpredigt 1945. Der Geist Gottes mit seiner Schöpfertätigkeit beginnt nicht beim Wiederaufbau der Häuser und Städte, sondern kümmert sich zuvorderst um die Zerstörung in den Herzen der Menschen. Kaller griff in seinen theologischen Bildern und Argumentationsgängen die verheerenden Wirkungen der Kriegserfahrungen auf, wenn er von den grauenhaften Trümmerfeldern in den Herzen sprach.

Maximilian Kaller wurde am 10. Oktober 1880 in Beuthen/OS als zweites Kind einer Kaufmannsfamilie geboren. Nach dem Besuch des Städtischen Katholischen Gymnasiums in Beuthen immatrikulierte er sich 1899 an der Katholisch-Theologischen Fakultät der Friedrich-Wilhelms-Universität Breslau. Am 20. Juni 1903 wurde er von Kardinal Kopp zum Priester geweiht. Von 1903 bis 1905 war er Kaplan in Groß-Strehlitz. Die folgenden zwölf Jahre war Kaller Seelsorger in Bergen auf Rügen, zuerst als Pfarradministrator, dann als Pfarrer.

Mit dem kraftvollen schlesischen Katholizismus als Basis[4], einem ausgeprägten Organisationstalent und großem seelsorgerlichen Eifer kam Kaller nach Rügen und baute dort die Seelsorge für die polnischen Saisonarbeiter wie für die katholischen Badegäste und Sommerfrischler systematisch auf und aus und errichtete Kirchen und Kapellen.

Zahlreiche Erfahrungen konnte Kaller in der Großstadtseelsorge in Berlin sammeln: Das Berlin der zwanziger Jahre des 20. Jahrhunderts wurde vielfach als ein „Laboratorium der Moderne" bezeichnet.

Kallers Pastoral erschöpfte sich nicht in Katechese und Liturgie, sondern nahm intensiv die sozialen Probleme auf und suchte nach Hilfestellungen.

---

[3] Predigt Kallers zur Caritassammlung in der Herz-Jesu-Oktav vom 10. Juni 1945. Schreibmaschinenausfertigung. Archiv Ermlandhaus Münster (AEM).

[4] Vgl. zu diesem Hintergrund die Skizzen einiger Charakteristika des schlesischen Katholizismus in: Rainer BENDEL: Katholische Aktion und Aufbruchsbewegungen. Schlesische Katholikinnen und Katholiken in der Zwischenkriegszeit, in: DERS., Robert PECH und Norbert SPANNENBERGER, Kirche und Gruppenbildungsprozesse deutscher Minderheiten in Ostmittel- und Südosteuropa 1918–1933, Berlin 2015, 117-136.

Weite Problemfelder wurden besetzt, die Zuständigkeitsbereiche der Seelsorge sehr ausgedehnt. Kaller stand damit in Berlin nicht allein. Carl Sonnenschein, Bernhard Lichtenberg, der spätere Dompropst und Glaubenszeuge, Clemens von Galen, der spätere Münsteraner Bischof, in den zwanziger Jahren Kollege Kallers in der Nachbarpfarrei St. Matthias: Sie alle stehen für eine engagierte Seelsorge, die die aktuellen Fragen und Nöte der Großstadtseelsorge aufgriff.

Maximilian Kaller, seit 1926 Prälat der Freien Prälatur Schneidemühl, wurde 1930 zum Bischof des ostpreussischen Bistums Ermland gewählt. Bekannt ist die deutliche Ablehnung des Nationalsozialismus durch die Bischöfe bis zum Akt in Potsdam und zum Konkordat. Bekannt ist die teils begeisterte Aufnahme, die das Thema ‚Aufbruch, Erneuerung' nach dem 30. Januar 1933 in kirchlichen Kreisen gefunden hat, auch bei Kaller.

Dabei darf nicht übersehen werden, dass sich Kaller spätestens seit dem Frühjahr 1934 zu einem entschiedenen Gegner des Nationalsozialismus gewendet hatte, der sich nicht scheute, bevorzugt große öffentliche Veranstaltungen wie erstmals die Wallfahrt nach Dietrichswalde im September 1934 als Foren für seine öffentliche Kritik in der Predigt zu nutzen.

Kaller sprach zu Kriegsende von der apokalyptischen Dimension der gegenwärtigen Situation; jedes Anrecht auf bürgerliche Behaglichkeit werde zerstört; Jahre härtester Entbehrung werden ertragen werden müssen; gewaltige Anstrengungen werden nach dem Krieg bei allen Völkern nötig sein. Der Priester in christlicher Einfachheit wird gefragt sein, nur er wird überzeugend in den Entbehrungen stärken und sie deuten können; in der priesterlichen Lebenshaltung müssen Schlichtheit und Einfachheit zu erkennen sein. Der wegweisende Seelsorger und Wahrer christlicher Kultur ist in den Augen des Bischofs nötig.

In Sommer 1945 erwog Kaller bereits sehr realistisch die Möglichkeit, dass alle Deutschen aus Ostpreußen ausgesiedelt werden – ohne Hoffnung auf Rückkehr. Diese realistische Sicht wird ihn auch immer wieder dazu bringen, die Vertriebenen zu mahnen, an ihrer neuen Bleibe Wurzeln zu fassen, sich zu integrieren und nicht irgendwelchen Sehnsüchten nach einer fernen Rückkehr nachzugeben.

Kaller wurde 1946 von Papst Pius XII. zum Sonderbeauftragten für die Vertriebenen und Flüchtlinge berufen.

Er starb am 7. Juli 1947 in seinem kargen Zimmer in Frankfurt; sein Grab befindet sich auf dem Friedhof in Königstein.

Predigt von Bischof Maximilian Kaller zu Pfingsten 1945[5]

„Veni creator spiritus! Welch gewaltiger Ruf, der da jedes Jahr ertönt! Es wird gerufen der Schöpfer Geist, von dem es in dem Bericht vom Anfang aller Dinge heißt: Die Erde war Wüste und Leere, war Wüste und Chaos – aber der Geist Gottes schwebte über den Wassern und seine Kraft formte das Chaos zur geordneten lebendigen Welt, zum Kosmos.

Immer ist das ein gewaltiger und großer Ruf. Aber wie klingt er dies Jahr im Anblick der Verwüstung und Zerstörung, die sich vor unseren Augen immer mehr enthüllt, je mehr sich die Rauchwolken verziehen und die ausgebrannten Ruinen von geliebten Städten und Dörfern sichtbar werden und das ganze Bild der Vernichtung uns in den Blick kommt!

Aber „mentes tuorum visita" heißt es weiter. „Such heim der Deinen Sinn, der Deinen Herz!" [!] Der Geist Gottes beginnt mit seiner Schöpfertätigkeit nicht mit den Häusern und den Städten. Wie ja auch die Zerstörung in den Herzen, die Zerstörung an den Menschen noch viel schlimmer ist als an den Häusern und Städten. Wenn wir die Welt und die Menschen sehen könnten von innen, wie Gott sie sieht, würden wir wohl viel grauenhaftere Trümmerfelder finden! Und haben wir es nicht auch so schon zu unserem Schrecken erlebt, was aus dem Menschen werden kann, der nach Gottes Ebenbild erschaffen ist! Der in der Taufe wiedergeborene ist zum Kind Gottes und Bruder Christi und Tempel des Heiligen Geistes!

Der den Keim der Herrlichkeit empfangen hat, auf dass er in ihm wachse und reife und ihn gleichgestalte dem Bilde Christi! Krieg ist immer etwas Furchtbares und bringt Furchtbares mit sich – aber nicht das war das eigentlich Schreckliche und Erschreckende, was durch die Notwendigkeit des Krieges gefordert war, sondern das, wessen der Mensch fähig ist ohne alle Notwendigkeit! Was der Mensch dem Menschen antut über alle Notwendigkeit, ja Zweckmäßigkeit hinaus in sinnloser Grausamkeit, in Freude am Schmerz des Anderen, in rücksichtsloser Selbstsucht und Brutalität oder was oft noch schlimmer sein kann: in einer kalten unberührbaren Gleichgültigkeit! Und wir haben mit dem Schrecken erfahren, was der Mensch aus dem Menschen machen kann und was aus einem Volke gemacht werden kann durch Zwang und Verlockung mannigfacher Art. Und wir alle sind mit davon betroffen, sind daran beteiligt, sind mit daran schuld. Es ist schon so: so traurig der

---

[5] Schreibmaschinenausfertigung AEM.

Anblick der Ruinen[,] der Stätten des Wohnens und der Arbeit uns stimmen mag, so sehr wir trauern mögen vor den Trümmern ehrwürdiger Kirchen und verehrungswürdiger Stätten deutscher Kultur und deutscher Geschichte – Sie sind doch nur wie ein Gleichnis, wie ein Schatten und Spiegelbild der Zerstörung, die am Menschen geschehen ist!
So rufen wir den Schöpfer Geist – veni creator spiritus – aber wir bitten, dass er mit der Mitte der Schöpfung, dem Menschen, und in der Mitte des Menschen, in seinem Herzen beginne! Dass er an den Wurzeln beginne, aus denen alles Gute und alles Böse herauswächst. Dass er das Ebenbild Gottes im Menschen wiederherstelle! Dass er, der „die Würde der menschlichen Natur wunderbar geschaffen und noch wunderbarer erneuert hat", dies sein Werk auch unter uns wieder beginne!
Ja, auf einen guten neuen Anfang kommt es an – auf einen Anfang in aller Verborgenheit, Stille, Bescheidenheit und Ehrlichkeit. Wie damals Pfingsten trotz Sturmesbrausen und Feuerzeichen doch ein verborgener unscheinbarer Anfang war! [...] Auf einen neuen Anfang in den Herzen, auf ein neues Keimen und Wachsen aus guten Wurzeln, kommt es auch heute an. Die Zerstörung reicht zu tief, als dass sie mit diesen oder jenen äußeren Maßnahmen behoben werden könnte – wie ja auch ihre Ursachen und Anfänge nicht nur in den letzten zwölf Jahren liegen; diese waren ja selbst nur möglich, wenn auch wohl nicht notwendig, als Frucht und Ergebnis anderer Ursachen und Entwicklungen.
Es ist billig, nun alle Schuld auf wenige Menschen zu laden, so schwer ihre Schuld gewesen sein mag, oder auf eine Partei, so groß ihr Anteil auch gewesen ist. Und es ist auch nicht so, dass nur Deutschland an allem schuld ist, so schwer die Schuld ist, an der wir alle tragen und von der sich niemand ausschließen kann (und es ist sehr wichtig, dass wir unsere Schuld nicht weg reden und nicht abwälzen, sondern ehrlich eingestehen und in ihren Folgen ehrlich mittragen!). [...]
So kommt es also auf einen neuen Anfang aus dem Heiligen Geiste an. Wir täuschen uns nicht. Es wird sich zunächst nicht viel ändern. Es wird uns nichts erspart bleiben, wir werden die Folgen tragen und den Kelch leeren müssen bis zur Neige. Aber spätere Zeiten, die zurückblicken, werden sagen: mitten unter den Trümmern, da und dort, hat etwas Neues zu wachsen begonnen – wie wir wohl auch mal mit Ergriffenheit zwischen Schutt und Trümmern Bäume und Sträucher grünen und Blumen blühen sehen! Man wird sagen: da und dort hat es wieder angefangen zu leben; zwischen den Menschen-Trümmern und Menschen-Masken haben wirkliche lebendige Menschen, geschaffen nach Gottes Ebenbild und wiedergeboren zur Kindschaft Gottes, gelebt. Da ist ein

neuer Anfang im Heiligen Geiste geschehen; still, verborgen und bescheiden, nur von wenigen verstanden und beachtet, aber doch groß und wichtig vor Gott; ein Keim, aus dem dann ein starker fruchttragender Baum geworden ist; ein fester Grund, auf dem dann andere weiter bauen konnten. Mag es so sein oder nicht, dass wir Deutschen am meisten Schuld tragen – jedenfalls erfahren wir mit am tiefsten und schwersten die Folgen der Schuld. Und darin kann eine Gnade liegen, dass auch wir zuerst zur Erkenntnis, zur Besserung, zur Buße und damit zur Heilung kommen; dass wir zuerst das Gift ausscheiden, über das andere sich noch hinwegtäuschen; dass wir zuerst die Krankheit überwinden, die bei anderen noch nicht voll ausgebrochen ist! Und dass wir so in aller äußeren Erniedrigung vor Gott doch den Vorsprung haben!

Ob die Opfer dieses Krieges – die Lebenshingabe der Toten und die Leiden der Lebenden – umsonst gewesen sind, muss sich noch entscheiden. Es ist noch in unsere Hand gelegt! Sie sind nicht umsonst gewesen insofern als sie eine Saat sind auf Gottes Acker, als sie ein Ruf gewesen sind um Gottes Gnade, als sie ein Gewicht sind auf der Waagschale, mit der Gott unser Volk wägt. Aber ob wir guter Boden sind, auf dem Saat aufgeht und Frucht bringt hundertfach, ob die Gnade in uns fruchtbar wird, ob unser Leben ihres Sterbens wert ist – das muss sich noch entscheiden. Mir scheint, dem Christen und gerade dem katholischen Christen ist viel anvertraut für die Zukunft unseres Volkes. Ihm ist vieles gegeben an Erkenntnis, was andere nicht haben und nicht wissen. Er hat Ziele und Maßstäbe, die auch dann noch gültig bleiben, wenn die irdischen Ziele entschwinden und die irdischen Maßstäbe nicht mehr ausreichen. Er hat am ersten die Möglichkeit zu erkennen, woher es kommt und worauf es ankommt! Und nun muss es sich zeigen: werden wir auch nur klagen und anklagen und die Schuld auf andere schieben? Werden auch wir weiter aufgehen in der kleinen Welt von Klatsch und Geschwätz, von Zank und Streit, von Ehrgeiz und Eifersucht, von Tagesinteressen, Tagessorgen und Tagesvergnügen? Werden wir auch uns ganz ausfüllen und ganz aufgehen in den Fragen: was werden wir essen, was werden wir trinken, womit werden wir uns bekleiden? Wird auch bei uns alles so bleiben wie es gewesen ist? Oder wird nach allem, was wir erlebt haben, etwas Neues beginnen? Werden wir etwas Einsicht und Weisheit aus dem Heiligen Geist gewonnen haben? Werden wir wahrhaft Volk Gottes sein, das „wiedergeboren ist aus dem Heiligen Geiste, das gereinigt ist von aller Ungerechtigkeit und reich ist an guten Taten"? Das erkannt hat, dass über allem anderen wichtig ist das Reich Gottes und seine Gerechtigkeit? Ich meine nicht außergewöhnliche und verstiegene Dinge! Ich weiß, wie schwer auf uns allen die Aufgaben und Sorgen des alltäglichen Lebens lasten, wie viel Kraft heute die Erfüllung der primitiven Lebensbedürfnisse fordert; wie bedrückend für alle die Sorge und Ungewissheit um die nächsten Menschen ist. Ich kann mitfühlen, was es für eine Familie bedeutet, wenn sie nicht weiß, ob sie heute oder morgen ihre Wohnung verlassen muss und was der immer neuen und anderen Sorgen und Ängste noch mehr sein mögen! Ich weiß, wie müde und belastet wir alle sind. Aber in all dem könnte das wachsen und lebendig sein, was die Apostelgeschichte, im Anschluss an den Bericht über das Pfingstereignis schlicht und einfach über das Leben der ersten christlichen Gemeinde sagt, die am Pfingstfest sich bildete: „Sie beharrten in der Lehre der Apostel und der Gemeinschaft, im Brotbrechen und im Gebet. Sie hielten zusammen und hatten alles gemeinsam. Sie harrten täglich einmütig aus im Tempel und brachen in den Häusern das Brot, genossen ihre Nahrung in Freude und Herzenseinfalt, lobten Gott und waren in gutem Einvernehmen mit dem ganzen Volk. Der Herr aber führte ihrer Gemeinschaft täglich neue hinzu, die sich retten ließen.“

Der Geist weht wo und wann er will – und Du weißt nicht, von wo er kommt und wohin er geht! Er ist souverän und lässt sich nicht herbeizwingen und auch nicht den Weg verbieten. Aber er braucht offene Türen und Fenster; er achtet die Freiheit, er bricht nicht mit Gewalt auf. Er sucht die Menschen, deren Herzen offen sind in Sehnsucht, in Ungenügen, in denen Unruhe ist nach dem Göttlichen und Ewigen. Und er sucht weiten Raum – in kleinlichen engen Herzen, die nur die Angst um sich selbst kennen, kann er sich nicht bewegen; er sucht weite, wagende Herzen. Und er braucht leere Gefäße – wer schon angefüllt ist bis obenhin mit den Freuden und den Sorgen von heute und morgen oder wessen Innenraum vollgestellt ist mit allem möglichen Kram wie eine gute Stube alter Zeit, ist nicht aufnahmefähig für die Gaben des heiligen Geistes.

Aber gerade die Menschen, denen Unersetzliches genommen ist, deren Herz eine unheilbare Wunde trägt, deren irdische Hoffnungen und Pläne zerbrochen sind – gerade sie könnten die bevorzugten Gefäße des Heiligen Geistes sein, Gefäße einer von oben kommenden Weisheit und Liebe; sie könnten die für die Zukunft fruchtbaren, die wissenden, verstehenden und gütigen Menschen werden. Sie sollten statt nur zu trauern ihr Herz wie ein leeres Gefäß nach oben halten!

Das wollen wir alle tun, wenn wir jetzt als Zelle derselben Kirche, die am Pfingsttag zu leben begann und der für alle Zeit und so auch für unsere Tage die „Kraft aus der Höhe", der neue Beistand, der Geist der Wahrheit verheißen ist, das eucharistische Opfer des Pfingstfestes begehen, auf dass auch unsere Gemeinde und jeder von uns an seiner Stelle ein von oben erfülltes Gefäß sei, aus dem dann auch andere schöpfen können. Lasst uns alle unser Herz weit öffnen, auf dass unsere Gemeinde gerade in dieser Stadt ein offenes Tor und jeder von uns für seine Umwelt eine offene Tür sei, durch die der gute Heilige Geist, der Geist der Wahrheit und der Liebe, einströmen kann in unser Volk. Dass der Schöpfer Geist in unseren Herzen Neues schaffen und einen neuen Anfang machen kann, dafür lasst uns bereit sein und darum lasst uns im Anblick des Trümmerfeldes, vor dem wir stehen, in tiefer Sehnsucht und Erwartung rufen: „Sende aus Deinen Geist und alle Geschöpfe werden aufleben, und Du wirst neu machen das Angesicht der Erde!" Amen."

Empathie und Nüchternheit kennzeichnen Kallers Predigt zum ersten Kirchweihfest nach Flucht und Vertreibung. Es liegt nahe, dass er an diesem Fest die Kirche als verlässliche und sichere Orientierung vorstellt. Er predigt zugleich gegen jede Illusion einer Rückkehr in die Gebiete, die die Gläubigen eben hatten verlassen müssen. Hoffnung muss „andernorts" gesucht werden: Er richtet den Blick der Vertriebenen auf die Heimat in Gott – einer Intensität und Radikalität wie wir sie sonst allenfalls bei Joseph Wittig finden.

„Wohl dem, der jetzt noch Heimat hat."
Predigt von Bischof Maximilian Kaller zu Kirchweih 1945[6]

„Liebe Gemeinde!
„Die Krähen schrein und ziehn wirren Flugs zur Stadt.
Bald wird es schnein: Weh dem, der keine Heimat hat!"
Diese Worte hat nicht ein Mensch von heute gesprochen, sie sind nicht die Klage eines der tausenden und Millionen deutscher Volksgenossen, die Haus und Heim verloren haben und nun ratlos und ziellos von Stadt zu Stadt und von Land zu Land ziehen oder irgendwo eine vorläufige Unterkunft gefunden haben und nicht wissen, ob sie morgen wieder weiter wandern müssen. Sie sind schon über ein halbes Jahrhundert alt, gesprochen in einer Zeit des Friedens und des wirtschaftlichen Aufstiegs und der äußeren Blüte nach einem siegreichen Kriege, gesprochen von

6 Schreibmaschinenausfertigung AEM.

einem Menschen, dem es an all den Dingen nicht fehlte, die heute tausende so bitter entbehren, und der doch noch mehr verloren hatte und eine noch viel tiefere und schrecklichere Armut und Heimatlosigkeit erlebte. Er war von Gott fort gegangen, er hatte Gott verloren. Und so spricht er weiter zu sich selbst:

„Nun stehst du starr, schaust rückwärts, ach, wie lange schon!
Was bist du, Narr, vor Winters in die Welt entflohn?
Die Welt – ein Tor, zu tausend Wüsten stumm und kalt!
Wer das verlor, was du verlorst, macht nirgends halt.“

„Weh dem, der keine Heimat hat!“ Hunderttausende erfahren es und wir wollen von der Bitternis dieser Heimatlosigkeit nichts wegreden, sie nicht leicht zu nehmen suchen. Nur der versteht sie wohl ganz, der sie selbst erlebt hat. Aber es bleibt doch wahr: alles Irdische ist ein Gleichnis und eine Verheißung, auch die irdische Heimat. Immer sind wir Wanderer zwischen zwei Welten, und das irdische Haus und Heim ist wie ein Zelt oder eine Herberge, aus der wir immer wieder aufbrechen und weiter wandern müssen. Immer sind wir erst auf dem Wege, auf dem Wege zum Vater, der unser Ursprung und unsere letzte Ruhe und Heimat ist, und zum Haus des Vaters, in das uns der Herr vorausgegangen ist, um uns die Wohnung zu bereiten. Erst dann werden wir ganz erfahren, was Heimat ist und was es heißt „zu Hause sein“, wenn sich die Verheißung der heutigen Lesung erfüllt: „Sehet, das Zelt Gottes bei den Menschen. Er wird bei ihnen wohnen, sie werden sein Volk sein und Gott selbst wird unter ihnen sein als ihr Gott. Und Gott wird abwischen alle Tränen von ihren Augen.“ Das wird die volle, die eigentliche Heimat sein, die das Ziel all unseres Irrens und Wanderns ist und von der es dann keine Trennung mehr gibt.

Aber schon auf der Wanderschaft ist die katholische Kirche und die katholische Gemeinde ein Anfang solch heiliger Heimat. Hier wird schon gebaut an der heiligen Stadt, an dem Bau aus lebendigen Steinen, hier ist schon Wirklichkeit „das Zelt Gottes unter den Menschen“, hier ist schon Wahrheit: „Er wird bei ihnen wohnen, sie werden sein Volk sein und er wird unter ihnen sein als ihr Gott.“ Hier ist schon ein sichtbares Haus und eine Familie, ein Familientisch und ein gemeinsames Mahl. Hier sind wir zu Hause und geborgen mit unserem eigentlichen und tiefsten Leben, mit unserem Leben als Kinder Gottes. Schwer ist es, das irdische Haus und die irdische Heimat zu verlieren, aber wir glauben es: schwerer ist es noch, ohne letztes Ziel. Ohne letzte Geborgenheit, ohne letzten Sinn, ohne heilige Heimat, kurz: ohne Gott zu sein. „Wer das verlor, was Du verlorst, macht nirgends halt". Zu ihm ist das Wort gesprochen: „Weh dem, der keine Heimat hat!"

Mehr als in anderen Jahren ist in diesem Jahr am heutigen Tage unser Herz von Dank erfüllt, dass uns der Ort solch heiliger Heimat erhalten geblieben ist. Größer und tiefer muß unser Dank sein, weil die Gefahr größer war als je zuvor, und zugleich, weil wir tiefer und lebendiger erfahren haben, was sie uns bedeutet.

Die Gefahr war größer als je zuvor. Ich will daran nur kurz erinnern – wir sind ja so vergesslich. Aber wir wissen nicht mehr, wie wir von Woche zu Woche, ja von Tag zu Tag, ja vom Morgen zum Abend und vom Abend zum Morgen nicht wußten, ob die Kirche noch stehen würde? Haben wir nicht immer wieder gefragt: ob wir Weihnachten, ob wir Ostern, ob wir Pfingsten, ob wir das Kirchweihfest noch werden zusammen feiern können? Ist nicht mancher von Euch an den Tagen und Nächten der Angriffe, sobald er frei war, hierher gelaufen und war dankbar und erleichtert, als er die Kirche so ruhig und sicher wie immer dastehen sah? Erinnern wir uns nicht mehr an den Sonntag, an dem wir wußten, daß es aufs Letzte ging und ich Euch sagte: „In diesen Tagen wird es sich entscheiden, ob wir die Kirche behalten und ob wir als Gemeinde zusammenbleiben dürfen!"? Ist es nicht mehr als wir damals zu hoffen wagten, daß wir das diesjährige Kirchweihfest in der ganz unverletzten Kirche gemeinsam wie immer begehen können? Wir könnten noch andere Gefahren nennen – aber es mag das Eine genügen, Kirche und Gemeinde heute wie ein unerwartetes Geschenk mit besonderem Dank und besonderer Freude neu zu empfangen.

Und wir haben in diesem Jahr Grund zu besonderer Freude und besonderem Dank, weil wir tiefer als sonst erfahren haben, was uns Kirche und Gemeinde bedeuten. Man kann es wohl nicht kürzer und einfacher sagen als mit dem Wort: sie ist uns und Tausenden, die nicht mehr hier sind, heilige Heimat gewesen. Sie ist uns Heimat gewesen dadurch, daß sie uns die Wahrheit hütete. Die Welt war doch wie ein Irrenhaus, in dem man nicht mehr unterscheiden konnte, wer gesund und wer krank war. Es waren alle Wegweiser verdreht und alle Uhren verstellt, alle Gewichte und Maßstäbe gefälscht. Alles war verzerrt und überhitzt. In diesem Raum war die klare Luft der Wahrheit. Hier hörten wir die milde und klare und doch harte und unerbittliche Stimme Christi. Wir haben keine politischen Predigten gehalten, wir haben nicht zu den immer neuen Einzelheiten und Tagesfragen Stellung genommen, wir haben es auch gewagt, an all den Vorwürfen und Verleumdungen gegen Glauben und Kirche stillschweigend vorbeizugehen und sie zu überhören. Wir hatten das Vertrauen: wenn wir nur das Licht in unsere Tage und in unsere Welt deutlich hineinleuchten lassen, werdet Ihr selbst unterscheiden, was weiß und schwarz ist; wenn wir Euch die rechten Gewichte und Maßstäbe mitgeben ins Leben, werdet Ihr selbst messen und wiegen und unterscheiden, was groß und klein, was wichtig und unwichtig ist. Wir wollten euch nicht unsere menschliche Meinung geben, sondern Mund der Kirche Christi sein. Das Wort Christi im Evangelium und die Mahnungen der Apostel, die Jahrhunderte alten Gebete und Gesänge der Kirche und das Gedächtnis der Großtaten Gottes in den großen Festen – wir hatten das Vertrauen: Wer das wirklich als Nahrung aufnimmt, wer daraus lebt, der kann nicht ganz verwirrt und verführt werden, der bekommt einen Instinkt, einen Geschmack, mit dem er unterscheiden kann! Und wir erlebten es immer wieder, wie alte Worte neu aufleuchten und wie die alten Texte, die seit Jahrhunderten erklingen, uns ein Wort des Trostes oder der Führung gaben in die Not und Frage unseres Tages hinein. Und die Haltlosigkeit und Ratlosigkeit der Menschen um uns war uns der beste Spiegel für den Reichtum und Heimat der Wahrheit.

Und die Kirche ist uns Heimat gewesen, weil in ihr die warme und helle Luft der Liebe war. Es mag mancherlei Mißhelligkeiten und Schwierigkeiten und Lieblosigkeiten auch unter uns gegeben haben. Aber wir können doch sagen: wir haben die Atmosphäre der Gehässigkeiten und der Verhetzung und der Rachsucht nicht eindringen lassen. Wir haben die Predigt des Hasses und der erbarmungslosen Härte laut und deutlich zurückgewiesen und immer wieder die Liebe verkündet und auch zu üben gesucht. Und das macht ja Heimat aus: daß man nicht unter Fremden und Gleichgültigen ist; daß man unter Menschen ist, deren Sprache man versteht und mit denen man sich verbunden weiß, auch wenn man kein Wort wechselt; daß man spürt: jeder meint es mit dem anderen gut; daß man nicht allein und verlassen ist.

Wie hat es unserer verwirrten Seele und unseren wunden Herzen gut getan einen Raum zu haben, in dem man solche Luft einatmen und in ihr aufatmen und gesund bleiben konnte!

Sie ist uns Heimat gewesen dadurch, daß wir uns in ihr vor Gottes Angesicht versammeln konnten als sein Volk, vor dem Angesicht des großen und heiligen und gütigen Vaters, als seine Söhne und Töchter, in Gemeinschaft mit Christus als unserem großen Bruder. Wie tat es uns gut, daß wir hier einmal wegschauen konnten von den Bildern des

Grauens und Entsetzens, einmal wegdenken konnten von unseren Sorgen und Ängsten und hineinschauen in ein großes und reines Licht, in Gottes Größe und Schönheit und Herrlichkeit; daß wir einen Ort hatten, wo wir lobend und anbetend stehen durften vor einer letzten Macht, einer letzten Weisheit, einer letzten Güte; wo wir knien durften vor Geheimnissen göttlicher Liebe und den Offenbarungen göttlicher Herrlichkeit. So schwer Leid und Sorge auf uns lag, es gab doch eine letzte, reinste und edelste Freude, die uns durch nichts genommen werden konnte: die Freude an Gott. Sie hatte hier eine Quelle, einen Ort und eine Heimat. Und war die Freude an Gott nicht unsere Stärke?

Heilige Heimat ist unsere Kirche vor allem auch den tausenden von Glaubensbrüdern gewesen, die aus allen Ländern Europas hierher verschleppt waren – draußen ausgesetzt der Mißachtung und oft genug auch der Mißhandlung verschiedenster Art. Wir haben es ihnen gesagt und gezeigt und sie haben es auch gespürt, daß sie hier als Brüder aufgenommen waren, daß sie in diesem Raum mit ein Heimrecht und ihre Würde und Ehre hatten, auch wenn sie arm und dürftig und auch am Festtag in ihrer Arbeitskleidung daherkommen mußten. Hier fühlten sie sich sicher und zu Hause. Wie manchen Mann sah ich hier einsam knien und weinen. Und wie groß und schön war die Gemeinschaft an den großen Festen, wenn so verschiedene Menschen, so verschiedene Völker, so verschiedene Schicksale verbunden und geeint waren in Anbetung und Dank vor demselben großen Geheimnis göttlicher Liebe! Wahrlich es war eine „beata pacis visio“ – eine selige Vision des Friedens, eine Insel des Friedens in dem brandenden Meer!

Und dann kamen immer neue Ströme von Menschen aus dem Osten, die ihre Heimat so schnell und unter so grausigen Umständen verlassen mußten: die erschüttert und am Rande der Verzweiflung hier unter fremden oft so lieblosen und verständnislosen Menschen und in fremde Verhältnisse geschleudert waren. Wohl denen, die dann die heilige Heimat gesucht und gefunden haben, die ihre Wurzel tiefer gesenkt, ihr Leben auf tieferen Grund gestellt haben! So viele haben dann doch erfahren, daß sie nicht ganz heimatlos sind, ja manche haben wohl erst jetzt die eigentliche, die tiefere Geborgenheit und Heimat gefunden. Und wenn es nicht viel war, was wir als kleine und selbst arme Gemeinde tun konnten: wir haben doch zu zeigen gesucht, daß wir in ihnen nicht lästige Eindringlinge und Mit-Esser, sondern Brüder und Schwestern sahen, mit denen wir zu teilen und denen wir zu helfen suchten so gut es ging.

Und dann kamen die ersten Heimkehrer aus dem Felde – in eine Heimat, die sie so wenig liebevoll aufnahm, die ihnen keinen Empfang bereitete, ihnen keine Ehre mehr zuerkannte und in der niemand war, der ihnen helfen konnte in ihrer Ratlosigkeit und Führungslosigkeit; die sich in einer Welt wiederfanden, die sie nicht verstanden und von der sie sich mißverstanden und verkannt fühlen mußten. Ich glaube, von diesem Orte aus können sie den neuen Weg ins Leben finden. Hier ist auch für sie eine tiefere Heimat, die sich nicht verändert hat, in der sie wieder anknüpfen können an die besten und heiligsten Stunden ihres Lebens und in der sie sich wieder zurechtfinden können, wenn sie draußen anderen Stimmen allzu leicht geglaubt, und in der sie wieder neues Vertrauen fassen können, nachdem das alte so schwer mißbraucht und enttäuscht worden ist.
Das alles macht dieses Jahr unsere Freude und unseren Dank tiefer und größer. Wir alle – jeder in seinem Maß und in seiner Weise – haben tiefer erfahren, was heilige Heimat bedeutet.
Aber es darf nicht der Dank einer vorübergehenden Stunde, es muß der Dank der Tat und des Lebens sein. Aus der Gefährdung lernen wir neue Schätzung und größere Sorgfalt, aus der tieferen Erfahrung muß wachsen tiefere Liebe, und aus der tieferen Liebe tiefere Bereitschaft und größere Tat. Denn wir werden die heilige Heimat auch weiterhin brauchen – so notwendig wie das tägliche Brot und noch nötiger als die irdische Heimat. Wir werden weiter nötig haben und schützen müssen den Raum der Wahrheit. Wir haben gelernt, daß etwas noch nicht wahr ist, weil es alle sagen, und daß alle allzu laut geschrienen und allzu gewalttätig aufgedrängten Worte verdächtig sind. Wir sollten gelernt haben, worauf man sich verlassen kann. „Das Zeugnis für Christus ist in euch befestigt worden und ihr seid reicher geworden an jeglicher Erkenntnis“ hieß es in der Epistel des vorigen Sonntags. Was sonst auch kommen mag: hier soll ein Raum der Wahrheit sein. Wir werden uns auch weiter fernhalten von Tagespolitik und Tagesfragen und werden sparsam sein mit allem, was wir nur als unsere eigene menschliche Meinung sagen können. Aber wir werden weiter – ob gelegen ob ungelegen, ob gefährlich ob ungefährlich – die Wahrheit verkündigen, die uns im Worte Gottes und im Leben und Beten der Kirche anvertraut ist. Wir werden daraus auswählen und betonen und unterstreichen, was uns für unsere Tage wichtig scheint – wer Ohren hat zu hören, der höre! Wir werden uns Mühe geben, dieses Licht in unsere Tage in unsere Welt hineinleuchten zu lassen – wer Augen hat zu sehen, der sehe sich dann um und urteile in diesem Licht. Wir haben die rechten Maßstäbe und

Gewichte in der Hand – es kommt dann auf uns an, sie anzuwenden und uns dann darauf zu verlassen, auch wenn alle anders sagen. Dann können wir nie ganz irregeführt werden!
Und wir werden nötig haben und schützen müssen den Raum der Liebe. Das ist doch das Schmerzliche: es ist nichts wirklich Neues und Besseres gekommen im Verhalten der Menschen untereinander. Es ist das ewig gleiche im Grunde so langweilige Lied der Vergeltung, das wir immer hören: „Wie du mir, so ich dir!" „Erst ihr uns – jetzt wir euch!" Es ist unter neuen Namen und mit anderen Vorzeichen dieselbe Atmosphäre von Gehässigkeit und Verleumdung und Gewalttätigkeit, die wir um uns spüren, und wir sehen und erfahren bis in Einzelheiten hinein dieselbe Art und Methode mit den Menschen umzugehen, wie die, unter der wir jahrelang gelitten haben. Da sollte wenigstens in der katholischen Gemeinde wirklich etwas Neues beginnen! Sie soll sein eine Heimstatt der brüderlichen Sorge, Liebe und Hilfe. Das sollte das Kennzeichen der Unterscheidung und Zugehörigkeit sein. Dadurch sollte sie Zeugnis geben vor der Welt. Und wir werden es auch füreinander nötig haben. Wir werden es erst nach und nach erfahren, wie arm wir alle geworden sind. Viele werden die Bitterkeit der Armut zu fühlen bekommen, die bisher nur den Namen kannten. Viele werden lernen müssen, zu empfangen und sich helfen zu lassen, die bisher gegeben und geholfen haben. Wir werden immer mehr lernen müssen zusammen zu rücken und das Wenige redlich miteinander zu teilen und zu sorgen, daß keiner ganz verlassen ist. Und dann lässt sich alles tragen, wenn einer des Anderen Last mitträgt. Jedenfalls muß uns klar bleiben: Lüge, Haß und rechtlose Gewalt sind die untrüglichen Kennzeichen des Reiches des Satans, wie schön auch die Worte klingen mögen, mit denen es sich nennt und wie glänzend auch die Fassade sein mag, die es vor sich aufbaut. Wo aber Wahrheit und Liebe ist, da ist Gott.
Und es wird weiter nötig sein, den Raum zu schützen, in dem die Ehre des Namens Gottes eine Heimat hat, in dem Gott Wohnung findet unter den Menschen, die er berufen und sich erkauft hat als sein Volk. Für die Öffentlichkeit gilt das Wort Gottes durch den Propheten: „Ich habe eure Söhne geschlagen, eure Städte zerstört, euch Hunger und Entbehrung ins Land geschickt – aber ihr habt euch nicht bekehrt zu mir!" Hier soll ein Raum sein, in dem Gott Herr ist, in dem seinem Namen die Ehre und seiner Liebe die Antwort gegeben und sein Wille heilig gehalten wird. Und gerade da, wo wir nichts mehr für uns suchen, wird uns weiter eine Quelle der Freude und der Kraft fließen.

So wollen wir ernst zu machen suchen, soweit es an uns liegt, mit dem, was wir in der Bitt- und Dankandacht nach der Errettung der Kirche uns vorgenommen und versprochen haben. Kirche und Gemeinde sind uns gelassen und neu geschenkt, damit sie ein Ort der Erneuerung und des inneren Aufbaues, eine Quelle des Segens und des neuen Lebens werde in unserem Volk. Das steinerne Haus ist nur das Gefäß – es kommt auf uns und auf jeden von uns an, womit es gefüllt wird. Wir wollen überall als erste mit dabei sein, wo es wirklich gilt zu helfen und wieder aufzubauen – aber wir werden es uns nicht verwehren lassen, das zu hüten und zu pflegen, was unser bester und wichtigster Beitrag für das Leben unseres Volkes ist – auch für die, die es nicht verstehen.
Wir können heute nicht über Einzelheiten und nächste Aufgaben sprechen. Ich werde euch im einzelnen Schritt für Schritt den Weg zu zeigen suchen. Wir wollen heute in der gemeinsamen Feier des Opfers aus dankbarem Herzen neue Bereitschaft erwecken und uns dem Herrn zur Verfügung stellen für sein Wirken und für seine Pläne in unserem Volk und in unseren Tagen. Darüber möchte ich mit Euch allen im Einvernehmen sein. Auch mit denen aus Euch, die vielleicht nur vorübergehend hier sind. Wir wollen uns bemühen, es Euch hier heimisch zu machen, so gut es geht. Hier seid Ihr „nicht Gäste und Fremdlinge, sondern Hausgenossen Gottes und Mitbürger der Heiligen". Solange Ihr hier seid, ist hier eure heilige Heimat, habt Ihr hier Heimatrecht. Aber Ihr werdet Euch nur zu Hause fühlen, wenn Ihr nicht nur zurückschaut und an diesem oder jenem Unterschied Anstoß nehmt, an diese oder jene Äußerlichkeit euch anklammert, sondern wenn Ihr euch wirklich mit einfügt und mittut, wenn Ihr jetzt wirklich hier Eure heilige Heimat sucht. Dann werdet Ihr es auch erfahren: „Vater der Armen, Anwalt der Waisen ist Gott der Verlassenen".

„Die Krähen schrein und ziehen wirren Flugs zur Stadt.
Bald wird es schnein: wohl dem, der jetzt noch Heimat hat!"

Wohl uns allen, ob wir das irdische Haus noch haben oder nicht. Denn wir alle können heute Abend in der Vesper aus frohem dankbarem Herzen mitsingen und bekennen: „Der Sperling hat ein Heim gefunden, ein Nest die Turteltaube, drin zu bergen ihre Jungen. So sind auch die Altäre Dein, o Herr der Himmelsheere, mein König und mein Gott. Wahrlich ein Tag in Deinen Hallen ist besser als tausend sonst. Glückselig alle, die in Deinem Hause wohnen, Herr. Sie werden preisen Dich in alle Ewigkeit." Amen.

ROBERT R. KUFEL

Mikrofilme schlesischer und grosspolnischer Matrikelbücher aus dem Gebiet der heutigen Diözese Zielona Góra-Gorzów im Bestand des Diözesanarchivs in Zielona Góra

Mikroverfilmung ist eine professionelle Fototechnik, mit der Archivmaterial sicher und dauerhaft geschützt wird. Durch die Mikrofilmung wird ein fotografisches Medium (Mikrofilm) mit Bildern erstellt, die vielfach kleiner als Original sind und u. a. zur Archivierung von kompakten Druckschriften, Urkunden und Karten dienen. Mikrofilm ist eine spezielle Art von Fotomaterial, das üblicherweise als Spulenfilm mit einer Breite von 16,35 cm hergestellt wird und auf dem kontrastierende (halbtonfreie) Dokumente von schraffiertem Charakter (wie Zeichnungen, Druckschriften, Schemata, Pläne) in verkleinertem Maßstab von 1:200 aufgenommen werden können. Man verwendet auch die sog. „Mikrofiche" – Flachfilme, auf denen die Aufnahmen in vielen Reihen parallel registriert werden[1].

Mikrofilme werden verwendet, um eine große Anzahl von Dokumenten zu archivieren, Kopien wertvoller Originale bereitzustellen und Dokumente, bei denen es sich um große Blätter in ihrer Originalform handelt, prüfen zu können. Sie werden häufig u. a. in großen Bibliotheken und Archiven verwendet. Die Erstellung von Ersatzdokumenten, um sie dann zugänglich zu machen, lässt die Originale vor Beschädigungen schützen und ermöglicht deren langfristige Sicherung[2].

Erwähnenswert sind hier die Verdienste des am 26.06.1956 an der Katholischen Universität Lublin (KUL) gegründeten Zentrums für Kirchenarchive, -bibliotheken und -museen. 1960 eröffnete das Zentrum ein Reprographiestudio, um

---

1 Wanda MACIEJEWSKA (Red.), Polski słownik archiwalny [Polnisches archivarisches Wörterbuch], Warszawa 1974, 52-53.

2 Maria DĘBOWSKA, Mikrofilmowanie materiałów archiwalnych w archiwach kościelnych [Mikroverfilmung von Archivgut in kirchlichen Archiven], in, Ochrona zasobu archiwów kościelnych, Red. Anny LASZUK, Warszawa 2012, 160-161.

die wertvolleren und notwendigeren Kirchenarchive für Forschungszwecke zu filmen. Detaillierte Informationen zur Sammlung von Mikrofilmen in diesem Zentrum sind in den Katalogen zu finden, die in der Zeitschrift „Kirchenarchive, -bibliotheken und –museen“ (Archiwa, Biblioteki i Muzea Kościelne, Abkürzung ABMK) veröffentlicht wurden. Bisher sind sieben Kataloge erschienen – der letzte von M. Dębowska im Jahr 2006[3]. Die Mikroverfilmung, einschließlich der kirchlichen Sammlungen, wurde auch von der Nationalbibliothek in Warschau durchgeführt, die vor dem Zweiten Weltkrieg die Einrichtung eines Reprographiestudios plante. Wegen finanzieller Probleme war es jedoch unmöglich, diesen Plan umzusetzen. Nach dem Krieg begann sie in Zusammenarbeit mit über 200 Forschungszentren, darunter 77 kirchlichen Einrichtungen in Polen und im Ausland, mit der Mikrofilmung wertvoller Archivalien. In den 70er Jahren des 20. Jahrhunderts nannte Prof. Aleksander Gieysztor die Ressourcen der Mikrofilme der Nationalbibliothek als *„ausgezeichnete Werkstatt für wissenschaftliche Arbeit im Land“*[4].

Nach der Einrichtung des Diözesanarchivs im Jahre 2003 wurden bei Inventarisierungs- und Ordnungsarbeiten drei Kartonverpackungen mit Mikrofilmen gefunden. Wie es sich später herausgestellte, stammten die Mikrofilme der Matrikelbücher aus mehreren Pfarreien der Diözese Zielona Góra (Grünberg i. Schl.) – Gorzów (Landsberg a. d. Warthe). Auf Auftrag der Mormonen wurden die Bücher in den 1970er Jahren von Mitarbeitern des Staatsarchivs in Zielona Góra auf Mikrofilm aufgenommen. Um diesen Dienst zu verrichten, liehen Mitarbeiter des Staatsarchivs im Einvernehmen mit dem damaligen Diözesanbischof Wilhelm Pluta sukzessiv die ältesten Bücher der Getauften, Verheirateten und Gestorbenen aus. Nachdem sie im Staatsarchiv auf Mikrofilm aufgenommen worden waren, wurden die Matrikelbücher an die Pfarrer zurückgegeben und die Mikrofilmkopien an die Kurie in Gorzów Wielkopolski (Landsberg an der Warthe) geschickt. Zuerst lagen die Mikrofilme eine Zeitlang in Gorzów Wlkp. und seitdem der Bischofssitz 1992 verlegt worden ist, befinden sie sich in Zielona Góra.

Im Jahr 2011 ist der folgende Katalog von Mikrofilmen zusammengestellt worden.

---

[3] Maria DĘBOWSKA, Katalog mikrofilmów Ośrodka Archiwów, Bibliotek i Muzeów Kościelnych przy KUL [Katalog der Mikrofilme des Archivzentrums, Das Europäische Katholische Komitee für Bibliotheken und kirchliche Museen an der Katholischen Universität Lublin] Bd. 7, „Archiwa, Biblioteki i Muzea Kościelne”, 84 (2006), 5-72.

[4] Maciej SZABLEWSKI, Mikrofilmowanie zbiorów instytucji kościelnych przez Bibliotekę Narodową [Mikroverfilmung der Sammlungen kirchlicher Einrichtungen durch die Nationalbibliothek], ABMK, 100 (2013), 356-357, 360-384.

MIKROFILME VON MATRIKELBÜCHERN IM BESTAND DES DIÖZESANARCHIVS IN ZIELONA GÓRA

l.Z.	Ortsname	Pfarreititel	Buchtitel	Signatur	Jahr		Phys. Beschreibung	Sprache	Bemerkungen
					Beginn	Ende			
	Babimost (Bomst - Kreis Kreis Bomst)								
1	Babimost (Bomst - Kreis Bomst)	Rzymskokatolicka Parafia Św. Wawrzyńca	Liber metricis Baptisatorum ab Anno 1682 usque ad a.1795. Copulatorum et Mortuorum 1682-1795	9-1 - 9-4	1682	1795	Mikrofilm	Latein	Podmokle majus Podmokle minus,Groyce majus, Groyce minus,Nowa Wies,Kuligowo, Babimost
2	Babimost (Bomst - Kreis Bomst)	Rzymskokatolicka Parafia Św. Wawrzyńca	Liber Baptisatorum pro civitate 1794-1823 et villis 1794-1826	9-1 - 9-4	1794	1826	Mikrofilm	Latein	Podmokle duże Podmokle małe,Grojce wielkie, Grojce małe,Folwark Grojce, Folwark gorny, Nowa Wies,Kuligowo, Babimost
3	Babimost (Bomst - Kreis Bomst)	Rzymskokatolicka Parafia Św. Wawrzyńca	Liber Mortuorum Ecclesiae Parochial. Babimostensisab Anno 1795-1826	9-1 - 9-4	1795	1826	Mikrofilm	Latein	Podmokle wielkie, Podmokle małe, Groyce małe, Groyce wielkie, Groyce folwark, Górny folwark, Nowawieś, Babimost
4	Babimost (Bomst - Kreis Bomst)	Rzymskokatolicka Parafia Św. Wawrzyńca	Liber Copulatorum Ecclesiae Parochial. Babimostensis ab Anno 1808 - 1851	9-1 - 9-4	1808	1851	Mikrofilm	Latein	Podmokle majus Podmokle minus,Groyce majus, Groyce minus,Nowa Wies,Kuligowo, Babimost
5	Babimost (Bomst - Kreis Bomst)	Rzymskokatolicka Parafia Św. Wawrzyńca	Liber Mortuorum Ecclesiae Parochial.	9-9 - 9-15	1843	1870	Mikrofilm	Latein	Podmokle wielkie, Podmokle małe,Grojce wielkie, Grojce małe,Folwark

l.Z.	Ortsname	Pfarreititel	Buchtitel	Signatur	Jahr		Phys. Beschreibung	Sprache	Bemerkungen
					Beginn	Ende			
			Babimostensis1843-1870 (ab anno 1864)						Grojce, Folwark Górny, Nowa Wies,Kuligowo, Babimost
6	Babimost (Bomst - Kreis Bomst)	Rzymskokatolicka Parafia Św. Wawrzyńca	Liber Copulatorum Ecclesiae Parochial. Babimostensis 1852 - 1870	9-9 - 9-15	1852	1870	Mikrofilm	Latein	Chronikeintrag von Seite 152 bis Seite 209 (1860-1870)
	Broniszów (Brunzelwaldau - Kreis Freystadt)								
7	Broniszów (Brunzelwaldau - Kreis Freystadt)	Rzymskokatolicka Parafia Św. Anny	Liber metricis Baptisatorum, Copulatorum et Mortuorum 1767 - 1818	9-9 - 9-15	1767	1818	Mikrofilm	Deutsch	Broniszów, Brzeźnica, Ciepielów, Drągownica, Jargoniewice, Kamionka, Radwanów, Studzieniec, Urzyty
8	Broniszów (Brunzelwaldau - Kreis Freystadt)	Rzymskokatolicka Parafia Św. Anny	Liber metricis Baptisatorum et Mortuorum 1782 - 1818	9-9 - 9-15	1782	1818	Mikrofilm	Deutsch	Broniszów, Brzeźnica, Ciepielów, Drągownica, Jargoniewice, Kamionka, Radwanów, Studzieniec, Urzyty
9	Broniszów (Brunzelwaldau - Kreis Freystadt)	Rzymskokatolicka Parafia Św. Anny	Liber metricis Baptisatorum et Mortuorum 1812 - 1836	9-9 - 9-15	1812	1836	Mikrofilm	Deutsch	Broniszów, Brzeźnica, Ciepielów, Drągownica, Jargoniewice, Kamionka, Radwanów, Studzieniec, Urzyty
10	Broniszów (Brunzelwaldau - Kreis Freystadt)	Rzymskokatolicka Parafia Św. Anny	Liber metricis Copulatorum 1819 - 1870	9-9 - 9-15	1819	1870	Mikrofilm	Deutsch	Broniszów, Brzeźnica, Ciepielów, Drągownica, Jargoniewice, Kamionka, Radwanów, Studzieniec, Urzyty
11	Broniszów (Brunzelwaldau	Rzymskokatolicka Parafia Św. Anny	Liber metricis Baptisatorum et Mortuorum 1837 – 1864 (ad anno 1848)	9-9 - 9-15	1837	1864	Mikrofilm	Deutsch	Broniszów, Brzeźnica, Ciepielów, Drągownica, Jargoniewice, Kamionka,

l.Z.	Ortsname	Pfarreititel	Buchtitel	Signatur	Jahr		Phys. Beschreibung	Sprache	Bemerkungen
					Beginn	Ende			
	- Kreis Freystadt)								Radwanów, Studzieniec, Urzyty
12	Broniszów (Brunzelwaldau - Kreis Freystadt)	Rzymskokatolicka Parafia Św. Anny	Liber metricis Baptisatorum et Mortuorum 1837 – 1864 (ab anno 1849)	9-16 - 9-24	1837	1864	Mikrofilm	Deutsch	Broniszów, Brzeźnica, Ciepielów, Drągownica, Jargoniewice, Kamionka, Radwanów, Studzieniec, Urzyty
13	Broniszów (Brunzelwaldau - Kreis Freystadt)	Rzymskokatolicka Parafia Św. Anny	Liber metricis Baptisatorum, Copulatorum et Mortuorum 1852 - 1868	9-16 - 9-24	1852	1864	Mikrofilm	Deutsch	Broniszów, Brzeźnica, Ciepielów, Drągownica, Jargoniewice, Kamionka, Radwanów, Studzieniec, Urzyty
14	Broniszów (Brunzelwaldau - Kreis Freystadt)	Rzymskokatolicka Parafia Św. Anny	Liber metricis Baptisatorum 1864 - 1868	9-16 - 9-24	1864	1865	Mikrofilm	Deutsch	Broniszów, Brzeźnica, Ciepielów, Drągownica, Jargoniewice, Kamionka, Radwanów, Studzieniec, Urzyty
15	Broniszów (Brunzelwaldau - Kreis Freystadt)	Rzymskokatolicka Parafia Św. Anny	Liber metricis Baptisatorum, Copulatorum et Mortuorum 1869 - 1870	9-16 - 9-24	1869	1870	Mikrofilm	Deutsch	Broniszów, Brzeźnica, Ciepielów, Drągownica, Jargoniewice, Kamionka, Radwanów, Studzieniec, Urzyty
	Ciosaniec (Schussenze- Kreis Grünberg)								
16	Ciosaniec (Schussenze- Kreis Grünberg)	Rzymskokatolicka Parafia Św. Michała Archanioła	Liber metricis Baptisatorum et Mortuorum 1714 - 1784 (ad anno 1745)	9-16 - 9-24	1714	1770	Mikrofilm	Latein	Ciosaniec (Schussenze), Droniki (Dronik), Bagno (Bruchdorf)
17	Ciosaniec (Schussenze-	Rzymskokatolicka Parafia Św.	Liber metricis Baptisatorum et Mortuorum 1714 -	9-24 - 9-29	1714	1770	Mikrofilm	Latein	Ciosaniec (Schussenze), Droniki (Dronik), Bagno (Bruchdorf)

l.Z.	Ortsname	Pfarreititel	Buchtitel	Signatur	Jahr		Phys. Beschreibung	Sprache	Bemerkungen
					Beginn	Ende			
	Kreis Grünberg)	Michała Archanioła	1784 (continuatio ab anno 1745)						
18	Ciosaniec (Schussenze-Kreis Grünberg)	Rzymskokatolicka Parafia Św. Michała Archanioła	Liber metricis Baptisatorum et Mortuorum 1771 - 1808	9-24 - 9-29	1771	1808	Mikrofilm	Latein, Deutsch	Ciosaniec (Schussenze), Droniki (Dronik), Bagno (Bruchdorf)
19	Ciosaniec (Schussenze-Kreis Grünberg)	Rzymskokatolicka Parafia Św. Michała Archanioła	Liber metricis Baptisatorum 1794 - 1816	9-24 - 9-29	1794	1816	Mikrofilm	Deutsch	Ciosaniec (Schussenze), Droniki (Dronik), Bagno (Bruchdorf)
20	Ciosaniec (Schussenze-Kreis Grünberg)	Rzymskokatolicka Parafia Św. Michała Archanioła	Księga urodzen, zejść i zapowiedzi 1812	9-24 - 9-29	1812	1812	Mikrofilm	Polnisch	Ciosaniec,Droniki, Bagno
21	Ciosaniec (Schussenze-Kreis Grünberg)	Rzymskokatolicka Parafia Św. Michała Archanioła	Liber metricis Baptisatorum 1817 - 1838	9-24 - 9-29	1817	1838	Mikrofilm	Deutsch	Ciosaniec (Schussenze), Droniki (Dronik), Bagno (Bruchdorf)
22	Ciosaniec (Schussenze-Kreis Grünberg)	Rzymskokatolicka Parafia Św. Michała Archanioła	Liber metricis Baptisatorum 1839 - 1867 (ad anno 1849)	9-24 - 9-29	1839	1867	Mikrofilm	Deutsch	Ciosaniec (Schussenze), Droniki (Dronik), Bagno (Bruchdorf)
23	Ciosaniec (Schussenze-Kreis Grünberg)	Rzymskokatolicka Parafia Św. Michała Archanioła	Liber metricis Baptisatorum 1839 - 1867 (continuatio ab anno 1850)	9-29 - 9-38	1839	1867	Mikrofilm	Deutsch	Ciosaniec (Schussenze), Droniki (Dronik), Bagno (Bruchdorf)
24	Ciosaniec (Schussenze-Kreis Grünberg)	Rzymskokatolicka Parafia Św. Michała Archanioła	Liber metricis Baptisatorum 1868 - 1870	9-29 - 9-38	1868	1870	Mikrofilm	Deutsch	Ciosaniec (Schussenze), Droniki (Dronik), Bagno (Bruchdorf)

l.Z.	Ortsname	Pfarreititel	Buchtitel	Signatur	Jahr Beginn	Jahr Ende	Phys. Beschreibung	Sprache	Bemerkungen
	Chociszewo (Choczeschowo, Kutschkau - Kreis Meseritz)								
25	Chociszewo (Choczeschowo, Kutschkau - Kreis Meseritz)	Rzymskokatolicka Parafia Św. Jana Chrzciciela	Liber metricis Baptisatorum, Copulatorum et Mortuorum 1700 - 1784	9-16 - 9-24	1700	1784	Mikrofilm	Latein	
26	Chociszewo (Choczeschowo, Kutschkau - Kreis Meseritz)	Rzymskokatolicka Parafia Św. Jana Chrzciciela	Liber metricis Baptisatorum, Copulatorum et Mortuorum 1785 - 1836	9-16 - 9-24	1785	1836	Mikrofilm	Latein	
27	Chociszewo (Choczeschowo, Kutschkau - Kreis Meseritz)	Rzymskokatolicka Parafia Św. Jana Chrzciciela	Liber metricis Baptisatorum, Copulatorum et Mortuorum 1837 - 1870	9-16 - 9-24	1837	1870	Mikrofilm	Deutsch	
	Gorzów Wlkp. (Landsberg - Kreis Landsberg a/Warthe)								
28	Gorzów Wlkp. (Landsberg - Kreis Landsberg a/Warthe)	Rzymskokatolicka Parafia Podwyższenia Krzyża Świętego	Liber metricis Baptisatorum, Copulatorum et Mortuorum 1856 - 1870	9-29 - 9-38	1856	1870	Mikrofilm	Deutsch	
	Jaczów (Jätschau, Friedenshagen - Kreis Glogau)								
29	Jaczów (Jätschau, Friedenshagen Kreis Glogau)	Rzymskokatolicka Parafia Św. Apostołów Szymona i Judy Tadeusza	Liber metricis Mortuorum Ecclesiae Sancti Laurenti ex villa Brostau 1824 - 1870	9-29 - 9-38	1824	1870	Mikrofilm	Deutsch	Brzostów (Brostau)

l.Z.	Ortsname	Pfarreititel	Buchtitel	Signatur	Jahr		Phys. Beschreibung	Sprache	Bemerkungen
					Beginn	Ende			
30	Jaczów (Jätschau, Friedenshagen Kreis Glogau)	Rzymskokatolicka Parafia Św. Apostołów Szymona i Judy Tadeusza	Liber metricis Copulatorum Ecclesiae Sancti Laurenti ex villa Brostau 1824 - 1870	9-29 - 9-38	1824	1870	Mikrofilm	Deutsch	Brzostów (Brostau)
31	Jaczów (Jätschau, Friedenshagen Kreis Glogau)	Rzymskokatolicka Parafia Św. Apostołów Szymona i Judy Tadeusza	Liber metricis Baptisatorum Ecclesiae Sancti Laurenti ex villa Brostau 1865 - 1870	9-29 - 9-38	1865	1870	Mikrofilm	Deutsch	Brzostów (Brostau)
32	Jaczów (Jätschau, Friedenshagen Kreis Glogau)	Rzymskokatolicka Parafia Św. Apostołów Szymona i Judy Tadeusza	Liber metricis Copulatorum 1825 - 1853	9-29 - 9-38	1825	1853	Mikrofilm	Deutsch	Jaczów
33	Jaczów (Jätschau, Friedenshagen Kreis Glogau)	Rzymskokatolicka Parafia Św. Apostołów Szymona i Judy Tadeusza	Liber metricis Mortuorum 1857 - 1870	9-29 - 9-38	1857	1870	Mikrofilm	Deutsch	Jaczów
34	Jaczów (Jätschau, Friedenshagen Kreis Glogau)	Rzymskokatolicka Parafia Św. Apostołów Szymona i Judy Tadeusza	Liber metricis Baptisatorum 1865 - 1870	9-29 - 9-38	1865	1870	Mikrofilm	Deutsch	Jaczów
35	Jaczów (Jätschau, Friedenshagen Kreis Glogau)	Parafia Ewangelicka	Liber Copulatorum et Mortuorum 1714 - 1815 (ad anno 1763)	9-29 - 9-38	1714	1815	Mikrofilm	Deutsch	
36	Jaczów (Jätschau,	Parafia Ewangelicka	Liber Copulatorum et Mortuorum 1714 - 1815	9-38 - 9-40	1714	1815	Mikrofilm	Deutsch	

l.Z.	Ortsname	Pfarreititel	Buchtitel	Signatur	Jahr		Phys. Beschreibung	Sprache	Bemerkungen
					Beginn	Ende			
	Friedenshagen Kreis Glogau)		(continuatio ab anno 1764)						
37	Jaczów (Jätschau, Friedenshagen Kreis Glogau)	Parafia Ewangelicka	Liber metricis Baptisatorum 1777 - 1811	9-38 - 9-40	1777	1811	Mikrofilm	Deutsch	
	Jakubów (Jakobskirch - Kreis Glogau)								
38	Jakubów (Jakobskirch - Kreis Glogau)	Rzymskokatolicka Parafia Św. Jakuba Apostoła	Liber metricis Baptisatorum 1735 -1802 (ab anno 1768)	9-40 - 9-47	1735	1802	Mikrofilm	Deutsch	Borów, Dankowice, Drożów, Jakubów, Kurowice, Łagoszów Mały, Maniów, Modła, Przesieczna, Wierzchowice, Zabłocie
39	Jakubów (Jakobskirch - Kreis Glogau)	Rzymskokatolicka Parafia Św. Jakuba Apostoła	Liber Copulatorum 1735 - 1802	9-40 - 9-47	1735	1802	Mikrofilm	Deutsch	Borów, Dankowice, Drożów, Jakubów, Kurowice, Łagoszów Mały, Maniów, Modła, Przesieczna, Wierzchowice, Zabłocie
40	Jakubów (Jakobskirch - Kreis Glogau)	Rzymskokatolicka Parafia Św. Jakuba Apostoła	Liber metricis Baptisatorum 1803 - 1835	9-40 - 9-47	1803	1835	Mikrofilm	Deutsch	Borów, Dankowice, Drożów, Jakubów, Kurowice, Łagoszów Mały, Maniów, Modła, Przesieczna, Wierzchowice, Zabłocie
41	Jakubów (Jakobskirch - Kreis Glogau)	Rzymskokatolicka Parafia Św. Jakuba Apostoła	Liber metricis Mortuorum 1868 - 1870	9-40 - 9-47	1868	1870	Mikrofilm	Deutsch	Borów, Dankowice, Drożów, Jakubów, Kurowice, Łagoszów Mały, Maniów, Modła,

l.Z.	Ortsname	Pfarreititel	Buchtitel	Signatur	Jahr Beginn	Jahr Ende	Phys. Beschreibung	Sprache	Bemerkungen
									Przesieczna, Wierzchowice, Zabłocie
42	Jakubów (Jakobskirch - Kreis Glogau)	Rzymskokatolicka Parafia Św. Jakuba Apostoła	Liber metricis Mortuorum 1788 - 1870	9-40 - 9-47	1788	1870	Mikrofilm	Deutsch	Liber baptisatorum Ecclesiae Affiliatarum ex Nielubi
43	Jakubów (Jakobskirch - Kreis Glogau)	Rzymskokatolicka Parafia Św. Jakuba Apostoła	Liber metricis Copulatorum 1789 - 1870	9-40 - 9-47	1789	1870	Mikrofilm	Deutsch	Liber baptisatorum Ecclesiae Affiliatarum ex Nielubi
	Kaława (Kalau - Kreis Meseritz)								
44	Kaława (Kalau - Kreis Meseritz)	Rzymskokatolicka Parafia Św. Mikołaja Biskupa	Liber metricis Copulatorum 1689 - 1759	9-40 - 9-47	1689	1759	Mikrofilm	Latein	Ein kleines Fragment
	Kęszyca (Kainscht - Kreis Meseritz)								
45	Kęszyca (Kainscht - Kreis Meseritz)	Rzymskokatolicka Parafia Św. Mikołaja	Liber metricis Baptisatorum, Copulatorum et Mortuorum 1749 - 1795	9-40 - 9-47	1749	1795	Mikrofilm	Latein	Kęszyca und Filiale in Nietoperek
	Konradowo (Kursdorf - Kreis Fraustadt)								
46	Konradowo (Kursdorf - Kreis Fraustadt)	Rzymskokatolicka Parafia Św. Jakuba Apostoła	Liber metricis Mortuorum pro Parochia Kursdorf 1838 - 1864	9-40 - 9-47	1838	1864	Mikrofilm	Deutsch	
47	Konradowo (Kursdorf - Kreis Fraustadt)	Rzymskokatolicka Parafia Św. Jakuba Apostoła	Liber metricis Copulatorum pro Parochia Kursdorf 1839 - 1876	9-40 - 9-47	1839	1876	Mikrofilm	Deutsch	

l.Z.	Ortsname	Pfarreititel	Buchtitel	Signatur	Jahr		Phys. Beschreibung	Sprache	Bemerkungen
					Beginn	Ende			
48	Konradowo (Kursdorf - Kreis Fraustadt)	Rzymskokatolicka Parafia Św. Jakuba Apostoła	Liber metricis Copulatorum pro Parochia Kursdorf 1839 - 1876	9-48 - 9-52	1839	1876	Mikrofilm	Deutsch	
	Lgiń (Ilgen - Kreis Fraustadt)								
49	Lgiń (Ilgen - Kreis Fraustadt)	Rzymskokatolicka Parafia Św. Bartłomieja Apostoła	Liber metricis Baptisatorum, Copulatorum et Mortuorum 1720 - 1795	9-48 - 9-52	1720	1795	Mikrofilm	Latein, Deutsch	Hetmanowice, Lgiń, Nowa Wieś, Zaborowo
50	Lgiń (Ilgen - Kreis Fraustadt)	Rzymskokatolicka Parafia Św. Bartłomieja Apostoła	Liber metricis Baptisatorum 1795 - 1826	9-48 - 9-52	1795	1826	Mikrofilm	Deutsch	Hetmanowice, Lgiń, Nowa Wieś, Zaborowo
51	Lgiń (Ilgen - Kreis Fraustadt)	Rzymskokatolicka Parafia Św. Bartłomieja Apostoła	Liber metricis Mortuorum 1795 - 1831	9-48 - 9-52	1795	1831	Mikrofilm	Deutsch	Hetmanowice, Lgiń, Nowa Wieś, Zaborowo
52	Lgiń (Ilgen - Kreis Fraustadt)	Rzymskokatolicka Parafia Św. Bartłomieja Apostoła	Liber metricis Copulatorum 1795 - 1851	9-48 - 9-52	1795	1851	Mikrofilm	Deutsch	Hetmanowice, Lgiń, Nowa Wieś, Zaborowo
53	Lgiń (Ilgen - Kreis Fraustadt)	Rzymskokatolicka Parafia Św. Bartłomieja Apostoła	Liber metricis Baptisatorum, Copulatorum et Mortuorum 1860 - 1870	9-55 - 9-59	1860	1870	Mikrofilm	Deutsch	Hetmanowice, Lgiń, Nowa Wieś, Zaborowo
	Łagoszów Wielki (Großlogisch - Kreis Glogau)								
54	Łagoszów Wielki (Großlogisch - Kreis Glogau)	Rzymskokatolicka Parafia Św. Michała Archanioła	Liber metricis Baptisatorum 1793 - 1829	9-55 - 9-59	1793	1829	Mikrofilm	Deutsch	Łagoszów Wielki, Buczyna, Dobromil, Kłębanowice,, Nowy

l.Z.	Ortsname	Pfarreititel	Buchtitel	Signatur	Jahr		Phys. Beschreibung	Sprache	Bemerkungen
					Beginn	Ende			
									Dwór, Nowa Kuźnica, Radwanice, Sieroszowice
55	Łagoszów Wielki (Großlogisch - Kreis Glogau)	Rzymskokatolicka Parafia Św. Michała Archanioła	Liber metricis Mortuorum 1796 - 1870	9-55 - 9-59	1796	1870	Mikrofilm	Deutsch	Łagoszów Wielki, Buczyna, Dobromil, Klębanowice,, Nowy Dwór, Nowa Kuźnica, Radwanice, Sieroszowice
56	Łagoszów Wielki (Großlogisch - Kreis Glogau)	Rzymskokatolicka Parafia Św. Michała Archanioła	Liber metricis Baptisatorum 1830 - 1848	9-55 - 9-59	1830	1848	Mikrofilm	Deutsch	Łagoszów Wielki, Buczyna, Dobromil, Klębanowice,, Nowy Dwór, Nowa Kuźnica, Radwanice, Sieroszowice
57	Łagoszów Wielki (Großlogisch - Kreis Glogau)	Rzymskokatolicka Parafia Św. Michała Archanioła	Liber metricis Baptisatorum 1848 - 1870 (ad anno 1862)	9-55 - 9-59	1848	1870	Mikrofilm	Deutsch	Łagoszów Wielki, Buczyna, Dobromil, Klębanowice,, Nowy Dwór, Nowa Kuźnica, Radwanice, Sieroszowice
58	Łagoszów Wielki (Großlogisch - Kreis Glogau)	Rzymskokatolicka Parafia Św. Michała Archanioła	Liber metricis Baptisatorum 1848 - 1870 (continuatio ab anno 1863 - 1870)	9-59 - 9-64	1848	1870	Mikrofilm	Deutsch	Łagoszów Wielki, Buczyna, Dobromil, Klębanowice,, Nowy Dwór, Nowa Kuźnica, Radwanice, Sieroszowice
	Ługi (Fiedersdorf - Kreis Freystadt)								
59	Ługi (Fiedersdorf - Kreis Freystadt)	Rzymskokatolicka Parafia Św. Wawrzyńca	Liber metricis Baptisatorum, Copulatorum et Mortuorum 1800 - 1870	9-59 - 9-64	1800	1870	Mikrofilm	Deutsch	
	Łysiny (Lissen - Kreis Fraustadt)								

l.Z.	Ortsname	Pfarreititel	Buchtitel	Signatur	Jahr		Phys. Beschreibung	Sprache	Bemerkungen
					Beginn	Ende			
60	Łysiny (Lissen - Kreis Fraustadt)	Rzymskokatolicka Parafia Matki Bozej Bolesnej	Liber metricis Baptisatorum pro ecclesia Lissinensi i et filia Tillevitcensi 1683 - 1810	9-59 - 9-64	1683	1810	Mikrofilm	Latein, Deutsch	Łysiny Małe, Łysiny Duże i DużeTylowice, Małe Tylowice, Wygnańcze
61	Łysiny (Lissen - Kreis Fraustadt)	Rzymskokatolicka Parafia Matki Bozej Bolesnej	Liber metricis Mortuorum pro ecclesia Lissinensi i et filia Tillevitcensi 1853 - 1870	9-59 - 9-64	1853	1870	Mikrofilm	Deutsch	Łysiny Małe, Łysiny Duże i DużeTylowice, Małe Tylowice, Wygnańcze
62	Łysiny (Lissen - Kreis Fraustadt)	Rzymskokatolicka Parafia Matki Bozej Bolesnej	Liber metricis Baptisatorum pro ecclesia Lissinensi i et filia Tillevitcensi 1862 - 1870	9-59 - 9-64	1862	1870	Mikrofilm	Deutsch	Łysiny Małe, Łysiny Duże i DużeTylowice, Małe Tylowice, Wygnańcze
	Międzyrzecz (Meseritz - Kreis Meseritz)								
63	Międzyrzecz (Meseritz - Kreis Meseritz)	Rzymskokatolicka Parafia Św. Jana Chrzciciela	Liber metricis Baptisatorum, Copulatorum et Mortuorum Ecclesiae Parochialis Mederecensis 1645 - 1749	9-59 - 9-64	1645	1749	Mikrofilm	Latein	Międzyrzecz, Bobowicko, Żółwin, Świety Wojcich, Winica, Nietoperek, Kęszyca
64	Międzyrzecz (Meseritz - Kreis Meseritz)	Rzymskokatolicka Parafia Św. Jana Chrzciciela	Liber metricis Baptisatorum, Copulatorum et Mortuorum Ecclesiae Parochialis Mederecensis 1749 - 1795	9-65 - 9-68	1749	1795	Mikrofilm	Latein	Międzyrzecz, Bobowicko, Żółwin, Świety Wojcich, Winica, Nietoperek, Kęszyca
65	Międzyrzecz (Meseritz - Kreis Meseritz)	Rzymskokatolicka Parafia Św. Jana Chrzciciela	Liber metricis Baptisatorum et Copulatorum Ecclesiae Parochialis Mederecensis 1787 - 1862	9-65 - 9-68	1787	1862	Mikrofilm	Latein, Deutsch	Międzyrzecz, Bobowicko, Żółwin, Świety Wojcich, Winica, Nietoperek, Kęszyca

l.Z.	Ortsname	Pfarreititel	Buchtitel	Signatur	Jahr		Phys. Beschreibung	Sprache	Bemerkungen
					Beginn	Ende			
66	Międzyrzecz (Meseritz - Kreis Meseritz)	Rzymskokatolicka Parafia Św. Jana Chrzciciela	Liber metricis Mortuorum Ecclesiae Parochialis Mederecensis 1794 - 1862	9-65 - 9-68	1794	1862	Mikrofilm	Latein, Deutsch	Międzyrzecz, Bobowicko, Żółwin, Świety Wojcich, Winica, Nietoperek, Kęszyca
67	Międzyrzecz (Meseritz - Kreis Meseritz)	Rzymskokatolicka Parafia Św. Jana Chrzciciela	Liber metricis Baptisatorum Ecclesiae Parochialis Mederecensis 1817 - 1875	9-65 - 9-68	1817	1875	Mikrofilm	Deutsch	Międzyrzecz, Bobowicko, Żółwin, Świety Wojcich, Winica, Nietoperek, Kęszyca
68	Międzyrzecz (Meseritz - Kreis Meseritz)	Rzymskokatolicka Parafia Św. Jana Chrzciciela	Liber metricis Baptisatorum Ecclesiae Parochialis Mederecensis 1817 - 1870 (continuatio ab anno 1853)	9-68 - 9-74	1817	1870	Mikrofilm	Deutsch	Międzyrzecz, Bobowicko, Żółwin, Świety Wojcich, Winica, Nietoperek, Kęszyca
	Nowe Miasteczko (Neustaedtel - Kreis Freystadt)								
69	Nowe Miasteczko (Neustaedtel - Kreis Freystadt)	Rzymskokatolicka Parafia Św. Marii Magdaleny	Liber metricis Baptisatorum, Copulatorum et Mortuorum 1764 - 1805	9-74 - 9-78	1864	1805	Mikrofilm	Deutsch	Nowe Miasteczko, Linda, Borów Polski, Rejów, Konin Żagański.
70	Nowe Miasteczko (Neustaedtel - Kreis Freystadt)	Rzymskokatolicka Parafia Św. Marii Magdaleny	Liber metricis Baptisatorum, Copulatorum et Mortuorum 1805 - 1847 (ad anno 1835)	9-74 - 9-78	1805	1847	Mikrofilm	Deutsch	Nowe Miasteczko, Linda, Borów Polski, Rejów, Konin Żagański.
71	Nowe Miasteczko (Neustaedtel - Kreis Freystadt)	Rzymskokatolicka Parafia Św. Marii Magdaleny	Liber metricis Baptisatorum, Copulatorum et Mortuorum 1805 - 1847	9-78 - 9-81	1805	1847	Mikrofilm	Deutsch	Nowe Miasteczko, Linda, Borów Polski, Rejów, Konin Żagański.
72	Nowe Miasteczko (Neustaedtel - Kreis Freystadt)	Rzymskokatolicka Parafia Św. Marii Magdaleny	Liber metricis Baptisatorum, Copulatorum et Mortuorum 1848 - 1870	9-78 - 9-81	1848	1870	Mikrofilm	Deutsch	Nowe Miasteczko, Linda, Borów Polski, Rejów, Konin Żagański.

l.Z.	Ortsname	Pfarreititel	Buchtitel	Signatur	Jahr		Phys. Beschreibung	Sprache	Bemerkungen
					Beginn	Ende			
73	Nowe Miasteczko (Neustaedtel - Kreis Freystadt)	Rzymskokatolicka Parafia Św. Marii Magdaleny	Liber metricis Baptisatorum, Copulatorum et Mortuorum 1767 - 1819	9-78 - 9-81	1767	1819	Mikrofilm	Deutsch	Nowe Miasteczko, Linda, Borów Polski, Rejów, Konin Żagański.
74	Nowe Miasteczko (Neustaedtel - Kreis Freystadt)	Rzymskokatolicka Parafia Św. Marii Magdaleny	Liber metricis Baptisatorum, Copulatorum et Mortuorum 1819 - 1847	9-78 - 9-81	1819	1847	Mikrofilm	Deutsch	Nowe Miasteczko, Linda, Borów Polski, Rejów, Konin Żagański.
75	Nowe Miasteczko (Neustaedtel - Kreis Freystadt)	Rzymskokatolicka Parafia Św. Marii Magdaleny	Liber metricis Baptisatorum, Copulatorum et Mortuorum 1819 - 1847 (ab anno 1835)	9-81 - 9-85	1819	1847	Mikrofilm	Deutsch	Nowe Miasteczko, Linda, Borów Polski, Rejów, Konin Żagański.
76	Nowe Miasteczko (Neustaedtel - Kreis Freystadt)	Rzymskokatolicka Parafia Św. Marii Magdaleny	Liber metricis Baptisatorum, Copulatorum et Mortuorum 1848 - 1870	9-81 - 9-85	1848	1870	Mikrofilm	Deutsch	Nowe Miasteczko, Linda, Borów Polski, Rejów, Konin Żagański.
	Nowa Sól (Neusalz - Kreis Neusalz)								
77	Nowa Sól (Neusalz - Kreis Neusalz)	Rzymskokatolicka Parafia Św. Michała Archanioła	Liber metricis Mortuorum Parochiae Neosaliensis 1796 - 1870	9-68 - 9-74	1796	1870	Mikrofilm	niemiecki	Nowa Sól, Koserz, Modrzyca, Przyborów, Rudno
78	Nowa Sól (Neusalz - Kreis Neusalz)	Rzymskokatolicka Parafia Św. Michała Archanioła	Liber metricis Copulatorum Parochiae Neosaliensis 1835 - 1870	9-68 - 9-74	1835	1870	Mikrofilm	Deutsch	Nowa Sól, Koserz, Modrzyca, Przyborów, Rudno
79	Nowa Sól (Neusalz - Kreis Neusalz)	Rzymskokatolicka Parafia Św. Michała Archanioła	Liber metricis Baptisatorum Parochiae Neosaliensis 1850 - 1869	9-68 - 9-74	1850	1869	Mikrofilm	Deutsch	Nowa Sól, Koserz, Modrzyca, Przyborów, Rudno

l.Z.	Ortsname	Pfarreititel	Buchtitel	Signatur	Jahr Beginn	Ende	Phys. Beschreibung	Sprache	Bemerkungen
80	Nowa Sól (Neusalz - Kreis Neusalz)	Rzymskokatolicka Parafia Św. Michała Archanioła	Liber metricis Copulatorum Parochiae Neosaliensis 1769 - 1805 (modo annus 1769)	9-68 - 9-74	1769	1805	Mikrofilm	Deutsch	Nowa Sól, Koserz, Modrzyca, Przyborów, Rudno
81	Nowa Sól (Neusalz - Kreis Neusalz)	Rzymskokatolicka Parafia Św. Michała Archanioła	Liber metricis Copulatorum Parochiae Neosaliensis 1806 - 1870	9-68 - 9-74	1806	1870	Mikrofilm	Deutsch	Nowa Sól, Koserz, Modrzyca, Przyborów, Rudno
82	Nowa Sól (Neusalz - Kreis Neusalz)	Rzymskokatolicka Parafia Św. Michała Archanioła	Liber metricis Baptisatorum 1829 - 1862 Parochiae Neosaliensis (ad anno 1831)	9-68 - 9-74	1829	1862	Mikrofilm	Deutsch	Nowa Sól, Koserz, Modrzyca, Przyborów, Rudno
83	Nowa Sól (Neusalz - Kreis Neusalz)	Rzymskokatolicka Parafia Św. Michała Archanioła	Liber metricis Baptisatorum, Copulatorum et Mortuorum Parochiae Neosaliensis 1829 - 1862 (continuatio ab anno 1831)	9-78 - 9-81	1829	1862	Mikrofilm	Deutsch	Nowa Sól, Koserz, Modrzyca, Przyborów, Rudno
84	Nowa Sól (Neusalz - Kreis Neusalz)	Rzymskokatolicka Parafia Św. Michała Archanioła	Liber metricis Mortuorum Parochiae Neusaliensis 1857 - 1870	9-74 - 9-78	1857	1870	Mikrofilm	Deutsch	**pro villis Rudno, FÜR DEN LÄNDLICHEN RUDNO**
85	Nowa Sól (Neusalz - Kreis Neusalz)	Rzymskokatolicka Parafia Św. Michała Archanioła	Liber metricis Baptisatorum Parochiae Neosaliensis 1862 - 1870	9-74 - 9-78	1862	1870	Mikrofilm	Deutsch	**pro villis Rudno, FÜR DEN LÄNDLICHEN RUDNO**
	Ołobok (Mühlbock - Kreis Züllichau-Schwiebus)								
86	Ołobok (Mühlbock - Kreis	Rzymskokatolicka Parafia Św.	Liber metricis Copulatorum ex Parochia Muehlbock 1728 - 1845	9-83 - 9-85	1728	1845	Mikrofilm	Deutsch	

l.Z.	Ortsname	Pfarreititel	Buchtitel	Signatur	Jahr		Phys. Beschreibung	Sprache	Bemerkungen
					Beginn	Ende			
	Züllichau-Schwiebus)	Bartłomieja Apostoła							
87	Ołobok (Mühlbock - Kreis Züllichau-Schwiebus)	Rzymskokatolicka Parafia Św. Bartłomieja Apostoła	Liber metricis Copulatorum ex Parochia Muehlbock 1747 - 1844	9-83 - 9-85	1747	1844	Mikrofilm	Deutsch	
88	Ołobok (Mühlbock - Kreis Züllichau-Schwiebus)	Rzymskokatolicka Parafia Św. Bartłomieja Apostoła	Liber metricis Mortuorum ex Parochia Muehlbock 1728 - 1845 (ad anno 1755)	9-83 - 9-85	1728	1845	Mikrofilm	Deutsch	
89	Ołobok (Mühlbock - Kreis Züllichau-Schwiebus)	Rzymskokatolicka Parafia Św. Bartłomieja Apostoła	Liber metricis Baptisatorum ex Parochia Muehlbock 1747 - 1844 (ad anno 1755)	9-83 - 9-85	1728	1845	Mikrofilm	Deutsch	
90	Ołobok (Mühlbock - Kreis Züllichau-Schwiebus)	Rzymskokatolicka Parafia Św. Bartłomieja Apostoła	Liber metricis Baptisatorum ex Parochia Muehlbock 1747 - 1844 (continuatio ab anno 1756)	9-85 - 9-89	1747	1844	Mikrofilm	Deutsch	
91	Ołobok (Mühlbock - Kreis Züllichau-Schwiebus)	Rzymskokatolicka Parafia Św. Bartłomieja Apostoła	Liber metricis Baptisatorum ex Parochia Muehlbock 1845 - 1870	9-85 - 9-89	1845	1870	Mikrofilm	Deutsch	
92	Ołobok (Mühlbock - Kreis Züllichau-Schwiebus)	Rzymskokatolicka Parafia Św. Bartłomieja Apostoła	Liber metricis Mortuorum ex Parochia Muehlbock 1846 - 1870	9-85 - 9-89	1846	1870	Mikrofilm	Deutsch	
93	Ołobok (Mühlbock - Kreis Züllichau-Schwiebus)	Rzymskokatolicka Parafia Św. Bartłomieja Apostoła	Liber metricis Baptisatorum, Copulatorum et Mortuorum ex Parochia Muehlbock 1746 - 1775	9-85 - 9-89	1746	1775	Mikrofilm	Deutsch	Fuer die Filialkirche in Niedoradz

l.Z.	Ortsname	Pfarreititel	Buchtitel	Signatur	Jahr		Phys. Beschreibung	Sprache	Bemerkungen
					Beginn	Ende			
94	Ołobok (Mühlbock - Kreis Züllichau-Schwiebus)	Rzymskokatolicka Parafia Św. Bartłomieja Apostoła	Liber metricis Baptisatorum, Copulatorum et Mortuorum ex Parochia Muehlbock 1775 - 1811	9-85 - 9-89	1775	1811	Mikrofilm	Deutsch	Fuer die Filialkirche in Niedoradz
	Otyń (Deutsch Wartenberg - Kreis Neusalz)								
95	Otyń (Deutsch Wartenberg - Kreis Neusalz)	Rzymskokatolicka Parafia Podwyższenia Krzyża Świętego	Liber metricis Baptisatorum, Copulatorum et Mortuorum 1775 - 1811	9-89 - 9-92	1775	1811	Mikrofilm	Deutsch	Otyń, Bobrowniki, Konradowo, Zakęcie
96	Otyń (Deutsch Wartenberg - Kreis Neusalz)	Rzymskokatolicka Parafia Podwyższenia Krzyża Świętego	Liber metricis Baptisatorum, Copulatorum et Mortuorum 1811 - 1843	9-89 - 9-92	1811	1843	Mikrofilm	Deutsch	Otyń, Bobrowniki, Konradowo, Zakęcie
97	Otyń (Deutsch Wartenberg - Kreis Neusalz)	Rzymskokatolicka Parafia Podwyższenia Krzyża Świętego	Liber metricis Copulatorum 1655 - 1732	9-89 - 9-92	1655	1732	Mikrofilm	Latein, Deutsch	Otyń, Bobrowniki, Konradowo, Zakęcie
98	Otyń (Deutsch Wartenberg - Kreis Neusalz)	Rzymskokatolicka Parafia Podwyższenia Krzyża Świętego	Liber metricis Baptisatorum 1670 - 1732	9-89 - 9-92	1670	1732	Mikrofilm	Latein, Deutsch	Otyń, Bobrowniki, Konradowo, Zakęcie
99	Otyń (Deutsch Wartenberg - Kreis Neusalz)	Rzymskokatolicka Parafia Podwyższenia Krzyża Świętego	Liber metricis Mortuorum 1693 - 1767	9-93 - 9-97	1693	1767	Mikrofilm	Latein, Deutsch	Otyń, Bobrowniki, Konradowo, Zakęcie

l.Z.	Ortsname	Pfarreititel	Buchtitel	Signatur	Jahr		Phys. Beschreibung	Sprache	Bemerkungen
					Beginn	Ende			
100	Otyń (Deutsch Wartenberg - Kreis Neusalz)	Rzymskokatolicka Parafia Podwyższenia Krzyża Świętego	Liber metricis Baptisatorum et Copulatorum 1733 - 1766	9-93 - 9-97	1733	1766	Mikrofilm	Deutsch	Otyń, Bobrowniki, Konradowo, Zakęcie
101	Otyń (Deutsch Wartenberg - Kreis Neusalz)	Rzymskokatolicka Parafia Podwyższenia Krzyża Świętego	Liber metricis Baptisatorum, Copulatorum et Mortuorum 1766 - 1792	9-93 - 9-97	1766	1792	Mikrofilm	Deutsch	Otyń, Bobrowniki, Konradowo, Zakęcie
102	Otyń (Deutsch Wartenberg - Kreis Neusalz)	Rzymskokatolicka Parafia Podwyższenia Krzyża Świętego	Liber metricis Baptisatorum, Copulatorum et Mortuorum 1792 - 1797	9-93 - 9-97	1792	1797	Mikrofilm	Deutsch	Otyń, Bobrowniki, Konradowo, Zakęcie
103	Otyń (Deutsch Wartenberg - Kreis Neusalz)	Rzymskokatolicka Parafia Podwyższenia Krzyża Świętego	Liber metricis Copulatorum et Mortuorum 1844 - 1870	9-93 - 9-97	1844	1870	Mikrofilm	Deutsch	Otyń, Bobrowniki, Konradowo, Zakęcie
104	Otyń (Deutsch Wartenberg - Kreis Neusalz)	Rzymskokatolicka Parafia Podwyższenia Krzyża Świętego	Liber metricis Copulatorum 1655 - 1729	9-98 - 9-102	1655	1729	Mikrofilm	Latein, Deutsch	Otyń, Bobrowniki, Konradowo, Zakęcie
105	Otyń (Deutsch Wartenberg - Kreis Neusalz)	Rzymskokatolicka Parafia Podwyższenia Krzyża Świętego	Liber metricis Baptisatorum 1662 - 1730	9-98 - 9-102	1662	1730	Mikrofilm	Latein, Deutsch	Otyń, Bobrowniki, Konradowo, Zakęcie

l.Z.	Ortsname	Pfarreititel	Buchtitel	Signatur	Jahr		Phys. Beschreibung	Sprache	Bemerkungen
					Beginn	Ende			
106	Otyń (Deutsch Wartenberg - Kreis Neusalz)	Rzymskokatolicka Parafia Podwyższenia Krzyża Świętego	Liber metricis Mortuorum 1679 - 1767	9-98 - 9-102	1679	1767	Mikrofilm	Latein, Deutsch	Otyń, Bobrowniki, Konradowo, Zakęcie
107	Otyń (Deutsch Wartenberg - Kreis Neusalz)	Rzymskokatolicka Parafia Podwyższenia Krzyża Świętego	Liber metricis Baptisatorum 1797 - 1815	9-98 - 9-102	1797	1815	Mikrofilm	Deutsch	Otyń, Bobrowniki, Konradowo, Zakęcie, Nieradz, Sucha
108	Otyń (Deutsch Wartenberg - Kreis Neusalz)	Rzymskokatolicka Parafia Podwyższenia Krzyża Świętego	Liber metricis Copulatorum 1797 - 1850	9-98 - 9-102	1797	1850	Mikrofilm	Deutsch	Otyń, Bobrowniki, Konradowo, Zakęcie, Nieradz, Sucha
109	Otyń (Deutsch Wartenberg - Kreis Neusalz)	Rzymskokatolicka Parafia Podwyższenia Krzyża Świętego	Liber metricis Baptisatorum, Copulatorum et Mortuorum 1792 - 1850	9-103 - 9-105	1792	1850	Mikrofilm	Deutsch	Otyń, Bobrowniki, Konradowo, Zakęcie, Nieradz, Sucha
110	Otyń (Deutsch Wartenberg - Kreis Neusalz)	Rzymskokatolicka Parafia Podwyższenia Krzyża Świętego	Liber Metrices Mortuorum 1797 - 1839	9-103 - 9-105	1797	1839	Mikrofilm	Deutsch	Otyń, Bobrowniki, Konradowo, Zakęcie, Nieradz, Sucha
111	Otyń (Deutsch Wartenberg - Kreis Neusalz)	Rzymskokatolicka Parafia Podwyższenia Krzyża Świętego	Liber metricis Baptisatorum 1816 - 1843	9-103 - 9-105	1816	1843	Mikrofilm	Deutsch	Otyń, Bobrowniki, Konradowo, Zakęcie, Nieradz, Sucha

l.Z.	Ortsname	Pfarreititel	Buchtitel	Signatur	Jahr		Phys. Beschreibung	Sprache	Bemerkungen
					Beginn	Ende			
112	Otyń (Deutsch Wartenberg - Kreis Neusalz)	Rzymskokatolicka Parafia Podwyższenia Krzyża Świętego	Liber metricis Baptisatorum 1835 - 1870	9-103 - 9-105	1835	1870	Mikrofilm	Deutsch	Otyń, Bobrowniki, Konradowo, Zakęcie, Nieradz, Sucha
113	Otyń (Deutsch Wartenberg - Kreis Neusalz)	Rzymskokatolicka Parafia Podwyższenia Krzyża Świętego	Liber metricis Mortuorum 1840 - 1870	9-106 - 9-110	1840	1870	Mikrofilm	Deutsch	Otyń, Bobrowniki, Konradowo, Zakęcie, Nieradz, Sucha
114	Otyń (Deutsch Wartenberg - Kreis Neusalz)	Rzymskokatolicka Parafia Podwyższenia Krzyża Świętego	Liber metricis Baptisatorum 1844 - 1864	9-106 - 9-110	1844	1870	Mikrofilm	Deutsch	Otyń, Bobrowniki, Konradowo, Zakęcie, Nieradz, Sucha
	Pszczew (Betsche - Kreis Meseritz)								
115	Pszczew (Betsche - Kreis Meseritz)	Rzymskokatolicka Parafia Św. Marii Magdaleny	Liber Metrices Baptisatorum 1632 - 1694 (ad anno 1667)	9-106 - 9-110	1632	1694	Mikrofilm	Latein	Borowy Młyn, Młyn Zajezierny, Nowa Silna, Kuligowo, Pąchy, Pszczew, Policko,Silna, Stoki, Świechociny, Szarcz, Stołuń, Zielomyśl.
116	Pszczew (Betsche - Kreis Meseritz)	Rzymskokatolicka Parafia Św. Marii Magdaleny	Liber Metrices Baptisatorum 1632 - 1694 (modo annus 1668)	9-110 - 9-115	1632	1694	Mikrofilm	Latein	Borowy Młyn, Młyn Zajezierny, Nowa Silna, Kuligowo, Pąchy, Pszczew, Policko,Silna, Stoki, Świechociny, Szarcz, Stołuń, Zielomyśl.

l.Z.	Ortsname	Pfarreititel	Buchtitel	Signatur	Jahr Beginn	Ende	Phys. Beschreibung	Sprache	Bemerkungen
117	Pszczew (Betsche - Kreis Meseritz)	Rzymskokatolicka Parafia Św. Marii Magdaleny	Liber Metrices Mortuorum 1640 - 1694	9-110 - 9-115	1640	1694	Mikrofilm	Latein	Borowy Młyn, Młyn Zajezierny, Nowa Silna, Kuligowo, Pąchy, Pszczew, Policko,Silna, Stoki, Świechociny, Szarcz, Stołuń, Zielomyśl.
118	Pszczew (Betsche - Kreis Meseritz)	Rzymskokatolicka Parafia Św. Marii Magdaleny	Liber Metrices Baptisatorum 1727 - 1781	9-110 - 9-115	1727	1766	Mikrofilm	Latein	Borowy Młyn, Młyn Zajezierny, Nowa Silna, Kuligowo, Pąchy, Pszczew, Policko,Silna, Stoki, Świechociny, Szarcz, Stołuń, Zielomyśl.
119	Pszczew (Betsche - Kreis Meseritz)	Rzymskokatolicka Parafia Św. Marii Magdaleny	Liber Metrices Copulatorum et Mortuorum 1747 - 1781	9-110 - 9-115	1747	1781	Mikrofilm	Latein	Borowy Młyn, Młyn Zajezierny, Nowa Silna, Kuligowo, Pąchy, Pszczew, Policko,Silna, Stoki, Świechociny, Szarcz, Stołuń, Zielomyśl.
120	Pszczew (Betsche - Kreis Meseritz)	Rzymskokatolicka Parafia Św. Marii Magdaleny	Liber Metrices Baptisatorum 1768 - 1792	9-110 - 9-115	1768	1792	Mikrofilm	Latein	Borowy Młyn, Młyn Zajezierny, Nowa Silna, Kuligowo, Pąchy, Pszczew, Policko,Silna, Stoki, Świechociny, Szarcz, Stołuń, Zielomyśl.
121	Pszczew (Betsche - Kreis Meseritz)	Rzymskokatolicka Parafia Św. Marii Magdaleny	Liber Metrices Copulatorum et Mortuorum 1781 - 1809	9-110 - 9-115	1781	1809	Mikrofilm	Latein	Borowy Młyn, Młyn Zajezierny, Nowa Silna, Kuligowo, Pąchy, Pszczew, Policko,Silna, Stoki, Świechociny, Szarcz, Stołuń, Zielomyśl.

l.Z.	Ortsname	Pfarreititel	Buchtitel	Signatur	Jahr		Phys. Beschreibung	Sprache	Bemerkungen
					Beginn	Ende			
122	Pszczew (Betsche - Kreis Meseritz)	Rzymskokatolicka Parafia Św. Marii Magdaleny	Liber Metrices Baptisatorum 1793 - 1816	9-110 - 9-115	1793	1816	Mikrofilm	Latein	Borowy Młyn, Młyn Zajezierny, Nowa Silna, Kuligowo, Pąchy, Pszczew, Policko,Silna, Stoki, Świechociny, Szarcz, Stołuń, Zielomyśl.
123	Pszczew (Betsche - Kreis Meseritz)	Rzymskokatolicka Parafia Św. Marii Magdaleny	Liber metricis Baptisatorum, Copulatorum et Mortuorum 1793 - 1816	9-115 - 9-120	1793	1816	Mikrofilm		Borowy Młyn, Młyn Zajezierny, Nowa Silna, Kuligowo, Pąchy, Pszczew, Policko,Silna, Stoki, Świechociny, Szarcz, Stołuń, Zielomyśl.
124	Pszczew (Betsche - Kreis Meseritz)	Rzymskokatolicka Parafia Św. Marii Magdaleny	Liber Metrices Copulatorum 1796 - 1804	9-115 - 9-120	1796	1804	Mikrofilm		Borowy Młyn, Młyn Zajezierny, Nowa Silna, Kuligowo, Pąchy, Pszczew, Policko,Silna, Stoki, Świechociny, Szarcz, Stołuń, Zielomyśl.
125	Pszczew (Betsche - Kreis Meseritz)	Rzymskokatolicka Parafia Św. Marii Magdaleny	Liber Metrices Copulatorum 1805 - 1833	9-115 - 9-120	1805	1833	Mikrofilm	Latein	Borowy Młyn, Młyn Zajezierny, Nowa Silna, Kuligowo, Pąchy, Pszczew, Policko,Silna, Stoki, Świechociny, Szarcz, Stołuń, Zielomyśl.
126	Pszczew (Betsche - Kreis Meseritz)	Rzymskokatolicka Parafia Św. Marii Magdaleny	Liber Metrices Mortuorum 1809 - 1810	9-115 - 9-120	1809	1810	Mikrofilm	Polnisch	Borowy Młyn, Młyn Zajezierny, Nowa Silna, Kuligowo, Pąchy, Pszczew, Policko,Silna, Stoki, Świechociny, Szarcz, Stołuń, Zielomyśl.

l.Z.	Ortsname	Pfarreititel	Buchtitel	Signatur	Jahr Beginn	Ende	Phys. Beschreibung	Sprache	Bemerkungen
127	Pszczew (Betsche - Kreis Meseritz)	Rzymskokatolicka Parafia Św. Marii Magdaleny	Liber Metrices Mortuorum 1810 - 1835	9-115 - 9-120	1810	1835	Mikrofilm	Latein	Borowy Młyn, Młyn Zajezierny, Nowa Silna, Kuligowo, Pąchy, Pszczew, Policko,Silna, Stoki, Świechociny, Szarcz, Stołuń, Zielomyśl.
128	Pszczew (Betsche - Kreis Meseritz)	Rzymskokatolicka Parafia Św. Marii Magdaleny	Liber Metrices Mortuorum 1816 - 1830	9-115 - 9-120	1816	1835	Mikrofilm	Latein	Borowy Młyn, Młyn Zajezierny, Nowa Silna, Kuligowo, Pąchy, Pszczew, Policko,Silna, Stoki, Świechociny, Szarcz, Stołuń, Zielomyśl.
129	Pszczew (Betsche - Kreis Meseritz)	Rzymskokatolicka Parafia Św. Marii Magdaleny	Liber Metrices Baptisatorum 1816 - 1830	9-115 - 9-120	1816	1830	Mikrofilm	Latein	Borowy Młyn, Młyn Zajezierny, Nowa Silna, Kuligowo, Pąchy, Pszczew, Policko,Silna, Stoki, Świechociny, Szarcz, Stołuń, Zielomyśl.
130	Pszczew (Betsche - Kreis Meseritz)	Rzymskokatolicka Parafia Św. Marii Magdaleny	Liber Metrices Baptisatorum, Copulatorum et Mortuorum 1816 - 1830	9-120 - 9-125	1816	1830	Mikrofilm	Latein	Borowy Młyn, Młyn Zajezierny, Nowa Silna, Kuligowo, Pąchy, Pszczew, Policko,Silna, Stoki, Świechociny, Szarcz, Stołuń, Zielomyśl.
131	Pszczew (Betsche - Kreis Meseritz)	Rzymskokatolicka Parafia Św. Marii Magdaleny	Liber Metrices Baptisatorum, Copulatorum et Mortuorum 1833 - 1868	9-125 - 9-133	1833	1868	Mikrofilm	Latein	Borowy Młyn, Młyn Zajezierny, Nowa Silna, Kuligowo, Pąchy, Pszczew, Policko,Silna, Stoki, Świechociny, Szarcz, Stołuń, Zielomyśl.

l.Z.	Ortsname	Pfarreititel	Buchtitel	Signatur	Jahr		Phys. Beschreibung	Sprache	Bemerkungen
					Beginn	Ende			
	Przytoczna (Prittisch - Kreis Schwerin Warthe)								
132	Przytoczna (Prittisch - Kreis Schwerin Warthe)	Rzymskokatolicka Parafia	Liber Baptisatorum, Copulorum et Mortuorum Ecclesiae Przetocznensis 1754 - 1795	9-106 - 9-110	1754	1795	Mikrofilm	Latein, Polnisch	
133	Przytoczna (Prittisch - Kreis Schwerin Warthe)	Rzymskokatolicka Parafia	Liber Baptisatorum, Copulorum et Mortuorum Ecclesiae Przetocznensis 1839 - 1870	9-106 - 9-110	1839	1870	Mikrofilm	Latein, Deutsch	
	Rokitno (Rokitten - Kreis Schwerin Warthe)								
134	Rokitno (Rokitten - Kreis Schwerin Warthe)	Rzymskokatolicka Parafia Najświętszej Maryi Panny Królowej Polski	Liber Baptisatorum, Copulatorum et Mortuorum ex Parochia Rokitnensis1795 - 1811 (continuatio ab anno 1804)	9-133 - 9-137	1795	1811	Mikrofilm	Deutsch	Chełmsko, Kalsko, Rokitno, Rojewo, Twierdzelewo
135	Rokitno (Rokitten - Kreis Schwerin Warthe)	Rzymskokatolicka Parafia Najświętszej Maryi Panny Królowej Polski	Liber Baptisatorum, Copulatorum et Mortuorum ex Parochia Rokitnensis 1811 - 1815	9-133 - 9-137	1811	1815	Mikrofilm	Polnisch	Chełmsko, Kalsko, Rokitno, Rojewo, Twierdzelewo
136	Rokitno (Rokitten - Kreis Schwerin Warthe)	Rzymskokatolicka Parafia Najświętszej Maryi Panny Królowej Polski	Liber Baptisatorum, Copulatorum et Mortuorum ex Parochia Rokitnensis 1811 - 1841	9-133 - 9-137	1811	1841	Mikrofilm	Latein	Chełmsko, Kalsko, Rokitno, Rojewo, Twierdzelewo
137	Rokitno (Rokitten - Kreis Schwerin Warthe)	Rzymskokatolicka Parafia Najświętszej	Liber Copulatorum ex Parochia Rokitnensis 1845 - 1870	9-133 - 9-137	1845	1870	Mikrofilm	Latein	Chełmsko, Kalsko, Rokitno, Rojewo, Twierdzelewo

l.Z.	Ortsname	Pfarreititel	Buchtitel	Signatur	Jahr		Phys. Beschreibung	Sprache	Bemerkungen
					Beginn	Ende			
		Maryi Panny Królowej Polski							
	Rzeczyca (Rietschuetz - Kreis Glogau)								
138	Rzeczyca (Rietschuetz - Kreis Glogau)	Rzymskokatolicka Parafia Św.Jadwigi	Liber Baptisatorum 1781 - 1838 (ad anno 1827)	9-133 - 9-137	1781	1838	Mikrofilm	Deutsch	Białołęka, Czernica, Droglewice, Leszkowice, Mieleszyn, Pęcław, Przybyszów, Rzeczyca, Trzęsów, Wierzchownia, Witaszyce, Żabice
139	Rzeczyca (Rietschuetz - Kreis Glogau)	Rzymskokatolicka Parafia Św.Jadwigi	Liber Baptisatorum 1781 - 1838 (continuatio ab anno 1828)	9-137 - 9-144	1781	1838	Mikrofilm	Latein	Białołęka, Czernica, Droglewice, Leszkowice, Mieleszyn, Pęcław, Przybyszów, Rzeczyca, Trzęsów, Wierzchownia, Witaszyce, Żabice
140	Rzeczyca (Rietschuetz - Kreis Glogau)	Rzymskokatolicka Parafia Św.Jadwigi	Liber Mortuorum 1816 - 1855	9-137 - 9-144	1816	1855	Mikrofilm	Deutsch	Białołęka, Czernica, Droglewice, Leszkowice, Mieleszyn, Pęcław, Przybyszów, Rzeczyca, Trzęsów, Wierzchownia, Witaszyce, Żabice
141	Rzeczyca (Rietschuetz - Kreis Glogau)	Rzymskokatolicka Parafia Św.Jadwigi	Liber Copulatorum 1822 - 1866	9-137 - 9-144	1822	1855	Mikrofilm	Deutsch	Białołęka, Czernica, Droglewice, Leszkowice, Mieleszyn, Pęcław, Przybyszów, Rzeczyca, Trzęsów, Wierzchownia, Witaszyce, Żabice
142	Rzeczyca (Rietschuetz - Kreis Glogau)	Rzymskokatolicka Parafia Św.Jadwigi	Liber Baptisatorum 1835 - 1867	9-137 - 9-144	1835	1867	Mikrofilm	Deutsch	Białołęka, Czernica, Droglewice, Leszkowice, Mieleszyn, Pęcław,

l.Z.	Ortsname	Pfarreititel	Buchtitel	Signatur	Jahr		Phys. Beschreibung	Sprache	Bemerkungen
					Beginn	Ende			
									Przybyszów, Rzeczyca, Trzęsów, Wierzchownia, Witaszyce, Żabice
143	Rzeczyca (Rietschuetz - Kreis Glogau)	Rzymskokatolicka Parafia Św.Jadwigi	Liber Mortuorum 1856 - 1870	9-137 - 9-144	1855	1870	Mikrofilm	Deutsch	Białołęka, Czernica, Droglewice, Leszkowice, Mieleszyn, Pęcław, Przybyszów, Rzeczyca, Trzęsów, Wierzchownia, Witaszyce, Żabice
144	Rzeczyca (Rietschuetz - Kreis Glogau)	Rzymskokatolicka Parafia Św.Jadwigi	Liber Copulatorum 1867 - 1870	9-137 - 9-144	1867	1870	Mikrofilm	Deutsch	Białołęka, Czernica, Droglewice, Leszkowice, Mieleszyn, Pęcław, Przybyszów, Rzeczyca, Trzęsów, Wierzchownia, Witaszyce, Żabice
145	Rzeczyca (Rietschuetz - Kreis Glogau)	Rzymskokatolicka Parafia Św.Jadwigi	Liber Baptisatorum 1868 - 1870	9-137 - 9-144	1868	1870	Mikrofilm	Deutsch	io
	Siedlnica (Zedlitz - Kreis Fraustadt)								
146	Siedlnica (Zedlitz - Kreis Fraustadt)	Rzymskokatolicka Parafia Narodzenia NMP i Św. Jana Ewangelisty	Liber Baptisatorum Parochialis Sedlicensis 1693 - 1752 (ad anno 1750)	9-137 - 9-144	1693	1752	Mikrofilm	Deutsch	Dryżyna, Jędrzychowice, Kowalewo, Siedlnica
147	Siedlnica (Zedlitz - Kreis Fraustadt)	Rzymskokatolicka Parafia Narodzenia NMP i Św. Jana Ewangelisty	Liber Baptisatorum Parochialis Sedlicensis 1693 - 1752 (contonuatio ab anno 1751)	9-144 - 9-148	1693	1752	Mikrofilm	Latein, Deutsch	Dryżyna, Jędrzychowice, Kowalewo, Siedlnica

l.Z.	Ortsname	Pfarreititel	Buchtitel	Signatur	Jahr		Phys. Beschreibung	Sprache	Bemerkungen
					Beginn	Ende			
148	Siedlnica (Zedlitz - Kreis Fraustadt)	Rzymskokatolicka Parafia Narodzenia NMP i Św. Jana Ewangelisty	Liber baptisatorum, Copulorum et Mortuorum Parochialis Sedlicensis 1693 - 1752	9-144 - 9-148	1693	1752	Mikrofilm	Latein	Dryżyna, Jędrzychowice, Kowalewo, Siedlnica
149	Siedlnica (Zedlitz - Kreis Fraustadt)	Rzymskokatolicka Parafia Narodzenia NMP i Św. Jana Ewangelisty	Liber Mortuorum Parochialis Sedlicensis 1702 - 1805	9-144 - 9-148	1702	1805	Mikrofilm	Latein, Deutsch	Dryżyna, Jędrzychowice, Kowalewo, Siedlnica
	Śmieszkowo (Lache)								
150	Śmieszkowo (Lache)	Rzymskokatolicka Parafia Św. Andrzeja Apostoła	Księga ślubów dla wsi Potrzebowo 1808 - 1817	9-144 - 9-148	1808	1817	Mikrofilm	Polnisch	Potrzebowo
	Sokola Dąbrowa (Falkenwalde - Kreis Meseritz)								
151	Sokola Dąbrowa (Falkenwalde - Kreis Meseritz)	Rzymskokatolicka Parafia Wniebowzięcia NMP	Liber Baptisatorum, Copulorum et Mortuorum Ecclesiae Parochialis Falkenwaldensis 1716 - 1781	9-144 - 9-148	1716	1781	Mikrofilm	Latein	Sokola Dąbrowa, Dębowice, Nowa Wieś, Osiecko,
152	Sokola Dąbrowa (Falkenwalde - Kreis Meseritz)	Rzymskokatolicka Parafia Wniebowzięcia NMP	Liber Baptisatorum, Copulorum et Mortuorum Ecclesiae Parochialis Falkenwaldensis 1782 - 1840 (ad anno 1839)	9-144 - 9-148	1782	1840	Mikrofilm	Latein	Sokola Dąbrowa, Dębowice, Nowa Wieś, Osiecko,
153	Sokola Dąbrowa (Falkenwalde - Kreis Meseritz)	Rzymskokatolicka Parafia Wniebowzięcia NMP	Liber Baptisatorum, Copulorum et Mortuorum Ecclesiae Parochialis Falkenwaldensis 1782 - 1840 (ad anno 1833)	9-144 - 9-148	1782	1840	Mikrofilm	Latein	Sokola Dąbrowa, Dębowice, Nowa Wieś, Osiecko,

l.Z.	Ortsname	Pfarreititel	Buchtitel	Signatur	Jahr		Phys. Beschreibung	Sprache	Bemerkungen
					Beginn	Ende			
154	Sokola Dąbrowa (Falkenwalde - Kreis Meseritz)	Rzymskokatolicka Parafia Wniebowzięcia NMP	Liber Baptisatorum et Copulorum Ecclesiae Parochialis Falkenwaldensis 1782 - 1840 (continuatio ab anno 1833)	9-148 - 9-154	1782	1840	Mikrofilm	Latein, Deutsch	Sokola Dąbrowa, Dębowice, Nowa Wieś, Osiecko,
155	Sokola Dąbrowa (Falkenwalde - Kreis Meseritz)	Rzymskokatolicka Parafia Wniebowzięcia NMP	Liber baptisatorum Ecclesiae Affiliatarum Osiecensis 1794 - 1870	9-148 - 9-154	1794	1870	Mikrofilm	Deutsch	Osiecko
156	Sokola Dąbrowa (Falkenwalde - Kreis Meseritz)	Rzymskokatolicka Parafia Wniebowzięcia NMP	Liber Copulorum Ecclesiae Affiliatarum Osiecensis 1795 - 1870	9-148 - 9-154	1795	1780	Mikrofilm	Deutsch	Osiecko
157	Sokola Dąbrowa (Falkenwalde - Kreis Meseritz)	Rzymskokatolicka Parafia Wniebowzięcia NMP	Liber baptisatorum Ecclesiae Parochialis Falkenwaldensis 1840 - 1870	9-148 - 9-154	1840	1870	Mikrofilm	Deutsch	Sokola Dąbrowa, Dębowice, Nowa Wieś
158	Sokola Dąbrowa (Falkenwalde - Kreis Meseritz)	Rzymskokatolicka Parafia Wniebowzięcia NMP	Liber Copulorum Ecclesiae Parochialis Falkenwaldensis 1840 - 1870	9-148 - 9-154	1840	1870	Mikrofilm	Deutsch	Sokola Dąbrowa, Dębowice, Nowa Wieś
	Sulechów (Züllichau - Kreis Züllichau-Schwiebus)								
159	Sulechów (Züllichau - Kreis Züllichau-Schwiebus)	Rzymskokatolicka Parafia Podwyższenia Krzyża Świętego	Liber Baptisatorum 1864 - 1870	9-148 - 9-154	1864	1870	Mikrofilm	Deutsch	
	Wschowa (Fraustadt - Kreis Fraustadt)								

l.Z.	Ortsname	Pfarreititel	Buchtitel	Signatur	Jahr		Phys. Beschreibung	Sprache	Bemerkungen
					Beginn	Ende			
160	Wschowa (Fraustadt - Kreis Fraustadt)	Rzymskokatolicka Parafia Św. Michała Archanioła	Liber Metrices Baptisatorum et Mortuorum Ecclesiae Wschoviensis 1714 – 1770	9-16 - 9-24	1714	1770	Mikrofilm	Latein	
	Zielona Góra (Grünberg - Kreis Grünberg)								
161	Zielona Góra (Grünberg - Kreis Grünberg)	Rzymskokatolicka Parafia Św. Jadwigi	Liber Metrices Baptisatorum 1825 - 1846 (ad anno 1838)	9-148 - 9-154	1825	1846	Mikrofilm	Deutsch	
162	Zielona Góra (Grünberg - Kreis Grünberg)	Rzymskokatolicka Parafia Św. Jadwigi	Liber Metrices Baptisatorum 1825 - 1846 (continuatio ab anno 1839)	9-154 - 9-156	1825	1846	Mikrofilm	Deutsch	
163	Zielona Góra (Grünberg - Kreis Grünberg)	Rzymskokatolicka Parafia Św. Jadwigi	Liber Metrices Baptisatorum 1847 - 1870	9-154 - 9-156	1847	1870	Mikrofilm	Deutsch	
164	Zielona Góra (Grünberg - Kreis Grünberg)	Rzymskokatolicka Parafia Św. Jadwigi	Liber Metrices Baptisatorum pro villis 1831 - 1870	9-154 - 9-156	1831	1870	Mikrofilm	Deutsch	Wilhelminenthal, Kuhnau, Sawadau, Drennau, Neuwalde, Krampenau, Lawalde, Schertendorf, Pommerzich, Heinrichsdorf

Die Mikrofilme aus dem obigen Katalog wurden nicht verwendet, seitdem man sie gefunden hat. Der Mikrofilmkatalog befindet sich auf der Website des Diözesanarchivs (Archiwum Diecezjalne) in Zielona Góra. Derzeit wird die Mikroverfilmung zugunsten der Digitalisierung der Sammlungen aufgegeben, die darin besteht, dass digitale Kopien von z. B. Büchern, Zeitschriften, Mikrofilmen, ikonographischen Dokumenten, Karten und anderen Sammlungskategorien angefertigt werden. Die digitale Archivierung ist besonders erwünscht bei Objekten, die einzigartig, wertvoll oder beschädigt sind oder deren Zugänglichkeit auf ihren Zustand aus anderen Gründen negativ auswirken könnte[1]. In vielen Kirchenarchiven ist die Digitalisierung schon abgeschlossen[2]. Ab 2019 begann das Diözesanarchiv in Zielona Góra in Zusammenarbeit mit dem Archiv Historischer Urkunden der Diözese Thorn (Archiwum Akt Dawnych Diecezji Toruńskiej) mit der Digitalisierung der Matrikelbücher bis 1945.

---

[3] Maciej GAJEWSKI, Digitalizacja w archiwum – ujęcie praktyczne [Digitalisierung in den Archiven – ein praktischer Ansatz], in: Ochrona zasobu archiwów kościelnych, 186-191; Mieczysław RÓŻAŃSKI, Ochrona zasobu archiwów diecezjalnych w Polsce [Bewahrung der Diözesanarchive in Polen], in: Mieczysław RÓŻAŃSKI, Norbert KASPAREK (Red.), Ochrona dóbr kultury. Aktualne wyzwania, Łódź 2016, 100.

[4] Z.B. Mikrofilmkatalog im Archiv der Erzdiözese in Łódź, in: Kazimierz DĄBROWSKI (Red.), „Prace i materiały historyczne Archiwum Archidiecezjalnego w Łodzi i Muzeum Archidiecezji Łódzkiej", Łódź 2008:5.

Joachim Köhler

Seelsorge unter nationalen Vorzeichen. Zur Rolle polnischer Priester in den Umbruchszeiten der Jahre 1945/46 in Schlesien

Abstract: Pastoral care under national auspices. The roll of Polish priests in Silesia in the transitional phases of 1945/46
In his report about the violent expulsion from Silesia in September 1946, Auxiliary Bishop Joseph Ferche also described his experiences with Polish priests. They „effect the ruin of a life of faith and the church far and wide. [...] It is impossible for any German priest to remain any longer in Lower Silesia, especially when the Polish pastor is sitting there and is helping to get rid of the Germans." Newly published reports of the German pastors from the Waldenburg area document the role of Polish priests in 1945/46.

In einer Dissertation, die im Wintersemester 2010/11 von der Philosophischen Fakultät der Universität Köln angenommen wurde, setzt sich Evelyne A. Adenauer mit der Umbruchszeit 1945/46 in Schlesien auseinander. Sie geht der Frage nach, wie sich die Angliederung Schlesiens an den polnischen Staat auf die Kirchen beider Konfessionen ausgewirkt hat. Deshalb gibt sie ihrer Arbeit den Titel „Das christliche Schlesien 1945/46" und stellt als Resümee fest:

„Die katholische Kirche Polens begann, Schlesien katholisch und polnisch zu machen [...]. Sie katholisierte ein bis dahin teilweise evangelisches Land, sie begann ihren Kampf mit der kommunistischen Führung des Landes. Die dominante Rolle der katholischen Kirche in und für Polen bedeutete das Ende des evangelischen Lebens in Schlesien..."[1].

Aber auch die katholischen Deutschen und ihre Priester wurden nicht geschont.

---

[1] Evelyne A. Adenauer, Das christliche Schlesien (Beiträge zur Theologie, Kirche und Gesellschaft im 20. Jahrhundert, Bd. 22), Berlin 2014, 446.

Allein durch ihre Anwesenheit trugen die polnischen Priester dazu bei, Schlesien den polnischen Ankömmlingen zur Heimat zu machen. Sie „verkündeten nicht nur Jesus Christus, sie verkündeten auch die neue Realität. Sie teilten das Schicksal der aus dem früheren Osten Polens Ausgesiedelten, vielfach aus den Gebieten, die erst 1920/21 von Polen erobert worden waren, sie halfen, Schlesien heimisch zu machen. [...].

Die Geistlichen waren darüber hinaus Pioniere der polnischen Kultur. Die Untermauerung der Übernahme eines Stück Landes, das bis dahin deutsch gewesen war, musste ideologisch geschehen [...].

Die Autorität der Priester war bei der Bevölkerung größer als die irgendeines Wojewoden oder Landrats [...]“[2].

Zu den geschichtlichen Realitäten gehörte aber auch das Unrecht, das in Zeiten des Umbruchs gerade von Priestern an der deutschen Bevölkerung verübt wurde. Evelyne Adenauer hat es nicht verschwiegen: „Wenn sich Priester, die ‚in der Person Christi‘ handeln können, schuldhaft und unchristlich, auch unkatholisch, verhalten, dann ist das – im historischen Rückblick – schwer tragbar. In jenem ersten Jahr nach dem Zweiten Weltkrieg zeigten viele der neuen polnischen Geistlichen beider Konfession in Schlesien nationalen, nicht christlichen Geist. Aufrechnung von Verbrechen gegen Verbrechen war Zeitgeist und den Deutschen war viel aufzurechnen. Seelsorge, die nationale Schranken nicht kennen sollte, war das nicht“[3].

Die seelsorgliche Lage der deutschen Katholiken im Kreis Waldenburg

Wie diese Übergriffe geschahen, soll konkret vor Ort, im Kreis Waldenburg, aufgezeigt werden. Quellen sind Berichte von Priestern und Laien, die in den Jahren 1947/48 der Breslauer Konsistorialrat Johannes Kaps[4], der damals in

---

2 ADENAUER, Das christliche Schlesien, 447.

3 ADENAUER, Das christliche Schlesien, 449.

4 Johannes Kaps, geb. 12. August 1906 in Breslau, Studium der Rechtswissenschaft an den Universitäten in Königsberg und Breslau 1925 bis 1929, Dr. utriusque iuris 1930, Studium der Theologie in Innsbruck 1930 bis 1935, Priesterweihe in Breslau 27. Januar 1935, als Kaplan in der Seelsorge 1935/36, Besuch des Instituts für Kirchliche Verwaltung und Finanzwissenschaft in Breslau 1936/37, als Kaplan in der Seelsorge 1937/39, Domvikar Oktober 1939 tätig in der kirchlichen Verwaltung, Konsistorialrat 1941, Romreise August bis November 1945, im Dienste der Vertriebenen in München 1945 bis 1951, Dozent am Kanonistischen Institut der Universität München, Aufbau und Leitung des Kirchenbuchamtes und Archivs für Heimatvertriebene in München, Habilitation und Dozent für Kirchenrecht in Salzburg 1956, gest. 24. November 1959 in München. Paul TILLMANN, Ein priesterliches Leben für Wahrheit und Recht. Erinnerungsskizzen an DDr. Johannes Kaps, in: Schlesisches Priesterjahrbuch 3/4 (1962/63), 110-137.

München lebte, angefordert und gesammelt hat. Auszüge aus diesen Berichten hat er unter dem Titel „Die Tragödie Schlesiens“ 1952/53[5] veröffentlicht; allerdings sind da keine Berichte aus dem Kreis Waldenburg aufgenommen. Abschriften der vollständigen Originale befinden sich im Bistumsarchiv Görlitz (Nachlass Kaps). Für den Kreis Waldenburg liegen folgende Berichte[6] vor:

Joachim Passek/Bad Charlottenbrunn: Bericht über die seelsorgliche Lage der deutschen Katholiken im niederschlesischen Industriegebiet [Waldenburg]

Joachim Passek/Bad Charlottenbrunn: Brief an den Apostolischen Administrator Karol Milik in Breslau wg. Filialkirche in Blumenau

Richard Richter/Oberwüstegiersdorf: Bericht über die Pfarrei Oberwüstegiersdorf

Paul Geisler/Hermsdorf: Bericht über die Pfarrgemeinde St. Josef, Hermsdorf

Franz Wiesner/Gottesberg: Bericht über die Pfarrei Gottesberg

Zum Beginn soll der Bericht von Pfarrer Robert Beck[7] (der aus Waldenburg stammt) über die Vertreibung des Waldenburger Pfarrers Albert Klenner[8] (Pfarrei Zu den heiligen Schutzengeln) stehen:

---

5 Die Tragödie Schlesiens 1945/46 in Dokumenten, unter besonderer Berücksichtigung des Erzbistums Breslau. Bearbeitet und hg. von Johannes Kaps, München 1952/53.

6 Genauere Angaben zu den Berichten im Bistumsarchiv Görlitz (BAG), Nachlass Johannes Kaps siehe im Quellenverzeichnis am Schluss des Beitrags.

7 Robert BECK, Geschichte der katholischen Pfarrgemeinde Waldenburg in Schlesien, Hildesheim 1977. Robert Beck * 10. Januar 1906 in Waldenburg in Schlesien geboren; getauft in der Pfarrkirche zu den heiligen Schutzengeln. Der Vater stammte aus Mittelwalde, Kreis Habelschwerdt und war Kreisdirektor in der Verwaltung des Kreises Waldenburg. Die Mutter, eine geborene Lange stammt aus Glogau. Robert Beck besuchte die Volksschule und das humanistische Gymnasium in Waldenburg. Nach dem Abitur Studium der Katholischen Theologie in Breslau und Innsbruck. Priesterweihe 1. Februar 1931 durch Adolf Kardinal Bertram. 1931/32 Alumnatssenior im Priesterseminar, berufen durch Rektor Dr. Oppermann. 1932 Kaplan in Hirschberg im Riesengebirge. 19. September 1935 Kaplan in Frankenstein in Schlesien. 5. April 1938 Pfarrer in Beuthen an der Oder im Kreise Glogau. Dort erlebte er das Kriegsende, den Einmarsch der Russen, die polnische Besatzung. 1946 Vertreibung aus Schlesien. Sein Weg führte in die Diözese Hildesheim. Beck wurde Seelsorger in Marienhagen im Kreise Alfeld. 13 Dörfer gehörten zu seinem Seelsorgsbereich. 1953 berief ihn Erzbischof Joseph Godehard Machens als Pfarrer in die große Industriegemeinde St. Johannes im Norden der Bischofsstadt Hildesheim. † 23. Juli 1980 in Hildesheim.

8 Albert Klenner, geb. 27. Februar 1891 Würben, ord. 10. Juni 1917, inv. Waldenburg (Zu den heiligen Schutzengeln) 4. Oktober 1932, gest. 18. November 1966.

Ausweisung von Pfarrer Albert Klenner durch die polnischen Behörden

„Mit den Jahren 1945 und 1946 beginnen wohl die traurigsten Kapitel in der Geschichte unserer Pfarrgemeinde. Wohl sahen wir im Verlaufe unserer Darstellung wie die Kriege vergangener Jahrhunderte die Stadt an den Ruin brachten, wie der 30-jährige Krieg die Gemeinde entvölkerte, Dörfer und Städte „wüst" machte. Das Kapitel einer Ausweisung aus der angestammten Heimat brauchte aber in der bisherigen Darstellung nicht geschrieben zu werden. Diese Grausamkeit blieb den Jahren 1945/46 vorbehalten. Jeder tiefer Sehende hatte mit einem schrecklichen Ausgange eines so wahnsinnigen Krieges gerechnet. Auch der letzte Pfarrer von Waldenburg sah in dem Zusammenbruch die Strafe für den unerträglichen Hochmut eines zum Götzen gewordenen Staates. Von einer Beendigung des Krieges erwartete man die nunmehrige Befreiung vom unerträglichen, in den letzten Wochen geradezu hysterisch gesteigerten Nazi-Terror.

Doch es sollte so vieles ganz anders kommen. Wieder einmal erlebte die Stadt beim Einzug der russischen Truppen am 8. Mai 1945, dem Tage des Waffenstillstandes, eine furchtbare Plünderung mit anderen, nur zu gut bekannten Exzessen einer trunkenen Soldateska. Die russischen Kommandostellen verhielten sich der Kirche und den Geistlichen gegenüber in den meisten Fällen korrekt und behinderten die Abhaltung der Gottesdienste nicht. Die Anwesenheit des Pfarrers und seiner geistlichen Mitarbeiter war eine starke Stütze der zu tiefst erschütterten Gemeindemitglieder. Die unbeschädigte und unberührte Pfarrkirche war wie überall im verwüsteten Schlesien der trostvolle Mittelpunkt in solch namenlosem Leid.

Die Übernahme der Verwaltung durch die polnischen Behörden im Juni 1945 hatte die katholische Bevölkerung anfangs mit Zuversicht erfüllt. Man erhoffte von den Glaubensbrüdern eine Erleichterung der schweren Lage. Wie schwer wurden sie alle enttäuscht, als die Beraubungen von neuem begannen und die zuchtlose Miliz ein unheilvolles Treiben entfaltete. Auch der Waldenburger Pfarrer und seine Mitbrüder mussten mit tiefem Schmerz erfahren, wie der nationale Chauvinismus das wahrhaft Katholische und Priesterliche häufig ganz erstickte, so dass sich ärgerliche und empörende Szenen ereigneten. Der Wahrheit zur Ehre muss festgestellt werden, dass eine häufig beobachtete unpriesterliche Haltung mancher neu einströmender Geistlicher auf die jahrelange Unterdrückung der polnischen Geistlichen durch die Gestapo zurückzuführen war. In vielen Gemeindemitgliedern hat allerdings eine solche unpriesterliche Haltung innerlich manches zerstört.

Niemand hatte aber trotz der schwersten Bedrückungen, denen jeder ‚Armbindenträger' ausgesetzt war, mit einem Verlust der geliebten Heimat gerechnet. Als die ersten Ausweisungen erfolgten, legte sich lähmendes Entsetzen auf die gesamte Bevölkerung. So mussten Pfarrer und Gemeinde, alle in Waldenburg weilenden Priester, die dort, anderswo vertrieben, Zuflucht gefunden hatten, die hochragende Pfarrkirche verlassen in die Ungewissheit hinein wandern jenseits der Neiße. Pfarrer Klenner berichtet über diesen schwarzen Tag in der Waldenburger Geschichte:

‚Meine Ausweisung erfolgte am Donnerstag, den 23. Mai 1946. Nichts ahnend ging ich um ½ 10 Uhr zu einer Beerdigung auf den Friedhof. Bei meiner Rückkehr erhielt ich im Kirchenbüro die furchtbare Nachricht: Sie müssen um 12.00 Uhr das Pfarrhaus verlassen. Die Miliz hat die Ausweisung gebracht. Es war ein schrecklicher Augenblick!

Um 12.00 Uhr erschien der polnische Pfarrer, übernahm das Pfarrhaus, versiegelte die Räume und nun ging es ins ‚Lager', in die ehemalige weltliche Schule in Altwasser. Am nächsten Tag fand die Gepäckkontrolle statt mit manchen Hindernissen. Am Freitagabend um 6 Uhr erfolgte die Abfahrt vom Bahnhof Altwasser in der Richtung nach dem Westen. Abschied von der Heimat, von der Schutzengel-Gemeinde, von lieben Menschen die die gemeinsame Not eng zusammengeschmiedet hatte'"[9].

Pfarrer Albert Klenner fand eine Wirkungsstätte in Salchendorf bei Weidenau an der Sieg. Der Ort gehört zur Erzdiözese Paderborn. Seine Waldenburger Pfarrkinder wurden in alle Winde zerstreut.

Was der Waldenburger Pfarrer von der Pfarrei Zu den heiligen Schutzengeln von der Übernahme des Pfarrhauses durch den polnischen Pfarrer schreibt, hört sich ziemlich harmlos an. War es aber nicht.

Ausführlich schildert der Pfarrvikar Joachim Passek[10] aus Bad Charlottenbrunn die seelsorgliche Lage der deutschen Katholiken im Waldenburger Industriegebiet in den Jahren 1945 bis 1947: Die deutschen Katholiken haben „der Ankunft der ersten polnischen Priester mit gewissen Erwartungen entgegengesehen, da sie sich von ihrer Wirksamkeit [...] eine Erleichterung ihrer bedrängten Lage erhofft hatten. Bald aber haben sich diese Erwartungen in Furcht und Mißtrauen verwandelt. Die deutschen Katholiken haben es erleben müssen, daß polnische Priester die Räumung [der Wohnungen] von Mitbrüdern [...] nicht anders [vollzogen haben] [...] als sie es von den gewöhnlichsten Banditen der Straße gewöhnt sind... Sie haben es erlebt, daß deutsche

---

9 Robert BECK, Geschichte der katholischen Pfarrgemeinde Waldenburg in Schlesien, Hildesheim 1977, 108-110.

10 Joachim Passek, geb. 10. August 1913, ord. 1. August 1937, inv. als Pfarr-Vikar in Bad Charlottenbrunn 24. Mai 1941, nach der Vertreibung in Großbreitenbach/ Thüringen.

Kirchenangestellte von einem polnischen Priester sogar in der Sakristei mit Schimpfnamen belegt wurden, wie sie nur bei ausgesprochenen Deutschenhassern zu finden sind; daß Arbeiter und Angestellte von polnischen Priestern mit Schimpf und Schande davongejagt, ja sogar mit Mißhandlung durch die Miliz bedroht wurden...“[11].

Joachim Passek fährt fort: „Bald zu Beginn der Evakuierung des Waldenburger Berglandes wurden fast sämtliche katholischen Pfarrer im Mai und Juni 1946 ausgewiesen, während Ausweisungen evangelischer Pfarrer nur ganz vereinzelt vorkamen, so daß für die zurückbleibenden Katholiken zunächst nur noch neun deutsche Priester zur Verfügung standen. Die Gründe für dieses unverständliche Vorgehen, das im Widerspruch zu einer Verfügung der polnischen Regierung steht, wonach überall Geistliche bis zum letzten Transport zurückbleiben sollen, lassen sich aus dem im Folgenden Berichteten ahnen. Bis zur vorübergehenden Einstellung der Evakuierung zu Beginn des Jahres 1947 hatten noch sechs weitere Priester die Heimat verlassen müssen“[12].

Die brutale Ausweisung des deutschen Pfarrklerus wird von den polnischen Priestern geduldet und sogar betrieben

Joachim Passek beschreibt das Dekanat Waldenburg folgendermaßen: unter ca.130.000 Anders- und Ungläubigen wurden etwa 60.000 Katholiken in 18 selbständigen Seelsorgsstellen von 29 Priestern betreut. Kazmierz Dola gibt für den 1. Mai 1946 auf der Basis der Dekanatsberichte noch 45.000 deutsche Katholiken (gegenüber 52.000 im Jahre 1939) sowie 17 Priester in 16 Pfarreien an[13]. Diese Angaben besagen wenig über die konkrete Situation im Dekanat Waldenburg aus, da am 1. Mai 1946 die systematischen Vertreibungen im Kreis Waldenburg begannen. Nach einer Notiz im Tagebuch meines Vaters, Paul Köhler (1899-1968) vom Donnerstag, den 6. Juni 1946, hat der Pfarrer von Fellhammer Ignaz Folz meinem Vater mitgeteilt, dass ca. 14 deutsche Priester evakuiert wurden[14].

Nicht alle Daten, die den Prozess der Vertreibung dokumentieren, ließen sich ermitteln, doch einige Beispiele sollen erwähnt werden:

---

11 Bericht Passek, 98.

12 Bericht Passek, 98.

13 Vgl. Kazimierz DOLA, Die deutschen Katholiken in Schlesien nach 1945, 342.

14 Zu den Tagebüchern: Joachim KÖHLER, Tagebücher meines Vaters Paul Köhler (1899-1968). Eintragungen vom 25. Mai 1945 bis 25. August 1946, in: „Unfreiwillige“ Ökumene in Niederschlesien nach 1945, 246-249.

„Mit dem ersten Transport Deutscher aus dem Kreise Waldenburg ab 1. Mai 1946“, so berichtet der Gottesberger Pfarrer Franz Wiesner[15], „muss der seit 30 Jahren segensreich in Friedland amtierenden Erzpriester [Alfred] Bienert[16] die Heimat verlassen. Er hatte sogar den Schutzschein der Republik Polen (!). Nur, er hatte ein ganz großes ‚Verbrechen‘ begangen: Er hatte nämlich gegen seine vorzeitige Zwangspensionierung, bzw. Ersetzung durch einen anmaßenden poln[ischen] Ksiądz [das ist der polnische Geistliche] über den Breslauer Apostol[ischen] Administrator[17] nach Rom an den Hl. Vater rekurrieren wollen. Sein HH. Kuratus [Josef] Sikora[18] [aus Görbersdorf] war bereits am 4. Adventssonntag auf unerklärliche Weise ermordet worden!“[19]

Nach den Quellen, die mir zur Verfügung standen, ergibt sich für den Sommer 1946 folgendes Bild:

Pfarrer Franz Wiesner aus Gottesberg wurde am 15. Mai 1946 vertrieben; Pfarrer Albert Klenner aus Waldenburg am 23. Mai 1946; Kurat Johannes Bernard[20] aus Bad Salzbrunn und Pfarrer Bernhard Schörnig[21] aus Nieder-Salzbrunn am Sonntag, den 2. Juni 1946; Pfarrer Willy Kubis[22] aus Waldenburg-Dittersdorf vor dem 10. Juni 1946; Pfarrer Paul Geisler[23] aus Hermsdorf am 11. Juni 1946; Pfarrer Ignaz Folz[24] aus Fellhammer am 23. August 1946;

15 Franz Wiesner, geb. 11. März 1903 in Breslau; ord. 29. Januar 1928; inv. Gottesberg 21. Juli 1936, vertrieben aus Schlesien 15. Mai 1946; gest. 10. September 1973 Salzgitter.

16 Alfred Bienert, geb. 19. Mai 1978 Breslau, ord. 23. Juni 1905, inv. Friedland 4. Januar 1915, vertrieben 1. Mai 1945, gest. am 5. Mai 1949 in Tunxdorf- Nenndorf.

17 Apostolischer Administrator [1946].

18 Josef Sikora, geb. 17. März 1912 Gleiwitz, ord. 5. April 1936, inv. Lokalie Görbersdorf im Pfarrverband Friedland 3. November 1939, ermordet 23. Dezember 1945. Vom Streben schlesischer Priester 1945/46. 82-86.

19 Bericht Wiesner, 247; ASKG 77, 2019, 335.

20 Johannes Bernard, geb. 31. August 1907 in Giesmannsdorf, ord. 28. Januar 1934, inv. als Kurat in Bad Salzbrunn 1. April 1938, vertrieben aus Schlesien 2. Juni 1946, gest. 19. August 1994 Schellerten- Wöhle.

21 Bernhard Schörnig, geb. 30. Oktober 1897, ord. 17. März 1923, inv. Nieder Salzbrunn 19. Dezember 1932, vertrieben aus Schlesien 2. Juni 1946, [1948] Spexard-Nord über Gütersloh. Sterbedatm unklar.

22 Willy (Willibald) Kubis, geb. 17. Februar 1882 Mangschütz, ord. 22. Juni 1912, gest. 27. Dezember 1972 Niedersorpe.

23 Paul Geisler, geb. 23. September 1907 Reichenbach, ord. 1. Februar 1932, inv. 30. November 1938, vertrieben aus Schlesien 11. Juni 1946, gest. 7. November 1973 Bad Gandersheim.

24 Ignaz Folz, geb. 2. Februar 1895 Breslau, ord. 19. Juni 1921, inv. 30. Oktober 1929, vertrieben aus Schlesien 23. August 1946, gest. 6. April 1974 Hannover, beerdigt am 13. April 1974 in Ronneburg.

Pfarrer Richard Richter[25] aus Oberwüstegiersdorf am Sonnabend, den 14. Dezember 1946; P. Anton Wyczisk[26] SAC aus Waldenburg am 19. Dezember 1946.

Wie die Vertreibung in Oberwüstegiersdorf vonstatten ging, beschreibt Pfarrer Richter: „Also am 14. Dezember [1946] bei 22^0 minus wurden die Grauen Schwestern, der [evangelische] Pastor [Erwin Horn] mit Frau und noch zwei Familien evacuiert. Am nächsten Tag (Sonntag) standen wir von früh bis abends neun Uhr in bitterer Kälte auf dem Bahnhof. Mitleidige Seelen, auch Polen, brachten uns warmes Essen. In Waldenburg [-Altwasser] war die Kontrolle und dann fuhren wir am Mittwoch, den 18. Dezember, früh bis Sonntag, den 22. Dezember, im ungeheizten Viehwagen bei fortwährender Kälte von minus 20^0 und dauernd im Finstern, da man wegen der großen Kälte die Schiebetüren nicht aufmachen konnte. Eng zusammengepfercht mit dem Gepäck, dass man sich nicht von der Stelle rühren konnte. Fünf Personen, darunter auch zwei Graue Schwestern, wurden irre. Eine Angstpsychose brach aus und man mußte alle Kräfte zusammennehmen, um ruhig zu bleiben. Polen klopften an die geschlossenen Wagen und fragten, ob wir noch leben! Alle haben Frostschäden davongetragen. Am 22. Dezember [1946] kamen wir in das Lager Dresden-Neustadt“[27].

P. Anton Wyczisk, ein Pallottiner, in dessen Händen nach der Vertreibung der ersten deutschen Priester die seelsorgliche Betreuung der deutschen Katholiken in der Stadt Waldenburg und in Waldenburg-Dittersbach übertragen wurde, war bei seiner seelsorglichen Tätigkeit andauernden Schikanen durch den polnischen Dekan Stanisław Grabowski ausgesetzt. Als er in der Kälte des Dezember 1946 ausgewiesen wurde, hatten ihm die mit der Ausweisung betreuten Organe erklärt, seine Ausweisung sei nicht seitens der polnischen Verwaltung, sondern von anderer Seite, also von kirchlicher Seite, gefordert worden[28].

Pfarrer Wiesner aus Gottesberg hat ausführlich die Umstände seiner Vertreibung geschildert: Am 8. Mai 1946 hatte er sich auf eine Zusammenkunft von zehn deutschen Mitbrüdern zur Verfügung gestellt, die Seelsorge an den zahlreichen deutschen Bergleuten, die als Arbeitskräfte von den Polen gebraucht wurden, zu übernehmen. Dadurch hoffte er, dass er ebenfalls in Gottesberg bleiben dürfte. Er wollte seinem schwerkranken Vater die Strapazen

---

[25] Richard Richter, geb. 28. Januar 1890 Hinzendorf, ord. 29. Juni 1915, inv. 29. Augst 1929, vertrieben aus Schlesien 14. Dezember 1946, gest. 23. Oktober 1955 Lommatzsch.

[26] Anton Wyczisk (auch Wycisk), Pallotiner, geb.18. Januar 1903, ord. 25. März 1936, letzter Aufenthalt vor der Vertreibung: Waldenburg, aus Schlesien vertrieben am 19. Dezember 1946, neuer Wohnort: Gadebusch/Mecklenburg, Diözese Osnabrück. Sterbedatum unklar.

[27] Bericht Richter, 434.

[28] Vgl. Bericht Passek, 100.

der Vertreibung ersparen. Der polnische jüdische Arzt Dr. Eisner, Gottesberg, hatte den Vater als einen Todeskandidaten bezeichnet. Dekan Grabowski duldete jedoch keinen Deutschen als Pfarrer neben sich. So traf auch ihn das schwere Los der Austreibung.

Pfarrer Wiesner berichtet weiter: „Am Mittwoch, den 15. Mai 1946, erscheint der örtliche Wohnungsleiter Kowalski mit großer Begleitung (auch Miliz mit Maschinenpistolen) im Pfarrhaus mit dem Bemerken: ‚Ich habe den Auftrag, sie auszusiedeln'„[29]. Kowalski war früher Deutscher, sogar Offizier, geboren als Sohn eines katholischen Schulrektors in Spandau, Inhaber des Eisernen Kreuzes I. und II. Klasse. Er lebte recht gut von seinem unsauberen Geschäft.

Wiesner fährt fort in seinem Bericht: „Es ist früh gerade sechs Uhr vorbei. … bereits um ½ 6 Uhr [hatte Pfarrer Wiesner] für alle Deutschen, für die evtl. das Los der Heimatlosigkeit fällig wäre, die hl. Kommunion ausgeteilt. Ks. Kąkol schläft noch, denn für seine Polen ist selbst ½ 8 Uhr die Zeit für eine hl. Messe noch zu früh. [...]

Pfarrer Wiesner protestiert energisch gegen die ungerechte Ausweisung, muss sich aber der Übermacht der Verhältnisse fügen. Er zelebriert zum vorläufig letzten Male in seiner Pfarrkirche … Danach bringt er seinem totkranken Vater wie alle Tage zuvor die hl. Kommunion ans Krankenbett. Während sich die Angehörigen für die Reise ins Ungewisse fertig machen, überlässt der Pfarrer seinem poln[ischen] Vikar Kąkol ein Schreiben an den Apostol[ischen] Administrator in Abschrift, dass er trotz äußerer Gewalt auf seine rechtmäßig erworbene Pfarrei nicht verzichtet. Danach verlässt er unter Aufsicht eines poln[ischen] Zivilisten mit allen seinen Familienangehörigen, mit der Familie des Kantors und des Küsters das Pfarrhaus von Gottesberg. Zurück bleiben nur der poln[ische] Vikar Ks. Kąkol, der deutsche Kaplan [Paul] Grünig und die Pfarrwirtin, welch letztere beide noch nicht auf der Evakuierungsliste gestanden haben. Der Pole steht als einziger am Fenster mir offenstehendem Priesterrock und sieht dem Zuge der Ausgetriebenen herzlos lächelnd nach. Jetzt ist er Alleinherrscher in der Pfarrei Gottesberg. Kaplan Grünig darf ab sofort nicht mehr in die Pfarrräume incl. Pfarrbüro eintreten. ….

Nachzutragen wäre noch, dass der polnische Klerus, soweit er mich bedrängt hat, indirekt auch am vorzeitigen Heimgange meines Vaters mit die Hauptschuld trägt. Keine polnische kirchliche Stelle hat nämlich auch nur den geringsten Versuch gezeigt, irgendwie aus Gründen allgemeiner Menschlichkeit oder gar aus der Verpflichtung christlicher Caritas heraus gegen die unmenschliche Ausweisung eines Totkranken zu intervenieren. Mein Vater ist den doppelten Anstrengungen der Austreibung, wie man Vieh verladet, bald

---

29 Bericht Wiesner, 248; ASKG 77, 2019, 335-336.

darauf erlegen. Wir sind im offenen Kohlenwagen ohne Sitzgelegenheit bis Waldenburg-Altwasser und von da bis zur Aufnahme in die englische Zone im Viehwagen ohne jedes Zubehör abtransportiert worden. Sein Tod erfolgte am 11. Juni 1946 im St.-Vinzenz-Krankenhaus zu Braunschweig. Er wurde einen Monat nach der ‚humanen Evakuierung' der Deutschen aus Gottesberg/Schles[ien] von aller Heimatlosigkeit auf Erden erlöst, auf dem katholischen Friedhof in Braunschweig zur letzten Ruhe beigesetzt"[30].

Pfarr-Vikar Joachim Passek wurde von einem polnischen Mitbruder bei der weltlichen Behörde angezeigt, dass er Versammlungen der Deutschen abhalte. Was aber eine Verleumdung war. Auf diese Anzeige hin sollte zweimal im Winter [1946/47] eine Ausweisung Passeks erfolgen. Aus gesundheitlichen Gründen hätte er die Strapazen nicht überstehen können. Durch besondere Umstände konnte er der Anweisung entgehen, bis der betreffenden Priester durch Anrufung einer höheren Instanz im Juli des Jahres 1947 die Ausweisung erreicht hat[31].

Pfarrer Geisler aus Hermsdorf berichtet von einem polnischen Pfarrer, der sich korrekt verhielt:

„Im Juni 1945 zog der erste polnische Bürgermeister in unser Dorf ein. Nun wurde an allen Ecken und Enden polonisiert. …

Im November [1945] zog der polnische Pfarrer Michael Wawro aus Galizien in unsere Gemeinde ein. Er bezog die Wohnung des evangelischen Lehrers Lilge, Hauptstraße 19, die für ihn beschlagnahmt wurde. Von nun an war in unserer Pfarrkirche jeden Sonntag um ½ 11 Uhr polnischer Gottesdienst, später um ¾ 8 Uhr und um ½ 11 Uhr.

Zum Verhalten des polnischen Pfarrers muß gesagt werden, daß er sich im Gegensatz zu den meisten seiner polnischen Mitbrüder sehr korrekt benahm und auch den deutschen Pfarrer in keiner Weise in seiner Amtstätigkeit behinderte. Die Pfarrechte erkannte er unbedingt an. Er hatte auch Verständnis für die Not der Deutschen, so daß er ihnen auch in Einzelfällen half. Es bestand in der Gemeinde so stets ein gutes Verhältnis zwischen dem deutschen und dem polnischen Pfarrer….

Seit Mai [1946] sind sonntäglich drei polnische Gottesdienste. Um ½ 8 Uhr und 11 Uhr in der Pfarrkirche, um 9 Uhr in der Waisenhauskapelle. Für uns ist um 6 Uhr Hochamt, um ½ 9 Uhr hl. Messe. Da die [deutschen] Bergleute gezwungen werden, jeden Sonntag Förderschicht zu leisten, wurde für sie nach der Abendandacht noch eine hl. Messe gelesen.

Ab 1. Mai 1946 wurde mit der planmäßigen Aussiedlung der deutschen Bevölkerung in unserem Bergland begonnen. Nun hieß es für viele von uns,

---

30 Bericht Wiesner, 248-249; ASKG 77, 2019, 336-337.

31 Vgl. Bericht Passek, 101.

schon bald Abschied zu nehmen von der Heimat. Auch aus unserem Dorf gingen in diesem Monat schon einige Transporte weg. Am 13. Mai [1946] wurde unser Waisenhaus und mit ihm Herr Propst Kather evakuiert. Einige deutsche Schwestern, die für Polen optierten, durften zurückbleiben …

Ab [dem] 2. Pfingstfeiertag [10. Juni 1946] wurden nur noch zwei deutsche Gottesdienste gehalten, um so am Abend noch ein deutsches Hochamt in Dittersbach zu ermöglichen, da der Pfarrer [Willy Kubis] von dort bereits evakuiert worden war.

Am 9. Juni 1946 [am Samstag vor dem Pfingstfest] ereilte auch mich der Ausweisungsbefehl. Meine Ausweisung vollzog sich folgendermaßen: Als die Evakuierung am 3. Pfingstfeiertag [11. Juni 1946] wieder einsetzte, begab ich mich wie auch sonst immer zur Sammelstelle, um denen Lebewohl zu sagen, die zu meiner Gemeinde gehörten. Als ich dort gegen 11 Uhr ein 2. Mal erschien, kam der polnische Bürgermeister auf mich zu und bedeutete mir, daß auch ich noch heute Hermsdorf verlassen müßte. Ich begab mich sofort zum polnischen Pfarrer, um ihn davon zu benachrichtigen. Er versuchte sofort alles, um meine Ausweisung rückgängig zu machen, aber ohne Erfolg. Ich bat ihn darauf, ins Pfarrhaus zu kommen, wo ich ihm eine Erklärung übergab, daß ich nicht auf meine Pfarrei verzichte, und daß ich dies auch dem polnischen Administrator mitgeteilt habe. Dann vertraute ich ihm die Schlüssel von Kirche und Pfarrhaus an. Eine wirkliche Übergabe erfolgte nicht. Der Abschied vom polnischen Pfarrer war ein priesterlicher und herzlicher. Er holte mich sogar am Abend des Evakuierungstages noch einmal aus dem Lager, damit ich auch die letzte Nacht an meinem Pfarrorte in Freiheit verbringen könne. Am nächsten Morgen feierte ich noch einmal das hl. Meßopfer mit meiner Restgemeinde, nahm mit wenigen Worten von meiner Gemeinde Abschied und begab mich dann zurück ins Lager. Dort wurde ich sofort einer eingehenden Leibesvisitation unterzogen, wobei man mir aber nur mein letztes polnisches Geld nahm. Die Zollkontrolle war durchaus loyal. Am gleichen Tage erfolgte noch die Ausreise ins Reich. […] Der polnische Pfarrer zog einige Tage später ins Pfarrhaus ein“[32].

Erfahrungen mit der polnischen Geistlichkeit

Als im Mai 1945 die ersten Polen und mit ihnen eigene polnische Seelsorger in Schlesien einströmten, waren viele deutsche Geistliche bereit, mit ihren

[32] Bericht Geisler, 428-431.

polnischen Mitbrüdern zusammen zu arbeiten. Erste Versuche einer Annäherung sind meistens kläglich gescheitert.

Pfarrvikar Passek gibt die Gründe an:

„Eine Hilfe seitens der polnischen Priester, die an allen katholischen Pfarrkirchen angestellt sind und zum großen Teil auch der deutschen Sprache mächtig sind, kann leider nicht erwartet werden. Die Grundvoraussetzung für alles seelsorgliche Wirken, das Vertrauen der Gläubigen zu ihrem Seelsorger, ist zwischen dem polnischen Klerus und den deutschen Katholiken im Waldenburger Bergland von Grund auf zerstört worden, so daß die deutschen Katholiken es in den meisten Fällen trotz des Drängens ihrer deutschen Seelsorger ablehnen, sich von polnischen Priestern seelsorglich betreuen zu lassen. Besonders viele Männer aller sozialen Schichten, vom einfachsten Handarbeiter bis zum Akademiker, die sich auch während der nationalsozialistischen Verfolgung öffentlich zur Kirche bekannt und regelmäßig am Gottesdienst teilgenommen haben, lehnen es strikt ab, an Gottesdiensten teilzunehmen, die von polnischen Priestern für die polnischen Katholiken gehalten werden. Die Schuld an diesen höchst unerfreulichen Zuständen tragen aber nicht die deutschen Katholiken. [...]

Wenig angetan, ein Verhältnis des Vertrauens zu begründen, ist es auch gewesen, wenn es von einem polnischen Priester als lächerlich bezeichnet wurde, die so gefürchteten, bei 30 Grad Kälte vorgenommenen Evakuierungen grausam zu nennen. Abstoßend mußte es auch wirken, wenn die deutschen Katholiken es in dieser überwiegend andersgläubigen Gegend mit ansehen mußten, wie während der Zeit der Hauseinsegnungen ein polnischer Priester in vollem Ornat völlig betrunken auf einem nicht ganz sauberen Mistwagen durch den Ort gefahren wurde[...]

Viele deutsche Katholiken erklären auch, daß sie es versucht hätten, gemeinsam mit den polnischen Katholiken ihren Gottesdienst zu feiern. Wenn sie dabei aber mit Menschen zusammen sein müßten, von denen sie oft genug beraubt und gequält wurden, und wenn sie dabei jene Kleider, die ihnen, ihren Verwandten oder Freunden mit Gewalt weggenommen wurden, an den Räubern nun auch im Gotteshaus wieder erblicken müßten, so würden nur viele Bitterkeit und mancher alte Groll, um dessen Überwindung sie sich redlich bemühten, in ihnen wieder wachgerufen. Sie würden aus solchem Gottesdienst unfrommer nach Hause kommen, als sie hingegangen waren, und würden deswegen lieber erst gar nicht hingehen und ihre Andacht zu Hause halten….

Dass in einer Pfarrei des Berglandes fast Sonntag für Sonntag, in anderen Kirchen gelegentlich statt der Verkündigung des Evangeliums von der Kanzel Hetzreden gegen die Deutschen gehalten werden, mag aus dem Mangel an christlicher Gesinnung bei den betreffenden Herren, die sich zu solchem

Treiben bemüßigt fühlen, erklärt werden können. Dem gegenüber kann aber eine Beobachtung, die nicht nur von den deutschen Priestern, sondern auch von Laien gemacht wurde, nur auf allgemeine amtliche Richtlinien für den polnischen Klerus zurückgeführt werden.

Unterzeichneter hatte Gelegenheit, durch seine seelsorgliche Tätigkeit im letzten Jahre die Verhältnisse in sechs Pfarreien des Dekanates Waldenburg näher kennen zu lernen. Dabei wurde ihm gegenüber selbst in Pfarreien, in denen polnische Priester ein priesterliches Verhalten gegen ihre deutschen Pfarrkinder üben, von Laien wiederholt geäußert, dass sie nur mit Angst dem Tag entgegensehen, an dem ihr Pfarrer zum Konvent der polnischen Priester gehe. Sie müssten dann selbst bei ihrem Pfarrer immer auf irgendwelche Unterdrückungsmaßnahmen, neue Einengungen und Verbote gefasst sein. Man kann sich des Eindrucks nicht erwehren, dass die Versuche, durch allen unchristlichen Hass hindurch den Weg zur katholischen Einheit zu finden, zum Scheitern verurteilt und die deutschen Katholiken des Berglandes, wie ganz Niederschlesiens, der Gehässigkeit und Willkür chauvinistischer polnischer Priester recht- und schutzlos preisgegeben werden sollen"[33].

Ein Beispiel für solche Maßnahmen, die die Kluft zwischen deutschen und polnischen Katholiken vertiefen, war eine Verordnung des polnischen Dekans Grabowski aus Waldenburg, die er am Karfreitag, den 4. April 1947, erlassen hatte, wonach der Gottesdienst der deutschen Katholiken nur am Nachmittag, still und ohne Predigt sein muss.

Von den Schikanen, die der Dekan gegenüber deutschen Priestern sich erlaubte, haben wir schon gehört. Entsprechend sind auch die Urteile, die die Betroffenen über ihn fällen. Pfarrvikar Passek bezeichnete sein Verhalten als „krankhaft". Pfarrer Wiesner sprach von einem „Diktator in seinem Dekanat".

Im September 1946 hatte Weihbischof Ferche Firmungsreisen nach Waldenburg, Liebenthal und Greiffenberg geplant. Als dem Dekan Grabowski in Waldenburg am 6. September 1946 offiziell mitgeteilt wurde, dass der Weihbischof die deutschen Kinder firmen werde, erklärte Grabowski dem deutschen Seelsorger P. Anton Wycisk: „Ich lasse den deutschen Weihbischof nicht in die Kirche hinein. Ich verbiete es ihm und melde das der Bischofskonferenz in Czenstochau". Auch wenn der Apostolischen Administratur ihn telegraphisch eines Besseren belehrte, der Weihbischof konnte seinem Schicksal der Ausweisung durch die Breslauer Behörde nicht entrinnen. Es half nicht der Hinweis auf die vielen Hunderte von Gläubigen, die schon auf den Einzug des Bischofs in Waldenburg warteten. Am 15. September 1946 wurde er in einem Viehwagen aus Breslau ausgewiesen. Ein Beamter überwachte persönlich den Abtransport seiner Koffer und Säcke aus der Wohnung und kontrollierte ihn

[33] Bericht Passek, 98-100.

auch am Bahnhof, bis der Zug abfuhr. Er verhinderte es nicht, dass der Kommandant der Miliz dem Bischof noch allerhand Beschimpfungen an den Kopf warf. Nach zwei Tagen und drei Nächten erreichte der Transport das Umsiedlerlager Brandenburg an der Havel[34].

Stanisław Grabowski war, nach Aussagen von Pfarrer Wiesner, ein ehemaliger österreichischer Offizier, ein sogenannter Spätberuf. Er galt unter seinesgleichen als trinkfest und leicht erregbarer Aufschneider.

Pfarrvikar Passek weiß zu berichten: „Ein Einschreiten der kirchlichen Behörde gegen Herrn Dekan Grabowski erfolgte erst, als dieser sich anlässlich der polnischen Sitte des Hostienbrechens am hl. Abend mit dem Milizkommandanten überworfen hatte, bei der Christnacht in der Pfarrkirche zu Waldenburg betrunken auf die Kanzel gestiegen war und, als ihm nach der Beschimpfung der Deutschen der Predigtstoff ausging, Zank mit den Kirchenbesuchern angefangen hatte. Er erhielt Erholungsurlaub, um seine Gesundheit in einem Sanatorium wiederherzustellen. Seine Stelle wurde neu besetzt“[35].

Das Verhalten einzelner polnischer Seelsorger im Dekanat hat bei den Gläubigen, auch manchmal bei den polnischen, Irritation ausgelöst. Pfarrer Wiesner in Gottesberg hat in der kurzen Zeit der Begegnungen mit vier polnischen Amtsbrüdern seine Erfahrungen gemacht.

Als erster Polenseelsorger traf am Tag vor dem Christkönigsfest 1946 Adam Habel in Gottesberg ein. Anschließend an beide Gottesdienste am Festtag gibt er den polnisch sprechenden Katholiken bekannt, dass er aus der Gegend von Kolomea [Kołomyja, gehört heute zur Ukraine] evakuiert, völlig verarmt hierhergekommen sei und um milde Gaben für den Lebensunterhalt bitte. Die Polen spenden ihm mehr, als der deutsche Pfarrer ihm je zu bieten vermag. Zum Abendgottesdienst (Triduum mit Weihe der Pfarrfamilie an Christus König) erscheint er nicht mehr, ebenso wenig am darauf folgenden Tag. Als der Pfarrer Wiesner ihn aufsuchen will, ist er nicht zu sprechen. Am nächsten Tag erfährt er von Polen, wie von Deutschen, was sich am Sonntagabend ereignet hat. Habel sei abends mit seinen Quartiergebern und deren jungen Bedienungsfrau in das frühere Hotel „Zum Ross“, jetzt „Krakowianka“ genannt, gegangen, um in Zivilkleidung dort zu tanzen. Im dem Lokal hat er ziemlich über den Durst getrunken und auf dem Podium die Musiker zum Spiel angefeuert. Der polnischen Geheimpolizei, die zur Kontrolle ins Lokal gekommen war, fiel der Habel auf. Als er mit der deutschen Bedienungsfrau das Lokal verlassen wollte, verlangte die Polizei von der Frau 20 Złoty Geldstrafe, weil sie als Deutsche keine weiße Armbinde trug, wie die Polizeiverordnung vorschrieb.

---

34 Bericht von Weihbischof Joseph Ferche über seine Ausweisung aus Schlesien am 15. September 1946, in: Sebastian Holzbrecher: Weihbischof Joseph Ferche (1888-1965), 170-171.

35 Bericht Passek, 100.

Habel erklärt sie sogleich als seine „Frau". Nun muss er seine Papiere zeigen und somit preisgeben, dass er katholischer Priester sei. Der Geheimpolizist, ein Jude, wollte den Geistlichen nicht verhaften, nahm ihm aber seine Personalpapiere ab, um seine Identität zu prüfen. Der polnische Dekan von Waldenburg, Grabowski, der Habel nach Gottesberg berufen hatte, sorgte dafür, dass Habel zum Pfarrer von Krummhübel [Karpacz] ernannt wurde[36].

Der Nachfolger von Adam Habel, der neue polnische Vikar Henryk Gniewek, ließ sich auf eine originelle Weise durch einen Milizmann in Gottesberg einführen. Während eines Kindergottesdienstes, der gut besucht war, am 22. Dezember 1945, so berichtet Pfarrer Wiesner, „stören zwei Polen in Uniform in unflätiger Weise die Andacht der Gläubigen. Sie stapfen durch die Kirche, gehen durch das ganze Mittelschiff, betreten durch die geöffnete Kommunionbanktür den Altarraum und verschwinden in der Sakristei. Da sie in Uniform erscheinen, bangt die Gemeinde schon wegen einer Verhaftung des Pfarrers durch die Miliz"[37].

Pfarrer Wiesner fügt hinzu: Der der eine war ein Schläger, Leo von der Miliz, schon vielen Deutschen durch seine Gewalttätigkeiten bekannt, der andere war der neue Geistliche, ein Militärpfarrer im Rang eines Hauptmanns.

Über den neuen Vikar wurde viel geredet, auch unter den polnischen Katholiken. Pfarrer Wiesner ist diesen Gerüchten nachgegangen. Dabei stellte er fest, dass Ks. Gniwek schon in Neurode in der Grafschaft Glatz eingesetzt war. Dort aber musste er mit Schimpf und Schande weggehen, weil selbst die polnischen Katholiken den „Pater Dieb" ablehnten. Der Militärpfarrer hatte im September 1946 an der Spitze der plündernden Miliz in Neurode die Deutschen aus den Wohnungen vertrieben. Obwohl der Weihbischof Ferche dies persönlich dem Apostolischen Administrator meldete, wurde er noch im Amte gelassen. Einige Monate später wurde er nach Gottesberg versetzt. Aber auch hier hat der neue Vikar Wohnungen von reichen Witwen geplündert. Selbst im Haus der Polnische Kommunistische Arbeiterpartei [PPR] hielt er „glorreichen Einzug" und nahm die Wohnungen von vier Bergarbeiterfamilien in Besitz und raubte sie aus. Das Raubgut hat er auf dem Schwarzmarkt in Bad Salzbrunn verhökert. Jedenfalls hat ihn der Ortsgeistliche, Kuratus Johannes Bernard, dort gesehen – im Soldatenmantel, mit viereckiger Militärmütze und darunter, wie immer, die Soutane. (Bericht Wiesner). Die Betroffenen aus Gottesberg wandten sich in ihrer Not mit einem Dolmetscher an den polnischen Dekan Grabowski in Waldenburg. Der jedoch wies sie mit groben Worten ab und sagte nur, der Vikar müsse doch irgendwo wohnen.

---

36 Vgl. Bericht Wiesner, 242.; ASKG 77, 2019, 326-328.

37 Bericht Wiesner, 243; ASKG 77, 2019, 328.

Konflikte mit dem Gottesberger Pfarrer blieben nicht aus. Auch er wandte sich an den Dekan in Waldenburg, doch Hilfe erhielt er nicht. Deshalb informierte er den Apostolischen Administrator in Breslau über die Aktivitäten von Gniewek, der daraufhin suspendiert wurde. Er weigerte sich, die Stadt zu verlassen. Obwohl ein Nachfolger bestellt wurde, nahm er eine Taufe vor. Pfarrer Wiesner, der das verhindern wollte, wurde von der örtlichen Miliz bedroht. Der Fall Gniwek wurde sowohl beim Dekan Grabowski in Anwesenheit des deutschen Dekans Bernhard Kunze am 16. Februar 1946 , als auch beim Apostolischen Visitator in Breslau am 26. Februar 1946 verhandelt. Wiesner war bei beiden Verhandlungen zugegen. Einziges Ergebnis beider Verhandlungen ist, dass Pfarrer Wiesner nahegelegt wurde, Gottesberg „freiwillig" zu verlassen. Für Pfarrer Wiesner begann nun ein langer Leidensweg, der mit der Ausweisung am 15. Mai 1946 aus Gottesberg endete[38].

Gniwek musste auf Grund neuer Exzesse suspendiert und aus Niederschlesien entfernt werden.

Auch P. Nikolaus von Lutterotti[39] aus dem Kloster Grüssau, der wegen seiner italienischen Staatsbürgerschaft nicht vertrieben wurde, erwähnt in seiner Schilderung der Zustände in der Erzdiözese Breslau nach 1945 den Fall Gniwek, ohne den Namen zu nennen.

„Der erste polnische Geistliche in Gottesberg (jetzt Boguszów) (sein Name ist mir entfallen) lief in Milizuniform ohne Soutane herum, schlug den bisherigen deutschen Pfarrer Franz Wiesner, und bei der landesüblichen Einsegnung der Wohnungen zu Epiphanie trug er über der Uniform die Stola, ließ sich von mehreren Männern mit leeren Koffern begleiten und nahm den armen deutschen Bergleuten noch die wenigen Sachen weg, die ihnen nach der Plünderung durch das russische Militär verblieben waren. Vorstellungen des Pfarrers Wiesner beim Apostolischen Administrator Milik hatten nur den Erfolg, dass dieser dem deutschen Pfarrer sagte, er [Pfarrer Wiesner] werde bei der ersten Aussiedlung ausgewiesen werden"[40].

Auch was Pfarrer Richter aus Oberwüstegiersdorf über den Versuch, mit dem polnischen Mitbruder zusammenzuarbeiten berichtet, verdient nicht das Prädikat „christlich".

„Am 12. August [19]46 hatte ein polnischer Pfarrer [Ks. Luczak] seinen Einzug in mein Pfarrhaus gehalten. Er kam mit einer Kuh, drei oder vier Schweinen und gegen 100 Stück Geflügel: Hühner, Enten usw. Ich habe ihn

---

38 Vgl. Bericht Wiesner, 243-249; ASKG 77, 2019, 328-337.

39 Joseph Gottschalk: Nikolaus von Lutterotti OSB (1892–1955), in Schlesische Priesterbilder, Bd. 5, 204-207.

40 Der Text ist auszugsweise im Zusammenhang mit dem Bericht des Gottesberger Pfarrers publiziert, in: ASKG 77, 2019, 338-342.

gebeten, auf confr[aterlicher] Basis mit mir zusammen zu leben. ‚Selbstverständlich‘ war seine Antwort. Aber schon am nächsten Tage haben seine Wirtschafterin und Helfershelfer, alles, was nicht verschlossen war, sich angeeignet. Was irgendwie im Flur einmal zurückblieb, wurde weggenommen.

Schon im Juni hatte der polnische Pfarrer die Gedenktafeln der Gefallenen aus der Kirche entfernt und alles, was deutsche Schrift trug, mit Ausnahme der Kreuzwegbilder.

Als also im August [1946] die Evakuierung kam, sagte dieser neu eingezogene polnische Pfarrer: Geistliche und Ärzte und Schwestern kämen zuletzt dran, und da wurde ich wieder zurückgestellt. Aber das Zusammenleben mit dem polnischen Confrater wurde immer untragbarer. Er wich mir aus, wo er konnte. Er war ein kranker Mann, war mehrere Jahre im KZ, wie er mir sagte“[41].

Pfarrer Luszak blieb nicht lange in Oberwüstegiersdorf. Sein Nachfolger hat die evangelische Kirche in Wüstegiersdorf als katholische Kirche eingerichtet, die Kirche in Oberwüstegiersdorf wurde nur noch als Begräbniskapelle benützt.

Es genügt wohl nicht, wenn Evelvne A. Adenauer feststellt, dass polnische Priester sich „schuldhaft und unchristlich, auch unkatholisch“ verhalten haben. Es ist auch nicht beabsichtigt, dieses Verhalten darzustellen, wie es in diesem Beitrag geschieht, um deutsche Unrecht an Polen während des Krieges zu verharmlosen oder gegeneinander aufzurechnen. Unrecht ist und bleibt Unrecht und muss gegenseitig anerkannt werden. Nur so kann es zu Versöhnung zwischen den Völkern kommen.

Was Weihbischof Ferche in den Jahren 1945/46 in Schlesien erfahren hat, ist geradezu eine Zusammenfassung der Konfrontation zwischen Deutschen und Polen. Obwohl er die polnische Sprache vollkommen beherrschte, war er nicht der „polski Biskup“ [der polnische Bischof]. „Nur ein solcher allein [war] tragbar“, wie man ihm bei den polnischen Behörden wiederholt versicherte. Und er fügt in seinem Bericht über seine Ausweisung hinzu: „Dazu kommt noch, dass bei meinen Personalakten eine Bescheinigung des Apostolischen Administrators vorliegt, dass ich nicht dableiben könne, weil ich nicht ein hundertprozentig polnische Herz habe“[42]. Anschließend bringt er den Konflikt zwischen den Völkern auf den Punkt: „Die polnischen Priester wirken sich weit und breit als großes Unheil aus für das Glaubensleben und die Kirche. Sie arbeiten vielfach Hand in Hand mit der Vertreibung der Deutschen und der Priester. […] Für jeden deutschen Priester ist ein weiteres Verbleiben in Niederschlesien unmöglich, besonders wenn schon der polnische Pfarrer dasitzt

---

41 Bericht Richter, 434.

42 Bericht von Weihbischof Ferche, 170f.

und bei der Austreibung mitwirkt. Es ist mir eine Anzahl namentlich gut bekannt, wo der polnische Bürgermeister den deutschen Pfarrer dabehalten wollte und ihm versicherte, daß er nicht fortzugehen brauchte. Da hat ihn aber die Miliz auf Betreiben des polnischen Pfarrers und seiner Anhänger doch hinausgedrängt, vielfach unter Beraubung und Mißhandlung"[43].

Die Seelsorge an den Deutschen im Raum Waldenburg – Neurode – Landeshut wurde in den folgenden Jahren von dem Diözesanpriester Johannes Liebelt[44], dem Jesuiten P. Johannes Blümel[45] und dem Grüssauer Benediktiner P. Nikolaus von Lutterotti[46], ausgeübt. Sie wurden als „Rucksackpriester" oder „Wanderapostel" bezeichnet. Aber das ist ein anderes Kapitel.

Quellen- und Literaturverzeichnis

Als Manuskript veröffentlichte Quellen im Bistumsarchiv Görlitz (BAG).

NACHLASS JOHANNES KAPS

Bericht Passek = Bericht über die seelsorgliche Lage der deutschen Katholiken im niederschlesischen Industriegebiet von Joachim Passek, Pfarrvikar in [Bad] Charlottenburg, Kreis Waldenburg, in: Beiträge zur Geschichte der Erzdiözese Breslau in den Schicksalsjahren 1945 bis 1950, Bd. III, zusammengestellt und hg. von Johannes Kaps, München 1950, S. 96-105.[Unterschrift auf S. 105: gez. Joachim Passek, Pfarrvikar, Charlottenbrunn].

Gesuch Passek = Gesuch des Vikars Joachim Passek um Ordnung der seelsorglichen Verhältnisse bei der Filialkirche in Blumenau an den Hochwürdigsten Herrn Apostolischen Administrator Karol Milik in Breslau n Jedlina Zdrój, ul. Piastowsk 63 [Bad Charlottenbrunn], den 25. September 1946, in: Beiträge zur Geschichte der Erzdiözese Breslau in den Schicksalsjahren 1945 bis 1950, Bd. III, zusammengestellt und herausgegeben von Johannes Kaps, München 1950, S. 106-109. [Unterschrift auf S: 109: In tiefster Ehrerbietung Euer Exzellenz ergebenster gez. Joachim Passek, Vikar]..

Bericht Geisler = Die Pfarrgemeinde St. Josef, Hermsdorf, Kreis Waldenburg seit Januar 1945 bis zur Ausweisung ihres Pfarrers am 11. Juni 1946, von Pfarrer Paul Geisler, in: Beiträge zur Geschichte der Erzdiözese Breslau in den Schicksalsjahren 1945 bis 1950, Bd. III, zusammengestellt und hg. von Johannes Kaps, München 1950, S. 427-431. [Unterschrift auf S. 431: gez. Paul Geisler Pfarrer, Veltheim, den 7. Januar 1947].

Bericht Richter = Bericht über die Pfarrei Oberwüstegiersdorf, Krs. Waldenburg, von Richard Richter, in: Beiträge zur Geschichte der Erzdiözese Breslau in den Schicksalsjahren 1945 bis

---

43 Bericht von Weihbischof Ferche, 171 und 172.

44 Rudolf JOKIEL, Johannes Liebelt (1889–1963), in: Gottschalk: Schlesische Priesterbilder, Bd. 5, 175-178.

45 Joseph GOTTSCHALK, Johannes Blümel SJ (1890–1951), in: Schlesische Priesterbilder, Bd. 5, 189-191.

46 Inge STEINSTRÄßER, Wanderer zwischen den politischen Mächten.

1950, Bd. III, zusammengestellt und hg. von Johannes Kaps, München 1950, S. 433-434.[Unterschrift auf S. 434: gez. Pfr. Richter, Lommetzsch, Pfarramt Riesa].

Bericht Wiesner = Bericht über Gottesberg/Schles[ien], in: Beiträge zur Geschichte der Erzdiözese Breslau 1945/1947, Band I. [Titel Innen:] Beiträge zur Geschichte der Erzdiözese Breslau in den Schicksalsjahren 1945/1947, Band I, zusammengestellt und hg. von Johannes Kaps [Manuskript, maschinegeschrieben, DIN A 4], S. 240-249. [Unterschrift auf S. 249: Pfarrer Franz Wiesner, Gottesberg/Schles[ien]. Jetzt: (20) Wendeburg 121, Kreis Braunschweig].

GEDRUCKTE QUELLEN

Bericht von Weihbischof Joseph Ferche über seine Ausweisung aus Schlesien am 15. September 1946, in: Sebastian Holzbrecher: Weihbischof Joseph Ferche (1888-1965). Seelsorger zwischen den Fronten (Arbeiten zur schlesischen Kirchengeschichte, Bd. 17), Münster 2007, S. 170-171.

Nikolaus von Lutterotti: Kurze Schilderung der Zustände in der Erzdiözese Breslau und in der Diözese Kattowitz bis November 1954, in: Inge Steinsträßer: Wanderer zwischen den politischen Mächten. Pater Nikolaus von Lutterotti OSB (1892-1955) und die Abtei Grüssau in Niederschlesien (Forschungen und Quellen zur Kirchen- und Kulturgeschichte Ostdeutschlands), Köln-Weimar-Wien 2009, S. 634-650. Die Seiten 634-636 [Auszug: die Zeit des Apostolischen Visitators Karol Milik betreffend] sind veröffentlicht in: ASKG 77, 2019, S. 338-341.

Bericht über Gottesberg/Schles[ien] von Franz Wiesner, in: Beiträge zur Geschichte der Erzdiözese Breslau 1945/1947, Band I : Beiträge zur Geschichte der Erzdiözese Breslau in den Schicksalsjahren 1945/1947, Band I, zusammengestellt und hg. von Johannes Kaps, S. 240-249, mit Anmerkungen versehen von Joachim Köhler, in: ASKG 77, 2019, S.324-337.

Johannes Kaps: *Trilogie des schlesischen Schicksals, Teil 1 bis 3*

Teil 1:

Die Tragödie Schlesiens 1945/46 in Dokumenten, unter besonderer Berücksichtigung des Erzbistums Breslau. Bearbeitet und hg. von Johannes Kaps, München 1952/53. [Erschienen in drei deutschen und einer englischen Ausgabe]

Die Tragödie Schlesiens 1945/46, hg. von Johannes Kaps (dtv, Nr. 62), München 1962 [verkürzte Ausgabe, 270 S.]

Teil 2:

Vom Sterben schlesischer Priester 1945/46. Ein Ausschnitt aus der schlesischen Passion, hg. von Johannes Kaps, München 950. [auch in englischer, spanischer und portugiesischer (1953) Sprache erschienen].

Vom Sterben schlesischer Priester 1945/46. Ein Ausschnitt aus der schlesischen Passion, hg. von Johannes Kaps, Zweite erweiterte Auflage von Emil Brzoska, hg. von Winfried König [Apostolischer Visitator der Priester und Gläubigen aus dem Bistum Breslau], Köln 1988.

Teil 3:

Martyrium und Heldentum ostdeutscher Frauen. Ein Ausschnitt aus der schlesischen Passion 1945/46, bearbeitet und hg. von Johannes Kaps. Als Manuskript gedruckt. Nur zum Dienstgebrauch, München 1954.

Literatur

Beck, Robert: Geschichte der katholischen Pfarrgemeinde Waldenburg in Schlesien, Hildesheim 1977.

Erbe und Auftrag der schlesischen Kirche. 1000 Jahre Bistum Breslau. Dziedzictwo i posłannictwo śląskiego Kościoła. 1000 lat diecezji wrocławskiej. Herausgegeben von / Wydawca Winfried

König. Redaktion / Redakcja Michael Hirschfeld und Markus Trautmann. Übersetzung / Przekład Henryk Miglo. Dülmen /Laumann-Polska Piechowice 2001.

Dola, Kazimierz: Die deutschen Katholiken in Schlesien nach 1945 [Katolicy narodowosci niemieckiej na Slasku po 1945 roku], in: Erbe und Auftrag der schlesischen Kirche. 1000 Jahre Bistum Breslau, hg. von Winfried König. Redaktion: Michel Hirschfeld und Markus Trautmann, Dülmen 2001, 338-357.

Douglas, R.M.: „Ordungsgemässe Überführung“. Die Vertreibung der Deutschen nach dem Zweiten Weltkrieg. Aus dem Englischen übersetzt von Martin Richter (Beck'sche Reihe 6102), München 2013.

Gottschalk, Joseph: Schlesische Preisterbilder, Bd. 5, Aalen/Württemberg: 1967.

Hausmann, Reinhard: Die evangelische Kirche im Waldenburger Bergland von der Reformation 1545 bis heute, in: Jahrbuch für Schlesische Kirchengeschichte 80, 2001, 169-192.

Hirschfeld, Michael: Wandernde „Hirten“ und pilgernde „Herde“. Die deutschen katholischen Restgemeinden in Niederschlesien nach 1945, in: „Unfreiwillige“ Ökumene in Niederschlesien nach 1945, 31-49.

Jarosch, Siegmund: Religiöse Sprache im nationalen Dienst. Die Rolle des polnischen Klerus im Prozeß der Inbesitznahme der Verwaltungsgebiete nach 1945, in: Archiv für schlesische Kirchengeschichte 51/52, 1994, 89-136.

Karkosz, Aleksander : Flucht und Vertreibung aus dem Großraum Waldenburg im Spiegel von Zeitzeugenberichten, in: „Unfreiwillige“ Ökumene in Niederschlesien nach 1945, 211-228.

Kempgen, Margrit: Die Situation des geistlichen Lebens der verbliebenen Deutschen. Kirchen und Gemeinden in Waldenburg/Wałbrzych und Landeshut/Kamienna Góra, in: „Unfreiwillige“ Ökumene in Niederschlesien nach 1945, 161-170.

Köhler, Joachim: Tagebücher meines Vaters Paul Köhler (1899–1968). Eintragungen vom 25. Mai 1945 bis 25. August 1946, in: „Unfreiwillige“ Ökumene in Niederschlesien nach 1945. Beiträge von zwei Fachtagungen zur Nachkriegsgeschichte im Waldenburger Land, hg. von Annemarie Franke, Nicola Remig und Inge Steinsträßer (Studien zur Schlesischen und Oberlausitzer Kirchengeschichte, Bd. 13), Herrnhut 2017, 246-250.

Köhler, Joachim: „Sie lieben die Wolle mehr als das Wohl ihrer Schäflein“. Das Urteil des Pfarrers Franz Wiesner aus Gottesberg über seine polnischen Mitbrüder in den Jahren 1945/46, in: ASKG 77, 2019, 319-342.

Nochowicz, Tomasz: Die Übernahme der evangelischen Gotteshäuser in Waldenburg durch den polnischen Staat und die anderen Kirchen nach dem weiten Weltkrieg, in: „Unfreiwillige“ Ökumene in Niederschlesien nach 1945, 179-195.

Południak, Natalia: Die evangelische Kirche in Rothenbach/Górce in der Nachkriegszeit, in: „Unfreiwillige“ Ökumene in Niederschlesien nach 1945, 197-210.

Ruchniewicz, Krzysztof : Schlesien in den ersten Jahren nach dem Zweiten Weltkrieg, in: „Unfreiwillige“ Ökumene in Niederschlesien nach 1945, 125-143.

Steinsträßer, Inge: Wanderer zwischen den politischen Mächten. Pater Nikolaus von Lutterotti OSB (1892–1955) und die Abtei Grüssau in Niederschlesien (Forschungen und Quellen zur Kirchen- und Kulturgeschichte Ostdeutschlands, Bd.. 41), Köln-Weimar-Wien 2009.

Steinsträßer, Inge: Pater Nikolaus von Lutterotti OSB (1892–1955) unter Katholiken, evangelischen Diakonissen und gemischt-konfessionellen Chorsängern als Deutschenseelsorger im oberen Waldenburger Bergland, in: „Unfreiwillige“ Ökumene in Niederschlesien nach 1945, 89-107.

Steinsträßer, Inge: Zur Situation der deutschen Restbevölkerung am Kriegsende 1945 in Schlesien und danach, in: „Unfreiwillige“ Ökumene in Niederschlesien nach 1945, 15-29.

Tillmann, Paul: Ein priesterliches Leben für Wahrheit und Recht. Erinnerungsskizzen an Dr. Johannes Kaps, in: Schlesisches Priesterjahrbuch 3/4 (1962/63), 110-137.

„Unfreiwillige“ Ökumene in Niederschlesien nach 1945. Beiträge von zwei Fachtagungen zur Nachkriegsgeschichte im Waldenburger Land, hg. von Annemarie Franke, Nicola Remig und Inge Steinsträßer (Studien zur Schlesischen und Oberlausitzer Kirchengeschichte, Bd. 13), Herrnhut 2017.

Maik Schmerbauch

Chronik zum Ende der deutschen Vinzentinerinnen in ihren schlesischen Niederlassungen 1944–1949

Abstract: The End of the story of the Ladies of Charity in their Silesian chapter 1944–1949
The Order of the Merciful Sisters of Saint Vincent de Paul, also known as the Ladies of Charity (Germ. *Vinzentinerinnen*), played an important role for the sick in their hospitals and clinics, despite only having a few stations and chapters in the area of Silesia. They continued to carry out their heavy duties throughout the Second World War and suffered under the harsh conditions in Breslau in 1944–1946. This essay quickly examines the history of the Sisters of Mercy and then provides an independent chronicle of the events at the end of the war and in the years immediately following it.

1. Die Vinzentinerinnen in Schlesien

Ein bedeutender katholischer Orden der neueren Krankenhausgeschichte und auch im schlesischen Gesundheitswesen waren die Schwestern bzw. Töchter des Hl. Vinzenz von Paul, die bis heute als die Vinzentinerinnen bekannt sind.[1]

[1] Vgl. neuere Literatur zu deutschen Vinzentinerinnen und zur Krankenhausgeschichte Schlesiens: Lieselotte Sterner, Die Kongregation der Barmherzigen Schwestern vom hl. Vinzenz von Paul in Hildesheim von 1852 bis zum Zweiten Vatikanischen Konzil. Untersuchung einer karitativen Ordensgemeinschaft vor dem Hintergrund der sozialen und politischen Entwicklung im 19. und 20. Jahrhundert (Quellen und Studien zur Geschichte des Bistums Hildesheim, Band 6), Hannover 1999; Alexa A. Becker, Die Kongregation der Barmherzigen Schwestern vom Heiligen Vinzenz von Paul an den klinischen Einrichtungen der Universität München und ihre Begegnung mit dem Nationalsozialismus, München 2008; Herrmann Josef Frings, Die Vinzentinerinnen als Wegbereiterinnen der neuzeitlichen Krankenpflege im deutschen Sprachgebiet (1832–1900), Köln 1994; Eduard Mantel, Die Genossenschaft der Barmherzigen Schwestern vom hl. Vinzenz von Paul (Vinzentinerinnen) in Paderborn. (Eine sozial-ökon. Studie), Dortmund 1926; Maik Schmerbauch, Die Vinzentinerinnen im Bistum Breslau und ihre Fürsorge im Ersten Weltkrieg 1914–1918, in: Jahrbuch für mitteldeutsche Kirchen- und Ordensgeschichte 15 (2019), hg. von Clemens Brodkorb und Norbert

Ihr Orden gründete sich im 17. Jahrhundert durch Vinzenz von Paul (1581–1660) in Paris und wurde in den folgenden Jahrhunderten ein wichtiger Teil der deutschen und europäischen Krankenhaus-, Alten- und Kinderpflege. Diese Aufgabe führt der Orden bis heute in vielen Ländern der Erde, so auch Europa und in Deutschland, aktiv weiter.

Auch in der schlesischen (Ordens-) Geschichte haben die deutschen Vinzentinerinnen einen Platz gefunden. So kamen die Vinzentinerinnen nach Schlesien um die Mitte des 19. Jahrhunderts in das Jurisdiktionsgebiet des fast tausend Jahre alten Bistums Breslau.[2] Die erste Niederlassung gründeten sie in Oberschlesien in der Stadt Beuthen (pl. Bytom), laut ihrer Ordenschronik im Jahr 1853, wo sie in den Folgejahrzehnten in einem Armenhaus, einem Kindergarten und einer ambulanten Krankenpflege tätig waren. Der dortige Pfarrer soll im Pariser Zentralhaus um die Schwestern des hl. Vinzenz angefragt haben, welches die Entsprechung der Bitte daraufhin in der zuständigen Provinz im westpreußischen Kulm (pl. Chełmno) in Gang setzte, und Kulm zunächst vier Schwestern nach Beuthen entsandte. Hier sollten sie sich um Typhuskranke kümmern – eine Tätigkeit, die auch für die Gesundheit der Schwestern

---

FIEDLER, 217-228; Bernard JUNGNITZ, Von Andalusien nach Schlesien. Entwicklung neuzeitlicher Krankenpflege am Beispiel der schlesischen Kongregation der Schwestern von der heiligen Elisabeth, in: Historia Hospitalium 26 (2008/2009), 13-56; Małgorzata WÓJTOWICZ, Ehemalige Krankenhäuser in Breslau, Breslau 2008; Bernard JUNGNITZ, Paris 1633 – Meilenstein in der Entwicklung neuzeitlicher Krankenpflege. Vinzenz von Paul und die Genossenschaft der Vinzentinerinnen – Filles de la Charité, in: Historia Hospitalium 27 (2010/2011), 223-238; Arne THOMSEN, Katholisches Krankenhauswesen im Ruhrrevier. Entwicklungen und Akteure von den Anfängen der Industrialisierung bis zum Ersten Weltkrieg, Münster 2012; Arne THOMSEN, Konkurrenz oder soziale Notwendigkeit? Das Verhältnis katholischer Krankenhäuser im Ruhrrevier zu anderen Wettbewerbern bis zum Ersten Weltkrieg, in: Historia Hospitalium 28 (2012/2013), 29-49; Marek SLON, Breslauer Hospitalstiftungen, in: Archiv für Schlesische Kirchengeschichte 56 (1998), 173-185; Maik SCHMERBAUCH, Krankenpflege und Armenfürsorge im Erzbistum Breslau zur Zeit des Nationalsozialismus 1933 bis 1945 am Beispiel der Vinzentinerinnen, in: Hagen MARKWARDT, Fruzsina MÜLLER und Bettina WESTFELD (Hg.), Konfession und Wohlfahrt im Nationalsozialismus. Beispiele aus Mittel- und Ostdeutschland (Zeitgeschichtliche Forschungen 57), Berlin 2021, 289-318; Maik SCHMERBAUCH, Kölner Vinzentinerinnen in ihren Eichsfelder Standorten im Spiegel der Briefe mit ihrem Mutterhaus 1944–1946, in: VEREIN FÜR EICHSFELDISCHE HEIMATKUNDE (Hg.), Eichsfeld-Jahrbuch 28 (2020), 395-411; Andreas REINKE, Judentum und Wohlfahrtspflege in Deutschland. Das jüdische Krankenhaus in Breslau 1726–1944 (Forschungen zur Geschichte der Juden, Abteilung Abhandlungen 8), Hannover 1999; Erwin GATZ, Kirche und Krankenpflege im 19. Jahrhundert. Katholische Bewegung und caritativer Aufbruch in den preußischen Provinzen Rheinland und Westfalen, München 1971.

2 Allgemeine Kirchliche Nachrichten, in: Katholisches Sonntagsblatt der Diöcese Breslau, 25. Juni 1915, 237f.

sehr gefährlich war.[3] Damit wurde der Grundstein der Arbeit von deutschen Vinzentinerinnen in Schlesien gelegt.

Der Breslauer Bischof Kaspar Melchior Diepenbrock (1798–1853)[4] freute sich ebenfalls über diese caritative Unterstützung in der Krankenpflege, die das Bistum in der Zeit der Industrialisierung Schlesiens auch brauchte, obwohl es noch zahlreiche weitere caritative Orden im Bistum Breslau gab. Der einflussreiche katholische Adel Schlesiens schätzte dieses Engagement der Orden für die christliche Caritas ganz besonders und hatte deren Niederlassungen finanziell erheblich unterstützt.[5] Nach 1871 bedeutete zwar der Kampf des Reichskanzlers Otto von Bismarck gegen den Katholizismus auch für die noch wenigen Vinzentinerinnen in Schlesien keine konfliktfreie Zeit, doch nach dem Ende des „Kulturkampfes“ konnten auch die katholischen caritativen Orden wieder ihre Arbeit ohne ernstere Restriktionen verrichten.[6]

Für die Betreuung der Niederlassungen im schlesischen Gebiet wurde vom Zentralhaus Paris das Mutterhaus in Kulm beauftragt, das diese Provinz bis zum Ende des Ersten Weltkrieges verwaltete. Dann sorgte das Ende des Ersten Weltkrieges auch für Veränderungen in der Zuständigkeit der Ordensprovinzen der Vinzentinerinnen. Bis 1918 besaß Kulm im Bistum Breslau insgesamt fünf Orte mit Niederlassungen und Stationen. Dazu gehörte das Städtische Krankenhaus und das St. Josephskrankenhaus in Beuthen, wo insgesamt 33 Vinzentinerinnen arbeiteten. Hinzu kam das Waisenhaus mit neun Schwestern in Biskupitz im Kreis Hindenburg, das nach 1918 auf polnisches Gebiet fiel und bei Kulm verblieb. In Breslau (Wrocław) wurde das St. Anna-Krankenhaus eine bedeutende Niederlassung in der Lehmgrubenstrasse 22, wo etwa 15 Schwestern ihren Dienst taten. Das Krankenhaus in Eichensee (Brustawe) hatte nur vier Vinzentinerinnen, und ein weiteres Krankenhaus in Groß Tschansch (Księże Wielkie) konnte zehn Schwestern den Wirkungsort bereiten. Am Ende des Ersten Weltkrieges waren damit etwa 70 Vinzentinerinnen im schlesischen Bistum Breslau tätig, die vom Mutterhaus Kulm aus geleitet und administriert wurden.[7]

---

3 Archiv des Mutterhauses der Vinzentinerinnen in Köln-Nippes (weiter: AVKM), Akte Sign. 05-187, Handschriftliche Chronik der Vinzentinerinnen aus dem oberschlesischen Beuthen, 10 S.

4 Alfons NOWACK (Hg.), Ungedruckte Briefe von und an Kardinal Melchior von Diepenbrock. Nach dem im Erzbischöflichen Diözesanarchiv zu Breslau vorhandenem Material, Breslau 1935, 15.

5 Christian KLIVER, Die deutschen Kardinäle der römisch-katholischen Kirche seit der Säkularisation 1803, Manchester 2017, 51.

6 Allgemeine Kirchliche Nachrichten, in: Katholisches Sonntagsblatt der Diöcese Breslau, 1. August 1915, 246.

7 Handbuch des Bistums Breslau und seines Delegaturbezirks für das Jahr 1918, 181; Handbuch des Bistums Breslau und seines Delegaturbezirks für das Jahr 1921, 186.

Die politischen Veränderungen bewirkten nach dem Kriegsende 1918 eine neue Zuständigkeit für die schlesischen Niederlassungen, denn Kulm fiel an Polen. Deshalb beauftragte das Zentralhaus Paris die Kölner Provinz mit der Administration der deutschen Niederlassungen im Gebiet des Bistums Breslau, wobei nur noch Beuthen eine Zeitlang eng an Kulm gebunden war. Alle anderen Niederlassungen bekamen das Mutterhaus in Köln-Nippes in der Mehrheimerstrasse 217 zugeordnet. Im Jahr 1926 waren über 60 Vinzentinerinnen unter Kölner Aufsicht in den vier Breslauer Standorten tätig.[8] Die Vinzentinerinnen waren mit dieser doch geringen Zahl an Schwestern im Erzbistum Breslau Anfang der 1930er-Jahre nur ein sehr kleiner caritativer Orden, gemessen an der Gesamtheit und Fülle aller Orden der christlichen Caritas im Bistum Breslau, z. B. die Hedwigsschwestern, die Mägde Mariens oder die Grauen Schwestern.[9]

Diese knapp 100-jährige Geschichte der deutschen Vinzentinerinnen in Schlesien, bis 1918 unter Kulm und dann bis nach dem Ende des Zweiten Weltkrieges unter Köln, ist im Archiv der Vinzentinerinnen in Köln in zahlreichen schriftlichen Quellen trotz der massiven materiellen und auch personellen Verluste des Ordens im Krieg und durch den Krieg, gut dokumentiert, und der Autor hat bereits verschiedene Aspekte zu einzelnen schlesischen Niederlassungen aufgearbeitet.[10] Unter diesen Quellen ist, neben anderen normativen und statistischen Informationen, ganz besonders die Gattung der Briefe seit den 1930er-Jahren bedeutungsvoll. Die schlesischen Schwestern hielten den regen Briefkontakt mit dem Mutterhaus in Köln für so essenziell, dass hunderte Briefe aus allen schlesischen Niederlassungen bis zur Vertreibung der meisten Vinzentinerinnen aus diesen, und der endgültigen Übergabe ihrer Administration zurück an Kulm nach 1945, im Mutterhaus erhalten geblieben sind und zur Aufarbeitung der Geschichte der Vinzentinerinnen beitragen können.

Auch die deutschen Niederlassungen in Schlesien mussten gegen Kriegsende und in der Nachkriegszeit 1945 das harte Schicksal von Flucht und Vertreibung erfahren, zu dem die Briefe viele wichtige Informationen liefern.

---

8 Handbuch des Bistums Breslau und seines Delegaturbezirks für das Jahr 1926, 187f.

9 Die Caritasanstalten der schlesischen Ordensanstalten im Jahre 1931, in: Sonntagsblatt des Erzbistums Breslau vom 19. Juni 1932, Beilage Unsere Caritas Nr. 5 (1932). Die hier präsentierte allgemeine Breslauer Diözesanstatistik 1931 dokumentiert im gesamten Breslauer Diözesangebiet zu Beginn der 1930er-Jahre insgesamt 19 Mutterhäuser an ganz verschiedenen Frauenorden. Diese betreuten über 473 Anstalten der geschlossenen Fürsorge wie Krankenhäuser, 393 ambulante Krankenpflegestationen, 327 Kindergärten, 40 Kinderhorte, 117 Handarbeitsschulen, 62 Haushaltungsschulen, 33 Säuglingsfürsorgestellen, 117 Tuberkulosefürsorgestellen und 66 Mütterberatungsstellen. Knapp 5.000 Ordensschwestern waren in diesen Eirichtungen tätig. Vgl. dazu auch die Handbücher des Erzbistums Breslau aus den Jahren 1935 und 1942, die alle im Diözesangebiet tätigen Orden aufführen.

10 SCHMERBAUCH, Kölner Vinzentinerinnen in ihren Eichsfelder Standorten; SCHMERBAUCH, Die Vinzentinerinnen im Bistum Breslau.

Dieser Beitrag möchte für einige dieser Niederlassungen Quellen in Form einer vom Orden zusammengestellten und erhaltenen Chronik dokumentieren, die von den dramatischen Ereignissen in den Jahren 1944 bis 1949 berichtet, und damit auch vom Ende der deutschen Vinzentinerinnen in Schlesien.

2. Eine Ordenschronik als ausgewählte Briefsammlung

In den 1970er-Jahren stellte sich eine Schwester im Mutterhaus Köln der mühevollen Aufgabe, aus den zahlreichen Briefen aus den schlesischen Niederlassungen einige originale Berichte für eine maschinenschriftliche interne Chronik herauszuziehen, um das historische Schicksal der Kölner Vinzentinerinnen in Schlesien in den Jahren 1944 bis 1949 für den Orden zu dokumentieren. Dabei wurden Teile von handschriftlichen Briefen transkribiert oder maschinenschriftliche Briefe zum Teil abgeschrieben. Diese maschinenschriftliche Chronik mit insgesamt sechs Seiten wurde in einer Akte[11] im Archiv des Ordens gesichert. Die Chronik bringt Briefe aus einzelnen schlesischen Niederlassungen, und zwar aus Beuthen aus dem Städtischen Krankenhaus, aus dem Kinder-St. Martinsasyl in Eichensee, aus dem St. Anna-Krankenhaus in Breslau und auch aus dem nach 1918 zur Kulmer Provinz gehörenden Biskupitz bei Hindenburg, wo ein Waisenhaus, eine Krankenpflege und ein Altenheim betrieben wurde.

Die Briefe entstammten in der Regel der Hand der jeweiligen Oberin einer Niederlassung, die mit dem Mutterhaus in Köln, das gleichzeitig auch für die Visitation einiger Niederlassungen zuständig war, in regelmäßigem Kontakt stand. Oft konnten Briefe in den Wirren des Krieges und der Nachkriegszeit auch nur durch bekannte Kuriere, durch Flüchtlinge und oft auch nur durch Zufall an ihren Bestimmungsort gelangen, da auch die Post in dieser Zeit keinesfalls die Zustellung absichern konnte. Dennoch ist es historisch wertvoll, dass die meisten dieser Briefe, die zum Teil unter widrigsten Umständen geschrieben wurden, z. B. während der „Festungszeit" in Breslau, ihren Weg zum Adressaten in Köln fanden. Letztlich sind die Briefe auch ein Ausdruck einer Informations- und Schreibkultur, die den Vinzentinerinnen wichtig war, um den Kontakt zum Mutterhaus aufrecht zu erhalten.

Allein aus den für diese Chronik ausgewählten Briefauszügen werden die tägliche Arbeit und Bürde, die Herausforderungen und das Leid der Vinzentinerinnen sehr deutlich erfahrbar, kaum beschönigt oder relativiert, die harte Wahrheit ausgesprochen. Die Vinzentinerinnen waren seit 1944 in ihren

---

[11] AVKM, Akte Sign. 05-187, Handschriftliche Chronik der Vinzentinerinnen aus Beuthen, 6 S.

schlesischen Niederlassungen direkt von den schlimmsten Kriegsereignissen betroffen und seit Mai 1945 von den politischen Veränderungen nach der deutschen Kapitulation. Konnten die Vinzentinerinnen im kirchenfeindlichen Dritten Reich wegen der Wichtigkeit ihres caritativen Dienstes zu Kriegszeiten im Gegensatz zu anderen verfolgten nichtcaritativen Orden, wie z. B. Jesuiten oder Dominikaner, ihre Tätigkeit in der Krankenpflege noch relativ repressionsfrei ausüben, erfuhren sie alle verheerenden Kriegsfolgen nach der deutschen Niederlage.

Viele Briefe künden relativ nüchtern vom Herannahen der Front durch die Rote Armee, die beginnende Flucht der Bevölkerung, die Ängste der Bevölkerung und der Schwestern, die Zeit in der „Festung Breslau", die Erfahrungen unter Russen und Polen nach Kriegsende und von der Vertreibung aus den Niederlassungen. Wovon sie jedoch nicht berichten: von einem postulierten Hass gegen die Polen und Russen für das Erlittene nach Kriegsende, aber auch nicht von einer Auseinandersetzung mit der Schuld der Nationalsozialisten als Verursacher des Leides und des Krieges. Die Vinzentinerinnen wagten keine persönlichen Urteile über die Politik in dieser Zeit, da für den Orden, aus Sorge vor Verfolgungen durch die Nationalsozialisten, seit der Mitte der 1930er-Jahre ein eisernes „Gebot des Schweigens"[12] hinsichtlich politischer Äußerungen galt. Ihnen war stets ihre caritative Aufgabe die Maxime ihres Handelns.

So informieren viele Briefe auch von der beständigen Haltung der Schwestern zu ihren Ordensidealen der Menschlichkeit und der Hoffnung, von ihrem Trost, den Glauben auch in diesen schlimmen Zeiten zu bewahren. Die Nachwelt sollte die Opfer der schlesischen Vinzentinerinnen durch ihren Einsatz für die Kinder, die Armen und Kranken in diesen schwierigen Zeiten in ehrenvoller Erinnerung behalten, denn sie seien ein standhaftes Zeugnis des Glaubens an die gerechte Sache Gottes, wie es ihr Ordensgründer im 17. Jahrhundert zu verkünden begann. Die Geschichte der deutschen Vinzentinerinnen in Schlesien begann um die Mitte des 19. Jahrhunderts und endete in der Mitte des 20. Jahrhunderts. Sie ist ein bedeutender Teil der Ordensgeschichte des schlesischen Landes.

---

[12] BECKER, Die Kongregation der Barmherzigen Schwestern vom Heiligen Vinzenz von Paul an den klinischen Einrichtungen der Universität München, 87f.

Die Chronik in originaler Abschrift

Bericht von Beuthen (Bytom) Städt. Krankenhaus

Weihnachten 1944 ruhig und still wie alle Kriegsweihnachten, auch Sylvester und Neujahr. Die Weihnachtsbescherung war noch sehr reichlich. Bald wurde erzählt, am 13. Januar beginnt die große russische Offensive. Dienstag den 16. gegen abends 9 Uhr Groß-Alarm, derselbe dauerte bis 11 Uhr, aber wie immer ohne Bomben. Nachts um 3 Uhr wurden wir geweckt, die Kranken sollten evakuiert werden. Es zog sich bis zum 18.1. hin, da wurde das Lazarett evakuiert, samt der mobmäßigen Erfassung der Schwestern und der ganzen Einrichtung. Die Leichtkranken wurden entlassen und die Schwerkranken kamen am 20.1. auch fort. Am 21.1. setzte starker Kanonendonner ein, bald darauf wurden Verwundete gebracht. So ging es die ganze Woche durch. Der Beschuß kam immer näher, dazu kamen die Tiefflieger mit Bordwaffe und Stalin-Orgel. Vom 24.-27. Januar waren es die schlimmsten Tage, Tag und Nacht Beschuß. Die hl. Messe wurde in diesen Tagen im Keller gehalten. 15 Tage ohne Licht, 12 Tage ohne Wasser. Am 27. Januar 1945 hat sich die Stadt Beuthen ergeben, die Russen zogen ein. Im Krankenhaus war ein russischer Arzt, die eingelieferten Verwundeten wurden schnell abtransportiert. Es kamen russ. Soldaten zur ambulanten Behandlung. Nach 10 Tagen wurden die kirchl. Funktionen verboten, die hl. Messe fiel aus. Nur Sonntags wurde sie in aller Stille und Frühe gehalten. Nach 15 Tagen aber wurden die Kirchen wieder geöffnet. Am 2. März 1945 kamen 2 russ. Offiziere und beschlagnahmten das Haus. Innerhalb 2 Std. musste es geräumt sein. Den Schwestern wurde erlaubt, alle Sachen, auch ihre Betten mitzunehmen. Einige Schwestern blieben im Krankenhaus. Zuerst durften sie nur Putzarbeiten verrichten, später aber wieder Krankendienst. Am 19. März zogen die Polen ein. Einige Schwestern arbeiten im neuen Städt. Krankenhaus, das die Polen in der Schubert Klinik eingerichtet haben. Ende Juli mussten die Schwestern die Tätigkeit im Krankenhaus aufgeben. Sie blieben (einige) aber noch in der Schubert Klinik. Außerdem nähten sie, verkauften die Kleidung und fristeten damit ihren Lebensunterhalt. Sie bemühten sich sehr herauszukommen. Mit Hilfe eines Polen gelang es ihnen, nach und nach herauszukommen. Anfang Mai 1946 kamen die ersten Schwestern, bis Juli waren sie vollzählig hier.

Bericht von Hindenburg (Zabrze)

BRIEF VOM 10.7.1945.

Jetzt ist es hier polnisch geworden. In der Kirche, Schule, auf der Straße soll kein Wort deutsch mehr gesprochen werden. Sr. A. hat noch mehr Arbeit dazubekommen. (mit Übersetzen) Es muß alles polnisch geschrieben werden, bei den Behörden darf nur pol. gesprochen werden. Der Haß gegen die Deutschen ist groß. Man fürchtet hier die Polen viel mehr wie die Russen. An Lebensmittel gibt es nur Brot oder Mehl. Die alten Leute, die nicht arbeiten, brauchen nicht zu essen. Straßenweise werden die armen Deutschen einfach herausgesetzt. Nichts dürfen sie mitnehmen. Die göttl. Vorsehung hat immer für uns gesorgt so daß wir jeden Tag vielen Armen die gar nichts hatten, geben konnten. Es kamen fast jeden Tag an die 20. Pers. zu uns essen. Wir helfen allen wie wir können. Die Leute hängen sehr an den beiden Ambulanzschwestern, die sehen ja am besten die Armut der Leute und sorgen für sie.

Sr. T. mußte 8 Tage in den polnischen Kindergarten gehen, wo keine Kinder kamen. Wie sie da war, kamen schon über 100. In einigen Tagen soll Sr. Anna (sie gehörte vor 1923 zur Kulmer Provinz und schließt sich jetzt wieder dort an) in Borsig den Kindergarten eröffnen. Er steht unter der Grubenverwaltung und heißt Vorschule.

BRIEF 14.9.1945

Die lb. Gottesmutter hat uns bis jetzt wunderbar beschützt obwohl hier furchtbare Zustände herrschen. Beschreiben kann man das Leid, die Armut und Not der armen Deutschen nicht. Sr. Anna und Sr. T. fahren einige Male in der Woche nach Castellengo die armen Angestellten mit ihren Familien eingesperrt sind. Sie durften nur das mitnehmen was sie gerade anhatten. Im Lager bekommen sie nichts zu essen und nichts zu trinken und müssen auf dem Steinboden schlafen, ohne Matratze oder Stroh. Viele Leute sparen von ihren Lebensmitteln sich ab und bringen es zu ihnen. Bei uns wird für die armen Leute gekocht, schön zurecht gemacht, und dann fahren die Schwestern hin und teilen es ihnen aus. Es sind auch 2 Geistliche, die die Russen wegschnappt haben, dort eingesperrt. H.H. Pfarrer G. und unser H.H. Pfarrer fahren auch abwechseln hin und besuchen die Leute. Heute fährt Sr. T. Die Leute haben wieder so viel gebracht daß sie nicht alles schließen kann. Morgen fährt St. I. Die Leute sind ja so glücklich darüber denn sie wären verhungert. Vorige Woche war 2 mal die pol. Miliz bei uns, sie sagten wir müßten das Haus räumen. Sr. A. sagte denen, seit

1867 sind die Schw. im Hause, die Hitler haben uns in Ruhe gelassen und die Polen wollen uns heraus setzen, das ist ja schön. Dann gingen sie ein paar Häuser weiter unter uns und haben das geräumt. Unsere Waisenkinder und unsere armen alten Leute haben uns vor den Russen gerettet. Die haben uns, obwohl unsere Hühner immer noch in unserem Hof herumlaufen, noch kein Huhn gestohlen. Die Krankenschw. konnten vom ersten Tag an wo sie hier waren, unbehelligt zu den Kranken gehen.

EIN ANDERER BERICHT VON HINDENBURG

Am 25. Januar setzte der starke Beschuß unseres Ortes ein. Unsere 60 alten Leutchens u. unsere 20 Heimkinder waren im Keller, die Schwergelähmten lagen im Flur. Am 27. Januar waren die Russen schon da. Vor unserem Kloster stand noch der letzte deutsche Panzer und schoß das es krachte, und zum Hoftor herein kamen die Russen. Um 6 Uhr früh ein starkes Schlagen an der Tür und ein paar Minuten später waren 40 Russen im Haus. Sie durchstöberten das Haus nach Soldaten, schnitten Radio und Telefon durch, nahmen aber sonst nichts fort, außer 2 Taschenlampen, die die Schw. in der Hand hielten. Nun folgten schwere Tage, die Straßen voll Russen, dazu kein Wasser u. kein Licht. Unsere zwei Ambulanzschwestern nahmen aber ihre Tätigkeit sofort wieder auf – kein Arzt am ganzen Ort. Die Arbeit der Schw. war schwer u. ermüdend, doch sie hielten tapfer durch und die Bevölkerung dankte es ihnen. Die Russen plünderten bei ihrem Einzug restlos alle Geschäfte, dabei half aber auch die Bevölkerung, die Folge war eine bittere Hungersnot. Doch auch hier sorgte wunderbar die göttl. Vorsehung. Die Russen, auch die Kommunisten, gaben uns das notwendigste Brot. Für das andere sorgte eine Schw. die mit dem Handwagen über die Landstraßen zog, begleitet von unseren 3 tapferen Jungens, die soviel ins Haus brachten daß wir keine Not zu leiden brauchten. Karfreitag 1945 als die Schw. mit den Kindern (des Ortes) in der Kirche betete, kam der H.H. Pfarrer u. sagte „Heute beten sie das letzte Mal deutsch mit den Kindern, Morgen muß polnisch gebetet werden“. Die Kinder verstanden kein Wort polnisch. Den Choralgesang, den H.H. Pfarrer einübte, wurde verboten – alles nur polnisch. Wir wurden aber nicht mutlos, wir arbeiteten weiter. In kleinen Gruppen je 20 Kinder, wurden ungefähr 80 in der Schwesternkapelle zur ersten hl. Communion geführt. Da die Schwestern die Liebe der Bevölkerung, auch der Polen besassen, gab man uns das polnische Original (Ausweis für Polen). Nun waren wir gesichert und konnten im Stillen weiterarbeiten. So kam wieder Weihnachten heran, unsere deutschen Weihnachtslieder fehlten, dafür sangen wir die pol. mit. Doch im kl. Schw. Kreis feierten wir die deutsche hl. Weihnacht. So nahte das Fest unserer hl. Mutter (hl. Luise 15. März)

1946. Wir deutsche Schw. mußten vor das pol. Gericht. Einzeln mußten wir vor eine große Kommission, wo uns die Frage gestellt wurde, ob wir deutsch oder polnisch seien. Natürlich deutsch, lautete die Antwort. Schw. Anna als pol. Oberin war auch geladen. Sie wurde gefragt, warum sie noch keine pol. Schwestern hätte und was wir noch im Haus machten. Sie antwortete, Kulm hat nicht sofort soviel Schw. zur Ablösung und darum hätte sie uns gebeten, ihr weiter zu helfen, und da die deutschen Schw. den Armen zulieb geblieben. Da sagten die Herren, nun ja, da wird Schluß gemacht. 4 Wochen später wurden wir wieder geladen, man nahm uns den pol. Ausweis ab und erklärte uns als Deutsche, die mit dem ersten Sammeltransport das pol. Gebiet verlassen müßten. So packten wir unsere Sachen und warteten wochenlang auf die Abfahrt unseres Zuges.

Der 3. Juni 1946 war der Tag der Abreise. Morgens hatten wir die Abschiedsmesse. Es ging ein Weinen und Schluchzen durch die ganze Kirche. Der H.H. Pfarrer konnte nicht mehr singen und beten. Er gab uns den Segen mit dem Allerheiligsten. Nachm. um 4 Uhr mußten wir am Bahnhof sein. Den ganzen Vormittag kamen die Leute u. brachten uns Brot, Butter u. noch viele andere Liebesgaben. Der ganze Ort war aufgeregt. Ein Beispiel nur: Ein Bauer erzählte seiner Schw.: Sie wissen was ich für eine gute Tochter habe, nie ist sie ungehorsam, aber als ich ihr heute sagte, wir gehen alle aufs Feld, sagte sie, Vater heute kann ich nicht arbeiten, mir ist so weh ums Herz, als wenn ich am Sterbebett eines lieben Angehörigen stände. Da blieben wir alle zu Haus sagte der Bauer und weinten. Und so war es den Leuten allen zu Mute, so eng waren wir mit der Bevölkerung verbunden. Nachm. kam H.H. Pfarrer noch einmal und gab uns den Segen. Der eine Bauer fuhr das Gepäck an die Bahn, der andere gab die Kutsche für die Schwestern. Der Hof, die Straße war voller Menschen, alles weinte und rief Auf Wiedersehen Schwestern, wir beten bis daß ihr wieder bei uns seid. Mit uns führen gegen 1000 Leute – alles Deutsche. Ein Kriegsbeschädigter mit Frau u. zwei Kindern war bei uns im Wagen. Vormittags war er noch auf der Grube, da kam die Miliz ihn holen und so mußte er schon mitfahren. Eine Geschäftsfrau stand am Zug um sich von Bekannten zu verabschieden, da kommt ihr Kind: Mutter komm schnell nach Hause, die Miliz ist da. In einer Stunde mußte die Frau mit ihren Kindern mitfahren. Usw. Als wir auf deutsches Gebiet kamen, sangen wir Großer Gott wir loben dich. Überhaupt war es in unserem Viehwagen sehr angenehm, wir beteten lauf Morgen- und Abendgebet, sangen unsere schönen Marienlieder und opferten alles gemeinsam dem Herrgott auf. Wir waren 35 Personen im Wagen. Am 10.6.46 langten die Schwestern im Mutterhaus Köln-Nippes an.

Eichensee (Brustawe) St. Martinsasyl

BERICHT 8. JANUAR 1945

Das Jungvolk der H.J. ist fort, dafür sind neue Leute, ältere Männer-Schanzer eingezogen. Die Partei war mit dem Speicher-Zimmer nicht zufrieden, sie beanspruchten ein warmes Zimmer. Ja, sie wollten sogar die Kapelle beschlagnahmen, in dieser Zeit müsse man jeden Raum ausnutzen. Dann hat er sich durch den Anblick einer schwerkranken Frau besänftigt, und unten das Zimmer wo die Ausländer gegessen haben, genommen, diese müssen auf dem Speicher essen. Gestern kam wieder die Partei u. sagte, wir müßten die Wäsche von 400 Mann waschen. Man munkelt hier von einer Evakuierung.

KARTE 26.1.45

St. Th. und ich (Sr. H) befinden uns auf der Flucht, wir sind im Pfarrhaus Malitsch gut untergebracht. Zweiter Bericht hierzu, den wir im Sept. erhielten. Am 20. Januar wurde ein Transport, Frauen u. Kinder, von Eichensee evakuiert. 2 Schwestern mußten ihn begleiten, St. Th und ich Sr. H. Nachdem wir 2 Tage u. 1 Nacht unterwegs waren, kamen wir in Liegnitz an. Am nächsten Tag kamen wir 11 km weiter, wohnten beide in einem Pfarrhaus. Nach 14 Tagen waren die Russen da. Nur einige Kilometer weiter war die Front. 14 Tage brachten wir da noch zu. Wir haben in der Zeit Todesängste ausgeständen, die Bedrohung und Belästigung der Russen kann man nicht schildern. Auch wir waren großen Gefahren ausgesetzt, aber noch größer war der Schutz Gottes. Viele andere Schw. sind den Russen zum Opfer gefallen, einige mußten ihr Leben lassen. Von uns ist keiner einzigen Schwester etwas passiert. Ich glaube, die Mutter Gottes hat uns beschützt. Am 21. Januar ging der 2te Transport von Eichensee. Schwester Oberin M. und Sr. He. waren dabei, Schw. B. blieb zurück im Hause bei den alten Leuten. Der Wagen mit den Pferden kam nur langsam vorwärts, deshalb ging Sr. He. Mit einem Fräulein eine Strecke zu Fuß. Dabei verlor sie den Transport aus den Augen u. verirrte sich. Sie kam bis Trebnitz, von da ging sie nach Breslau nach St. Anna zu unseren Schwestern. So blieb Sr. Oberin allein auf dem Wagen. Aber noch am selben Tage fielen sie den Russen in die Hände u. kamen nicht weiter. Ein Russe zog Sr. Oberin am Arm vom Wagen herunter und wollte mit ihr in ein Haus. Zum Glück war es verschlossen. Er ging mit ihr zu einem zweiten Haus, welches auch verschl. war. Nun versuchte er es beim 3. Haus, da waren unten Leute drin. Er wurde wütend, stieß sie bei Seite und sagte „Geh“. In Eichensee kam als erster ein

Kosake – ein Riese – ins Haus. Als er Sr. B. sah, sagte er zu ihr, es kommen schlechte Menschen ins Haus. Er nahm sie am Arm, schob sie ins Sprechzimmer und schloß die Tür ab. Dann stellte er sich auf den Flur vor die Tür, und hielt Wache, ließ keinen rein. So war sie gerettet. Das Schloß in Eichensee haben die Russ. angesteckt, es ist abgebrannt. Die Grafen waren schon vor uns geflüchtet. Nun sind alle Schwestern zurück nach Eichensee. Der russ. Major soll gut für die Schw. sorgen. In Breslau sind die Schwestern auch noch vollzählig in St. Anna. Die St. Heinrichskirche ist ein Schutthaufen. St. Anna blieb unter den Trümmern erhalten. Es wird mit Lebensmitteln gut versorgt. Jetzt sind nur noch polnische Ärzte im Haus. Vom 17. Mai ab war ich in Liegnitz im Krankenhaus, wo Schwestern von 8 Genossenschaften beisammen waren. Es war ein schönes Zusammenleben. Alle sind wieder in die Heimat zurück. Am 10.9. habe auch ich die Heimreise angetreten, wobei ich von einem Polen der mich ausplündern wollte, bald erstochen worden wäre. Am 21. kam ich hier in Thüringen an (eine uns. Niederlass.) und danke dem Herrgott der mich so gut geführt hat.

Eichensee (Brustawe)

Bericht 17.2.46

Wir leben also noch, nur sind noch nicht alle zu Hause. Sr. Hehre. und ich sind zurück (Sr. Oberin). Sr. Ha. und Sr. Th. sind noch nicht hier, Sr. H. ist im Herbst zurück, bis Breslau gekommen, sie ist erkrankt u. noch dort. Sr. Th. ist nicht heimgekommen, ich nehme an daß sie näher zum Mutterhaus oder nach Thüringen ist. Wir haben also den Krieg gut überstanden und haben viel viel Arbeit. Zuerst hatten wir Verwundete (Soldaten) im Haus, alsdann waren die zurückgebliebenen Leute fast alle bei uns. Auch jetzt ist unser Haus besetzt. Sr. B. gibt Unterricht in der Schule und ich gehe zu den Armen und Kranken. Sr. Here kocht, weiß aber manchmal nicht was sie kochen soll. Eine poln. Schwester ist bei uns.

12.9.46

Wir haben nur noch das eine, den Herrgott in der Kapelle, die hl. Messe haben wir nur alle 14 Tage. Unser H.H. Pfarrer ist krank geworden und fortgekommen, der neue Herr ist schon 6 Wochen nicht mehr bei uns gewesen, es ist kein Fuhrwerk da, um ihn abzuholen. Wir gehen also abwechselnd in die 4 km und einmal in die 7 km entfernt liegende Kirche. Wir beten und gehen jeden Tag den Kreuzweg und warten bis es anders wird. Wegen Aussiedlung unserer Evakuierten waren wir bei der höchsten Instanz in Breslau. Man sagt uns, vorläufig ist gesperrt, aber in diesem Jahr wird es noch geschehen, da dürfen wir auch die Hoffnung nicht aufgeben, auch ins Mutterhaus zu kommen.

17.11.46

Die Evakuierung stockt einstweilen, aber lt. Zeitung sollen sämtliche Deutschen bis Januar fort sein. Sr. B. hat aus Mangel an poln. Schwestern optiert. Die benachbarten Dörfer sind alle fort. Wir haben weiter kein Einkommen als was ich von den Leuten draußen bekomme. Sr. B. die Schule hält, bekommt etwas Gehalt. Licht haben wir nicht. Unsere Petroleumlampen die noch in den Ecken standen sind wieder zu Ehren gekommen. Holz holen wir aus dem Wald, oder hacken auf unserer Wiese ein paar Bäume ab. Heute ist Sonntag u. wir konnten des schlechten Wetters wegen nicht in die Kirche gehen. Wir halten mit unseren Hausinsassen Gottesdienst, morgens beten wir die Meßgebete u. nachm. halten wir die Andacht.

25.5.47

Nachdem der eine Teil unserer alten Leutchen zu Weihnachten fortkam, hat sich unser Heim mit neuen alten Leuten gefüllt. Unser Heim untersteht der allgemeinen Wohlfahrt. An Arbeit mangelt es nicht, man weiß oft nicht von welchem Ende man ausgehen soll.

10.8.47

Unser Haus ist mit alten Leuten gesegnet, es sind fast 40. Wir haben nicht alle Platz zum Schlafen, unser Hauspersonal geht in die Schule schlafen. Sr. B. hält Schule. Mit Lebensmitteln sind wir ziemlich gut bestellt, wir brauchen keinen Hunger zu leiden. Mit der Kirche ist es noch immer dasselbe Leid. Aber jetzt hat HH. Dechant es in die Hand genommen. Die evgl. Kirche soll eingeweiht werden und es soll auch ein Geistlicher kommen.

11.11.47

Sie werden sich wundern daß ich aus Breslau schreibe. (Sr. Oberin) ich bin jetzt hier. In Eichensee wollte man die Schwester Oberin (die poln.) nicht mehr u. so hat Kulm dieselbe abberufen und keine andere geschickt. Ich sollte das übernehmen, aber ich kann und darf es nicht. Die Fürsorge wollte eine geschulte Buchführung haben u. Kulm hatte eben keine Schw. u. wollte sogar alle Schw. von Eichensee zurückziehen, hat es nun doch nicht getan. So hat die Fürsorge eine Zivil Leitung gegeben und alles geht seinen Gang weiter, nur ist die Ambulanz einstweilen eingestellt. Die Schw. sind also zu drei dort, Sr. B. betreut jetzt die alten Leute, Sr. He kocht und eine Kulmer Schw. hält die Schule.

JULI 1948 VON SR. B.

Wie Sie ja schon wissen, ist unser Haus verstaatlicht. Wir haben 25 so recht arme heimatlose Leutchen. Ich bin jetzt nicht mehr in der Schule, wir haben eine Kulmer Schw. dafür bekommen. Ich pflege die Alten und Kranken. Ich war im Mai zu den Exerzitien in Kulm. Unsere alten Leute haben schon den ganzen Monat vorher geweint, weil sie glaubten ich käme nicht zurück. Es würde mir schwer fallen meine lb. Alten verlassen zu müssen, eben wie damals als alles flüchtete und ich unsere Alten nicht verließ sondern bei ihnen blieb u. dann so wunderbar beschützt wurde.

AUGUST 1949 BERICHT VON SR. B.

Am 15. April mußten die beiden letzten Schwestern Brustave verlassen. Es ist nur noch welt. Personal dort. Schw. konnten dort nicht mehr arbeiten. (Sr.B. war wieder in der Schule eingesetzt und bis zuletzt unterrichtet). Die Schwestern sind jetzt in Breslau im St. Annakrankenhaus.

Breslau (Wrocław)

20.1.45

Hier ist eine recht gr. Änderung gekommen, der Russe steht fast vor der Tür. Die rechte Oderseite muß geräumt werden.

25.1.45

Durch die schnelle u. große Evakuierung ist mit der Bahn kein Fortkommen. Frauen u. Kinder müssen in der eisigen Kälte zu Fuß flüchten. Wir Schwestern wollen und müssen hier bleiben. Unsere kranken Frauen sind gestern evakuiert, Männer kommen vielleicht Morgen dran. Nun weist uns die Stadt die alten u. siechen Leute ein, deren Angehörige flüchten. Heute meldete mir das Anstaltsamt daß der Krankenhausbetrieb weiter aufrecht erhalten werden muß. Ich darf kein Gefolgschaftsmitglied gehen lassen (einzelne sind mit ihren Angehörigen geflüchtet). Die Stadt ist seit Montag Festung. Ich hörte schon daß Oppeln gefallen ist. Schweres Donnern ist auch hier zu hören.

8.2.45

Jetzt einiges von uns aus der Festung Breslau oder auch von der Front. Die Front ist ungefähr 16 km entfernt. Harte Kämpfe waren beiderseits Krieg. Die Flieger sind bei Tage und bei Nacht über uns und werfen ihre Bomben runter. Die Granaten sausen oft am Tage über uns. Am Freitag 2.2. um 15.30 Uhr schlug eine Granate aufs Dach und die Mauer explodierte dort, verursachte wenig Schaden, paar Minuten später fiel eine zweite auf die Stufen, die in den Garten gehen, dem Hauseingang gegenüber. Diese machte uns sämtliche Scheiben an der Ostfront des Hauses bis zum 3. Stock kaputt und dann die vom Backhaus, Nähzimmer und Ärztewohnung, sogar das eiserne Tor ist an vielen Stellen von den Granatsplittern durchlöchert, dann die Telefon- und Stromleitung sind auch gerissen. Die Ortsgruppe ist sehr teilnahmsvoll gewesen und hat uns sofort mit Pappe ausgeholfen, und morgen ist der Schaden wieder soweit hergestellt, denn seit Dienstag sind Leute vom Glaser da und setzen die Scheiben ein. Das Licht versagt auch oft, heute schon den ganzen Tag. Die Wasserleitungen funktionieren nur noch schwach bis zum 2. Stock, im 3. Stock müssen sie sich von unten raufholen. Die 4. Etage haben wir jetzt frei gemacht, alle anderen Stat. sind belegt. Der Krankenhausbetrieb geht ungestört weiter, nur ist er jetzt sehr abwechslungsvoll. Statt der vielen Kranken die sonst betreut wurden können jetzt alte und gebrechliche Leute zu uns, die von der Ortsgruppe den Evakuierungsschein haben und dann von uns durch das D.R.K. von Breslau weiter befördert werden. Unsere Ausländerstation besteht noch, denn die sind noch nicht evakuiert. Dann sind noch einzelne kranke Volkssturmmänner da.

9.7.45

Seit dem 13.1. sind wir ohne Nachricht vom Mutterhaus. Am 11.3. mußten wir das Krankenhaus räumen weil das Stadtviertel H.K.L. wurde. Wir fanden Unterkunft in Breslau-Carlowitz bei den Ursulinen. Dort machten wir eine Krankenstation mit 150 Betten auf. Nach 4 Wochen überließen wir diese Stationen den Ursulinen und eröffneten ein Krankenhaus mit 300 Betten in den Weinkellern in der Stadt, Werderstr. (St. Annakrankenhaus, Zollbunker) Es gab nur Schwerverletzte zu pflegen, ja an Arbeit mangelt es nicht. Dort verblieben wir bis zum Schluß. Und da das St. Annakrankenhaus erhalten blieb, konnten wir zurückkehren. Wir haben erst eine Belegung von 100 Betten.

18.7.45

In Eichensee ist Sr.B. mit den alten Leuten geblieben, wie es ergangen ist und ob sie noch am Leben ist, weiß ich nicht. Von Sr. Salaberga (Kulm) habe ich Nachricht daß sie am Leben ist.

19.7.45 Über Berlin

Die ganze Stadt liegt in Trümmer, was noch stand haben die Russen oder die Polen angesteckt. Unser Haus ragt aus den Ruinen hervor. Die Heinrichskirche mit Pfarrhaus ist auch ganz zerstört. Unseren HH. Pfarrer Dr. Rheise haben wir diese Woche beerdigt, er wurde von einem Polen erschossen. Er machte einen Besuch bei einem anderen Pfarrer, ist nachts um 11 auf der Straße gewesen, wie man sagt, soll die Kontrolle gerufen haben: Stehen bleiben und auch 2 Schuß in die Luft abgegeben haben. Wenn man dann nicht hört u. weitergeht dürfen die Posten schießen. Er hat dann die Nacht u. den Tag auf der Straße gelegen, da die Leiche nicht freigegeben wurde. Am Abend ist Sr. Oberin mit Sr. E. welche polnisch spricht (eine Schw. aus der Kulmer Prov., welche in den Kriegsjahren mit anderen bei uns Unterkunft fanden) und auch jetzt alle Gänge auf der Kommandantur besorgt, gegangen um die Freilassung der Leiche zu erwirken. Wir haben dann auf einem Handwagen den H.H. geholt und in unserer Leichenhalle aufgebahrt. Die Leute sterben wie die Fliegen vor Hunger, denn die Polen geben nichts zu essen, nicht mal Brot. Auch bei uns Im Krankenhaus haben sie für uns Deutsche keine Zuteilung gegeben. Dazu plündern sie noch die armen Leute aus. Hier haben die Russen ordentlich gehaust, die Mädchen vergewaltigt, doch bei uns waren die Mädchen geschützt.

4.11.45

Unser Krankenhaus ist städt. K'haus mit städt. Verwaltung. Wir haben nichts mehr zu sagen, sind nur noch geduldete Angestellte beim poln. Gesundheitsamt. Ich wandte mich nach Kulm, um für die Administration eine poln. Schwester zu bekommen. Sr. Visitatorin schickte uns Sr. Monika, außer ihr sind noch drei poln. Schw. da. Da sie als Oberin bestimmt wurde, sollte ich seitens der Behörde das Haus verlassen.

7.11.45

Am 22.9. kam eine poln. Administratorin, da wandte ich mich an Kulm um eine poln. Schwester. Daraufhin wurde die poln. Administratorin zurückgezogen. Ich bin jetzt in der Apotheke und Röntgenzimmer beschäftigt (die deutsche Oberin). Die Umstellung ist für uns nicht angenehm, aber solange die Verhältnisse es fordern, wollen wir aushalten. Wir haben einen poln. Geistlichen im Hause, aber auch noch einen deutschen, seit der Festungszeit. Die Deutschen tragen hier alle eine weiße Binde am Arm. In Breslau sollen 10000 Deutsche bleiben. Am 21.12. übernahm Sr. Salaberga (welche zur Kölner Provinz gehört und während der Kriegsjahre die Sr. Visitatorin in Kulm im Verkehr mit den Behörden unterstützt hat), die Leitung des Hauses. Sr. Monika kehrte nach Kulm zurück. Sr. Salaberga hat die poln. Staatsangehörigkeit angenommen, sie darf Breslau nicht verlassen. Am 11. Mai 1946 kehrten mit einem Flüchtlingszug die ersten Schw. ins Mutterhaus zurück, die übrigen folgten im Mai und Juni. Jetzt sind noch 9 unserer Schwestern dort und arbeiten zusammen mit den polnischen aus der Kulmer Provinz.

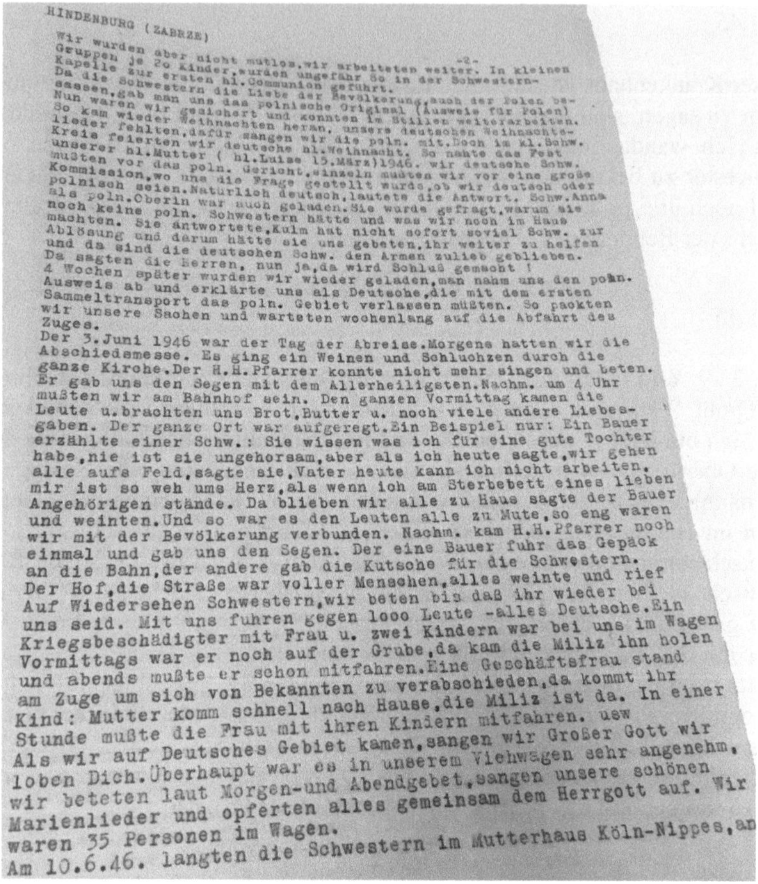

HINDENBURG (ZABRZE)

-2-

Wir wurden aber nicht mutlos,wir arbeiteten weiter. In kleinen
Gruppen je 2o Kinder,wurden ungefähr 8o in der Schwestern-
Kapelle zur ersten hl.Communion geführt.
Da die Schwestern die Liebe der Bevölkerung,auch der Polen be-
sassen,gab man uns das polnische Original (Ausweis für Polen)
Nun waren wir gesichert und konnten im Stillen weiterarbeiten.
So kam wieder Weihnachten heran. unsere deutschen Weihnachtslieder fehlten,dafür sangen wir die poln. mit.Doch im kl.Schw.
Kreis feierten wir deutsche hl.Weihnacht. So nahte das Fest
unserer hl.Mutter (hl.Luise 15.März)1946. wir deutsche Schw.
mußten vor das poln. Gericht,einzeln mußten wir vor eine große
Kommission,wo uns die Frage gestellt wurde,ob wir deutsch oder
polnisch seien.Natürlich deutsch,lautete die Antwort. Schw.Anna
als poln.Oberin war auch geladen.Sie wurde gefragt,warum sie
noch keine poln. Schwestern hätte und was wir noch im Haus
machten. Sie antwortete,Kulm hat nicht sofort soviel Schw. zur
Ablösung und darum hätte sie uns gebeten,ihr weiter zu helfen
und da sind die deutschen Schw. den Armen zulieb geblieben.
Da sagten die Herren, nun ja,da wird Schluß gemacht !
4 Wochen später wurden wir wieder geladen,man nahm uns den poln.
Ausweis ab und erklärte uns als Deutsche,die mit dem ersten
Sammeltransport das poln. Gebiet verlassen müßten. So packten
wir unsere Sachen und warteten wochenlang auf die Abfahrt des
Zuges.
Der 3.Juni 1946 war der Tag der Abreise.Morgens hatten wir die
Abschiedsmesse. Es ging ein Weinen und Schluchzen durch die
ganze Kirche.Der H.H.Pfarrer konnte nicht mehr singen und beten.
Er gab uns den Segen mit dem Allerheiligsten.Nachm. um 4 Uhr
mußten wir am Bahnhof sein. Den ganzen Vormittag kamen die
Leute u.brachten uns Brot,Butter u. noch viele andere Liebesgaben. Der ganze Ort war aufgeregt.Ein Beispiel nur: Ein Bauer
erzählte einer Schw.: Sie wissen was ich für eine gute Tochter
habe,nie ist sie ungehorsam,aber als ich heute sagte,wir gehen
alle aufs Feld,sagte sie,Vater heute kann ich nicht arbeiten,
mir ist so weh ums Herz,als wenn ich am Sterbebett eines lieben
Angehörigen stände. Da blieben wir alle zu Haus sagte der Bauer
und weinten.Und so war es den Leuten alle zu Mute,so eng waren
wir mit der Bevölkerung verbunden. Nachm. kam H.H.Pfarrer noch
einmal und gab uns den Segen. Der eine Bauer fuhr das Gepäck
an die Bahn,der andere gab die Kutsche für die Schwestern.
Der Hof,die Straße war voller Menschen,alles weinte und rief
Auf Wiedersehen Schwestern,wir beten bis daß ihr wieder bei
uns seid. Mit uns fuhren gegen 1ooo Leute -alles Deutsche.Ein
Kriegsbeschädigter mit Frau u. zwei Kindern war bei uns im Wagen
Vormittags war er noch auf der Grube,da kam die Miliz ihn holen
und abends mußte er schon mitfahren.Eine Geschäftsfrau stand
am Zuge um sich von Bekannten zu verabschieden,da kommt ihr
Kind: Mutter komm schnell nach Hause,die Miliz ist da. In einer
Stunde mußte die Frau mit ihren Kindern mitfahren. usw
Als wir auf Deutsches Gebiet kamen,sangen wir Großer Gott wir
loben Dich.Überhaupt war es in unserem Viehwagen sehr angenehm,
wir beteten laut Morgen-und Abendgebet,sangen unsere schönen
Marienlieder und opferten alles gemeinsam dem Herrgott auf. Wir
waren 35 Personen im Wagen.
Am 10.6.46. langten die Schwestern im Mutterhaus Köln-Nippes,an

Abb. 1: Auszug aus der Chronik

Jürgen Franz Selke-Witzel

„Ostdeutsches Kulturgut als wesenhaft abendländisches Kulturgut zu retten, zu bewahren und zu pflegen“ Maximilian Maria Schulz und die Deutsche Hedwig-Stiftung 1946–48

Abstract: „Saving and cultivating East-German culture as culture essential to the West" – Maximilian Maria Schulz and the German Hedwig-Foundation 1946-48

Born in Kattowice in 1920, Maximilian Maria Schulz, a teacher for boys, founded the German Hedwig-Foundation in the cloister church Marienthal am Niederrhein on 20 October 1946. Its purpose was to found new holy places for the refugees from Silesia in the sense of the Catholic Youth and Liturgical Movements. It was also intended to preserve and further East-German culture. The foundation experienced its greatest activity with the great Werl pilgrimage in late June 1947, when Refugee Bishop Maximilian Kaller consecrated its banner and an evening festival academy took place. The initiative of a layperson, the German Hedwig Foundation was crowded out and absorbed by the St. Hedwig's Works founded in the Dioceses of Osnabrück and Paderborn around the turn of 1947/1948. The last testimonies are the beautiful volumes, edited in the name of the German Hedwig Foundation by Maximilian Maria Schulz, about St. Hedwig, Angelus Silesius and Rübezahl.

Einleitung[1]

Vor 75 Jahren, am 20. Oktober 1946, kam es in Marienthal bei Wesel zur Gründung der Deutschen Hedwig-Stiftung durch den Lehrer Maximilian Maria

---

1 Der Verfasser schreibt zur Zeit an seiner Dissertation mit dem Arbeitstitel, Migrationsbistum Hildesheim. Integration der katholischen Heimatvertriebenen 1945–1956 bei Prof. Dr. Dr. Jörg Bölling am Institut für katholische Theologie der Stiftung Universität Hildesheim. Am dortigen Fachbereich 1 soll die Arbeit im Laufe des Jahres 2022 eingereicht werden. Auslöser für das Interesse des Verfassers an der Deutschen Hedwig-Stiftung war ein Zufallsfund im

Schulz. Vieles an dieser Stiftung war bemerkenswert: der abgelegene Gründungsort und der junge Gründer, die religiös-kulturellen Ziele, die innerkirchliche Entwicklung und die politische Vernetzung der Stiftung, ihre Publikationen und ihr Ende im Frühjahr 1948. Umso bedauerlicher ist es, dass diese ungewöhnliche Geschichte fast ganz in Vergessenheit geraten ist.[2] Die Deutsche Hedwig-Stiftung wurde im ehemaligen Kloster Marienthal[3] gegründet, um an den dort von Pfarrer Augustinus Winkelmann[4] geprägten und künstlerisch entfalteten Geist der katholischen Jugend- und Liturgiebewegung anzuknüpfen.[5] Der 1920 in Kattowitz geborene Maximilian Maria Schulz, verkörperte die Deutsche Hedwig-Stiftung als ihr Gründer, Vorsitzender und Herausgeber von Publikationen. Ein bisher unbekanntes Rundschreiben aus dem Frühjahr 1948 offenbart, dass Schulz eine Koexistenz mit den St.

Bistumsarchiv Hildesheim: des bis dato in der Forschung unbekannten, aber höchst aufschlussreichen Rundschreibens vom März 1948.

2 Michael Hirschfeld hat die Deutsche Hedwig-Stiftung im Zusammenhang mit dem St. Hedwigswerk in einer Stipendiatsarbeit und in seiner Dissertation wieder in Erinnerung gerufen. Vgl. Michael HIRSCHFELD, Prälat Franz Monse (1882–1962). Großdechant von Glatz, Sigmaringen 1997, 158f; vgl. Michael HIRSCHFELD, Katholisches Milieu und Vertriebene. Eine Fallstudie am Beispiel des Oldenburger Landes 1945–1965, Köln-Weimar-Wien 2002, 78-80.

3 Das 1256 gegründete Kloster in Marienthal war das älteste Kloster der Augustiner-Eremiten in Deutschland. 1806 wurde es unter Napoleon säkularisiert und große Teile der Klosteranlagen abgebrochen. 1839 entstand die Pfarrei Marienthal: die Klosterkirche wurde zur Pfarrkirche. Vgl. Johannes RAMACKERS, Marienthal. Des ersten deutschen Augustiner-Klosters Geschichte und Kunst, Rheinisches Bilderbuch Nr. 6, Würzburg 1954 (neubearbeitete und erweiterte Fassung der Ausgabe von 1930); vgl. Martin SEGERS / Peter SCHRÖDER, Kloster Marienthal, Regensburg 2004.

4 Augustinus Winkelmann (1881 Haus Köbbing bei Amelsbüren – 1954 Marienthal), Studium in Paris, Würzburg und Münster, 1907 Priesterweihe in Münster, 1924 Pfarrer von Marienthal, 1950 Emeritierung. Vgl. den Nachruf von Schulz, in: Maximilian Maria SCHULZ, Sakrale Kunst in Marienthal, ohne Orts- und Jahresangabe, 16; vgl. P. Robert JAUCH, Pfarrer Augustinus Winkelmann, in: Xantener Vorträge zur Geschichte des Niederrheins 1996–1998 (Hefte 21-29), Duisburg 1998, 9-36. 1906 bekam Winkelmann von seinem Würzburger Dogmatikprofessor, Hermann Schell (1850–1906), einen Sonderdruck mit folgender Widmung geschenkt: „Lucis et amoris propheta esto! H. Schell" („Werde Künder des Lichtes und der Liebe!"). „´Licht´ und ´Liebe` wurden zum Leitthema der pastoralliturgischen Verkündigung des Pfarrers." Martin SEGERS / Peter SCHRÖDER, Kloster Marienthal, Regensburg 1. Aufl. 1974, 9. Aufl. 2010, 4f.

5 Seit 1924 hatte Pfarrer Winkelmann in Marienthal zwei innere Überzeugungen miteinander verbunden und umgesetzt: die Förderung zeitgenössischer Kunst im sakralen Raum sowie die Jugend- und Liturgiebewegung im Sinne des Quickborns Romano Guardinis. So entwickelte sich das Kloster Marienthal bei Wesel zu einem spirituellen Zentrum der katholischen Jugendbewegung im Deutschen Reich. In den Pfingstferien vom 12.-18.5.1932 fand z. B. in Marienthal der Bundestag des Katholischen Wandervogels statt. Vgl. Hans-Karl SEEGER, Zwei außergewöhnliche Priester am Niederrhein. Karl Leisner traf Augustin Wibbelt und Augustinus Winkelmann, in: Kalender für das Klever Land auf das Jahr 2003, 129-137, hier 135. Zur modernen Sakralkunst in Marienthal vgl. den Vortrag von Jauch, 21-25.

Hedwigswerken im Erzbistum Paderborn und im Bistum Osnabrück anstrebte. Die 32 Namen des Beirates spiegeln zu Beginn des Jahres 1948 einen erstaunlichen Kreis von Frauen und Männern aus (katholischer) Kirche, Politik, Wirtschaft, Kultur und Wissenschaft wider. Trotz der im März 1948 getätigten Ankündigung weiterer Publikationen und vierteljährlicher Rundschreiben sowie der Gründung von Regionalkreisen, lassen sich danach keine weiteren Spuren finden. Dieser Artikel erinnert mit der Geschichte der Deutschen Hedwig-Stiftung auch an ihren Gründer Maximilian Maria Schulz. Ihm sei der Artikel nachträglich zu seinem 100. Geburtstag gewidmet.[6]

Maximilian Maria Schulz[7]

„Herr Lehrer Schulz hat zweifellos guten Willen und gute Begabung, nur ist er noch unausgewachsen und steht mit seinen 24-26 Jahren noch in der Entwicklung. Seine romantische, moderne religiöse Einstellung muss noch in manchen Punkten in die rechte Bahn gelenkt werden."[8] Wer war dieser, im Januar 1947 von seinem damaligen Altschermbecker Wohnortpfarrer Hermann Wegmann so charakterisierte Maximilian Maria Schulz? Schulz wurde am 16. Januar 1920 in Kattowitz als Sohn eines Zollbeamten geboren, verlebte aber seine Kindheit in Beuthen. Nach einigen Volksschuljahren dort kam er für sechs Jahre auf die Internatsschule „Heilig Kreuz" der Steyler Missionare bei Neisse. Sein Abitur macht er wiederum in Beuthen am Hindenburg-Gymnasium. Wegen Krankheit wurde er aus dem anschließenden Wehrdienst wieder entlassen.

---

6 Der Artikel beschränkt sich dabei auf die Deutsche Hedwig-Stiftung und damit auf die Zeit 1946–1948. Aufgrund der nun vorliegenden Forschungsergebnisse erscheint eine Biographie von Maximilian Maria Schulz höchst lohnenswert: als Verkörperung einer (innerkatholischen) Aufbruchsbewegung der Zwischenkriegszeit und eines kulturellen Brückenbauers zwischen Ost- und Westdeutschland.

7 Über „den ostvertriebenen Lehrer Maximilian Maria Schulz" (HIRSCHFELD, Katholisches Milieu und Vertriebene, 79) liegen bislang keine weiteren biographischen Angaben vor. Der Verfasser bedankt sich herzlich beim Ehepaar Hermann und Agatha Ostrop, geb. Niermann, aus Schermbeck, bei der Museumsleiterin des Deichdorfmuseums Bislich, Dr. Barbara Rinn-Kapka, und der Büroleiterin der Kath. Kirchengemeinde St. Nikolaus in Wesel, Sigrid Hochstrat. Alle haben durch mündliche und schriftliche Auskünfte sowie durch Zurverfügungstellung von Dokumenten dem Verfasser ermöglicht, die nachfolgenden biografischen Daten von Maximilian Maria Schulz nieder zu schreiben.

8 Brief von Pfarrer Wegmann aus Altschermbeck an Kapitelsvikar Piontek vom 13.2.47, in: AVE, Nachlass Kaller, Korrespondenz mit Bischöfen (ohne Signatur). Piontek hatte sich bei Wegmann nach der Hedwig-Stiftung erkundigt, weil ihn Schulz angeschrieben hatte. „Herr Schulz stammt aus Beuthen, ist Akademiker und hat in Freiburg 3 Semester studiert. Als Lehrer ist er sicher zu schätzen, als Romantiker Idealist, ästhetisch liest er der heranwachsenden Jugend Balladen vor, singt mit ihnen etc." Ebd.

So konnte Schulz zunächst drei Semester an der Hochschule für Lehrerfortbildung in Beuthen und anschließend fünf weitere Semester an der Universität in Freiburg neben der Altphilologie vor allem die Fächer Kunstgeschichte und Germanistik studieren.[9] Maximilian Maria Schulz war anschließend zunächst „2 Jahre Schulhelfer in Altschermbeck“[10]. Seine zukünftige Frau Adelheid Hürland, ebenfalls ausgebildete Lehrerin, stammte aus dem Nachbarort Holsterhausen. Die Heirat fand am 20. August 1947 in der Klosterkirche Marienthal statt.[11] Danach zog das Ehepaar nach Holsterhausen in den Heimatort der Ehefrau.[12] Ostern 1950 wurde Schulz Lehrer an der katholischen Volksschule in Bislich am Niederrhein.[13] Als Teil dieser beruflichen Lebensaufgabe gründete und leitete er den Eichendorff Sing- und Spielkreis Wesel-Bislich, „der nicht nur seinen schlesischen Landsleuten und Vertriebenen [, sic] sondern darüber hinaus auch vielen anderen Bewohnern unserer Heimat schon manche Stunde sinnvollen Erlebens bereitete.“[14] Schulz wurde zudem Laienspielreferent bei der Landesgruppe Nordrhein-Westfalen der Landsmannschaft Schlesien.[15]

---

9 Vgl. Zeitungsartikel „Der Vater der `Königstöchter`. Zur Aufführung am Samstag in Wesel/ Autor Maximilian M. Schulz (mit Photo, siehe Abb. 2 im Anhang) aus dem Jahr 1959, in: Archiv des Deichdorfmuseums Bislich, Schulchroniken Schule Bislich, Chronik ab 1950. Durch die Abstimmung des Völkerbundes über Oberschlesien im Jahr 1921 könnte der Vater von Kattowitz nach Beuthen versetzt worden sein. Leider fehlen weitere Jahresangaben in dem Zeitungsartikel. In Freiburg waren es „die Professoren Heidegger, Schuchhardt und Rehm, die den zukünftigen kunstbeflissenen Erzieher prägten.“ Ebd.

10 Eintrag Schuljahrbeginn 1950/51, in: Archiv des Deichdorfmuseums Bislich, Schulchroniken Schule Bislich, Chronik ab 1950. Pfarrer Wegmann wurde als Ortspfarrer von Altschermbeck um seine Meinung gefragt. Außerdem existieren zwei Briefe von Schulz an Bischof Kaller mit dem Absendeort Altschermbeck.

11 Vgl. Hochzeitsfoto des Brautpaares Maximilian Maria Schulz und Adelheid, geb. Hürland, in: Chronik der Familie Niermann, 104 (Siehe Abb. 3 im Anhang.). Das Foto bzw. den Chronikauszug stellte das Ehepaar Hermann und Agatha Ostrop, geb. Niermann, dem Verfasser freundlicherweise zur Verfügung. „Das Foto zeigt Klemens als Bannerträger am 20. Aug. 1947 in Marienthal bei Wesel auf der Hochzeitsfeier eines befreundeten Lehrerehepaares.“ Ebd. Die Auskunft über die Herkunft von Adelheid Hürland aus Holsterhausen stammt von Frau Ostrop.

12 Der Absender der Deutschen Hedwig-Stiftung bzw. von Maximilian Maria Schulz lautete im März 1948: (21a) Holsterhausen. Post: Hervest-Dorsten. Königstraße 14. Vgl. Rundschreiben der Deutschen Hedwig-Stiftung von März 1948, in: BAH, Caritas, 1614.

13 Vgl. Zeitungsartikel 1959. Nach Altschermbeck und vor Bislich absolvierte Schulz noch ein Semester an der Pädagogischen Hochschule in Emsdetten mit der Abschlussprüfung zum Lehrer bzw. arbeitete er noch ein Jahr an der Pergamentschule in Wesel. Vgl. Schulchronik Bislich.

14 Ebd.

15 In dieser Funktion führte Schulz die Laienspieltagung der Landsmannschaft Schlesien 1959 in Wesel durch und brachte dort mit seinem Eichendorff Sing- und Spielkreis das selbstgeschriebene Stück „Königstöchter“ auf die Bühne. Vgl. ebd. Ein Programmblatt aus dem Jahr 1963 deutet durch identische Abbildungen und einen übereinstimmenden Text, dass Schulz sein eigenes Hedwigs-Stück, welches 1948 von der Deutschen Hedwig-Stiftung herausgegeben worden war, auf eine Aufführung hin. 1974 gehörte der Eichendorff Sing- und Spielkreis

1998 erschien in der Zeitschrift „Heimat und Glaube“ des St.-Hedwigs-Werkes der (Erz-) Diözesen Osnabrück und Paderborn eine von Klaus Kynast gestaltete Seite als „Rückblick auf die Anfänge des St.-Hedwigs-Werkes“.[16] Dort heißt es: „Ich hatte das große Glück, Anfang September mich mit Maximilian Maria Schulz unterhalten zu können. Mir gegenüber saß ein zerbrechlich wirkender alter Herr, doch welche Tatkraft und welchen Weitblick muß dieser Initiator gehabt haben, um so kurz nach dem Zusammenbruch diese St.-Hedwigs-Stiftung zu gründen!“[17] Wenige Monate später, am 14. Januar 1999, verstarb Maximilian Maria Schulz.[18]

Gründungsphase und -feier der Deutschen Hedwig-Stiftung am 20. Oktober 1946

Die festliche Gründungsfeier der Deutschen Hedwig-Stiftung in der Klosterkirche am 20. Oktober 1946 verlief zweigeteilt. Zunächst erfolgte der Gründungsakt mit einleitenden Worten durch Pfarrer Augustinus Winkelmann, der Ansprache des Vorsitzenden Maximilian Maria Schulz über das „Wesen und Ziel der Deutschen Hedwig-Stiftung“[19] und der „Weihe des Sankt-Hedwig-Bildes“[20] von Leo Winkelmann. Schulz verknüpfte „die grausame Wirklichkeit der Heimatlosigkeit für die meisten Menschen der deutschen Ostgebiete“[21] mit zwei schlesischen Hedwigs-Viten und der pastoralliturgischen Tradition

unter der Leitung von Maximilian Maria Schulz zu den Gründunggruppen des Heimatvereins Bislich. Vgl. Geschichte des Heimat- und Bürgervereins ab 1974, in: www.bislich.de (Zugriff 19.4.2021).

16 Heimat und Glaube, 12/1998, 5.

17 Ebd.

18 Kirchenbücher der Kath. Kirchengemeinde St. Nikolaus in Wesel. Email der Leiterin des Pfarrbüros, Sigrid Hochstrat, am 22.4.2021. Im Oktober 1998 war seine Ehefrau Adelheid verstorben. Beide sind auf dem Friedhof in Bislich beigesetzt worden. Ebd.

19 Zu Winkelmann vgl. Anmerkung 4. Wesen und Ziel der Deutschen Hedwig-Stiftung. Ausführungen des Vorsitzenden Maximilian Maria Schulz bei der Gründung der Deutschen Hedwig-Stiftung in Marienthal bei Wesel am 20. Oktober 1946, in: AVE, Nachlass Kaller, A32/223, gedruckt, 8 Seiten DIN A6 (DIN A5 gefaltet), ohne Seitenangabe.Dieser Text lag gedruckt erst Anfang 1947 vor. Vgl. Brief von Schulz an Bischof Kaller vom 31.1.47, in: AVE, Nachlass Kaller, A32/223, 3 Seiten, hier 1.

20 Vgl. „Gründung der Deutschen Hedwig-Stiftung am 20. Oktober 1946 in Marienthal bei Wesel. I. Gründungsakt. II. Kirchenfeier zu Ehren der heiligen Hedwig“, in: AVE, Nachlass Kaller, A32/223. Der Ablaufplan der Gründungsfeier, die Satzung und die Sprechtexte der Kirchenfeier lagen gedruckt, auf für die damalige Zeit erstaunlich hochwertigem Papier, für alle Mitfeiernden aus. Möglicherweise auch die Darstellung der hl. Hedwig, die sie als junge Frau mit Krone und einem Brustschild in der Hand, auf dem der schlesische Wappen-Adler abgebildet ist und das als Signet der Deutschen Hedwig-Stiftung dienen sollte.

21 Wesen und Ziel der Deutschen Hedwig-Stiftung, [2].

Marienthals, „Künder des Lichts und der Liebe“ zu sein: „Er [Gott] schenkte uns [Heimatlosen] die heilige Hedwig gleichsam wie eine brennende Fackel und stellte sie wie ein wunderbares Licht auf den Leuchter.“[22] Am Ende seiner Ausführungen stellte Maximilian Maria Schulz die Deutsche Hedwig-Stiftung in die Tradition des schlesischen Heimatdichters Joseph Eichendorff und gab ihr dabei folgende Aufgabe mit auf den Weg: „Und eben diesen ewigen Geist in dem Leben der heiligen Hedwig nachzuweisen, ist die Aufgabe [...] der Deutschen Hedwig-Stiftung. Wir wissen, daß jener Geist die Liebe ist. In diesem Geist gründe ich die Deutsche Hedwig-Stiftung im Namen des Vaters und des Sohnes und des heiligen Geistes.“[23] Wirkmächtig konnte in der Gründungsfeier „die Deutsche Hedwig-Stiftung ins Leben treten [...] mit der Weihe eines ergreifenden, zeitgeborenen Hedwigbildes, das Leo Winkelmann gemalt hat.“[24] Und mit dieser Weihe den ostdeutschen Flüchtlingen und Vertriebenen ein neues Heiligtum schenken.[25] Eröffnet hatte den Gründungsakt ein feierliches Orgelvorspiel von Ernst Kaller[26]. Der Chor von Marienthal sang zwei Werke von Ludwig Weber. In der sich anschließenden „Kirchenfeier zu Ehren

---

22 Ebd., [1] und [2]. Diesen Satz einer mittelalterlichen Hedwigs-Vita zitierte Schulz zweimal.

23 Ebd., [8].

24 Ebd., [6]. „Patronin der Schlesier, St. Hedwig. 1946, Ölgemälde“ von Leo Winkelmann, abgebildet in: Hermann Ostrop, Maler Leo Winkelmann. Bilder aus Schermbeck und Umgebung, Schermbeck 1996, 27. Das Bild war auf eine 2m x 1,5m große Hartfaserplatte gemalt. „Kommt die Rede auf Leo Winkelmann, erinnern sich die Leute in Schermbeck stets an die schlechten Kriegs- und Nachkriegsverhältnisse, fragen immer wieder nach dem Bild der hl. Hedwig, der Schutzpatronin der Schlesier. Nach der Flucht kamen viele Schlesier nach Schermbeck. Leo Winkelmann malte für sie das Bild ihrer Schutzpatronin.“ Vorwort „Leo Winkelmann. Spur eines Malers in Schermbeck“ von Hermann Ostrop am 16.10.95, in: Ostrop, Maler Leo Winkelmann, 3. 1995 galt das Bild als verschollen. „Der frühere Altschermbecker Lehrer Maximilian Maria Schulz gab den richtigen Hinweis: Im `Haus Schlesien`, Museum für Landeskunde in Königswinter, konnte es wiedergefunden werden.“ Ebd. (Siehe Abb. 1 im Anhang.)

25 „Die Deutsche Hedwig-Stiftung, [...], konnte ins Leben treten mit der Weihe eines ersten Heiligtums, eines großformatigen Ölbildes von Leo Winkelmann, das [sic] die heilige Hedwig inmitten eines Flüchtlingstrecks darstellt.“ Maximilian Maria Schulz in einem Faltblatt 1946, ebd. 26. Denn die Flüchtlinge hatten „zu allem menschenwürdigen Eigentum noch ihre Heiligtümer verloren, vor denen sie gekniet und gebetet, vor denen sie die Weisung empfangen, ihr Leben in einem heiligen Rythmus [sic] von Gebet, Arbeit und Freude zu gestalten.“ Ebd. Das Bild blieb nach der 680-Jahre Jubiläumsfeier im April 1947 einige Zeit in der St. Ludgerus-Kirche in Altschermbeck aufgestellt.

26 Ernst Kaller (1898 Beuthen – 1961 Essen) wurde 1934 zunächst als Leiter der Abteilung Katholische Kirchenmusik an die Folkwangschule nach Essen, ab 1948 dort auch zum Professor berufen. Ernst Kaller war ein Cousin von Maximilian Kaller.

der heiligen Hedwig“[27] hielt Pater Bernhard Weiß[28] aus der Abtei Grüssau die Predigt.

Die Idee und Initiative zur Gründung der Deutschen Hedwig-Stiftung kam vom Maximilian Maria Schulz. In seinem Brief an Bischof Kaller vom 31. Januar 1947 schrieb der gerade 27 Jahre alt gewordene Schulz: „Da ich die feste Überzeugung habe, dass in unserer so chaotischen Gegenwart unserem christlichen Planen und Handeln ein dringendes ´jetzt und hier` nottut, glaubte ich es nicht verantworten zu können, den Hedwigstag vorübergehen zu lassen, ohne das Werk der Deutschen Hedwig-Stiftung ins Leben zu rufen.“[29] Angesichts von Not und Elend seiner ostdeutschen Landsleute, die Schulz aufgrund seiner Anstellung als Hilfs-Lehrer in Altschermbeck und den Kontakten seiner aus Holsterhausen stammenden Ehefrau nicht selbst so erlebt haben dürfte[30], versuchte er mit seinen Mitteln zu helfen: ideell und weniger caritativ. Die Rücksprache mit dem Münsteraner Ordinariat, mit Bischof Kaller und weiteren Würdenträgern ermutigte Schulz trotz knapper Zeit den Gründungstermin nahe dem Hedwigsgedenktag, dem 16. Oktober zu legen.[31] Ein „vorläufiger Beirat“[32] bzw. „vorläufiger Ausschuss“[33] hatte die Gründung mit vorbereitet. Ihm gehörten Augustinus Winkelmann und Ernst Kaller an.[34] Bis zur Einberufung des satzungsgemäßen Beirates sollte dieser Ausschuss die Arbeit leisten.[35]

---

27 Hedwig-Feier. Gedruckt aus Anlaß der Gründung der Deutschen Hedwig-Stiftung am 20. Oktober 1946 in Marienthal bei Wesel, in: AVE, Nachlass Kaller, A32/223, gedruckt DIN A6, 8 Seiten.

28 Bernhard Weiß (1866 in Berlin-Schönberg – 1966 in Wimpfen), 1905 Theologiestudium in Breslau, Priesterweihe 1909, Einsatz in der Seelsorge als Kaplan im Bistum Breslau, 1921 Noviziat in der Benediktinerabtei Gerleve, Profess 1921 in Grüssau, tätig als Gastpater, als Aushilfsgeistlicher und als Hausgeistlicher bei verschiedenen schlesischen Adelsfamilien, 1946 Vertreibung mit dem Konvent aus Grüssau, in der Neugründung Wimpfen in der Seelsorge und in der Klosterverwaltung tätig, in den letzten Lebensjahren gesundheitlich geschwächt; P. Ambrosius ROSE Kloster Grüssau, Stuttgart 1974, S. 234.

29 Brief von Schulz an Bischof Kaller vom 31.1.47, in: AVE, Nachlass Kaller, A32, 223, 3 Seiten, hier 1. Der Gedenktag der heiligen Hedwig wird in der Katholischen Kirche am 16. Oktober begangen.

30 Bisher sind keine eigenen Vertreibungserfahrungen bekannt. Schulz hätte demnach das Kriegsende nicht in Ost-, sondern in Süd- oder in Westdeutschland erlebt.

31 „Ich habe dies getan, nachdem ich mir am Generalvikariat in Münster persönlich die Gewissheit geholt hatte, dass bei der grundsätzlichen Bejahung des Programms der Deutschen Hedwig-Stiftung durch Sie, Hochwürdigster Herr, und durch andere geistliche Würdenträger und bei der knappen, die schnelle Tat verlangende Zeit, einer Gründung nichts im Wege stehen könne.“ Ebd. 1. Mit „weiteren Würdenträgern“ könnten der Glatzer Großdechant Prälat Monse und der ehemalige Kattowitzer Generalvikar Wosnitza gemeint sein, die 1948 auch als erste der Beiratsmitglieder aufgeführt werden.

32 Brief von Schulz an Bischof Kaller vom 9.10.46, in: AVE, Nachlass Kaller, A32, 223.

33 Wesen und Ziel der Deutschen Hedwig-Stiftung, [7].

34 Vgl. Brief von Schulz an Kaller vom 9.10.46. Weitere Mitglieder des vorläufigen Beirats werden nicht genannt.

35 Vgl. Wesen und Ziel der Deutschen Hedwig-Stiftung, [7].

Bereits im Spätsommer 1946 hatte Schulz an den neuen Flüchtlingsbischof Maximilian Kaller geschrieben, um ihm die Schirmherrschaft anzutragen.[36] Nun wandte er sich am 9. Oktober 1946 erneut „im Namen des vorläufigen Beirates der Deutschen Hedwig-Stiftung" an ihn, um die Bitte zur Übernahme und die Einladung zur Gründungsversammlung zu wiederholen.[37] Die Satzung der Deutschen Hedwig-Stiftung legte Schulz bereits bei.[38] Dabei betonte er: „Der Gedanke der Hedwig-Stiftung ist unter den Flüchtlingen wie der einheimischen Bevölkerung, besonders auch von der Geistlichkeit sowie seitens der Missio Vaticana freudig aufgegriffen worden."[39] Dagegen hatte Pfarrer Heinrich Wegmann aus Altschermbeck eine andere Wahrnehmung: „Die Deutsche Hedwig-Stiftung findet hier jedenfalls keinen Anklang, und ein Bedürfnis liegt nicht dafür vor. Wir haben die Caritas, wir haben die Seelsorge."[40]

Maximilian Maria Schulz wurde rückblickend immer als Ideengeber und Gründer der Deutschen Hedwig-Stiftung genannt und gewürdigt.[41] Der Ablaufplan der Gründungsfeier nannte erstmals öffentlich Maximilian Maria Schulz auch als Vorsitzenden der Deutschen Hedwig-Stiftung.[42] Die Satzung unterstützte die dominante Stellung des Vorsitzenden, die Schulz durch sein Engagement rechtfertigte. Maximilian Maria Schulz verkörperte die Stiftung, die eben nicht nur seine Idee war.[43] Er fuhr z. B. in Recklinghausen mit dem Auto, auf dem ein Lautsprecher montiert war, durch Flüchtlings-Wohngebiete,

---

36 „Vor wenigen Wochen wandte ich mich an Sie nach Wiedenbrück." Brief von Schulz an Kaller vom 9.10.46.

37 „Inzwischen erfahre ich durch einen Grüssauer Benediktiner, daß Sie sich dort nicht aufhalten, sondern in Königstein/Taunus Wohnung genommen haben. Ich befürchte, dass mein Schreiben Sie gar nicht erreicht hat". Ebd.

38 „Ich füge die Satzung diesem Schreiben bei und bitte Euer Exzellenz, daraus das Nähere zu ersehen." Ebd.

39 Ebd.

40 Brief von Wegmann an Kapitelsvikar Piontek vom 13.2.47. „Das Volk betrachtet die Sache ziemlich kühl, der Klerus lächelt darüber. Ich wüsste keinen Geistlichen, der hinter ihm stünde als vielleicht der Pastor von Marienthal". Ebd.

41 „Es bleibt das geschichtliche Verdienst von Lehrer Maximilian Maria **Schulz** aus Alt-Schermbeck bei Dorsten, diesem Wunsche bereits eine Gestaltung gegeben zu haben in der **Deutschen Hedwigsstiftung**, die am **20. Oktober 1946 in Mariental** bei Wesel **gegründet** worden ist." Vortrag „Sinn, Ziel und Aufgaben der DEUTSCHEN HEDWIGSSTIFTUNG" von Pfarrer Johannes Smaczny in Werl am 29.6.47; in: Katholische Osthilfe, Werl 1947. Wallfahrt der Ostvertriebenen, Lippstadt 1947, 39f., hier 39. Fettdruck und Blocksatz sind Teil des Originaltextes; „Bei der Gründung der St.-Hedwigs-Stiftung folgte Maximilian Schulz einer Eingebung, die wir heute nur als eine großartige Vision bezeichnen können". KYNAST, Rückblick, 5.

42 Dies geschah sicherlich in Rückbindung zum vorläufigen Beirat. Im Rückblick erscheint nur ein Vorsitzender Maximilian Maria Schulz logisch, während die Entscheidungssituation 1946 vielleicht offener war. Immerhin war Schulz bei Gründung erst 26 Jahre alt.

43 Schulz war Ideengeber, Gründungs-Vorsitzender, „Sekretär", Autor und Herausgeber der Schriftenreihe sowie Netzwerker (siehe Zusammensetzung des Beirates 1948) in einer Person.

um für die Stiftung zu werben.[44] Dazu entstand ein Faltblatt, in dem ausführlich und dringlich zur Mitgliedschaft aufgerufen wurde: „Wir rufen daher alle, die in der Verehrung der heiligen Hedwig leben, alle aus Ost und West, gleich welchen Standes, Alters und Geschlechts. Wir rufen alle, die ihrer entrissenen ostdeutschen Heimat in Liebe und Treue ergeben sind. Wir rufen die geistigen Stände für die Pflege und Erhaltung ostdeutschen Kulturgutes zu arbeiten. Wir rufen vor allem die Dichter und Künstler, das Bild der Heimat vor uns entstehen zu lassen, wie es lebendig ist in Erinnerung und Sehnsucht. Wir rufen den Westen, teilzunehmen am Geschick des Ostens und mitzubauen an einer so notwendigen Verständigung und Versöhnung von Ost und West."[45] Darüber hinaus wurde Schulz auch zur Ansprechperson von Flüchtlingen und organisierte Weihnachten 1946 eine Feier für die Flüchtlingskinder.[46]

Bei allem Idealismus und aller Hilfsbereitschaft, die Maximilian Maria Schulz ohne Zweifel beflügelten, bei aller handfester Unterstützung, die Pfarrer Augustinus Winkelmann in Marienthal leisten konnte und bei allen eigenen Möglichkeiten als Lehrer in Altschermbeck: woher stammte das für das Jahr 1946 außergewöhnliche Papier für die Gründungsfeier, das Papier für die Werbeblätter und das Auto mit aufgebautem Lautsprecher in Recklinghausen? Der Altschermbecker Pfarrer Winkelmann berichtete in seinem Brief an Kapitelsvikar Piontek vom 13.2.47, dass Schulz nicht nur Unterstützung beim „Pastor von Marienthal" fände, sondern hinter ihm stünde „als Laie der Bürgermeister Kempa von Dorsten (Flüchtling)"[47]. Doch warum sollte 1946 ein einheimischer Bürgermeister und Kaufmann eine eher überregional angelegte Vertriebenen-Stiftung mit kostbarem Papier und einem Auto in Recklinghausen

---

[44] Vgl. ebd.

[45] Ebd. Kynast scheint das Originaldokument aus dem Jahr 1946 vorgelegen zu haben. Ohne weitere Quellenangabe wird der Text als „Aufruf aus dem Gründungsjahr" abgedruckt. Ostrop zitiert ebenfalls aus diesem Text. Er nennt als Autor explizit „Maximilian Maria Schulz" und wählt als Überschrift „Aus einem Faltblatt, 1946". Ostrop, Maler Leo Winkelmann, 26.

[46] „Manche Flüchtlinge wenden sich wohl an ihn, auch wurde eine Weihnachtsfeier mit Bescherung für die Kinder veranstaltet, woran mit den Kindern etwa 80-100 Personen teilnehmen [sic] und zwar nur Flüchtlinge. Einheimische Kinder machten einige Aufführungen. Sonst ist nichts Besonderes passiert. Die Zahl der Flüchtlinge ist in dieser Gegend gar nicht einmal so stark, hier sind z. B. etwa 150 bei einer Seelenzahl von 2100." Brief von Pfarrer Wegmann an Kapitelsvikar Piontek vom 13.2.47.

[47] Ebd. Allerdings ist die Aussage falsch: Paul Kempa war kein Flüchtling, sondern besaß ein Textilgeschäft in Dorsten. 1946 wurde er zum Bürgermeister der Stadt Dorsten und zum Amtsbürgermeister des Amtes Hervest-Dorsten, zum dem auch Altschermbeck gehörte, gewählt. Vgl. Wolf Stegemann, Erste Nachkriegswahl 1946 – Der Beginn des demokratischen Aufbaus der Dorstener Verwaltung, der Stadt- und Gemeindevertretungen, in: Dorsten transparent vom 14.12.2012 (Zugriff am 20.4.2021).

unterstützen? Paul Kempa war Mitglied der neuen Partei CDU.[48] Hier lassen sich die finanziellen und materiellen Ressourcen vermuten, um die erstaunliche Gründungsphase der Deutschen Hedwig-Stiftung zu ermöglichen und um gleichzeitig die Flüchtlinge und Vertriebenen als Wählerinnen und Wähler der CDU bei der Kommunalwahl am 13. Oktober 1946 und bei der Landtagswahl am 20. April 1947 zu gewinnen.

Satzung vom 20. Oktober 1946 bzw. nach der Satzungsänderung im Januar 1948

Die Satzung der Deutschen Hedwig-Stiftung lag bei der Gründungsfeier am 20. Oktober 1946 gedruckt vor[49] und wurde vom Vorsitzenden Maximilian Maria Schulz in seiner Ansprache während des Gründungsaktes vorgelesen und erläutert.[50] Laut Paragraph 1 war die Deutsche Hedwig-Stiftung „eine religiös-kulturelle Vereinigung, die sich auf den Boden christlich-katholischer Weltanschauung und unter den besonderen Schutz der hl. Hedwig stellt.“[51] Die nationale Begrifflichkeit „Deutsche“ war nicht ausschließend gemeint[52], vielmehr waren als Mitglieder ausdrücklich „Ausländer wie Deutsche“[53] erwünscht.

Die Stiftung verfolgte folgende vier Ziele und Aufgaben: „a) Sie will Gestalt und Werk der hl. Hedwig dem Verständnis und Herzen des deutschen Volkes erschließen, Werk und Wirkung auf ihre Zeitgenossen und ihr Weiterleben im religiösen Brauchtum, in Kunst und Literatur erforschen, sinnvoll weiterentwickeln und für die Gegenwart und Zukunft fruchtbar machen. b) Sie

---

48 Im Rundschreiben von 1948 werden der Vorsitzende des westfälischen Flüchtlingsausschusses, Hermann Ehren, und der Oberbürgermeister von Recklinghausen und Verleger, Wilhelm Bitter, als Beiratsmitglieder genannt. Beide waren exponierte CDU-Mitglieder.

49 Deutsche Hedwig-Stiftung. Satzung, in: AVE, Nachlass Kaller, A32/223, 4 Seiten DIN A6 (DIN A5 gefaltet), ohne Seitenzahlen. In seinem Brief an Bischof Kaller vom 9.10.46 hatte Schulz die Satzung (gedruckt oder in einer anderen Form) beigefügt. (Siehe Abb. 4 im Anhang.)

50 Vgl. Wesen und Ziel der Deutschen Hedwig-Stiftung, [4].

51 Satzung 1946, [2]. Bemerkenswerterweise wurde die Vereinigungsform einer Stiftung gewählt, „weil wir glauben, daß eine solche Aufgabe nur dann mit Erfolg geleistet werden kann, wenn ihr auch geldliche Beträge zufließen.“ Wesen und Ziel der Deutschen Hedwig-Stiftung, [4].

52 „Deutsch nicht deshalb, weil ihr nur Deutsche beitreten dürften – es können Angehörigen [sic] aller Nationalitäten teilnehmen -, sondern Deutsch deshalb, weil die Vereinigung in Deutschland ihren Ausgang genommen hat und ihren Sitz in Deutschland hat.“ Ebd., [4] Diese Formulierung legt den Anspruch nahe, als Deutsche Hedwig-Stiftung in anderen Ländern aktiv zu werden.

53 Maximilian Maria SCHULZ, Abendland und Ostdeutschland (Deutsche Hedwig-Stiftung, Bd. 1), Recklinghausen 1948, 6.

will auf die geistigen Ahnen Hedwigs, auf Johannes, Maria und Franziskus hinweisen und die Herzen des Volkes empfänglich machen für die großen Ideale der Liebe, der Demut und der Armut. c) Sie will den Ausgewiesenen aus dem Osten geistige Heimat sein und einer befruchtenden Verständigung und Versöhnung von Ost und West dienen. d) Sie will darüber hinaus die Frage nach Wesen und Sinn der Heiligenverehrung neu stellen und neu zu beantworten suchen."[54] Der idealistisch anmutende Paragraph 2b wurde bei der Satzungsänderung im Januar 1948 komplett ausgetauscht und lautete nun: „Sie will ostdeutsches Kulturgut als wesentlich abendländisches Kulturgut retten, bewahren und pflegen."[55] Besonders am Herzen lag der Stiftung der Paragraph 2c, die Verständigung zwischen Einheimischen und Ostdeutschen: „Wir Flüchtlinge aus dem Osten bringen nichts an materiellen Werten mit; aber wir kommen doch nicht mit leeren Händen. – Wir haben unsere heilige Mutter und Herzogin als kostbaren Besitz. Wir bitten den Westen, sich mit uns unter ihren Schutz zu stellen und in dem Geist, der die heilige Hedwig beseelte, uns willig aufzunehmen."[56] Für die Umsetzung ihrer Ziele und Aufgaben war der Gründungsakt der Deutschen Hedwig-Stiftung ein gelungenes Beispiel. Der Paragraph 3 schlug Gottesdienste und Vorträge sowie die Schaffung würdiger Heiligtümer wie das Sankt-Hedwigsbild von Leo Winkelmann vor. Die „Herausgabe eines Hedwigs-Jahrbuches"[57] sollte 1948 erst- und einmalig realisiert werden.[58] In der Neufassung der Satzung wurde im Paragraphen 3c noch die Herausgabe „einer Reihe von Schriften und Büchern ergänzt."[59] Die „Erste Tagung des Beirates der D. H. S."[60] war für den 12. April 1947 geplant. Die

---

54 Satzung 1946, [2].

55 Satzungen [sic] der Deutschen Hedwig-Stiftung, in: Rundschreiben, Recklinghausen März 1948, 6 Seiten, hier 4, in: BAH, Caritas, 1614.

56 Wesen und Ziel der Deutschen Hedwig-Stiftung, [5]. Gerade bei den Erläuterungen zu Abschnitt 2c wäre wichtig zu wissen, ob Schulz sie bereits am 20.10.46 getätigt hat, oder ob sie bei der Druckfassung im Januar 1947 verändert wurden. Dies gilt besonders bei der Aussage: Die Deutsche Hedwig-Stiftung „fühlt in sich die Verpflichtung, den Ausgewiesenen aus dem Osten durch moraltheologische Untersuchungen zu den Rechten zu verhelfen, die ihnen als geistigen Persönlichkeiten und als Angehörigen einer landsmannschaftlichen Gemeinschaft auf Grund christlich-katholischer Persönlichkeits- und Gemeinschaftslehre eingeräumt werden müssen." Ebd. Auf der Festakademie im Oktober 1947 hat sie dieses Anliegen eingelöst. Siehe den nächsten Abschnitt zur innerkirchlichen Entwicklung 1947.

57 Satzung 1946, §3c, [3]. „Das Hedwig-Jahrbuch will einer Erschließung der Persönlichkeit und des Werkes der heiligen Hedwig dienen. Es will wissenschaftliche, biographische, literarische und künstlerische Beiträge und Berichte über die Tätigkeit der Deutschen Hedwig-Stiftung in sich vereinigen." Wesen und Ziel der Deutschen Hedwig-Stiftung, [7].

58 1947 ist noch kein Jahrbuch erschienen. „Das erste Jahrbuch befindet sich im Druck und geht den Mitgliedern nach dem Erscheinen ohne besondere Bestellung zu einem Vorzugspreis zu." Rundschreiben 1948, 2.

59 Ebd. 4.

60 Brief von Schulz an Bischof Kaller vom 31.1.47, hier 3.

Deutsche Hedwig-Stiftung hatte zunächst „ihren vorläufigen Sitz in Altschermbeck bei Dorsten“[61], der spätestens im März 1948 in Recklinghausen angesiedelt war.[62]

Die Organe der Stiftung waren: „1. der Schirmherr, 2. der Vorsitzende, 3. der Sekretär, 4. der Beirat, 5. die Mitgliederversammlung.“[63] Der Vorsitzende berief die Mitglieder des Beirates, der 1946 „aus etwa 20 Mitglieder bestehen“[64] sollte, während 1948 eine Zahl von ca. 40 genannt wird.[65] Es gab Einzelmitglieder und „geschlossene Gruppen als korporative Mitglieder“ sowie Fördermitglieder, „die einen höheren Beitrag zahlen.“[66] Von Anfang an waren „Zweigstellen der Stiftung“[67] erwünscht.

2. Phase: Aktivitäten und Entwicklung 1947

Am 12. und 13. April 1947 veranstaltete die Deutsche Hedwig-Stiftung in Altschermdorf „die 680-Jahrfeier der Heiligsprechung der Herzogin Hedwig von Schlesien“[68]. Bereits am 31. Januar 1947 hatte Maximilian Maria Schulz eine solche Veranstaltung gegenüber Bischof Maximilian Kaller angekündigt und

---

61 Satzung 1946, §4, [3].

62 Vgl. Geschäftliche Mitteilungen, in: Rundschreiben 1948, 5. Die Mitteilung findet sich im Rundschreiben doppelt, aber mit unterschiedlichen Formulierungen: „Als Sitz für die Deutsche Hedwig-Stiftung ist Recklinghausen gewählt worden.“ Geschäftliches, in: ebd. 3. Anders als 1946 ist der Hinweis auf den Sitz der Sitzung nicht mehr Teil der Satzung. Vgl. ebd. §4, 4. Unbekannt ist, wann der vorläufige Sitz in Altschermbeck nach Recklinghausen wechselte und wer den Sitz (aus-) wählte, während „Anmeldungen und alle Zuschriften aber sind erbeten an den Vorsitzenden Maximilian Maria Schulz (21a) Holsterhausen, Post Hervest-Dorsten, Königstr. 14.“ Ebd.

63 Satzung 1946, §5, [3]. Es fand sich bisher kein Hinweis, ob es in der kurzen Existenz der Stiftung einen Sekretär gegeben hat oder ob die Mitgliederversammlung jemals getagt hat. Zur Schirmherrschaft siehe den eigenen Abschnitt.

64 Satzung 1946, §6, [3].

65 Vgl. Rundschreiben 1948, 5.

66 Satzung 1946, §7, [4]. Eine genaue Mitgliederzahl ist unbekannt.

67 Satzung 1946, §4, [3]. „Ein Zusammenschluß von Mitgliedern an anderen Orten zu Zweigstellen der Stiftung ist erwünscht. Die Leiter der Zweigstellen bedürfen der Bestätigung durch den Vorsitzenden.“ Ebd.

68 Ankündigung mit Signet, abgedruckt in: KYNAST, Rückblick, 5, bzw. von dort übernommen und vergrößert abgedruckt in: DRÖGE, St. Hedwig als überforderte Kultfrau?, 70. In dieser Ankündigung findet sich der einzige Hinweis auf Altschermbeck als den Ort der Veranstaltung. „Da dort kein starker Besuch war – Marienthal liegt abgelegen – will er [Schulz] jetzt eine grössere Veranstaltung inszenieren“. Brief von Pfarrer Wegmann an Kapitularvikar Piontek vom 13.2.47.

um dessen Teilnahme geworben.[69] Dabei hatte Schulz zunächst an eine ganze Festwoche von Ostermontag bis zum Weißen Sonntag[70] und sogar an „Flüchtlingsabordnungen aus den verschiedensten Gemeinden wenigstens der Diözese[n, sic] Münster und Paderborn"[71] gedacht. Bei der Ankündigung des Wochenendes wurde erstmals ein Signet für die Deutsche Hedwig-Stiftung benutzt: die Hl. Hedwig als Schutzmantelmadonna mit den Kürzeln DHS.[72] Eingeladen waren der Kapitularvikar der Erzdiözese Breslau, Ferdinand Piontek, der Sonderbeauftragte des Papstes für die heimatvertriebenen Deutschen, Bischof Maximilian Kaller, und der Weihbischof von Münster, Heinrich Roleff.[73] Trotz der Absagen von Piontek und Kaller[74] war die Ausrichtung der Jubiläumsfeier für die junge Deutsche Hedwig-Stiftung ein voller Erfolg. Die Aufführung des Hedwigspiels von Maria Louise Thurmair-Mumelter

---

69 „Am 26.3.47 jährt sich zum 680. Male der Tag der Heiligsprechung Hedwigs. [...] Es ist klar, dass es in besonderer Weise Sache der Hedwig-Stiftung ist, dieses Fest würdig zu begehen. Da der 26. aber in die Passionswoche fällt, wollen wir ihn am Sonntag nach Ostern feiern. Darf ich hierbei die herzliche Bitte aus sprechen, uns, oder besser, St. Hedwig die Ehre zu geben und durch Ihre Anwesenheit ihr Fest zu verschönern, damit diesen Tag St. Hedwig zur Ehre, ihrem heimatlosen Volk aber zum Trost gereiche." Brief von Schulz an Bischof Kaller vom 31.1.47, in: AVE, Nachlass Kaller, A32, 223, 3 Seiten, hier 2.

70 „Ich darf Ihnen sagen, wie ich mir den Verlauf der Feierlichkeiten denke: Ostermontag 11 Uhr 15: Feierliche Eröffnung der Hedwigsfestwoche im Rahmen der Eröffnung einer religiösen Kunstausstellung. Vorwiegend Hedwigsdarstellungen; Dienstag, Mittwoch, Donnerstag und Freitag: Feierstunden und Vorträge zu Ehren der hl. Hedwig; Samstag, den 12.4. 16 Uhr: Erste Tagung des Beirates der D.H.S. 19.Uhr 30 Feierliches Requiem für die Toten des Deutschen Ostens – Anschliessend Kranzniederlegung am Kreuz des Friedhofs unter Pechfackelbegleitung der Jugend; Sonntag den 13.4. 9 Uhr: Pontifikalhochamt mit feierlicher Prozession und Predigt. 14 Uhr 30: Hedwigsspiel von Marie Louise Thurmair-Mumelter mit anschliessender Hedwigsandacht unter besonderer Beteiligung der Jugend mit ihren Bannern 18 Uhr: Hedwigsfeier in einem weltlichen Raum: Hedwig und unsere Heimatlosigkeit (Möglichst vom Rundfunk übertragen)." Ebd. 2f.

71 Ebd.3.

72 Vgl. Hedwig als Schutzmantelheilige und Schutzfrau des ostdeutschen Landes, in: DRÖGE, St. Hedwig als überforderte Kultfrau?, 65-78 (mit zahlreichen Beispielabbildungen). Bedauerlicherweise fehlt das dem Signet als Vorbild dienende Bild von Leo Winkelmann aus dem Jahr 1946, das die Hl. Hedwig bereits als Schutzmantelmadonna zeigt, bei Dröge.

73 „und hat m.W. Sie, Hochwürdigen Herrn Bischof Kaller und Herrn Weihbischof Roleff von Münster eingeladen." Brief von Pfarrer Wegmann an Kapitularvikar Piontek vom 13.2.47.

74 Piontek leitete die Abschrift des Briefes von Pfarrer Wegmann am 17.2.47 an Bischof Kaller weiter mit dem Hinweis: „Vorstehende Abschrift übersende ich Eurer Excellenz zur gefl. Kenntnis. Ich habe nicht die Absicht, mich an der Hedwig-Stiftung zu beteiligen." Ebd. Am 25.3.47 erkundigt sich Schulz als Vorsitzender per Telegramm bei Bischof Kaller: „ERBITTEN NACHRICHT OB MIT IHREM KOMMEN ZUM HEDWIGSJUBILAEUM 12 UND 13 APRIL GERECHNET WERDEN DARF". Telegramm von Schulz an Kaller vom 25.3.47, in: AVE, Nachlass Kaller, A 32, 223. Kaller notiert handschriftlich auf dem Telegramm: „Teilnahme leider nicht möglich. M. K." Ebd.

wurde zum nachhaltigen Erlebnis[75], das in der St. Ludgerus-Kirche aufgestellte Bild von Leo Winkelmann, das geweihte neue Heiligtum „Sankt Hedwig – Patronin der Schlesier", zur tröstlichen Erfahrung.[76] Die erstmalige Sitzung des Beirates erklärte nicht nur Weihbischof Hermann Roleff und Maria Louise Thurmair-Mumelter zu Ehrenmitgliedern[77], sondern ermöglichte Mitarbeit und Einflussnahme neuer Beiratsmitglieder wie des ehemaligen Liegnitzer Pfarrer Johannes Smaczny.[78]

Die Kath. Osthilfe Paderborn lud mit ihrem Leiter, Pfarrer Wilhelm Trennert, zur großen Wallfahrt der Ostvertriebenen am 29. Juni 1947 nach Werl.[79] Das Werbeplakat für den Aushang zeigte für 20.00 Uhr eine „Akademie der deutschen Hedwigsstiftung im Kolpinghaus für geladene Gäste"[80] an. Die mit dem neuen Signet besonders gestaltete Einladungskarte zu der „Festakademie der Deutschen Hedwig-Stiftung" unterzeichnete „im Auftrage des Beirates" mit „Mit treuem Heimatgruß! **M. M. Schulz**, Vorsitzender"[81] und betonte den Zusammenhang mit der Wallfahrt.[82] Am Vormittag des Wallfahrtstages, nach

---

75 „1947 führte sie [die Stiftung] im Hof der alten Burg Schermbeck bei Dorsten/W. auch ein Hedwigs-Spiel auf." Albrecht Tyrell, Und wie kam das Hedwigsbild ins Haus Schlesien?, in: Brief aus dem Haus Schlesien, 34. Jahrgung, Nr. 2, 2015, 21. „Maximilian Maria Schulz organisierte ein eindrucksvolles Hedwigs-Spiel auf der Burg Schermbeck." Telefonische Auskunft von Hermann Ostrop am 23.4.2021.

76 „Das Bild war einige Jahre in der Ludgerus-Kirche aufgestellt." Telefonische Auskunft von Hermann Ostrop am 9.4.2021. „Kommt die Rede auf Leo Winkelmann, erinnern sich die Leute in Schermbeck … und fragen immer wieder nach dem Bild der hl. Hedwig. Nach der Flucht kamen viele Schlesier nach Schermbeck." Ostrop, Vorwort, 3. Diese Aussagen lassen auf einen emotionalen Bezug zum Bild, zur Trost spendenden Heiligen schließen.

77 „Als Ehrenmitglieder gehören der Stiftung an: Se. Exzellenz Weihbischof Roleff von Münster; Frau Maria Louise Thurmair-Mumelter, Innsbruck (Verfasserin des Hedwigspieles.)" Rundschreiben 1948, 2.

78 Da kein Protokoll dieser Beiratssitzung gefunden werden konnte, sind auch nicht die weiteren Teilnehmer*innen, Diskussionsinhalte und Entscheidungen bekannt. Denkbar sind gemeinsame oder am Rande geführte Diskussionen über die Präsenz der Stiftung bei der Werl-Wallfahrt am 29. Juni oder die kulturelle Betreuung der Heimatvertriebenen unter dem Dach der Kirche, ähnlich der Gespräche auf der Tagung der Diözesanflüchtlingsseelsorger in Königstein.

79 Vgl. Kath. Osthilfe, Werl 1947. Wallfahrt der Ostvertriebenen, Lippstadt 1947. Dieses 42 Seiten starke Heft fasste den gesamten Ablauf und alle Predigten der Wallfahrt zusammen. Die Redaktion lag bei Johannes Smaczny.

80 Für Vermeldung und Aushang: Wallfahrt der Ostvertriebenen, in: AVE, Nachlass Kaller, Wallfahrten (ohne Signatur).

81 Einladungskarte der Deutschen Hedwigstiftung, in: AVE, Nachlass Kaller, Wallfahrten (ohne Signatur). Gedruckt wurde die Karte am 7.6.47 in Lippstadt. Der Absendeort war „Altschermbeck, (bei Dorsten). „Ich bitte Sie mir umgehend mitzuteilen, ob Sie daran teilnehmen, damit Unterkunft besorgt werden kann. Verpflegung ist mitzubringen." Ebd.

82 „Anlässlich der am Fest Peter und Paul 1947 stattfindenden Großwallfahrt der Ostvertriebenen nach Werl (Westfalen) findet um 20 Uhr eine Festakademie der Deutschen Hedwigstiftung im dortigen Gesellenhaus statt." Ebd.

Abschluss des Fest-Hochamtes mit Bischof Maximilian Kaller, weihte dieser in der Werler Basilika ein neues Heiligtum der Deutschen Hedwig-Stiftung, das von der Kunsthandwerkerin Trude Dinnendahl-Benning entworfene und umgesetzte Hedwigs-Banner.[83] Anschließend führte es die Banner der ausziehenden Prozession an[84]; auch am Nachmittag bei der Marienprozession wurde es mitgeführt.[85] Die Festakademie am Abend stellte den Höhepunkt der vom Lehrer Maximilian Maria Schulz ersonnenen und gegründeten Deutschen Hedwig-Stiftung dar. Kammermusik von Haydn, Mozart und Beethoven sowie Rezitationen umrahmten einen Kurzvortrag von Pfarrer Smaczny und den Festvortrag „principium et mandatum“ vom Vorsitzenden Schulz[86] im Beisein von Ehrengast Bischof Maximilian Kaller.[87]

---

83 „Entwurf und Ausführung des Banners Trude Dinnendahl-Benning, Ringenberg“. Maximilian Maria SCHULZ (Hg.), Abendland und Ostdeutschland, Band 1 der Deutschen Hedwig-Stiftung, 4. Schwarz-Weiß-“Foto: Heinz Adrian, Dorsten“, in: ebd. 3. (Siehe Abb. 7 im Anhang.)

84 „Stolz schwenkte der junge Schlesier Johannes Paschwitz das neue Banner vor dem Allerheiligsten. Hoch und stolz trug er es den anderen voran, als der Zug das Gotteshaus verließ.“ A. ADOLPH, Wallfahrtsbilder, in: Kath. Osthilfe (Hrsg.), Werl 1947, 3-12, hier 10.

85 „gleich hinter den Bannern der Jugend und dem der hl. Hedwig.“ Ebd. „Während einer Prozession im Rahmen der Werl-Wallfahrt 1947 werden auch Fahnen [sic, nur eine] der Deutschen Hedwig-Stiftung getragen (Stadtarchiv Lippstadt, Bildarchiv Nies, 848-i-91)“. Gunnar GRÜTTNER, Das St. Hedwigswerk. Integration von katholischen Vertriebenen im Erzbistum Paderborn 1947–1967, in: Westfälische Forschungen 56 (2006), 309-343, hier Abbildung 2, 315. Abb. 6 im Anhang dokumentiert die Größe des Hedwigs-Banners.

86 Vgl. ADOLPH, Wallfahrtsbilder, 12. „Vorliegende Schrift ist vom Verfasser als Vortrag auf der ersten Festakademie der Deutschen Hedwig-Stiftung am Feste Peter und Paul 1947 in Werl i. Westf. gehalten worden.“ Maximilian Maria SCHULZ, Abendland und Ostdeutschland, 24. „Maximilian Maria S c h u l z hielt in Werl einen wegweisenden Vortrag über das ´Abendland und Ostdeutschland`.“ FOGGER, 68. Vgl. HIRSCHFELD, Katholisches Milieu, 79f.

87 „Unter den geladenen Ehrengästen befand sich S. Exz. Bischof Kaller, der von seinem Nachmittagsbesuch der Wallfahrt in Bochum-Stiepel wieder zurückgekehrt war.“ Adolph, Wallfahrtsbilder, 12. Hirschfeld behauptet unter Verweis auf die Ausgabe 1/2 1948 der Vertriebenen-Publikation „Christ unterwegs“ aus München, dass es Schulz gelungen war, anlässlich der Wallfahrt in Werl Bischof Kaller und dazu Erzbischof Jaeger von Paderborn als Schirmherren der Deutschen Hedwig-Stiftung zu gewinnen. Vgl. HIRSCHFELD, Katholisches Milieu, 80 bzw. Anmerkung 63. Die von Hirschfeld angeführte Passage ist aber unstimmig: „Nachdem bei der großen Ostvertriebenen-Wallfahrt am 29. Juni in Werl der Paderborner Erzbischof Dr. h.c. Lorenz Jaeger zum Schirmherren der Deutschen Hedwig-Stiftung und Bischof Kaller von Ermland (Ostpreußen), ein gebürtiger Schlesier, zu ihrem Vorsitzenden gewählt worden waren“. Christ unterwegs, 1/2 1948, 29. Eine Schirmherrschaft wird einem angetragen und muss dann angenommen werden. Schulz hatte dies bei Kaller lange Zeit versucht und bis zur Beiratssitzung im April 1947 keine positive Rückmeldung bekommen. Wenn Kaller oder Jaeger bis zum oder am 29. Juni eine Schirmherrschaft angenommen hätten, müsste A. Adolph dies eigentlich erwähnen.

Allerdings hatte die Verdrängung der Deutschen Hedwig-Stiftung bereits begonnen.[88] Die im August 1947 von der Kath. Osthilfe der Erzdiözese Paderborn herausgegebene und unter der Redaktion von Pfarrer Smaczny entstandene Dokumentation der mit über 20.000 ostdeutschen Teilnehmer*innen so erfolgreichen Wallfahrt nach Werl reduzierte und zementierte die Rolle von Schulz in der Deutschen Hedwig-Stiftung darauf, dass diese immerhin „nach einem genialen Gedanken von **Herrn Maximilian Maria Schulz** am 20. Oktober 1946 in Alt-Schermbeck bei Dorsten (Westf.) gegründet worden war."[89] Dagegen betonte Pfarrer Smaczny seine eigene Rolle, indem er seinen Kurzvortrag über „Sinn, Ziel und Aufgaben der Deutschen Hedwigsstiftung"[90] in der Dokumentation platzierte. Dort propagierte er das Hedwigsapostolat als Aufgabe der Stiftung, um damit „dem Leid des ostdeutschen Menschen (zu)

---

[88] Die Wallfahrt nach Werl hätte der Deutschen Hedwig-Stiftung als Miteinladende oder durch eine offensive Mitgliederwerbung eine starke Öffentlichkeit geboten. Dies war offensichtlich unter einem kirchlichen Laien Schulz als Vorsitzenden nicht erwünscht. Zumal Pfarrer Smaczny mit seinem bei der Festakademie gehaltenen Vortrag öffentlichkeitswirksam seine Akzente setzen konnte: „Die ihn [Smaczny] bewegenden Gedanken sprach er im Rahmen der Deutschen Hedwig-Stiftung bei der großen Wallfahrt in Werl 1947 im Beisein von Bischof Maximilian Kaller aus." Johannes SMACZNY, Was will das St. Hedwigswerk. Ein Beitrag zur Frage der Ostnot, Lippstadt 1948, 6. Smaczny schreibt von sich in der dritten Person Singular. In seinem Rückblick unter der Überschrift „Kurze Vorgeschichte" wurden von der Kath. Osthilfe der Erzdiözese Paderborn „die Bestrebungen der `Deutschen Hedwig-Stiftung` (Lehrer Maximilian Schulz, Holsterhausen i. W) warm unterstützt, der Kulturgedanken bereits in einer Satzung zusammenfaßte." Ebd. „**Pfarrer Johannes Smaczny** (Liegnitz) griff in die Entwicklung fördernd ein." Ebd. Fettdruck ist Teil des Originaltextes.

[89] ADOLPH, Wallfahrtsbilder, 12. Frau Adolph beschrieb den Akademieabend als eigenes Wallfahrtsbild unter der Überschrift „Deutsche Hedwigsstiftung" relativ ausführlich. Umso mehr irritieren die Gewichtung zwischen der Beschreibung des Kurzvortrages von Smaczny und des Festvortrages von Schulz: 11 zu 4 Zeilen. Zumal der Kurzvortrag im Heft abgedruckt war. Maximilian Maria Schulz wird zu Beginn des Textes zwar als genialer Gedankengeber, aber nicht als Vorsitzender der Deutschen Hedwig-Stiftung eingeführt. Diese merkwürdige Gewichtung im Text von Frau Adolph könnte möglicherweise der nachträglichen Redaktionsarbeit von Pfarrer Smaczny geschuldet sein.

[90] Vortrag in Werl am 29. Juni 1947 von Pfarrer Johannes Smaczny, in: Kath. Osthilfe, Werl 1947, 39f. Hier deutet sich bereits die nationale Haltung Smacznys an: „In diesen Beigaben möchte ich das **Wesensbild des ostdeutschen Menschen** angedeutet finden: Er bleibt sich seiner deutschen Sendung bewußt, die eine Sendung des Geistes immer bleiben wird. Er behält die Schlichtheit und Einfachheit christlicher Lebensgestaltung, er liebt seine Kirchen und Klöster als Bildungsstätten seiner Wesensart…Das christliche deutsche Persönlichkeitsbild der hl. Hedwig ist über kleinlichen Konfessionsstreit erhaben." Ebd. Vgl. Sabine VOẞKAMP, Katholische Kirche und Vertriebene in Westdeutschland. Integration, Identität und ostpolitischer Diskus 1945–1972, Stuttgart 2007, 114. Vgl. dazu das Unterkapitel „St. Hedwigs-Werk als kath. Kulturwerk der Ostdeutschen" in der angekündigten Dissertation des Verfassers, in dem besonders Smacznys Programmschrift „Was will das St. Hedwigswerk" untersucht wird.

begegnen und es in eine Verklärung hinein(zu)tragen."[91] Am programmfreien Spätnachmittag des Wallfahrtstages hatte der Leiter der Kath. Osthilfe, Pfarrer Wilhelm Trennert, die noch „anwesenden maßgeblichen Vertreter des ostdeutschen Klerus zu einer Besprechung gebeten, bei der Pfarrer Johannes Smaczny die Grundzüge eines Zusammenschlusses der kirchlichen Vertriebenenseelsorge in einer Organisation mit festen Leitlinien skizzierte."[92] Dabei einigte man sich in Anwesenheit des Glatzer Großdechanten Prälat Franz Monse „auf die Gründung eines kirchlichen Bildungswerkes mit religiös-kultureller Zielsetzung, das alle Ostvertriebenen umfassen sollte."[93] Dies war der Zeugungsakt der St. Hedwigswerke im Bistum Osnabrück und im Erzbistum Paderborn, die passenderweise an Weihnachten 1947 das Licht der Öffentlichkeit erblickten.[94] Die Entwicklung innerhalb der Kath. Osthilfe verlief seit ihrer ersten Tagung an Pfingsten 1946 einerseits zwar nicht stringent, aber durchaus organisch wachsend auf ein kirchliches Heimatvertriebenenwerk zu.[95] Andererseits versagte Pfarrer Smaczny dem kirchlichen Laien Maximilian Maria Schulz den zustehenden Respekt als Vorsitzenden der Deutschen Hedwig-Stiftung.

Das Patronatsfest der hl. Hedwig am 16. Oktober brachte den Konflikt zwischen der Katholischen Osthilfe der Erzdiözese Paderborn und der Deutschen Hedwig-Stiftung offen zum Vorschein. Allein die Kath. Osthilfe lud vom 15.–17. Oktober 1947 zu Hedwigstagen nach Lippstadt ein[96], obwohl am Hedwigstag selbst eine Festakademie der Stiftung stattfand. Das Einladungsschreiben hatte nur Pfarrer Wilhelm Trennert als Diözesanleiter der Kath. Osthilfe unterschrieben; Pfarrer Smaczny sah rückblickend die Vorbereitung und Durch-

---

91 Ebd. 39. „Die deutsche Hedwigsstiftung will eine Bewegung für das deutsche Volk anbahnen, die im Hedwigsapostolat gesehen wird und die Herzen empfänglich machen will für die großen Ideale der Liebe, der Demut und der Armut." Das knüpfte nahtlos an Paragraph 2b der Satzung von 1946 an, der aber bei der Satzungsänderung im Januar 1948 ausgetauscht wurde. Dagegen blieb das Hedwigsapostolat ein wichtiges Element des St. Hedwigswerkes im Bistum Osnabrück.

92 Michael HIRSCHFELD, Prälat Franz Monse (1882–1962). Großdechant von Glatz, Sigmaringen 1997, 158. Leider macht Hirschfeld keine Quellenangabe.

93 Ebd. Hirschfeld gibt Bischof Kaller als weiteren Teilnehmer dieser wichtigen Sitzung an. Dieser war aber am Nachmittag zur Wallfahrt nach Bochum-Stiepel gereist und kam erst zur Festakademie wieder nach Werl zurück. Mit Sicherheit war Maximilian Maria Schulz bei diesem Priestertreffen außen vor.

94 Vgl. SMACZNY, Was will das St. Hedwigswerk, 6.

95 Vgl. HIRSCHFELD, Prälat Monse, 159.

96 Vgl. das Einladungsschreiben, in: St.-Hedwigs-Werk Osnabrück (Hrsg.), 1947–1972. 25 Jahre St.-Hedwigs-Werk der Diözese Osnabrück", Osnabrück 1972, 13. Die Einladung ist ausschließlich eine der Kath. Osthilfe wie der Briefkopf, die Unterschrift: „die Kath. Osthilfe Wilhelm Trennert, Pfarrer Diözesanleiter" und die Anmeldeadresse belegen. Das Einladungsschreiben datiert „im September 1947", ist im Vergleich zur Ankündigung der Werl-Wallfahrt äußerst schlicht und enthält keinerlei Programmpunkte.

führung gar allein bei den beiden schlesischen Pfarrern.[97] Der Jesuit Prof. Dr. Hirschmann hielt am Hedwigstag den grundlegenden Festvortrag mit dem Titel „Das Naturrecht der Ostvertriebenen“ im Rahmen der zweiten Festakademie der Deutschen Hedwig-Stiftung[98], während Prälat Monse in seiner Festpredigt beim Abschlussgottesdienst das Leben und Werk der hl. Hedwig als leuchtendes Vorbild für die Ostvertriebenen herausstellte.[99] Während die Predigt zeitnah durch die Kath. Osthilfe gedruckt wurde[100], gab es um die Veröffentlichung des Festvortrages Streit zwischen Osthilfe und Hedwig-Stiftung.[101] Für Pfarrer Smaczny legten die Hedwigstage in Lippstadt „die Grundlage für eine Heimatbewegung der katholischen Ostvertriebenen unter dem leuchtenden Bild der heiligen Hedwig“ [102], die dann zu Weihnachten eine feste Form als St.-Hedwigs-Werk, als kirchliches Heimatbildungswerk der Diözese Osnabrück bzw. der Erzdiözese Paderborn erhielt.[103] Damit schien die Deutsche Hedwig-Stiftung obsolet, ihre eher idealistisch-intellektuell ausgerichtete Zielrichtung durch die Kath. Osthilfe bzw. durch die schlesischen Pfarrer Trennert

---

97 „Mit Pfarrer Wilhelm Trennert bereitete er [Smaczny] die Hedwigstage – Lippstadt 1947 – vor“. SMACZNY, Was will das St. Hedwigswerk, 6. Hirschfeld vermutet zu Recht, aber ohne Quellenangaben, eine Beteiligung der Deutschen Hedwig-Stiftung und von Schulz: „[...] von der Katholischen Osthilfe unter der Federführung von Trennert und Mitwirkung der Deutschen Hedwig-Stiftung veranstalteten Hedwigstagen [...]“, HIRSCHFELD, Prälat Monse, 159; „Im Anschluß an die noch von Schulz im Oktober 1947 in Lippstadt organisierten ersten ´Hedwigstage`“, HIRSCHFELD, Katholisches Milieu, 80f.

98 „In der Festakademie der Deutschen Hedwig-Stiftung am 15. [sic] Oktober 1947 in Lippstadt sprach Prof. P. Hirschmann SJ (Büren)“ Fogger, Heimatgefühl, 69. Die Festakademie wird am Hedwigstag selbst stattgefunden haben, also am 16. Oktober. „**Prof. P. Hirschmann S. J.**, Büren, gab hier grundlegende Gedanken in seinem Referat ´Das Naturrecht der Ostvertriebenen`“. SMACZNY, Was will das St. Hedwigswerk, 6. Fettdruck ist Teil des Originaltextes. So kurz die Darstellung im Rahmen seiner „Kurzen Vorgeschichte“ war, so bemerkenswert ist die neue Schreibweise der „Hedwigstage“ bei der Einführung im Innenteil: „Das Naturrecht der Ostvertriebenen war das Thema eines Vortrages von Prof. P. Hirschmann S. J., Büren i. Westf., bei den St.-Hedwigs-Tagen, Lippstadt, Oktober 1947.“ Ebd. 10.

99 Vgl. HIRSCHFELD, Prälat Monse, 159.

100 „St. Hedwig, Schutzfrau des Ostens. Festpredigt vom 17. Oktober 1947. Als Manuskript gedruckt von der Kath. Osthilfe.“ Ebd. 159.

101 Der Abdruck des wichtigen Referates von Hirschmann verzögerte sich deshalb. Schulz kündigte im Rundbrief der Deutschen Hedwig-Stiftung vom März 1948 an: „Die Veröffentlichung des Vortrags von Professor Dr. Hirschmann S.J. über ´Das Naturrecht der Ostvertriebenen` (gehalten in Lippstadt am 16.10.1947) ist vorläufig leider noch nicht möglich.“ Rundschreiben 1948, 2. Der Abdruck einer mit dem Kürzel J. B. signierten „Kurzskizze“ fand sich dagegen wenige Monate später bei SMACZNY, Was will das St. Hedwigswerk, 10-14.

102 Ebd., 6.

103 „Nach Beratung mit führenden Geistlichen und Laien ging Pfarrer Joh. Smaczny daran, die notwendig gewordene Zusammenfassung der kath. Ostvertriebenen zur **rlg.-kulturellen Betreuung** auf dem Boden der Kirche in einer Satzung zum Ausdruck zu bringen.“ Ebd. 6. Fettdruck ist Teil des Originaltextes. Leider nennt Smaczny hier keine Namen.

und Smaczny „adaptiert“[104]. Zog sich daraufhin Maximilian Maria Schulz zurück: zufrieden einerseits, weil er doch mit seiner Idee und Gründung 1946 einen wichtigen Anstoß gesetzt hatte? Oder enttäuscht, weil er seine Zielsetzung durch die Kath. Osthilfe verraten sah und er sich an den Rand gedrängt fühlte?

Neustart im Januar 1948 in Recklinghausen

Am 1. Februar 1948 erschien in der in München publizierten, aber in allen Besatzungszonen vor allem von Priestern gelesenen Vertriebenenzeitschrift „Christ unterwegs“ in der Rubrik „Kurzberichte von Tagungen“ ein nicht namentlich gekennzeichneter Beitrag über die Hedwigstage im Oktober 1947.[105] Laut Bericht „hatte das Präsidium der Deutschen Hedwig-Stiftung für die Zeit vom 15. bis 17. Oktober anläßlich der 680. Jahrfeier der Heiligsprechung St. Hedwigs zu festlichen Hedwigs-Tagen nach Lippstadt in Westfalen eingeladen. Dem Rufe waren zahlreiche schlesische Priester und Laien, aber auch Diözesanen, Klerus und Volk anderer ostdeutscher Bistümer in überaus großer Anzahl gefolgt. Den Auftakt bildete eine eindrucksvolle Aufführung des Hedwigs-Spiels von Mumelter-Thurmair durch die Paderborner Spielschar [...] Nach einem Festlevitenamt des Liegnitzer Pfarrers Dr. [sic] Smaczny mit der Festpredigt des Glatzer Prälaten Dr. Monse wies auf der Festsitzung Lehrer M. W.[sic] Schulz darauf hin, daß die Ostvertriebenen in St. Hedwig ´nicht nur den heiligen Anfang ostdeutscher Geschichte, sondern auch das heilige Herz ihrer ostdeutschen Heimat verehrten`[...]. Zwei Vorträge von Prof. Dr. Hirschmann S.J. über das Naturrecht auf Heimat und von dem Breslauer Diözesan-

---

[104] HIRSCHFELD, Katholisches Milieu, 81. „Inwieweit es dabei von Seiten der beiden Breslauer Diözesanpriester zu einer Ausbootung des Gründers Maximilian Maria Schulz kam oder ob dieser sich selbst aus der Arbeit zurückzog, ist nicht mehr eindeutig zu klären.“ Ebd. 81. „Seit der Festakademie im Oktober 1947 war von der Deutschen Hedwig-Stiftung , Recklinghausen, keine Rede mehr.“, FOGGER, Heimatgefühl, 69.

[105] Christ unterwegs, 1/2 1948, 29. Der Kurzbericht ist in vielerlei Hinsicht auffällig: einerseits gibt er zunächst grundsätzliche Informationen zur Deutschen Hedwig-Stiftung, zur Gründung 1946 durch den „oberschlesischen Lehrer Maximilian Maria Schulz aus Beuthen“ und zur Satzung. Andererseits strotzt der eigentliche Tagungsbericht vor kleinen Ungenauigkeiten: es gab kein „Präsidium“ der Stiftung, Smaczny war nicht promoviert, der Münsteraner Weihbischof hieß Roleff und nicht „Rulle“ (wie der Osnabrücker Wallfahrtsort). Schulz wird nicht als Vorsitzender benannt und heißt M. W. mit Vornamen. Vgl. ebd. Für den ersten Teil scheint ein Schriftstück vorgelegen zu haben, für den eigentlichen Tagungsbericht vermutet der Verfasser ein Telefonat. Diese bisher vernachlässigte Quelle aus dem Jahr 1948 kann aufgrund des bislang unbekannten Rundschreibens von 1948 ganz anders gelesen, neu interpretiert und der Quelle damit trotz der kleinen Ungenauigkeiten im Detail der richtige Stellenwert zuerkannt werden.

archivdirektor Dr. Engelbert über die Heilige Hedwig sollen in der Schriftenreihe der deutschen Hedwig-Stiftung veröffentlicht werden."[106] Danach folgen Mitteilungen wie sie auf einer Beiratssitzung durchaus üblich sind: „Nachfolger von Exzellenz Kaller im Protektorat der Hedwig-Stiftung ist der Ministerpräsident des Landes Nordrhein-Westfalens, Karl Arnold. Mit besonderer Freude wurde die Berufung des Prof. Joseph Wittig in den Beirat begrüßt, dem u.a. noch Weihbischof Rulle (Münster), Prälat Dr. Monse (Glatz) und Generalvikar Wosnitza (Kattowitz) angehören. Das 'Hedwig-Jahrbuch' soll in absehbarer Zeit erscheinen können, desgleichen die Schriftenreihe der Deutschen Hedwig-Stiftung (beides im Paulus-Verlag in Recklinghausen). Das Sekretariat der Hedwig-Stiftung wurde nach Recklinghausen verlegt. Die Mitgliederzahl ist – erfreulicherweise auch seitens der West- und Süddeutschen – ständig im Wachsen begriffen."[107] Der Artikel markierte am 1. Februar 1948 durchaus öffentlichkeitswirksam eine neue Phase der Deutschen Hedwig-Stiftung, die viele aufgrund der neuen St. Hedwigs-Werke bereits abgeschrieben hatten. Der Autor inszenierte dagegen bewusst eine vitale und prosperierende Stiftung mit einem neuen Sekretariat in Recklinghausen, mit einer neuen Schriftenreihe, mit vielen neuen Mitgliedern in West- und Süddeutschland und mit einem neuen prominenten Schirmherren, mit Ähnlichkeiten zur Eichendorffgilde, aber ohne einen Vorsitzenden Maximilian Maria Schulz.[108] Die Deutsche Hedwig-Stiftung war innerkirchlich bzw. unter den katholischen Schlesiern in den Konflikt zwischen St. Hedwigswerken und Eichendorffgilde, zwischen den schlesischen Pfarrern Smaczny und Trennert und dem schlesischen Journalisten Jokiel geraten[109]. Doch der Artikel griff einen bereits erfolgten Neustart der

---

[106] Ebd. Der gesamte Bericht klammerte die Katholische Osthilfe und deren Leiter, Pfarrer Wilhelm Trennert, aus. Pfarrer Smaczny feierte zumindest das Festlevitenamt.

[107] Ebd. Der Artikel ist die einzige, dem Verfasser bekannte Quelle, die eine Schirmherrschaft Maximilian Kallers für die Deutsche Hedwig-Stiftung behauptet. Zumal zunächst berichtet wird, dass Kaller bei der Wallfahrt in Werl zum Vorsitzenden der Stiftung gewählt worden sei und Erzbischof Jaeger zum Schirmherren. Unklar bleibt, wann Karl Arnold, der im Juni 1947 zum Ministerpräsidenten gewählt worden war, die Schirmherrschaft übernommen und wer sie ihm eigentlich angetragen hat.

[108] Bereits Hirschfeld wies auf Ähnlichkeiten zwischen Hedwig-Stiftung und Eichendorffgilde hin, ohne aber Quellen für die Stiftung zu benennen. Vgl. HIRSCHFELD, Katholisches Milieu, 83. Es ist unklar, welche Rolle Maximilian Maria Schulz in dieser Phase innehatte: mehr eine aktive oder eher eine abwartende.

[109] Der Vorsitzende der in München im Sommer 1946 gegründeten und nur in der amerikanischen Zone verbreiteten Eichendorffgilde, Rudolf Jokiel, veröffentlichte regelmäßig Artikel im „Christ unterwegs". Seine Autorenschaft ist aufgrund des Gesamtkontextes sehr naheliegend. Pfarrer Smaczny hatte die Gründung von Eichendorffgilden im Bereich der St. Hedwigswerke als Konkurrenz empfunden und abgelehnt. Jokiel lehnte das St. Hedwigswerk ab wegen ihrer „überlandsmannschaftlichen, hierarchisch gegliederten und im Leben jeder einzelnen Pfarrgemeinde fest verankerten Institution". HIRSCHFELD, Katholisches Milieu, 83. In den Mittei-

Deutschen Hedwig-Stiftung auf, in den Maximilian Maria Schulz zumindest einbezogen war.

Der Neustart der Deutschen Hedwig-Stiftung war eng mit Recklinghausen verbunden. Dorthin wurde offiziell der Sitz der Stiftung verlegt. Von dort aus publizierte der Paulus-Verlag die vier Bände der neuen Schriftenreihe. In Recklinghausen bei der Vesdruvag wurde auch das einzige Rundschreiben gedruckt. Doch warum kam es zu einem Neustart der Deutschen Hedwig-Stiftung zu Beginn des Jahres 1948 und wer hatte daran ein Interesse?[110] Maximilian Maria Schulz trat erst mit dem Rundschreiben der Deutschen Hedwigstiftung vom März 1948[111] wieder in Erscheinung, dafür aber eindeutig: „Den Vorsitz führt der Gründer der Stiftung: Maximilian Maria Schulz.“[112] Vorher muss es aber im Januar ein Treffen gegeben haben, bei dem die Satzung geändert und „als Sitz für die Deutsche Hedwig-Stiftung Recklinghausen gewählt worden (ist).“[113] Bereits im Februar 1948 wurde dann Schulz Vortrag von der Festakademie in Werl 1947 als erster Band der neuen Schriftenreihe unter dem Titel „Abendland und Ostdeutschland“[114] mit einem neuen Signet[115] veröffentlicht. Das Vorwort stellte aber keinen Bezug zum nachfolgenden Vortragstext her

---

lungen der Eichendorffgilde, Nr. 3, von Februar 1948, distanziert sich Rudolf Jokiel vom St. Hedwigswerk. Vgl. ebd. Der Bericht mit seinen vielen Ungenauigkeiten und dem Ausblenden von Schulz als Vorsitzenden, deutet darauf hin, dass es weniger um die Deutsche Hedwig-Stiftung als solche ging, sondern um die Instrumentalisierung der Stiftung im Konflikt mit den St. Hedwigswerken.

110 Um überhaupt diese Fragen stellen zu können, war ein Zufallsfund im Bistumsarchiv Hildesheim notwendig. Der Verfasser entdeckte im Bestand des Diözesancaritasverbandes das Rundschreiben der Deutschen Hedwig-Stiftung von März 1948. Damit konnte auch die Relevanz des Artikels aus „Christ unterwegs“, 1/2 1948, als Quelle für diesen Zeitabschnitt nachgewiesen werden. Als dritte Quelle ist nun auch das Vorwort der ersten Publikation von Interesse, da es eindeutig nicht von Maximilian Maria Schulz selbst stammt. Vgl. Vorwort, in: Maximilian Maria SCHULZ, Abendland und Ostdeutschland (Deutsche Hedwig-Stiftung, Bd. 1), Recklinghausen 1948, 5f.

111 Rundschreiben der Deutschen Hedwig-Stiftung von März 1948, in: BAH, DiCV, 1614, 6 Seiten.

112 Ebd. 1.

113 Ebd. 3. Zur Satzung vgl. ebd. 4f.

114 „Vorliegende Schrift ist vom Verfasser als Vortrag auf der ersten Festakademie der Deutschen Hedwig-Stiftung am Feste Peter und Paul 1947 in Werl i. Westf. gehalten worden.“ Schulz, Abendland und Ostdeutschland, 24. Ohne diese Erklärung auf der letzten Seite der Broschüre wäre der Kontext des veröffentlichten Textes nicht deutlich geworden, da das Vorwort keinen Bezug auf den veröffentlichen Text nimmt. In Werl hatte der historisch-theologische Vortrag noch den Titel: „principium et mandatum“.

115 Das neue Signet zeigt den Kopf einer jungen Frau mit wallenden Haaren und einer Krone sowie einer Halskette mit einem, wegen der Größe auf den ersten Blick kaum erkennbaren Adler-Anhänger. Im kreisrunden Außenband steht „Deutsche Hedwig-Stiftung“.Das Signet ist beim ersten Band „Abendland und Ostdeutschland“ auf dem Cover und auf der Seite 1 zu sehen. Bei den weiteren Bänden 2-4 dann nur noch auf der Seite 1. Eine Verwendung des Signets an anderer Stelle ist dem Verfasser nicht bekannt.

und war auch nicht von Maximilian Maria Schulz unterschrieben worden. Die ersten Sätze des Vorwortes deuten vielmehr eine neue Sichtweise der Deutschen Hedwig-Stiftung an: „Die Deutsche Hedwig-Stiftung ist in der schwersten Notzeit ostdeutscher, ja in der schwersten Notzeit gesamtdeutscher und abendländischer Geschichte überhaupt, im Oktober 1947 [sic] in Marienthal bei Wesel gegründet worden. Sie ist eine christlich-kulturelle Vereinigung."[116] Die „Deutsche Hedwig-Stiftung Recklinghausen"[117] war nun gesamtdeutscher und mehr christlich denn katholisch[118] orientiert. Vor allem aber transportierte sie nun eine politische Botschaft, da sie „den bisher geographisch verlorengegangenen deutschen Osten in seiner geistigen Substanz retten und dem abendländischen Geistesleben erhalten will."[119] Deshalb bildeten „Einheimische und Ostvertriebene eine enge Gemeinschaft"[120], aber nicht im Sinnes „eines Heimatverein(s) gewohnter Art" oder einer „Volkstumsbewegung politischer Zielsetzung"[121]. Dieser Deutschen Hedwig-Stiftung ginge es dagegen „um die lebendige Pflege d e r ostdeutschen Geisteswerte, die über jedes nur lokale Interesse hinaus Gemeingut des Abendlandes sind oder sein sollten."[122] Sie sah sich dabei vor folgende zwei Aufgaben gestellt: „Einmal wird es die Tatsache, daß der weitaus größte Teil des deutschen Volkes durch Bombenschaden im Westen und Vertreibungen im Osten seines Bücherschatzes beraubt wurde, notwendig machen, die Kulturgüter durch Neuherausgabe dem Volke zugänglich und sie so wieder lebendig werden zu lassen. Darüber hinaus aber wird es erforderlich sein, durch wissenschaftliche Beiträge zur abendländisch-ostdeutschen Kultur einer ernsten Besinnung unseres Lebens zu dienen, die die erste

---

116 Vorwort, 5. Schulz hat das Gründungsdatum der Stiftung immer mit Tag und Monat angegeben, eine falsche Jahreszahl wäre ihm als Gründer nicht passiert. Den Verfassern lag zwar die Satzung vor, aber sie scheinen wenig Bezug zur Geschichte der Stiftung gehabt zu haben.

117 Ebd. 6. So die ungewöhnliche Unterschrift des Vorwortes.

118 Ebd. 5. In beiden Satzungen 1946 und 1948 heißt es dagegen einleitend: „religiös-kulturelle Vereinigung [...] auf dem Boden christlich-katholischer Weltanschauung". Rundschreiben DHS 1948, 4.

119 Vorwort, 5.

120 Vorwort, 6. Als Mitglieder waren weiterhin Deutsche wie Ausländer erwünscht. Vgl. ebd.

121 Ebd. 6. Die Verfasser des Vorwortes hatten Gruppierungen vor Augen, von denen sie die Deutsche Hedwig-Stiftung abgrenzen wollten: zum einen von den klassischen Heimatvereinen, zum anderen von den politischen Interessensvertretungen der Vertriebenen wie die des Glatzer Pfarrers Georg Goebel.

122 Ebd. 6. Sperrung ist Teil des Originaltextes. Der dritten Abgrenzung zu den aufkommenden landsmannschaftlichen Zusammenschlüssen folgte keine wirkliche Positionierung der Deutschen Hedwig-Stiftung. Das Ende des Vorwortes blieb nebulös, auch weil d i e ostdeutschen Geisteswerte nicht definiert wurden. Die Zusammensetzung des erweiterten Beirates von 1948 mit den zwei exponierten CDU-Politikern Hermann Ehren und Wilhelm Bitter macht aber die Nähe zur CDU und deren damaliger Position zu Ostdeutschland deutlich: Bewahrung der ostdeutschen Kultur unter Aufgabe der Rückkehrforderung.

Voraussetzung für eine fruchtbare und schöpferische Weiterentwicklung ist."[123] In den Jahren 1946/1947 stand zunächst der unmittelbare Trost des vertriebenen Katholiken durch Gottesdienste, Feierstunden und Errichtung würdiger Heiligtümer im Vordergrund[124]; die Deutsche Hedwig-Stiftung wollte auch schon 1946 den „Ausgewiesenen aus dem Osten geistige Heimat sein und einer befruchtenden Verständigung und Versöhnung von Ost und West dienen."[125] Aber sie verband es mit der Hoffnung auf Rückkehr in die alte Heimat: „Wir rufen die Jugend, in treuer Gefolgschaft zur heiligen Herzogin und in fröhlicher Armut das Bild der Heimat durch Lande und Zeiten zu tragen, bis wir dereinst in Trebnitz das Banner mit dem Christusadler entrollen dürfen. Gott zum Dank und der Heimat zum Preis."[126] Das Vorwort machte für die „Deutsche Hedwig-Stiftung Recklinghausen" die subtile Botschaft öffentlich, dass sie einerseits „ostdeutsches Kulturgut als wesentlich abendländisches Kulturgut retten, bewahren und pflegen" will, dass sie dafür andererseits politisch bereit ist, auf die Gebiete in Ostdeutschland zu verzichten.

Das Rundschreiben vom März 1948 und die neue Schriftenreihe

Auf diese Entwicklung reagierte Maximilian Maria Schulz mit dem im März 1948 verschickten Rundschreiben unter dem Titel „Deutsche Hedwig-Stiftung" und der Herausgabe der Bände 2-4 der neuen Schriftenreihe. Vorher hielt Schulz am 16. Februar 1948 in Hannover auf einer Sitzung von ausgewählten Flüchtlingspriestern der Diözese Hildesheim einen Vortrag über die Deutsche Hedwig-Stiftung, zu dem er bereits den ersten Band „Abendland und Ostdeutschland" mitbrachte.[127] Mit dem sechsseitigen Rundschreiben unternahm

---

123 Vorwort, 5.

124 Dafür standen das Ölbild von Leo Winkelmann, auf dem die Hl. Hedwig als Schutzmantelmadonna inmitten von Flüchtlingen dargestellt wurde sowie das danach erstellte erste Signet der Stiftung aus dem Jahr 1947.

125 Satzung 1946 und 1948, Paragraphen 2c, 3a und 3b, in: Rundschreiben DSH 1948, 4.

126 Faltblatt der Deutschen Hedwig-Stiftung von 1946, in: Heimat und Glaube, Nr. 12/1998, 5.

127 Dieses Treffen war die dritte und letzte Sitzung der beratenden Kommission des neuen Hildesheimer Diözesanflüchtlingsseelsorgers, des Breslauer Pfarrers Josef Engelbert. Der Vortrag von Schulz war vorher nicht auf der Tagesordnung der Einladung angekündigt worden. Auch die vorher nicht zur Kommission gehörenden Dr. Kurt Engelbert und Josef Mosler, beide Mitglieder des Beirates der Deutschen Hedwig-Stiftung, nahmen an der Sitzung teil. Unter Punkt „Verschiedenes" hielt das Protokoll fest: „Herr Schulz spricht über die Hedwigsstiftung. Gegr. 20.10.1947 [sic] in Wesel. Sie will die geistige Substanz des deutschen Ostens retten. Das Werk wurde unter den Schutz der hl. Hedwig gestellt als der überragenden Heiligen des Deutschen Ostens. Aufgaben: Herausgabe von Schriften und einem Jahrbuch, Neuherausgabe von Kulturgütern. Richtet sich an Einheimische und Ostvertriebene. Die Geistlichen sollen persönlich Mitglied werden. Im Paulusverlag Recklinghausen wird eine Schriftenreihe

der Gründungsvorsitzende Schulz den Versuch, die Deutungshoheit über seine Stiftung zurückzugewinnen. Er bezog Stellung hinsichtlich der Entwicklung der St. Hedwigswerke, aber auch zur inhaltlichen Entwicklung der Deutschen Hedwig-Stiftung. Mit dem Abdruck der Satzung und der aufgezeigten publizistischen Perspektive entstand gleichzeitig Werbematerial.[128] Das Rundschreiben war schlicht gehalten und verzichtete auf jede Form von Ausschmückung. Selbst ein Signet, das von 1947 oder das neue für die Schriftenreihe von 1948, fehlte. Der Anfang des ersten Satzes korrigierte unmittelbar den Fehler aus dem Vorwort von „Abendland und Ostdeutschland“: „Am 20. Oktober 1946 [...]“. Gleichzeitig verzichtete Schulz an dieser exponierten Stelle darauf, wie sonst bei ihm üblich, sich als Gründungsfigur zu benennen. Danach folgten verschiedene Textbausteine aus vorherigen Texten und der Satzung[129], bevor er den entscheidenden Gedanken des Vorwortes aus „Abendland und Ostdeutschland“ aufgriff und kommentierte: „Aus dieser Schau ergibt sich für die Mitglieder der Deutschen Hedwig-Stiftung die große Aufgabe, die bisher geographisch verloren gegangene Heimat in ihrer geistigen Substanz zu retten: oder, wie es der Paragraph 2b der Satzung sagt, ´ostdeutsches Kulturgut als wesenhaft abendländisches Kulturgut zu retten, zu bewahren und zu pflegen´, nicht zum Zwecke einer toten Konservierung, sondern einer lebendigen Weiterentwicklung.“[130] Schulz als Vorsitzender der Deutschen Hedwig-Stiftung war bereit, den geographischen Verlust der Heimat anzuerkennen. Im Gegensatz zu den Verfassern des Vorwortes, die unpersönlich vom „geographisch verlorengegangenen deutschen Osten“ schrieben, benutzte er den emotionalen Begriff der „Heimat“. Außerdem betonte Schulz geschickt, dass alle „Mitglieder der Deutschen Hedwig-Stiftung die große Aufgabe“ haben. Damit stand nicht nur unpersönlich „die“ Stiftung in der Verantwortung für das, was für Schulz das Wichtigste und Entscheidendste war: „die Heimat im Geist neu

---

herausgegeben.“ Protokoll der Sitzung der Beratenden Kommission am 16.2.1948, in: BAH, Nachlass Josef Engelbert, 78. Interessanterweise wurde auch hier das falsche Gründungsjahr „1947“ protokolliert, wie im Vorwort von „Abendland und Ostdeutschland“. Das könnte an der Rückvergewisserung des Protokollanten an der zur Sitzung mitgebrachten, druckfrischen Broschüre gelegen haben.

128 Leider ist nicht bekannt, in welcher Auflage das Rundschreiben gedruckt worden ist und wer es an wen versandt hat. Trotz des Stiftungssitzes in Recklinghausen, sollten Zuschriften aller Art direkt an Schulz gesandt werden.

129 Als erstes die mittelalterliche Hedwigsvita, die er bei der Gründungsversammlung zitiert hatte. Dann griff er auf die Paragraphen 2a und 2b (in der Neufassung) zurück und wiederholte den markanten Satz aus seiner Ansprache von den Hedwigstagen in Lippstadt 1947: „Wir verehren in ihr [die heilige Hedwig] den heiligen Anfang ostdeutscher Geschichte und das heilige Herz unserer ostdeutschen Heimat.“ Vgl. Rundschreiben DHS 1948, 1.

130 Ebd. 1.

erstehen zu lassen, um so den Ostvertriebenen geistige Heimat zu ermöglichen."[131] Diese geistige Beheimatung diente eben nicht einer fesselnden Rückwärtsgewandtheit, sondern einer, die eigenen Kräfte stärkenden Selbstvergewisserung, um dann „als gesamtdeutsche/r Bürger*in" die ostdeutsche Kultur auch im Westen lebendig weiter zu entwickeln. „Es ist sicher, daß die Arbeit ohne die Hilfe des Westens nicht erfolgreich sein kann. Was sich im Osten Deutschlands abgespielt hat, geht nicht den Ostvertriebenen allein an. Die Unterstützung in der eben geschilderten Arbeit durch den Westen wird Gradmesser nicht nur dafür sein, inwieweit der Westen gesamtdeutsch, sondern inwieweit er abendländisch und christlich denkt."[132]

Gleichzeitig versuchte Maximilian Maria Schulz mit dem Rundschreiben angesichts der Gründung der St. Hedwigswerke Gerüchten entgegenzutreten: „Kürzlich ging durch die Presse die Nachricht, daß für die Diözesen Paderborn und Osnabrück ein Sankt Hedwigswerk gegründet worden ist. Dadurch entstand in manchen Kreisen die Meinung, daß die Deutsche Hedwig-Stiftung im Sankt Hedwigswerk aufgegangen sei; oder es entstand der Eindruck, daß das Sankt Hedwigswerk ein Konkurrenzunternehmen unserer Stiftung darstelle. Beide Auffassungen sind irrig. Das Sankt Hedwigswerk fußt auf rein seelsorglicher Basis und hat zum Ziel, die Ostvertriebenen in den Pfarrgemeinden heimisch zu machen. Soweit dafür kulturelle Arbeit zu leisten ist, könnte man sie etwa zum Teil als Popularisierung dessen bezeichnen, was die Deutsche Hedwig-Stiftung auf höherer Ebene erarbeitet. Es wird daraus ersichtlich, daß unsere Stiftung und das Sankt Hedwigswerk eine wünschenswerte Ergänzung bilden können, wofür auch die Tatsache spricht, daß treibende Kräfte des Sankt Hedwigswerkes zugleich Beiratsmitglieder unserer Stiftung sind. Die Deutsche Hedwig-Stiftung mit ihrer religiös-kulturellen und das Sankt Hedwigswerk mit seiner seelsorglichen Zielsetzung sind also zwei sich ergänzende, aber voneinander gänzlich unabhängige Institutionen."[133] Der Vorsitzende Schulz versuchte Brücken zu bauen und eine Koexistenz der Deutschen Hedwig-Stiftung und der beiden St. Hedwigs-Werke als sinnvoll und möglich zu propagieren. Gleichzeitig warb er um eigene neue Mitglieder mit dem geschickten Hinweis, dass „der Wunsch nach Gründung von Zweigstellen"[134] geäußert worden sei.

---

131 Ebd. 1.

132 Ebd. 1. „So will die Deutsche Hedwig-Stiftung nach Paragraph 2c ihrer Satzung einer befruchtenden Verständigung und Versöhnung von Ost und West dienen." Im Sinne einer „gegenseitig befruchtenden Verständigung" steht hinter dem Paragraphen 2c ein modernes Verständnis von Integration und Inkulturation, die beide Seiten verändert.

133 Punkt II. der Mitteilungen, ebd. 2.

134 Ebd. 1.

Auf Seite 2 des Rundschreibens erfolgten Mitteilungen, von der die erste lapidar festhielt: „Von der geplanten Schriftenreihe ist im Paulus-Verlag, Recklinghausen, der erste Band „Abendland und Ostdeutschland“ von Maximilian Maria Schulz erschienen (Preis 1,40 RM).“ Weitere sieben Bände wurden angekündigt, davon sollten zwei in Kürze erscheinen: „Kreuz und Krone der heiligen Herzogin Hedwig von Schlesien. Legende von Maximilian Maria Schulz mit Illustrationen von Trude Dinnendahl-Benning[135]. Angelus Silesius: Cherubinischer Wandersmann. Eine Auswahl. (Künstlerische Ausstattung: Irmgard Arndt.)[136]„.[137] Die Bände 2-4 waren künstlerisch anspruchsvoll gestaltete Ausgaben ostdeutscher Literatur.[138] Sie entsprachen damit der von Maximilian Maria Schulz geforderten Rettung, Bewahrung und Pflege ostdeutschen Kulturgutes im Sinne einer zeitgemäßen Weiterentwicklung. Die Herausgabe eines Hedwig-Jahrbuches war von Anfang an in der Satzung (§3c) vorgesehen. Es sollte die Persönlichkeit und das Werk der hl. Hedwig erschließen, aber auch breit über die Tätigkeit der Deutschen Hedwig-Stiftung berichten.[139] Das Rundschreiben teilte nun im März 1948 mit, dass sich das erste Jahrbuch im Druck befände und allen Mitgliedern zugeschickt würde.[140]

---

[135] Maximilian Maria SCHULZ, Kreuz und Krone der heiligen Herzogin Hedwig von Schlesien (Deutsche Hedwig-Stiftung, Bd. 2), Recklinghausen 1948. Mit „Illustrationen von Trude Dinnendahl-Benning, Ringenberg“ (Ebd., 4) und einer Widmung „Meiner lieben, verlassenen Mutter“ (Ebd. 5). (Siehe Abb. 5 im Anhang.)

[136] Angelus SILESIUS, Cherubinischer Wandersmann. Eine Auswahl (Deutsche Hedwig-Stiftung, Bd. 3), Recklinghausen 1948. „Ausgewählt und mit einem Nachwort versehen von Maximilian Maria SCHULZ. Graphische Gestaltung von Irmgard Arndt.“ Ebd. 4 (Siehe Abb. 5 im Anhang.)

[137] Rundschreiben DHS 1948, 2. Die weiteren angekündigten Schriften waren: „Legenden von Rübezahl. (Nach Musäus. Illustriert von Antonia Berning. Ostdeutsche Sagen. Ein Eichendorff-Brevier. Andreas Gryphius: Gedichte. Der Ackermann und der Tod.“ Ebd. Der im Artikel in „Christ unterwegs. 1/2 1948“ zur Veröffentlichung angekündigte Vortrag über die Hl. Hedwig von Kurt Engelbert fehlt in der Aufzählung. Die „Legenden von Rübezahl. Nach J.R.U. Musäus. Illustrationen von Antonia Coerning. Mit einem Vorwort von Maximilian Maria Schulz“ erschienen als Bd. 4 der Schriftenreihe der Deutschen Hedwig-Stiftung sogar mit zwei verschiedenen Einbänden.(Siehe Abb. 5 im Anhang.) Unklar ist, welcher Name der Illustratorin, Coerning oder Berning, der richtige ist.

[138] Die Bände 2-4 sind sich in der aufwendigen Ausführung sehr ähnlich. Band 1 ist eindeutig anders. Band 4 ist zudem zusätzlich in einer besonderen Ausgabe erschienen: der Name „Rübezahl“ in Goldschrift auf dem Buchdeckel. Wann die einzelnen Bände erschienen sind lässt sich nur erschließen: Band 1 im Februar 1948, Bd. 2. im März. Die anderen beiden Bände enthalten ein Nach- bzw. ein Vorwort, die jeweils mit „Dorsten, im März 1948 Maximilian Maria Schulz“ unterschrieben sind.

[139] Vgl. Wesen und Ziel der Deutschen Hedwig-Stiftung, [7].

[140] Vgl. Punkt I der Mitteilungen, in: Rundschreiben DHS 1948, 2. Bislang konnte kein Jahrbuch der Deutschen Hedwig-Stiftung ausfindig gemacht werden. Eine Anfrage im Haus Schlesien in Königswinter erbrachte folgende Auskunft des wissenschaftlichen Mitarbeiters, Adam

Schirmherr, Beirat und Ehrenmitglieder 1948

Das Rundschreiben präsentierte gleich auf der ersten Seite drei seiner fünf Organe: Schirmherr, Vorsitzender und Beirat.[141] Maximilian Maria Schulz als Gründungsvorsitzender[142] zeigte damit an, wer sich alles zur Deutschen Hedwig-Stiftung bekannte. Durchaus bemerkenswert war, dass der nordrhein-westfälische Ministerpräsident Karl Arnold die Schirmherrschaft „für das Jahr 1947/48"[143] inne hatte. Dem Beirat gehörten laut Satzung etwa 40 Mitglieder an, die alle vom Vorsitzenden berufen wurden: „aus Wissenschaftlern, Künstlern und solchen, die sich an der Förderung des Hedwig-Gedenkens aktiv beteiligen"[144]. Das Rundschreiben benannte konkret 32 Beiratsmitglieder aus Kultur[145] und Wissenschaft[146], aber auch aus Kirche[147], Politik[148] und Wirtschaft[149]. Es waren 26 Männer[150] und 5 Frauen[151]. Auch der ehemalige Breslauer Ordinariatsrat, Dr. Kurt Engelbert, Erzbischöflicher Museums- und Archivdirektor und nun in der Diözese Hildesheim Generalvikariatsrat, und der ehemalige

Wojtala: „Das von Ihnen erwähnte Jahrbuch von 1948 konnte ich weder in unseren Beständen, noch in irgendeinem Bestand deutscher Einrichtungen ermitteln." E-Mail vom 30.4.2021.

141 Vgl. §5 der Satzung. Es fehlen „3. der Sekretär" und „5. die Mitgliederversammlung". Ebd. 4. Ein Sekretär ist dem Verfasser in allen bekannten Dokumenten nicht untergekommen. Der Artikel von „Christ unterwegs", 1/2 1948, griff die Begrifflichkeit auf, indem er von der Verlegung des Sekretariats nach Recklinghausen berichtete. Die Durchführung einer Mitgliederversammlung ist dem Verfasser nicht bekannt und eher unwahrscheinlich.

142 „Den Vorsitz führt der Gründer der Stiftung, Maximilian Maria Schulz." Ebd. 1.

143 „Die derzeitige Schirmherrschaft für das Jahr 1947/48 hat Herr Ministerpräsident Arnold von Nordrhein-Westfalen inne." Ebd., 1. Die Formulierung beinhaltet, dass es bereits eine vorherige Schirmherrschaft gegeben hat. Die Satzung legt eigentlich keine zeitliche Begrenzung für die Schirmherrschaft fest.

144 Ebd. 5. Die Zahl der Beiratsmitglieder war in der geänderten Satzung 1948 von ursprünglich „etwa 20" auf „etwa 40" angehoben worden. Die genannten Gruppierungen waren gleichgeblieben.

145 Leo Winkelmann, Kunstmaler; Willibald Köhler, Schriftsteller. Vgl. ebd. 1.

146 Die Professoren Dr. Joseph Wittig, Dr. Günther Küchenhoff, Dr. Hirschmann S.J., Prälat Dr. F. X. Seppelt, Dr. Siegmund und Ernst Kaller. Vgl. ebd. 1f.

147 „Msgr. Prälat Dr. Monse (Glatz); fr. Generalvikar Franz Wosnitza (Kattowitz), […], Ordinariatsrat Dr. Kurt Engelbert, […], Pfr. Wilhelm Trennert, Pfr. Johannes Smaczny, [...] ,Msgr. Prälat Ulitzka, […], P. Bernhard Weiß, O.S.B." Ebd. 1.

148 Hermann Ehren, Mitglied des Zonenbeirates; Oberbürgermeister Bitter, Recklinghausen. Vgl. ebd. 1f.

149 Der „Verleger Bitter, Recklinghausen" war identisch mit dem Oberbürgermeister Wilhelm Bitter. Bitter gehörte der Paulus-Verlag, in dem die neue Schriftenreihe der Deutschen Hedwig-Stiftung erschien. Die doppelte Aufzählung ließe sich dadurch erklären, dass Schulz die handelnden Personen in Recklinghausen nicht persönlich kannte und deshalb den CDU-Politiker OB Bitter und den Verleger Bitter als zwei Personen wahrgenommen hatte, die beide die Deutsche Hedwig-Stiftung unterstützen wollten.

150 Aufgrund der doppelten Nennung von Wilhelm Bitter waren es nur 31 Beiratsmitglieder.

151 „Frau Dr. Gerta Krabbel (Vorsitzende des Katholischen Deutschen Frauenbundes); Frau Baronin Elisabeth von Schmidt-Pauli; Frau Marta Cholewa; Frau Trude Dinnendahl-Benning, Kunsthandwerkerin; Frau Dr. Elisabeth Schwane." Ebd. 1.

Leiter der Volkshochschule in Ratibor, Josef Mosler, nun „Diözesanflüchtlingsbetreuer in Hildesheim", waren von Schulz berufen worden. Der Beirat[152] stellte damit zusammen mit dem prominenten Schirmherrn und den beiden Ehrenmitgliedern[153] zu Beginn des Jahres 1948 ein erstaunlich vielfältiges Netzwerk aus Einheimischen und Vertriebenen, Laien und Priestern, Protestanten und Katholiken, Frauen und Männern unterschiedlicher Generationen dar. Neben den zahlreichen schlesischen Professoren fallen vor allem die drei prominenten CDU-Mitglieder Karl Arnold, Hermann Ehren und Wilhelm Bitter ins Auge.[154] Die Deutsche Hedwig-Stiftung hatte sich von der CDU in Nordrhein-Westfalen politisch vereinnahmen lassen. So endeten auch die Mitteilungen des Rundschreibens mit einem politischen Statement: „Zum Schluß sei ein dringendes Anliegen der Deutschen Hedwig-Stiftung vorgebracht. Erschreckend weite Kreise der Ostvertriebenen sind teils durch ihre Not, teils durch eine propagandistische Beeinflussung verantwortungsloser Kräfte in Gefahr einem radikalen Nationalismus anheimzufallen. Wir sehen darin eine unheilvolle Entwicklung, die ohne Segen für unsere Heimat sein wird. Selbstverständlich haben auch für uns nationale Gesichtspunkte ihre volle Gültigkeit. Wir betonen aber immer wieder, daß wir die Heimat sehen wollen in dem größeren Zusammenhang des Abendlandes. Wir bitten alle, unsere Stiftung in ihrem Kampf gegen alle rein nationalistischen Tendenzen, die unserem Volk und der Welt so viel Unheil gebracht haben, zu unterstützen."[155]

---

[152] Der Beirat hat sich in dieser Zusammensetzung mit Sicherheit nie getroffen. Wer von diesen Personen bei der Gründungsversammlung am 20. Oktober 1946 in Marienthal, bei der Festakademie in Werl am 29. Juni 1947 oder bei den Hedwigstagen in Lippstadt im Oktober 1947 dabei war, ist unklar. Leider konnten bisher weder Protokolle in Archiven noch ein Nachlass von Maximilian Maria Schulz ausfindig gemacht werden.

[153] „Als Ehrenmitglieder gehören der Stiftung an: Se. Exzellenz Weihbischof Roleff von Münster; Frau Maria Luise Thurmair-Mumelter, Innsbruck (Verfasserin des Hedwigspieles.)" Ebd. 2. Eine interessante Frage ist, ob sich Weihbischof Roleff irgendwann aufgrund seiner Ehrenmitgliedschaft in der Deutschen Hedwig-Stiftung innerhalb der Bistumsleitung gegen eine Verbreitung des St. Hedwigs-Werkes im Bistum Münster eingesetzt hat.

[154] Wilhelm Bitter (1886 Köln – 1964) war zunächst Zentrumspolitiker und Verleger in Recklinghausen mit sehr guten Kontakten zur katholischen Kirche. Georg Thurmair vom Katholischen Jugendhaus Düsseldorf erhielt nach dessen Auflösung durch die Gestapo bei Bitter eine Anstellung. Bitter war von 1946–1948 Oberbürgermeister der Stadt Recklinghausen. 1948 gründete er die Kommunalpolitische Vereinigung der CDU/CSU Deutschlands, der er bis zu seinem Tod 1964 vorsaß. Durch ihn wurde die Stadt Recklinghausen zu einem bedeutenden Tagungsort der CDU in der britischen Zone mit der entsprechenden Infrastruktur. Vgl. Andreas WITT, Die Anfänge der CDU in Recklinghausen und die Bedeutung der Stadt als Tagungsort für die CDU der britischen Zone, in: VZ 99 (2002), 403-484.

[155] Punkt IV. der Mitteilungen, in: Rundschreiben DHS 1948, 2f. Hier ist die inhaltliche Nähe zum mit „Deutschen Hedwig-Stiftung Recklinghausen" unterzeichneten Vorwort von „Abendland und Ostdeutschland" besonders deutlich.

Das Rundschreiben von März 1948 vermittelte Aufbruch und konkrete Zukunftspläne, u.a. sollte „vierteljährlich den Mitgliedern ein Rundschreiben zugehen."[156] Wann die Deutsche Hedwig-Stiftung aufhörte zu existieren bzw. warum ihr Gründer, Maximilian Maria Schulz, seine Arbeit einstellte, ist unbekannt.[157]

Fazit

Maximilian Maria Schulz war erst 26 Jahre alt als er die Deutsche Hedwig-Stiftung gründete. Verschont geblieben vom Kriegseinsatz und geprägt von so unterschiedlichen Orten wie dem Internat der Steyler Missionare bei Neisse, der Universität Freiburg und dem Kloster Marienthal bei Wesel wollte er zunächst seinen ostdeutschen Landsleuten Trost und Hoffnung durch die religiös geprägte Kultur der Heimat schenken. Seine Kontakte ermöglichten einen stilvollen Gründungsakt in einer künstlerisch zeitgemäß ausgestalteten Kirche und der Weihe des von Leo Winkelmann gemalten Ölbildes „Sankt Hedwig, Patronin der Schlesier": die Hl. Hedwig als Schutzmantelmadonna und neues Heiligtum der Vertriebenen. Der Gründungsphase 1946 folgte ein erfolgreiches erstes Halbjahr 1947 mit der 680-Jahrfeier der Heiligsprechung Hedwigs in Altschermbeck, der Weihe des Hedwigsbanners und der ersten Festakademie mit seinem Vortrag „principium et mandatum" in Anwesenheit von Bischof Maximilian Kaller. Auch wenn in diese zweite Phase noch die Mitgestaltung der Hedwigstage in Lippstadt im Oktober 1947 fiel, wurde die Infragestellung von Gründer und Stiftung bei den ostdeutschen Geistlichen spätestens mit der Flüchtlingswallfahrt nach Werl spürbar. Besonders die beiden schlesischen Geistlichen Johannes Smaczny und Wilhelm Trennert von der Kath. Osthilfe im Erzbistum Paderborn und Beiratsmitglieder der Deutschen Hedwig-Stiftung wollten und konnten Schulz als Vorsitzenden nicht akzeptieren: wegen seines Alters und als kirchlichen Laien. Zumal sie ein St. Hedwigs-Werk als Bildungs- und Kulturwerk der katholischen Kirche und mit

[156] Geschäftliches, Punkt II, in: ebd. 3.

[157] Die Ausblendung der Deutschen Hedwig-Stiftung und ihres Gründungs-Vorsitzenden Schulz begann schon im Juni 1948, als Pfarrer Smaczny in der vor allem von Priestern gelesenen „Christ unterwegs" die Entstehung des St. Hedwigswerkes beschrieb. Die in seiner ungefähr zeitgleich erschienenen Broschüre „Was will das St. Hedwigswerk" enthaltene „Kurz Vorgeschichte" wurde hier wortgleich wiedergegeben, aber unter Auslassung des Satzes über den Lehrer Maximilian Maria Schulz und seiner Gründung im Oktober 1946. Vgl. St. Hedwigswerk, in: Christ unterwegs, Nr. 6, Juni 1948, 29. Bei den „Mitteilungen" wurde meist auf die Angabe des Verfassers verzichtet. Sie lässt sich aber in diesem Fall eindeutig Pfarrer Johannes Smaczny zuschreiben.

einer klaren Hierarchie anstrebten. In dieser Phase, am Ende des Jahres 1947, wäre ein Zusammengehen der Deutschen Hedwig-Stiftung mit den süddeutschen Eichendorffgilden eine von den Zielsetzungen her plausible Lösung gewesen, auch wenn letztere nur Katholiken aufnahm. Ohne institutionelle kirchliche Unterstützung erstaunt die dritte, sehr öffentlichkeitswirksame Phase ab Januar 1948 umso mehr. Sie erklärt sich vor allem durch die subtile politische Vereinnahmung der Deutschen Hedwig-Stiftung durch die CDU, wie das Vorwort der „Deutschen Hedwig-Stiftung Recklinghausen" im Band „Abendland und Ostdeutschland" und die Verlegung des Sitzes der Stiftung nach Recklinghausen verdeutlicht. Anscheinend konnte der junge Maximilian Maria Schulz die politischen Aussagen der CDU zur ostdeutschen Heimat mittragen. Die strukturellen und wahrscheinlich auch finanziellen Hilfen der Partei ermöglichten Schulz nicht nur die Herausgabe der kleinen Schriftenreihe von vier Bänden, die modern illustriert eine gemeinsame west-ostdeutsche Kulturleistung veranschaulichten, sondern sich auch gegenüber den St. Hedwigs-Werken der Diözesen Osnabrück und Paderborn öffentlich zu behaupten. Ob es noch eine vierte Phase der Deutschen Hedwig-Stiftung ohne ihren prägenden Gründer und Vorsitzenden Maximilian Maria Schulz nach der Herausgabe des vierten Bandes „Rübezahl" gab, ist nicht bekannt. Angesichts der konkreten Vorhaben, die das Rundschreibens vom März 1948 anzeigte, erstaunt das offene Ende. Vielleicht war Schulz die Auseinandersetzung mit den Protagonisten der St. Hedwigs-Werke leid, vielleicht zehrte die Währungsumstellung im Juni 1948 das Stiftungskapital auf oder aber bei Schulz brach die Krankheit wieder aus, die ihm knapp 10 Jahre zuvor den Kriegsdienst ersparte. Auf jeden Fall haben die Arbeit der Deutschen Hedwig-Stiftung und ihres jungen Gründers und Vorsitzenden, Maximilian Maria Schulz, geleistet in der unmittelbaren Nachkriegszeit, großen Respekt und eine weitere wissenschaftliche Aufarbeitung verdient.

Dokumentation: Hedwigsbanner der Deutschen Hedwig-Stiftung (Maximilian Maria Schulz)[158]

„Am 20. Oktober 1946 ist in Marienthal bei Wesel im Namen des Dreieinigen Gottes die Deutsche Hedwig-Stiftung gegründet worden. Heute nach noch

[158] Zu dem am 26. Juni 1947 während der großen Wallfahrt der Ostvertriebenen in Werl von Bischof Maximilien Kaller geweihten Hedwigsbanner der Deutschen Hedwig-Stiftung hatte Maximilian Maria Schulz eine besondere Beziehung. Er hatte es bei der ihm aus Marienthal bekannten Kunsthandwerkerin Trude Dinnendahl-Benning in Auftrag gegeben. Während der ersten Festakademie der Deutschen Hedwig-Stiftung am Abend der großen Wallfahrt in Werl

nicht einem Jahr hat sie nach heiliger Weihe durch den hochwürdigsten Herrn Bischof Maximilian K a l l e r ihr Banner entrollt. Es wurde von Frau Trude Dinnendahl-Benning in objektiv gültiger Weise gestaltet, die mir in ihrer pneumatischen Glut vollendet erscheint. Vollendet nicht nur nach ihrer künstlerisch-formalen, sondern auch nach der inhaltlich-theologischen Seite hin. Das Banner umschreibt in dem groß gestalteten Symbol des Adlers mit der Gloriole die heiligen Worte ´principium et mandatum` und wird so zum gültigen und sinnfälligen Ausdruck eines wahrhaft ´anfänglichen` Denkens, d. h. eines Denkens, das sich in einer stets neu im Pneuma zu vollziehenden Rückverbindung dem heiligen Anfang, dem Logos verpflichtet weiß und ihn zugleich wesenhaft als heiligen Auftrag erkennt.

Der Adler mit der Gloriole stellt also den Logos dar, und zwar als existentieller Durchbruch und Aufbruch zum Menschen hin. Der Aufbruch, in dem der Adler, d. h. der Logos begriffen ist, ist nicht Akt, nicht Anfang einer einzunehmenden Haltung, sondern ewiges Sein. Sein existentieller Sinn ist der Wille zur Fleischwerdung und zur Gestaltwerdung, ist Liebe zum Menschen. Denn wenn wir es mit Faust unternehmen wollen, Logos anders als mit Wort zu übersetzen, dann bleibt nur die eine Möglichkeit: `Im Anfang war die Liebe`. Und es wird nicht Zufall sein, daß Johannes, der Verkünder des Logos, der zugleich der Verkünder des novum mandatum, des neuen Gebotes der Liebe wurde, und daß ihm daher der Liebesadler als sinnfälliger Ausdruck seiner Berufung beigefügt wird.

Offenbart so zunächst das Banner der Deutschen Hedwig-Stiftung den absoluten Anfang, dem sie sich verpflichtet weiß, so offenbart er darüber hinaus den durch Hedwig im Logos begründeten Anfang ostdeutscher Geschichte. Der Adler ist das Wappen des Landes der heiligen Herzogin und somit ihr Wappen. In ihr als einer lebendigen Trägerin des Logos hat das Wappen, hat das Land seine Heiligung erfahren. Das Wappen des Landes trägt im Banner

---

hatte Schulz im Beisein von Bischof Kaller das Banner besonders gewürdigt und gedeutet. Bei seiner eigenen Hochzeit in Marienthal am 20.8.47 wurde es präsentiert. Nach dem Ende der Deutschen Hedwig-Stiftung behielt er es in seinem Privatbesitz. Am Ende seines Lebens, in den 90er Jahren des 20. Jahrhunderts, bot er es dem Haus Schlesien als Schenkung an, da auch das erste Heiligtum der Stiftung, das Ölgemälde von Leo Winkelmann von der Hl. Hedwig als Patronin der Schlesier, dorthin gelangt war. „In unserem Inventar konnte ich diese zwar nicht ermitteln, bin aber im Zuge meiner Recherchen nach dem Leihvertrag etc. auf eine interessante Notiz gestoßen, die von Hr. Tyrell [ehemaliger Direktor des HAUSES SCHLESIEN] stammt. Demnach hat der Gründer der Hedwigstiftung tatsächlich mal eine Fahne aus den Anfängen der Stiftung dem Haus überlassen. Ich kann Ihnen jedoch noch nicht sagen, was mit ihr passiert ist und warum sie nicht in unserer Inventarliste erscheint. Es ist möglich, dass sie dem Stifter wieder zurückgegeben wurde, aber auch dass sie sich immer noch im Haus befindet und nicht inventarisiert worden ist." E-Mail vom wissenschaftlichen Mitarbeiter des HAUSES SCHLESIEN, Adam Wojtala, an den Verfasser vom 30.4.2021.

die Gloriole, d.h. das Land ist Eigentum der heiligen Herzogin Hedwig geworden und in ihr und durch sie Eigentum des Logos; der Boden des Landes ist heiliger Boden geworden, und seine Geschichte ist einem geheiligten Anfang entstiegen. Mandatum für uns bleibt, die im Anfang keimhaft enthaltenen Möglichkeiten zu reichem, blühendem Wachstum zu bringen.

Und wir dürfen mit dem Adler des Banners eine dritte Sicht verbinden; nämlich in ihm zu begreifen das mandatum sanctum, den heiligen Auftrag, den Adler des Deutschen Reiches im Logos zu heiligen und die Geschichte unseres Vaterlandes vorzutreiben in die Ordnung eines Gottesstaates, in die abendländisch-christliche Ordnung. Der heilige Anfang wird für uns zum heiligen Auftrag. Der Auftrag aber steht im Zeichen des Opfers, des Kreuzes, das im Logos seinen Sinn hat. Es ist in den beiden Diagonalen, die sich in der Mitte des Banners schneiden, zwar nicht explicite, aber implicite als geheime Sinnmitte enthalten. Unter diesem Banner werden wir der Bewahrung und Pflege ostdeutscher und d. h. abendländischer Kultur leben, dem heiligen Anfang geweiht, aus ihm den heiligen Auftrag zur Gestaltung der Welt in Seinem Sinn empfangen und so in der Umfassung Seines Kreuzes alles überwinden, was sich wider uns erhebt. Denn für uns gilt wie für Konstantin vor der Milvischen Brücke:

´In hoc signo vinces – in diesem Zeichen wirst du siegen!`“[159]

[159] Schlussteil des Vortrages „principium et mandatum“ von Maximilian Maria Schulz am 29.6.47, in: SCHULZ, Abendland und Ostdeutschland, 22f.

Abbildungen

Abb. 1: Leo Winkelmann, St. Hedwig, Patronin der Schlesier (Ölbild 1946)

Sinnbild ... im neuen Märchenspiel von M. M. Schulz
RP-Foto: Gemmecke

Mannschaft Schlesien machte Maximilian M. Schulz zum Laienspielreferenten, der nun als solcher und als Autor der genannten Laienspiele

... Mittelpunkt der Tagung in Wesel stehen

Abb. 2: Portraitfoto aus Zeitungsartikel von 1959: Maximilian Maria Schulz

Abb. 3: Hochzeitsfoto Ehepaar Schulz 1947 mit Hedwigsbanner im Hintergrund

Geschlossene Gruppen können ihr als korporative Mitglieder beitreten.

Fördernde Mitglieder können Gruppen oder Einzelpersonen werden, die einen höheren Beitrag zahlen.

§ 8.

Die Höhe des Jahresbeitrages für die ordentlichen und die korporativen Mitglieder setzt der Vorsitzende auf Vorschlag des Beirats fest.

Fördernde Mitglieder zahlen mindestens den dreifachen Jahresbeitrag.

§ 9.

Die Mitglieder haben das Recht, an den Veranstaltungen der Stiftung teilzunehmen und das Hedwig-Jahrbuch und andere Veröffentlichungen zu ermäßigten Preisen zu beziehen.

§ 10.

Die Mitgliedschaft erlischt durch den Tod, durch Abmeldung auf den Schluß eines Kalenderjahres oder durch Streichung.

§ 11.

Im Falle der Auflösung der Stiftung dient das vorhandene Vermögen der Bestreitung der finanziellen Verpflichtungen. Ein etwaiger Überschuß soll dann im Sinne der Stiftungszwecke verwandt werden.

Druckerei Weber, Dorsten, P 115, 6. 11. 1945, Okt. 46 500 Klasse A

Deutsche Hedwig-Stiftung

Satzung

§ 1.

Die Deutsche Hedwig-Stiftung ist eine religiös-kulturelle Vereinigung, die sich auf den Boden christlich-katholischer Weltanschauung und unter den besonderen Schutz der hl. Hedwig stellt.

§ 2.

Ziele und Aufgaben der Deutschen Hedwig-Stiftung:

a) Sie will Gestalt und Werk der hl. Hedwig dem Verständnis und Herzen des deutschen Volkes erschließen, Werk und Wirkung auf ihre Zeitgenossen und ihr Weiterleben im religiösen Brauchtum, in Kunst und Literatur erforschen, sinnvoll weiterentwickeln und für Gegenwart und Zukunft fruchtbar machen.

b) Sie will auf die geistigen Ahnen Hedwigs, auf Johannes, Maria und Franziskus hinweisen und die Herzen des Volkes empfänglich machen für die großen Ideale der Liebe, der Demut und der Armut.

c) Sie will den Ausgewiesenen aus dem Osten geistige Heimat sein und einer befruchtenden Verständigung und Versöhnung von Ost und West dienen.

d) Sie will darüber hinaus die Frage nach Wesen und Sinn der Heiligenverehrung neu stellen und neu zu beantworten suchen.

§ 3.

Dies soll erreicht werden:

a) durch Gottesdienste, Vorträge, Feierstunden und sonstige Veranstaltungen;

b) durch Errichtung und Pflege würdiger Heiligtümer zu Ehren der Heiligen;

c) durch Herausgabe eines Hedwig-Jahrbuches.

§ 4.

Die Stiftung ist unter dem Namen „Deutsche Hedwig-Stiftung" amtlich gemeldet.

Sie hat ihren vorläufigen Sitz in Altschermbeck bei Dorsten. Ein Zusammenschluß von Mitgliedern an anderen Orten zu Zweigstellen der Stiftung ist erwünscht. Die Leiter der Zweigstellen bedürfen der Bestätigung durch den Vorsitzenden.

§ 5.

Die Organe der Stiftung sind:

1. der Schirmherr,
2. der Vorsitzende,
3. der Sekretär,
4. der Beirat,
5. die Mitgliederversammlung.

§ 6.

Der Beirat soll aus etwa 20 Mitgliedern bestehen, die vom Vorsitzenden berufen werden. Er setzt sich zusammen aus Wissenschaftlern, Künstlern und solchen, die sich an der Förderung des Hedwig-Gedankens aktiv beteiligen.

§ 7.

Einzelmitglied kann jeder werden, der die Ziele der Deutschen Hedwig-Stiftung bejaht, auch dann, wenn ihm eine Beitragszahlung aus finanziellen Gründen nicht möglich ist.

Abb.4a, b: Satzung 1946

Abb. 5a-d: Cover der Bände 2-4 sowie der Schmuckausgabe
von Band 4 der Schriftenreihe

Abb. 6: Foto des frisch geweihten Hedwigsbanners
bei der Nachmittagsprozession in Werl 1947

Abb. 7: Hedwigsbanner

MICHAEL HIRSCHFELD

Segen oder Fluch der katholischen Kirche im Osten Deutschlands? Zur Rolle der Patronate am Fallbeispiel der Grafschaft Glatz

Zum Gedenken an Dr. Dieter Pohl (1934–2020)

Abstract: A blessing or a curse for the Catholich Church in Germany's East? The case of the Earldom of Glatz as an examination of the role of patronage. Historal research has given essentially no attention to the role of patrons for newer church history of this earldom. While these mostly had a disciplinary function until modernity, patrons started to take over the risks and chances in church-politics and economics, playing a key role in filling vacanct parishes and financing the construction of churches as Catholics experienced emancipation. The financial commitmens of the patrons meant that the church's wardens opposed the dissolution of traditional forms of patronage in 1918.

Als 1921 das Pfarramt an der Stadtpfarrkirche St. Mariä Himmelfahrt in Glatz neu zu besetzen war, zog Franz Albert (1876–1944) den Kürzeren.[1] Der aus dem Elsass stammende Militärgeistliche war aufgrund seiner Wortgewalt als Kanzelredner, aber auch aufgrund seines Engagements in örtlichen Vereinen, vor allem in akademischen Kreisen der Kreisstadt beliebt. Die preußische Regierung, vertreten durch den Oberpräsidenten für Schlesien in Breslau, entschied sich jedoch gegen diesen Kandidaten. Zwar handelte sie nach Rücksprache mit dem dortigen Fürstbischof Adolf Kardinal Bertram, der auf Anfrage Bedenken gegen den inzwischen als Wehrkreispfarrer in Stettin wirkenden Albert angebracht hatte, aber letztlich war es eine staatliche Entscheidung, auch auf Alberts Gegenkandidaten, den damaligen Kuratus an der Minoritenkirche

1 Vgl. dazu Michael HIRSCHFELD, „Neben ungewöhnlichem Fleiß zeigte er ein scharfes Urteil." Militärpfarrer Franz Albert (1876–1944) als Historiker und Priester in der Grafschaft Glatz, in: AGG-Mitteilungen 11 (2012), 1-12, hier 9.

Hermann Jünschke (1877–1950) zu verzichten. Gleichermaßen als der „lachende Dritte“ wurde letztlich der spätere Großdechant und Generalvikar Dr. Franz Monse (1882–1962) auf diese Position in der größten Pfarrei der kurz zuvor zum Generalvikariat innerhalb der Erzdiözese Prag erhobenen Grafschaft Glatz befördert.[2]

Allerdings soll es hier nicht um eine Analyse von Karriereverläufen im Grafschafter Klerus gehen, sondern um einen spezifischen Aspekt im Staat-Kirche-Verhältnis, der heute kaum mehr im allgemeinen Bewusstsein verankert ist, das Patronatsrecht. Dies ist nicht mit dem Patrozinium einer Kirche, im Fall der Glatzer Stadtpfarrkirche also St. Mariä Himmelfahrt, zu verwechseln. Dabei handelt es sich um ein separates und zudem vornehmlich von der mediävistischen Forschung bereits lange beackertes Terrain. Das Patronat hingegen wird als „Inbegriff von Privilegien“[3] bzw. als „eine Summe von Rechten und Pflichten“[4] definiert, die den Stiftern einer Kirche bzw. deren Rechtsnachfolgern gewährt werden. Ein solches Privileg ist das Präsentationsrecht der Pfarrer, das im geschilderten Fall in Glatz 1921 der Regierung zukam. Dabei handelt es sich keineswegs um ein Relikt des Kulturkampfes, sondern um eine weitaus ältere Entwicklung.

Im Zentrum dieses Beitrags steht dabei die Absicht, auf die Bedeutung der Thematik für die Geschichte der ehemals ostdeutschen Diözesen am überschaubaren Fallbeispiel der Grafschaft Glatz aufmerksam zu machen. Keineswegs kann die Bedeutung des Patronatsrechts für diese Region auch nur annähernd erschöpfend behandelt werden, weil dazu neben kirchenrechtlichen Spezialkenntnissen insbesondere die Personal- und Bauakten der Pfarreien im Dekanatsarchiv in Glatz ebenso wie das Archivgut im Staatsarchiv Breslau einzusehen wären. Daher werden an dieser Stelle Hinweise zum Thema aus den gedruckten Quellen und der Literatur geschöpft und auf diese Weise Annäherungen an eine kaum näher bekannte Instanz im Kontext von Kirche und Staat vor Ort möglich, die Anreize für eine vertiefte Beschäftigung ermöglichen.

---

2 Vgl. Dieter POHL (Bearb. u. Hg.), 40 Jahre Kirchengeschichte der Grafschaft Glatz in Schlesien 1906–1946. Die Chronik der Stadtpfarrkirche zu Glatz, Köln 2009, 199. Eigener Rückblick auf die Ereignisse 1921 in seiner Autobiographie. Eintrag v. 10.11.1925.

3 J[ulius] KRIEG, Patronat, in: Lexikon für Theologie und Kirche, Bd. 8 (1936), 5-9, hier 5.

4 Dirk Hermann VOß, Bauunterhaltung, Patronate, in: Erwin GATZ (Hg.), Die Kirchenfinanzen (Geschichte des kirchlichen Lebens, Bd. VI), Freiburg im Breisgau 2000, 235-264, hier 236.

Quellenlage

Einmal abgesehen von kirchenrechtlichen Spezialaspekten, die in der allgemeinen Literatur lange diskutiert worden sind[5], führt die Frage der Kirchenpatronate in (kirchen)geschichtlichen Veröffentlichungen eher ein Schattendasein. Der bedeutende Grafschafter Historiker und Pfarrer Joseph Kögler (1765–1817) erwähnt sie zwar in einer ganzen Reihe seiner Chroniken,[6] jedoch spart er Konflikte zwischen Patronatsherren und Pfarrern weitgehend aus. Das mag aber auch an seiner Tendenz zu einer handbuchartigen Überblicksdarstellung im Sinne einer historischen Topographie der Grafschafter Orte und Pfarreien liegen. In kirchengeschichtlichen Überblicksdarstellungen zur Grafschaft Glatz werden die Patronatsherren zwar aufgelistet, in den zahlreich vorliegenden Ortschroniken der Grafschaft wird diese Thematik jedoch weitgehend außen vor gelassen. Nur sporadisch erwähnt zum Beispiel Franz Volkmer in seiner „Geschichte der Dechanten und Fürsterzbischöflichen Vikare der Grafschaft Glatz" deren Präsentation auf ihr Pfarramt durch einen Privatpatron, so etwa bei Franz Nitschke (1808–1883) 1840 durch den Rittergutsbesitzer Joseph Freiherr von Humbracht auf die Pfarre Rengersdorf, sowie bei Ernst Hoffmann (1840–1889) 1883 für Neurode durch Wilhelm Graf von Magnis auf Eckersdorf.[7] Der Kirchenhistoriker Erwin Gatz schließlich schenkte der Entwicklung des Patronatswesens in seinen Standardwerken zur Geschichte der Bistümer und ihrer Pfarreien im deutschsprachigen Raum durchgehend Aufmerksamkeit. Für das Generalvikariat Glatz vermerkte er, dass von „den zuletzt 64 selbständigen Seelsorgesprengeln [...] 37 privaten, 14 staatlichen und einer sonstigen Patronates"[8] war. Die kurze Sentenz von Gatz wirft Fragen auf: Wie ist es zu der hohen Zahl privater Patronate gekommen? Welche Rolle nahmen die Staatspatronate ein? Wie war es um die Rechte des Bischofs

---

5 Vgl. Johannes LINNEBORN, Das Patronatsrecht in Preußen über katholische Pfarreien, in: Theologie und Glaube. Zeitschrift für den katholischen Klerus 18 (1926), 765-793; Jürgen HARDER, Die katholischen und evangelischen Staatspatronate in Deutschland, in: Archiv für katholisches Kirchenrecht 127 (1955), 6-68 u. 313-396.

6 Vgl. Joseph KÖGLER, Die Chroniken der Grafschaft Glatz. Neu bearbeitet und hg. v. Dieter POHL, Bd. 1, Modautal 1992, 43f. (Lewin), 118 (Wünschelburg), 166 (Neurode); Bd. 2, Modautal 1993, 33 f. (Glatz), 235 (Altwaltersdorf), 256 (Reinerz); Bd. 3, Köln 1998, 174f., 265 u. 267f. (Rengersdorf), 312 (Eisersdorf); Bd. 4, Köln 2001, 97 (Konradswalde, 266 (Grafenort); Bd. 5, Köln 2003, 41 (Albendorf), 102 (Mittelsteine), 269 (Ebersdorf/Neurode), 284 (Schlegel).

7 Vgl. Franz VOLKMER, Geschichte der Dechanten und Fürsterzbischöflichen Vikare der Grafschaft Glatz, Habelschwerdt 1894, 148 u. 152.

8 Erwin GATZ (Hg.), Die Bistümer und ihre Pfarreien (Geschichte des kirchlichen Lebens, Bd. I), Freiburg/Breisgau 1991, 333; DERS., Die Bistümer der deutschsprachigen Länder von der Säkularisation bis zur Gegenwart, Freiburg/Breisgau 2005, 301.

bestellt, dem ja nach heutiger Vorstellung die Besetzung der Pfarreien zukommt. Und ergänzend wäre nach dem Stellenwert der Patrone und deren öffentlicher Wirksamkeit zu fragen? Waren sie eher Segen oder Fluch für die katholischen Pfarrgemeinden?

Die Ursprünge und die Entwicklung des kirchlichen Patronatsrechts

Im ersten Schritt gilt es zunächst, der Geschichte des Patronatsrechts in der Grafschaft Glatz nachzugehen und diese in die allgemeine Historie dieses Phänomens einzubetten, die zunächst in groben Federstrichen skizziert werden soll:[9] Der Ursprung des *ius patronatus* liegt im Mittelalter mit seinem weit verbreiteten Eigenkirchenwesen. Stiftete ein Adeliger eine Kirche, so wurde ihm aus Dankbarkeit in der Regel die Bestellung des dort amtierenden Geistlichen zugestanden. Im zeitlichen Kontext des Investiturstreits war die römische Kirche im 12. Jahrhundert bemüht, das Eigenkirchenwesen einerseits einzudämmen, indem sie das Kircheneigentum in selbstständige Kirchenstiftungen (Benefizien) übertrug. Laien wurde die Besetzung von Pfarrerstellen untersagt, den Stiftern von Kirchen andererseits aber eine Chance zur Mitwirkung belassen. Dies war die Geburtsstunde des Patronates, das u. a. von Gratian und Papst Alexander III. (reg. 1159–1181) kirchenrechtlich fixiert worden war. Adelige, aber auch der Landesherr oder der Magistrat einer Stadt, konnten demzufolge ein Vorschlagsrecht für Pfarrstellenbesetzungen geltend machen, aber der Bischof verlieh das Amt dann. Im katholischen Kirchenrecht ist hier auch von *echten* Patronaten die Rede, im Unterschied zu *unechten*, nämlich den landesherrlichen Patronaten. Letztere entstanden durch Einzug von Grundherrschaften durch den Landesherrn, etwa im Dreißigjährigen Krieg, vor allem aber infolge der Säkularisation zu Beginn des 19. Jahrhunderts. Damals übernahm der Staat mit dem Besitz der aufgelösten Fürstbistümer, Klöster und Stifte auch deren Patronatsrechte, so dass eine freie bischöfliche Verleihung einer Pfarrstelle (*libera collatio*) im Allgemeinen die Ausnahme blieb. Kirchlicherseits war bereits durch das Konzil von Trient (1545–1563) in der Mitte des 16. Jahrhunderts das Patronatsrecht angesichts des innerkirchlichen Bemühens um qualifiziertere Pfarrer zurückgedrängt worden. In der Praxis aber gab es gerade mit Blick auf die mit dem Patronat verbundenen Baulasten im 19. Jahrhundert keine Bestrebungen seitens der Päpste, eine Veränderung der Situation herbeizuführen, auch wenn die deutschen Bischöfe an dem Recht der freien Stellenbesetzung im Prinzip festhielten und sowohl kurz nach der Säkularisation,

---

9 Vgl. GATZ, Die Bistümer und ihre Pfarreien, 35-96; KRIEG, Patronat; Dominikus LINDNER, Patronat, in: Lexikon für Theologie und Kirche, Bd. 8 (1936), Sp. 5-9.

insbesondere jedoch nach der Revolution von 1848 verschiedentlich gegen Staatspatronate angingen.[10] Gut sichtbar wird dieses innerkirchliche Interesse an einer Aufrechterhaltung des Status quo angesichts der preußischen Kulturkampfgesetzgebung. 1874 wurde nämlich die Pfarrstellenbesetzung durch den Patron und alternativ durch freie Pfarrerwahl per Gesetz vorgeschrieben[11], wobei das Patronatsrecht im Gegensatz zum Pfarrerwahlrecht von den Bischöfen keineswegs kritisiert oder gar bekämpft wurde.

In Böhmen und Schlesien stellte sich die historische Ausgangssituation anders dar als oben nachgezeichnet. In diesen Gebieten der sogenannten Ostkolonisation hatten „die Landesherren bereits in vorreformatorischer Zeit sehr viele Patronate innegehabt“[12]. Daher stellt auch Joseph Kögler in seinen Chroniken der Pfarreien in der Grafschaft Glatz immer wieder fest, dass das Patronatsrecht hier beim Landesherrn lag, bevor es vom böhmischen König Johann 1336 auf Schloss Seefeld für die Landpfarreien den Ständen und ihren Erben „wegen ihres Eifers in religiöser Hinsicht“[13] übertragen wurde. Für Rengersdorf ist diese Übergabe, hier an die Familie von Pannwitz auf Albendorf, schon für das Jahr 1327 bezeugt.[14] Konkret bedeutete dies, dass der Inhaber der örtlichen Herrschaft das Patronat erhielt, was eine Diversifizierung bzw. Lokalisierung der Kirchenangelegenheiten bedeutete. War die Herrschaft auf mehrere Personen aufgeteilt, hieß dies auch eine anteilige Mitsprache beim Patronat.[15] Lediglich die Städte Glatz, Habelschwerdt, Landeck und Wünschelburg waren davon ausgenommen. Im Dreißigjährigen Krieg entzog der böhmische König 1623 den in der Böhmischen Rebellion aufständisch gewordenen Adeligen das Patronatsrecht wieder (z.B. der Familie von Pannwitz auf Albendorf[16]). Teils verleibte er es sich selbst ein, teils übertrug er es an seine katholischen Günstlinge. Erzherzog Karl von Habsburg schenkte beispielsweise 1623 das bisher der Familie von Ratschin gehörende Niedergut in Mittelsteine seinem Hofkanzler Johann Christoph von Kaltenstein.[17] Manche Güter gingen im Laufe der folgenden Jahrzehnte an neu hinzugekommene katholische Adelsfamilien. So löste es ca. 1669 Johann Carl Hofer von Hoferburg auf Albendorf für diese Pfarrei wieder ein[18]. Im Falle von Rengersdorf gelang es einer Nachfahrin der Pannwitz-Familie 1684, das *ius patronatus*

---

[10] Vgl. HARDER, Die katholischen und evangelischen Staatspatronate in Deutschland, 33-36.

[11] Zum Gesetz v. 21.5.1874 vgl. GATZ, Die Bistümer und ihre Pfarreien, 96.

[12] HARDER, Die katholischen und evangelischen Staatspatronate in Deutschland, 47.

[13] KÖGLER, Die Chroniken der Grafschaft Glatz, Bd. 1, 44.

[14] Vgl. ebd., Bd. 3, 265.

[15] Vgl. ebd., Bd. 5, 41, der für Albendorf 1560 fünf Brüder von Pannwitz als Besitzer aufführt.

[16] Vgl. ebd., Bd. 3, 213.

[17] Vgl. ebd., Bd. 5, 102.

[18] Vgl. ebd., Bd. 5, 41.

wieder zu erwerben.[19] Hintergrund war schlicht und einfach der Geldbedarf der Habsburgerherrscher, die im Vorjahr das zweite Mal die Türken vor Wien zurückgeschlagen hatten, zur Bestreitung der Kriegskosten aber nun Privilegien veräußerten. So trat die kaiserliche Alienationskommission (= Veräußerungskommission) verschiedene Grafschafter Kirchenlehen an standesgemäße Personen ab. Zum Beispiel erwarb der damals amtierende Landeshauptmann Michael Wenzel Reichsgraf von Althann bei dieser Gelegenheit 14 Dörfer einschließlich des Patronatsrechts, darunter Konradswalde[20], die er zur Herrschaft Schnellenstein zusammenfasste.

Wie sehr das Patronat auch eine Statusfrage darstellte, zeigt sich an der Reservierung eines Compatronatum honoris, welches sich Johann Anton von Osterberg 1715 nach dem Verkauf der Herrschaft Albendorf für die dortige Pfarrei reservieren ließ.[21] Im Einzelnen bedeutet dies, dass ihm vom aktuellen Patron der neu ernannte Pfarrer jedes Mal förmlich angezeigt werden musste.

Im Allgemeinen bedeutete das: In der Grafschaft Glatz lagen die Patronate vor der Säkularisation zum Großteil bei privaten Patronen, denen sie nicht entzogen wurden, zu einem kleineren Teil waren sie beim Landesherrn, seit 1740 also beim preußischen König, angesiedelt, so z.B. an der Habelschwerdter Filialkirche in Altwaltersdorf.[22] Patronate, die beim Fürstbischof bzw. bei Klöstern und Stiften lagen, gab es hier überhaupt nicht.[23] Das heißt konkret, dass es um 1800 keinen abrupten Wechsel von einem kirchlichen zum staatlichen Patron gab, sondern dass das Recht bei den landesherrlichen Kirchenlehen weiterhin von der Königlichen Kriegs- und Domänenkammer in Breslau wahrgenommen wurde, von der es auf das 1815 geschaffene Oberpräsidium der preußischen Provinz Schlesien überging. Ein Anspruch auf freie bischöfliche Besetzung sogenannter landesherrlicher Patronatsstellen, wie anderswo seit der Mitte des 19. Jahrhunderts beansprucht, betraf die Grafschaft also nur in einzelnen Fällen, so z.B. in der Stadtpfarrei Glatz. Deren Patronatsrecht hatte der böhmische König – wohl im 15. Jahrhundert – an die dort tätigen Johanniter (Malteser) übergeben, von denen es 1627 an die Jesuiten übertragen wurde.[24] Nach der Aufhebung des Jesuitenordens 1773 kam es an das von Friedrich II. als „Auffanggesellschaft" gegründete Königliche Schuleninstitut und nach dessen Auflösung 1800 dann an den Landesherren. Auch wenn das preußische Allgemeine Landrecht (ALR) von 1794 ein allgemeines landesherrliches Patronatsrecht ausdrücklich verneint hatte, wurde letzteres bald

---

19 Vgl. ebd., Bd. 3, 267.
20 Vgl. ebd., Bd. 4, 97.
21 Vgl. ebd., Bd. 5, 41.
22 Vgl. ebd., Bd. 2, 235.
23 Vgl. zu dieser allgemeinen Situation GATZ, Die Bistümer und ihre Pfarreien, 73.
24 Vgl. KÖGLER, Die Chroniken der Grafschaft Glatz, Bd. 2, 33f.

darauf in der Praxis mit der Begründung in Anspruch genommen, dass es durch die Säkularisation auf den Staat übergegangen sei.[25] Ausdrücklich unterstanden die mit Lasten (Baulast) verbundenen Patronate jetzt dem ALR: In Schlesien geschah dies sogar flächendeckend, so dass der Fürstbischof von Breslau keine einzige Stellenbesetzung vornehmen konnte. Allerdings griff hier von 1812 bis 1848 das staatliche Zugeständnis einer *alternativa mensium*, d.h., dass die Regierung bei Eintritt einer Vakanz in den ungeraden, der Bischof in den geraden Monaten die Pfarrstellen besetzte.[26]

Beispiele für Konflikte um das Patronatsrecht durch die Jahrhunderte

Es ist aber durchaus begründet, anzunehmen, dass das Kirchenpatronat in allen Epochen gelegentlich hier und dort zu Unstimmigkeiten geführt hat, wie es in der Grafschaft Glatz Joseph Kögler das erste Mal für Rengersdorf belegt, wo um 1584 dem lutherischen Pfarrer durch den Patron Ludwig von Pannwitz auf Albendorf weitgehend die Pfarrwidmut, also der Grundbesitz der Pfarrei, zum Eigenbedarf entzogen wurde.[27] Zur selben Zeit waren die Jesuiten in Glatz bestrebt, in den Pfarreien Schlegel und Ebersdorf bei Neurode katholische Pfarrer durchzusetzen, zumal ihnen dort jeweils die Hälfte des Patronats gehörte, während die andere Hälfte dem lutherisch gewordenen Besitzer der Herrschaft vorbehalten war.[28] Allerdings konnten sie dieses Vorhaben nicht durchsetzen. Kurz nach dem Siebenjährigen Krieg, der die preußische Herrschaft über die Grafschaft Glatz manifestierte, griff die neue Regierung offensichtlich zum Zweck der Machtdemonstration in das Patronatsrecht ein. Jedenfalls ist aus Mittelwalde überliefert, dass nach Erledigung der dortigen Pfarrstelle 1767 „die Kriegs- und Domänenkammer in Breslau im Namen des Königs von Preußen [Karl] Winter zum Dechanten der Grafschaft und zum Pfarrer von Mittelwalde [ernannt habe], obgleich die Präsentation für die Pfarrei dem Grafen Althann zustand“[29]. Auch aus dem Vormärz sind Unstimmigkeiten bekannt: Helmut Bleiber und Hans Veit haben einen durch das Patronat bedingten Streit aus Kunzendorf im Kreis Habelschwerdt aus den Quellen aufgearbeitet.[30] Dort

---

25 Vgl. HARDER, Die katholischen und evangelischen Staatspatronate in Deutschland, 11.
26 Vgl. ebd., 31, u. LINNEBORN, Das Patronatsrecht in Preußen über katholische Pfarreien, 774.
27 Vgl. KÖGLER, Die Chroniken der Grafschaft Glatz, Bd. 3, 174.
28 Vgl. ebd., Bd. 5, 270f. u. 284.
29 Maximilian TSCHITSCHKE, Geschichte der Stadt und Pfarrei Mittelwalde, Mittelwalde 1921, 103.
30 Vgl. Helmut BLEIBER/Hans VEIT, Anton Heisig. Pfarrer in Kunzendorf (1842–1857). Zur Haltung eines Grafschafter Geistlichen in der Revolutionszeit 1848/49, in: Helmut BLEIBER / Walter SCHMIDT (Hg.), Schlesien auf dem Weg in die bürgerliche Gesellschaft. Bewegungen

war 1842 dem aus Oberschlesien gebürtigen Breslauer Diözesanpriester Anton Heisig (1811–1860) durch die Patronatsinhaberin Charlotte Landgräfin von Fürstenberg die Pfarrei verliehen worden. Keine fünf Jahre später denunzierte die Gräfin den Dorfpfarrer beim Fürsterzbischof von Prag. Was war der Grund? Heisig hatte Fleisch von einer seiner an Tollwut erkrankten Kühe an bedürftige Gemeindemitglieder verschenkt. Charlotte von Fürstenberg stellte daraufhin die rhetorische Frage, ob „der Mann noch würdig [sei], der Leiter und Führer meiner Untertanen zu sein, der so gänzliche[n] Mangel an aller Nächstenliebe bewies, welche doch die Grundlage der christlichen Religion ist?“[31] Es sei an dieser Stelle dahingestellt, ob der adeligen Patronatsherrin wirklich die Gesundheit ihrer Dorfbewohner so am Herzen lag oder ob sie in dem Vorfall lediglich einen willkommenen Anlass sah, den ihr zu selbstbewusst gegenübertretenden Pfarrer loszuwerden, wie Heisig unterstellte. Bedeutsam erscheint in diesem Kontext, dass Heisig als Fallbeispiel für einen Konflikt um die tonangebende Gestalt in einem kleinen Dorf angesehen werden kann. Wer saß dort am sprichwörtlich längeren Hebel? Der Gutsherr als Patron oder der Pfarrer? Nur konsequent erscheint in diesem Fall, dass der Kunzendorfer Pfarrer, der sich kurzzeitig auch in Berlin auf politischem Parkett bewegte, im Zuge der 1848er Bewegung für die Aufhebung des Patronatsrechts eintrat.

Die Auseinandersetzung um das Patronatsrecht seit 1917

Aber dieses Phänomen war bekanntlich langlebiger als sein Ruf, und der Anstoß zu seiner Abschaffung fand im katholischen Klerus in der Folge wohl auch kaum wieder einen ähnlich kämpferischen Widerhall. Gleichwohl geriet dieses Instrument noch einmal in der Weimarer Republik in den Fokus, als es 1923 um die Neubesetzung der Pfarrei Rengersdorf ging. Zwar wollte der Patron, Franz von Humbracht, sich gewissermaßen populär verhalten, indem er den Kaplan Karl Hauck als neuen Pfarrer präsentierte. Hauck hatte sich als Aushilfsgeistlicher vor Ort große Sympathien bei den Gemeindemitgliedern erworben, war aber gesundheitlich angeschlagen und deshalb zuvor als Hausgeistlicher in Wartha eingesetzt gewesen, weshalb Großdechant Franz Dittert vergeblich bei von Humbracht um die Präsentation des Glatzer Kuratus Hermann Jünschke gebeten hatte. Nachdem Hauck schließlich verzichtet hatte, zauberte der Patron allerdings einen anderen Kandidaten aus dem Hut, den

und Protagonisten der schlesischen Demokratie im Umfeld von 1848, 2. Halbband, Berlin 2007, 315-340.

[31] Zit. nach ebd., 318.

Habelschwerdter Kaplan Paul Beschorner, was in der Pfarrei Rengersdorf für Aufruhr sorgte, woraufhin Beschorner ebenfalls auf das ihm angetragene Pfarramt verzichtete. Als der bereits eingangs als Regierungskandidat für die Glatzer Pfarrstelle erwähnte Wehrkreispfarrer Franz Albert daraufhin von Baron von Humbracht für Rengersdorf vorgeschlagen wurde, kam es endgültig zum Eklat. Großdechant Dittert lehnte ihn strikt ab und ein von Albert zuerst beim Fürsterzbischof in Prag, danach beim Heiligen Stuhl in Rom angestrengter Einspruch zog das Verfahren in die Länge, so dass erst 1925 mit Max Wache ein allen Beteiligten genehmer neuer Kandidat gefunden und die vakante Pfarrei Rengersdorf besetzt werden konnte.[32] Ob die für das Verhältnis des Besitzers der Grundherrschaft zur örtlichen Bevölkerung mit Sicherheit nicht förderliche Affäre ausschlaggebend dafür war, dass Franz von Humbracht bereits 1927 den Rengersdorfer Schlosshof und damit das Patronatsrecht verkaufte[33], sei dahingestellt. Pfarrer Monse zeigte sich in dieser Auseinandersetzung als durchaus kritischer Beobachter. „Warum besetzt der Bischof die Pfarrstellen nicht allein? Der Grund des Übels ist das leidige Patronatsrecht, wie es im ganzen Osten noch besteht, [...]“[34], vertraute er seiner Pfarrchronik an. Damit bewegte sich der Stadtpfarrer von Glatz vollkommen auf der Linie der katholischen Kirche bzw. deren aktuellem Kirchenrecht.

Das 1917 erlassene neue Gesetzbuch, der Codex Juris Canonici (CIC) lehnte das *ius patronatus* zwar nicht kategorisch ab, untersagte aber die Errichtung neuer Patronate und übertrug den Ortsbischöfen explizit die Aufgabe, in ihrem Bistum bei Regierung bzw. Privatpersonen für einen Verzicht auf die Ausübung dieses Rechtes hinzuwirken.[35] Die Trennung von Staat und Kirche in der Weimarer Reichsverfassung von 1919 leistete diesem Vorhaben Vorschub, zumal dort in Artikel 137, Absatz 3 fixiert war, dass jede Religionsgemeinschaft ihre Angelegenheiten selbst regelt. Damit war ein Präsentationsvorschlag der Regierung für die Besetzung einer unter Staatspatronat stehenden Pfarrei im Grunde obsolet geworden, zumal es dort über die Kirche ausdrücklich hieß: „Sie verleiht ihre Ämter ohne Mitwirkung des Staates oder der bürgerlichen Gemeinden“[36]. Allerdings war das Patronatsrecht hier nicht ausdrücklich erwähnt. In Artikel 83 der 1920 in Kraft getretenen neuen Verfassung des Freistaates Preußen wurde die Ablösung noch bestehender

---

32 Vgl. POHL, 40 Jahre Kirchengeschichte der Grafschaft Glatz in Schlesien 1906–1946, 192f., Eintrag v. 10.7.1925.

33 Vgl. Aloys BERGER, Eine Übersicht über die Pfarreien und Kuratien der Grafschaft Glatz betreffend die Zeit von 1841–1946, Heigenbrücken o.J., 91.

34 POHL, 40 Jahre Kirchengeschichte der Grafschaft Glatz in Schlesien 1906–1946, 164. Eintrag v. 12.3.1923.

35 Vgl. VOẞ, 259.

36 Zit. nach LINNEBORN, Das Patronatsrecht in Preußen über katholische Pfarreien, 766.

Patronate verankert. Expressis verbis hieß es hier: „Auf Antrag eines Beteiligten ist ein bestehendes Patronat aufzuheben, sobald die vermögensrechtlichen Verpflichtungen abgelöst sind.“[37] Und im Preußischen Konkordat von 1929 war in Artikel 11 fixiert, dass Staatspatronate nur noch nach vorheriger Rücksprache mit dem zuständigen Bischof verliehen werden sollten.[38] In Zusatzabkommen wurde zwischen Staat und Kirche beschlossen, eine Einteilung nach *echten* und *unechten* Patronaten in Auftrag zu geben und die etwa 800 in ganz Preußen zu diesem Zeitpunkt noch bestehenden Patronate auf 154 staatswichtige Stellen zu reduzieren. Letztlich ist dieses auch juristisch schwierige Vorhaben eines Nachweises, wo der Staat einst eine Pfarrei auch wirklich dotiert hatte und damit als *echter* Patron gelten konnte[39], nicht zur Ausführung gekommen.

Die Fuldaer Bischofskonferenz hatte sich im August 1918 mit dieser Thematik deshalb befasst, weil staatlicherseits angefragt worden war, welche Konsequenzen der neue CIC für das *ius patronatus* konkret habe. Das Verdikt aus Rom hatte vor allem auch evangelischen Patronatsherren, sei es der preußische Staat, seien es Privatpatrone, gegolten, denen dieses Privileg verweigert werden sollte, weil sie „Häretiker“ waren.[40] Dieser Aspekt hatte in Berlin offensichtlich für Unruhe gesorgt. Es mag ein Stück weit auch der schwierigen politischen Situation in der Endphase des Ersten Weltkriegs geschuldet sein. Aber die Bischöfe sprachen sich eindeutig für die Beibehaltung des Status quo aus, gaben also ein klares Signal an den Staat, dass jegliche Sorge über ein Eingreifen unbegründet sei. Sie stützten sich dabei auf ein Gutachten, in welchem auf das Gewohnheitsrecht verwiesen wurde, das evangelische Patronatsherren seit der Reformation legitimierte. Inhaltlich argumentierten die Bischöfe, dass eine Umsetzung des vom neuen Kirchenrecht vorgezeichneten Kurses „schwere Nachteile für die kirchlichen Interessen mit sich bringen würde“[41].

Dass dennoch das Patronatsrecht als längst überholtes Instrument galt, dessen Abschaffung angelegt war und nur noch eine Frage der Zeit zu sein schien, spiegelte sich in der Praxis in der Grafschaft Glatz sehr bedingt wider.

---

37 Zit. nach ebd., 769.

38 Vgl. hierzu auch HARDER, Die katholischen und evangelischen Staatspatronate in Deutschland, 326f; vgl. neuerdings auch Johannes DAMBACHER: Die Verhandlungen zum Preußenkonkordat von 1929. Unter besonderer Berücksichtigung der römischen Akten, Würzburg 2020, online: https://opus.bibliothek.uni-wuerzburg.de/opus4-wuerzburg/frontdoor/deliver/index/ docId/20288/file/Dambacher_Johannes_Konkordat.pdf.

39 Vgl. dazu näher LINNEBORN, Das Patronatsrecht in Preußen über katholische Pfarreien, 791.

40 Vgl. CIC 1917, can. 1448.

41 Protokoll der Bischofskonferenz v. 20.–22.8.1918. Zit. nach Erwin GATZ (Bearb.), Akten der Fuldaer Bischofskonferenz, Bd. III: 1900–1919, Mainz 1985, 291-303, hier 294.

Lediglich in den Pfarreien Altlomnitz, Altwaltersdorf und Grafenort wurde das Patronatsrecht 1927 abgelöst, weil der Besitzer der Dominien Altlomnitz und Grafenort Max Graf von Herberstein diese an die Stadt Habelschwerdt verkauft hatte, welche die Herrschaften aufteilte und weiterverkaufte.[42] Bei dieser Gelegenheit wurden „die Patronatslasten durch ein nunmehr der Kirche gehörendes Dotationsgrundstück abgelöst“[43]. In Mittelsteine wurden Dreiviertel der Patronatsrechte und – pflichten 1925 abgelöst und ein Viertel auf das im dortigen Lüttwitz-Hof neu errichtete Kolleg der Jesuiten übertragen.[44] Gemäß Artikel 83 der preußischen Verfassung galt in diesen vier Pfarreien (in Mittelsteine allerdings nur cum grano salis) ein freies Ernennungsrecht des Prager Oberhirten.

Symptomatisch für eine deutliche Zurückhaltung der preußischen Regierung bei der Einflussnahme auf Pfarrstellen unter Staatspatronat erscheint zudem die Neubesetzung in Lewin 1928. An dieser Pfarrstelle hatten drei Grafschafter Geistliche Interesse gezeigt. Als der Glatzer Stadtpfarrer Monse sich für die Übertragung der Pfarrei an den Kuratus Hermann Jünschke von der Minoritenkirche in Glatz einsetzte, um den Weg zur Übernahme dieser Stelle durch die in Glatz wieder angesiedelten Franziskaner zu ebnen, stellte sich heraus, dass „Oberpräsidialrat Wehrmann, der Vertreter des sozialistischen Oberpräsidenten Zimmer, [...] die Angelegenheit ganz und gar dem Großdechanten überlassen“[45] hatte. Kurz gesagt, nachdem Dittert von Monse überzeugt worden war, stand der Ernennung Jünschkes zum Pfarrer von Lewin nichts mehr im Wege, da die Regierung sich gemäß Artikel 137, Absatz 3 der Weimarer Reichsverfassung zu äußerster Zurückhaltung verpflichtet sah.

Bis zur Vertreibung 1946 bestanden aber weiterhin die von Erwin Gatz erwähnten 37 Privatpatronate (vgl. Tabelle). Dabei handelte es sich in neun Fällen um bürgerliche Inhaber, die durch Kauf eines oder mehrerer Rittergüter das Patronatsrecht miterworben hatten (Altwilmsdorf, Ebersdorf/Neurode, Heinzendorf, Konradswalde, Kunzendorf/Biele, Neuwaltersdorf, Niederhannsdorf, Rengersdorf und Schlosshübel/Pischkowitz). Dreiviertel der Privatpatrone waren also weiterhin Adelige, wobei die meisten, und zwar 12 Patronate, in der Hand der Familie von Magnis (Albendorf, Eckersdorf, Gabersdorf, Kieslingswalde, Königswalde, Ludwigsdorf, Neurode, Niedersteine, Oberhannsdorf, Rothwaltersdorf, Ullersdorf und Volpersdorf) lagen, gefolgt von den Grafen von Althann, die über fünf Kirchenlehen verfügten (Mittelwalde, Neundorf,

---

42 Vgl. BERGER, Eine Übersicht über die Pfarreien und Kuratien der Grafschaft Glatz, 4, 6 u. 22.

43 Ebd., 4.

44 Vgl. ebd., 54f.

45 POHL, 40 Jahre Kirchengeschichte der Grafschaft Glatz in Schlesien 1906–1946, 229. Eintrag v. 19.2.1928.

Schönfeld, Thanndorf und Wölfelsdorf). Die 14 von der preußischen Regierung wahrgenommenen Staatspatronate erstreckten sich vornehmlich auf die – ursprünglich – städtischen Pfarreien, neben Glatz etwa Habelschwerdt, Landeck, Reinerz und Wünschelburg.

Überhaupt stellte eine freie bischöfliche Besetzung von Pfarrstellen in der Grafschaft Glatz bis zur Vertreibung 1946 eine Ausnahme dar. Während das im Jahre 1850 zur Pfarrei erhobene Grunwald unter Staatspatronat stand, wurde darauf bei der Errichtung der Pfarrei Passendorf 1895 verzichtet. Abgesehen von den kleinen Kuratien Neudorf, Verlorenwasser und Wölfelsgrund sowie dem 1911 zur Kuratie erhobenen Kunzendorf bei Neurode kann die Pfarrei Passendorf deshalb für sich beanspruchen, die erste und kurzzeitig ebenso die einzige rechtlich vollkommen selbstständige Kirchengemeinde der Grafschaft Glatz gewesen zu sein, welche vom Fürsterzbischof von Prag frei verliehen werden konnte.[46] Diese *libera collatio* galt bald danach ebenso für die 1911 bzw. 1923 zu Pfarreien erhobenen Kuratien Voigtsdorf und Bad Altheide.[47]

Patronatspflichten

Patronate spielten jedoch keineswegs nur im Falle der Neubesetzung einer Pfarrstelle eine besondere Rolle. Zu dem Recht auf Verleihung einer Pfarrstelle trat auch die Mitwirkung des Patrons an der Anstellung der sogenannten Kirchväter, also ehrenamtlicher Kirchendiener, sowie der Schulmeister bzw. Lehrer.[48] Ebenso kam die Pflicht der Baulast an den zugehörigen Gebäuden (Kirchen, Kapellen, Pfarrhäuser) hinzu, wodurch ein weiteres mögliches Konfliktfeld angesprochen ist. Stand eine mehr oder weniger umfangreiche Sanierung oder Renovierung an, stellte sich die Frage nach der Höhe der Beteiligung durch den Patron. Ein besonders anschauliches Beispiel bietet die Innenrenovierung der Glatzer Stadtpfarrkirche in den 1920er Jahren. Ein Drittel der Kosten, das sogenannte Patronatsdrittel, trug die preußische Regierung zwar verpflichtend aus ihrer Baulast heraus. Aber der Stadtpfarrer musste immer wieder als Bittsteller auftreten, um die erforderlichen Summen auch abzurufen und die notwendigen Arbeiten am Äußeren und im Inneren der Kirche überhaupt in Gang zu setzen sowie letztlich 1929 eine darüber hinausgehende

---

46 Vgl. Franz HEINSCH, Grafschaft Glatzer Pfarreien und Kuratien, in: Die Grafschaft Glatz, Bd. V: „Der Herrgottswinkel Deutschlands“, Lüdenscheid o.J. (1968), 15-79, hier 25 u. 84.

47 Vgl. ebd., 122 u. 17.

48 Zumindest erwähnt im Falle von Eisersdorf bei KÖGLER, Die Chroniken der Grafschaft Glatz, Bd. 3, 326.

staatliche Beteiligung an den immensen Renovierungskosten zu erreichen.[49] Monse nutzte sein zur Finanzierung des von der Pfarrei zu tragenden Anteils an den Kosten 1925 publiziertes Buch über die Geschichte der Stadtpfarrkirche im Übrigen dazu, in einem eigenen Kapitel die verwickelte vermögensrechtliche Situation der Pfarrei Glatz für ein breites Lesepublikum offenzulegen.[50] Demnach war die sogenannte Pfarrwidmut von Glatz gemeinsam mit den Gütern der Jesuiten rechtswidrig der Säkularisation anheimgefallen. Konkret äußerte sich dies in dem für Monse unhaltbaren Zustand, dass das Pfarramt und die Wohnungen der Geistlichen in einem Teil des ehemaligen Jesuitenkollegs untergebracht waren. Nach Meinung Monses musste „deshalb darauf hingewirkt werden, dass wir bald in den Besitz eines uns eigentümlich gehörenden Pfarrhauses gelangen. Denn wer gibt Gewähr, dass Zeiten wiederkehren, ähnlich denen des Kulturkampfes?“[51] Hintergrund war das Scheitern seiner Pläne, eine Teilung des Kolleggebäudes zwischen Staat und Pfarrei zu erreichen. Diese war vom Provinzialschulkollegium mit der Begründung abgelehnt worden, dass einer Umsetzung des Vorhabens ein weiteres Raumbedürfnis des staatlichen Gymnasiums entgegenstehe.[52]

Fazit

Abschließend lässt sich feststellen, dass dem Patronatsrecht in der Grafschaft Glatz in allen Epochen ihrer Geschichte bis zum Zweiten Weltkrieg eine besondere Bedeutung zukam, die es verdient, ihm in der historischen Forschung die lange vermisste Aufmerksamkeit zu schenken. Im Mittelalter und in der Frühen Neuzeit erwies sich das Patronat als ein wichtiges Instrument der Gunst oder auch Missgunst des jeweiligen Landesherren, weil es Adeligen verliehen, aber auch wieder entzogen werden konnte. Im Zeitalter des Staatskirchentums seit Beginn des 19. Jahrhunderts erhielt es eine reglementierende Funktion gegenüber kirchlichen Emanzipationsbestrebungen. Doch war das Patronat in der Grafschaft Glatz auch jetzt nur in den größeren und städtischen Pfarreien in der Regel in staatlicher Hand. Zumeist blieb es eine Domäne des örtlichen Landadels mit Tendenz zur Verbürgerlichung bei Verkauf einzelner Rittergüter. Mit der zunehmenden Emanzipation der Bevölkerung hinsichtlich einer

49 Vgl. hierzu auch Michael HIRSCHFELD, Prälat Franz Monse (1882–1962). Großdechant von Glatz, Sigmaringen 1997, 32f.

50 Vgl. Franz MONSE, Die Stadtpfarrkirche zu Glatz unter besonderer Berücksichtigung der religiösen Gedankenwelt ihrer Innenausstattung, Glatz 1925, 141-146.

51 Ebd., S. 146.

52 Vgl. dazu POHL, 40 Jahre Kirchengeschichte der Grafschaft Glatz in Schlesien 1906–1946, 200. Eintrag v. 25.11.1925. Das Buch über die Stadtpfarrkirche ist vom Dezember 1925 datiert.

Mitsprache bei Stellenbesetzungen konnte das Patronatsrecht, wie sich in den 1920er Jahren exemplarisch in Rengersdorf zeigte, auch zum Fluch für seinen Besitzer werden. Ebenso barg die Heranziehung zur Baulast im Falle von fälligen Arbeiten an Kirchen und Pfarrhäusern das Risiko einer erheblichen finanziellen Belastung, wie sich am Beispiel der Renovierung der Glatzer Stadtpfarrkirche ablesen lässt. Gerade hinsichtlich der Pflichten der Patrone wurde diese Einrichtung für die kirchlichen Belange deshalb auch positiv gesehen. Bei aller anhaltenden Kritik an äußeren Einflussnahmen stand der Klerus vor Ort deshalb der kirchen- und staatsrechtlich seit dem Ersten Weltkrieg angestrebten Ablösung des Patronatsrechts ablehnend gegenüber und versuchte den Status quo aufrechtzuerhalten. Für die kirchlichen Verantwortlichen vor Ort war diese Einrichtung also eindeutig mehr Segen als Fluch.

Anhang: Übersicht über die Patronate der Pfarreien und Kuratien der Grafschaft Glatz, Stand 1941

Quellen: Berger; Heinsch

Privat (Name)	**Staatlich (preußische Regierung)**	**Städtisch und andere**	**Freie bischöfliche Besetzung**
Albendorf (von Magnis)	Ebersdorf/Habelschwerdt	Königshain (Stift Scheibe)	Altheide
Altwilmsdorf (Büttner)	Glatz	Langenbrück 1/3: Dominium	Altlomnitz
Ebersdorf/Neurode (Rauhut)	Grunwald	Langenbrück 1/3: Stadt Habelschwerdt	Altwaltersdorf
Eckersdorf (von Magnis)	Grenzeck (Tscherbeney) (Forstfiskus)	Mittelsteine 1/4: St. Josefshaus	Grafenort
Eisersdorf (von Löbbecke)	Habelschwerdt	Reyersdorf Dominium	Kunzendorf/Neurode
Gabersdorf (von Magnis)	Hummelstadt/Lewin		Mittelsteine ¾
Hausdorf (von Pfeil)	Landeck		Neudorf
Heinzendorf (Müller)	Langenbrück 1/3		Passendorf
Kieslingswalde (von Magnis)	Lichtenwalde		Verlorenwasser
Königswalde (von Magnis)	Niederschwedeldorf		Voigtsdorf
Konradswalde (Neumann)	Oberlangenau		Wölfelsgrund

Kunzendorf/Biele (Müller)	Reinerz		
Ludwigsdorf (von Magnis)	Rosenthal		
Mittelwalde (von Althann)	Stuhlseifen		
Neugersdorf (Erben des Prinzen von Preußen)	Wünschelburg		
Neundorf (von Althann)			
Neurode (von Magnis)			
Neuwaltersdorf (Taube)			
Niederhannsdorf (Volkmer)			
Niedersteine (von Magnis)			
Oberhannsdorf (von Magnis)			
Oberschwedeldorf (von Münchhausen und Deutsche Ansiedlungsgesellschaft)			
Reichenau (von Seherr-Thoß)			
Rengersdorf (Jüttner)			
Rothwaltersdorf (von Magnis)			
Rückers (von Löbbecke)			
Sackisch (von Mutius)			
Schlegel (von Pilati)			
Schlosshübel/Pischkowitz (Saalfeld)			
Schönfeld (von Althann)			
Schreckendorf (Erben des Prinzen von Preußen)			
Thanndorf (von Althann)			
Ullersdorf (von Magnis)			
Volpersdorf (von Magnis)			
Wilhelmsthal (Erben des Prinzen von Preußen)			
Wölfelsdorf (von Althann)			

RAINER BENDEL

Gundolf Keil, Jürgen Kiefer† (Hg.): Die deutsch-polnische Wissenschaftslandschaft Schlesien[1]

Angesiedelt bei der Akademie gemeinnütziger Wissenschaften zu Erfurt ist eine Projektkommission mit dem Namen Europäische Wissenschaftsbeziehungen, die jährlich zu einem begrenzten Themenbereich aus der Wissenschaftsgeschichte Europas eine Tagung durchführt. Die Erträge dieser Tagungen werden in der Regel als Publikationen gedruckt. Intendiert ist, grenzüberschreitende Initiativen und Tendenzen der Wissenschaft in den Vernetzungen mit politischen, ökonomischen, sozialen und kulturellen Rahmenbedingungen aufzuzeigen und gerade das spezifisch Europäische an diesen Vernetzungen herauszustellen. Damit fördere die Wissenschaftsgeschichte ein Bewusstsein für ein Europa, das nicht nur ein Wirtschaftsraum sondern auch ein historisch über die Jahrhunderte hinweg gewachsener Kultur- und Wissenschaftsraum ist. Seit 2009 sind 20 Bände in dieser Reihe erschienen – der erste zum Thema „Wissenschaftskommunikation in Europa im 18 und 19 Jahrhundert", der zweite hatte sich mit Universitäten und Akademien beschäftigt, der fünfte mit Heilkunde und Heilmittel, mit dem Transfer von medizinisch-pharmazeutischem Wissen in Europa. Jüdische Gelehrte und Wissenschaftler in Europa waren Thema des Bandes 9, der 2015 erschienen ist. „Deutsch-russische Zusammenarbeit. Wissenschaftliche und kulturelle Institutionen vom 18 zum 20. Jahrhundert" wurde 2017 als Band 14 publiziert.

2020 wurde unter anderem der Band „Die deutsch-polnische Wissenschaftslandschaft Schlesien als Band 16 vorgelegt – herausgegeben von Gundolf Keil und Jürgen Kiefer. 18 Beiträge umfasst dieser Band, deren Themenspektrum von den Bezügen der Wissenschaftslandschaft Schlesien nach Erfurt über Eichendorffs Dichtersprache und der Entstehungs- und Wirkungsgeschichte des schlesischen Musiklexikons über den umfangreichen Hauptbeitrag von Keil „Anmerkungen zur Herausgabe des Breslauer Arzneibuchs von

---

[1] Gundolf KEIL / Jürgen KIEFER† (Hg.), Die deutsch-polnische Wissenschaftslandschaft Schlesien. Shaker-Verlag, Düren 2020 (= Europäische Wissenschaftsbeziehungen 16), 415 Seiten. ISBN 978-3-8440-6491-9.

1270/80“ bis hin zu polnischen Studierenden der Medizin an der Universität Leipzig im 19 Jahrhundert und deren dortiges Vereinsleben reicht.

Schlesien sollte damit als ein Kulturraum sichtbar gemacht werden – in erster Linie mit solchen Forschungsvorhaben in denen polnische, deutsche und womöglich auch tschechische Fachvertreter kooperierten Der Präsident der Akademie gemeinnütziger Wissenschaften zu Erfurt, Klaus Manger, unterstrich in seinem Grußwort die breite Vernetzung und die reiche Wissenschaftslandschaft Schlesiens. Der Vollständigkeit halber erwähnt er, dass die Theologie und die Jurisprudenz für spätere Unternehmungen aufgespart blieben, wobei bereits im einleitenden ersten Beitrag des Mitherausgebers Jürgen Kiefer „Erfurt und die Wissenschaftslandschaft Schlesien“ das Thema Theologie zumindest auf Umwegen doch gleich wieder auftaucht, schlägt er doch mit Joseph Klapper dem 1880 in Habelschwerdt geborenen Professor für lateinische Philologie des Mittelalters und ersten Herausgebers des Breslauer Arzneibuches von 1270/80 einen Bogen nach Erfurt, indem er auf Klappers Wirken nach der Vertreibung aus Schlesien als Oberstudienrat in Erfurt von 1945 bis 1950 und ab 1950 als Professor für lateinische Philologie, Paläografie und religiöse Volkskunde am Philosophisch-Theologischen Studium des Erfurter Priesterseminars verweist. Klapper wurde so ein Bindeglied zwischen Breslau und Erfurt. Einen weiteren personalen Konnex führt er mit Erich Kleineidam (1905-2005) an. , Der gebürtige Oberschlesier war von Kardinal Bertram zum Priester geweiht worden, wurde 1930 an der Breslauer Universität promoviert, war seit 1935 stellvertretender Direktor des Collegium Georgianum. Bertram berief ihn als Philosophieprofessor an die Philosophisch-Theologische Hochschule in Weidenau. 1947 wurde er von Bischof Kaller, den Päpstlichen Sonderbeauftragten für Flüchtlinge und Vertriebene nach Königstein berufen. Kleineidam war dort seit 1948 auch Regens und von 1949 bis 1952 Rektor der Hochschule. Dann wurde er zur Priesterausbildung in die DDR berufen. Kleineidam war Ehrenmitglied der Erfurter Akademie ein hoch angesehener Wissenschaftler der 1992 das Bundesverdienstkreuz erhalten hatte. 1961 hatte er eine Monografie über die katholisch-theologische Fakultät der Universität Breslau von 18 11 bis 1945 vorgelegt, dann als Ergebnis der Arbeit vieler Jahre eine vierbändige Universitätsgeschichte Erfurts. So hat er sich nicht nur um die Universitätsgeschichte Breslaus, um das Philosophisch-theologische Studium in Weidenau und dann in Fortführung der nach dem Krieg verloren gegangenen theologischen Studienorte im Osten in Königstein und wenige Jahre später in Erfurt Verdienste erworben, sondern auch in der Erforschung einer der ältesten Universitäten im deutschsprachigen Raum, der Alma Mater Erfordiensis. Als 1816 die Erfurter Universität geschlossen wurde war die Akademie der gemeinnützigen Wissenschaften zu Erfurt bestehen geblieben 1994 schließlich wurde in Erfurt die Universität wieder errichtet, nachdem bereits 40 Jahre früher das Philosophisch-Theologische Studium in Erfurt errichtet worden war, weil es sich als zunehmend schwierig herausgestellt hatte, den theologischen und pastoralen Nachwuchs der katholischen Kirche in der DDR in Königstein studieren zu lassen.

Beeindruckend ist die Liste der Persönlichkeiten, die Jürgen Kiefer anführt, weil sie die Beziehungen, die Verknüpfungen im wissenschaftlichen Bereich zwischen Schlesien und Erfurt getragen haben. Ebenso lang ist die Liste der Wissenschaftler, die Mitglieder der Akademie der gemeinnützigen Wissenschaften zu Erfurt waren und Verbindungen zu Schlesien hatten.

Gundolf Keil griff im Kontext dieser Tagung ein schon länger von ihm traktiertes Thema auf, das Breslauer Arzneibuch von 1270/80, einem Handbuch, das sich aus vier Teilen zusammensetzte; diese führt er an und stellt sie in ihren inhaltlichen Schwerpunkten vor. Das eigentliche Interesse des vorliegenden umfangreichen Beitrages, beinahe eine Monografie, gilt den Fugentexten, also den Übergängen zwischen diesen vier Hauptbestandteilen des Arzneibuches, den Themen, die dort aufgegriffen wurden. Wir erfahren hier nicht nur Einzelheiten über chirurgisches Instrumentarium, sondern auch wichtige Bestandteile von Salben, Arzneien, Hinweise zum chirurgischen Wissensstand und lernen dabei auch, dass die Kochbücher, die Kochkunst im Grunde ihren Entstehungsort im medizinischen Kontext hatten. Keil unterstreicht, dass die Fugentexte Ausschnitte aus Textvorlagen sind, die nicht in ihrem vollen Umfang als verbindende Bausteine zwischen den Einzelteilen des Breslauer Arzneibuches eingefügt, sondern aus didaktischen Gründen ausgewählt wurden: „[...] und ohne Rücksicht auf textliche Vollständigkeit als Einschiebsel in die Kompositionsfugen eines medizinischen Kompendiums des eingeschoben wurden“ (177) Auch wenn es nur Fragmente sind, zeigt sich doch nach Einschätzung von Keil ein Reichtum und eine Qualität altschlesischer Fachprosa im Bereich der Medizin. Für den Autor ein Ausweis, dass im Oderland die Entwicklung dieses Faches auf einer Höhe war, die in den großen Lehrbüchern Flanderns Brabants und Niederlothringens erst hunderte Jahre später ein vergleichbares Niveau erreichte.

Koch referiert in seinem Beitrag zum schlesischen Musiklexikon von 2001 dessen Entstehungs- und Wirkungsgeschichte, die Intentionen, auch die unterschiedliche Ausgangslage, die solche Grundlagenforschung in den unterschiedlichen Bereichen Europas aufweist. Koch unterstreicht als bleibende Aufgabe und Desiderat die objektive wissenschaftliche Aufarbeitung der osteuropäisch-deutschen Musik. Die Untersuchung der kulturellen Beziehungen im Verlauf der Historie Europas sei bislang immer vorrangig süd- und westeuropäischer ausgerichtet gewesen. Zudem habe das Blockdenken im politischen

Bereich über Jahrzehnte hinweg die breitere Erforschung der Musikgeschichte im östlichen Europa, in Ostmitteleuropa eingeschränkt; der Beitrag der deutschen Musiker in diesem Raum sei vor allem ein Tabu gewesen.

Der Altmeister der schlesischen Urkundenforschung, Winfried Irrgang, stellt die Entwicklung des schlesischen Urkundenwesens bis zum Ausgang des 13 Jahrhunderts vor. Er gibt einen Überblick über die Geschichte der Erforschung des schlesischen Urkundenwesens, über die Anfänge des schlesischen Urkundenwesens im 12 Jahrhundert über die Entwicklungen im 13 Jahrhundert, über die Ausdifferenzierung und über das fürstliche Urkunden- und Kanzleiwesen, auch über die Anregungen die von der Päpstlichen Kanzlei übernommen wurden, über das Urkunden- und Kanzleiwesen der Bischöfe von Breslau, über den Anteil der Fürsten am Beurkundungsgeschäft wie auch dem Anteil der Städte und des Bürgertums. Er unterrichtet über die Urkundensprache, selbstverständlich Latein, denn die abendländische Rechtswelt ist vom Römischen Recht geprägt und eng verflochten mit der Kirche und ihren Institutionen. die wir auch die Beunruhigung von Rechtsakten zunächst vorgenommen haben Latein als lingua franca nicht nur im kirchlichen Bereich, sondern überhaupt im Bildungssektor, zeigte auch in seiner mittelalterlichen Weiterentwicklung des scholastischen Latein seine Grenzen, wenn es um adäquate Übersetzungen von termini technici ging, die der gegenwärtigen sozialen, rechtlichen und ökonomischen Situation entsprachen, dann wurden doch Hilfskonstruktionen aus der Volkssprache notwendig. Irrgang unterstreicht, dass die in Schlesien in der Regel dem alten polnischen Rechtssystem entnommen worden war und mit der zunehmenden Verbreitung aber des Ius Teutonicum kommen allmählich auch deutsche Begriffe in die Urkundensprache „[...] und dominieren schließlich gegenüber polnischen vollständig. In ihrer Gesamtzahl blieben sie freilich im Gegensatz zu den Westlichen und südlichen Nachbargebieten eher bescheiden und zudem werden sie im gesamten 13 Jahrhundert durchweg als Fremdkörper im Urkundentext betrachtet [...]“ (400).

OTFRID PUSTEJOVSKY

Andreas Kossert: Flucht. Eine Menschheitsgeschichte[1]

Andreas Kossert hat als erster Historiker etwas gewagt, was vor ihm noch kein anderer unternommen hat: auf nur 453 Seiten eine Zeiten, Kontinente, Völker, Kulturen überschreitende und trotzdem oder gerade deshalb das Individuum stets im Auge behaltende *Menschheitsgeschichte* unter einem einzigen Gesichtspunkt der sich immer wiederholenden *Flucht* zu beschreiben, analysieren, vergleichen und in größere Zusammenhänge einzuordnen – ohne die bisher von der „Zunft" mit nur geringen Abweichungen stets geübten historischen Systematik – und damit als eine sich zum Kollektiv verdichtende menschheitsgeschichtliche Einzelschicksalserfahrung zu einem großen erkennbaren Mosaik farbig, einsichtig, erkennbar-eindrucksvoll zu gestalten.

„Es geht um die Frage: was bedeutet es für einen Menschen, Heimat für immer zu verlieren, unter Zwang und Gewalt fliehen zu müssen und am Ende im Exil zu leben? […]

Aus der Perspektive von Flüchtlingen zu erzählen, bedeutet, die Weltgeschichte anders zu sehen. […] Für meine Kernbotschaft greife ich auf unterschiedliche Quellen zurück: Tagebücher, Erinnerungen und Autobiographien von Flüchtlingen und ihren Nachfahren als Zeitzeugen, aber auch auf Reportagen von aktuellen Brennpunkten über Menschen auf der Flucht. Historiker verzichten meist auf Belletristik als Quelle, was bei diesem Thema zu bedauern ist". (S. 22, 22-23)

Auf dem engen Raum eines einzigen Bandes entwickelt und beschreibt der erfahrene Historiker unter bewusstem Verzicht auf jegliche tradierte thematische Darstellung – Quellen, Forschungsstand, ausführliches Inhaltsverzeichnis usw. – von der geschichtlichen Erfahrung her die Grundthematik, dass „jeder […] morgen ein Flüchtling sein kann" (S. 10 ff.) und damit das weltumspannende „Gefühl" einer verlorenen, versagten, zerstörten, abweisenden „Heimat" (S. 134-337) zur Lebenswirklichkeit wird: „Ein Ziel dieses Buches war, eine

[1] Andreas KOSSERT, Flucht. Eine Menschheitsgeschichte. Siedler Verlag, München, 2. Aufl. 2020, 432 S. Mit zahlr. Abb. im Text. ISBN 978-3827500915.

Vielzahl von Stimmen widerzuspiegeln, die in ihrer Gesamtheit eine umfassende Version der Wahrheit erzählen […]". (S. 358)

Der überkritische „Faktenchecker" wird aber von Kossert durch einen genauen Nachweis-Anmerkungsteil (S. 363-396 mit insgesamt 591 Anmerkungen), ein sehr ausführliches – auch Ausgefallenes zitierendes – Literaturverzeichnis (S. 397-424), ein Personenregister (S. 425-430) und einen ebenso genauen Bildnachweis der im Text enthaltenen zahlreichen Schwarz-Weiß-Abbildungen (S. 431-432) bezüglich seiner Ungenauigkeitssuche in die Schranken verwiesen.

Doch der einer tradierten historischen Systematisierungs- und Darstellungsweise verpflichteten Darstellungs-Wissenschaft, wie sie beispielsweise das Forscher-Ehepaar Jan und Aleida Assmann in Bezug auf „Erinnerung" und „Erinnerungskultur" pflegen (lassen wir hier etwa Reinhart Kosseleck, Wolfgang Benz, Heinrich August Winkler, Herfried Münkler usw. außer Betracht), werden in dieser knapp-umfassenden Arbeit neue Möglichkeiten gezeigt und für künftige Sichtweisen erschlossen – einschließlich der zahlreichen thematisierten Schwarz-Weiß-Abbildungen mit ihren gesonderten Erläuterungen zum Zusammenhangsverständnis.

Von Anfang an und dann konsequent durchgehend bindet Kossert in individuellen, namentlich identifizierbaren und identifizierten und vordergründig anscheinend unzusammenhängenden persönlichen oder ganz verschieden erfassten sowie dokumentierten Lebensschilderungen von Menschen unterschiedlichster Länder und politischer Systeme nur vordergründig locker erscheinende fundierte historisch-politische, ethisch-moralische, ja theologisch begründete Formulierungen mit ein, die so ein konzises Bild der Forschung erkennen lassen, ohne jedoch den Leser bzw. die Leserin mit „Theorie" zu überfrachten (wie von den Assmanns gepflegt, aber auch bei Klaus Bade zu beobachten).

„Geschichten vom erzwungenen Fortgehen […], von Tabus und Traumata gibt es in allen Sprachen, Kulturen, Religionen und Weltanschauungen. […] Es ist ein Schicksal, das ihnen von anderen aufgezwungen wird. Der Flüchtling ist ein Entwurzelter, den der Schatten der Erinnerung niemals verlässt." (S. 26).

Kossert zieht einen geradezu riesigen Bogen von den Fluchterfahrungen des „Volkes Israel" im Alten Testament bis zur Situation im Jahre 2021 (Kurden, Rohingya), von den Sklaven Afrikas bis zu den Sudetendeutschen, von den spanischen Sephardim der Vormoderne bis zur Judenverfolgung im Zarenreich und dem Holocaust zwischen 1941 und 1945. Allenfalls könnte man einwenden, dass er Südosteuropa (und damit auch den dort einst jahrhundertelang beheimateten Deutschen) mehr Raum hätte widmen können.

Er sorgt aber auch für die Klärung des ambivalenten „Flüchtlings"-Begriffs – zitiert Hannah Arendt und Bert Brecht gleicherweise und stellt fest: „Der Begriff „Flüchtling" in seiner aktuellen Bedeutung ist eine Schöpfung des späten 19. und frühen 20. Jahrhunderts" (S. 31) – und geht sogar bis auf die althochdeutsche Wortwurzel zurück, sieht aber ebenfalls die Verengung in Deutschland (S. 34) und die Verdrängung in der seinerzeitigen DDR mit dem Begriff ‚Umsiedler'" (S. 36).

Kossert lässt kaum eine relevante Fluchtursache, unterschiedliche Verläufe, Wege, Begründungen (z. B. die sogenannte „Ethnische Reinheit" (S. 112), „kultureller Genozid" (S. 132), Ideologien (S. 224f.), „Heimweh" (S. 263f.), Integration (S. 328), „kollektive Erfahrung" (S. 355), Entwurzelung (S. 142), „Rückwärtsgewandtheit" (S. 348), „globale Katastrophe" (S. 173), Stigmatisierung (S. 333)) in seiner weit ausholenden Darstellung aus. So ergibt sich ein umfassend-lebendiges und erschreckendes Bild der Hintergründigkeit menschlicher Existenz – fernab von den Schreibtisch-Systematisierungen und oft intellektuell hochmütigen Abstraktformulierungen.

Daher verzichtet Kossert ganz bewusst – und das muss hier ausdrücklich betont werden – auf eine detaillierte Inhaltsangabe nach altbewährten Mustern, stattdessen wählt er drei große Blöcke (Flüchtlings-Begrifflichkeit, Heimat und Gefühlswelten – kein Ende) als einen allgemeinen Orientierungsrahmen mit wenigen Unterbereichen ohne „Kapitel"-Benennung; der Leser oder die Leserin kann also gewissermaßen selbst „stöbern".

Dass angesichts der riesigen Materialmenge auch Verwechslungen oder Fehler unterlaufen können, wird am Schicksal zweier Frauen – Katharina Elliger und Magdalena Reiswich sichtbar. (S. 218f. und dazugehörig S. 379 mit Anmerkungen Nr. 14 und 15. Dazu Otfrid PUSTEJOVSKY, Katharina Elliger. Eingraviert. In: Archiv für schlesische Kirchengeschichte 74 (2016), 283-287). Diese Anmerkung schmälert jedoch diese so umfassende und mit Empathie geschriebene „Flucht"-Menschheitsgeschichte, in der Kossert auch sein eigenes Familienschicksal mit drei Sätzen einbindet (S. 355) nicht – im Gegenteil: Es ist eine (indirekte) Aufforderung zur Reflexion unserer eigenen Gegenwart!

Martin Renghart

Joachim Bahlcke (Hg.): Schlesische Lebensbilder, Bd. 13[1]

Wieder ist ein neuer und mittlerweile der dreizehnte Band der „Schlesischen Lebensbilder“ erschienen. Herausgegeben von der Historischen Kommission für Schlesien, enthält er 33 Artikel von 34 Autorinnen und Autoren. Joachim Bahlcke weist in seinem Vorwort (S. 7-9) darauf hin, dass diese Kommission 1921 in Breslau (Wrocław) gegründet wurde und bereits im folgenden Jahr den ersten Band der „Lebensbilder“ publizieren konnte. So sind im Band fünf Gründungs- und zahlreiche weitere Mitglieder dieser Kommission vertreten, darunter mit Ezechiel Zivier (1868–1925), Victor Loewe (1871–1933), Erich Randt (1887–1948) und Kurt Engelbert (1886–1967) allein vier Archivare. Sowohl zeitlich wie thematisch sind die chronologisch angeordneten Beiträge weit gespannt. Sie beginnen mit Bischof Thomas II. von Breslau (vor 1225–1292) und enden mit dem Landeshistoriker Josef Joachim Menzel (1933–2020). Fünf Lebensbilder sind Frauen gewidmet; porträtiert werden die Frauenrechtlerin Dorothee von Velsen (1883–1970), die Fotografin Gertrud Arndt (1903–2000), die Physikerin und Nobelpreisträgerin Maria Goeppert-Meyer (1906–1972), die Sportpilotin Hanna Reitsch (1912–1979) und die Schriftstellerin Leonie Ossowski (1925–2019). Von den Beiträgen wurden elf unter Mitwirkung polnischer oder polnischstämmiger Historiker verfasst, und erstmals sind zwei Porträts auch polnischen Persönlichkeiten der Zeitgeschichte gewidmet: dem in Lemberg (L'viv, Lwów) geborenen, aber nach 1945 in Breslau wirkenden Rechtshistoriker Kazimierz Orzechowski (1923–2009) und dem ebenfalls aus Ostgalizien stammenden und in Breslau lehrenden Historiker Józef Leszczyński (1930–1975). Nicht nur diese beiden Beispiele zeigen, dass nicht allein die Herkunft, sondern auch das Wirkungsfeld der Personen für die Aufnahme in den Band entscheidend waren. So sind nur 25 der 33 Personen auch in Schlesien geboren, einige andere verließen, wie die spätere Physikerin Maria Goeppert-Meyer, die Provinz bereits in ihrer Kindheit oder Jugend. Nach ihrem Tätigkeitsgebiet dominieren mit dreizehn Vertretern die Wissenschaftler, darunter elf Geistes- und zwei Naturwissenschaftler. Dieses Übergewicht

[1] Joachim Bahlcke (Hg.), Schlesische Lebensbilder, Bd. 13. Historische Kommission für Schlesien, Würzburg 2021, 547 S. ISBN 978-3-929817-11-9.

liegt wesentlich an der eingangs angesprochenen Berücksichtigung vieler Mitglieder der Historischen Kommission. Acht Personen waren vorwiegend politisch aktiv, sieben waren Geistliche. Gegenüber früheren Bänden unterrepräsentiert sind dagegen die künstlerischen Berufe, die lediglich mit einer Schriftstellerin, einer Fotografin und einem Kabarettisten vertreten sind. Aus dem Gebiet der Wirtschaft ist lediglich ein Verleger, aus dem des sportlichen bzw. technischen Bereichs eine Flugpionierin berücksichtigt worden. Mindestens 15 der 33 Porträtierten waren protestantisch, zwölf katholisch und vier jüdischer Herkunft. Bei den sieben Geistlichen handelt es sich auf katholischer Seite neben dem Breslauer Bischof Thomas II. um den Jesuiten Johann Leopold Scherschnik (1747–1814), den Kirchenhistoriker Johannes Soffner (1828–1905), den Archivar und Kirchenhistoriker Kurt Engelbert und nicht zuletzt den Kölner Kardinal Meisner (1933–2017), auf evangelischer Seite um Anton Brunsenius (1641–1693), Hofprediger in Brieg (Brzeg) und Berlin sowie den Breslauer Geistlichen und Erbauungsschriftsteller Adam Bernd (1676–1748). Diese beiden Geistlichen sind wegen ihrer für Schlesien typischen konfessionsüberwindenden Tendenzen sehr bemerkenswert. So hatte Adam Bernd in Breslau die katholische Taufe empfangen, war dann lutherisch erzogen worden, um nach seiner Absetzung als Pfarrer an der Leipziger Peterskirche 1728 letztlich als zurückgezogener und individualistischer Privatgelehrter tätig zu sein. Neben seiner autobiographischen „Lebens-Beschreibung“ von 1738 ist besonders seine um Verständigung mit dem Katholizismus werbende „Melodius-Schrift“ von 1728 bemerkenswert, wegen der er sein Pfarramt verlor. Ebenso ist das Porträt Johann Jacob Korns (1702–1756), dem Begründer der späteren „Schlesischen Zeitung“, nicht nur ein wichtiger Beitrag zur schlesischen und preußischen Pressegeschichte, sondern auch zur schlesischen Religions- und Kulturgeschichte, da Korn zahlreiche evangelische Erbauungs- und Gebetsbücher verlegte. Schließlich ist mit dem Archivar Ezechiel Zivier auch ein wichtiger Vertreter des Breslauer Judentums in dem Band vertreten. Auch die katholischen Geistlichen verdienen besondere Aufmerksamkeit: Johann Leopold Scherschnik wurde 1747 im mährisch-schlesischen Teschen (Těšín, Czieszyn) geboren. Nach seinem Eintritt in den Jesuitenorden 1764 widmete er sich im Prager Jesuitenkolleg „Clementinum“ vor allem philologischen und historischen Studien zur böhmischen Geschichte. Nach der zwangsweisen Aufhebung des Ordens 1773 kehrte er nach Teschen zurück, wo er als Gymnasiallehrer und Pädagoge wirkte und dem mährisch-schlesischen Dialekt besondere Beachtung schenkte. Johannes Soffner stammte aus Neustadt (Prudnik) in Oberschlesien, wandte sich während seines Theologiestudiums in Breslau der Kirchengeschichte zu und habilitierte sich 1857. Wegen seiner „ultramontanen“ Gesinnung blieb ihm eine wissenschaftliche

Karriere jedoch verwehrt, sodass er seit 1864 als Seelsorger im Breslauer Vorort Oltaschin (Ołtaszyn) wirkte. Hier fand er dennoch Raum, neben einer Pfarrchronik von Oltaschin eine „Geschichte der Reformation in Schlesien" zu schreiben, die trotz ihrer konfessionellen Perspektive damals wegweisend war. Anders als Soffner ist Kurt Engelbert für schlesische Katholiken auch heute noch eine feste Größe. Als Breslauer Diözesanarchivar (1940–1946) war er maßgeblich an der Rettung der älteren Breslauer Archivbestände beteiligt. Nach der Ausweisung aus Breslau erhielt er am Hildesheimer Diözesanarchiv eine neue Wirkungsstätte und trug als langjähriger Herausgeber des Archivs für Schlesische Kirchengeschichte maßgeblich zur Bewahrung des Breslauer Erbes in Westdeutschland bei. Der wohl bis heute bekannteste und gleichzeitig umstrittenste schlesische Katholik dürfte der Berliner Bischof und spätere Kölner Kardinal Meisner sein. Mit ihm drehten sich die Verhältnisse, wie Hubert Thienel, Visitator für die Erzdiözese Breslau, anlässlich von Meisners Erhebung zum Kardinal 1983 meinte, um, denn „früher seien Kardinäle nach Schlesien importiert worden, nun aber exportiere Schlesien einen Kardinal nach Berlin" (S. 498). Auch wenn die Meinungen über den im Breslauer Stadtteil Deutsch Lissa (Wrocław-Leśnica) geborenen Kirchenmann gerade in seiner späteren Erzdiözese Köln geteilt bleiben dürften, kann an seiner Heimattreue wie auch an seiner loyalen Haltung zum polnischen Papst Johannes Paul II. kein Zweifel sein. Zudem war Meisner immer wieder zu überraschenden Neupositionierungen fähig. Neben diesen Klerikern porträtiert der Band aber auch engagierte katholische Laien wie den Vertriebenenfunktionär Clemens Riedel (1914–2003), den CDU-Vertriebenenpolitiker Heinrich Windelen (1921–2015), den Musikwissenschaftler Hubert Unverricht (1927–2017) und den Landeshistoriker Josef Joachim Menzel (1933–2020).

Aber auch über die katholische Welt hinaus lädt der neue Band dazu ein, bekannte Persönlichkeiten neu zu entdecken und unbekannte erstmals kennenzulernen. So waren mir persönlich vor der Lektüre von den 33 Persönlichkeiten nur 15 geläufig. Auch in der deutschen Wikipedia sind längst nicht alle von ihnen verzeichnet. Einer breiteren deutschen Öffentlichkeit dürfte heute nur noch der Kabarettist Dieter Hildebrandt (1927–2013) geläufig sein, dessen schlesische Herkunft aber vielen wohl unbekannt ist. Ähnliches gilt wohl auch für Joachim Kardinal Meisner. Unter den vielen, den Band dominierenden Wissenschaftlern, Archivaren, Politikern und Funktionären finden sich versteckt auch zwei, heute allerdings kaum mehr bekannte Komplizen des NS-Regimes: Der als Aktivist der deutschen Minderheit im polnischen Oberschlesien tätige Rudolf Wiesner (1890–1973) und der Bevölkerungspolitiker Fritz Arlt (1912–2004), der während des Zweiten Weltkriegs an Kriegsverbrechen im besetzten Polen und in Oberschlesien beteiligt war. Einige weitere

Persönlichkeiten wie die Flugpionierin Hanna Reitsch oder der aus Westpreußen stammende Archivar Erich Randt, der für die Vernichtung zahlreicher Warschauer Archivbestände während des Zweiten Weltkriegs mitverantwortlich war, sind mit Blick auf ihre NS-Vergangenheit differenziert zu beurteilen. Es bleibt auf diesem Gebiet aber immer noch einiges aufzuarbeiten. Immerhin soll, wie Bahlcke im Vorwort (S. 8) ankündigt, in diesem Jahr auch noch eine Geschichte der Historischen Kommission erscheinen, von der in dieser Hinsicht mehr zu erwarten ist. Die zahlreichen Beiträge des Bandes sollen nicht nur viele schlesische Persönlichkeiten dem Vergessen entreißen, sondern auch zur weiteren Beschäftigung mit ihnen anregen. Trotz der zahlreichen akribisch recherchierten Literaturtitel zu jeder Person sind größere Untersuchungen neueren Datums darunter die Ausnahme, was sowohl der meist schwierigen Quellenlage wie auch dem häufig fehlenden Interesse nach 1945 zuzuschreiben ist. Aus diesem Grund stellen mehrere der Porträts durchaus auch eigene Forschungsbeiträge dar. Als Nachschlagewerk und Grundlage für weitere Untersuchungen taugt der mit 59 Euro durchaus erschwingliche Band, der auch ein wertvolles Verzeichnis der Artikel der Vorgängerbände enthält, deshalb allemal.

Situation der katholischen Kirche in Ungarn, Jugoslawien und Rumänien 1944/45 bis ca. 1950

STEFAN P. TEPPERT

Zum dritten Mal widmete sich in diesem Jahr eine Tagung des St. Gerhards-Werks in Stuttgart der Geschichte der katholischen Kirche in Südosteuropa. Während die beiden Vorgänger-Tagungen sich auf die Zwischenkriegszeit konzentriert und Aufbruchsbewegungen sowie Antworten auf den Fortschritt und gesellschaftliche Herausforderungen thematisiert hatten, wurde diesmal die Situation der Kirche in Ungarn, Jugoslawien und Rumänien von 1944/45 bis ca. 1950, also unter kommunistischen Diktaturen vergleichend untersucht.

Wie in den Jahren zuvor moderierte *Prof. Dr. Dr. Rainer Bendel* auch die Vorträge und Diskussionen am 17. Juli 2021 im Haus der Donauschwaben in Sindelfingen. Einleitend plädierte Bendel dafür, das Thema so offen wie möglich zu halten, ohne weltanschauliche Prämissen. Ziel der Veranstaltung sei, das weite Themenfeld anzusprechen nicht eine erschöpfende abschließende Behandlung.

Erster Referent zum Thema „Die katholischen Kirche im jugoslawischen Sozialismus“ war *Prof. Dr. Aleksandar Jakir* (geb. 1966), der seit 2007 Zeitgeschichte lehrt an der Abteilung für Geschichte der Philosophischen Fakultät der Universität Split (Kroatien).

Prof. Dr. Jakir stellte die Situation nach 1944/45 wie folgt dar: Mit der Machteroberung der jugoslawischen Kommunisten habe die exzessive Gewalt mit ca. 80.000 Todesopfern bei Kriegsende ein exorbitantes Ausmaß erreicht, wobei der Terror als Revolution zur Überwindung der bürgerlichen Klassengesellschaft legitimiert wurde. Im Dienst der Partei wurden Listen derjenigen angelegt, die es zu liquidieren galt. Dies waren vor allem Vertreter der Intelligenz, Bourgeoisie, Industriellen, reichen Landbesitzer und Kulaken, aber auch Repräsentanten der Kirchen. Religion wurde als falsches Bewusstsein und ideologische Waffe der Ausbeuter begriffen. In der katholischen Kirche sah das neue Regime unter Marschall Tito einen der stärksten Pfeiler der reaktionären Kräfte, von Anfang an war das Verhältnis zu ihr durch offene Feindseligkeit geprägt. Der Staat entzog der Kirche zentrale Instrumente ihres sozialen Einflusses, verbot Kirchenpresse und katholische Organisationen, schloss Schulen und Lehranstalten, konfiszierte einen Großteil kirchlichen Besitztümer und behinderte karitativ-humanitäre Institutionen. Zahlreiche Priester wurden m Terror der Nachkriegszeit ermordet. Verhaftungen katholischer Kleriker fanden in den 50-er Jahren unausgesetzt statt. Am 17. Dezember 1952 brach Jugoslawien seine Beziehungen zum Heiligen Stuhl ab, nachdem Papst Pius XII. den Zagreber Erzbischof Alojzije Stepinac in den Kardinalsrang erhoben hatte. Mit der Verurteilung von Stepinac, der eine konsequent antikommunistische Haltung einnahm, zu 15 Jahren Haft wollte die KP ein Exempel statuieren. Erst ab Mitte der 50-er Jahre, als Jugoslawien mit dem Stalinismus abgewandt hatte und sich dem Westen annäherte, endete die Zeit der akuten Konfrontation, es entwickelte sich nach Jakir eine Phase der Koexistenz.

Robert Pech M.A. aus Leipzig verdeutlichte „Seelsorge unter kommunistisch-revolutionären Bedingungen“ am Fallbeispiel des 1914 in Filipowa in der Batschka geborenen Jesuitenpaters Wendelin Gruber, der nach seiner Priesterweihe in Rom am erzbischöflichen humanistischen Gymnasium in Zagreb Sprachen lehrte, bevor er Anfang 1946 illegal in verschiedene Internierungslager der Woiwodina ging, wo seine deutschen Landsleute massenhaft an Hunger und Krankheiten starben. Er betreute sie pastoral, organisierte Arznei- und Lebensmittel und verhalf ihnen zur Flucht, ständig in Gefahr, verhaftet zu werden. Tatsächlich wurde Gruber 1948 zu 14 Jahren Zuchthaus und Zwangsarbeit verurteilt. Sein Lagertagebuch wurde dabei konfisziert. Auf Betreiben Konrad Adenauers wurde er Ende 1955 begnadigt und nach Deutschland abgeschoben. Als besondere Quelle für die Beurteilung der damaligen Situation ist das Buch „In den Fängen des roten Drachen“, das Gruber nachträglich in Deutschland aus der Erinnerung und mit Hilfe von Fachliteratur und Zeitungen über seine Aufenthalte in den Vernichtungslagern, seinen Prozess und seine Gefangenschaft schrieb. Die Ursprungsversion mit breitem Akzent auf dem Autobiografischen und dem Verfall christlicher Werte wurde 1986 auf die Darstellung der Leiden der Jugoslawiendeutschen konzentriert Nach einer Darstellung der politischen Rahmenbedingungen während des revolutionären Terrors der jugoslawischen Kommunisten ging Pech auf Grubers selbstlosen Einsatz in den Lagern ein und kam zu dem Resümee, dass Grubers Erinnerungen eine Anklageschrift gegen den Umgang des jugoslawischen Staats mit der deutschen Minderheit seien. Seine Erlebnisse in den Lagern ließen ihn das Schicksal der deutschen Minderheiten im Südosten vor allem als religiösen Konflikt deuten. Die Diktion des Antikommunismus präge sein Denken und seine Sprache, die auf historische und psychologische Einordnungen verzichte und daher für den Historiker in dieser Ausschließlichkeit nicht haltbar sei. Angesichts des nach wie vor eingeschränkten Zugangs zu den Akten des Belgrader Innenministeriums müssten die Aussagen über Pläne, Ziele und Maßnahmen der jugoslawisch-kommunistischen Bevölkerungs- und Nationalitätenpolitik unmittelbar nach dem Zweiten Weltkrieg immer noch vorläufig bleiben.

Dr. Gábor Bánkuti Dozent an der Fakultät für neuere Geschichte aus Pécs/Fünfkirchen war per Videokonferenz zugeschaltet. Er arbeitete in seinem Vortrag die Ähnlichkeiten und Unterschiede heraus, die in „Programm und Wirkung der kommunistischen Kirchenpolitik in Ungarn und in Rumänien zwischen 1945 und 1950" bestanden. Zunächst zeigte er an Hand von Schaubildern den Anteil der Nationalitäten wie auch der Konfessionen während der Zwischenkriegszeit nicht nur in Ungarn und Rumänien, sondern auch die besondere Situation in den ehemals ungarischen, durch Gebietsabtretungen (Trianon) an Rumänien verlorenen Gebieten. Erläutert wurden dann die staatlichen Maßnahmen des kommunistischen Regimes in Ungarn, beginnend im März 1945 mit der Enteignung kirchlichen Grundbesitzes ohne Entschädigung über die Auflösung des kirchlichen Schulwesens sowie der katholischen Vereine, dann 1948/49 die Verhaftung Kardinal Mindszentys mit nachfolgendem Schauprozess bis Mai 1952 mit der Einrichtung des Staatlichen Amtes für Kirchliche Angelegenheiten sowie dem forcierten Amtseid der Bischöfe auf die neue Verfassung der Volksrepublik. Ebenso beschrieb Bánkuti die Maßnahmen gegen die Kirche in Rumänien von 1948 bis 1950, zu denen die Verstaatlichung aller privaten und kirchlichen Schulen sowie die Aussiedlung und Zwangsumsiedlung aller Ordensmitglieder der Klöster gehörte. Die Konfessionen konnten ihre Tätigkeit nur noch mit staatlicher Erlaubnis ausüben. Die griechisch-katholische Kirche wurde im Oktober 1948 aufgelöst, am 1. August 1949 wurden 15 von damals 25 katholischen Orden verboten. Nur noch je zwei Diözesen lateinischen und griechischen Rituals waren erlaubt.

Dr. Ándor Lénár, der seine Dissertation an der Eötvös-Loránd-Universität Budapest über den Vacer Bischof Árpád Hanauer geschrieben hat, war aus der ungarischen Hauptstadt zugeschaltet. Sein Thema war die Tätigkeit von József Pétery (1890–1967), des Bischofs von Vác (Waitzen), im Schatten der kommunistischen Diktatur. In der Zeit der kurzen Koalitionsphase (1945–1948) lösten die von der Sowjetunion beeinflussten Kommunisten die ungarischen demokratischen Institutionen Schritt für Schritt auf. Die bürgerlichen Parteien wurden zerschlagen, ihre Leiter entweder verhaftet oder ins Exil gezwungen. Schließlich ergriffen die Kommunisten 1948 völlig die politische Macht. So entstand das Rákosi-System, die ungarische Version der stalinistischen Diktatur. Anhand zahlreicher Dokumente wurde der Werdegang und das Leben Péterys, der 25 Jahre lang im Dienst der Priesterausbildung und der Gläubigen in Eger stand, dann 1939 Pfarrer in der Kathedrale von Eger und schließlich 1942 Bischof in Vác/Waitzen wurde. Pétery hatte schon 1919 vor den Auswirkungen des Kommunismus gewarnt, den er als das „Rote Gespenst" bezeichnete. Seine Bemühungen um eine Reform der theologischen Ausbildung in Ungarn und seine wissenschaftliche Tätigkeit machten ihn landesweit bekannt. Die Protestbriefe, die Pétery ab 1946 an die unterschiedlichen Ministerien richtete, beweisen, so Lénár, „dass er wirklich alles tat, was möglich war, seine unschuldig verhafteten Priester zu befreien". Er geriet ins Fadenkreuz der Staatssicherheit, wurde verhört und gezwungen, ein konstruiertes Protokoll zu unterschreiben. Pétery wurde in der Presse als „Agent des Imperialismus" und „Kriegshetzer" angeprangert. Sein Widerstand gegen die staatlichen Maßnahmen mündete in Hausarrest und Psychoterror, später in der Verbannung nach Hejce, wo er bis zu seinem Tod 1967 interniert blieb. An József Péterys Schicksal können die wechselvollen Methoden des kommunistischen Terrors untersucht werden, mit denen die stalinistische Parteiführung die katholische Kirche als ihren größten ideologischen Feind zu vernichten suchte.

Dr. Katalin Gajdos-Frank referierte zu ihren Forschungsergebnissen zur Lage der deutschen Minderheit in Ost- und Mitteleuropa im 20. Jahrhundert. Seit 2011 leitet sie das Jakob-Bleyer-Heimatmuseum in Budaörs und ist ungarndeutsche Abgeordnete in der Deutschen Selbstverwaltung, gehört seit 2014 dem Vorstand der Landesselbstverwaltung der Ungarndeutschen an und ist seit 2019 Mitglied des Stiftungsrates der Deutschen Schule Budapest. Schwerpunkt ihres Vortrags war „Die Rolle der katholischen Kirche in Ungarn 1944/45–1950 am Beispiel der Ungarndeutsche. Die katholische Kirche sei seit der Ansiedlung der Ungarndeutschen die Institution gewesen, die den Rahmen für die gesellschaftlichen Normen vorgab und für die Ungarndeutschen eine ungebrochene Kontinuität sicherte. Der katholische Glaube war ein wichtiges Element der ethnischen Identität und diente zur Aufrechterhaltung des schwäbischen Selbstbewusstseins bis 1944. Danach hat sich die gesellschaftliche und politische Situation der Ungarndeutschen grundlegend verändert. Im Rahmen der Sowjetisierung wurde ab Dezember 1945 die Ungarndeutschen mit Zwangsarbeit, Deportation in die Sowjetunion, Enteignung und Vertreibung kollektiv bestraft. Für die in Ungarn gebliebenen Schwaben diente der Glaube, die katholische Religion nach 1944 als Überlebensstrategie: Die Ungarndeutschen durften ihre Muttersprache nicht benutzen, Deutschsein war verpönt. Einziger Festpunkt blieb der Glaube und die Katholische Kirche. Die katholische Religion spendete nach 1944 auch für die verschleppten, internierten und vertriebenen Ungarndeutschen Halt und Zuversicht. Die Referentin betonte die identitätsstiftende, Kirche und Heimat verbindende, Begegnungen schaffende Bedeutung der Wallfahrten, etwa der Gelöbniswallfahrt nach Altötting. Nach Auflösung ihrer Dorf- und Kirchengemeinschaften blieb für sie Glaube und Kirche „Heimat" – in Ungarn, in Deutschland und auch in der Gefangenschaft. Zusammenfassend sagte Gajdos-Frank, dass die katholische Kirche der deutschen Minderheit in Ungarn in den Jahren ihrer schlimmsten Diskriminierung 1944 bis 1950 nach Kräften half und besonders in der Nachkriegszeit ein stabilisierender Faktor war.

Formen der Erinnerungspflege nach Kriegs- und Gewalterfahrung

Stefan P. Teppert

Ein Seminar von Rapred Girubuntu e. V. in Kooperation mit der sudetendeutschen Ackermann-Gemeinde und der Girubuntu Peace Academy

Unter einer schmerzvollen Vergangenheit hat das Afrika der Großen Seen zu leiden. Besonders die Geschichte Ruandas und Burundis ist voll von Bürgerkriegen, Gräueltaten und Völkermord, die nie vollständig aufgegriffen und verarbeitet wurden. Zum dritten Mal widmete sich eine Tagung in der Katholischen Akademie der Erzdiözese Freiburg am 10. September 2021 im erkenntnisfördernden Dialog zwischen Afrika und Europa den Zielen, durch Austausch zwischen verschiedenen Erfahrungen und Experten auch hinsichtlich der Geschichte unserer Kolonialpolitik eine Basis für ein besseres gegenseitiges Verstehen und ein versöhntes Miteinander zu schaffen, durch Bewusstseinsbildung der Teilnehmer Frieden und Versöhnung zu fördern, Formen und Foren der Erinnerung als Wege zu nachhaltigem Frieden zu zeigen.

P. Dr. Deogratias Maruhukiro, der selbst zum Thema Frieden und Versöhnung in Burundi geforscht und publiziert hat, konnte 11 anwesende und 29 online zugeschaltete Teilnehmer in Afrika und Deutschland begrüßen, die über Kopfhörer alle Beiträge simultan ins Französische oder ins Deutsche übersetzt verfolgen konnten. Zwei Studentinnen von der Freiburger Universität hatten sich der Herausforderung des Dolmetschens gestellt.

Der Inhaber des Freiburger Lehrstuhls für Caritaswissenschaft und christliche Soziallehre *Prof. Dr. Klaus Baumann* führte in das Thema ein. In Deutschland spreche man von der Notwendigkeit einer lebendigen Erinnerungskultur, die nicht zulässt, dass ein Schluss-Strich gezogen wird. Denn wer die Erinnerung an Gewalt unterdrückt, erzeuge neues Unrecht und Leiden. Wenn diese Tagung Formen des Erinnerns in die Mitte der Reflexion und des Diskurses stellt, begleite sie auch der Schatten von Formen des Vergessens, denn beide seien dynamisch miteinander verbunden. Baumann zitierte das Wort des jüdischen Talmud „Erinnern ist das Geheimnis der Erlösung“ und führte die Gedenkstätte Yad Vashem in Jerusalem an, wo die Namen der Opfer der Shoa gesammelt, dokumentiert und in Erinnerung gehalten werden. Weder unter Menschen noch vor Gott sollen sie vergessen werden. Auch im Zentrum der christlichen Rituale stehe das Gedächtnis des Leidens, des Todes und der Auferstehung. Das gemeinsame Essen und Trinken weise aus der Erinnerung der Vergangenheit über die Gegenwart hinaus in eine Praxis für die Zukunft, die als Befreiung, Gerechtigkeit, Friede und Versöhnung wie ein Vorgeschmack anbricht und voll Zuversicht auf ihre Vollendung in der Zukunft Gottes vertraut. Menschen, Gruppen und Gesellschaften müssten demgemäß nicht unselig in den Lasten und der Schuld der Vergangenheit stecken bleiben. Erinnerung kann der befreienden Versöhnung, der Erlösung dienen.

„Von dem, was bleibt" war der Titel des Referats von *Prof. Dr. Stephan Winter*, der zum Sommersemester 2020 den Ruf auf die Professur für Liturgiewissenschaft an der Katholisch-Theologischen Fakultät der Universität Tübingen angenommen hat. Winter, online zugeschaltet, begann seine „ritualtheoretischen und liturgiewissenschaftlichen Anmerkungen zu Formen kollektiven Gedenkens" mit einer Interpretation des Gedichts „Was bleibt?" von Erich Fried. Gegen Ende des eigenen Lebensweges, angesichts abnehmender Kräfte und aufsteigender Erinnerungen an die eigene individuelle und die große Weltgeschichte, postuliert der Dichter, dass die ganze Welt bleiben soll, mündet aber in der bangen Frage „Oder bleibt nichts?" Auch Kollektive verschiedenster Zusammensetzung haben, so Winter, in ihrer Entwicklung Stationen, an denen sie sich in organisierten Formen ihrer Herkunft mit Blick auf die Zukunft vergewissern. Winter konzentrierte sich auf solche Formen kollektiven Erinnerns, die rituell gefasst sind und es im Idealfall ermöglichen, die Biografien der individuell Beteiligten und die der jeweiligen sozialen Gruppe zusammenzuführen. In einem ersten Schritt nannte er drei Beispiele für kollektives, rituell geprägtes Gedenken: 1. Keti Koti, das niederländische Gedenken der Abschaffung der Sklaverei 1863 in der Kolonie Surinam, 2. die seit 1949 durchgeführte Vertriebenenwallfahrt zum Schönenberg bei Ellwangen im Wandel der Zeit; 3. das Gedenken für die Corona-Toten am 18. April 2021. Als Merkmale rituellen Gedenkens arbeitete Winter heraus: Inszenatorisch aufgeladene Aufführungen in außeralltäglichen Situationen stärken die wechselseitige Solidarität. Mit normativer Dynamik bilden Rituale kollektive Identitäten, indem sie Werte, Normen und Regeln einer Gemeinschaft begründen. Die Symbolik der Rituale muss kollektive Werte und Bezüge verkörpern, um nachvollziehbar zu sein, ihre Wiederholbarkeit wird durch kollektive Intentionalität gesichert. Schließlich benötigt geteilte Symbolik geteilte Geschichte bzw. Geschichten. Abschließend nahm Winter biblisch begründetes rituelles Gedenken in den Blick. Nicht der Mensch stifte Erinnerung allein und aus eigener Kraft, sondern primär die durch Gottes Treue gestiftete Gegenwart seiner eigenen vergangenen

Großtaten. Aus der Ungewissheit, ob am Ende vielleicht nichts bleibt, kommen wir nicht heraus, endete Winter.

Mag. Elizaveta Getta vom Institut der Translationswissenschaft an der Prager Karls-Universität lieferte online zugeschaltet als Frucht ihrer Masterarbeit einen Beitrag über „Interkulturelle Kommunikation in Namibia und Tansania während der Kolonialzeit". Mit der Gründung der deutschen Kolonie Namibia 1884 sei ein Bedarf an effizienter Kommunikationsvermittlung zwischen den Deutschen und der lokalen Bevölkerung entstanden. Die ersten Bestrebungen der Kolonialverwaltung, beiden Seiten entsprechende Sprachkenntnisse zu vermitteln oder eine Lingua franca einzuführen, seien aus kulturellen, finanziellen sowie zeitlichen Gründen gescheitert. In vielen Fällen verlief die Kommunikation indirekt mit Hilfe von Dolmetschern, deren Einsatz vor allem im Bereich der Justiz, Religion und Diplomatie unvermeidlich war, aber auch zu zahlreichen Missverständnissen führte. Im Unterschied zu Deutsch-Südwestafrika strebten die Deutschen in Deutsch-Ostafrika (damals Tansania, Burundi und Ruanda, 1885 bis 1915 deutsche Kolonie) keine Germanisierung der lokalen Bevölkerung an, weil es dort schon zuvor mit dem Swahili eine Verkehrssprache unter den zahlreichen Ethnien gab und das Dolmetschen in arabischer Sprache, bedingt durch die enge Kooperation mit dem Sultanat Sansibar, stark vertreten war. Besondere Aufmerksamkeit widmete Getta dem Sprachunterricht, der Missionstätigkeit, der Sprachforschung sowie dem Übersetzen und Dolmetschen in beiden deutschen Kolonien. Spuren der deutschen Kultur in Namibia sind bis heute sichtbar in Architektur, Kultur, Wissenschaft, Fernsehen und Presse. Bis 1990 war Deutsch eine der drei Amtssprachen. Heute herrsche eine Tendenz, alles Deutsche zu beseitigen und die deutsche Minderheit in ihr Ursprungsland abzuschieben angesichts unerfüllter Entschädigungsansprüche wegen „Völkermordes" an den Herero und Nama.

Prof. Dr. Michael Prosser-Schell, außerplanmäßiger Professor an der Universität Freiburg und Wissenschaftlicher Angestellter am Institut für Volkskunde der Deutschen des östlichen Europa in Freiburg, beschäftigte sich mit den Wallfahrten der Vertriebenen in der BRD von der unmittelbaren Nachkriegszeit bis heute. In einem weitgehend zerstörten Land hätten sie ein überwältigendes Gemeinschaftsgefühl und damit auch einen Beitrag zur Aufwärtsentwicklung möglich gemacht. Bei der heute noch stattfindenden donauschwäbischen Gelöbniswallfahrt nach Altötting sowie der Vertriebenenwallfahrt auf den Schönenberg bei Ellwangen werden, so Prosser-Schell, demonstrativ auch politisch Zeichen der Verständigung und Versöhnung gesetzt, so etwa wenn ein gemischter Jugendchor aus Novi Sad oder der Bischof von Zrenjanin Laszlo Nemet eingeladen werden oder wenn Gedenkstätten auf dem Gelände der Vernichtungslager für die Deutschen Jugoslawiens etwa in Rudolfsgnad, Gakowa,

Jarek, Mitrowitz und Molidorf eingerichtet werden dürfen. Die Politik unterstütze die Erinnerungskultur der Heimatvertriebenen und werde darin von Ländern wie Frankreich beneidet, auch deshalb, weil die Heimatvertriebenen unverzüglich wieder Verbindungen zu ihren alten Herkunftsgebieten und Heimatstaaten herstellten und sich so als kompetente Brückenbauer erwiesen. Heute könne man die Wallfahrten der Vertriebenen auch ohne religiösen Hintergrund, nur um der politischen Signalwirkung willen besuchen. Fraglich sei allerdings, ob sie auch in Zukunft, ohne Erlebnisgeneration, weiterhin als Gemeinschaft konstituierendes Gefäß dienen können.

Die Volkskundlerin *Dr. Elisabeth Fendl*, Gründungsbeauftragte für das Sudetendeutsche Museum München, hat sich eigens mit der Erinnerungskultur der Heimatvertriebenen, ihren materiellen Kulturen und ihren Museen befasst. Indem im Museum Heimat inszeniert und so zugleich eine Bilanz des Verlustes gezogen wird, werde es zum Ort der Mahnung und Erinnerung. Live zugeschaltet nannte Fendl etliche Museen konkret, etwa die sudetendeutschen in Neualbenreuth und Waldsassen und das donauschwäbische der Parabutscher in Bad Schönborn. Nur ihr symbolischer Wert schütze die aus der alten Heimat geretteten Gegenstände vor dem Wegwerfen. Aus Relikten werden so Reliquien, die als ideelle Werte das ehemalige Leben der Heimatvertriebenen vergegenwärtigen und vermitteln sollen. Auf der anderen Seite sei das Museum ein Auffangbecken für an Bedeutung verlierende Heimatandenken. Dennoch seien Heimatsammlungen Orte, an denen auf vielfältige Weise Heimat festgehalten, fassbar gemacht und verhandelt wurde, selbst wenn sie nur sehr bedingt aussagekräftige Quellen bieten und Dokumente nur rudimentär vorhanden sind oder ganz fehlen. Dies sei nicht zuletzt ein Ausdruck der westdeutschen Nachkriegsgeschichte und Teil unseres kulturellen Erbes, der nicht ganz sterben dürfe, weil Erinnerung eine kontinuierliche, unabschließbare Aufgabe ist.

Prof. Dr. Reinhold Boschki, seit 2015 ordentlicher Professor und Leiter der Abteilung Religionspädagogik, Kerygmatik und kirchlichen Erwachsenenbildung an der Katholisch-Theologischen Fakultät der Universität Tübingen, war ebenfalls online dabei und sprach über die Bedeutung von Erinnerung für Erziehung und Bildung am Beispiel des Gedenkens an die Shoa. Unsere familiäre Sozialisation und Zugehörigkeit zu einer sozialen Gruppe präge unsere Identität auch als Erinnerungsträger. Deshalb sei Erinnerung immer emotional eingebettet. Neben einem Unbehagen an der herrschenden Erinnerungskultur gebe es ein kritisches Hinterfragen starrer Erinnerungsstrukturen. Problematisch könne die Ritualisierung und die Konzentration auf die eigene Gruppe sein. Boschki nannte den Überlebenden des Holocaust Elie Wiesel (1928–2016) als herausragenden Exponenten lebenslänglicher Erinnerungspflege im Beruf des Schriftstellers, Hochschullehrers und Publizisten sowie den katholischen

Theologen Johann Baptist Metz (1928–2019), der die jüdisch-christliche Religion in ihrem von der Erinnerung an Leidensgeschichte (Memoria passionis) geprägten Wesen beschrieb, die auch eine leidsensible Theologie verlange. Jede Erinnerungskultur wiese zwei entgegengesetzte, aber gleichermaßen zu beachtende Zentralaspekte auf: das zwecklose Gedenken der Opfer und die Erinnerung um der Zukunft willen. Die Spannung zwischen diesen Polen müsse im Gleichgewicht bleiben. Entscheidend für die Gegenwart in der pluralen Gesellschaft sei ein Dialog mit innovativen Formen des Erinnerns zwischen den Erinnerungskulturen einzelner sozialer, ethnischer, nationaler und religiöser Gruppen mit ihren unterschiedlichen Zugängen. Denn längst habe der Kampf um die europäische Erinnerung begonnen.

Prof. Dr. Dr. Rainer Bendel leitete die folgende Podiumsdiskussion mit grundsätzlichen Gedanken zum Thema ein. Der Projektleiter der Arbeitsgemeinschaft katholischer Vertriebenenorganisationen (AKVO), Lehrbeauftragter für Kirchengeschichte an der Universität Hohenheim und Vorsitzender des Instituts für Kirchen- und Kulturgeschichte der Deutschen in Ostmittel- und Südosteuropa hatte das Programm wieder konzipiert und als Kooperationsveranstaltung ermöglicht. Eine zunehmende Gewaltbereitschaft in vielen Gesellschaften deute, so Bendel, auf einen Mangel an Aufarbeitung, ein Verdrängen der Aufgabe. Die Kraft, auf Wunden zu schauen, bedürfe einer Atmosphäre der Stabilität im Umfeld, eines Wohlwollens, das nicht mit Schönreden verwechselt werden darf. Im Wissen darum, wie umkämpft Erinnerung sein kann, gelte es, die Gefahr ihrer Instrumentalisierung, nicht zuletzt auch zwischen den Staaten, zu bekämpfen. Wir wissen auch um die therapeutische Funktion der Erinnerung: Wunden können nicht ungeschehen gemacht werden, aber sie können heilen, vernarben. Narben, die zu Sensoren werden. Ein großes Potenzial, sich dem Thema Schuld und Vergebung zu nähern, und eine Kompetenz, Erinnerungskultur zu gestalten, liege in der christlichen Botschaft. Es stelle sich aber die Frage, wie diese Erfahrung in andere Kulturen übersetzt, auf folgende Generationen übertragen und in den sozialen Medien gestaltet werden kann. Religion und Kultur seien sinnstiftende Räume, denen es durch Deutung und Begleitung gelingt, Menschen über ethnische und nationale Grenzen hinweg beziehungsfähig zu machen. Ohne Auseinandersetzung mit der Erinnerung gibt es jedenfalls keine positive Identität, kommen wir nicht aus der Spirale der Destruktion heraus, so Bendel. Er fragte, wie die Überlegungen dieser Tagung fruchtbar gemacht werden können für eine europäische und afrikanische Öffentlichkeit. Da Erinnerungen an Erfahrungsgemeinschaften geknüpft sind, müssen sie einen Raum der Akzeptanz, konkretisiert an zentralen und lokalen Erinnerungsorten, finden, wo sie zelebriert werden können. Nach einer noch zu leistenden Auswertung können die Erfahrungen der Vertriebenen und der kirchlichen Vertriebenenarbeit nach Bendels Ansicht für heutige Konfliktfelder fruchtbar gemacht werden.

Aline Ndenzako gründete 2017 in Paris zusammen mit Beate Klarsfeld die Vereinigung „Mémoires communes, Avenir commun“ (Gemeinsame Erinnerung, gemeinsame Zukunft), eine Plattform der burundischen Opposition im Exil, die sich zum Ziel gesetzt hat, die interethnischen Konflikte zu beenden. Damit eines Tages Gerechtigkeit geschehen kann, werden nach dem Vorbild der Opfer der Shoa die Namen der Toten und Vermissten gesammelt. Die Enkelin des ehemaligen Königs von Burundi Mwambutsa IV. wurde schon früh auf die Ungerechtigkeit aufmerksam, die ihre Familie zu erdulden hatte, ihre beiden Onkel etwa wurden ermordet, einer davon ein Held im Kampf gegen das koloniale Joch. Als Angehörige der Aristokratie und einer vierten ethnischen Gruppe neben den Twas, Hutus und Tutsis hat Aline Ndenzako einen neutralen Status, der es ihr ermöglicht, die Vorurteile zwischen den Gruppen abzubauen und nach Eintracht zu streben. In ihrem Vortrag dankte sie für die Einladung und das zur Verfügung gestellte Fachwissen. Ihrer Auffassung nach sind die Mechanismen, die zum Völkermord führen, überall dieselben, unabhängig von Kultur, Bildungsstand und dem sozialen Niveau. Sie erzählte, wie sie als 12-Jährige vom Verschwinden einzelner Gruppen von Hutus und Tutsis erfuhr, von deren Existenz sie nie zuvor etwas gehört hatte. Die Schaffung von Gedenkstätten mit Unterstützung von Wissenschaftlern ist für sie notwendiger denn je, um bei der Entwicklung von Inhalten zum Gedenken an die Opfer dieser Gewalt und die Reflexion darüber, aber auch mit Handlungsempfehlungen zu helfen.

Das Gedächtnis eines Volkes könne sich auch in der Pflanzung von Bäumen manifestieren, sagte ein aus Burundi zugeschalteter und ins Deutsche übersetzter Teilnehmer unter Bezugnahme auf die Solidarität schaffende Kraft rituellen Gedenkens. Er nannte Elemente der ursprünglich monotheistischen burundischen Erinnerungskultur, die aber zusammen mit vielen Gebräuchen und Kulturtechniken heute in Vergessenheit geraten sei, weil die einstigen Clan-Gesellschaften (Hutu, Tutsi, Twa), die aber ein Volk mit einer Sprache bilden und eine Geschichte und Kultur teilen, gezwungen wurden, ihre eigene Kultur zu verleugnen und sich mit den missionierenden Kolonialisten zu identifizieren. Konsequenz aus der zerstörten Erinnerung seien viele Ungerechtigkeiten, u.a. eine brutale Militarisierung der Gesellschaft und zahlreiche, meist ungeahndet gebliebene Kriegsverbrechen. Zuletzt fragte der Redner: Wie kann ein verletztes und zerstörtes Gedächtnis wieder hergestellt werden? Wie soll man die alten Werte wieder aktivieren?

Weitere Aspekte lieferte die anschließende Diskussion: Das wechselseitige Erzählen zwischen Tätern und Opfern sei wichtig und heilsam. Daraus seien schon langfristige Beziehungen entstanden. – Für Gespräche auf Augenhöhe, um ein Eingeständnis der Schuld und die Möglichkeit der Vergebung zu erwirken, biete Religion die geeignete Basis. – Es sei eine Daueraufgabe für die Zukunft, junge Leute aus den Gruppen der Täter und der Opfer in Reden, Spielen, Veranstaltungen machen zu vereinen, damit sie merken, dass wir alle nur Menschen sind. – Heimatstuben seien weiterhin wichtig als Stätten der Erinnerung, selbst wenn Experten die Rolle der Erlebnisgeneration als Erzähler übernehmen müssen. Heimatstuben wurden sogar schon nach Tschechien transloziert und schaffen dort neue Zugänge für die Erinnerung. – Man dürfe nicht vergessen, wie lange es in Deutschland gedauert hat, bis eine offene Auseinandersetzung über den Holocaust möglich wurde. Daher: Geduld als wichtige Zugabe, abhängig von der politischen Situation. – Neben Museen und Denkmalen seien in der Alltagskultur auch Stolpersteine erstaunlich effizient, so etwa auch für die Gewaltopfer der Militärdiktaturen in Argentinien und Chile.

Mitteilungen und Verschiedenes

Vorschau auf das nächste Doktorandencolloquium

Das nächste Doktorandencolloquium hat das Thema **„Christen unter totalitärer Herrschaft von 1945 bis ca. 1960. Das konfliktbelastete Verhältnis von Staat und multireligiöser Gesellschaft auf dem Gebiet des sozialistischen jugoslawischen Vielvölkerstaats“** und findet vom 6. bis 8. Juli 2022 in München statt. Es handelt sich um die wegen der Pandemiesituation 2021 abermals verschobene Veranstaltung.

Im Anschluss an die wissenschaftliche Nachwuchstagung werden einige öffentliche Vorträge angeboten:

Vorschau auf die 58. Arbeitstagung

8. Juli, München

1. N.N.: Christen unter totalitärer Herrschaft: Vorstellung der Erträge der Nachwuchstagung
2. Einordnung und Vergleich voraussichtlich in einem Podiumsgespräch
3. Dr. Lenka Kopřivová, Praha: Die Zwangsumsiedlung der kroatischen Minderheit in Südmähren 1948
4. Dr. Otfrid Pustejovsky, Waakirchen (angefragt): Geheimkirche in der CSSR. Fundamentale Kirchenkritik in Bildern am Beispiel des „Dikobraz“ (Stachelschwein). Ein Beitrag zur antikirchlichlichen politischen Propaganda
5. N.N.: Implikationen, Rezeptionen, Parallelen religiöser Thematik, Motive und Praktiken in der kommunistischen Propaganda in Ostmittel- und/oder Südosteuropa während der Zeit zwischen 1945 und 1989.

1. Hintergrund und Genese des Projekts

Das IKKDOS hatte bereits wenige Jahre nach der Wende die Thematik „Katholische Kirche unter nationalsozialistischer und kommunistischer Diktatur" in Kooperation mit polnischen Wissenschaftlern im Rahmen seiner Jahrestagungen aufgegriffen.[1]

Mit den IKKDOS-Tagungen 2016 „Christen unter totalitärer Herrschaft in Ostmitteleuropa von 1946 bis ca. 1960 und 2017 erweitert auf Südosteuropa"[2] wurde der zeitliche Rahmen eingeengt und geschärft auf die Jahre nach Ende des Zweiten Weltkrieges – den Endpunkt bestimmen jeweils länderspezifische Entwicklungen. Beide Tagungen bestätigten dank verschiedener Fallbeispiele den heterogenen Umgang der „Staaten des Ostblocks" mit den Kirchen bzw. der Gemeinden mit den Hierarchien.

Das komplexe Verhältnis von Religion und Gesellschaft besonders in Südosteuropa[3], gerade in dem hier zur Frage stehenden Zeitraum, lässt sich gewinnbringend im Rahmen eines internationalen Seminars für Studierende und Nachwuchswissenschaftler untersuchen. Es soll sich mit der Analyse der Rolle der verschiedenen Religionsgemeinschaften und Kirchen am Beispiel der Entwicklungen auf dem Gebiet des sozialistischen Jugoslawiens nach dem Zweiten Weltkrieg befassen. Einige Autoren sprachen gar vom „Krieg gegen die organisierte Religion" nach 1945 in Tito-Jugoslawien.[4] Die Beschäftigung mit dem Thema soll einen differenzierten und genauen Blick auf das komplexe Geschehen ermöglichen.

2. Zielsetzungen

Mit dem Seminar sollen grundlegende Fragestellungen diskutiert und die Tragweite und Aussagekraft der Quellen bei den Studierenden nachhaltiges Interesse am Thema wecken. Anzustreben ist dabei, dass einige der Teilnehmer in die Forschungsarbeit dieses Themenfelds einsteigen und ihre Qualifikations-

---

1 Katholische Kirche unter nationalsozialistischer und kommunistischer Diktatur. Deutschland und Polen 1939-1989. Hg. v. Hans-Jürgen KARP und Joachim KÖHLER. Köln-Weimar-Wien 2001.

2 Tagungsbericht: Christen unter totalitärer Herrschaft von 1945 bis ca. 1960 in der SBZ/DDR, Polen, der Ukraine und der ČSSR, 07.08. 2016-10.08.2016 Bad Kissingen. In: H-Soz-Kult, 12.01. 2017, www.hsozkult.de/conferencereport/id/tagungsberichte-6926.

3 Vgl. Klerus und Nation in Südosteuropa vom 19. bis zum 21. Jahrhundert. Hg. v. Aleksandar JAKIR und Marko TROGRLIĆ. Frankfurt/Main 2014.

4 Vgl. Sabrina P. RAMET, Die drei Jugoslawien. Eine Geschichte der Staatsbildungen und ihrer Probleme, München 2011, 277.

arbeiten in diesem Bereich wählen. Dabei sollen sie im konfessionen- und nationen-übergreifenden und vergleichenden Gespräch bleiben.

3. Inhaltliche Perspektiven und Fragen

- Herrschaftsnähere und herrschaftsfernere Gruppen: Konfessionen im Vergleich. Welche Faktoren bestimmten die Gruppenidentität? Frömmigkeitspraxis, religiöse Traditionen, ethnische, nationale? Gab es formale, strukturelle, gar auch inhaltliche Parallelen zwischen der Herrschaftsideologie und religiösen Aussagen (Liturg. Bilder, Rituale, Messianismus)? Diente Ideologie als Ersatzreligion?
- Reaktion auf Repression im alltäglichen Leben, in der Theologie, „Widerstand“: Gab es in der Auseinandersetzung mit totalitären Systemen neben Konfrontation auch Phasen der Anpassung, vielleicht auch der Resignation? Oder gar der Kollaboration? Wer war aus welchen Gründen und mit welchen Intentionen dazu bereit? Bestimmte primär die Sorge um einen Freiraum für „kirchliche Interessen“ das Verhalten oder die Sorge um die Freiheit der Menschen, um die Menschenrechte? Konnten Parallelstrukturen, Refugien wenigstens teil- oder ansatzweise erhalten werden? Wie weit schufen Riten, die religiöse Sprache, Gegenwelten?
- Welche Motive für Überlebensstrategien, für Anpassung, aber auch für Non-Konformität, für Widersetzen und Widerstand lassen sich jeweils feststellen? Welche Auffassung vom Menschen, von der Kirche, von den Aufgaben der Seelsorge, vom Staat verbirgt sich dahinter?
- Die ideologischen/politischen Rahmenbedingungen („Eiserner Vorhang“, Kalter Krieg), die gesellschaftlichen Veränderungen (Technisierung, Urbanisierung, wie wir sie in den westlichen Gesellschaften in den 1950ern kennen) und ökonomische Umstrukturierungen sollen in ihren Folgen auf den Alltag, in dem religiöse Gemeinschaften lebten, befragt werden.

Keine Heroisierung, also Martyrologien sind anzustreben, vielmehr soll der Blick auf die vielen einzelnen, auf die unterschiedlichen Ebenen und Tätigkeitsfelder religiösen Lebens, vom religiösen Feiern in der Liturgie, den Festen über das Verständnis von Seelsorge, caritativen Aktionen bis zu Jugendarbeit und Katechese gerichtet werden.

Grundlegende Fragen auf der Materialebene werden das Seminar begleiten: Wo finden wir die Informationen? Wie sichern wir Quellen? Wo ist es sinnvoll an Quelleneditionen zu denken?

Folgen, die über unseren Zeitraum hinausreichen: Wie gehen wir mit „Wirkungen“ von Repressionsmaßnahmen“ auf die Menschen um – etwa das Erbe von Traumata?

Im Rahmen des Seminars ist es notwendig, auch auf das NS-Regime einzugehen. Vor allem von dessen Kirchenpolitik war das damalige Jugoslawien betroffen. Der Einfluss dieser Erfahrung auf kirchliche Stellungnahmen, Positionen sowie die kirchliche Situation nach 1945 muss verstärkt in Betracht gezogen werden. Vor allem gilt hier, kirchliche Handlungsspielräume unter den Diktaturen zu erschließen.

4. Die Arbeitsgrundlage: Quellen

Als Arbeitsgrundlage für das Seminar dienen neuere Quellenbände:

- Für die katholische Kirche, die Protokolle des Zentralkomitees der KP in Kroatien: Hrvatski državni arhiv (Hg): Zapisnici Politbiroa Centralnoga komiteta Komunističke partije Hrvatske 1945-1952., Svezak 1 1945-1948. [Protokolle des Politbüros des ZK der Kommunistischen Partei Kroatiens 1945-1948, Band 1 1945-1948]. Zagreb 2005. – Hrvatski državni arhiv (Hg): Zapisnici Politbiroa Centralnoga komiteta Komunističke partije Hrvatske 1945-1952., Svezak 2 1949-1952. [Protokolle des Politbüros des ZK der Kommunistischen Partei Kroatiens 1945-1948, Band 2 1949-1952]. Zagreb 2006.
- Die Tagebuchaufzeichnungen des damaligen Erzbischofs/Kardinals Alojzije Stepinac, dessen Rolle während des Krieges und danach gesondert thematisiert werden soll: Željko Karaula (Hg.): Dnevničke zabilješke Alojzija Stepinca 1934-1945. iz arhiva UDBA-e [Die Tagebuchaufzeichnungen von Alojzije Stepinac 1934-1945 aus dem Archiv der UDBA]. Zagreb 2020. Nach wie vor zum Verständnis hilfreich sind auch die älteren (Stepinac gegenüber positiv stehenden) Biographien von Aleksa Benigar: Alojzije Stepinac, Hrvatski kardinal [Alojzije Stepinac, kroatische Kardinal]. Rom 1974. – Stella Alexander: The Triple Myth: A Life of Archbishop Alojzije Stepinac. Boulder 1987. – Vladimir Horvat: Kardinal Alojzije Stepinac: mučenik za ljudska prava [Kardinal Alojzije Stepinac. Märtyrer für die Menschenrechte]. Zagreb 2008. – Juraj Batelja: Blaženi Alojzije Stepinac – svjedok Evanđelja ljubavi. Životopis, dokumenti i svjedočanstva – prije, za vrijeme i nakon Drugog svjetskog rata, Postulatura blaženog Alojzija Stepinca [Der selige Alojzije Stepinac – Zeuge des Evangeliums der Liebe. Biographie, Dokumente und Zeugnisse – vor, während und nach dem Zweiten Weltkrieg]. **Zagreb 2010,** und neueste Monographien, sehr detailliert und auf dem neuesten Forschungsstand, zuletzt Claudia Stahl: Alojzije Stepinac. Die Biografie. Paderborn 2017.

5. Methode

Die Erforschung des Lebens von Christen unter totalitären Herrschaften bedürfen einer Vielzahl von Zugängen und methodologischen Ansätzen, die aus den oben dargestellten Problemfeldern und Fragestellungen folgen. In der gegenwärtigen kirchlichen Zeitgeschichtsforschung wurde sich um eine Perspektivenerweiterung bemüht und versucht, die große Vielfalt der Ansätze, von den theologischen bis zu profangeschichtlichen, in die Forschung einzubeziehen.[5] Theologische An- und Absichten stießen nämlich auf politische Realitäten sowie profane Interessen und dürfen demzufolge nicht isoliert behandelt werden. Es wird daher im Seminar bei der Behandlung des kirchlichen Lebens unter der kommunistischen Herrschaft eine Zusammenschau der religiösen Vorsätze und gesellschaftspolitischen Rahmenbedingungen geben. Auch der komparative Blickwinkel und die Kontextualisierung spielen eine wichtige Rolle. Die komparative Methode erlaubt, das Leben der Christen unter den beiden Diktaturen im Vergleich zu bewerten. Dabei muss die Erfahrung beider Systeme herangezogen und in ihrer Wechselwirkung ausgewertet werden. Damit soll eine Apologetik wie auch eine einseitige Polemik und Verurteilung vermieden werden.

Die Einbeziehung von mikro- und makrohistorischen Ansätzen ist ein wichtiger Schlüssel bei der Erarbeitung der Thematik. Die Mikrohistorie der einzelnen Kirchenmitglieder und ihre persönlichen Erlebnisse standen in Korrelation mit der Makrohistorie ihrer Kirche und der politischen Situation. Deshalb müssen diese Ebenen stets zusammengedacht werden, was ermöglicht, ein differenziertes Bild der damaligen Vorgänge herauszuarbeiten.

6. Kooperationspartner

Universität Split, Lehrstuhl für Kroatische und Neuere und Neueste Geschichte; Institut für deutsche Kultur und Geschichte Südosteuropas an der LMU München (IKGS)

---

5 Vgl. Ulrich von HEHL, Zeitgeschichtliche Katholizismusforschung. Versuch einer Standortbestimmung. In: Karl-Joseph HUMMEL (Hg.), Zeitgeschichtliche Katholizismusforschung. Tatsachen, Deutungen, Fragen. Eine Zwischenbilanz, Paderborn u.a. 2004, 15-28.

Personalia

Nachruf Professor em. Dr. theol. Werner Marschall (1927–2021)

Am 26. Oktober 2021 verstarb in Fulda im gesegneten Alter von 94 Jahre der emeritierte Professor für Kirchengeschichte Werner Marschall. Geboren wurde er am 9. April 1927 in Oppeln in Oberschlesien. Er gehörte zu jener Generation, die von der Schulbank weg, ohne Abitur, zum Arbeitsdienst und Militär einberufen wurde. Nach Kriegsende – die Familie wurde 1946 aus Oppeln vertrieben und fand in Somborn/Hesse eine neue Heimat – konnte er in Usingen/Hessen das Abitur ablegen. Danach studierte er Philosophie und Katholische Theologie in Königstein/Taunus und in Freiburg/Breisgau. Seine pastorale Ausbildung erhielt er im Priesterseminar in Neuzelle, das damals zum Erzbischöflichen Amt Görlitz, dem Rest der Erzdiözese Breslau in der ehemaligen DDR gehörte. Die Priesterweihe empfing er am 12. April 1953 in Neuzelle durch den Bischof Heinrich Wiencken von Dresden-Meißen. Nach kurzer Kaplanszeit am Hl. Kreuz in Görlitz wechselte er aus gesundheitlichen Gründen nach St. Märgen im Hochschwarzwald. 1957 wurde ihm als Assistent am Lehrstuhl für Kirchengeschichte an der Katholisch-Theologischen Fakultät der Universität Freiburg im Breisgau die Gelegenheit, sich auf die Promotion vorzubereiten, gegeben. Auch nach der Promotion im Fach Kirchengeschichte 1962 und der Habilitation 1970 gehörte er dieser Fakultät an, und zwar seit 1970 als Dozent, seit 1976 als außerplanmäßiger Professor, seit 1979 als ordentlicher Professor, 1989 als Emeritus. Die Fakultät betont in ihrem Nachruf die Stärke der wissenschaftlichen Arbeit von Werner Marschall. Sie „liegt auch in seiner ihm eigenen prägnanten Präsentation unterschiedlicher Sachverhalte". Ihn interessierten „weniger Detailforschungen – das auch – als vielmehr Einblicke und Überblicksarbeiten". Wobei auf die 1980 erschienene „Geschichte des Bistums Breslau" verwiesen wird.

Marschall selber bezeichnet dieses Werk als „eine kurze, übersichtliche Gesamtdarstellung der Geschichte des Bistums Breslau" und als eine „Zusammenfassung der bisherigen Forschungsergebnisse". Ein solches Buch sei nötig. Als potentielle Leser sah er vor allem Priester und interessierte katholische Gläubige aus dem Erzbistum Breslau vor sich. Ihnen wollte er „eine knappe Geschichte ihrer Heimatdiözese, die alles Wesentliche von den Anfängen der Christianisierung Schlesiens bis zur Auflösung des Erzbistums im Jahre 1972 enthält, in die Hand" geben.

Marschall erklärte auch seine Arbeitsmethode: „In den wörtlichen Zitaten kommen die bedeutendsten Autoren der schlesischen Kirchengeschichtsschreibung zu Wort. Das Literaturverzeichnis, das sich vornehmlich auf deutsche und neuere – also leichter zugängliche – Arbeiten beschränkt, will ins einzelne gehende Anmerkungen ersetzen, auf die für dieses Buch benutzten Werke hinweisen und dem interessierten Leser weiterführende Hilfen für die Beschäftigung mit Einzelfragen bereitstellen".

Marschall war sich der Mängel seines „Versuchs", wie er seine Geschichte des Bistums bezeichnet, bewusst: „Ein solcher Überblick kann natürlich nicht jede Einzelheit der fast 1000jährigen Bistumsgeschichte behandeln. Der aufmerksame Leser dürfte zweifelsohne die eine oder andere Tatsache, diese oder jene Person vermissen; hier wird manche Ergänzung möglich sein. Es kam jedoch darauf an, die Hauptlinien der historischen Entwicklung sichtbar zu machen, daneben aber auch die Fülle der Details aufscheinen zu lassen".

Ein bleibendes Verdienst des Autors ist ohne Zweifel das 11. und letzte Kapitel der Geschichte, das er mit „Das Ende des deutschen Bistums (1945–1972)" überschrieben hat. Mit großer Zurückhaltung hatte Marschall die kirchliche Situation in der Nachkriegszeit in Schlesien geschildert, die Vertreibung der deutschen Bevölkerung und das Einströmen der polnischen Siedler, eine Zeit der Rechtsunsicherheit und der Rechtslosigkeit und die unrühmliche Rolle der polnischen Geistlichen, deren Verhalten gegenüber den deutschen Mitbrüdern und den deutschen Gläubigen „wenig freundlich, oft kaum korrekt" war (Alfred Sabisch). Nachdem der Deutsche Bundestag 1972 den Warschauer Vertrag ratifiziert hatte und damit die deutsch-polnische Grenze anerkannt war, umschrieb der Vatikan durch die Apostolische Konstitution „Episcoporum Poloniae" vom 28. Juni 1972 die kirchlich-territorialen Verhältnisse jenseits der Oder-Neiße-Linie neu. Damit hatte das alte Bistum Breslau rechtlich zu bestehen aufgehört. Da es aber kein „Ende der Geschichte" gibt, schrieb Marschall die Geschichte fort und vollzog damit eine wichtige Weichenstellung, nämlich die Dreiteilung der Geschichte des alten Bistums Breslau, wie sie machtpolitisch 1945 erzwungen und kirchenpolitisch 1972 legitimiert wurde, nämlich in die polnischen Diözesen Breslau, Oppeln und Landsberg, in die Breslauer Restdiözese auf deutschem Territorium mit Sitz des Kapitularvikars in Görlitz und den Personalverband der ehemaligen Priester und Gläubigen aus dem Bistum Breslau in der Bundesrepublik Deutschland, denen ein Apostolischer Visitator vorgesetzt wurde.

1999 hat Werner Marschall dieses Kapitel in einem reich bebilderten Heft des Echo-Buchverlags in Kehl „Von 1945 bis zur Jahrtausendwende" fortgeschrieben.

Abgesehen von der Veröffentlichung seiner Habilitation im Jahre 1971 mit dem Thema „Karthago und Rom. Die Stellung der nordafrikanischen Kirche zum apostolischen Stuhl in Rom" und den Aufsätzen zur Konziliengeschichte von Konstanz und Basel im 15. Jahrhundert hat Werner Marschall ausschließlich Themen zur Kirchengeschichte Schlesiens veröffentlicht und da schwerpunktmäßig Arbeiten zur Geschichte des letzten deutschen Erzbischofs Adolf Kardinal Bertram (1859–1945). Wie in seiner Bistumsgeschichte, in der er die „bedeutendsten Autoren der schlesischen Kirchengeschichtsschreibung" ausführlich zitiert, so stellt er im Vorwort zur Monographie „Adolf Kardinal Bertram. Bischof von Hildesheim (1906–1914). Fürstbischof und Erzbischof von Breslau (1914–1945)" aus dem Jahr 2015 fest: „Im Text kommen die Mitarbeiter Bertrams zu Wort sowie Priester und Laien, die den Kardinal persönlich gekannt haben; ihre wörtlichen Zitate haben also Quellenwert". Das stimmt wohl, aber auch Zeitgenossen unterliegen in ihren Aussagen der Quellenkritik. Auch wenn Marschall „mehrere Aufsätze in Einzelfragen […] in Zeitschriften, Festschriften usw. veröffentlicht in den Text eingearbeitet" hat, ist er sich des Charakters seiner Publikation bewusst: „Es handelt sich nicht um eine wissenschaftliche Arbeit, dazu wären eingehende Studien in Breslau und Rom und anderswo nötig gewesen. Sie ist vielmehr für ‚weitere Kreise' gedacht, die noch am Leben des Breslauer Kardinals interessiert sind" (Vorwort).

Der Leserkreis, dem Werner Marschall seine Monographien angeboten hat, schrumpft mehr und mehr. Zeitzeugen, die Kardinal Bertram noch bewusst erlebt haben, wird es kaum mehr geben. Um so konsequenter war die Entscheidung, Quellen zur Person des letzten deutschen Bischofs von Breslau zu veröffentlichen, weil sie auch der sicherste Zugang zur letzten Phase der Geschichte des Bistums sind.

Das Verdienst von Prof. Dr. Werner Marschall ist es, die Hirtenbriefe aus entlegenen Archiven und Bibliotheken zusammengetragen zu haben, so dass sie nunmehr für die weitere Forschung bereitstehen. Das Ziel war eine – möglichst vollständige – Gesamtausgabe der Hirtenbriefe und Hirtenworte Adolf Kardinal Bertrams, des letzten deutschen Erzbischofs von Breslau, die dieser in seiner mehr als dreißigjährigen Amtszeit verfasst hat. Der umfangreiche Band von nahezu tausend Seiten enthält die Hirtenbriefe vom Oktober 1914 bis März 1945, insgesamt 251 Nummern. Die Hirtenbriefe sind eine wichtige Quelle der Pastoral, die Bertram als Seelsorger seiner Diözesanen zeigen. Sie sind aber auch eine wichtige zeitgeschichtliche Quelle: In ihr wird die Haltung dieses oft umstrittenen Vertreters des deutschen Episkopats zu tagespolitischen Problemen – Erster Weltkrieg, Volksabstimmung in Schlesien 1921, Weimarer Zeit, Drittes Reich, Zweiter Weltkrieg – in subtiler, aber breitenwirksamer Art fassbar. Für die Auswertung dieser Quellengattung in fachlich unterschiedlicher Richtung – theologisch und historisch – stellt diese Edition einen Fundus dar, der das Bild Adolf Kardinal Bertrams differenzierter erscheinen lassen wird.

Der emeritierte Freiburger Kirchenhistoriker Prof. Dr. Werner Marschall war dem Institut für ostdeutsche Kirchen- und Kulturgeschichte e.V. seit Jahrzehnten eng verbunden. 1972 wurde er in den Wissenschaftlichen Beirat des Instituts berufen, von 1974 bis 2008 gehörte er dem Kuratorium des Kardinal-Bertram-Stipendiums an und hat in mehreren Ausschreibungen als Tutor die Stipendiaten betreut. Er war Mitglied der Historischen Kommission für Schlesien. In den Kreisen der vertriebenen Schlesier war er eine bekannte und beliebte Persönlichkeit. In deren Organisationen übernahm er Ehrenämter als Mitglied des Konsistoriums des Apostolischen Visitators für Priester und Gläubige des ehemaligen Bistums Breslau. Nach seiner Emeritierung 1989 wurde er zum Dekan des Konsistoriums ernannt. Er gehörte auch dem Vorstand des Schlesischen Priesterwerks e.V. an. Ehrungen und Auszeichnungen blieben nicht aus.

Joachim Köhler

Die wichtigsten Publikationen von Werner Marschall

Die ältesten Kirchenpatrozinien des Archidiakonates Breslau „von den Anfängen der Christianisierung bis zum Mongolensturm 1241“ und in ihnen sich widerspiegelnde Einflüsse kirchlicher, politischer und volklicher Art [Theol. Dissertation, Universität Freiburg im Breisgau vom 16. Februar 1962], Freiburg im Breisgau 1962.

Alte Kirchenpatrozinien des Archidiakonates Breslau. Ein Beitrag zur ältesten schlesischen Kirchengeschichte (Forschungen und Quellen zur Kirchen- und Kulturgeschichte Ostdeutschlands. Bd. 3), Köln u.a. 1966.

Das Corpus-Christi- und das Barbarapatrozinium im mittelalterlichen Archidiakonat Breslau, in: Bernhard Stasiewski (Hg.), Beiträge zur schlesischen Kirchengeschichte. Gedenkschrift für Kurt Engelbert [1886–1967] (Forschungen und Quellen zur Kirchen- und Kulturgeschichte Ostdeutschlands. Bd. 6), Köln u. a. 1969, 171-192.

Karthago und Rom. Die Stellung der nordafrikanischen Kirche zum apostolischen Stuhl in Rom (Päpste und Papsttum. Bd. 1), Stuttgart 1971 [Zugleich theol. Habilitations-Schrift, Universität Freiburg/Breisgau 1970].

Schlesier auf dem Konzil von Konstanz (1414–1418), in: Gabriel Adriányi und Joseph Gottschalk (Hg.), Festschrift für Bernhard Stasiewski. Beiträge zur ostdeutschen und osteuropäischen Kirchengeschichte, Köln-Wien 1975, 34-64 [Rezension: J. Drabina, Sl. kwart. histor. Sob. 36, 1981, 4, 605-606].

Der Breslauer Domdekan Nikolaus Stock auf der Diözesansynode von 1446, in: Archiv für schlesische Kirchengeschichte 35 (1977), 51-64.

Eine neue historische Landeskunde, in: Archiv für schlesische Kirchengeschichte 37 (1979), 267-269.

Geschichte des Bistums Breslau, Stuttgart 1980. [Rezensionen: Mitteilungsblatt. Matthesianer Verband 37, 1980, 53; 38, 1981, S. 50; Schlesischer Kulturspiegel 16 (1981), 3, S. 11; Joachim Köhler: Heimat in der geschichtlichen Dimension. Zu der Geschichte des Bistums Breslau von Werner Marschall, in: Archiv für schlesische Kirchengeschichte 39 (1981), 279-282; Winfried Irgang: Zur Geschichte des Bistums Breslau. Anmerkungen zu dem Buch von Werner Marschall, in: Zeitschrift für Ostforschung 30 (1981), 1, S. 95-103; L. Weinrich, in: Jahrbuch für die Geschichte Mittel- und Ostdeutschlands 32 (1983), 459-460.

Aufgaben schlesischer Kirchengeschichtsschreibung aus katholischer Sicht, in: Schlesischer Gottesfreund 31 (1980), 5, S. 68-69 u. 76.

Laudatio für Prälat Emil Broszka. Zur Verleihung des Oberschlesischen Kulturpreises am 10. November 1984, in: Mitteilungen des Beuthener Geschichts- und Museumsvereins 45/47 (1983/1985), 159-163.

Ein Hirtenbrief Kardinal Bertrams zum Jubiläum des seligen Johannes Sarkander, in: Frieden durch Menschenrechte. Festschrift zum 70. Geburtstag von Dr. Herbert Czaja, hg. von Waldemar Zylla, Dülmen 1984, 189-203.

Die Entwicklung der Breslauer Diözesangrenzen, in: Schlesien 29 (1984), 2, S. 72-79.

Zum 80. Geburtstag von Prälat Hubert Thienel, in: Archiv für schlesische Kirchengeschichte 42 (1984), 251-252.

Ein Hirtenbrief Kardinal Bertrams zum Jubiläum des seligen Johannes Sarkander, in: Oberschlesisches Jahrbuch 1 (1985), 118-136.

Gorkau. Augustiner-Chorherren-Abtei, in: Jahrbuch der Schlesischen Friedrich-Wilhelms-Universität zu Breslau XXVI (1985), 3-9.

Die sprachlichen Verhältnisse in Oberschlesien nach dem „Real-Handbuch des Bistums Breslau" von 1929, in: Oberschlesisches Jahrbuch 2 (1986), 87-93.

Ein Brennpunkt schlesischer kirchengeschichtlicher Forschung. 50 Jahre „Archiv für schlesische Kirchengeschichte", in: Archiv für schlesische Kirchengeschichte 44 (1986), 3-16.

Schlesien auf dem Konzil von Basel, in: Annuarium historiae conciliorum, Internationale Zeitschrift für Konziliengeschichtsforschung 8 (1986), 294-325 [Rezension: J. Drabina, Sl. kwart. histor. Sob. 36 (1981), 4, S. 605-606.

[Fürstbischof Georg Kardinal Kopp (1887-1914) als Seelsorger und Politiker], in: [Zeitschrift] Schlesien 32 (1987).

[Weihbischof Joseph Ferche († 1965)], in: [Zeitschrift] Schlesien 33 (1988).

Adolf Kardinal Bertram (1859–1945), in: Schlesische Lebensbilder, Bd. 6: Schlesier des 15. bis 20. Jahrhunderts. Im Auftrag der Historischen Kommission für Schlesien hg. von Josef Joachim Menzel und Ludwig Petry, Sigmaringen 1990, 165-173.

Adolf Kardinal Bertram als Fürstbischof und Erzbischof von Breslau 1914–1945, in: Bernhard Stasiewski (Hg.), Adolf Kardinal Bertram. Sein Leben und Wirken auf dem Hintergrund der Geschichte seiner Zeit (Forschungen und Quellen zur Kirchen- und Kulturgeschichte Ostdeutschlands, Bd. 24/I), Köln u.a. 1992, 41-56 [Vortrag auf der 20. Nachwuchs- und Arbeitstagung 2. bis 5. August 1982 in Hildesheim].

[Mitherausgeber] Schlesische Kirche in Lebensbildern [Bd. 6], hg. von Johannes Gröger, Joachim Köhler und Werner Marschall, Sigmaringen 1992.

Hubert Jedin (1900–1980), in: Schlesische Kirche in Lebensbildern [Bd. 6] 1992, 200-206.

zus. mit Alfred Sabisch: Franz-Georg Ganse (1909–1970), in: Schlesische Kirche in Lebensbildern [Bd. 6] 1992, 313-316.

zus. mit Heinrich Grüger: Breslau, Sandstift. Abtei der Regulierten Augustiner-Chorherren, in: Jahrbuch der schlesischen Friedrich-Wilhelms-Universität zu Breslau XXXIV (1993), 1-33.

Kirche zwischen Politik und Seelsorge am Beispiel des Breslauer Erzbischofs Adolf Kardinal Bertram, in: Kulturstiftung der deutschen Vertriebenen (Hg.), Deutsche und Polen. Beiträge zu einer schwierigen Nachbarschaft, bearbeitet von Christof Dahm und Hans-Jacob Tebarth, Bonn 1994, 101-114.

Zum 30. Todestag des Breslauer Weihbischofs Joseph Ferche, in: Heimatbrief der Katholiken aus dem Erzbistum Breslau 22 (1995), 71-73.

Adolf Kardinal Bertram und der nationalsozialistische Staat. Zur Diskussion über die Haltung des Breslauer Erzbischofs in den Jahren 1933–1945, in: Hubert Unverricht und Gundolf Keil (Hg.), De Ecclesia Silesia. Festschrift zum 25jährigen Bestehen der Apostolischen Visitatur Breslau sowie des Heimatwerks Schlesischer Katholiken, Sigmaringen 1997, 255-268 [Vortrag, gehalten auf der Schlesischen Priestertagung 1995].

Kardinal Bertram und die Volksabstimmung in Oberschlesien, in: Peter Herde (Hg.), Oberschlesien 1918–1922 (Schlesische Forschungen. Veröffentlichungen des Gerhard-Möbus-Instituts für Schlesienforschung der Universität Würzburg, Bd. 9), Sigmaringen 1997.

Bistum Breslau, Bd. 4: Von 1945 bis zur Jahrtausendwende, Kehl 1999.

[Herausgeber Paul Mai:] Adolf Kardinal Bertram: Hirtenbriefe und Hirtenworte, bearbeitet von Werner Marschall (Forschungen und Quellen zur Kirchen- und Kulturgeschichte Ostdeutschlands. Bd. 30), Köln u.a. 2000.

Kardinal Bertram und das Bistum Breslau in der Zeit der Weimarer Republik, in: Oberschlesisches Jahrbuch 16/17 (2000/2001), 137-149. [Der Beitrag stützt sich im wesentlichen auf Publikationen von Zeitgenossen Bertrams (K. Engelbert, J. Negwer, C. Ulitzka, E. Brzoska, J. Kaps, J. Gottschalk, H. Hoffmann).]

Die Geschichte des Bistums Breslau von der Gründung bis zum Ende des Zweiten Weltkrieges. Ein Überblick [Historia biskupstwa wrocławskiego od założenia do końca II wojny światowej. Zarys], in: Erbe und Auftrag der schlesischen Kirche. 1000 Jahre Bistum Breslau [Dziedzictwo i posłannictwo śląskiego Kościoła. 1000 lat diecezji wrocławskiej]. Hg. von [Wydawca] Winfried König. Redaktion [Redakcja] Michael Hirschfeld und Markus Trautmann. Übersetzung [Przekład] Henryk Miglo. Dülmen/Piechowice 2001, 22-45.

Eine handschriftliche Darstellung der Geschichte des Bistums Breslau, in: Archiv für schlesische Kirchengeschichte 60 (2002), 217.

Gedenktage: Hubert Thienel (1904–1987), in: Archiv für schlesische Kirchengeschichte 62 (2004), 266-270.

Bischof in verantwortungsvoller Zeit. Zur Diskussion über die Haltung Kardinal Bertrams in der Weimarer Republik und im Dritten Reich, in: Werner Chrobak und Karl Hausberger (Hg.), Kulturarbeit und Kirche. Festschrift Msgr. Dr. Paul Mai zum 70. Geburtstag (Beiträge zur Geschichte des Bistums Regensburg, Bd. 39), Regensburg 2005, 523-532.

[Mitherausgeber] Schlesische Kirche in Lebensbildern, Bd. 7, hg. von Michael Hirschfeld, Johannes Gröger und Werner Marschall, Münster 2006.

Emil Brzoska (1909–1993), in: Schlesische Kirche in Lebensbildern [Bd.7] (2006), 22-27.

Konrad Winkler (1907–1987), in: Schlesische Kirche in Lebensbildern [Bd.7] (2006), 370-374.

Adolf Kardinal Bertram. Bischof von Hildesheim (1906–1914). Fürstbischof und Erzbischof von Breslau (1914–1945) (Distinguo, Bd. 11), Siegburg 2015.

Rezensionen von Werner Marschall:

Konrad Repgen (Hg.): Hubert Jedin: Lebensbericht, in: Mitteilungen des Beuthener Geschichts- und Museumsvereins Bd. 48 (1987), 184-186.

Reiner Sörries: Joseph Wilpert (1857–1944). Ein Leben im Dienste der christlichen Archäologie, in: Archiv für schlesische Kirchengeschichte 57 (1999), 272-274.

Waldemar Spyra: Religiöse Bildung und Erziehung im Spannungsfeld von Pastoral, Politik und Patriotismus. Religionsunterricht und Katechese im „Oppelner Schlesien“ seit 1945 (Arbeiten zur schlesischen Kirchengeschichte, Bd. 10), in: Archiv für schlesische Kirchengeschichte 58 (2000), 335-337.

Veröffentlichungen zur Person Werner Marschall

Hans-Ludwig Abmeier: Werner Marschall 60 Jahre, in: Mitteilungen des Beuthener Geschichts- und Museumsvereins 48 (1987), 147-149.

Joachim Köhler: Heimat in der geschichtlichen Dimension. Zu der Geschichte des Bistums Breslau von Werner Marschall, in: Archiv für schlesische Kirchengeschichte 39 (1981), 279-282.

Paul Mai: [Widmung] Prof. Dr. Werner Marschall zum 80. Geburtstag, in: Archiv für schlesische Kirchengeschichte 64 (2006). 9-14.

Hirtenbriefe von Adolf Kardinal Bertram, Erzbischof von Breslau. Ergänzungen zu der Edition der Hirtenbriefe von Werner Marschall, bearbeitet und herausgegeben von Winfried Töpler, in: Archiv für schlesische Kirchengeschichte 65 (2007), 37-110.

Skizze einer Vision: Einrichtung eines Archivs und einer Bibliothek für donauschwäbische Geschichte und Kultur in Osijek (Esseg)

Auf den Gebieten der heutigen Republik Kroatien lebten vor dem Ende des Zweiten Weltkrieges ungefähr 120.000 Menschen deutscher Abstammung in zerstreuten, meist ethnisch gemischten Siedlungen und in urbanen Räumen – besonders in der Stadt Osijek, die bis 1945 ein Zentrum der „Deutschen Volksgruppe“ in Kroatien war. Im Herbst 1944 wurden mehr als 80% der Deutschen zumeist nach Österreich und Deutschland evakuiert.

Die Verbliebenen erlebten durch das kommunistische Regime oft Verfolgungen und Misshandlungen (z. T. in Lagern) und danach jahrzehntelange ethnische Diskriminierungen. Die Geschichte der kroatischen Donauschwaben war in der offiziellen Historiographie zur Zeit des Sozialismus ein Tabu.

Erst nach der demokratischen Wende 1991 konnten sich die ca. 3.000 verbliebenen Deutschen in Kroatien wieder organisieren. Die *Vereinigung der Deutschen und Österreicher von Kroatien* mit Sitz in Osijek konnte zahlreiche Veranstaltungen zur Bewahrung des kulturellen Erbes organisieren. Den Höhepunkt des Wirkens dieses Vereins bildet eine jährliche wissenschaftliche Konferenz unter dem Titel „Deutsche und Österreicher im kroatischen Kulturkreis“, die regelmäßig publiziert wird (http://deutsche-gemeinschaft.eu/de/). Jedoch entsprechen diese Bemühungen noch lange nicht dem Bedarf nach historiographischer und wissenschaftlicher Bearbeitung der jahrhundertlangen Geschichte von Deutschen in und um Kroatien. Ein wichtiger Schritt wäre die Errichtung einer Bibliothek und eines Archivs für donauschwäbische Kultur in Kroatien. Der Verein hat leider nicht die räumlichen Möglichkeiten für eine Bibliothek und den Platz, den Studierenden und Interessierten einen Arbeitsplatz bieten könnte. 2020 bat der Bischof der protestantisch-reformierten christlichen Kirche in Kroatien, Dr. Jasmin Milić, die Räumlichkeiten der Kirchenbibliothek in Osijek für donauschwäbische Literatur und Archiv zu Verfügung zu stellen. (http://prkc.hr/) Dazu ist es notwendig, die Räumlichkeiten der Bibliothek entsprechend den Vorschriften zu gestalten; es benötigt auch Bücherspenden mit Bezug zur Geschichte der Donauschwaben in Kroatien (Veröffentlichungen, Heimatbücher, etc.). Die Bücher und Dokumente sollen katalogisiert und der Öffentlichkeit zur Verfügung gestellt werden.

Es wurde bereits ein großer Schritt gemacht, der in absehbarer Zeit zu Folgeprojekten führen könnte: die Zusammenarbeit mit der Universität in Osijek und anderen Institutionen zur Bewahrung der jahrhundertlangen Geschichte von Deutschen in Kroatien.

Vatroslav Župančić

Verzeichnis der Mitarbeiterinnen und Mitarbeiter

apl. Prof. Dr. Rainer Bendel
Dr. András Grósz
apl. Prof. Dr. Michael Hirschfeld
Prof. Dr. Jochen Köhler
Dr. hab. Robert R. Kufel
Dr. Andor Lénár
Václav Maidl
Dr. Arkadiusz Nocoń
Dr. Otfrid Pustejovsky
Dr. Bettina Reichmann
Dr. Martin Renghart
Dr. Maik Schmerbauch
Dr. Winfried Töpler
Jürgen Franz Selke-Witzel
Vatroslav Zupancic

Kontaktaufnahme mit den Mitarbeiterinnen und Mitarbeitern ist über das Institut möglich.

Anschrift der Herausgeberin und Herausgeber

Prof. Dr. Rainer Bendel, Bangertweg 7, 72070 Tübingen
e-Mail: bendel.rainer@t-online.de
Dr. Marco Bogade, Keltenweg 28, 96146 Altendorf
e-Mail: marcobogade@gmx.de
Dr. Elisabeth Fendl, Institut für Volkskunde der Deutschen des östlichen Europa (IVDE), Goethestr. 63, 79100 Freiburg
e-Mail: Elisabeth.Fendl@ivde.bwl.de

Im Internet finden Sie das Institut für Kirchen- und Kulturgeschichte der Deutschen in Ostmittel- und Südosteuropa e.V. unter
www.ikkdos.de.

Inzwischen ist das komplette „Archiv für Schlesische Kirchengeschichte“ bzw. seit diesem Band „Jahrbuch für Kirchen- und Kulturgeschichte der Deutschen in Ostmittel- und Südosteuropa (mit ASKG)“ (derzeit noch mit wenigen Ausnahmen) auch zum selben Preis wie die Druckausgaben als PDF-Version beim Aschendorff-Verlag erhältlich:
https://www.aschendorff-buchverlag.de/digibib/vam/apply/content/opus/1191/
Aus diesem Grund enthält das JaKKDOS (mit ASKG) auch kein Register mehr.

Redaktionsschluß für Band 78 ist der 30. April 2022

Verzeichnis der Abkürzungen

A. Zeitschriften, Reihen, Sammelbände u. ä.

AAS	Acta Apostolicae Sedis
AAW	Archiwum Archidiecezjalne Wrocław
ADB	Allgemeine Deutsche Biographie
AES	Archivio della Sacra Congregazione degli Affari Ecclesiastici Straordinari
ANM	Archivio della Nunziatura di Monaco
ASKG	Archiv für schlesische Kirchengeschichte
ASV	Archivio Segreto Vaticano
BA	Bistumsarchiv
BArch	Bundesarchiv
BBKL	Biographisch-Bibliographisches Kirchenlexikon
BHStA	Bayerisches Hauptstaatsarchiv
CDS	Codex Diplomaticus Silesiae
DBE	Deutsche Biographische Enzyklopädie
DDHVG	Die Diözese Hildesheim in Vergangenheit und Gegenwart
DQ	Darstellungen und Quellen zur schlesischen Geschichte
EK	Ermländisches Kirchenblatt
FQ	Forschungen und Quellen zur Kirchen- und Kulturgeschichte Ostdeutschlands
GStA PK	Geheimes Staatsarchiv Preußischer Kulturbesitz Berlin
HA	Hauptabteilung
Heimatbrief	Heimatbrief der Katholiken aus dem Erzbistum Breslau
Heyne	Johann Heyne, Dokumentirte Geschichte des Bisthums und Hochstiftes Breslau. Aus Urkunden; Aktenstücken, älteren Chronisten und neueren Geschichtsschreibern, Bd. 1-3, Breslau 1860–1868
HHStA	Haus-, Hof- und Staatsarchiv Wien
HStA	Hauptstaatsarchiv
JSFUB	Jahrbuch der schlesischen Friedrich-Wilhelms-Universität zu Breslau
JSKG	Jahrbuch für schlesische Kirchengeschichte
LThK	Lexikon für Theologie und Kirche, hg. von J. Höfer und K. Rahner, Bd. 1-10, Freiburg 1957–1965. Registerband, Freiburg 1967

MPH	Monumenta Poloniae Historica
NDB	Neue Deutsche Biographie
PA AA	Politisches Archiv des Auswärtigen Amtes Berlin
PDE	Pastoralblatt für die Diözese Ermland
QD	Quellen und Darstellungen zur schlesischen Geschichte
Scriptores	Scriptores rerum Silesiacarum
SR	Schlesische Regesten im CDS
STHSO	Studia Teologiczno-Historyczne Śląska Opolskiego
SUB	Schlesisches Urkundenbuch
VKZG	Veröffentlichungen der Kommission für Zeitgeschichte
WST	Wrocławskie Studia Teologiczne (Colloquium Salutis)
ZfO	Zeitschrift für Ostforschung
ZGAE	Zeitschrift für die Geschichte und Altertumskunde Ermlands
ZVGS	Zeitschrift des Vereins für Geschichte (und Alterthum) Schlesiens

B. Archive

AAW	Archiwum Archidiecezjalne we Wrocławiu
AAWO	Archiwum Archidiecezji Warmińskiej w Olsztynie
AP Elbląg	Archiwum Państwowe w Elblągu z siedzibą w Malborku
APG	Archiwum Państwowe w Gdańsku
AUW	Archiwum Universytetu Wrocławskiego
AV	Archivio Segregeto Vaticano
BAG	Bistumsarchiv Görlitz
BaHi	Bistumsarchiv Hildesheim
BV	Biblioteca Apostolica Vaticana
DA	Diözesanarchiv
DA GL	Dekanatsarchiv Glatz/Kłodzko
EDA	Erzdiözesanarchiv, Erzbischöfliches Diözesanarchiv
EDB	Erzbischöfliches Diözesanarchiv Breslau
EDK	Erzbischöfliches Diözesanarchiv Kattowitz
GStA PK	Geheimes Staatsarchiv Preussischer Kulturbesitz Berlin
HHStA	Haus-, Hof- und Staatsarchiv (Wien)
KBFA	Kardinal-Bertram-Filmarchiv
LKAH	Evangelisch-Lutherisches Landeskirchliches Archiv Hannover
PfA	Pfarrarchiv

StA	Staatsarchiv
StadtA	Stadtarchiv
UA	Universitätsarchiv

C. Sonstige

AP	Archipresbyterat (heute Dekanat)
geb.	geboren
inv.	Investitur (Amtsantritt)
Kpl.	Kaplan
O.L.	Oberlausitz
O/S.	Oberschlesien
ord.	Ordination (Priesterweihe
Pfr.	Pfarrer

Verzeichnis und Nachweis der Abbildungen

Jochen Köhler

Abb.: Ingeborg Fuhrmann-Hoffmann

Bettina Reichmann

Abb. 1: Székesfehérvári Püspöki és Székeskáptalani Levéltár, o. Signatur
Abb. 2: Székesfehérvári Püspöki és Székeskáptalani Levéltár, o. Signatur oder Mózessy Gergely (Hg.), Prohászka Ottokár - Püspök az Emberért, Budapest-Székesfehérvár 2006, S. 330.
Abb. 3: Székesfehérvári Püspöki és Székeskáptalani Levéltár, o. Signatur

Andor Ferenc Lénár

Karten 1 und 2: angefertigt von Béla Nagy. Forschungszentrum für die Geisteswissenschaften, Historisches Institut, Budapest
Abb 1-10: Quellen in den Fußnoten
Abb. 11a: Ottokár Prohászka: Ausschnitt des Originalfotos: Székesfehérvári Püspöki és Székeskáptalani Levéltár (Bischofs- und Domkapitelsarchiv Stuhlweissenburg) - IX.9. - Ph.2B-1
Abb. 11b: István Hanauer: VPKL, Fotótár
Abb. 11c: József Petró: https://ujkor.hu/content/vac-feher-vertanuja-petery-jozsef-vaci-megyespuspok-es-magyar-partallam (01. 04. 2021)

Arkadiusz Nocoń

Abb. 1: Ablassbrief, Staatsbibliothek Bamberg, Kunstsammlung, VI Aa 20, Vorderseite, Foto: Gerald Raab
Abb. 2: Ablassbrief, Staatsbibliothek Bamberg, Kunstsammlung, VI Aa 20, Rückseite, Foto: Gerald Raab

Abb. 3: Fra Bartolommeo, Hl. Vinzenz Ferrer, Kloster San Marco in Florenz, Quelle: https://www.meisterdrucke.com/kunstdrucke/Fra-Bartolommeo/173641/St.-Vincent-Ferrer.html
Abb. 4: Hl. Vinzenz Ferrer, Hartmann Schedel, Weltchronik, Nürnberg 1493, Quelle: Universitätsbibliothek Heidelberg, Schedel, Hartmann, Liber chronicarum, dt.: Register des Buchs der Croniken und Geschichten: mit Figuren und Pildnussen von Anbeginn der Welt bis auf dise unnsere Zeit [Weltchronik] Nürnberg, 23. Dezember 1493 [M40796], Seite: CCXXXVIv; http://digi.ub.uni-heidelberg.de/digital/is00309000/0466
Abb. 5: Ablassbrief, Staatsbibliothek Bamberg, Kunstsammlung, VI Aa 20, Rückseite, Foto: Gerald Raab
Abb. 6: Karteikarte Deutsche Fotothek Dresden

Maik Schmerbauch

Abb. 1: Maik Schmerbauch

Jürgen Franz Selke-Witzel

Abb. 1: Dauerausstellung im Museum im HAUS SCHLESIEN (Königswinter)
Abb. 2: Archiv des Deichdorfmuseums Bislich, Schulchroniken Schule Bislich, Chronik ab 1950
Abb. 3: privat (Agathe und Hermann Ostrop)
Abb. 4: Ermlandhaus bzw. Bistumsarchiv Münster, Nachlass Bischof Maximilian Kaller, A32/223
Abb. 5a-d: privat (Jürgen Franz Selke-Witzel)
Abb. 6: Jürgen Franz Selke-Witzel (Gunnar GRÜTTNER, Das St. Hedwigswerk. Integration von katholischen Vertriebenen im Erzbistum Paderborn 1947-1967, in: Westfälische Forschungen 56 (2006), 309-343, hier Abbildung 2, 315 (Original: Stadtarchiv Lippstadt, Bildarchiv Nies, 848-i-91)
Abb. 7: Heinz Adrian, Dorsten (in: Maximilian Maria Schulz, Abendland und Ostdeutschland, 3)